L'Europe

POUR

LES NULS

L'Europe pour les Nuls

© Éditions First, 2007. Publié en accord avec Wiley Publishing, Inc.

« Pour les Nuls » est une marque déposée de Wiley Publishing, Inc.
« For Dummies » est une marque déposée de Wiley Publishing, Inc.

ISBN : 978-2-7540-0321-6
Dépôt légal : 1er trimestre 2007

Ouvrage dirigé par Benjamin Arranger
Correction : Bérengère Cournut
Illustrations : Marc Chalvin
Mise en page : Marie Housseau
Couverture : KN Conception
Production : Emmanuelle Clément

Imprimé en France

Nous nous efforçons de publier des ouvrages qui correspondent à vos attentes et votre satisfaction est pour nous une priorité. En avant-première, nos prochaines parutions, des résumés de tous les ouvrages du catalogue. Alors, n'hésitez pas à nous faire part de vos commentaires :

Éditions First
27, rue Cassette
75006 Paris – France
Tél. : 01 45 49 60 00
Fax : 01 45 49 60 01
E-mail : firstinfo@efirst.com
Site internet : www.efirst.com

L'Europe
POUR
LES NULS

Sylvie Goulard

FIRST
Editions

À propos de l'auteur

Sylvie Goulard, ancienne conseillère du président de la Commission Romano Prodi, est chercheur associé au Centre d'études et de recherches internationales de Sciences Po Paris. Enseignante au Collège d'Europe, à Bruges, elle a été élue à la présidence du Mouvement européen France en décembre 2006.

Auteur d'un essai sur l'élargissement, *Le Grand Turc et la République de Venise* (Fayard, 2004), couronné par le Prix du livre pour l'Europe, elle est également l'auteur du *Coq et la Perle, cinquante ans d'Europe* (Seuil, 2007).

Remerciements

Au terme de cette aventure, mes remerciements vont d'abord à mes proches qui, des mois durant, ont eu la patience de supporter mes longues séances d'écriture, diurnes et nocturnes, ainsi que mes obsessions européennes. Mais que fait «Bruxelles» contre ces traitements inhumains et dégradants?

Je tiens aussi à dire ma reconnaissance à Vincent Barbare, PDG des éditions First, qui m'a fait confiance, acceptant d'emblée que ce volume soit une *Europe pour les Nuls* engagée, «au lait cru», et non un texte pasteurisé. Même si «Bruxelles» n'a jamais réglementé la teneur en microbes des manuscrits!

Merci encore à Benjamin Arranger, éditeur de ce projet, et à Bérengère Cournut, relectrice du manuscrit, qui ont accueilli mes exigences de corrections (nombreuses) et mes doutes (répétés) avec une patience inébranlable.

Merci enfin à tous ceux qui, en France ou dans l'Union, se sont mobilisés pour relire, en entier ou par bribes, cet énorme manuscrit, me prodiguant conseils et encouragements avec une constance qui m'a bluffée: mon père, Denis Badré, Bénédicte Julien-Laferrière, Anne Houtman, Mario Nava, Christian Philip, Eric de La Serre, Robert Toulemon, Philippe Valat et ceux que j'oublie.

À tous, merci pour cette complicité et cette collaboration transfrontalières. C'est exactement ce que, dans l'Europe, j'apprécie par-dessus tout.

Avertissement

Cet ouvrage n'est pas une somme académique, c'est un défi: il tente d'aborder, de manière vivante, une matière complexe considérée le plus souvent comme extrêmement rébarbative. Afin de mettre à la portée des lecteurs un certain nombre de notions, afin de privilégier la clarté et la simplicité, des choix ont donc été opérés. Engagé, cet ouvrage donne aussi volontairement matière à réfléchir. Car l'Europe, pour ceux qui l'ont créée, était avant tout un idéal. À charge pour chacun de se forger ensuite une opinion.

Dernière chose: alors que j'écrivais cet ouvrage, j'ai eu l'honneur d'être élue à la tête du Mouvement européen France, la branche européenne d'une association militante, créée après le congrès de La Haye de 1948 pour diffuser les idées communautaires. Il n'en demeure pas moins que j'ai écrit ce livre seule. Il n'engage donc aucune des institutions auxquelles j'ai appartenu par le passé, ni le Mouvement que j'ai désormais la responsabilité de présider.

Sommaire

Introduction

«Le plus âne des trois n'est pas celui qu'on pense», écrivait La Fontaine dans la fable «Le meunier, son fils et l'âne»... Les «ânes» de l'Union européenne, les «nuls», ne sont pas non plus «ceux qu'on pense». Les nuls ne sont notamment pas les citoyens ordinaires qui ont du mal à comprendre l'Europe. Les nuls sont plutôt ceux qui ont échoué à leur expliquer à quel point l'aventure communautaire est extraordinaire. Ou qui, par une action à courte vue, la torpillent sans vergogne.

L'Europe est une révolution tranquille. Changer radicalement l'état d'esprit de millions d'hommes, juste après une terrible guerre, sur le plus vieux continent du monde, il fallait le faire! L'idée de départ, inédite dans l'histoire des relations internationales, est «décoiffante». Elle consiste tout simplement à renverser la perspective: réconcilier des nations ennemies en faisant apparaître leurs intérêts communs; mettre la confiance là où germait la méfiance; dévaluer des frontières jusque-là sacrées; créer des institutions pour exercer ensemble la souveraineté; fondre les monnaies nationales en une devise nouvelle. Et cela a «marché»!

La France et l'Allemagne, jadis rivales, se sont engagées dans une coopération sans équivalent dans le monde. Plusieurs pays qui étaient à la traîne sur le plan économique se sont développés; les progrès de l'Italie dans les années 1960 ou de l'Irlande, trente ans plus tard, sont stupéfiants. La Grèce, le Portugal ou l'Espagne sont sortis de la dictature et les pays d'Europe centrale et orientale du communisme. Dublin, Prague ou Barcelone sont désormais des villes «branchées» où il fait bon vivre. Dans le Marché unique, les étudiants, les travailleurs et les biens circulent librement. Entre certains pays membres, il n'y a même plus de frontières physiques. Alors qu'au Proche-Orient et dans bien des pays du monde, des hommes se battent encore pour des territoires, il ne viendrait plus à l'idée de personne, en Europe, de s'entretuer au sujet d'un bout de terre.

Cet espace économique de 27 pays et 500 millions de personnes est si vaste que des entreprises américaines puissantes, comme General Electric ou Microsoft, se plient aux décisions des autorités communautaires. Et l'Europe est déjà bien plus qu'un Marché commun: même s'ils ne s'en rendent pas toujours compte, ce qui distingue le plus les Européens du reste du monde, c'est d'avoir aboli la peine de mort, d'accepter la mise en place d'une justice internationale ou de vouloir organiser, par-delà les frontières, une riposte contre l'effet de serre.

Cinquante ans après la signature du traité de Rome, l'Europe est une puissance d'un type nouveau, une sorte de laboratoire où s'invente une manière neuve de faire de la politique. Partout dans le monde, de l'Amérique du Sud à l'Asie, elle est étudiée, décortiquée. Le «rêve européen» – comme l'a écrit l'expert américain Jeremy Rifkind – fascine, intrigue, déroute. Les Européens sont-ils fiers de ce qu'ils ont accompli? Sont-ils ardents à poursuivre? Pas vraiment, ou en tout cas, pas tous. Cherchez l'erreur. Essayons de comprendre.

Au printemps 2005, deux peuples «fondateurs» (c'est-à-dire qui ont participé à l'aventure depuis le début), la France et les Pays-Bas, ont rejeté la Constitution qui devait parachever l'œuvre communautaire. La raison d'être de l'Union européenne, ses limites, son fonctionnement ne sont plus clairs. Le chômage fait des ravages; l'euro n'a pas tenu toutes ses promesses. Pour beaucoup d'Européens, la vie quotidienne est dure, l'avenir incertain. La mondialisation fait peur. Ils en déduisent que «c'est la faute à Bruxelles» et leurs gouvernements, bien souvent, se gardent de les détromper: ils empochent les avantages de l'intégration communautaire tout en se dispensant d'expliquer et de défendre l'Europe. Pire, ils refusent de lui donner les moyens d'exister.

Aux jeunes, nul n'explique son extraordinaire parcours, ses vertus. Les contraintes qu'elle impose et les devoirs qu'elle crée sont minimisés. Sur la plupart des chaînes de télévision, il est rarement question de l'Europe: la politique intérieure – quand ce ne sont pas les chats écrasés – occupe l'essentiel du temps d'antenne. L'Europe est une idée géniale de moins en moins spectaculaire. La paix n'est pas photogénique, il n'y a pas de «people» communautaires. Et la manière dont les politiques font l'Europe aujourd'hui, à coups d'accords laborieux et de chamailleries, n'a pas le souffle des premières années. Les grands Européens s'en sont allés, emportant avec eux la joie des pionniers. Restent les experts de gris vêtus avec lesquels il est bien difficile de faire de l'Audimat.

Même lors des grandes échéances nationales – élections présidentielle et législatives – l'Europe reste le parent pauvre des programmes. Pour beaucoup de politiques qui seront pourtant nos représentants dans les instances communautaires, moins on en parle, mieux on se porte. Sur l'Europe, il n'y a guère que des coups à prendre, pas grand-chose à gagner, croient-ils.

Médias, autorités publiques, éducateurs, élus, experts, nous sommes tous coupables d'avoir failli dans le devoir d'explication et d'éducation. La démocratie exige des citoyens éclairés. Les Européens sont dans le noir. Faut-il s'étonner alors que l'Europe soit perçue comme un projet conçu par et pour des élites? Le traité de Rome a cinquante ans, l'heure de la maturité, l'heure d'un bilan. Cinquante années de paix dans une histoire de brutes. Cinquante années pour bâtir une Union aussi ambitieuse que vulnérable. Faut-il considérer ces décennies comme une parenthèse et revenir au nationalisme? Ou tenter de rectifier le tir, et de poursuivre?

À propos de ce livre

Ce livre souhaite parler de l'Europe de manière claire et accessible. Il n'est pas destiné aux spécialistes mais aux Européens curieux de savoir de quoi il retourne à Bruxelles. L'enthousiasme des citoyens n'est pas un luxe, mais la condition d'un succès durable de l'Union. Sans les Européens, il n'y aura pas d'Europe qui vaille.

Cet ouvrage ne cachera pas les misères : tout n'est pas parfait en Europe, loin de là. L'Union européenne manque d'âme, d'épaisseur humaine. Et beaucoup reste à faire pour qu'elle mérite son nom. Dans ce contexte, la critique est salutaire, mais nous essaierons de la pratiquer de manière constructive. Car l'Europe est vulnérable. Et rares sont ceux qui en ont conscience. Le poil à gratter contestataire, bon enfant en apparence, fait en réalité des dégâts considérables : deux minutes suffisent pour faire jouer les ressorts du nationalisme. Cinq cents pages vont être nécessaires pour tenter d'expliquer l'Europe.

Ce livre ne dissimulera pas non plus la complexité de la matière : faire vivre ensemble, dans un cadre politique organisé, des centaines de millions d'individus de cultures diverses, ayant vécu des expériences différentes, est une gageure. Les Européens pensent, vivent, rêvent différemment. Comme l'a écrit Jean Monnet en exergue de ses *Mémoires*, « nous ne coalisons pas des États, nous unissons des hommes ». Et des hommes (et des femmes) différents, qui ne parlent pas la même langue. Depuis la tour de Babel, personne au monde n'a jamais tenté de relever un tel défi. Si nous voulons que l'histoire se termine mieux que dans la Bible, nous devons être attentifs à cette énorme difficulté.

Autant nous faire une raison d'emblée : l'Europe – et c'est son charme – ne sera jamais simple. Ceux qui craignent l'uniformisation la connaissent mal et la pratiquent peu. Il est bon d'avoir conscience qu'elle sera longtemps un chantier, une insatisfaction, une utopie. Non pour nous décourager mais pour éviter les frustrations. Parce qu'elle est en construction, parce qu'elle repose sur un compromis, l'Europe ne se laisse pas saisir facilement. Ce livre appelle donc à la réflexion. Parce qu'elle exige un effort sur soi, un dépassement, le lecteur devra se plier à la règle. Mais au terme du voyage, la satisfaction sera d'autant plus grande. Robert Schuman, l'un des pères fondateurs de l'Europe, disait : « Rien de durable ne s'accomplit dans la facilité. »

Naturelle, la coopération européenne ne l'est assurément pas. La plus grande pente des êtres humains, c'est celle de la facilité et de l'égoïsme. L'euroscepticisme fleurit sur le terreau de l'ignorance et du repli sur soi. Il manipule d'autant mieux les esprits qu'une place immense est laissée aux fantasmes et aux approximations. La campagne référendaire a amplement montré les dégâts causés par le manque de rigueur intellectuelle et le chauvinisme. Les autres allaient voir ce qu'ils allaient voir : en votant « non », la France devait reprendre la main. Elle s'est tiré dans les pieds.

Les conventions utilisées dans ce livre

Ce livre s'appelle *L'Europe pour les Nuls* en prenant le mot «Europe» comme synonyme d'«Union européenne», conformément à l'usage fréquent dans le langage courant. Le terme «Europe» n'est donc pas employé dans son sens géographique qui renvoie à un territoire, le continent européen. Le livre n'évoque que marginalement les États du continent qui ont choisi de rester en dehors de l'Union européenne (tels que la Suisse ou la Norvège) ou ceux qui aspirent à y entrer, qu'ils soient européens (États des Balkans) ou se situent à cheval sur deux continents (Turquie). C'est un choix de commodité, pas un jugement de valeur.

De même, l'ouvrage ne traitera pas du Conseil de l'Europe, une organisation internationale qui compte aujourd'hui 46 membres (dont la Russie et la Turquie), créée, elle aussi, après la Seconde Guerre mondiale, par les mêmes fondateurs (Paul-Henri Spaak, homme politique belge très important dans l'histoire communautaire, en a été le premier président). Installé à Strasbourg, il couvre un camp d'action plus limité que l'Union européenne (voir chapitre 12).

Autre précision : pourquoi parle-t-on parfois de «l'Europe de Bruxelles»? En dépit de leurs éminentes qualités et de leurs excellents chocolats, nous n'avons pas transféré aux seuls Belges le pouvoir de décider pour tous les Européens. Tout simplement, c'est à Bruxelles que se trouve le siège principal des institutions. Tous les organes ne sont pas pour autant regroupés en Belgique. La Cour de justice des Communautés européennes est située à Luxembourg; le Parlement siège une partie du temps à Strasbourg et diverses «agences» sont réparties sur l'ensemble de son territoire.

Pour résumer, quand nous parlerons d'Europe, nous parlerons donc :

- Des Communautés des origines : la Communauté européenne du charbon et de l'acier (CECA), créée en 1950, et de la Communauté économique européenne (CEE), appelée encore Marché commun à ses débuts, créée par le traité de Rome du 25 mars 1957;
- Et plus encore de l'Union européenne (UE) qui, depuis le traité de Maastricht de 1992, englobe et complète la CEE.

Les sigles (exemples : UE pour Union européenne, CEE pour Communauté économique européenne) sont répertoriés dans le glossaire.

Les premières occurrences des termes techniques et/ou des mots et expressions définis dans le glossaire apparaîtront en italiques.

Comment ce livre est organisé

La matière étant complexe, nous avons pris le parti d'un plan qui soit aussi simple que possible.

Première partie : Une si longue histoire

L'Europe pour les Nuls commence par expliquer l'histoire de la Communauté européenne – devenue Union – afin de bien faire comprendre qu'elle rompt avec les pratiques antérieures. Tel est l'objet de la première partie qui retrace même la genèse de l'idée européenne avant l'Europe. L'idée de tenter de bâtir une organisation permettant de mettre fin aux guerres remonte à l'époque des guerres de religion (« le grand dessein » de Sully). Elle a été approfondie par des grands esprits européens comme Kant ou Hugo. L'histoire communautaire proprement dite ne débute qu'après la Seconde Guerre mondiale. Au fil des chapitres, en compagnie de Jean Monnet, du général de Gaulle, de Valéry Giscard d'Estaing, d'Helmut Kohl, le lecteur comprendra en quoi les Communautés sont une idée révolutionnaire et suivra, de 1950 à aujourd'hui, toutes les étapes de cette construction.

Deuxième partie : Les principes de l'Europe : une révolution douce

La seconde partie explique les principes sur lesquels est fondée l'Europe. Les Européens la trouvent souvent compliquée mais on ne leur a pas donné la clé pour comprendre. Les fondateurs ont inventé une nouvelle méthode de coopération qui requiert des efforts particuliers : privilégier l'intérêt européen commun, rejeter le nationalisme, ne pas faire de différences entre « grands » et « petits » États. Cette méthode a fait ses preuves mais elle subit la concurrence d'illusions intergouvernementales. Chassées par la porte dans les années 1950, elles sont revenues par la fenêtre depuis le traité de Maastricht, comme la « politique étrangère commune » ou la « méthode ouverte de coordination », aux noms ronflants et aux résultats piteux.

Troisième partie : Les institutions : meurtre dans un jardin anglais (et un château bordelais)

Une fois l'éclairage fait, nous pouvons mettre les mains dans le cambouis et regarder le « meccano institutionnel » : à quoi servent le Parlement (qui représente les peuples) ou le Conseil (qui représente les États)? Qu'est-ce que cette Commission chauve-souris, mi-gouvernement, mi-cercle d'experts? Sur les pouvoirs mais aussi sur les contre-pouvoirs (les lobbies, la presse, les Églises, les syndicats européens), vous saurez tout.

Quatrième partie : Les politiques : que fait l'Europe ?

Alors, dans une quatrième partie, nous pourrons décrire les réalisations de l'Europe, ce qu'on appelle les « politiques » : le Marché unique et ses quatre libertés de circulation, la politique agricole commune, la politique étrangère et même… l'Europe des trains, pour revenir à nos plus beaux souvenirs d'enfance.

Cinquième partie : Les défis de demain, les raisons d'espérer

Enfin, nous réfléchirons ensemble aux défis auxquels l'Union européenne sera confrontée à l'avenir : la question de ses frontières, d'une éventuelle avant-garde ou des moyens financiers et institutionnels de l'Union. Nous terminerons en nous interrogeant sur la place de la France en Europe.

Sixième partie : La partie des dix

Dans cette dernière partie, bien connue des habitués de la collection, nous reviendrons sur dix personnalités qui ont fait l'Europe, dix grands acteurs incontournables. Nous passerons également en revue dix clichés pour tordre une dernière fois le cou aux préjugés.

Annexes

Vous trouverez enfin en annexes des documents qui aideront votre lecture et vous permettront d'aller plus loin. Grâce à la carte de l'élargissement, vous visualiserez les étapes de la construction européenne. Un glossaire, auquel vous pouvez vous référez tout au long de votre parcours dans ce livre, reprend les principaux sigles et concepts européens. Et pour ceux qui veulent poursuivre leur découverte de l'univers Europe, approfondir leurs connaissances out tout simplement en savoir un peu plus sur un sujet précis, une bibliographie reprend, chapitre par chapitre, les ouvrages qui prolongeront idéalement celui-ci.

Les icônes utilisées dans ce livre

Pour vous aider à vous repérer tout au long de votre lecture, voici quelques balises :

Sous cette icône, vous débusquerez les pièges, les risques de confusion, les fausses pistes et les idées reçues qui circulent sur l'Europe. Elle vous aidera à rester en alerte.

Que pensaient ceux qui ont créé l'Europe, ceux qui l'ont façonnée ? Que disent les textes officiels ? Discours, mémoires et documents, soyez attentifs, vous êtes au cœur de la machine et des hommes.

Si vous aimez l'insolite, guettez cette icône. Elle indique une anecdote méconnue ou un chiffre surprenant.

Les éléments à retenir et les idées importantes vous sont signalés par cette icône. Ainsi, vous aurez toutes les clés pour comprendre les mystères de l'Europe.

Par où commencer

Idéalement, par le commencement ! Si un projet mérite d'être abordé dans une perspective historique, c'est bien la construction communautaire. Né du rejet de la guerre et, surtout, d'une réflexion poussée sur les erreurs commises après la Première Guerre mondiale, inscrit dans le long terme, le rapprochement des peuples d'Europe est une œuvre de longue haleine. Il a déjà connu des hauts et des bas. De l'échec de la Communauté de défense (à cause de la France…) en 1954, à la crise de la chaise vide, en 1965 (à cause de la France…), en passant par les revendications de l'inflexible Margaret Thatcher dans les années 1980, l'histoire communautaire a déjà connu son lot de crises et de tensions. Procéder chronologiquement reste la meilleure manière de comprendre comment l'Europe est née et s'est développée. Sans compter qu'en prenant un peu de recul, on relativise un peu les difficultés du moment.

Mais rien ne serait plus contraire à l'esprit européen, au sens où nous l'entendons, que d'enfermer le lecteur dans une approche obligée. L'Europe, c'est avant tout la liberté. Notamment la liberté de se promener par-delà les frontières. Ce n'est donc pas dans ce livre que nous allons en ériger de nouvelles barrières !

D'ailleurs au lieu de choisir comme devise « Unis dans la diversité », l'Union aurait dû prendre le slogan : « Faites l'Europe, pas la guerre. » Musardez donc, au gré de votre fantaisie, dans les chapitres. Lutinez l'Europe, elle en sera ravie. Elle en a assez d'être si sérieuse.

Première partie
Une si longue histoire

L'EUROPE À TRAVERS LES ÂGES.

Dans cette partie...

Vous allez remonter aux origines de l'idée européenne. Au commencement était le désir de paix, notamment après les guerres de religion. Au XVIIIᵉ siècle, des philosophes réfléchissent à la «paix perpétuelle» avant que Victor Hugo, visionnaire, n'imagine les «États-Unis d'Europe». Il faut toutefois attendre la fin de la Seconde Guerre mondiale pour que l'utopie se concrétise.

Ainsi, vous comprendrez mieux en quoi l'Europe communautaire, organisée, constitue une révolution : six États acceptent enfin de raisonner en termes d'intérêts communs, et non plus d'intérêts nationaux. C'est la première Communauté du charbon et de l'acier (CECA), née d'une initiative extraordinaire de Robert Schuman et Jean Monnet (voir chapitre 2), le 9 mai 1950. Ennuyeux, les fondateurs ? Sûrement pas. Quand vous les connaîtrez mieux, vous saurez que ces grands hommes étaient des bons vivants. Et des opiniâtres qui, à peine remis de l'échec de la Communauté européenne de défense (CED), en 1954, ont su créer la Communauté économique européenne (CEE) en 1957.

Lorsque le général de Gaulle entre en scène, l'histoire se corse. Après avoir tiré profit de la CEE, il lui porte des coups sérieux, sans arriver à l'abattre. Pour qu'elle relève la tête, il faut attendre la fin des années 1970. Dans l'intervalle, elle accueille la Grande-Bretagne, le Danemark et l'Irlande au Nord et la Grèce, l'Espagne et le Portugal au Sud. Sous l'impulsion de Jacques Delors, le Marché unique devient une réalité.

La chute du mur de Berlin accélère l'intégration européenne : la monnaie unique voit le jour. Mais, en bâtissant la «maison Europe» sur trois piliers (économie, politique étrangère et justice, et sécurité), le traité de Maastricht la rend plus complexe et plus fragile. Lors de référendums, les citoyens danois, irlandais et, plus récemment, français et hollandais, se rebellent.

Depuis le 1ᵉʳ janvier 2007, les États membres sont 27. Il faut faire vivre ensemble près de 500 millions d'Européens ! La Constitution, dont c'était la raison d'être, demeure dans les limbes… Une chose est sûre : l'Europe ne pourra pas en rester là.

Chapitre 1

L'Europe, un rêve ancien devenu réalité

L'Europe est un continent belliqueux. L'idée d'apporter la paix en unissant les États qui la composent, tous plus ou moins rivaux, n'est pas neuve. Elle apparaît bien avant le XXe siècle, sous des formes plus ou moins élaborées.

Utopies et esquisses

Datant du XVIe siècle, les premières esquisses sont bien éloignées de la réalité que nous connaissons, mais le point de départ est toujours le même: la paix par le droit.

Le grand dessein de Sully

Longtemps après la mort du roi Henri IV, son ministre Sully lui prête un «grand dessein» pour l'Europe. Nul ne sait si ces idées ont vraiment été celles du roi de Navarre mais, quand bien même Sully les aurait inventées après coup, le témoignage nous donne une idée de ce que pouvait signifier l'Europe pour un esprit de la fin de la Renaissance.

Dans une France qui sort du carnage des guerres de religion, le désir de vivre en paix est compréhensible. Le dessein ne manque pas d'audace, notamment quand Sully prône le renoncement aux guerres d'agression, le recours à l'arbitrage pour régler les différends et même la création d'une armée commune!

Le projet, dans son ensemble, est assez complexe. Mais certains concepts sont encore rudimentaires : Sully pense notamment que la paix peut résulter de l'équilibre des puissances, ce que les siècles suivants démentiront. Au passage, il ne résiste pas au plaisir de démembrer la maison d'Autriche. Ce serait toujours cela de pris pour la France ! Enfin, la Confédération ne doit grouper que des chrétiens. Pourfendre les infidèles reste non seulement autorisé mais vivement recommandé pour « décharger les États de leurs mauvaises humeurs et des esprits contentieux et hargneux ». Avant de passer à une paix durable et générale, il y a encore quelques progrès à faire…

Louis XIV, pacifiste sur le tard

Louis XIV ne compte pas au nombre des précurseurs européens mais sa réaction, à la fin de sa vie, révèle une certaine lassitude de la guerre.

Dans son *Siècle de Louis XIV*, Voltaire rapporte qu'au moment de sa mort, le Roi-Soleil aurait déclaré à son arrière-petit-fils, appelé à lui succéder sur le trône sous le nom de Louis XV : « Tâchez de conserver la paix avec vos voisins. J'ai trop aimé la guerre ; ne m'imitez pas en cela. » Et Voltaire de relever combien le roi Louis XV a cherché, durant son règne à « devenir l'arbitre de l'Europe par son désintéressement plus encore que par ses victoires ». Voilà une présentation des choses que Monnet n'aurait pas reniée : la plus grande victoire est de savoir renoncer à celles qu'on gagne au prix du sang.

L'abbé de Saint-Pierre, inventeur de la paix perpétuelle

En 1713, l'abbé de Saint-Pierre, négociateur du traité d'Utrecht, prône la « paix perpétuelle ». (On lui prête aussi l'invention du mot « gloriole » pour dénoncer la vanité des petites choses !) Son concept de paix est fondé sur une confédération : celle-ci offrirait des garanties, notamment un embryon d'organisation politique. Elle veillerait à éviter les agressions. L'abbé normand tente aussi de convaincre les souverains que leur plus grande gloire serait d'apporter une paix durable à leurs sujets.

Rousseau commentera abondamment ces idées, contribuant à les faire connaître, invitant ses contemporains à y voir autre chose qu'une utopie. L'accueil a parfois été froid, voire insolent. Voltaire en tire des écrits d'une ironie mordante, notamment un *Rescrit de l'empereur de Chine* où il dépeint la jalousie de celui-ci à l'idée d'avoir été oublié par Rousseau : « Nous avons lu attentivement la brochure de notre aimé Jean-Jacques, citoyen de Genève, lequel Jean-Jacques a extrait un projet de paix perpétuelle du bonze Saint-Pierre, lequel bonze Saint-Pierre l'avait extrait d'un clerc du mandarin marquis de Rosny, duc de Sully, excellent économe, lequel l'avait extrait du creux de son cerveau. Nous avons été sensiblement affligé de voir que dans ledit extrait rédigé par notre aimé Jean-Jacques, où l'on expose les moyens faciles de donner à l'Europe une paix perpétuelle, on avait oublié le reste de l'univers. » Ce petit texte loufoque montre bien l'influence des idées des uns sur les autres et… les sarcasmes qu'ont dû affronter, depuis le début, les « idéalistes » faiseurs de paix.

Kant et la loi commune

À la fin du XVIIIe siècle, dans la lignée de l'abbé français, le philosophe allemand Emmanuel Kant développe une réflexion poussée dans un ouvrage intitulé *Vers une paix perpétuelle* (1795). Son point de départ est proche de celui du Britannique Hobbes (« l'homme est un loup pour l'homme ») : chez les êtres humains, la tentation de se battre est constante. Contrairement à Rousseau, Kant est sans illusion sur la nature humaine.

ATTENTION !

Fédération et confédération

Une petite précision de vocabulaire, toujours utile avant de se plonger dans les questions européennes. Aux dires de notre bon vieux Robert, un État *fédéral* est celui dans lequel « les diverses compétences constitutionnelles sont partagées entre un gouvernement central et les collectivités locales qui forment cet État ». Alors qu'une *confédération* d'États est « une union de plusieurs États qui s'associent tout en conservant leur souveraineté ». Notons toutefois que la confédération helvétique (la Suisse) est un État… fédéral. Le nom est resté, mais ne correspond plus à la chose.

Le plus amusant, c'est tout de même d'aller voir comment d'autres que nous, Français (jacobins, centralisateurs, assez peu compétents en matière de fédéralisme), définissent leur propre système politique. Un coup d'œil au Duden allemand (le cousin germain du Robert) donne une définition sensiblement différente. Pour les Allemands, le fédéralisme est au contraire respectueux des entités qui composent l'ensemble : c'est « l'effort tendant à l'édification

ou le maintien d'un État fédéral, avec une autonomie étendue des entités fédérées ». Il ne viendrait à l'idée d'aucun Bavarois, fier de vivre dans « l'État libre de Bavière », de qualifier son Land de « collectivité locale » ou d'admettre que le gouvernement de Berlin est « central ».

L'une des raisons pour lesquelles la discussion entre Français et Allemands sur le destin de l'Europe tourne parfois au dialogue de sourds, c'est que derrière les mêmes mots, nous ne mettons pas les mêmes réalités. Quand les Français redoutent, dans le fédéralisme, la perte de souveraineté au profit du centre, les Allemands y voient leur meilleure garantie contre les empiètements du centre…

L'Union européenne actuelle possède certains caractères d'un État fédéral (une Cour suprême, une Banque centrale, une politique de la concurrence confiée à la Commission) mais demeure sur d'autres plans une confédération (politique étrangère et police par exemple).

Une paix perpétuelle – c'est-à-dire une paix durable et non point une simple trêve – ne peut être établie que par le droit. Les conflits naissent le plus souvent de l'injustice ; seule l'adhésion volontaire à une loi commune, équitable, peut permettre de l'éviter. L'expérience du mal que génère la guerre peut toutefois aider les hommes à organiser la paix. Concrètement, cela suppose de créer une « alliance des peuples », au plan international. Pour Kant, la paix peut être garantie en créant une confédération d'États qui dispose du pouvoir de calmer les souverains turbulents.

Dans ses *Mémoires*, Jean Monnet ne parle pas spécialement de Kant, mais il s'inscrit manifestement dans sa lignée : à bien des égards, l'Europe communautaire, qui repose sur le rejet volontaire de la guerre et met en place des règles de droit contraignantes et une Cour suprême pour les faire respecter, est d'esprit kantien (voir chapitre 9).

Victor Hugo et les États-Unis d'Europe

Curieusement, Victor Hugo n'a consacré aucune œuvre majeure à l'idée européenne. C'est vraiment dommage, car les bribes de discours et les notes où il aborde la question sont animées d'un souffle puissant.

Ainsi, au Troisième Congrès international de la paix de Paris, en 1849, il déclare : « Un jour viendra où il n'y aura plus d'autres champs de bataille que les marchés s'ouvrant au commerce et les esprits s'ouvrant aux idées […]. Un jour viendra où l'on verra ces deux groupes immenses, les États-Unis d'Amérique, les États-Unis d'Europe, placés en face l'un de l'autre, se tendant la main par-dessus les mers, échangeant leurs produits, leur commerce, leur industrie, leurs arts, leurs génies, défrichant le globe, colonisant le désert, améliorant la création sous le regard du Créateur, et combinant ensemble, pour en tirer le bien-être de tous, ces deux forces infinies, la fraternité des hommes et la puissance de Dieu ! »

« États-Unis d'Europe », le slogan frappe les esprits ! Chez Hugo, l'Europe est une sorte d'intuition fulgurante. À la fin de sa vie, il y revient : « Je voudrais signer ma vie par un grand acte, et mourir. Ainsi, la fondation des États-Unis d'Europe. » La concision du message fait rêver quand on le compare aux bavardages contemporains. Heureusement, être Européen exige moins de mourir pour l'Europe que de vouloir vivre, notamment vivre en paix.

Comparant le rapprochement des peuples européens à celui des régions françaises, invitant à délaisser guerre et révolution, Victor Hugo nous invite à tenir bon sur nos rêves de paix : « Utopie, soit. Mais qu'on ne l'oublie pas, quand elles vont au même but que l'humanité, c'est-à-dire vers le bon, le juste et le vrai, les utopies d'un siècle sont les faits du siècle suivant. » Si deux guerres mondiales sanglantes ont montré que la « marche majestueuse du XIXe siècle » n'a pas suffi à écarter les périls, Victor Hugo a fini par avoir raison. L'Histoire vient bien au rendez-vous, un siècle plus tard.

L'entre-deux guerres : des occasions manquées

Après la Première Guerre mondiale, le comte autrichien Coudenhove-Kalergi prend position pour une Europe unie. Son principal livre, *Pan-Europa* (1923), connaît un grand retentissement.

De nombreux hommes politiques qui, après la Seconde Guerre mondiale, ont été impliqués dans la construction de la Communauté économique européenne l'avaient lu. Pour ce précurseur, l'union des Européens doit être bâtie autour de la paix, du rejet du nationalisme et de la réconciliation franco-allemande. Son but est de contribuer au rayonnement de la civilisation européenne. Mais c'est aussi un esprit pragmatique qui fait des propositions concrètes et veille à la symbolique : le premier, il songe à la mise en commun du charbon et de l'acier pour rendre la guerre impossible ; il suggère d'adopter « L'Ode à la joie » de la 9e symphonie de Beethoven comme hymne et conçoit même un timbre-poste européen.

S'il est bon de rappeler ces esquisses, il ne faudrait cependant pas, rétrospectivement, surestimer leur portée. Ces quelques visions ont contribué à faire évoluer les esprits (ce n'est pas rien), mais le plus difficile, avec les utopies, c'est moins d'en avoir l'idée seul, dans son coin, que de les mettre en œuvre. Malgré l'hécatombe de la Première Guerre mondiale, Aristide Briand et Gustav Streseman, ministres des Affaires étrangères de France et d'Allemagne, ne purent aboutir à concrétiser leurs idées généreuses.

En 1925, les deux ministres conjuguent leurs efforts à la conférence de Locarno pour consolider la paix ; leur entente permet de réviser le traité de Versailles et confirme la démilitarisation de la Rhénanie. Pour cette action commune, ils reçoivent conjointement le prix Nobel de la paix. De ces accords, Briand dira : « C'est la collaboration entre pays qui s'ouvre, les États-Unis d'Europe commencent. » Le dialogue franco-allemand qui, aujourd'hui, nous semble si banal, si convenu que nous n'y prêtons même plus garde, a commencé par les efforts de ces deux hommes de bonne volonté.

En 1929, à la Société des nations (SDN), ancêtre de l'ONU, créée après la Première Guerre mondiale pour préserver la paix, un dialogue de grande tenue s'engage entre eux. Briand déclare : « Je pense qu'entre des peuples qui sont géographiquement groupés comme les peuples d'Europe, il doit exister une sorte de lien fédéral ; ces peuples doivent avoir à tout instant la possibilité d'entrer en contact, de discuter leurs intérêts, de prendre des résolutions communes, d'établir entre eux un lien de solidarité, qui leur permette de faire face, au moment voulu, à des circonstances graves, si elles venaient à naître. » Streseman répond : « Pourquoi l'idée de réunir les États européens dans ce qu'ils ont de commun serait-elle *a priori* impossible à réaliser ? »

Il est vrai qu'ils n'avaient pas parfaitement clarifié les concepts. Ainsi, les textes rédigés par le ministère français des Affaires étrangères à cette époque précisent que le « lien fédéral […] ne devra toucher à la souveraineté d'aucune des nations » qui pourraient en faire partie. Cette contradiction (voir l'encadré ci-dessus) perdure encore dans bien des esprits à Paris.

Ces efforts de rapprochement sont réduits à néant par la crise économique et la montée du nazisme. De même, le pacte Briand-Kellogs qui met la guerre hors la loi, conçu pour pallier l'absence des Soviétiques et des Américains à la SDN, est emporté par la tourmente. Pour qu'une paix durable advienne, il faudra encore une guerre mondiale et une extraordinaire conjonction d'événements et de volontés.

N'oublions donc jamais le caractère miraculeux de ce qu'aujourd'hui, enfants gâtés de l'Histoire, nous finissons par trouver banal. Même si, pour les jeunes générations, la paix ne constitue plus une motivation pour construire l'Europe unie, souvenons-nous que, dans l'histoire de l'humanité, la paix organisée est une réalisation récente, vulnérable. Rien ne garantit qu'elle soit «perpétuelle», même sur le sol européen comme l'a montré le conflit en ex-Yougoslavie. Elle n'est pas non plus universelle : la situation au Proche-Orient le rappelle. Trop souvent, les Européens n'ont pas conscience de leur bonheur, ni de leurs devoirs envers l'Europe car, comme l'avait compris Kant, ce sont les coopérations organisées, contraignantes, qui garantissent la paix. Pas les paroles légères qui s'envolent au premier coup de vent et que certains bonimenteurs, aujourd'hui, voudraient faire passer pour «l'Europe».

Des fondateurs qui avaient de l'esprit et du cœur

On dit souvent que l'Europe est une invention de technocrates. Rien n'est plus faux. Ceux qu'on appelle désormais les fondateurs étaient animés par le désir de sortir l'Europe des errements qui, en trente ans, avaient entraîné deux guerres mondiales et une crise morale majeure. Leur démarche était éminemment politique. Ils ont utilisé leur esprit – pour analyser les erreurs des générations précédentes et les corriger – mais aussi leur cœur – pour oser unir les hommes, là où, jusqu'à présent, la coopération se bornait au mieux à des alliances d'État à État. Ils ne se sont pas contentés de dire ce qu'il fallait faire, ils ont trouvé la voie. Victor Hugo énonçait déjà à propos de la paix et de l'unification européenne : «Il y a des hommes qui disent *cela sera* ; et il y a d'autres hommes qui disent *voici comment.*»

Les leçons d'un cauchemar

Les fondateurs ont réfléchi longuement, pendant la Seconde Guerre mondiale, à ce qu'il faudrait faire à la fin du conflit. Notamment, ils ont analysé en détail les erreurs passées, y compris celles qu'ils avaient commises quand ils étaient à la SDN ou à des postes de responsabilité dans leurs pays. Tous sont marqués par la débâcle militaire de 1940, l'impréparation des démocraties face au nazisme, la crise économique des années 1930, le règlement désastreux de la Première Guerre mondiale.

La leçon politique : l'équité

La Première Guerre mondiale ne s'est pas bien terminée. À tort ou à raison, les Allemands n'ont pas le sentiment d'avoir vraiment perdu ; le territoire national est intact. La cessation des hostilités est attribuée à la révolution (l'Empereur est renversé) plus qu'à la défaite militaire. Le traité de paix signé à Versailles, discriminatoire envers les vaincus, est perçu comme un «Diktat». Les espoirs soulevés par un plan en quatorze points du président américain Wilson, vite déçus, laissent place à une singulière amertume. Les États-Unis se détournent du continent européen ; faute de majorité des deux tiers au Sénat, ils ne ratifient pas le traité de Versailles.

Dans les autres traités consécutifs au conflit, signés dans les châteaux de la région parisienne (Trianon, Saint-Germain), les vainqueurs s'acharnent sur l'ancien Empire austro-hongrois, libérant les démons nationaux dans l'Europe du Sud-Est.

DANS LE TEXTE

Berlin et Vienne humiliés

Pour comprendre le ressentiment des vaincus, rien de tel que de parcourir des œuvres littéraires autobiographiques. Tous les jeunes d'Europe devraient recevoir en cadeau – outre *L'Europe pour les Nuls*, évidemment – *Le Monde d'hier* de Stefan Zweig qui raconte l'effondrement moral et matériel de l'Autriche postimpériale. Zweig montre bien le mécanisme qui a permis aux idées nazies de prendre pied : le bouleversement politique déstabilise une société qui se croyait à l'abri du malheur. L'instabilité monétaire appauvrit les petites gens et enrichit les spéculateurs. Toute la hiérarchie sociale, tous les repères volent en éclats.

L'Histoire d'un Allemand de Sebastian Haffner lui fait écho pour l'Allemagne. Ce livre relate la fin de la Première Guerre mondiale, l'hyperinflation, la crise comme les ont vécues un jeune Allemand ordinaire. Haffner décrit admirablement comment la société allemande sombre peu à peu dans la confusion morale, acceptant l'inacceptable, notamment les persécutions des juifs. Pour lui, l'étrange manière dont le conflit de 1914-1918 s'est terminé, entraînant la disparition de l'Empire, suscitant des menaces de révolution et, plus encore, les dérèglements monétaires, ont préparé le terrain au totalitarisme.

L'un des leitmotiv de Jean Monnet est de fonder la paix sur une solution équitable, dans laquelle le vainqueur ne cherche pas à prolonger son avantage sur le vaincu mais, bien au contraire, lui tend la main pour construire ensemble quelque chose de solide. Aussi les partisans de l'Europe sont-ils souvent qualifiés de doux rêveurs. Pour leurs adversaires, ce sont des idéalistes qui n'ont aucune idée de la *Realpolitik* et bradent les intérêts nationaux.

De tous les reproches faits aux fondateurs, celui-là est le plus injuste et, à dire vrai, le plus idiot. Leur attitude est au contraire bien plus réfléchie, bien plus élaborée que le réflexe de revanche qui vient des tripes.

Nul ne peut nier qu'il y a, dans le désir de réconciliation et de coopération, une générosité, une confiance en l'homme peu communes dans la sphère internationale. Ce sont bien les notions de réconciliation et d'amour qui forment le cœur de l'Europe communautaire, en rupture avec l'esprit de vengeance et de haine qui dominaient auparavant.

Depuis toujours, la loi du talion sème la discorde et prépare de futurs conflits ; pour venger des pères humiliés ou des frères morts, la relève est toujours assurée. La haine ne mène pas loin. Robert Schuman a ainsi une formule choc : « L'égoïsme ne paie plus. » Et les soixante ans de paix que l'Europe a connus depuis que cette nouvelle approche a été retenue sont la meilleure preuve de sa supériorité sur les méthodes dites réalistes qui, par le passé, ont lamentablement échoué !

S'ajoute à cela la conviction, très forte, qu'il faut sortir des jeux de négociations diplomatiques où les États possèdent un droit de veto, utilisé pour défendre leurs intérêts, forcément antagonistes entre eux. Monnet croit au contraire à l'existence d'un intérêt européen supérieur. Nous y reviendrons au chapitre 8.

La leçon économique : l'interdépendance entre vainqueurs et vaincus

Après 1918, l'idée de faire payer les vaincus en espèces sonnantes et trébuchantes domine chez les vainqueurs. Les traités d'après-guerre procèdent au dépeçage de l'Empire austro-hongrois et au remodelage hasardeux de l'Europe balkanique. Les Français qui, après la guerre de 1870, ont versé des réparations importantes à l'Allemagne et lui ont cédé à contrecœur l'Alsace et la Moselle, n'en sont pas encore à l'idée d'une réconciliation égalitaire.

Dans les années 1920, l'illusion postconflit perdure : l'Allemagne paiera ! Monnet, alors secrétaire général adjoint de la SDN, tente une première fois de briser le cercle vicieux de la vengeance ; mais les esprits ne sont pas mûrs. Persuadé que des réparations limitées et équitables valent mieux qu'une revendication illimitée, il propose de définir la dette allemande, pour solde de tout compte. Dans ses *Mémoires*, il décrit ainsi la réaction officielle française. « Poincaré se dressa, rouge de colère : "Cela, jamais, monsieur. La dette allemande est une affaire politique et j'entends m'en servir comme un moyen de pression." Et pour dramatiser la chose, il sortit de sa poche un extrait du traité de Versailles qu'il brandit sous nos yeux. »

Dans un ouvrage aujourd'hui controversé mais à bien des égards éclairant, l'économiste anglais John Maynard Keynes, alors tout jeune, dénonce *Les Conséquences économiques de la paix* (1919). Très critique à l'égard des attitudes revanchardes parce qu'elles ignorent les réalités économiques, il dénonce une politique qui sous-estime l'interdépendance des vainqueurs et des vaincus. Pour lui, le redressement allemand serait bénéfique à tous et devrait être recherché par les vainqueurs. À court terme, l'avertissement de Keynes sera vain. Son livre contribuera toutefois à inspirer les hommes qui, pendant la Seconde Guerre mondiale, réfléchiront au moyen d'éviter les erreurs passées.

L'économiste français Robert Marjolin, qui participe aux négociations du traité de Rome et deviendra le premier commissaire français à Bruxelles en 1957 (voir chapitre 3), se réfère expressément à Keynes quand il fait allusion aux réflexions menées entre 1939 et 1945 : « À peu près personne en Europe, écrit-il après-guerre, n'avait conscience de la solidarité interne qui unissait les unes aux autres les puissances européennes, victorieuses ou vaincues. Celui qui aurait osé dire, en France surtout, que l'intérêt national bien compris exigeait que l'économie allemande fût reconstruite en même temps que l'économie française, et que le retour à un degré raisonnable de prospérité en France et dans le reste de l'Europe occidentale, dépendait du relèvement économique de l'Allemagne aurait été accusé de haute trahison. » Il faudra aux fondateurs beaucoup de courage pour combattre l'ignorance et le chantage patriotique ambiants.

La volonté d'unir les hommes

En exergue de ses *Mémoires*, Jean Monnet a placé une phrase simple qui, mieux que des longs discours, révèle le sens de l'Europe communautaire : « Nous ne coalisons pas des États, nous unissons des hommes. » Nous allons voir qui étaient les premiers qui voulurent s'unir, qui étaient les fous capables d'aller, à ce point, à contre-courant des idées reçues.

Nombre d'entre eux sont les hommes politiques comme le ministre belge Paul-Henri Spaak, socialiste, le chancelier allemand Konrad Adenauer ou le ministre français des Affaires étrangères Robert Schuman, ces deux derniers chrétiens démocrates. D'autres étaient des résistants comme le communiste Altiero Spinelli, emprisonné seize ans durant dans les prisons fascistes (voir chapitre 26). Certains autres sont tout bonnement inclassables.

C'est le cas de Jean Monnet, l'homme le plus influent du siècle, jamais élu mais toujours prêt à souffler des idées à l'oreille des puissants – Churchill, Roosevelt, de Gaulle et d'autres – sans souci des hiérarchies et des frontières. À 20 ans, obscur petit négociant en cognac travaillant dans l'entreprise de papa, il a déjà tenté de convaincre le président du Conseil français – c'est-à-dire le Premier ministre de l'époque – de la nécessité d'une coopération franco-britannique pour ravitailler le front. Et cela a marché ! Le voilà à Londres, investi de responsabilités importantes. De Gaulle l'appelle « l'inspirateur ». Le général enfermé dans son souverainisme n'a jamais pu comprendre Monnet, cet homme heureux d'agir à califourchon sur les frontières. Plusieurs fois, il l'accusera d'être un « patriote américain », ou mettra en cause sa loyauté envers la France. Ce qui n'empêchera pas Monnet de continuer.

Monnet et Spaak, deux Européens très… choux

Contrairement à une idée reçue qui voit dans tous les pros Européens des technocrates, les fondateurs étaient de bons vivants. Imaginez ainsi la première rencontre de deux titans: Monnet et Spaak. Ils font connaissance à Washington en 1941. Ce jour-là, ils ont parlé d'Europe, bien sûr, mais vingt-cinq ans après, qu'en retient Spaak? «J'ai rencontré Jean Monnet pour la première fois à Washington en 1941. J'ai gardé, pour deux raisons, un souvenir très précis de cette journée: à cause de ce qu'il m'a dit. […] Nous parlâmes de l'après-guerre, de la façon dont il faudrait assurer la paix et l'avenir de l'Europe. Il m'exposa la philosophie et les grandes lignes de ce qui devait être un jour le plan Schuman. […] Et, je l'avoue, à cause de ce qu'il m'a fait manger: des profiteroles au chocolat, crémeuses, légères, qui complétaient un succulent déjeuner préparé par sa cuisinière française, déjeuner qui tranchait agréablement sur l'austérité de la cuisine anglaise à laquelle j'étais alors soumis».

Les origines des fondateurs de l'Europe sont diverses, comme leur parcours mais ils avaient une ambition commune: éviter le déclin de l'Europe et, à cette fin, unir les Européens, pacifiquement. Loin d'eux l'idée de créer un monstre froid, une bureaucratie! L'importance qu'ils ont attachée à la création d'institutions vient au contraire du sentiment – très humain – de leur propre fugacité. «Rien ne se crée sans les hommes, rien ne dure sans les institutions», a écrit Monnet. Il voulait dire que les structures juridiques, les règles étaient conçues pour perpétuer ce que la vie humaine ne peut porter: un projet qui dépasse son propre horizon.

Retenons qu'ils n'étaient pas forcément tous exactement sur la même ligne: certains étaient désireux de bâtir une Europe fédérale et prônaient ouvertement les États-Unis d'Europe (Spinelli, Monnet, Hallstein), car ils ne croyaient guère à la vertu des États nations. D'autres ne cachaient pas un attachement plus fort à ceux-ci (Marjolin, Adenauer, Schuman). Mais tous se retrouvaient sur le fait qu'il fallait avancer en créant des liens étroits, des solidarités concrètes. C'est tout le sens de la déclaration Schuman du 9 mai 1950: «L'Europe ne se fera pas d'un coup.» (Voir chapitre 2 pour un plus large extrait.)

Tous les fondateurs veulent, à terme, bâtir une Europe politique, forte, capable de décider et de peser dans le monde. Habités par l'angoisse de son déclin, inquiets de l'idéologie totalitaire de l'URSS, ils ont avancé comme ils ont pu. Par des routes droites ou des chemins de traverse, mais sans jamais perdre de vue leur objectif. Leur pragmatisme a su prendre patience sans renier l'idéal. Lorsqu'ils proposent des concessions ou une progression par étapes, ils ne cèdent pas sur l'essentiel: dépasser le stade de la coopération entre gouvernements, créer des liens entre êtres vivants, mettre en place l'intégration.

ATTENTION !

Coopération et intégration

La *coopération* est une modalité de rapport entre États qui existe n'importe où dans le monde ; deux voisins signent un traité pour gérer ensemble le fleuve qui les sépare ou instaurer un programme d'échanges en matière militaire. Pour prendre une comparaison simple, la coopération est de l'ordre de l'amitié, éventuellement d'une liaison dans laquelle chacun garde son appartement et demeure libre de repartir de son côté, ce qu'illustre la permanence de l'unanimité (droit de veto).

L'*intégration*, elle, repose sur un engagement plus fort, créant des liens plus étroits ; entre États, elle est sans équivalent dans le monde. C'est en quelque sorte un mariage « à l'ancienne », sans divorce, pour le meilleur et pour le pire. Dans les traités fondateurs, les États membres ne prévoient pas de porte de sortie. Ils s'installent

dans la durée en s'équipant de meubles solides (les institutions) et en ouvrant un compte joint (le budget). Fondée sur la conscience d'un intérêt commun supérieur à la somme des intérêts nationaux des États qui composent la Communauté, l'intégration suppose une mise en commun d'un certain nombre de pouvoirs. Elle est en principe caractérisée par le recours à des procédures de vote à la majorité.

Dans l'Union européenne actuelle, certaines matières relèvent de l'intégration (la concurrence, la monnaie, la politique commerciale par exemple) et d'autres de la coopération (notamment la politique étrangère, la coopération policière ou pénale). Enfin, dans quelques domaines relevant de l'intégration (la fiscalité par exemple), le maintien du vote à l'unanimité brouille les cartes.

Les fondateurs venaient de tous les partis modérés, la cause européenne rassemblant au-delà des clivages partisans. Dès les débuts, une forte opposition à l'intégration est venue de l'extrême gauche (notamment des partis communistes) et de l'extrême droite souverainiste, la France comptant en outre les gaullistes.

Si l'Europe a réussi, c'est avant tout à l'extraordinaire qualité de ces premiers Européens qu'elle le doit. Ces hommes de bonne volonté mériteraient d'être infiniment plus célébrés qu'ils ne le sont, tant leur créativité, leur ténacité et leur force de caractère sont impressionnantes. Ils nous donnent des raisons d'espérer : avec de tels ancêtres, nous devrions bien être capables de faire encore de grandes choses ! Sans compter que, jusqu'à présent, une grande partie de la population – les femmes – a été laissée en dehors de l'aventure.

Où sont les femmes ?

Dans l'entre-deux-guerres, Louise Weiss, fondatrice et directrice de la revue *L'Europe nouvelle*, femme de lettres, œuvre pour le rapprochement franco-allemand et soutient les premiers projets d'union européenne. Mais parmi ceux qui agissent, il n'y a – hélas ! – pas une femme jouant un rôle important. D'après un témoin de l'époque, il n'y aurait eu qu'une dizaine de femmes au congrès de La Haye en 1948 ! D'où peut-être l'expression consacrée des « pères fondateurs ». Sans doute est-ce la conséquence de l'absence quasi totale de femmes dans le monde politique d'après-guerre. Pour un projet destiné à consolider la paix, c'est toutefois triste et curieux. Si les femmes d'aujourd'hui ont échappé au destin de leurs aïeules qui, souvent, restaient vieilles filles, devenaient veuves avec des enfants en bas âge ou pleuraient leurs fils « morts au champ d'honneur », c'est bien grâce à l'Europe.

À partir de la première élection du Parlement européen au suffrage universel, Simone Veil jouera un grand rôle, mais ce sont déjà les années 1980 ! Aujourd'hui encore, la plupart des femmes continuent à se montrer plus réservées que les hommes face à la construction européenne. Cela s'explique en partie par leur niveau d'études (encore inférieur en moyenne), un moindre accès à l'information et une certaine indifférence aux arguments géopolitiques. Sans compter qu'étant souvent chargées de l'intendance, elles ont une approche assez prosaïque des réalités. Ainsi de l'euro : parce qu'elles font plus les courses, elles se sont rendu compte à quel point les commerçants ont arrondi les prix ! Les rapports écrits par les experts, démontrant qu'il n'y a pas eu d'inflation liée à l'euro, ne prouvent sans doute qu'une chose : que ces derniers remplissent rarement le frigo familial…

Après 1945, un contexte porteur

Sans les personnalités exceptionnelles que nous venons d'évoquer, le projet européen n'aurait pas vu le jour. Mais quels que soient leurs mérites, le contexte les a aidés. Il a même été décisif pour l'épanouissement de l'Europe. Devant les morts et les ruines, les querelles mineures semblent enfin dérisoires. Dans des sociétés à reconstruire, l'action de quelques-uns peut avoir un impact immense ; ainsi le Commissariat au plan français est-il une pépinière de talents et d'idées qui essaiment en Europe. Enfin et surtout, la situation géopolitique mondiale est particulièrement favorable. C'est Spaak qui fait ce résumé saisissant de la situation de la fin des années 1940 : l'Europe est née « dans la peur du Russe et de la charité des Américains ». Commençons par le positif.

La charité des Américains

La chance des Européens de l'Ouest, que savent saisir Jean Monnet, Robert Marjolin et les autres, est de pouvoir compter sur des Américains prêts à soutenir, y compris financièrement et militairement, la reconstruction de l'Europe libre. D'isolationnistes en 1919, les Américains deviennent, après 1945, pour un temps au moins, des acteurs engagés de la vie politique européenne.

Le mérite en revient notamment au président Truman. C'est de cette époque que date aussi la création de l'Organisation du traité de l'Atlantique Nord (OTAN).

LE SAVIEZ-VOUS ?
?

God bless America

Le plan Marshall, du nom du secrétaire d'État américain du président Truman George Marshall, aura abouti, entre 1948 et 1952, au transfert en Europe de… 1,2 % du PNB américain, c'est-à-dire de la richesse de cet immense pays. En 1948, ce chiffre a même atteint 2 % ! Pour donner un ordre de grandeur, au sein de l'Union européenne qui est censée être une union politique fondée sur la solidarité, nos gouvernements parviennent péniblement à adopter un budget qui se situe autour de 1 % de la richesse collective !

Cette extraordinaire générosité devrait être rappelée à ceux qui, en France, sont parfois tentés par l'antiaméricanisme primaire. Elle est d'autant plus méritoire que la reconstruction rapide du potentiel industriel européen faisait de l'Europe un rival potentiel des États-Unis. Les Américains ne s'en sont pas souciés, persuadés, avec raison, qu'ils y gagneraient : une Europe stable, prospère, voilà des problèmes en moins et un marché solvable. Ils avaient également proposé aux Soviétiques de bénéficier des aides Marshall.

Outre l'ampleur du secours financier apporté aux Européens, le plus impressionnant, dans l'attitude américaine de l'après-guerre (qui se ressentira encore dans le « grand dessein » – encore un ! – exposé par John Fitzgerald Kennedy en 1962), c'est l'appui qu'ils ont donné à l'unité politique de l'Europe. Et la méthode suivie est conforme à l'esprit américain des meilleurs jours : libérale, *bottom up* et non *top down* (incitant à partir d'en bas au lieu d'ordonner d'en haut). Marshall n'a rien voulu imposer. S'il avait eu en tête de diviser pour régner, il aurait traité avec les pays européens séparés, hors d'état de résister à la volonté américaine.

DANS LE TEXTE

Au contraire, dans son discours du 5 avril 1947 à Harvard, Marshall a souligné : « Un accord devra être réalisé par les pays d'Europe sur leurs besoins actuels. […] Il ne serait ni bon, ni utile que le gouvernement [américain] entreprenne d'établir de son côté un programme destiné à remettre l'économie européenne sur pied. C'est là l'affaire des Européens. L'initiative doit venir d'Europe.[…] Ce programme devrait être général et établi en commun par un grand nombre de nations européennes, sinon par toutes. » Mais l'orientation est claire : l'Europe devrait s'unir politiquement. Cet appel devait trouver sa réponse dans la création de l'Organisation européenne de coopération économique (OECE), organisme chargé de la distribution de l'aide américaine, première enceinte de coopération européenne, embryon des instances communautaires.

Comme nous le rappellerons ultérieurement, en 1962, le président Kennedy veut toujours une Europe communautaire, supranationale. Si cette Europe « puissance » chère aux Français ne voit pas le jour, c'est surtout la faute à… la France du général de Gaulle. Lorsque certains Français critiquent le manque de volonté politique des Européens qui serait la marque d'une emprise « anglo-saxonne » sur l'Union européenne, ils ont la mémoire qui flanche…

La peur du Russe

Les Soviétiques vont, quant à eux, endosser le rôle moins sympathique mais tout aussi utile de repoussoir. C'est largement la menace communiste qui a justifié, aux yeux du Congrès de Washington et de l'opinion publique américaine, l'engagement des États-Unis en Europe. Sans la peur du Russe, la réintégration de l'Allemagne fédérale dans le cercle de l'Europe occidentale n'aurait jamais pu être aussi rapide. Car rappelons aux Européens du début du XXIᵉ siècle que, à peine la guerre finie, à peine la menace nazie écartée, l'Europe a vécu sous la menace d'une Union soviétique non démocratique qui voulait imposer son idéologie, au besoin par la force.

Joseph Staline, premier secrétaire du parti communiste soviétique, c'est-à-dire le chef de la Russie soviétique, rapproche, en bon père fouettard, les Européens : après la guerre, il abandonne rapidement la coopération avec les Alliés (notamment américains). Au combat commun contre Hitler succède, dès 1947-1948, une divergence radicale : le stalinisme et ses crimes sont à l'opposé des valeurs que prônent les fondateurs de l'Europe. Peu à peu la confrontation entre l'Occident et l'URSS devient systématique : le blocus de Berlin organisé par Moscou, le soutien apporté par les communistes à tous les mouvements révolutionnaires à travers le monde, la pratique d'une obstruction permanente aux Nations unies conduisent les Américains à prendre acte de ce qu'on appellera la guerre froide. La création d'une alliance militaire entre les États-Unis et l'Europe occidentale (par la signature du traité de l'Atlantique Nord) en découle.

LE SAVIEZ-VOUS ?

Le rideau de fer

Utilisée pour évoquer la séparation de l'Europe entre l'Est et l'Ouest, l'expression « rideau de fer » a été utilisée pour la première fois par Winston Churchill, dans un discours fait aux États-Unis le 5 mars 1946 : « De Stettin, sur la Baltique, à Trieste, aux bords de l'Adriatique, un rideau de fer s'est abattu sur le continent. Toutes les capitales des anciens États d'Europe centrale et orientale se trouvent derrière cette ligne : Varsovie, Berlin, Prague, Vienne, Budapest, Belgrade et Sofia. Toutes ces villes célèbres et leurs habitants se situent désormais dans ce que je dois appeler la sphère d'influence soviétique et subissent, sous une forme ou une autre, non seulement l'influence de Moscou mais son contrôle poussé et, dans certains cas, croissant. »

En 1956 en Hongrie, en 1961 à Berlin ou en 1968 à Prague, les Russes se sont sans cesse rappelé au bon souvenir aux Européens de l'Ouest. Au début des années 1980, la question des euromissiles contribue à rapprocher le chancelier Kohl et François Mitterrand, que leurs sensibilités politiques *a priori* opposaient.

Avoir conscience à la fois de la générosité américaine – générosité qui rejoignait les intérêts américains de long terme bien compris – et de la menace soviétique – qui a tendance à être oubliée aujourd'hui – permet de mieux comprendre pourquoi l'Union européenne actuelle se cherche encore. Les Européens s'abandonnent d'autant plus aux délices de leurs divergences qu'ils sont privés à la fois d'appui et de contre-modèle. Mais (nous y reviendrons au chapitre 6) il est tout aussi faux de penser que, pour faire l'Europe, il aurait été souhaitable que le rideau de fer se perpétuât.

Les Britanniques, acte 1

Auréolés d'un prestige immense pour le courage dont ils ont fait preuve en 1940-1941, les Britanniques se trouvent à la fin de la guerre dans une position paradoxale. Alors qu'ils auraient pu devenir les leaders incontestés du continent, ils cultivent soigneusement leur différence et prennent leurs distances. Ils ont sauvé l'Europe occidentale, sa liberté, mais ne s'en sentent pas proches. Ils poussent à l'intégration… des autres.

L'un des plus beaux discours jamais prononcés sur l'Europe est celui de Churchill, à Zurich, en 1946. Partisan des États-Unis d'Europe, il ramène l'enjeu à un choix entre le bien et le mal. Et, selon lui, la marche à suivre est simple : tout ce qu'il faut, c'est que des centaines de millions d'hommes et de femmes fassent «un acte de foi dans la famille européenne» et un «acte d'oubli envers tous les crimes et les actes de folie du passé». Il ajoute que «le premier pas vers la reconstitution de la famille européenne doit être une association entre la France et l'Allemagne».

Compte tenu de l'autorité de Churchill, ce discours a un grand impact ; il déclenche la réunion d'un congrès dont le souvenir est resté dans les annales, rassemblant tous les proeuropéens : la conférence de La Haye, en 1948. Dans les milieux communautaires, il a longtemps été chic de pouvoir dire : «J'y étais.» (Cela commence à se faire rare…) Plus de 1 200 délégués sont présents. Churchill en personne, Ramadier et Paul Reynaud, François Mitterrand, Adenauer et de Gasperi se joignent à des hommes de la société civile comme Denis de Rougemont, Salvador de Madariaga, Henri Brugmans. À la fin du congrès sont votées trois résolutions :

- ✔ Culturelle (prônant la création d'un centre européen de la culture) ;
- ✔ Économique (énonçant une série de principes qui se retrouvent tous plus ou moins dans le traité de Rome) ;
- ✔ Politique (réclamant la réunion d'une assemblée parlementaire).

À l'initiative de Robert Schuman, un processus de discussion est lancé, qui aboutira au traité fondant le Conseil de l'Europe, signé le 5 mai 1949. (Nous reviendrons sur les institutions du Conseil de l'Europe – à ne pas confondre avec les institutions communautaires – au chapitre 12.)

Chapitre 2

Une création en trois étapes (1950-1957)

L'Europe telle que nous la connaissons est le résultat d'un processus progressif (et l'aventure n'est toujours pas finie…). Voici les trois étapes initiales de ce processus.

L'Europe du charbon et de l'acier

Le premier pas est fait en 1950. Robert Schuman, alors ministre français des Affaires étrangères, saisit au vol une idée de Jean Monnet.

La déclaration Schuman

Le 9 mai – qui est devenu depuis la Journée de l'Europe –, Robert Schuman prononce une déclaration historique, dans le salon de l'Horloge du Quai d'Orsay. L'idée est simple et révolutionnaire à la fois : mettre en commun les deux industries nécessaires à la guerre (mines et aciéries) et en confier la gestion à un organe commun.

La philosophie des fondateurs est exprimée dans un texte sobre, sublime : «La paix mondiale ne saurait être sauvegardée sans des efforts créateurs à la mesure des dangers qui la menacent. La contribution qu'une Europe civilisée et vivante peut apporter à la civilisation est indispensable au maintien des relations pacifiques. En se faisant depuis plus de vingt ans le champion d'une Europe unie, la France a toujours eu pour objet essentiel de servir la paix.

L'Europe n'a pas été faite et nous avons eu la guerre. L'Europe ne se fera pas d'un coup, ni dans une construction d'ensemble : elle se fera par des réalisations concrètes créant d'abord une solidarité de fait. Le rassemblement des nations européennes exige que l'opposition séculaire de la France et de l'Allemagne soit éliminée ; l'entreprise doit toucher au premier chef la France et l'Allemagne. Dans ce but, le gouvernement français propose de porter immédiatement l'action sur un point limité mais décisif : […] placer l'ensemble de la production franco-allemande de charbon et d'acier sous une Haute Autorité commune, ouverte à la participation des autres pays d'Europe. »

Il n'est pas étonnant que Robert Schuman, homme de la Moselle, à l'aise dans les deux langues française et allemande, dans les deux cultures, ait su trouver le ton juste. Le miracle en revanche est que cet homme réservé, présenté par ses contemporains comme timide, ait eu l'audace, pour lancer ses idées, de manœuvrer de telle sorte que le gouvernement français ne lui mette pas de bâtons dans les roues. En secret, tenant soigneusement son ministère à l'écart, il consulte ses partenaires, notamment le chancelier allemand Adenauer. Habile, il parvient à faire au Conseil des ministres une communication censée mettre ses collègues au courant sans trop en dire non plus…

Il est vrai qu'à cette date, Schuman est très préoccupé par les tentatives françaises tendant à limiter la production allemande de charbon et, d'une manière générale, par les poussées de germanophobie perceptibles en France. La Sarre fait l'objet d'une convoitise dangereuse. Nombreux sont ceux qui, à Paris, seraient ravis de briser le redressement allemand. Cet état d'esprit ne pourrait qu'attirer à la France de sérieuses difficultés avec les États-Unis. Le ressentiment allemand y trouverait de nouveau sa nourriture. L'urgence de combattre ce danger incite le ministre français à agir promptement.

Pour Robert Marjolin, « même sans la CECA, l'Allemagne aurait retrouvé sa place en Europe. Les Américains, qui travaillaient activement à sa reconstruction en tant que grande puissance industrielle, auraient fini par l'emporter ; mais cette reconstruction se serait faite contre la France ; beaucoup d'amertume aurait subsisté pendant longtemps des deux côtés du Rhin ».

Le plan Schuman, c'est du judo : retourner la force qui va vous écraser, la transformer en un élan positif. En anticipant sur la nécessité, Schuman redonne à la France une marge de manœuvre et, à l'Allemagne, une espérance. Au lieu de retomber dans la spirale de la méfiance et de la haine, chacun s'élève et y gagne. Cette initiative est présentée comme « la première étape vers la fédération européenne ». Elle possède une valeur symbolique forte, difficile à mesurer aujourd'hui : l'Allemagne, alors divisée, privée de souveraineté, l'ancien agresseur dont les crimes abominables sont désormais connus, cette Allemagne-là est placée sur un pied d'égalité avec la France. Certes, la France revient de loin, elle aussi, mais elle compte parmi les vainqueurs. L'élément radicalement nouveau, par rapport à l'esprit revanchard de 1918, est là.

DANS LE TEXTE

Le chancelier Adenauer voit immédiatement la valeur morale du retournement: «J'envisage cette entreprise sous son aspect le plus élevé. Elle appartient à l'ordre de la morale. C'est la responsabilité morale que nous avons à l'égard de nos peuples, et non la responsabilité technique, que nous devons mettre en œuvre pour réaliser un si vaste espoir. Cette initiative, voilà vingt-cinq ans que je l'attends… L'Allemagne sait que son sort est lié au sort de l'Europe occidentale.»

Le traité CECA

Notez la méthode: l'objectif fédéral reste affiché mais, faute de faire le grand saut dans la construction d'un État européen, les fondateurs choisissent une voie pragmatique. Il s'agit toutefois d'un pragmatisme bien particulier.

D'abord, il est mis au service d'une vision d'ensemble. Schuman précise ainsi: «Nous ne croyons pas être présomptueux en disant que la proposition qui a été faite et acceptée [sur le charbon et l'acier], si elle devient une réalité telle qu'elle a été faite et acceptée, implique des virtualités que nous ne pouvons pas encore mesurer mais qui se développeront rapidement dans le sens de l'unification complète, économique et politique de l'Europe». On est loin du pragmatisme à la mode aujourd'hui, qui est comme une feuille de vigne cachant la nudité de la pensée. Ensuite, ce pragmatisme ne tolère aucune concession sur l'essentiel. Ainsi, Schuman reste intransigeant sur un point: les partenaires doivent «accepter l'engagement de principe de mettre en commun leurs ressources en charbon et acier et d'instituer une autorité dont les décisions engagent les gouvernements intéressés».

C'est la principale raison pour laquelle les Britanniques ne participent pas. Schuman tient bon. Monnet – qui connaît très bien les Anglais – l'encourage: il a compris qu'il faut lancer l'entreprise européenne sans eux, pour ne pas en diluer le contenu; il est sûr que le succès les amènera à reconsidérer leur position ultérieurement. Bien qu'il ne connaisse guère les Allemands, bien qu'il ait tenté, pour éviter la honte de l'armistice, de convaincre les autorités françaises d'accepter la fusion pure et simple de la France et de la Grande-Bretagne en juin 1940 (rien que cela!), Monnet comprend que le salut sera franco-allemand ou ne sera pas.

Le 27 mai 1952, le traité créant la CECA est signé par les Six, ouvrant la voie à une coopération nouvelle. Une Haute Autorité, ancêtre de la Commission, est au centre du jeu. Les États siègent ensemble au Conseil. Une Assemblée parlementaire et une Cour de justice contrôlent les organes nouveaux.

Certes, la CECA n'a pas rempli tous les espoirs que ses fondateurs ont mis en elle. La Haute Autorité a des pouvoirs considérables en théorie mais, en pratique, ceux-ci se révèlent limités par le fait qu'on ne peut isoler un secteur du reste de l'économie. Le recul de la consommation de charbon, au profit du pétrole, relativisera peu à peu son importance. Jean Monnet quitte d'ailleurs ses fonctions de président de la Haute Autorité plus tôt que prévu, en 1955. Mais la CECA est un saut conceptuel et, plus encore, «l'école où les Six apprirent à travailler ensemble» (Marjolin).

La CECA, une menace pour... les habitudes

Lors du débat à la Chambre des députés, en 1951, sur la Communauté du charbon et de l'acier, René Mayer a défendu le projet en se moquant de ses détracteurs en ces termes: «Je suis du même avis que ceux d'entre vous qui pensez que ce traité fait planer une grave menace sur la sidérurgie française; je dis bien une grave menace: la sidérurgie française est menacée dans ses habitudes.» Tel est l'un des problèmes majeurs de l'Europe: elle dérange nos petites manies.

La Communauté européenne de défense : le rêve avorté

La deuxième tentative, celle de lancer une Communauté européenne de défense (CED), n'est malheureusement pas couronnée du même succès. C'est pourtant de France que vient, à nouveau, l'idée de départ. Cette fois-ci, les arrière-pensées sont plus nombreuses, la matière explosive.

Un projet ambitieux

L'invasion de la Corée du Sud par les communistes, en juin 1950, conforte les Américains dans leur décision d'organiser la défense de l'Europe par une «stratégie de l'avant» qui impose l'implication de l'Allemagne. L'Europe de l'Ouest (hors RFA) est dans une situation d'infériorité militaire par rapport aux Russes; en outre, la géographie de l'Europe les prive du recul territorial nécessaire pour faire face à une attaque conventionnelle soviétique. Dean Acheson, secrétaire d'État américain, insiste auprès de ses partenaires européens sur l'impossibilité, pour les États-Unis, de coopérer activement à la défense de l'Europe si l'Allemagne en est exclue. Et comment vendre aux Américains l'idée d'aller se battre sur l'Elbe avec des Allemands spectateurs?

Spaak rapporte que «ces projets jetaient le trouble dans bien des consciences, cinq ans à peine après la fin de la guerre» et que «les résistances françaises étaient particulièrement fortes. Cela se comprenait. Les souvenirs de la guerre, de l'invasion, de la défaite, de l'Occupation étaient encore trop récents». C'est dans ces conditions que René Pleven, président du Conseil, et Robert Schuman, toujours ministre des Affaires étrangères, ont l'idée de combiner leur conviction européenne avec le souci de répondre aux préoccupations des Américains. René Pleven ne cache pas que l'un de ses objectifs est d'éviter «la création d'une armée allemande» qui ferait «renaître la méfiance et la suspicion».

En octobre 1950, Pleven propose la création d'une armée européenne, rattachée aux institutions politiques d'une Europe unie. Un ministre de la Défense, responsable devant une Assemblée européenne, serait désigné par les gouvernements participants. Cette armée serait financée par un budget commun, ses forces pouvant être mises à la disposition du commandement atlantique. Chaque pays conserverait toutefois une fraction de son armée dans un cadre national.

Ce plan est moins le fruit d'un lent cheminement qu'une réaction assez émotionnelle à l'éventualité d'un réarmement allemand. René Pleven lui-même admet qu'il aurait préféré «un certain répit» après le lancement de la CECA, mais les événements mondiaux imposent leur rythme. Venant après l'idée de la CECA, de la part d'Européens respectés et convaincus, le plan Pleven rallie les partisans de l'Europe unie et les États-Unis. Il est accepté notamment par le Conseil de l'Alliance atlantique réuni en décembre 1950. Les négociations se poursuivent en 1951 et début 1952. Le traité de Paris est signé le 27 mai 1952.

Si peu de temps après la guerre, la ratification n'est pas une mince affaire. Même dans la très europhile Belgique, Spaak confie: «Je savais le péril de plaider pour une Europe unie basée sur la coopération militaire allemande. Je savais, et mes amis européens aussi, que ce terrain était dangereux, probablement le plus dangereux de tous. Il nous fallait faire face à des réactions passionnées, parfaitement compréhensibles. Mais placés devant l'obligation du choix, nous ne pouvions hésiter. Sauf à renoncer à l'alliance militaire américaine, ce que la situation internationale nous interdisait, nous devions accepter le réarmement de l'Allemagne. C'était une nécessité. Dès lors, il importait de le réaliser dans les meilleures conditions possibles. Il valait beaucoup mieux créer une armée européenne où les forces allemandes seraient intégrées que de permettre la résurrection d'une armée allemande nationale et indépendante.»

La défaillance française

La ratification intervient en Belgique, en Allemagne, en Italie, au Luxembourg et aux Pays-Bas. Fidèle à elle-même, la Grande-Bretagne ne participe pas. En France, le général de Gaulle, depuis Colombey-les-Deux-Églises, attaque violemment le projet. Les communistes ne sont pas en reste.

En juin 1954, Pierre Mendès France devient président du Conseil. C'est un homme droit, épris de rigueur, qui fera preuve sur la question de l'Indochine d'une grande autorité. Mais en matière européenne, la clairvoyance lui fait défaut. Accaparé par la question coloniale, soumis aux feux croisés des gaullistes et de la gauche, il hésite. Un moment, il cherche à renégocier le texte. Mais les partenaires l'ont déjà ratifié et les Américains ont besoin de garanties de durée. Ses tentatives pour le vider de son contenu ou ouvrir aux États participants la possibilité d'en sortir inquiètent les autres gouvernements.

Malgré les efforts de Spaak, une conférence convoquée pour tenter de trouver une solution n'aboutit pas. Le gouvernement français décide de soumettre le texte au Parlement en l'état, sans s'engager dans la bataille, ni même donner de consignes de vote. La dérobade aboutit à la catastrophe : le 30 août 1954, les députés français rejettent le traité, ce qui conduit à enterrer le projet. Pour la première fois, la France a manqué à l'Europe. La déception de ses partenaires est immense.

Certes, la CED soulève des questions graves. L'envoi de troupes qui peut entraîner des soldats à la mort ne doit pas être décidé à la légère ; il est indispensable d'assurer la légitimité d'une telle décision. Sans cadre politique fédéral, sans confiance entre les partenaires, il est hardi d'aller si loin. L'espoir secret de certains de ses promoteurs – qui ne s'en cachent pas – est justement d'enclencher, par cette décision, la réalisation de l'union politique. De Gasperi, conseillé par Altiero Spinelli, obtient un article prévoyant l'élaboration d'un projet fédéral ou confédéral. C'est l'assemblée parlementaire de la CECA (élargie à quelques autres élus) qui rédige le projet de Communauté politique européenne. Adopté en 1953, il sera hélas ignoré par les gouvernements…

En 1954, le souvenir de la guerre est proche ; la méfiance persiste envers l'Allemagne. De nombreuses incertitudes demeurent sur le rôle des États-Unis dans le dispositif. Nombre de députés français sont inspirés par des sentiments plus négatifs : ils entendent empêcher le réarmement allemand. Seul un engagement sans faille des élites au pouvoir aurait pu contrebalancer la méfiance viscérale d'une partie de la classe politique. Si Mendès France avait mis toute son autorité dans la balance, peut-être aurait-il pu casser la spirale du doute. Les partenaires lui reprochent donc moins d'avoir perdu que de ne s'être point battu. Moralité : le réarmement allemand se fera dans l'OTAN, plus vite que prévu. La peur est toujours mauvaise conseillère.

Plus fondamentalement, cette crise révèle la persistance d'une hostilité sourde, en France, envers l'Allemagne mais aussi envers les États-Unis. Le fossé qui sépare de Gaulle des pro-CED est autant une divergence sur l'opportunité d'avoir des institutions supranationales qu'un désaccord complet sur la relation que la France doit avoir avec les États-Unis.

Tous les proeuropéens sont accablés : le projet supranational semble bel et bien enterré. Robert Marjolin confie dans ses mémoires : « Le sentiment domina chez les partisans d'une Europe unie que le ciel leur était tombé sur la tête et que c'en était fini pour toujours de l'idée européenne. » Voilà les Gaulois bien fidèles à leur réputation : incapables de s'entendre entre eux et craignant la vengeance de Toutatis ! Il ne manque que le barde et les poissons pourris pour entrer de plain-pied dans Astérix !

Le sursaut réussi : la Communauté économique européenne

Pourtant, les proeuropéens ne se découragent pas. Moins de trois ans plus tard, les traités créant la Communauté économique européenne (CEE, ou encore Marché commun) et la Communauté européenne de l'énergie atomique (Euratom) sont signés puis ratifiés, y compris par le Parlement français. Pourtant, le Marché commun institue une coopération plus étroite que tout ce qui l'a précédé. Mais par son caractère en apparence anodin, économique, il a échappé à la vindicte de ceux qu'on n'appelait pas encore les souverainistes.

La fascination de l'Amérique et la persévérance des « petits »

Ce petit miracle est dû à une conjonction d'astres favorable : tout d'abord le moral des populations s'améliore. La paix semble consolidée et la reconstruction rapide ouvre des perspectives de croissance et de développement. Le modèle, ce sont les États-Unis. C'est le temps où les Européens rêvent des jolies femmes, des belles voitures et de l'image d'insouciance que renvoie le cinéma d'Hollywood. L'Europe va de mieux en mieux. Les Européens ne font plus la guerre, ils font des enfants ! C'est le baby-boom. Pour rattraper ces États-Unis couronnés de succès, l'idée commence à circuler qu'il faudrait réaliser en Europe un grand marché semblable à celui qui assure la prospérité outre-Atlantique.

Ensuite, les « petits » organisent le sursaut : ce sont les Néerlandais (le Premier ministre Beyen) appuyés par les Luxembourgeois (Bech) et les Belges, et par un Paul-Henri Spaak un peu échaudé par l'échec de la CED, mais jamais découragé, qui poussent les « grands » à discuter de nouveau. Une des très riches heures du Benelux qui, aujourd'hui désuni, fait tant défaut à l'Europe, même si Belges et Luxembourgeois restent « orthodoxes ».

Les Six finissent par se réunir à Messine. Inspirés par le site, les gouvernements donnent un signal positif : l'idée est de poursuivre l'intégration par des voies sectorielles (transports, énergie atomique, etc.) et de créer un Marché commun sans droits de douane.

Les Dieux antiques au secours de l'Europe

Officiellement, la conférence a lieu à Messine où se trouve la circonscription du ministre italien des Affaires étrangères, Martino. Drôle de choix qu'une ville au large de laquelle, selon la mythologie grecque, habitent les deux monstres marins Charybde (le tourbillon) et Scylla (sorte de calmar géant)… « Aller de Charybde en Scylla » (éviter un danger pour aller vers un autre plus grand encore), on peut rêver mieux comme sortie de crise ! En réalité, les ministres sont logés à Taormina, entre la mer azur et l'Etna. Spaak, droit venu du plat pays et des brumes du Nord, n'a pas été insensible à l'esprit des lieux : « [Entre Palerme et Taormina] j'avais goûté l'extraordinaire beauté du pays, écrasé par un soleil implacable : le charme pittoresque des villages animés, colorés et bruyants, dont la pauvreté était rendue plus supportable par la lumière pure tombant d'un ciel sans nuages. Je m'étais arrêté au temple de Ségeste, l'un des plus beaux endroits du monde, l'un de ceux où l'art des hommes s'harmonise d'une manière émouvante à la nature. J'arrivai à Messine tout imprégné de ces joies diverses, plein d'optimisme. […] Le résultat dépassa nos espoirs. Je n'ai pas gardé le souvenir des détails de nos discussions. Elles furent longues et sérieuses. Il fallut le dernier jour travailler toute la nuit pour nous mettre d'accord sur le communiqué final. Le soleil se levait et dorait de ses premiers rayons le sommet de l'Etna lorsque nous nous retirâmes, fatigués mais heureux. » Qui a eu, depuis lors, l'idée folle de mettre la capitale européenne en Belgique ?

Une méthode juste : le rapport Spaak

Les gouvernements ont la sagesse de ne donner que des indications assez générales et de confier à un groupe d'experts pilotés par un homme politique, Paul-Henri Spaak (encore et toujours lui !), le soin d'y réfléchir. La méthode, assez inédite, s'avère payante : les membres du comité, quoique désignés par leurs gouvernements, n'engagent qu'eux-mêmes. Et Spaak met un point d'honneur à agir en tant que président impartial.

De juillet 1955 à avril 1956, cette équipe soudée fournit un énorme travail. Malgré les oppositions multiples au projet, notamment à Paris, la France étant toujours protectionniste en diable, le comité produit un rapport complet, facile à lire, qui ouvre la voie à une approche ambitieuse : non pas une simple union douanière, mais un Marché commun avec un tarif extérieur commun, des politiques et des institutions. S'y ajoute l'idée de créer une Communauté européenne de l'énergie atomique, qui deviendra Euratom.

L'avant-propos de ce rapport est une analyse de la globalisation avant la lettre ! Le souci majeur est de ne pas se laisser distancer par les deux grands rivaux de l'époque, les États-Unis (surtout) et l'URSS (en tant que modèle concurrent). La lecture de ce document ne fait que conforter ce qui ressort de tous les écrits de ce temps : le but des fondateurs n'était pas seulement de faire la paix entre Européens, mais surtout de sauvegarder une civilisation, d'enrayer le déclin européen.

Tous les petits malins qui croient découvrir depuis peu la question de la globalisation et en tirent la conclusion que l'Union européenne, n'étant pas adaptée à celle-ci, doit évoluer, tous ceux qui voient dans les fondateurs des ringards introvertis (*inward looking*) et non des globaux (*outward looking*) – voir notamment les écrits du ministre des Finances anglais Gordon Brown – tous ceux-là feraient bien de réviser leurs classiques européens !

Quand l'Europe pensait déjà global

Le rapport Spaak était en effet déjà un *think global* tel qu'on le prône aujourd'hui : «Entre les États-Unis qui, presque dans chaque domaine, assurent à eux seuls la moitié de la production mondiale et les pays qui, sous un régime collectiviste s'étendant au tiers de la population du globe, augmentent leur production au rythme de 10 ou 15 % par an, l'Europe, qui avait autrefois le monopole des industries de transformation et tirait d'importantes ressources de ses possessions d'outre-mer, voit aujourd'hui ses positions extérieures s'affaiblir, son influence décliner, sa capacité de progrès se perdre dans ses divisions.»

LE SAVIEZ-VOUS ?
?

Peaux de banane

Avec humour et modestie, Spaak souligne les services qu'il a pu rendre en tant qu'«honnête ignorant» : alors que les experts se disputaient sur la question cruciale de savoir quand un produit agricole devient industriel (par exemple, à quel stade de la fabrication le pain cesse d'être du froment et du sel), il raconte s'être enfermé dans son bureau et l'avoir décidé seul, en s'aidant de son bon sens, produit par produit. Autre anecdote savoureuse, l'épisode à la fois édifiant et grotesque de la guerre des bananes, qui a manqué d'empêcher l'accord franco-allemand.

Tout vient de ce que les Allemands, grands consommateurs de bananes devant l'éternel, préfèrent les fruits en provenance d'Amérique du Sud à ceux, plus petits, produits dans les Antilles françaises. Les Français, en revanche, ne veulent pas lâcher leurs producteurs d'outre-mer. Querelle dérisoire ? Que nenni ! L'affaire

fait grand bruit et empoisonne, des années durant, les relations communautaires. Dans les années 1990 encore, un juge constitutionnel allemand, le rigide M. Kirchhoff, se dit prêt à aller défendre les bananes allemandes sur le pont de Kehl, contre l'Union européenne ! Voilà un bel exemple de ce que les gouvernements cachent parfois sous la dénomination glorieuse d'«intérêts nationaux».

Spaak prend sur lui de pousser une petite colère : «À bout d'arguments et de patience, je déclarai que je donnais deux heures aux combattants pour se mettre d'accord, faute de quoi je réunirais la presse et je l'informerais qu'il était impossible de faire l'Europe, car nous ne nous mettions pas d'accord sur la question des bananes. Dignement, je me levai et quittai la salle de réunion. Quand je revins deux heures plus tard, tout était arrangé. L'Europe était sauvée.»

Le rapport prend trois exemples : «Il n'y a pas une entreprise européenne automobile en Europe qui soit assez grande pour utiliser de manière économique les plus puissantes machines américaines. Aucun pays du continent n'est capable sans apports extérieurs de construire de grands avions de transport. Dans le domaine de la science atomique, les connaissances acquises à grands frais dans plusieurs des pays d'Europe ne représentent qu'une faible fraction de celles des États-Unis.» Autrement dit, pas un mot sur la paix ou la réconciliation franco-allemande, mais plutôt la préfiguration d'Airbus! Qui dit mieux?

Les ministres discutent du rapport Spaak à Venise les 29 et 30 mai 1956. Autres lieux enchanteurs, autre accord rapide : les négociations qui aboutiront au traité de Rome et au traité Euratom sont lancées. Décidément, les pannes d'inspiration ne se soignent bien qu'en Italie.

Le miracle de la participation française

Dans cette affaire, il est important de souligner le rôle de la France. Non que ce pays soit, de droit divin, plus important que les autres (même si nombre de Français le croient!), mais parce qu'il détient alors la clé du succès : c'est la France qui a rejeté la Communauté de défense ; c'est la France qui, plus que l'Allemagne et le Benelux, aux économies déjà plus ouvertes, a des progrès à faire en matière de libéralisation du commerce. C'est aux marches de la Lorraine que se tient le plus sonore des «souverainistes», le général de Gaulle.

Le combat contre le protectionnisme

Robert Marjolin, l'un des négociateurs du traité de Rome, écrit sans détours : «La difficulté essentielle était de surmonter l'hostilité de la quasi-totalité de l'opinion française à l'abolition, même progressive, de la protection dont jouissait, je dirais plutôt souffrait, l'industrie française.» La formule est jolie et toujours actuelle : les Français croient se protéger, contre les Espagnols, les Portugais, «les plombiers polonais»! En réalité, en se fermant au monde extérieur, ils se privent de talents et se recroquevillent. Pour les négociateurs du traité de Rome, il s'agissait – rien que cela! – de rompre avec «trois siècles de tradition protectionniste».

Robert Marjolin, à la plume d'ordinaire assez sobre, écrit même : «Tout mouvement vers la liberté du commerce suscitait une frayeur difficile à vaincre.» Hélas, la campagne référendaire de mai 2005 a montré la permanence du problème.

L'appui des Allemands, désireux de voir aboutir une nouvelle entreprise où ils sont placés sur un pied d'égalité avec la France, est décisif. L'Italie est mue par son besoin de rattrapage économique et professe une confiance sans faille dans l'intégration. Le Benelux, entité déjà soudée, joue un rôle constructif, trop ravi de voir progresser le libre-échange. Seule l'absence de la Grande-Bretagne demeure une épine aux pieds des Néerlandais.

L'hostilité du Quai d'Orsay

En France, même le Quai d'Orsay a du mal à suivre. Maurice Faure, chef de la délégation française, raconte des épisodes épiques de son combat sur « le front intérieur ». D'après lui, rares sont les diplomates qui soutiennent le projet. « Aussi curieux que cela puisse paraître, en effet, il faut savoir qu'en 1956-1957, l'administration française était globalement hostile au traité de Rome. Les diplomates de carrière étaient les plus farouches opposants. [...] Je me souviens en particulier d'un diplomate – taisons son nom par charité chrétienne – qui me déclara froidement: « Monsieur le ministre, vous êtes en train de trahir la France. » Il avait l'air de le croire, le pauvre ! À tel point que, pris de pitié pour lui, je m'abstins de le révoquer ». Les fonctionnaires français ne sont pas totalement isolés dans leur

répugnance. Une grande partie des industriels italiens sont aussi hostiles au traité. D'après des témoins de l'époque, le négociateur italien Bobba recevait des menaces de mort...

Heureusement Maurice Faure, Européen engagé, doué d'un charme fort, ne s'en laisse pas compter par son administration. Il négocie bien. Lorsqu'il expose sans détours l'intégralité des revendications françaises, celles-ci forment une liste impressionnante, mais il sait gagner la confiance de ses interlocuteurs. Grâce à sa franchise, grâce aux risques qu'il a pris aussi, à l'intérieur, sûr du soutien du président du Conseil Guy Mollet, il emporte le morceau et le traité prend forme.

Dans ce nouveau combat européen, Pierre Mendès France s'illustre une deuxième fois. Le 18 janvier 1957, à l'Assemblée nationale lors d'un débat préliminaire sur le Marché commun, il s'oppose à la libre circulation des personnes par peur d'afflux d'immigrés italiens. Il souhaite une unification des charges sociales, naturellement par le haut, à la française (1957-2005, une certaine France de gauche est éternelle...). Il prône une période expérimentale de six ans au terme de laquelle chaque pays peut sortir, présentant là un argument éculé que ses partenaires de 1954 avaient déjà rejeté pour la CED. Il va jusqu'à parler d'une « abdication de la démocratie » au profit d'experts, comparant cette négociation avec une dictature !

Enfin, le 6 juillet 1957, dans le débat de ratification lui-même, il abat la carte que de nombreux Français gardent dans un coin de leur caboche, celle du ressentiment antigermanique. Effrayé par l'absence des Anglais, hostile à ce qu'il perçoit comme un renversement d'alliance, il déclare que décider d'entrer dans le Marché commun à bref délai, c'est souscrire à l'hégémonie allemande ! Le fiasco de 1954 se comprend mieux.

La levée des obstacles

Mais ces obstacles français sont levés. Les négociateurs ont l'intelligence de ne pas répéter les erreurs de la CED: le traité est sobre. Sur l'essentiel – la volonté de bâtir l'Europe politique –, il est même muet. Il n'est pas question de finalité grandiose, ni de lyrisme, mais de commerce. Business, business!

Les institutions ont des noms modestes (la Commission au lieu de la Haute Autorité de la CECA). Naturellement, ce non-dit sur la supranationalité aura, à terme, des conséquences. C'est l'un des tours de passe-passe que nous payons sans doute aujourd'hui, l'Europe apparaissant à la fois comme fade (le bonheur par l'harmonisation des petits pois ?) et sournoise (l'abandon de souveraineté au nom des petits pois ?).

À cette époque, compte tenu des réticences nées de l'échec de la CED, c'est une ruse vénielle et fort à propos. Sans compter que les fondateurs ne préjugent pas du résultat. Le pari n'est pas sûr d'être gagné. Maurice Faure dit de ce traité, modeste : « Nous nous disions que nous avions lancé une barque sur la mer, et que cette barque finirait bien, un jour ou l'autre, par arriver au port ». Les acteurs bâtissent pas à pas, se battant sur un seul élément clé, garantie de la durée : dans ce Marché commun, il n'y a pas de droit de retrait puisque chacun apporte son écot au pot commun. La CEE est un ensemble de sacrifices mutuels, pesés au trébuchet. On ne peut pas « reprendre ses billes ».

Monnet manque de marquer contre son camp

On peut distinguer deux phases dans la négociation du traité de Rome. Jusqu'à l'automne 1956, les discussions piétinent, notamment en raison des hésitations françaises. Après l'échec de l'expédition franco-britannique de Suez en novembre 1956, Guy Mollet met tout son poids dans la balance pour faire aboutir un projet auquel il tient ; accessoirement, il va peut-être lui permettre de redorer un peu son blason. Mais rien n'est simple. Il se passe parfois des choses étranges dans le camp européen.

Et cette fois, l'attaque vient de… Jean Monnet ! À la première mi-temps, Monnet manque de marquer contre son camp. Robert Marjolin raconte : « Pendant un certain temps, l'affaire se compliqua du fait de divisions entre Européens. Beaucoup d'entre eux étaient plus que tièdes à l'égard du Marché commun. Jean Monnet et son comité d'action étaient passionnément attachés au projet Euratom dans lequel ils voyaient l'avenir de l'Europe. Ils craignaient qu'en poursuivant simultanément le projet Euratom et le marché commun, on ne chargeât trop la barque et on n'aboutît à un échec général. […] Monnet avait fait le pari de l'énergie atomique et le choix d'une coopération sectorielle de préférence au Marché commun. Partisan de la méthode qui a fait naître la CECA (la délégation de souveraineté dans un domaine limité mais décisif), il s'oppose au dessein d'un marché trop général, à l'objectif trop vague de l'unification économique. »

Heureusement, les Allemands refusent de séparer les deux traités CEE et Euratom. Après ses doutes initiaux, Jean Monnet et son comité d'action se ravisent ; ils seront ensuite les meilleurs soutiens du Marché commun. L'un des éléments majeurs de l'accord, aux yeux des Français, est l'inclusion de l'agriculture dans le champ de l'intégration.

Les Britanniques, acte II

Les Britanniques sont bien ennuyés par la tournure que prennent les événements sur le continent. Les équipes au pouvoir à Londres ne baignent plus dans le lyrisme cher à Churchill. Défavorables à l'unification européenne, elles ne souhaitent ni participer à l'unification du continent, ni qu'elle se fasse sans la Grande-Bretagne! À la fin des années 1950, le Premier ministre de Sa Gracieuse Majesté qualifie le projet de Marché commun de «blocus continental.» Comme souvent quand ils ne sont pas d'accord, les Anglais tentent de discréditer le rapprochement européen par des comparaisons avec Napoléon…

La plupart des négociateurs seraient favorables à ce que la Grande-Bretagne participe à la construction communautaire, mais ils sont assez lucides pour poser des conditions fermes: aucune dérogation au partage de souveraineté pour l'Angleterre! Soit elle accepte l'idée que le rapprochement opéré dans des domaines spécifiques a vocation à aboutir, un jour, à la constitution d'une entité politique, soit elle reste en dehors.

Invités à chaque étape, les Britanniques se cantonnent dans le rôle d'observateurs. Pendant les travaux du comité Spaak, réalisant que l'enjeu commence à devenir sérieux, les Britanniques tentent d'allumer un contre-feu: ils proposent la création d'une zone de libre-échange européenne, au sein de l'OECE, l'organisation légère de caractère intergouvernemental qui a été créée pour distribuer le plan Marshall. Ce n'est pas qu'ils aient conçu pour elle un amour immodéré; à plusieurs reprises, ils ont même tenté de réduire son activité une fois la reconstruction avancée. C'est toutefois l'enceinte qu'ils choisissent (parce qu'elle ne comporte aucun organe de caractère supranational) pour concurrencer les discussions en cours, entre les Six, au château portant le doux nom de Val Duchesse, à Bruxelles. En un mot, et même si cette offre montre bien que les Anglais ne souhaitent pas se couper de leurs partenaires continentaux, ils essaient de torpiller le traité qui sera ensuite signé à Rome.

Leur proposition est minimaliste: elle ne comporte aucune union douanière, donc aucun tarif douanier commun extérieur, ce qui permet à la Grande-Bretagne de conserver tous ses liens commerciaux avec le Commonwealth. Pour sa mise en œuvre, il n'y a pas besoin d'institutions communes et elle ne repose pas sur une solidarité. C'est une manière de faire du négoce à moindre coût, un faux semblant de coopération.

Les continentaux rejettent cette proposition. D'abord parce qu'elle n'est pas dans leur intérêt: pourquoi les Français, qui sont loin d'adhérer au libre-échange spontanément, accepteraient-ils sans contrepartie agricole une libre circulation des biens qui profiterait surtout aux pays industriels? Ensuite, les Britanniques ont commis une grave erreur d'appréciation en sous-estimant les liens qui se sont déjà noués entre les Six et tout spécialement entre Français et Allemands. Ils arrivent avec un concept d'avant-hier pour concurrencer l'idée communautaire infiniment plus moderne et porteuse d'avenir. Enfin, les Américains n'ont pas soutenu ce projet.

Les Britanniques échouent même à deux reprises : une première fois en 1957 quand ils proposent cette zone de libre-échange comme alternative au Marché commun, une seconde fois en revenant à la charge pour tenter d'inclure le Marché commun dans cette zone, en 1958, après que de Gaulle est revenu au pouvoir. L'initiative aboutit seulement à la mise en place de l'AELE (Association européenne de libre-échange, ou EFTA d'après son sigle anglais) qui regroupe, à partir de 1959, les pays occidentaux non membres de la CEE : Suisse, Autriche, Norvège, Danemark, Portugal, etc. Mais cet ensemble assez flou, cantonné à la sphère commerciale, n'est jamais en mesure de rivaliser avec le Marché commun ; peu à peu, au fil des demandes d'adhésion, c'est l'AELE qui se vide de son contenu.

À travers les prises de position de la Grande-Bretagne au sein de la CEE puis de l'UE, reparaît régulièrement la nostalgie d'une Communauté plus lâche, n'obligeant pas à transférer la souveraineté, ni à pratiquer la solidarité financière. À ce jour, entre les deux conceptions, c'est un peu le match nul : les Britanniques ont fini par rallier la CEE mais n'ont jamais pu être, dans l'Union, des partenaires sans arrière-pensées ni craintes. La CEE souffre de la présence, en son sein, d'un pays à la fois fiable (dans l'application du droit communautaire par exemple) mais qui joue volontiers le rôle d'empêcheur de tourner en rond, fournissant aux sceptiques un merveilleux paravent.

Chapitre 3

De la lune de miel aux affrontements : l'ère gaulliste (1958-1969)

D ans ce chapitre, il va être beaucoup question de la France, car la personnalité du général de Gaulle a fait de ce pays, pendant cette période, le centre de la Communauté à Six. À son arrivée au pouvoir, le traité de Rome vient d'être ratifié. Immédiatement, de Gaulle voit le profit qu'il peut en tirer pour la modernisation de la France, d'où une lune de miel de quatre années, de 1958 à 1962. C'est sous son impulsion que la politique agricole commune (la PAC) voit le jour. Cependant, sa volonté d'indépendance vis-à-vis des États-Unis, son rejet viscéral de toute intégration supranationale engendrent fatalement des affrontements. À deux reprises, le général ébranle fortement la Communauté. Il parvient même à déstabiliser les plus ardents défenseurs de la méthode communautaire. Mais ces victoires gaullistes ne sont que des trompe-l'œil : son projet le plus cher, celui d'un « directoire des grands pays » comme alternative à la Communauté, échoue.

Le général, le beurre et l'argent du beurre

Pour le premier commissaire français, Robert Marjolin, pourtant peu porté au lyrisme, les débuts de la Communauté ont été une lune de miel. Le général ne partage en rien la philosophie des fondateurs mais il peut faire comme si…

Pas vu, pas pris

Comme nous l'avons indiqué plus haut, après l'échec de la Communauté européenne de défense, les rédacteurs du traité de Rome ont pris la précaution d'adopter un profil bas. L'idée de supranationalité n'apparaît nulle part dans le texte ; la finalité de l'entreprise reste dans le vague. Centré sur l'économie, le traité est muet sur cette union politique qui demeure l'espérance secrète de la plupart de ses négociateurs. Les proeuropéens ont choisi d'avancer masqués. Grâce à ce voile pudique, les gaullistes peuvent empocher le traité de Rome sans perdre la face, ni donner l'impression de se renier.

L'ouverture à la concurrence est prévue. Pour le général de Gaulle, soucieux de moderniser le pays, c'est un cadeau inespéré. Aussi se garde-t-il de remettre en cause le pas de géant que les négociateurs du traité de Rome ont fait franchir à un pays incorrigiblement colbertiste.

DANS LE TEXTE

De Gaulle avocat
de la libéralisation des échanges

Dans ses *Mémoires d'espoir*, le général de Gaulle loue la libéralisation des échanges ; c'est même le troisième volet de son programme économique qui tend aussi à juguler l'inflation et à stabiliser la monnaie : « C'est là une révolution ! [Il s'agit] de faire sortir la France de l'ancien protectionnisme qu'elle pratique depuis un siècle. [...] Ce système l'isole et l'endort alors que de vastes courants d'échanges innervent l'activité mondiale. C'est une certaine sécurité mais une médiocrité certaine que les barrières des douanes, les bornes des interdictions et les clôtures des contingents ont apportées à notre industrie, à notre agriculture,

à notre commerce. Au contraire, la compétition leur fera tout à la fois courir des risques et sentir l'aiguillon. »

Ainsi, le général inaugure une pratique qui sera l'une des constantes de tous les gouvernements des États membres : empocher les avantages de l'Europe (notamment le bénéfice de mesures impopulaires mais nécessaires), sans jamais lui rendre hommage pour ce qu'on lui doit... Rendons toutefois justice à son talent — et à celui de son gouvernement — quand il s'est agi de compléter l'œuvre des rédacteurs du traité de Rome.

Les mesures d'assainissement budgétaire et monétaire prises par le gouvernement gaulliste – notamment le plan Pinay-Rueff de décembre 1958 – facilitent grandement la mise en place du Marché commun instauré par le traité de Rome. Le nouveau franc apporte la stabilité monétaire. Grâce à la politique de redressement économique de la Ve République, les clauses de sauvegarde que les négociateurs français de la IVe République avaient négociées, à grand-peine, n'ont pas à être invoquées.

Les Français oublient souvent combien la combinaison de ces deux régimes leur a finalement été bénéfique. Le mérite du redressement des années 1958-1962 revient incontestablement au nouveau régime, mais l'héritage de l'ancien en accroît l'impact. Si les gaullistes étaient arrivés plus tôt au pouvoir, il est probable que le traité de Rome n'aurait pas vu le jour dans les mêmes termes ; peut-être la France aurait-elle eu plus de mal à sortir de ses archaïsmes. Mais sans les gaullistes, le traité de Rome aurait peut-être échoué… L'Histoire possède une continuité que les simplifications excessives ne font pas toujours ressortir.

Le ministre des Affaires étrangères Couve de Murville se voit confier par de Gaulle la mission de négocier pour la France une forte contrepartie agricole, le Marché commun étant considéré comme avantageant l'Allemagne industrielle. Cette présentation d'un deal franco-allemand agriculture/industrie est un peu réducteur : les agriculteurs allemands (bavarois notamment) ont, eux aussi, largement profité de la PAC. Il est vrai toutefois que, sans la ténacité gaullienne, cette politique n'aurait pas été si développée. Au sein de la CEE, la France maximise rapidement ses avantages, en trouvant à la fois des débouchés pour les denrées qu'elle produit et un financement avantageux de ce secteur.

Pour le vieux Chancelier allemand Konrad Adenauer, de bonnes relations avec de Gaulle sont primordiales. La rédemption de l'Allemagne, sa réintégration dans le camp occidental n'ont pas de prix. Longtemps, dans la CEE, l'Allemagne se pliera aux exigences françaises avec une patience et une générosité sans limites.

Deux conceptions opposées de l'Europe

La convergence d'intérêts des premières années ne doit toutefois pas dissimuler la divergence fondamentale qui existe entre de Gaulle et les partisans de l'Europe communautaire. Un abîme les sépare : la différence entre coopération et intégration (voir chapitre 1).

Pour de Gaulle, la seule Europe acceptable est l'Europe des États : dans ce schéma, la souveraineté demeure entre les mains des gouvernements des États membres. Seule la *coopération* de gouvernements qui restent souverains est recherchée (c'est pourquoi on parle aussi d'Europe intergouvernementale). Ces gouvernements ont le dernier mot. Le droit de veto permet d'éviter que les décisions soient prises par des « étrangers », comme disait le général.

Monnet, Spaak et les fondateurs de la CEE sont au contraire favorables à l'*intégration*, comportant des éléments supranationaux (Commission, Cour de justice, vote majoritaire). Ils envisagent sereinement la création d'une entité supérieure aux États qui la composent :

- ✔ Soit selon un principe fédéral pouvant aller jusqu'à la volonté de créer les États-Unis d'Europe ;
- ✔ Soit selon le principe communautaire, plus original, selon lequel la souveraineté est exercée en commun, dans des domaines spécifiques : le recours au vote majoritaire est facilité par l'usage de pondérations des voix (en fonction de la taille des États) et la Commission est garante de l'intérêt général et gardienne des traités.

Il y a quelque chose de tragique dans l'attitude du général de Gaulle face à l'Europe. Aucun homme politique n'a sans doute été plus déterminé à la bâtir, plus brillant dans ses analyses et... moins en état de les concrétiser ! En effet, le général a consacré énormément d'énergie à tenter de convaincre les Britanniques (en 1962, puis en 1969), les Six (en 1960-1962) ou, à défaut, les Allemands seuls (en 1963) de la nécessité d'une union politique des Européens. Toute son action de 1958 à 1969 est la quête éperdue de partenaires prêts à faire l'Europe (des États) avec lui. En vain.

Pourquoi n'a-t-il essuyé que des refus (des «petits» et des Anglais) ? Ou des réponses polies qui n'engageaient pas trop (des Allemands) ? Tout simplement parce que l'union qu'il proposait à ses partenaires n'en était pas une. Aucune Europe digne de ce nom ne peut exister si les partenaires n'ont pas une relation durablement organisée et équilibrée. L'Europe des États, entre pays de tailles fort différentes, est par nature instable et inéquitable. Fondée sur le bon vouloir – volatil, réversible – des participants, elle n'est qu'une juxtaposition de gouvernements conservant toute leur autonomie. En son sein, il est évident que les plus forts (notamment la France à cette époque) tirent mieux leur épingle du jeu que les plus faibles.

Si encore le général avait eu des positions largement partagées par les partenaires européens, ceux-ci auraient peut-être fini par accepter un leadership français mais, sur de nombreux sujets, «l'exception française» n'est pas un vain mot : relations tumultueuses avec les États-Unis, méfiance envers le libéralisme économique, amour immodéré de l'interventionnisme étatique et du dirigisme...

Le point le plus délicat est la complaisance envers Moscou par souci «d'équilibre». Nos partenaires n'admettent pas de mettre sur le même plan la Russie soviétique, régime totalitaire, et les États-Unis démocratiques, libéraux, qui, de surcroît, ont aidé l'Europe à se libérer et à se reconstruire. La plupart ne comprennent pas les excès verbaux du général qui, dans les faits, constituera pourtant toujours un allié solide des Américains au sein de l'OTAN.

Et les autres Européens nous connaissent par cœur : lors du débat sur le rejet du plan Fouchet, Spaak se taille un franc succès au Parlement belge en donnant lecture à haute voix de longs passages du livre du général de Gaulle *Le Fil de l'épée* (1932). Rien, dans cette apologie de l'homme d'État vu comme un chef solitaire, destiné à commander, tandis que les autres sont destinés à obéir (voir encadré), ne peut persuader des partenaires potentiels d'avancer à sa suite. On voit mal pourquoi les autres Européens viendraient servir d'escabeau aux Français.

En termes familiers, le général veut le beurre – au sens propre, à travers la PAC, et au sens figuré, en récupérant la force que donne l'union – et l'argent du beurre, puisqu'il refuse expressément de payer un tribut à la collectivité, en termes de souveraineté, de partage de pouvoirs et même de respect des procédures collectives. Le meilleur exemple d'échec gaulliste est celui du plan Fouchet.

Un homme de caractère

Dans son livre *Le Fil de l'épée*, le général de Gaulle ne laisse pas d'ambiguïté quant à sa vision du partage du pouvoir: «L'homme de caractère [...] embrasse l'action avec l'orgueil du maître [...]. Ce n'est point, certes, qu'il la réalise seul. D'autres y participent qui ne sont pas sans mérite d'abnégation ou d'obéissance et prodiguent leurs peines à faire ce qu'on leur dit [...]. La passion d'agir par soi-même s'accompagne évidemment de quelque rudesse dans les procédés. L'homme de caractère incorpore à sa personne la rigueur propre à l'effort. Les subordonnés l'éprouvent et, parfois, ils en gémissent. [...] La confiance des petits exalte l'homme de caractère.»

L'échec du plan Fouchet

Entre l'été 1960 et le printemps 1962, de Gaulle lance une négociation à six ayant pour but d'instituer une alternative à l'Europe communautaire: il rêve d'une alliance d'États libres, débarrassés des organes supranationaux qu'il exècre. Un comité de négociation, auquel son président, l'ambassadeur Christian Fouchet, lègue son nom, examine un premier avant-projet de traité à l'automne 1961; un Conseil de l'Union serait chargé des questions de politique étrangère, de défense et de culture; il se réunirait plusieurs fois par an, en délibérant à l'unanimité.

En termes de méthode c'est une régression par rapport au traité de Rome: le veto national est de retour et les parlementaires n'ont aucun droit de censure sur la commission de hauts fonctionnaires qui sert de secrétariat à cet ensemble. Le projet comporte toutefois une clause de révision au bout de trois ans. Puisque le projet laisse subsister les compétences économiques de la CEE, le camp communautaire caresse l'espoir de voir, à cette occasion, la Communauté récupérer ces prérogatives nouvelles et absorber l'union politique. Pour de Gaulle, le but de la manœuvre est inverse: à terme, il compte placer la CEE sous le contrôle des organes intergouvernementaux.

L'ambiguïté aurait pu être constructive mais, début 1962, le général durcit sa position: la clause de révision est diluée, la référence à l'Alliance atlantique contenue dans le texte d'origine, importante pour nos partenaires, disparaît et la subordination des instances communautaires aux gouvernements apparaît sans fard. Le danger de «détricotage» de l'Europe communautaire effraie les plus fervents proeuropéens; ceux-ci redoutent aussi la main mise de la France, antiaméricaine, sur l'Europe unie. Paul-Henri Spaak pour la Belgique et Joseph Luns pour les Pays-Bas rejettent le projet. Spaak n'hésite pas à le qualifier d'«avorton européen».

Survient alors un renversement de positions qui en dit long sur le choc provoqué par de Gaulle. Les procommunautaires les plus orthodoxes (Spaak en tête) se mettent à exiger la participation de la Grande-Bretagne à l'Europe. Leur position a souvent été raillée : à première vue, il est en effet surprenant que des partisans de l'Europe fédérale réclament la présence du pays qui y est le plus réfractaire ! Mais, à la réflexion, cette position se défend : pour eux, la proposition du général de Gaulle marque la fin de l'esprit communautaire. Si la logique des équilibres est de retour, alors ils préfèrent que la Grande-Bretagne vienne contrebalancer l'influence française… C'est le retour à la case départ, au jeu funeste de l'équilibre des pouvoirs et des alliances.

Le général a sous-estimé à quel point la méthode communautaire rassure les «petits» en leur offrant des garanties juridiques. Parce qu'elle crée la confiance (et parce qu'elle leur donne la carotte d'une surreprésentation), la méthode communautaire est plus attractive. Churchill l'avait compris, qui, dès son discours de Zurich en 1946, appelait à donner aux petits la même place qu'aux grands… dans une Europe dont il excluait la Grande-Bretagne. Le propos est magnifique, le dessein de grande ampleur mais, Winston Churchill, comme Louis XIV, conseille aux autres de faire ce qu'il ne fait pas (voir chapitre 8).

En brisant la confiance, en ramenant dans la CEE une logique d'un autre âge, le général de Gaulle a réussi à ressusciter chez ses partenaires des réflexes surannés. Ainsi, il a sabordé son propre rêve d'une union politique des États sous leadership français.

Conclusion : il n'y a pas deux manières équivalentes de faire l'Europe entre lesquelles nous aurions un choix, mais une qui marche et une qui ne marche pas. Celle qui marche, c'est la méthode communautaire : conçue à partir des échecs des procédures intergouvernementales, elle a le mérite d'innover suffisamment pour être attractive. En rassurant les petits partenaires, en surmontant l'obstacle du veto, elle permet d'avancer. Celle qui marche beaucoup moins bien, c'est un ersatz qui, tout en se baptisant Europe, ne crée pas la confiance entre les partenaires. La méthode intergouvernementale en reste à des pratiques antérieures qui ont déjà fait la preuve de leur inefficacité. Le veto a paralysé hier la Société des nations et continue aujourd'hui à entraver l'action des Nations unies. Cette coopération permet des échanges utiles, des avancées ponctuelles, mais reste bien en deçà de ce qui peut être atteint par la méthode communautaire. Elle ne fait pas naître l'Europe, d'où le désaccord des centristes qui quittent le gouvernement. L'Europe des États, ce sont toujours des États en Europe. C'est une vue de l'esprit même si, hélas, c'est dans bien des domaines celle dont nous nous contentons.

De Gaulle s'oppose à l'adhésion britannique (1963)

Lors d'une grande conférence de presse, le 14 janvier 1963, le général de Gaulle a le mérite de poser ouvertement plusieurs questions que, trop souvent, les proeuropéens laissent dans l'ombre: des négociations d'adhésion à la CEE sont ouvertes. Mais est-il possible d'intégrer l'économie de la Grande-Bretagne, tournée pour l'essentiel vers le Commonwealth, dans un Marché commun continental, liant des pays étroitement interdépendants? C'est aussi la question de savoir si les Anglais sont prêts à se transformer eux-mêmes. Naturellement, le général n'insiste pas sur le caractère supranational de la Communauté – auquel il ne croit pas – mais il évoque la nécessité pour l'Angleterre de se plier aux règles du projet existant, ce qui est en effet la moindre des choses. Enfin, il évoque la raison, essentielle à ses yeux, de refuser l'entrée de la Grande-Bretagne dans la CEE: l'influence des États-Unis sur la politique britannique.

Les obstacles officiels

De Gaulle insiste longuement sur des questions d'apparence techniques mais qui, dans la CEE, comptaient plus encore qu'aujourd'hui.

L'économie

Évoquant toujours la seule «Angleterre» (et non la Grande-Bretagne ou le Royaume-Uni), il la décrit ainsi: «insulaire, maritime, liée par ses échanges, ses marchés, son ravitaillement, aux pays les plus divers et souvent les plus lointains». Il n'a pas tort d'insister sur le fait que l'adhésion britannique poserait de sérieux problèmes compte tenu de sa position atypique: l'existence dans la CEE d'un tarif douanier extérieur, donnant un avantage aux biens européens sur ceux qui sont importés (dite aussi *préférence communautaire*), l'importance de la politique agricole commune, principal champ d'action de la CEE notamment en termes budgétaires, placeraient la Grande-Bretagne dans une position défavorable par rapport aux autres partenaires.

De Gaulle perçoit immédiatement que les Britanniques, une fois entrés dans le système, évoqueront l'équité pour en modifier l'équilibre. Ils sont relativement plus pauvres que les continentaux et achètent leur nourriture à l'extérieur. Leur position sera intenable. Tout le futur débat sur le «rabais» budgétaire anglais (sur lequel nous reviendrons aux chapitres 5 et 22) est déjà prévisible. Le lancinant «*I want my money back*» de Margaret Thatcher confirmera la justesse de l'analyse gaullienne.

L'identité

Venant d'un homme qui a toujours combattu l'intégration communautaire, la démonstration du général de Gaulle a quelque chose de fascinant. Plus que tout autre texte, elle montre l'ambivalence qui est la sienne envers le projet européen: il en rêve autant qu'il le rejette. Il y croit avec la même force qu'il répugne à s'engager dans la CEE.

DANS LE TEXTE

De Gaulle avocat d'une Europe cohérente

Rares sont les proeuropéens qui auront mis en exergue avec autant d'éloquence la proximité qui lie les Six. L'étroitesse des liens, le sentiment d'appartenir à une même aire culturelle sont autant d'éléments de cohésion aujourd'hui négligés. Pour cette raison, le passage qui suit mérite d'être cité. Il éclaire d'un jour intéressant les interrogations actuelles sur l'utilité de l'Europe dans la mondialisation.

«Le traité de Rome a été conclu entre six États continentaux. Des États qui, économiquement parlant, sont en somme de même nature. Qu'il s'agisse de leur production industrielle ou agricole, de leurs échanges extérieurs, de leurs habitudes et de leurs clientèles commerciales, de leurs conditions de vie et de travail, il y a entre eux beaucoup plus de ressemblances que de différences. D'ailleurs ils sont contigus, ils s'interpénètrent, ils se prolongent les uns, les autres par leurs communications; le fait de les grouper et de les lier entre eux de telle façon que ce qu'ils ont à produire, à acheter, à vendre, à consommer, ils le produisent, l'achètent, le vendent, le consomment, de préférence dans leur propre ensemble est donc conforme aux réalités. Il faut ajouter d'ailleurs qu'au point de vue de leur développement économique, de leur progrès social, de leur capacité technique, ils vont en somme du même pas et ils marchent d'une façon fort analogue. Encore se trouve-t-il qu'il n'existe entre eux aucune espèce de grief politique, aucune question de frontière, aucune rivalité de domination ou de puissance. Au contraire, ils sont solidaires, à cause, d'abord, de la conscience qu'ils ont de détenir ensemble une part importante des sources de notre civilisation et, aussi, quant à leur sécurité, parce qu'ils sont des continentaux et qu'ils ont devant eux une seule et même menace d'un bout à l'autre de leur ensemble territorial.»

Qui dira encore que le Marché commun n'était qu'affaire de courgettes et de tuyaux quand le général de Gaulle, son adversaire le plus acharné, reconnaît aux Européens la responsabilité de gérer en commun l'héritage indivis d'une même civilisation?

Qu'on le déplore ou qu'on s'en félicite, l'Europe des débuts était conçue comme un ensemble cohérent, rassemblant des pays proches, attachés à l'idée d'une «préférence communautaire». Faut-il s'étonner que les citoyens aient du mal à se retrouver dans l'UE telle qu'elle est devenue? Bigarrée, hétérogène, rassemblant des pays plus éloignés, ouverte à tous les vents et appelée à s'agrandir sans fin? Ils n'ont pas perdu le goût de l'Europe, bien au contraire: ils n'aiment pas son succédané.

Il ne s'agit pas de défendre avec nostalgie l'âge d'or perdu des Six (la relecture des conférences de presse du général de Gaulle suffit à se persuader que ces temps n'étaient pas roses…)! Mais à force de refuser de comprendre le sens de la «Communauté», l'«Union» qui s'est substituée à elle en 1992 ne sait plus où elle va. Il est frappant de voir que les premières défections populaires (le non danois, le oui limité de la France) coïncident avec le changement de nom, «Union» au lieu de «Communauté», la nouvelle dénomination reflétant parfaitement le glissement d'un ensemble solidaire à une entité plus lâche.

Sur l'engagement européen des Britanniques en faveur de l'Europe, de sérieux doutes sont possibles. En 1963, l'opinion publique anglaise reste fort réticente devant toute aventure supranationale. Que cherche alors le gouvernement de Londres à travers sa demande d'adhésion? Il ne le sait peut-être pas lui-même : la formulation laisse penser que Londres, pour gagner du temps et ne se fermer aucune porte, vise surtout l'ouverture des négociations (comme Ankara aujourd'hui). À n'en pas douter, le gouvernement anglais danse le tango : s'il fait un pas en avant, il se croit tenu d'en faire deux en arrière. Ces réserves et ces maladresses suscitent chez de Gaulle la volonté d'accélérer le calendrier d'union politique pour que le cadre soit posé avant l'entrée de la Grande-Bretagne dans la CEE. D'où son insistance à aboutir dans le cadre du comité Fouchet.

Le cheval de Troie américain

Le 14 janvier 1963, de Gaulle mentionne rapidement la raison majeure qui l'a déterminé à s'opposer, avec une telle mise en scène et sur un ton si virulent, à la candidature britannique : un Anglo-Saxon peut en cacher un autre. La Grande-Bretagne n'est pour lui qu'un cheval de Troie des États-Unis. Il refuse qu'une «communauté colossale sous dépendance et direction américaines» vienne «absorber la CEE» (*sic*).

Comme nous l'avons rappelé au chapitre précédent, pour des raisons à la fois économiques et politiques, les Américains de l'après-guerre souhaitent ardemment l'unification européenne. Un marché européen intégré est dans l'intérêt de leurs entreprises ; la pacification de l'ouest du continent leur permet de consacrer l'essentiel de leurs moyens militaires à la lutte contre le communisme. Et pour défendre les Alliés avec des armes conventionnelles, ils ont besoin d'un théâtre d'opération à la taille de l'Europe occidentale. Ils sont donc favorables par principe à l'émergence d'une Europe forte. Les liens étroits qu'entretiennent des hommes comme Monnet, Spaak ou Marjolin avec les Américains les plus influents poussent également en ce sens. Nul ne saurait nier cette influence mutuelle.

En juin 1962, lors d'une entrevue au château de Champs, le général de Gaulle propose au Premier ministre britannique Mac Millan une sorte de directoire à deux sur l'Europe, assorti d'une coopération poussée en matière de défense. L'idée est de ne pas dépendre des États-Unis pour la possession et l'emploi de l'arme nucléaire.

Peu après, le 4 juillet 1962, le président américain John Fitzgerald Kennedy fait à Philadelphie un discours politique ambitieux : il propose aux Européens un *partnership* (partenariat) égalitaire. Son offre, quoique généreuse et visionnaire, est un peu décalée avec la réalité : des difficultés franco-britanniques et des divergences de vues entre fédéralistes et «intergouvernementalistes», les Américains font peu de cas. Il est vrai que Monnet, comme toujours, a joué auprès de Kennedy le rôle du souffleur, en présentant le panorama européen à sa façon.

En réalité, nul ne sait en 1962, en pleine guerre froide, quel peut être le degré d'autonomie d'une Europe unie par rapport au grand allié américain. Rien qu'au sein de l'Europe des Six, les avis sont partagés : les Néerlandais et les Belges sont sincèrement atlantistes et les Allemands, contraints par l'Histoire à se tenir en réserve, dépendent des Américains pour leur sécurité quotidienne. L'armée allemande ressuscitée dans l'OTAN ne connaît que l'Alliance. Les chars russes sont en terre germanique. Le jeu dépend donc largement des positions des Français et des Anglais, notamment en raison de la question nucléaire.

Or, à l'automne, Mac Millan rencontrant Kennedy à Nassau, aux Bahamas, accepte de placer l'arme nucléaire britannique sous contrôle américain. Ce choix stratégique majeur ruine tous les espoirs du général ; il estime avoir été floué. Et le fait que les Anglais entendent maintenir leur «relation spéciale» avec les États-Unis lui paraît radicalement incompatible avec leur appartenance à la CEE.

Dans cette affaire, l'interrogation du général de Gaulle est utile : les Européens doivent débattre ouvertement des liens qu'ils entendent avoir avec les Américains et le faire *avant* les adhésions. Comme souvent, la position française choque moins par le fond que par la forme.

De l'importance de la forme

Le 14 janvier 1963, le général livre une analyse implacable. Il pose un certain nombre de questions tout à fait pertinentes. Son souci d'indépendance honore l'Europe ; lorsqu'il insiste pour que la CEE soit exigeante envers les Anglais, lorsqu'il refuse qu'elle se brade ou mette en péril sa viabilité, il emploie des mots qui devraient plus souvent se retrouver dans la bouche des partisans d'une Europe intégrée. Mais son jeu «perso» va lui ôter toute crédibilité pour en prendre la tête : lorsqu'il convoque les journalistes, il ne prévient pas les partenaires de la France de ses intentions, comme cela est d'usage. Pour les Cinq et les Britanniques qui sont en train de négocier l'éventuelle adhésion de ces derniers, ce veto surprise est un terrible camouflet. C'est par la presse qu'ils apprennent, comme monsieur Tout-le-monde, la teneur de la conférence du 14 janvier. Couve de Murville confirme la position française, le 29 janvier, à Bruxelles, mais il est trop tard pour recoller les morceaux.

DANS LE TEXTE

Spaak exprime sa colère : « La méthode diplomatique qui nous est imposée est inacceptable. Elle aura, si elle triomphe, les plus graves répercussions. J'estime qu'il ne faut jamais humilier ses ennemis, mais il ne faut jamais non plus humilier ses amis. Bien sûr, on peut triompher par des méthodes de force, par des sortes de diktats ou d'ultimatums. On peut triompher une fois, deux fois, et puis tout d'un coup la révolte éclate et le désastre arrive. Si les cinq autres pays de la Communauté, conscients de leur bon droit, doivent céder devant ce qu'ils estiment être une espèce de coup de force diplomatique, basé sur des faits irréels, il n'y aura plus d'esprit communautaire. »

Dans les mois qui suivent cet épisode, la notion de « réciprocité » ou de donnant-donnant – totalement étrangère à la méthode communautaire – fait de nouveau son apparition. Le veto français suscite un raidissement des partenaires et le retour, au cas par cas, des intérêts nationaux au Conseil (en 1963 seront ainsi adoptés des règlements très importants pour la PAC sur l'organisation du marché pour les produits laitiers ou la viande bovine). La Communauté, qui avait si bien démarré, est arrêtée dans son élan.

À certains égards, le général de Gaulle a gagné : l'initiative transatlantique lancée par Kennedy est freinée. Elle se limite aux accords du GATT du « Kennedy round ». L'idée d'une force nucléaire multilatérale à laquelle l'Allemagne aurait tôt ou tard participé est tuée dans l'œuf. Mais le général a aussi détruit son propre projet d'union politique européenne. À défaut de convaincre les Anglais et les Six du bien fondé de ses idées, il se rabat sur le rapprochement avec l'Allemagne. C'est bien la seule conséquence heureuse de ce triste épisode.

Le traité de l'Élysée

Le traité franco-allemand signé à Paris le 22 janvier 1963 prévoit des consultations régulières entre les deux capitales. Le texte pousse la coopération bilatérale à un niveau jamais atteint jusque-là entre nations amies : des structures de coordination interministérielle tendent à impliquer l'ensemble des deux appareils d'État. Par la création de l'Office franco-allemand de la jeunesse doté de moyens considérables, la relève est préparée.

Le traité reflète l'exceptionnelle entente du général de Gaulle et du chancelier Adenauer, perceptible dès leurs premières discussions à Colombey et Bad Kreuznach en 1958, confirmée à Rambouillet en 1960 ou lors du voyage triomphal de Gaulle en Allemagne, en septembre 1962.

Inquiet de l'attitude américaine face aux Russes, échaudé par l'échec de la CED, Konrad Adenauer, qui était *a priori* favorable à l'Europe intégrée mais sait se montrer pragmatique, s'efforce, peu avant sa mort, de donner à la réconciliation franco-allemande un tour irréversible. Car cette réconciliation franco-allemande n'est pas le fruit de ce seul traité ; depuis 1950 et la mise en commun du charbon et de l'acier, elle est déjà bien engagée. Mais ce texte la met en scène d'une manière brillante, visible pour les populations. Pour un geste symbolique, le casting est idéal : de Gaulle, héros de 1940, Adenauer, le vieux chancelier, emprisonné par les nazis. Les esprits en seront durablement marqués. Le traité vise aussi la durée. Les deux hommes qui avaient personnellement connu les deux conflits mondiaux avaient compris qu'ils devaient prolonger, au-delà de leurs personnes, appelées à disparaître, l'œuvre immense de réconciliation.

Mais à la fin de sa vie, le général, un peu amer, disait du traité de l'Élysée qu'il avait vécu ce que vivent les roses. En effet, lors de la ratification, le Bundestag a rajouté au traité proprement dit une déclaration unilatérale soulignant l'importance des liens transatlantiques. De Gaulle a perdu son pari… Il faut dire que Monnet, via son comité d'action, inspirait la plume des députés allemands…

En pratique, le traité a des effets non négligeables à moyen terme. Giscard et Schmidt, Mitterrand et Kohl l'utiliseront pour coordonner les positions des deux pays, faire avancer des projets militaires (la brigade franco-allemande) ou culturels, sans parler de la monnaie unique. Mais c'est dans le long terme que les effets positifs de ce traité se font réellement sentir.

La chaise de la France reste vide (1965)

En 1965 a lieu le second affrontement de la France gaulliste avec l'Europe telle qu'elle est en train de se construire.

La Commission passe en force

Cette année-là, la Commission européenne, sous la présidence de Walter Hallstein, pense pouvoir passer en force sur la question des ressources de la Communauté. Depuis que la PAC est mise en place, celle-ci a besoin de recettes pérennes. Jusque-là, des règlements financiers annuels déterminent les contributions des États membres, qui doivent couvrir les frais communautaires. La commission propose de trouver un financement pluriannuel, d'où sa proposition de doter la CEE de ressources propres, tirées des droits de douane et prélèvements agricoles qui découleront de l'achèvement du Marché commun.

C'est à l'évidence un moyen de l'émanciper des États (exactement comme, pour un jeune, le fait de troquer de l'argent de poche alloué par ses parents contre un salaire régulier). Le président Walter Hallstein, juriste attaché à la démocratie parlementaire, y voit aussi un moyen d'accroître le rôle du Parlement européen en vertu du principe ancien des démocraties parlementaires européennes (« *no taxation without representation* », pas d'impôt sans consentement des députés). La proposition est conforme à l'esprit du traité de Rome, signé et ratifié par tous les États membres, qui prévoyait la création de telles ressources propres.

La démarche relève aussi de la logique de l'engrenage selon lequel les progrès politiques sont entraînés par les besoins concrets. Tous ces bons arguments ne suffisent pourtant pas à faire de l'entreprise un succès.

En dépit des mises en garde répétées du commissaire français Marjolin – qui essaie d'expliquer la méfiance de De Gaulle envers les assemblées parlementaires et sa répugnance pour toute communautarisation rampante – Hallstein persiste. Il pousse la provocation jusqu'à présenter d'abord ses propositions à l'Assemblée parlementaire et non au Conseil des ministres comme cela était l'usage. En faisant miroiter l'adoption d'un règlement financier indispensable pour la PAC, il cherche à forcer la main des Français ; c'est mal connaître de Gaulle.

Comme on pouvait s'y attendre, la réaction du général est virulente. Le 1er juillet 1965, après avoir déclaré que la CEE est en crise, le ministre des Affaires étrangères Couve de Murville quitte le Conseil pour une durée indéterminée. Le gouvernement français annonce qu'il cessera de siéger au Conseil, au Comité des représentants permanents (ou Coreper) et dans tous les comités techniques, ce qu'il fait effectivement jusqu'en janvier 1966. La France laisse sa chaise vide à la table des discussions. C'est sous ce nom – la politique de la chaise vide – que cet épisode est resté célèbre dans l'histoire communautaire.

Un beau prétexte pour se dérober au traité de Rome

En réalité, si le général peut légitimement reprocher à Walter Hallstein d'avoir cherché à passer en force, lui-même n'est pas dépourvu d'arrière-pensées. En septembre 1965, lors d'une nouvelle conférence de presse, il abat ses cartes : c'est le passage au vote majoritaire, le 1er janvier 1966, prévu par le traité de Rome, qui explique la violence de sa réaction.

Les premières étapes de l'intégration, compatibles avec sa vision souverainiste, ne l'avaient guère gêné. Le passage automatique au vote majoritaire l'incite à se rebeller, en dépit des engagements que la France a pris vis-à-vis de ses partenaires et ratifiés. En septembre 1965, il lâche le morceau : « Je dois ajouter que, à la lumière de l'événement, nous avons plus clairement mesuré dans quelle situation notre pays risquerait de se trouver demain si telle et telle dispositions, initialement prévues par le traité de Rome, étaient réellement appliquées. C'est ainsi que, en vertu du texte, les décisions du Conseil des ministres des Six seraient, dès le 1er janvier prochain, prises à la majorité, autrement dit que la France serait exposée à se voir forcer la main dans n'importe quelle matière économique, par conséquent sociale et souvent même politique, et qu'en particulier ce qui aurait paru acquis dans le domaine agricole pourrait être, malgré elle, remis en cause à tout instant. »

Faux compromis, vrai désaccord, mauvais bilan

La crise est dénouée en janvier 1966 par un faux compromis (dit compromis de Luxembourg) qui est, en réalité, un constat de désaccord. Un principe de bon sens est rappelé : lorsqu'en cas de décisions majoritaires, «les intérêts très importants d'un ou plusieurs partenaires sont en jeu», les membres du Conseil s'efforcent, dans un délai raisonnable, de mettre tout le monde d'accord.

La France fait une réserve unilatérale, expressément rejetée par les cinq autres : «La délégation française estime que, lorsqu'il s'agit d'intérêts très importants, la discussion devra se poursuivre jusqu'à ce qu'on soit parvenu à un accord unanime; les six délégations constatent qu'une divergence subsiste sur ce qui devrait être fait en cas où la conciliation n'aboutirait pas complètement.» C'est le syndrome d'Astérix : le village peuplé d'irréductibles Gaulois (gaullistes?) résiste encore et toujours à l'envahisseur... Mais le vote majoritaire est moins abandonné que mis au frigo; il en ressort d'ailleurs dans les années 1980, avec l'Acte unique.

ATTENTION !

De Gaulle et l'illusion de la réalité

Lors d'un célèbre entretien télévisé, en décembre 1965, le général de Gaulle revient sur sa conception de l'Europe, une «solidarité» entre pays, à organiser selon le principe de «réalité» : «Il faut prendre les choses comme elles sont, car on ne fait pas de politique autrement que sur des réalités. Bien entendu, on peut sauter sur sa chaise comme un cabri en disant l'Europe! l'Europe! l'Europe! mais cela n'aboutit à rien et cela ne signifie rien.»

Pourtant, si les fondateurs – et de Gaulle lui-même – s'en étaient tenus à la «réalité», il n'y aurait probablement jamais eu de réconciliation franco-allemande; il n'y aurait pas eu non plus de Marché commun puisque la réalité, en France, était le protectionnisme, ni d'Airbus puisque Boeing dominait le monde. Et l'appel du 18 juin n'est-il pas la négation même – courageuse, sublime – de la réalité?

La «réalité», voilà un concept à la fois rassurant, solide en apparence et pourtant trompeur. Se laisser enfermer dans une réalité immobile, à jamais figée, cela serait désespérant. Le propre de l'action politique, c'est bien de vouloir agir sur la réalité! D'ailleurs, en «réalité», vous avez déjà vu des cabris sauter sur des chaises? De Gaulle était un communicateur de génie, mais tout ce qu'il a dit n'est pas à prendre au pied de la lettre.

Personne ne sort vraiment vainqueur de cette affaire. En cherchant la confrontation, la Commission a dilapidé une autorité récente, patiemment acquise. Elle en sera durablement marquée. L'échec est retentissant.

La France s'est comportée comme un enfant gâté. En ces temps-là, elle jouait en Europe un rôle de premier plan : la principale politique communautaire était la PAC et tout le monde parlait français. Le la était donné à Paris. Le camouflet lui reviendra en boomerang. Car le général a contribué à saboter une Communauté dont la France tirait un grand profit.

En démolissant la seule instance capable de porter un projet européen fort, de Gaulle a perpétué l'illusion nocive d'une sorte de «supériorité française» nous donnant le droit d'humilier nos partenaires ou de bafouer les traités que nous avions signés et ratifiés. Les autres États membres laissent voir leur exaspération. À cet égard, comme dans bien des domaines, le combat gaulliste n'aura fait que retarder la nécessaire prise de conscience que ce pays… n'est pas le nombril du monde, ni même de l'Europe, et que sa grandeur passée ne saurait justifier éternellement un traitement de faveur (ce qui ne l'empêche pas d'avoir un rôle de tout premier plan à jouer comme on le verra plus en détail au chapitre 24).

La vie continue, on recolle les morceaux (1966-1969)

Le fait que la Communauté, malgré sa jeunesse, ait résisté à des affrontements aussi violents est étonnant. Certes, elle y laisse des plumes, mais elle survit. Le grand mérite de la CEE aura été de continuer à avancer en dépit de toutes les difficultés et désillusions.

L'Europe plie mais ne rompt pas

Le calendrier fixé par le traité de Rome est respecté et même anticipé : le 1er juillet 1967 a lieu la fusion des institutions Euratom/CECA/CEE. En 1968 – avec dix-huit mois d'avance ! – l'union douanière entre en vigueur : les droits de douane sont supprimés entre les États membres et le tarif extérieur commun est mis en place. Dans ses échanges commerciaux avec le reste du monde, la Communauté présente un front uni. Enfin, le départ de Hallstein apaise un peu les tensions. Il est remplacé par Jean Rey, belge, habile négociateur de l'accord du GATT (signé en 1967). La logique de libéralisation des échanges par des accords multilatéraux, sur laquelle est construite la prospérité européenne, continue de s'affirmer.

Dans cette phase, la Commission prend quelques décisions politiques audacieuses : elle gèle l'accord d'association avec la Grèce à cause du coup d'État des colonels, montrant ainsi que loin d'être une simple zone de libre-échange, la Communauté repose sur des valeurs partagées. En dépit de l'opposition persistante du général de Gaulle, elle donne un avis favorable à l'adhésion de la Grande-Bretagne, du Danemark, de la Norvège et de l'Irlande à la suite d'une demande d'adhésion renouvelée de la Grande-Bretagne.

Les Britanniques, acte III

En 1967, la Grande-Bretagne, gouvernée par le travailliste Harold Wilson, pose à nouveau sa candidature. Cette fois, les Britanniques s'y prennent un peu moins mal. Au lieu de louvoyer, ils déclarent accepter à la fois l'acquis communautaire et la perspective d'une union politique.

Paradoxalement, c'est sans doute l'action du général de Gaulle tendant à amoindrir le caractère supranational de la CEE qui les a rassurés! Les coups portés par le chef de l'État français au vote majoritaire ont produit leur effet.

La France est affaiblie et, plus encore, l'homme qui est à sa tête: à l'intérieur, les événements de mai 1968 ont révélé que la jeunesse ne se reconnaît plus dans la personne du général. C'est Pompidou qui a sorti le pays de la crise. Sur le plan diplomatique, la réaction brutale de l'Union soviétique en Tchécoslovaquie discrédite les tentatives françaises pour maintenir la balance entre les «superpuissances», sans faire de différence entre l'Est et l'Ouest. La situation économique se dégrade, plaçant le Franc en mauvaise posture. L'échec du référendum de 1969 sur la régionalisation amène le général à quitter le pouvoir.

Jusqu'au bout, il aura toutefois cherché à imposer sa vision d'un «directoire des grands» destiné à faire émerger une Europe capable de tenir tête aux États-Unis.

Un ultime psychodrame gaullien

En février 1969, le général de Gaulle convoque l'ambassadeur de Sa Gracieuse Majesté à Paris, Christopher Soames, pour évoquer avec lui, à titre confidentiel, l'éventualité de mettre en place en Europe un directoire des quatre grands (France, Royaume-Uni, Allemagne, Italie). La proposition n'est pas en soi révolutionnaire, elle reste même très proche des idées évoquées précédemment par le général: même volonté de supprimer le caractère supranational de la Communauté pour lui substituer une entité plus étroitement dépendante des gouvernements, même illusion sur la possibilité de faire adhérer les Britanniques à une Europe conçue comme indépendante des États-Unis, même dédain pour les petits pays et les succès de la méthode communautaire…

Fuite ou manœuvre? Le rapport de Soames est largement diffusé. Pour les partenaires de la France, le général est décidément traître à la cause communautaire (l'effet de la fuite est immense, même si l'information n'était pas un scoop). Furieux contre le gouvernement travailliste, le général persiste à opposer son veto à l'entrée de la Grande-Bretagne.

Chapitre 4

Sortir de l'ornière (1969-1983)

Dans ce chapitre :
▶ Le brouillard se lève sur la Manche
▶ Les limites de la coopération informelle
▶ Le serpent monétaire
▶ Le Cassis au secours de l'Europe

*L*e départ du général de Gaulle, à la suite du référendum perdu de 1969, ouvre de nouvelles perspectives en Europe.

De Gaulle en moins, les Britanniques en plus

Le successeur du général de Gaulle, Georges Pompidou, n'est pas un fédéraliste, ni même un Européen de cœur, mais il voit le parti qu'il peut tirer de la situation, après l'intransigeance du général. D'emblée, il marque sa différence d'avec son prédécesseur. En août 1969, il dévalue le franc. Pour cajoler les centristes de sa majorité, il donne quelques gages européens.

L'ouverture par Pompidou

En décembre, lors d'un sommet qui se tient à La Haye, Georges Pompidou se montre plus communautaire qu'on pouvait s'y attendre. Il accepte de lever le veto français sur l'adhésion de la Grande-Bretagne ainsi que du Danemark, de l'Irlande et de la Norvège. En contrepartie, les Français obtiennent un progrès significatif de la PAC. D'autres dossiers importants sont débloqués : des questions budgétaires ouvertes depuis la crise de 1965 sont réglées, notamment par la création de ressources propres et le rééquilibrage des charges des États membres. Le lancement d'une union économique et monétaire, idée hardie pour cette époque, est expressément évoqué. Pompidou y voit un triple succès : achèvement, approfondissement et élargissement.

L'arrivée au pouvoir en Angleterre d'Edouard Heath, Européen convaincu, encourage le président français. Lors du sommet de Paris d'octobre 1972, Georges Pompidou confirme sa volonté de donner un peu plus de souffle à l'Europe. Sur le papier, le communiqué est impressionnant :

- Il annonce la création d'une Union économique et monétaire, avec un calendrier précis à la clé ;
- Il affiche la volonté de parler d'une seule voix sur la scène du monde ;
- Il prend l'engagement d'augmenter l'aide au tiers-monde ;
- Il prévoit l'augmentation de la solidarité européenne ;
- Il avance enfin l'idée d'une Union européenne dont la forme reste indéfinie.

Après les éclats du général de Gaulle, Georges Pompidou évite les déclarations à l'emporte-pièce, notamment sur l'indépendance de l'Europe par rapport aux États-Unis. Tout va bien ? Nul ne peut exclure, dans le revirement de Pompidou, une ruse tactique. Entouré de conseillers eurosceptiques, vieux gaulliste lui-même, le président français cosigne de nombreuses déclarations, mais ne fait aucun pas qui, concrètement, reviendrait à franchir la ligne rouge de la supranationalité.

Après tout, la perspective de l'entrée de la Grande-Bretagne dans la CEE est le meilleur vaccin contre toute dérive supranationale. Pourquoi « griller des cartouches » pour s'opposer à ceux qui peuvent être des partenaires ? Pourquoi même se priver de leur immense talent diplomatique alors qu'ils pourraient servir à bloquer, de l'intérieur, la « fédéralisation » voulue par les Allemands, les Italiens et les Néerlandais ?

La politique de Pompidou peut ainsi passer pour constructive tout en mettant en place le plus efficace des verrous anticommunautaires. À partir de ce moment-là, nombreux sont ceux qui, dans les cercles politiques et diplomatiques français, vont continuer à se draper dans leur vertu communautaire, à se vanter d'être, aux côtés des Allemands, les bons soldats de l'Europe… tout en comptant fermement sur les Anglais pour éviter toute évolution vers cet État fédéral à l'allemande qu'ils redoutent comme la peste ! La négociation sur le traité de Maastricht (voir chapitre 6) verra s'épanouir ce double jeu, plus ou moins conscient, de bien des Français.

Le premier élargissement

Les négociations qui se déroulent pour passer de six à neuf États membres de juin 1970 à janvier 1972 sont assez rapides. La France obtient un règlement financier conforme à ses vues et réussit à s'opposer, encore une fois, à l'élection directe du Parlement européen. La ratification du traité donne lieu à une bataille serrée au Royaume-Uni, la direction du parti travailliste (Harold Wilson) se plaçant dans le camp du refus. Mais Heath obtient une confortable majorité aux communes pour la ratification d'un traité d'adhésion.

En avril 1972, le président Pompidou soumet le traité d'adhésion à référendum en France. Le libellé de la question est un peu déroutant : «Approuvez-vous, dans les perspectives nouvelles qui s'ouvrent à l'Europe, le projet de loi soumis au peuple français par le président de la République et autorisant la ratification du traité relatif à l'adhésion de la Grande-Bretagne, du Danemark, de l'Irlande et de la Norvège aux Communautés européennes ?» Bien malin l'électeur de base s'il comprend ce que sont ces «perspectives nouvelles qui s'offrent à l'Europe»… La plupart des Français ont considéré qu'après tous les psychodrames gaulliens des années 1960, il était délicat de dire non aux Anglais. Et 40 % d'entre eux sont allés à la pêche. Frappée du syndrome de la parlote, incapable d'agir sur les sujets majeurs, la CEE n'enthousiasme pas les foules.

Le 1er janvier 1973, la Communauté passe à neuf membres : la Grande-Bretagne, l'Irlande et le Danemark rejoignent les Six ; le peuple norvégien a voté contre l'entrée de son pays dans la CEE. La vieille blague anglaise, selon laquelle les jours de brouillard sur le Channel le continent est isolé, a vécu.

Le recours à la démocratie directe de 1972 laissera des traces : une partie de la frustration du peuple français face aux adhésions de 2004 (les huit pays d'Europe centrale et orientale, Chypre et Malte) vient de ce que, jadis, le plus important des élargissements avait été soumis au peuple français… Sans parler de la Turquie (voir chapitre 20).

Margaret Thatcher : de Gaulle en jupons

Une amusante photo montre Margaret Thatcher en partisane convaincue de l'Europe, radieuse devant un bureau de vote ! Il est intéressant de se souvenir qu'à l'époque, le parti conservateur (Maggie comprise) est, sous l'impulsion d'Edouard Heath, favorable à la CEE. La « dame de fer » a donc fait, dans sa vie, une campagne pour l'Europe ! Cette propagande procommunautaire ne manque pas de sel de la part de celle qui, de 1979 à 1990, au 10 Downing Street, attaquera si souvent la CEE, se battant bec et ongles pour obtenir un rabais sur sa contribution. Lors d'un discours au collège d'Europe à Bruges, en 1988, Margaret Thatcher compare elle-même sa présence dans ce haut lieu communautaire à la venue de… Gengis Kahn dans un colloque sur le règlement pacifique des différends ; tout est dit.

Souvent femme varie ? Pas sûr. Margaret Thatcher a toujours su où étaient ses intérêts ; or, en dépit des pulsions souverainistes qui saisissent régulièrement les Britanniques, les liens économiques et politiques qui les rattachent au continent sont solides. À cette époque-là, la Grande-Bretagne accuse un retard économique terrible. Son économie est archaïque et son modèle social bloqué. Maggie voit bien le parti qu'elle peut tirer de l'Europe.

Les conséquences de l'admission de la Grande-Bretagne dans la CEE sont d'autant plus profondes que ses modalités sont rapidement remises en cause : comme de Gaulle l'avait prédit, la Grande-Bretagne se trouve, du fait de l'importance de la PAC, dans une situation défavorable. Le budget communautaire comporte en effet, pour l'essentiel, des recettes qui consistent dans des prélèvements sur les importations en provenance de pays tiers et des dépenses de soutien à l'agriculture. Comme le Royaume-Uni importe sa nourriture de pays tiers et possède un secteur agricole peu développé, il se sent floué.

Dès 1975, le gouvernement britannique cherche à obtenir une renégociation des conditions de son adhésion et notamment un mécanisme qui corrige le déséquilibre de sa contribution. Afin de clore le débat interne, le Premier ministre décide d'organiser un référendum sur le maintien du Royaume-Uni dans la CEE. Le 8 juin 1975, 67 % des électeurs britanniques votent oui, en dépit de l'opposition farouche d'une partie du Labour (parti travailliste).

Les limites de la coopération informelle

En 1970, une nouvelle tentative est faite pour rapprocher les positions des États membres en matière de politique étrangère.

La coopération politique : une belle théorie...

À la suite d'un rapport rédigé par le Belge Étienne Davignon, la *coopération politique* voit le jour : sans engagement contraignant, sans structure administrative nouvelle, les *directeurs politiques* des ministères des Affaires étrangères (c'est-à-dire les responsables des dossiers les plus sensibles) sont regroupés dans un réseau d'échange permanent d'informations. La concertation en amont est facilitée. Le rapport prévoit que la Commission est associée sur les questions touchant à sa compétence. Il ne s'agit plus, comme au temps du plan Fouchet, de créer des structures communes mais, plus modestement, de favoriser l'échange entre gouvernements, en vue de faire émerger des positions communes sur les grandes questions de politique étrangère. L'habitude est ainsi prise par les Six de travailler ensemble ; à long terme, le rapprochement aura des effets positifs sur les appareils diplomatiques. À court terme, ce ne sont que des granules homéopathiques dans un monde brûlant de fièvre.

... une pratique décevante

En septembre 1973 survient la grave crise de Kippour : Israël, attaqué par surprise le jour du Grand Pardon, subit un revers. Un embargo pétrolier s'en suit ; les rapports entre Occident et monde arabe se compliquent. Face à cet enjeu stratégique, les gouvernements européens reviennent, hélas, à leurs visions nationales et à la défense égoïste de leurs intérêts. Quand les Pays-Bas, jugés trop proches d'Israël par les pays arabes, sont frappés par des mesures discriminatoires, la solidarité communautaire vole en éclats. La diplomatie française, conduite par Michel Jobert, mène sa politique arabe dans son petit coin, sans concertation avec les partenaires et sans grand succès. La dérive antiaméricaine des Français s'accentue. Pompidou, gravement malade, n'intervient plus guère. Dans le même temps, le président Nixon et son secrétaire d'État Kissinger ne se privent pas d'afficher pour l'Europe un mépris de plus en plus visible. Truman et Kennedy sont bien morts. Aux yeux de l'administration Nixon, l'Europe ne joue pas dans la cour des grands.

Vis-à-vis de l'Est, la CEE n'est pas non plus capable, en tant que telle, de développer une *Ostpolitik* comme le fait l'Allemagne ; elle n'a guère de vision stratégique de ses relations avec Moscou et les pays satellites de l'URSS, sauf dans le cadre des accords d'Helsinki.

Par la suite, la coopération politique donnera encore quelques résultats comme, par exemple, le conseil de Venise, en 1980, où les États membres adoptent une position commune sur le Proche-Orient, favorable à l'autodétermination du peuple palestinien. Si ces petits progrès ne sont pas négligeables, l'Europe est loin de parler d'une seule voix.

L'exception heureuse : les accords d'Helsinki

Au sein de la Conférence pour la sécurité et la coopération en Europe (CSCE), le continent européen, de l'URSS à l'Ouest, se retrouve avec le Canada et les États-Unis pour négocier des accords de large portée. Les discussions portent sur trois séries de sujets appelées les trois corbeilles d'Helsinki :

- des questions de sécurité (à la demande de l'URSS) ;
- des questions économiques (y compris environnementales et scientifiques) ;
- des questions humanitaires, celle des droits de l'homme notamment (à la demande des Occidentaux).

Cela sert-il à quelque chose de négocier avec les Soviétiques les droits de l'homme et la sécurité ? À première vue, non, puisqu'il s'agit de faire acter par les Soviétiques et leurs alliés, sans pouvoir de sanction, un certain nombre de principes démocratiques qu'ils n'ont pas l'intention de respecter. Mais c'est la détente ; tout le monde a intérêt à montrer qu'il est capable d'amener l'autre à discuter.

Ces accords, dans la conclusion desquels la CEE joue un rôle décisif, produiront leur principal effet lors de la chute du communisme : tout d'abord, ces textes à caractère tout à fait officiel, estampillés par les gouvernements de l'Est avec cynisme, vont devenir, pour les dissidents, des références incontestables, des points d'appui pour revendiquer plus de liberté, de démocratie, de droits de l'homme. Et, surtout, c'est sur leur fondement qu'après la chute du mur de Berlin, les Allemands obtiendront que la RFA unie appartienne intégralement à l'OTAN. Les Soviétiques avaient en effet accepté à Helsinki le principe du libre choix des alliances

La tentation du serpent (monétaire)

Après la crise de mai 1968 et les accords salariaux de Grenelle, le franc français se trouve affaibli. D'autres monnaies européennes (la lire italienne notamment) ne sont guère plus vaillantes. L'instabilité monétaire à l'intérieur du Marché commun est de plus en plus préjudiciable au bon fonctionnement de celui-ci.

Sur les marchés mondiaux, les turbulences monétaires ne sont pas moindres. En août 1971, les Américains mettent fin unilatéralement à la convertibilité du dollar, sans se soucier des répercussions de leur décision au niveau international. Les économies de leurs alliés européens sont frappées de plein fouet. En dépit des grands discours de Kissinger promettant de faire de 1973 « l'année de l'Europe », la solidarité avec le Vieux Continent n'est plus une priorité des États-Unis. Une fois encore, l'impulsion américaine est décisive : grâce aux fluctuations du dollar, le projet d'union monétaire, poussé par la Commission européenne, depuis le plan Barre de 1969 et le rapport Werner en 1970, va finir par avancer.

En octobre 1972, un pas décisif est franchi lors du sommet de Paris quand les gouvernements prennent la décision de réaliser (avant fin 1980 !) l'union économique et monétaire. À court terme, sont prévues des mesures renforcées de coordination des politiques monétaires nationales, ainsi que la constitution d'un fonds européen de coopération monétaire : le serpent monétaire.

ATTENTION !

Le serpent monétaire à la loupe

Pas d'Ève lascive, ni de pomme dans le jardin d'Eden où naît l'ancêtre de l'euro. Le *serpent monétaire* consiste en une fluctuation limitée des monnaies des États de la Communauté et une fluctuation coordonnée de celles-ci vis-à-vis du dollar. La courbe pouvant onduler, elle rappelle le corps d'un reptile.

Ce système ne dure guère. Il fonctionne un moment puis, en raison de la hausse continue du deutsche Mark, succombe. Les Allemands préfèrent alors soutenir leur monnaie face au dollar plutôt que de pratiquer une approche commune européenne.

Des divergences de fond

Coopérer en matière monétaire suppose en effet, outre les instruments techniques, une vision commune de ce qu'est la monnaie. Or dans les années 1970, ne serait-ce qu'entre la France et l'Allemagne, les divergences de vues sont profondes.

En Allemagne, le Mark, créé en 1948, avant même la République fédérale, constitue un symbole intouchable ; l'expérience de l'hyperinflation des années 1920 est encore présente dans les esprits. Aussi les Allemands placent-ils la stabilité de leur monnaie au-dessus de toute autre considération. La France, comme l'Italie ou la Grande-Bretagne, ne partage pas cette culture de la stabilité. Elle a tendance à rechercher des gains de compétitivité de court terme, en se contentant d'une monnaie faible. Lorsqu'en 1983, deux ans après son élection, François Mitterrand change radicalement de politique économique en optant pour la rigueur, au nom de l'Europe, il prend l'une des plus grandes décisions politiques de ses deux septennats. Mais, sur le coup, beaucoup de Français n'en ont pas conscience.

Outre ces divergences, la coopération en matière monétaire est rendue difficile par la nécessité d'accompagner les mesures de gestion monétaire proprement dite par des politiques assurant la convergence des économies et le rattrapage, par les régions les plus pauvres, du niveau de vie des plus riches. Pour les Allemands, la perspective de la coopération monétaire implique donc à la fois de partager, avec des partenaires moins disciplinés, la souveraineté sur le Mark, mais aussi, probablement, de supporter une part non négligeable des coûts de convergence... Il est compréhensible qu'ils hésitent.

Après le premier pas de 1972, une nouvelle impulsion est nécessaire. Elle doit venir de RFA, en étroite concertation avec la France et la Commission : après 1974, Helmut Schmidt et Valéry Giscard d'Estaing s'y attellent. À partir de 1977, ils sont aidés par les convictions et l'engagement du président de la Commission Roy Jenkins, qui appelle de ses vœux la création d'une monnaie susceptible de rationaliser les échanges dans le Marché commun, de lutter contre l'inflation et de créer des emplois et de la croissance.

En raison des réticences persistantes du gouvernement et des milieux économiques allemands, Jenkins passe d'abord pour un doux rêveur. (Cela arrive souvent aux présidents de la Commission ; en général, c'est bon signe, signe qu'ils proposent des idées nouvelles, un peu dérangeantes, et tel est leur rôle.) Mais la dégradation de la situation monétaire internationale durant l'hiver 1977-1978, en raison de la chute du dollar, combinée à un déficit américain important, ébranle les dernières réserves d'Helmut Schmidt : l'économie de la RFA souffre des surévaluations du Mark. Il faut aller plus loin que le serpent.

L'égoïsme américain

Les États-Unis ne se préoccupent plus guère des conséquences de leur politique monétaire (ou, en l'occurrence, de leur absence de politique, puisqu'ils se contentent de laisser flotter leur monnaie). Ces flottements, qui gênent tout particulièrement le gouvernement de Bonn, incitent l'Allemagne à se rallier à l'idée d'une coopération monétaire en Europe.

En deux conseils européens, le Système monétaire européen (SME) voit le jour. À Copenhague, en avril 1978, la volonté de créer une zone de stabilité monétaire est exprimée, notamment par Valéry Giscard d'Estaing ; la nomination de Raymond Barre à Matignon favorise ce projet. Ancien commissaire, auteur du premier rapport communautaire sur le sujet, les questions monétaires lui tiennent à cœur. À Brême, en juillet 1978, les chefs d'État et de gouvernement des Neuf réaffirment leur volonté d'avoir si possible tout le monde à bord, y compris les pays à monnaie faible (c'est-à-dire, à ce moment-là, l'Italie et la Grande-Bretagne). Le SME est né.

ATTENTION !

Le Système monétaire européen à la loupe

Le Système monétaire européen (SME) est nettement plus sophistiqué que le serpent monétaire. Un panier de monnaies compose l'écu (ou ecu : jeu de mots entre l'ancienne monnaie et *European Currency Unit*, ou unité monétaire européenne). Un cours pivot en écus est fixé pour chaque monnaie ; autour de ce cours pivot, les monnaies peuvent fluctuer dans une bande plus ou moins large (de + ou - 2,25 % en principe ; 6 % pour la lire italienne). En cas d'écart supérieur à la marge autorisée, les banques centrales peuvent intervenir, notamment grâce à l'existence d'un fonds commun alimenté sur les réserves des États qui peuvent émettre des écus.

Au départ, huit États membres seulement en font partie (la Grande-Bretagne seule en est exclue, après que les Italiens et les Irlandais sont revenus de leurs hésitations premières). La Grande-Bretagne rejoint le SME en octobre 1990 sur une décision prise à contrecœur par une Margaret Thatcher affaiblie. Au moment de la ratification du traité de Maastricht, en 1992, le SME connaît une crise majeure qui manque de compromettre la naissance de l'euro. Mais en dépit de fortes turbulences, la confiance résiste aux spéculateurs.

Politiquement, le SME est un grand succès. La convergence communautaire, qui était loin d'être acquise à la fin des années 1960, devient une réalité, y compris dans les pays de tradition « laxiste ». Pour les entreprises, le SME est bénéfique : il préserve la CEE des fortes fluctuations du dollar dans les années 1980 et soude le Marché commun : en diminuant le risque de dévaluations compétitives, la politique de convergence monétaire vient compléter les règles visant à instaurer la concurrence la plus loyale possible entre les entreprises.

Le moteur franco-allemand redémarre

Les efforts de Jean Monnet, depuis 1955, pour entretenir une « pépinière » d'hommes politiques européens, portent enfin leurs fruits : Valéry Giscard d'Estaing, élu en 1974 à la présidence de la République, a fréquenté assidûment son Comité d'action pour les États-Unis d'Europe.

Le Comité d'action ou l'art du complot chic

«Un réseau d'amitié agissante», c'est ainsi que Monnet qualifie son comité. Après l'échec de la Communauté européenne de défense, en 1954, cet Européen convaincu, infatigable, réagit. Il comprend que l'obstacle, sur la voie de l'Europe, est la résistance des hommes politiques eux-mêmes. Aussi décide-t-il de rallier à sa cause «ceux qui décident en dernier ressort». Son objectif est rien moins que d'«obtenir de la souveraineté qu'elle déléguât la souveraineté»! C'est dans ce but qu'il quitte la présidence de la Haute Autorité du charbon et de l'acier, avant la fin de son mandat, pour créer, en 1955, le Comité d'action pour les États-Unis d'Europe, toute petite structure, dotée de faibles moyens, qui va accomplir, dans l'ombre, un impressionnant travail.

Le Comité est à la fois un lieu de rencontre international d'hommes politiques, une pépinière de jeunes talents, un laboratoire d'idées et une officine de rédaction de textes. Pendant de longues années, ses «papiers», négociés dans d'interminables navettes entre les uns et les autres, alimentent discrètement la réflexion des institutions et des gouvernements. Monnet a le génie de rassembler autour de lui des hommes politiques de toutes les tendances, sans considération partisane. Il choisit aussi de s'entourer de syndicalistes influents afin de disposer de relais auprès des travailleurs les plus humbles. On est bien loin de l'Europe croquemitaine antisociale et ultralibérale que certains se plaisent à dépeindre…

Monnet met fin à son comité, volontairement, en 1975. De nos jours, une telle structure fait cruellement défaut. Dans l'Europe à 27, infiniment plus hétérogène que celle de Monnet, il serait encore plus utile de disposer d'un lieu où, régulièrement, les responsables politiques échangeraient leurs points de vue et où les représentants de toutes les couches de la population, notamment les syndicalistes, auraient une occasion de dialoguer. Trouver un terrain d'entente exige des efforts. Monnet disait: «Des transformations psychologiques considérables, que certains cherchent à travers des révolutions violentes, peuvent intervenir très pacifiquement si l'on oriente l'esprit des hommes vers le point où leurs intérêts convergent. Ce point existe toujours. Il suffit de se fatiguer pour le trouver.» Qui en prend la peine aujourd'hui?

C'est au sortir de ce comité que Valéry Giscard d'Estaing et Helmut Schmidt, grâce à leur engagement personnel, font redémarrer le moteur franco-allemand, pour le plus grand profit de la CEE. Après les années moroses qui ont suivi la mort d'Adenauer, c'est le retour de la complicité hors norme qui avait marqué les premiers temps de la CEE. Sans être des fédéralistes acharnés, les deux nouveaux responsables, jeunes, dynamiques, affichent des ambitions européennes plus grandes que celle de leurs deux illustres prédécesseurs qui restaient, malgré, tout des hommes d'avant-guerre.

Le Conseil européen : refaire le monde au coin du feu

Outre leurs initiatives en matière monétaire, Schmidt et Giscard d'Estaing jettent des jalons institutionnels majeurs. Depuis des années, Monnet se battait pour qu'en matière communautaire les décideurs suprêmes des différents États membres (Premiers ministres, chanceliers et présidents) puissent agir ensemble. En décembre 1974, lors d'un sommet accueilli à Paris, est créé le Conseil européen. Monnet y voit une victoire personnelle et le fruit de ses efforts. En dépit de son âge, il n'a pas ménagé sa peine, allant plaider sa cause dans toute l'Europe, auprès de Schmidt, Tindemans, Heath, Giscard d'Estaing. Il surestime toutefois la force de cet organe : lorsque, dans ses *Mémoires*, il y voit la fin de l'unanimité, il sera démenti.

Il n'en reste pas moins que l'existence de cette institution informelle, qui ne figurait dans aucun traité, permet de fructueux échanges d'idées. Tant qu'il reste ce que ses promoteurs voulaient qu'il fût, une occasion de discuter «au coin du feu» et non d'arbitrer les différends apparus au Conseil des ministres, le Conseil européen joue bien son rôle : il donne des impulsions décisives. À l'époque de Kohl, Mitterrand, Gonzales, Dehaene et Delors, c'est une instance d'une grande hauteur de vues. Sans elle, la monnaie unique n'aurait pas vu le jour. Depuis, il est un peu en perte de vitesse (voir chapitre 12).

Le seul Parlement supranational au monde

L'élection au suffrage universel direct du Parlement européen vient compléter la création du Conseil européen. C'est un pas important vers une démocratie européenne. Cette élection directe était prévue dans le traité de Rome. De 1957 à la fin des années 1970, elle est pourtant systématiquement bloquée par la France, les gaullistes faisant preuve d'une méfiance aiguë envers les parlements en général et celui-là en particulier. Valéry Giscard d'Estaing accepte de courir le risque.

Le premier scrutin n'a lieu qu'en juin 1979. Dans le même temps, les députés gagnent un droit de regard un peu plus étendu sur le budget (sur les dépenses non obligatoires, c'est-à-dire celles ne résultant pas d'un règlement du Conseil). C'est un tout petit progrès. En revanche, ses pouvoirs législatifs restent limités.

L'appel de Cochin

Le 6 décembre 1978, du lit d'hôpital où il se remet des suites d'un accident de voiture, Jacques Chirac lance, à sa façon, la campagne pour les élections européennes en faisant une déclaration enflammée contre les conséquences de l'élection au suffrage universel du Parlement européen. Sur un ton grandiloquent, il met en garde le peuple français contre le « piège » (*sic*) qui lui est tendu : « Il est des heures graves dans l'histoire d'un peuple où sa sauvegarde tient toute dans sa capacité de discerner les mesures qu'on lui cache [...]. Tout nous conduit à penser que derrière le masque des mots et le jargon des technocrates, on prépare l'inféodation de la France. » Bigre ! La démocratie, les élections libres, voilà l'ennemi !

Cet appel un peu pathétique, décalé, ne fait qu'entonner la vieille rengaine gaulliste contre le vote majoritaire qui, « en paralysant la volonté de la France, ne servira ni les intérêts de la France, bien entendu, ni les intérêts européens ».

L'auteur se garde bien de dire comment ils évitera que l'Europe se limite à une « zone de libre-échange » – qu'il rejette – sans lui donner de moyens d'action, ni accepter un minimum de supranationalité. Ni pourquoi nos partenaires, qu'il n'est pas loin d'insulter, devraient continuer à financer la politique agricole commune.

Jacques Chirac dénonce pêle-mêle le « parti de l'étranger » (*sic*), les « influences d'outre-Atlantique », les « concurrences inégales », « sauvages », l'angoisse devant l'élargissement (à l'époque à l'Espagne et au Portugal). Son désir de dresser une nouvelle ligne Maginot entre Paris et Bruxelles masque mal l'incapacité des souverainistes à proposer une alternative. Enfin, pour lui, « l'Europe ne peut servir à camoufler l'effacement d'une France qui n'aurait plus sur le plan mondial ni autorité, ni idée, ni message, ni visage ». Triste épisode…

Le rapport Tindemans, toujours d'actualité

Le sommet de décembre 1974 charge le Premier ministre belge Léo Tindemans de faire des propositions concrètes pour nourrir le concept d'union européenne évoqué depuis 1972. Après une consultation de tous les partenaires et un travail approfondi, Tindemans remet ses propositions aux chefs d'État et de gouvernement, en 1975. Ce rapport, remarquablement bien écrit, contient beaucoup d'idées qui deviendront un jour réalité mais qui, dans l'immédiat, finissent dans un tiroir. Le climat, alourdi par la crise pétrolière et les difficultés qui s'ensuivent, ne porte guère aux grands projets.

Relire ce documents, trente ans après sa rédaction, a quelque chose de comique ou de désespérant. À l'exception du petit passage évoquant la sécurité de l'Europe de l'Ouest, l'analyse reste valable, au mot près ! Ainsi du début du rapport, dont on pourrait s'amuser à changer une seule date – 2005 au lieu de 1975 – pour disposer d'une excellente analyse des problèmes européens actuels : «L'opinion européenne a perdu au cours des ans un fil conducteur, le consensus politique de nos pays sur les raisons que nous avons d'entreprendre cette œuvre commune, les caractéristiques que nous voulons lui donner. C'est avant tout cette vision commune qu'il faut rétablir si nous voulons faire l'Union européenne. Le citoyen européen ne ressent pas en 1975 les motifs de la construction européenne exactement de la même manière qu'en 1950.»

Et que dire du constat de notre impuissance internationale qui, dans le contexte de l'actuel conflit au Proche-Orient, si lourd de souffrances et de menaces, prend une tonalité particulièrement consternante : «J'ai été frappé, au cours de mes visites, par le sentiment partout répandu de notre vulnérabilité et de notre impuissance. C'est là, dans l'histoire contemporaine, une expérience nouvelle pour nos peuples. L'inégalité dans la distribution des richesses menace la stabilité du système économique mondial, l'épuisement des ressources pèse sur l'avenir de la société industrielle, l'internationalisation de la vie économique accroît la dépendance de notre système de production. Nos États semblent bien faibles pour relever seuls ces défis. De quel poids pèsent encore les voix isolées ? »

On pourrait multiplier ces citations à l'infini. L'Europe aurait gagné trente ans si les remarquables propositions de Leo Tindemans avaient été mises en œuvre plus tôt (réduire le champ de l'unanimité pour être plus efficace, allonger la durée des présidences tournantes, donner au Parlement des pouvoirs plus conformes à son statut, etc.).

Les juges plus efficaces que les politiques

Parfois, les faits font plus que les bonnes volontés… Comparons les résultats obtenus à partir d'un cas concret d'échange commercial et ceux issus de l'initiative de deux chefs d'État.

Un petit coup de Cassis ?

Les juges européens ne font pas souvent la une des médias. Dans le silence de leurs cabinets, ils prennent pourtant parfois des décisions d'une immense portée pour l'économie européenne et la poursuite de l'intégration. C'est le cas, en 1979, dans une affaire en apparence «clochemerlesque» : les Allemands peuvent-ils interdire la vente en RFA d'un alcool français (le Cassis de Dijon bien de chez nous, indispensable à la confection du kir inventé par le fameux chanoine du même nom) ? Peuvent-ils notamment se prévaloir de ce que le Cassis de Dijon titre un degré d'alcool inférieur à celui des liqueurs allemandes ? En tranchant ce cas pittoresque, la Cour européenne a rappelé un principe essentiel du Marché commun : un produit légalement fabriqué et commercialisé dans un État membre ne peut pas être interdit dans un autre sans raison impérative de santé publique. Et des mesures restrictives ne pourraient être admises qu'à condition d'être proportionnelles au but visé, ce qui n'est pas le cas en l'occurrence.

Par leur arrêt, les juges mettent fin à la pratique consistant, sous des prétextes de santé publique, de tradition ou de sécurité des consommateurs, à entraver l'arrivée de produits concurrents fabriqués à l'étranger... La Cour rend ainsi un grand service à la Commission qui, depuis le début de la crise pétrolière, assiste impuissante à la multiplication des entraves aux échanges au sein du Marché commun. Sans parler de la valeur symbolique d'une décision qui opère une «déclaration de confiance mutuelle»: ce qui est bon pour un Français ne peut pas être mauvais pour un Allemand. En substituant la reconnaissance mutuelle à l'harmonisation préalable, la Cour fait gagner un temps fou à la construction du Marché commun. Le «cassis» a fait du bien à l'Europe.

C'est cette logique qui sera reprise en 2004 dans le projet de directive sur la libre circulation des services (dite directive Bolkestein). Cependant, les personnes ne sont pas des marchandises, d'où les fortes résistances contre ce projet et, après un long débat au Parlement européen et au Conseil des ministres ainsi que dans les Parlements nationaux, l'abandon des règles du pays d'origine.

La très timide déclaration de Stuttgart

Car l'efficacité de la Cour, dotée d'un réel pouvoir de décision, est sans commune mesure avec celles des gouvernements à qui le veto coupe les ailes. Le rapprochement de l'affaire du Cassis avec l'initiative Genscher-Colombo en témoigne. En 1981, Hans Dietrich Genscher, ministre allemand des Affaires étrangères, appelle à son tour à une relance de l'Europe, lors de l'Épiphanie. Le moment choisi est peu propice pour se prendre pour un Roi mage. Aucune étoile ne s'est levée ces derniers temps. À part en matière monétaire, les efforts de relance des années 1970 ont fait long feu. La crise des euromissiles divise l'Allemagne. Elle crée des tensions transatlantiques peu favorables à des progrès de l'intégration européenne. Les institutions communautaires ne sont pas au mieux de leur forme; Margaret Thatcher ne cesse de porter à la CEE des coups de butoir.

Genscher reçoit immédiatement le soutien de Colombo, le Premier ministre italien, ancien président du Parlement européen. Les deux gouvernements déposent un projet conjoint de relance. Il ne s'agit pas de rédiger de nouveaux traités mais d'adopter une déclaration solennelle. Ils veulent surtout relancer la coopération politique en matière diplomatique, en confiant cette compétence au Conseil européen. Les pouvoirs du Parlement seraient accrus, le compromis de Luxembourg atténué.

En dépit de la qualité des protagonistes (deux ministres de deux grands États fondateurs), le résultat est ce qu'on appelle un flop. Il est vrai que le camp eurosceptique, Maggie en tête, tire sur tout ce qui bouge. La montagne accouche d'une charmante souris, à Stuttgart, du 17 au 19 juin 1983, sous forme d'une déclaration solennelle sur l'Union européenne. Une fois de plus, hélas, de bonnes idées, présentées avec foi, sont écartées par une poignée de gouvernements pusillanimes. L'Europe piétine. Seul point positif : la démarche a révélé l'ampleur des blocages et préparé la voie à la grande remise en route qui mènera à l'Acte unique et aux traités qui l'on suivi.

Chapitre 5

Le rebond (1984-1989)

Lors de son arrivée au pouvoir en 1982, le chancelier Helmut Kohl parle d'«eurosclérose». L'élection de François Mitterrand et le soutien qu'il apporte au chancelier allemand changent le climat. L'Europe a trouvé ses défenseurs. De nouveaux membres, dynamiques, apportent à la Communauté un peu de soleil méridional. Grâce à l'action résolue de quelques Européens ardents, notamment Altiero Spinelli au Parlement et Jacques Delors à la Commission, le rebond tant attendu se produit enfin.

Mitterrand et Kohl, une complicité inattendue

Rien ne prédisposait le chancelier allemand conservateur à s'entendre avec l'artisan français de l'union de la gauche qui gouverne avec des communistes. Sauf un intérêt jamais démenti pour l'histoire politique et littéraire de l'Europe qui, dans leurs conversations, tient plus de place que les primes à la vache allaitante. Les deux dirigeants ont cette conviction commune et inébranlable que l'Europe est notre avenir. Leur point de vue stratégique est le même : la solidarité de l'Occident ne se discute pas. Et ils partagent une grande culture historique

Le discours au Bundestag

En janvier 1983, François Mitterrand apporte à Helmut Kohl, à Bonn même, un soutien inespéré : face aux Soviétiques qui déploient des fusées à moyenne portée susceptibles d'atteindre les villes allemandes, une partie de la gauche – notamment en Allemagne – cherche le salut dans le pacifisme. Lors de manifestations de rue et de défilés, elle s'oppose au déploiement par les Américains de fusées Pershing sur le sol européen en réponse aux provocations russes. Mitterrand, homme de gauche, prend le contre-pied de son camp. Dans un discours au Bundestag devenu célèbre, il soutient le déploiement des missiles Pershing, confortant ainsi grandement la position du chancelier. Par la suite, la complicité des deux hommes ne cesse de se renforcer, du moins jusqu'en 1989.

Pour François Mitterrand, ce discours est si important qu'il y travaille encore dans l'avion, à l'ambassade de France puis, en se rendant au Bundestag, dans sa voiture. Il se fait apporter à la tribune les dernières pages tapées au propre. Même si la phrase la plus célèbre de cet épisode – « Les fusées sont à l'est, les pacifistes à l'ouest » – n'a pas été prononcée ce jour-là mais quelques mois plus tard, l'idée est déjà là, sans ambiguïté possible.

De Verdun à la brigade franco-allemande

En septembre 1984, Kohl et Mitterrand se retrouvent à Verdun pour rendre hommage aux soldats tombés pendant la Première Guerre mondiale. Verdun n'est pas endroit ordinaire. Sur ce petit bout de terre, en dix mois, 300 000 hommes ont perdu la vie et 500 000 ont été blessés. Très émus, Mitterrand et Kohl se tiennent la main. Frédéric de La Mure, photographe officiel du ministère des Affaires étrangères, immortalisa l'instant (voir couverture). Et le geste n'a pas été préparé par des conseillers en communication ! À juste titre, cette image forte fait le tour du monde.

Mais les deux hommes ne se contentent pas de célébrer la réconciliation. Les initiatives d'avenir se succèdent. En 1988, ils révisent le traité de l'Élysée afin d'accroître la coopération en matière d'économie et de défense, et ils créent une brigade franco-allemande, embryon d'une future armée européenne. Avant chaque Conseil européen, un petit déjeuner leur permet de coordonner les positions des deux pays. Ensemble, ils porteront l'euro à bout de bras.

Un peu de soleil dans l'Europe

De cette époque date aussi l'arrivée dans l'Europe de pays méridionaux.

Le paradoxe grec

La Grèce entre dans la CEE, seule, le 1er janvier 1981. Curieusement, l'adhésion de ce pays qui est assez en retard économiquement, qui ne possède aucune frontière terrestre commune avec les États membres et qui se distingue de l'Europe de l'Ouest par un certain nombre de traits (sa tradition orthodoxe notamment) passe comme une lettre à la poste. Sans doute l'attachement des Européens à la Grèce antique, berceau de la pensée et des arts européens, y est-il pour quelque chose.

Pourtant, les premières années, les Grecs se montrent de redoutables partenaires : nationalistes chatouilleux, ils n'hésitent pas à user de leur droit de veto, notamment sur les questions touchant à la Turquie. Et le développement de la Grèce reste lent, sans comparaison avec le décollage de l'Irlande par exemple.

Espagne et Portugal, divines surprises

Pour l'Espagne et le Portugal, le phénomène est inverse. Lorsque, en 1977, les deux pays à peine sortis de la dictature frappent à la porte de la CEE, les Européens prennent peur. Certains redoutent l'arrivée massive de main-d'œuvre ibérique ou la concurrence de fruits et légumes méditerranéens bon marché. La France est l'un des États membres les plus touchés par cette psychose.

Ces deux pays sont relativement méconnus. Durant des décennies, ils sont restés en marge de l'Europe. À part l'épisode de la guerre civile qui a conduit nombre de résistants au franquisme à émigrer, les liens avec le Nord de l'Europe sont lâches. En raison de la dictature, ces deux pays ne sont pas non plus passés par l'antichambre que représentent les accords d'association. Si le Portugal est membre de l'Association de libre-échange (AELE), l'Espagne est totalement isolée.

Cependant, aucun des deux pays n'émet la moindre réserve sur le principe de l'adhésion au projet européen, ni sur la nécessité de reprendre l'acquis communautaire. Après les contorsions des Britanniques et des Danois, c'est un soulagement. Le diable est dans les détails. Sur la pêche, les fruits et légumes, le vin, les négociations sont âpres. Les Italiens, autres producteurs méditerranéens, renchérissent sur les inquiétudes françaises. Du côté communautaire, la peur d'une trop grande hétérogénéité se fait sentir jusque dans les avis de la Commission.

Le tournant des négociations intervient lorsque Felipe Gonzales arrive au pouvoir en 1982. Européen convaincu, il entend bien sortir son pays de l'isolement. L'enjeu est la modernité de l'Espagne, son retour en Europe. À rebours de ses promesses électorales, il choisit finalement, pour la même raison, de maintenir l'Espagne dans l'OTAN. Le gouvernement précédent, conservateur, vient de l'y faire entrer, contre l'avis de la gauche. Le ministre socialiste de la Défense Javier Solana qui, dans les rues, a manifesté contre l'alliance atlantique finira même, dans les années 1990, par devenir son secrétaire général…

Le 1er janvier 1986, l'Espagne et le Portugal deviennent membres de la CEE, portant le nombre des États à douze, exactement le nombre d'étoiles du drapeau communautaire. Mais attention ! Il n'y a pas de lien entre le nombre d'étoiles et celui des États (voir encadré ci-dessous).

Une fois admis, ces pays se révèlent des partenaires exigeants – durs même, quand leurs intérêts financiers sont en cause – mais engagés et constructifs. Souvent, Felipe Gonzales intervient au Conseil européen à l'appui de Delors, Kohl et Mitterrand. Fort de la crédibilité acquise, le chef du gouvernement espagnol parvient même à obtenir de ses partenaires la création d'une nouvelle politique – pourtant fort onéreuse – destinée à aider les pays les moins riches (Espagne, Portugal, Irlande, Grèce) : la politique de cohésion.

Dans la décennie des années 1990, l'image des nouveaux membres ibériques s'améliore. L'adhésion s'est déroulée sans heurts et les mesures transitoires destinées à retarder la libre circulation des personnes et à préserver leurs économies encore fragiles ont apaisé les craintes réciproques. En accordant sept ans de répit à l'Espagne et dix au Portugal, les négociateurs ont su calmer les inquiétudes. En quelques années, l'existence de perspectives locales tarit plutôt les flux d'émigration. De généreuses mesures d'accompagnement (fonds structurels puis fonds de cohésion) dynamisent l'économie. La société s'ouvre ; la démocratie est confortée.

LE SAVIEZ-VOUS ?

Un drapeau en partage

Le drapeau européen (voir couverture) est non seulement le symbole de l'Union européenne, mais aussi de l'Europe dans un sens plus large. C'est le Conseil de l'Europe, indépendant de la CEE et de l'UE, qui a adopté le motif actuel en 1955 : un cercle (symbole d'unité) de douze étoiles dorées sur fond bleu. Le nombre d'étoiles n'est pas lié au nombre d'États membres. Officiellement, il y a douze étoiles, car ce chiffre serait symbole de perfection, de plénitude et d'unité à travers l'histoire.

Prudent, le concepteur du drapeau, M. Lévy, qui était dans les années 1950 directeur du service de presse du Conseil de l'Europe, mentionne en vrac les douze heures du jour, les douze travaux d'Hercule, les douze signes du zodiaque, les douze fils de Jacob… Il semble difficile d'imaginer que, dans l'Europe de cette époque-là, traversée par de forts courants chrétiens démocrates, les concepteurs du drapeau n'aient pas connu l'Apocalypse de saint Jean, où la Vierge Marie dont le bleu est la couleur, apparaît comme couronnée de douze étoiles d'or. M. Lévy reconnaît donc une possible influence mariale, involontaire. Admettons que si elle n'était pas voulue, elle serait encore plus étonnante. Robert Schuman et d'autres avaient dû faire quelques prières…

Le Conseil de l'Europe a ensuite invité les autres institutions européennes à adopter le même drapeau. En 1983, le Parlement européen opte pour cet emblème. En 1985, lors du conseil de Milan, la CEE fait de même. Le traité constitutionnel reconnaît le drapeau parmi les symboles de l'UE avec *L'Hymne à la joie* et la devise « Unis dans la diversité ».

À ce détail, on voit combien l'Union européenne ne fait rien comme les autres. Alors qu'un drapeau cherche à distinguer, à créer une loyauté exclusive, l'Europe communautaire emprunte son drapeau à une autre organisation. Bien sûr, le Conseil de l'Europe et la CEE sont nés du même mouvement, après la guerre, et ont été créés par les mêmes fondateurs ; mais aujourd'hui le premier compte 46 membres et ne fonctionne pas du tout selon les mêmes méthodes que l'Union. C'est comme si l'Europe cherchait à brouiller les pistes…

En France, l'Espagne devient à la mode ; dans les collèges, on apprend plus l'espagnol que l'allemand et c'est à Barcelone que les étudiants ont envie d'aller faire la fête, comme en atteste le premier film sur le programme Erasmus *L'Auberge espagnole* de Cédric Kaplisch.

Spinelli, ou l'impulsion d'un grand crocodile

Dans le même temps, le Parlement européen émerge, sous l'impulsion d'Altiero Spinelli, l'une des figures les plus attachantes de l'histoire communautaire.

Le Parlement, assemblée constituante ?

Contrairement à Monnet ou Schuman, Altiero Spinelli doute de la possibilité d'édifier l'Europe par des évolutions progressives, les diplomaties nationales ayant à cœur de rogner les avancées communautaires. La vie communautaire ne lui donne pas entièrement tort…

Favorable à un grand soir européen, il souhaiterait une procédure constituante afin que le peuple européen, au sein d'un congrès réuni à cette fin, prenne en mains son destin. Lorsque le Parlement est enfin élu au suffrage universel, en 1979, Altiero Spinelli quitte la Commission pour se présenter à la députation. Il voit la chance que représente cette assemblée paneuropéenne, parfaitement légitime, élue directement : la probabilité de réunir un jour une vraie constituante, comme à Philadelphie lors de la création des États-Unis, étant assez mince, autant utiliser le Parlement comme constituante !

Les nouveaux parlementaires marquent d'eux-mêmes une certaine volonté d'indépendance vis-à-vis des États en rejetant le budget qui leur est soumis en décembre 1979. Le Parlement européen est certes incapable de bloquer le fonctionnement des institutions (étant donné qu'il se prononce seulement sur les dépenses non obligatoires) mais il donne ainsi un coup de semonce, faisant ressortir le caractère aberrant du budget communautaire, empilement de dépenses majoritairement agricoles, dépourvu de vision stratégique. Le terrain n'est donc pas défavorable aux vues de Spinelli.

Encore faut-il convaincre les députés, parfois timorés ou bornés par leur horizon national, de s'émanciper en jouant la carte constituante. Ce sera la tâche du club Crocodile, du nom du restaurant de Strasbourg où il se réunit (et peut-être en raison des nombreux sauriens dans le marigot européen ?). Ses membres, de différentes nationalités et différentes tendances politiques, très actifs, obtiennent la création d'une commission *ad hoc* chargée de rédiger un nouveau traité.

Ce point est important. Altiero Spinelli tient beaucoup à proposer un nouveau texte et non une version modifiée des traités en vigueur. L'ampleur de la réforme est justifiée par le fait que Spinelli entend donner vie au concept d'Union européenne, agité depuis dix ans mais toujours creux. À un nom nouveau, il faut bien associer un saut qualitatif.

Un vain combat ?

Pendant plusieurs mois, les députés se livrent à un énorme travail : ils dressent le bilan de la construction communautaire en un effort collectif d'analyse et de réflexion. Spinelli n'est pas un idéologue, il accepte la discussion et cherche à avancer. La rédaction donne lieu à de nombreux débats. L'option fédéraliste pure et dure n'ayant aucune chance de réunir une majorité, Spinelli sait qu'il doit accepter des compromis. Le travail s'effectue toutefois dans un grand souci de rigueur. Le résultat final n'est pas entaché par des concessions irréfléchies. Le texte est repris tel quel en plénière et officiellement diffusé en février 1984 sous le nom de projet de traité sur l'Union européenne.

L'Union est instituée avec la personnalité juridique, c'est-à-dire qu'elle commence à exister sur la scène internationale. Elle reprend l'acquis communautaire. Les institutions gardent le même nom et se voient adjoindre officiellement le Conseil européen. Le renforcement des pouvoirs du Parlement est net, par rapport au Conseil, dans les matières économiques. En revanche, le Conseil garde sa prééminence en matière de politique étrangère. La Commission est confortée ; les normes européennes sont simplifiées. La réalisation du Marché unique est accélérée et l'union monétaire compte au nombre des objectifs. La répartition des compétences fait apparaître de nouvelles politiques (l'environnement, le social et la monnaie notamment). La subsidiarité n'est pas seulement vue comme le moyen de limiter les intrusions de l'Europe mais comme un instrument permettant de définir ce qui doit remonter au «centre» (voir chapitre 10).

L'une des dispositions les plus originales concerne l'entrée en vigueur du traité : la ratification est acquise par une majorité d'États formant les deux tiers de la population globale. Si cela se produit, les États ayant ratifié fixent alors les procédures et la date d'entrée en vigueur du présent traité ainsi que des relations avec les États membres qui n'ont pas encore signé. Ainsi, une minorité d'États ne peut pas bloquer l'entrée en vigueur du traité. C'est d'autant plus audacieux que le texte prévoit que l'Union remplace la CEE. Il appartient donc aux récalcitrants de réfléchir avant de dire non…

Certes, le travail de «brainstorming» n'aura pas été vain : en accouchant d'un texte équilibré, de grande qualité, le Parlement aura contribué à asseoir son autorité. Le projet Spinelli reste un jalon dans l'histoire communautaire, une source d'inspiration pour tous ceux qui auront à rédiger de nouveaux textes européens (l'Acte unique, le traité de Maastricht, le projet de constitution de la Convention). Spinelli aura au moins entretenu la flamme…

Vu la qualité du travail accompli, il est toutefois dommage que ce texte ait fini, lui aussi, dans un tiroir. Un instant, l'espoir a lui qu'un grand homme politique se l'approprie : dans un discours au Parlement européen, en mai 1984, François Mitterrand semble le reprendre à son compte. Geste d'opportunité devant les parlementaires ? Expression d'une conviction personnelle entravée par les contraintes de la politique intérieure et l'état d'esprit régnant dans certains milieux à Paris ? Difficile de savoir avec le Prince de l'ambiguïté… En tout cas, le Conseil européen qui se tient à Fontainebleau en juin 1984 sous présidence française n'inscrit pas son examen à l'ordre du jour. Il faut dire que la discussion sur le fameux rabais britannique occupaient plus urgemment les chefs d'État et de gouvernement.

Le Conseil se borne à créer deux comités appelés, du nom de leurs présidents respectifs, comité Adoninno sur l'Europe des citoyens et comité Dooge sur les questions institutionnelles. Cette apparente consécration sonne le glas du projet Spinelli, qui ne sera jamais débattu en tant que tel. Rien de tel, pour tuer une bonne idée, que de créer un comité.

Delors, ou le renouveau de la Commission

À l'été 1984, le Conseil européen désigne Jacques Delors, ex-ministre français des Finances, pour remplacer le Luxembourgeois Gaston Thorn. Lorsqu'il prend ses fonctions en janvier 1985, nul ne se doute que cet homme discret va devenir un président de la trempe d'Hallstein, redonnant à l'institution ses lettres de noblesse (voir chapitre 13).

Une désignation heureuse

Outre ses qualités personnelles, Jacques Delors bénéficie de ce que les astrologues (chers à François Mitterrand…) appellent une conjonction de planètes favorable. Il possède la confiance du chef de l'État français qui est à la tête d'un des pays clés de la CEE. Indirectement, il bénéficie ainsi d'un strapontin dans la relation privilégiée que celui-ci entretient avec Helmut Kohl.

Peu à peu, il saura mériter personnellement la confiance des Allemands, comme le démontre sa réaction très constructive au moment de la chute du mur de Berlin. Si François Mitterrand a parfois fait preuve de méfiance envers son ami Kohl (ou au moins d'une prudence excessive), Delors trouve tout de suite les mots justes et agit efficacement. Les Allemands n'oublieront ainsi jamais ce qu'ils lui doivent : l'adhésion, dans un délai record, des Länder de l'ex-RDA à la CEE est grandement facilitée par la Commission Delors. Si, depuis 1957, le cas de l'unification avait été prévu par les juristes de la Communauté, la mise en œuvre accélérée a surpris tout le monde.

Il sait aussi ne pas négliger les « petits » et, au besoin, les défendre contre les initiatives un peu envahissantes des poids lourds. Les relations privilégiées qu'il entretient avec Mitterrand et Kohl lui permettent d'émettre des objections. L'une des raisons du succès exceptionnel du couple franco-allemand tient sans doute aussi au fait que Delors rassure les États exclus de ce tête-à-tête exclusif. Autrement dit, il gère l'Europe en bon père de famille.

Il a notamment le talent de bien comprendre ce que doit être un président de Commission : un inspirateur qui prépare les décisions, fournit les idées et l'expertise technique mais laisse le bénéfice politique aux chefs d'État et de gouvernement. En apparence, cela revient à se réserver le second rôle ; en vérité, le premier de tous, car la compétence technique assortie de la créativité rend vite indispensable.

Le respect que la plupart des hommes politiques européens, y compris ses adversaires, lui ont témoigné, est le meilleur signe de son succès. De Jacques Delors, la Commission est encore orpheline. Quiconque se rend à Bruxelles, près du Comité des régions, peut voir sur le mur d'une maison de maître un hommage de Bruxelles à l'ancien président. Ce quasi-culte est à la fois sympathique et inquiétant… Les euromodérés et, plus encore, les eurosceptiques répandent désormais le bruit que l'époque Delors n'était qu'une exception, une riche heure de l'histoire de l'Europe et que la morosité actuelle est la norme. Triste résignation.

Ce chœur de louanges ne doit pas cacher qu'on lui reproche parfois un certain autoritarisme. Il est vrai qu'il attache à la concertation et à la collégialité une grande importance mais décide parfois seul, à la française, chaque fois que les procédures le permettent. Lors de la répartition des portefeuilles, il fait le choix de se réserver la monnaie. En revanche, certains de ses commissaires ont joui d'une grande latitude. Dans ses *Mémoires*, lui-même rappelle aussi combien Pascal Lamy était respecté pour sa capacité de travail et sa compétence, mais aussi craint, comme un chef doit l'être, pour que la boutique tourne.

Le tour des capitales

Une fois nommé, Delors entreprend une tournée de toutes les capitales des Dix et des deux futurs États membres, Espagne et Portugal. Au cours de ses entretiens, il teste un certain nombre d'idées, notamment la possibilité de relancer l'Europe en développant l'un des trois secteurs suivants : la monnaie, la défense, les institutions. Mais il s'aperçoit assez rapidement qu'aucun consensus n'est envisageable dans ces trois domaines. Peu à peu, sa conviction s'affermit que le sujet susceptible de rallier les gouvernements – le seul – et de créer une dynamique positive est l'achèvement du Marché commun.

L'idée est simple : rattraper le temps perdu ! En d'autres termes, « réaliser vraiment l'objectif du traité de Rome, un grand espace commun sans frontières, avec liberté de circulation des biens, des services, des capitaux et, un jour, des personnes», pour «donner un stimulant sans équivalent à nos économies». La démarche est rassurante: chaque État ayant déjà signé et ratifié le traité de Rome, le projet n'engage pas sur des voies nouvelles que certains pourraient trouver hasardeuses parce qu'inédites (comme la création d'une monnaie sans État) ou pouvant créer des frictions transatlantiques (une défense commune).

Ce projet recueille le soutien des milieux économiques. Comme Schuman en 1950, Jacques Delors fait du judo: il utilise en sa faveur des forces qui auraient pu être contraires. Le puissant levier des lobbies et des entreprises va l'épauler. Mais il sait aussi intéresser les syndicats à son projet. Ceux-ci, préoccupés par l'ampleur du chômage, y voient un moyen de faire repartir la croissance. Sur les questions sociales, Jacques Delors est crédible. Ses plaidoyers pour le million et demi de chômeurs que compte l'Europe des Dix depuis 1980 ne sont pas des boniments. Pour s'assurer que l'objectif de réalisation du Marché unique recueille bien l'appui des milieux économiques et sociaux, Delors multiplie les contacts avec le patronat européen (Unice) mais aussi les syndicats (CES) et les entreprises du secteur public. Une phase nouvelle de concertation et d'implication des relais sociaux commence. Monnet n'aurait pas renié la méthode.

Le coup le plus génial consiste toutefois à trouver un packaging sexy pour recycler ce qui n'était dans le fond qu'une ambition vieille de trente ans, abandonnée en cours de route: le slogan «Objectif 1992». En fixant une date butoir, en donnant un horizon à une Europe qui n'en a guère, Delors – ou plutôt Max Kohnstamm, ancien secrétaire de Monnet, qui la lui a soufflée – a eue une idée lumineuse. Peut-être la similitude avec la date de découverte de l'Amérique – 1492 – a-t-elle donné aux Européens le sentiment d'une «nouvelle frontière» qui leur faisait justement défaut.

Le 14 janvier 1985, dans son discours solennel devant le Parlement européen, Delors déclare vouloir «annoncer puis exécuter la décision de supprimer toutes les frontières au grand marché intérieur de l'Europe d'ici 1992». L'emploi des mots «annoncer puis exécuter» est révélateur. Il est vrai que, par le passé, les effets d'annonce n'ont pas manqué, sans donner lieu à aucune action! Monnet aurait apprécié le détail, comme il aurait loué, à n'en pas douter, le retour d'une méthode de travail consistant à réunir des hommes autour d'un intérêt commun.

Un livre blanc pour sortir du trou noir

Reste à transformer l'idée en réalité. Delors en confie la responsabilité à lord Cockfield, commissaire britannique, conservateur proche de Margaret Thatcher. Il prend sa tâche tellement à cœur que celle-ci finira par lui reprocher son engouement européen… Cockfield rédige un livre blanc (voir encadré ci-dessous) dans lequel la Commission propose un programme détaillé en vue d'abolir – en sept ans seulement – toutes les frontières et les barrières qui empêchent la CEE d'être un espace ouvert.

N'OUBLIEZ PAS !

Livres blancs, livres verts

La Commission ne joue pas avec des papiers de couleur pour le plaisir de perdre le profane. Comme le classement des pistes de ski, ce code permet de s'y retrouver entre des documents de natures différentes.

Le livre vert est la toute première étape d'un projet, une étude préliminaire qui teste des idées, ouvre de nouveaux champs, délimite les problèmes Il contient en principe plus de questions – adressées aux partenaires intéressés, qu'il s'agisse des entreprises, des associations d'usagers, des ONG, des collectivités locales, des administrations ou des experts – que de réponses. La Commission recueille les réactions (aujourd'hui notamment par Internet) et les étudie pour dessiner sa position.

Le livre blanc est en général rédigé lorsque la première consultation (sous forme de livre vert ou de manière informelle) a déjà eu lieu : il a pour objet de tester des réponses, de choisir entre plusieurs options par exemple. Ce document, plus proche de la décision, invite en général le Conseil des ministres à trancher.

Le mot clé du document rédigé par Cockfield est « un espace sans frontières », car il contient à la fois la libéralisation des échanges de biens ou de capitaux et la perspective d'une libre circulation des personnes.

Reprenant la logique de la jurisprudence Cassis de Dijon (voir chapitre 4), le document affirme que tous les biens légalement commercialisés dans un État doivent pouvoir circuler librement. Il fixe des objectifs similaires en matière de services, lesquels représentent une part importante de l'activité économique des pays membres : banques, assurances, transports, produits financiers, crédits, marketing, systèmes audiovisuels, services offerts par des professions libérales. La logique est d'ouvrir tous ces secteurs à la concurrence. La Commission aborde aussi la question de la reconnaissance mutuelle des diplômes comme celle de l'harmonisation fiscale.

Le livre blanc s'ouvre par ailleurs par une préface chère à Delors, qui indique bien les mesures d'accompagnement que le Marché rendra nécessaire : renforcement du SME, dialogue social, convergence des politiques économiques et solidarité. En outre, la Commission invite le Conseil à se doter d'un calendrier précis d'adoption des textes nécessaires (un chantier titanesque de 282 directives à adopter en sept ans) et à limiter toute dérogation au principe de la libre circulation à des situations exceptionnelles (comme une crise sanitaire par exemple).

Il est précisé que les négociations seront globales pour ne favoriser personne ; le Marché est conçu comme un tout. Delors se réserve d'annoncer aux chefs d'État et de gouvernement que ce programme exige naturellement de renoncer à l'unanimité comme mode de décision.

Les trois objectifs majeurs de Jacques Delors quand il aborde le conseil de Milan de juin 1985 sont de déterminer de nouveaux domaines d'action accompagnant le parachèvement du marché, d'étendre le champ du vote majoritaire et d'obtenir un pouvoir de codécision pour le Parlement européen dans cette grande aventure législative. Leur réalisation suppose toutefois une révision des traités qui n'est pas acquise d'avance. Dans l'intervalle, les rapports Dooge (dit aussi Spaak 2, un peu pompeusement) et Adonnino déblaient le terrain et permettent d'avoir une vue assez précise de ce que les États sont prêts à accepter.

L'Acte unique passe en force

Stendhal avait raison de placer Milan au-dessus de toutes les villes italiennes et son opéra, la Scala, au-dessus de tous les théâtres. Dans la capitale lombarde, la présidence italienne réussit un magnifique coup de théâtre, première impulsion d'un traité clé de l'Europe : l'Acte unique.

Coup de théâtre à Milan

Tout est dramatique dans ce conseil. Comme d'habitude, Margaret Thatcher, soutenue par quelques pays, fait son grand numéro : elle refuse que la Communauté aille de l'avant et rejette l'idée d'une révision des traités. La diplomatie britannique croit triompher.

Sans avoir prévenu personne, les Allemands, appuyés par les Français, jettent négligemment un projet de traité déjà rédigé sur la table. Ce texte, *dixit* Delors, « arrivait comme un cheveu sur la soupe » ! Examiné à la hâte, il apparaît assez dangereux pour les partisans de l'Europe communautaire car il institue une Union européenne placée sous la direction du Conseil européen flanqué d'un secrétariat. La priorité donnée à la politique étrangère rend le plan d'ensemble déséquilibré. Le danger de découplage entre le secteur économique et le reste se profile. Vingt ans après, Fouchet, chassé par la porte, revient par la fenêtre, comme Sganarelle ou Pantalon dans la commedia dell'arte.

Manifestement, le projet franco-allemand n'a pas donné lieu à des réflexions approfondies à Bonn ni à Paris. C'est peut-être un de ces coups montés qu'affectionnent les conseillers des princes. Kohl et Mitterrand jettent l'éponge, non sans avoir hérissé les « petits », notamment le Benelux, et irrité la présidence italienne en lui faisant perdre la face. La manœuvre a au moins le mérite de montrer que les partisans du « mouvement » sont décidés à avancer, ce qui affaiblit la position des partisans de la « guerre de tranchée » (Grande-Bretagne, Grèce, Danemark).

Après l'entracte, dans ce climat propice aux renversements de situations, la présidence – peut-être piquée au vif par le camouflet franco-allemand – décide de soumettre au vote la décision de réunir une conférence en vue de réviser les traités ! Alors que, depuis 1965, le principe de l'unanimité semble sacro-saint (à quelques rares exceptions près) et que l'article 236 alinéa 2 est aussi muet que la fille de Géronte dans *Le Médecin malgré lui*, les Italiens persistent : ils procèdent au vote. Sept pays se déclarent pour la révision des traités, trois contre. Au bluff, le veto est contourné ; l'opposition du Royaume-Uni, du Danemark et de la Grèce demeure sans effet.

Ce Conseil peut être vu comme une grande victoire de la démocratie supranationale. Il était temps de mettre fin au scandale qui aurait permis à trois États (représentant une petite une minorité de la population européenne) de bloquer sept autres (voire neuf en comptant l'Espagne et Portugal, sur le point d'entrer dans la CEE et qui, comme observateurs, ont rallié le camp du mouvement) représentant l'immense majorité des Européens.

Il peut être vu également comme la percée des idées de relance européenne qu'on croyait enterrées (celles de Spinelli, de Genscher et Colombo, des rapports Dooge et Adonino) mais qui ont progressé à la manière des rivières souterraines. Des attentes existent qu'il est impossible d'ignorer, une sorte d'impatience européenne, une force contre laquelle les gouvernements rétifs ne peuvent rien. Le long travail de préparation de la Commission, l'engagement de Kohl et Mitterrand, la maestria de la présidence, capable de se rétablir *in extremis* après avoir frôlé le désastre, ont fait le reste.

Delors revient à Bruxelles avec un agenda chargé. La voie est ouverte à une révision des traités, la première depuis 1957, qui devrait permettre à la fois de parachever le Marché commun et de renforcer la coopération politique. Un tabou est tombé. L'Europe revit.

Un traité monolithique

Delors veut un traité d'un seule pièce, monolithique. Son grand souci est d'éviter que les différents objectifs poursuivis dans une certaine confusion – renforcer la coopération politique en matière diplomatique, parachever le Marché, démocratiser les institutions, réaliser l'union économique et monétaire – n'aboutissent à un éclatement des responsabilités.

Depuis les origines de l'Europe communautaire, comme nous l'avons rappelé à propos du plan Fouchet, les partisans de l'intergouvernemental cherchent à prendre appui sur la prétendue spécificité de la politique étrangère pour la laisser en dehors du champ communautaire, avec l'espoir secret *in fine* de grignoter les pouvoirs de la Commission. Les partisans de la méthode communautaire cherchent au contraire la plus grande cohérence possible de l'action européenne et veulent placer toutes les actions sous un même toit.

La décision qui sera prise à Maastricht en 1992 de créer trois piliers (communautaire pour l'économie, intergouvernemental pour la politique étrangère et, provisoirement au moins, pour la justice et les affaires intérieures) cherche à concilier les deux.

Elle sera prise contre la volonté de Delors, orthodoxe sur ce point. Les développements ultérieurs de l'UE ont donné raison : l'éclatement n'a pas été concluant. Le troisième pilier a été largement réintégré dans le premier, par souci d'efficacité. Le projet de Constitution, tout en maintenant des procédures séparées, fait d'ailleurs disparaître les piliers, notamment pour renforcer la cohérence de l'action externe de l'UE. Le partage entre le premier et le deuxième pilier (politique commerciale ou de développement d'un côté, politique étrangère et de sécurité commune de l'autre) n'a pas produit d'effets heureux.

Les négociations qui débutent dès juillet 1985 ne traînent guère. Elles aboutissent à un accord, sous présidence luxembourgeoise, en décembre 1985. En février 1986, l'Acte unique peut être signé par les Douze. Notons que ce traité est le seul désigné par son nom et non par celui de la ville où il a été signé. C'est dire qu'il a une forte personnalité.

Pour la France, c'est Laurent Fabius qui signe. À l'époque, jeune Premier ministre de Mitterrand, il n'a pas encore enfourché le cheval de l'antilibéralisme. Il ne répugne pas d'associer son nom à un projet essentiellement centré sur le Marché. Le consensus politique est suffisamment large pour que la ratification soit menée à bien par le gouvernement de Jacques Chirac élu au printemps 1986.

L'Acte unique comporte trois avancées majeures :

- ✔ L'objectif 92 est confirmé et, ce qui est remarquable après des années de palabres de salon non suivies d'action, la Communauté se dote des moyens d'atteindre son objectif : le champ du vote à la majorité est considérablement étendu à l'exception notable – et regrettable – de la fiscalité. Dans les matières touchant au marché, le Parlement acquiert un peu plus de pouvoirs (la procédure de coopération est mise en retrait par rapport à ce qui deviendra ensuite la codécision).
- ✔ La Commission grossit un peu le balluchon de ses compétences : c'est notamment le cas pour la recherche-développement, l'environnement, la cohésion économique et sociale et la coopération monétaire.
- ✔ Enfin, la liaison non officielle des ministères des Affaires étrangères est régularisée. Après des années de cohabitation hors traités, la coopération politique en matière de politique étrangère cesse de reposer sur de simples déclarations sans valeur juridique. Cependant, son contenu demeure léger, les procédures conservant leur caractère intergouvernemental et donc facultatif.

Ce texte reste d'esprit fonctionnaliste: les moyens sont accordés en fonction des buts à atteindre. Il n'est pas parfait – il n'a notamment pas débloqué la libre circulation des personnes et des services – mais représente toutefois une étape majeure dans la vie communautaire. Après les attaques anticommunautaires des années 1960 et le marasme qui s'en est suivi, ce rétablissement – à douze – est inespéré.

Avantages immédiats et inconvénients à long terme

L'Acte unique a les défauts de ses qualités: en poussant loin la logique selon laquelle la fin justifie les moyens (le Marché justifie l'harmonisation), en acceptant que cette logique soit bancale (il n'existe pas en matière fiscale et sociale), un engrenage s'est mis en place. Au nom du Marché, la Commission, les lobbies et les entreprises ont poussé loin la libéralisation. Trop loin? Peut-être. Il serait bon d'en dresser un bilan objectif. Hélas, l'hystérie libérale qui règne dans certaines capitales et à la direction du Marché intérieur de la Commission rejoint l'hystérie antilibérale de quelques autres (notamment les Français qui, en 2005, s'en sont pris à la concurrence «libre et non faussée»).

Ces dernières années, nombreux sont ceux qui ont cherché une liste de compétences préétablie, rassurante, disant qui fait quoi, sans comprendre que, avec le système choisi en 1957, développé en 1986 et dans les années qui ont suivi, cette liste n'existe pas. Le Marché a été fait selon une logique qu'on appelle fonctionnaliste et non une logique constitutionnelle. Les États lâchent les compétences au coup par coup en fonction d'un but, et non dans un schéma d'ensemble. On peut le regretter ou s'en féliciter mais l'ignorer nourrit d'inutiles frustrations.

Peut-être la Commission a-t-elle parfois abusé de ses pouvoirs, mais c'est lui faire un mauvais procès que d'oublier l'accord unanime de 1986. À ce moment-là, les États n'attendaient pas autre chose de sa part qu'une activité normative au service du Marché. Ce sont eux qui ont mis en place un système qui a eu quelques effets pervers. Cessons de reprocher à des fonctionnaires d'avoir fait leur travail. Donnons-leur de nouvelles instructions, après un débat politique digne de ce nom. Changeons les règles si c'est ce qu'une majorité veut (ce qui reste à prouver).

Tel était en partie le but de la Convention qui a fait du bon travail mais n'a pas pu régler la question des compétences, faute de mandat pour bouleverser le système. Le malaise actuel de l'UE vient en partie de là. En essayant de soigner le fonctionnalisme par le cataplasme de la subsidiarité, nos gouvernants font fausse route (voir chapitre 10).

L'argent, nerf de la paix

Jacques Delors ne lâche pas prise: l'encre de l'Acte unique est à peine sèche que sa Commission s'attaque au nerf de la paix (autant que de la guerre): l'argent. Pour mener à bien son ambitieux programme, il faut des fonds!

Flash back sur Fontainebleau

Avant que la marche vers l'Acte unique ne soit enclenchée, le Conseil européen de Fontainebleau, qui s'est tenu les 25 et 26 juin 1984, a levé un obstacle majeur: un accord a été trouvé sur la contribution britannique au budget communautaire. La Grande-Bretagne bénéficie d'un rabais.

Un ensemble de mesures relatives à la politique agricole commune sont adoptées. Ce n'est pas encore la grande réforme (qui attendra 1992) mais la France fait des sacrifices. La CEE sort de l'immobilisme. Les Britanniques reçoivent l'assurance que la différence entre les montants versés par la Grande-Bretagne au titre de la TVA et les montants perçus sera compensée. En contrepartie, comme le souhaite la Commission, le montant des ressources propres est augmenté.

Naturellement, Margaret Thatcher obtient satisfaction: elle voulait récupérer son argent (son célèbre «*I want my money back*»), et elle obtient satisfaction. En reconnaissant ce droit aux Britanniques du côté des recettes, les autres États membres ont pris le risque de se piéger dans l'unanimité. Le consentement de Londres est indispensable à toute évolution du système. Durablement, il n'évoluera pas (voir chapitre 22).

À court terme, le compromis permet d'avancer et c'est l'essentiel pour ses promoteurs. Le travail de la présidence française est salué par les partenaires qui craignaient un blocage durable de la CEE.

Le «paquet Delors»

En février 1987, Jacques Delors revient à la charge. Il présente au Parlement ce qui restera dans l'histoire sous le nom «premier paquet Delors». Contrairement à ce que cette appellation peut laisser entendre, le président de la Commission n'est pas devenu facteur pour prouver les bienfaits de la libre prestation de services. Le «paquet» Delors est un ensemble de mesures conçues pour «réussir l'Acte unique». Dans le jargon diplomatique, un paquet – s'il est bien ficelé – comporte des avantages pour tous et exige des concessions de tous, le but étant que personne ne s'avise de trop le défaire…

Pour mener à bien la création d'un espace sans frontières, plusieurs inflexions sont nécessaires, notamment:

✔ Réduire les dépenses agricoles qui monopolisent une part de ressources disproportionnées ;

✔ Doubler les dépenses des fonds structurels destinés à permettre aux régions pauvres de rattraper les riches (afin de compenser pour les pays en retard l'avantage donné aux plus dynamiques par l'Acte unique) ;

✔ Financer de nouvelles politiques.

Le passage d'une programmation financière annuelle à un plan pluriannuel constitue une innovation de taille, d'autant plus que Delors demande de porter les ressources à 1 % de la richesse des pays membres et d'ajouter aux ressources classiques (droits de douane, prélèvements agricoles) de nouvelles recettes assises pour partie sur la TVA effectivement perçue dans les États et pour partie sur le PNB. Des discussions de plusieurs mois sont nécessaires pour faire accepter par les gouvernements la réforme la plus importante jamais tentée depuis l'échec de Hallstein contre le général de Gaulle en 1965.

ATTENTION !

Le coût de la non-Europe

L'Europe qui n'existe pas coûte très cher ! C'est ce qu'affirme la Commission. À l'appui de ses revendications, elle a même l'idée de chiffrer le « coût de la non-Europe ». C'est habile… Rédigé par un économiste italien, le professeur Cecchini, ce rapport évalue l'impact de la création du Marché : suppression des coûts pour les entreprises liés aux barrières entravant le commerce, économies d'échelle possible et meilleure allocation des ressources.

Doigt mouillé ? Chiffres sérieux ? Difficile à dire. Dans le rapport, le manque à gagner lié à l'inachèvement du Marché est estimé à un pourcentage compris entre 4,5 à 6,25 % du PIB communautaire. C'est énorme.

S'il est évident que la persistance d'entraves aux échanges pèse sur l'économie, le chiffrage exact de ce qui n'existe pas est toujours quelque peu aléatoire. Et celui des emplois qui pourraient être créés, franchement dangereux. Un quotidien comme *L'Humanité* a reproché à la Commission de « mentir de façon crédible », notamment en ayant promis la création induite de 1,8 million d'emplois au moins…

En route vers la monnaie unique

En juin 1988, une décision très importante est prise lors du Conseil européen de Hannovre : un comité est chargé d'étudier les étapes à franchir en vue de bâtir l'union économique et monétaire. Au moment où la décision est prise, elle n'est pas tout à fait anodine, mais la commande présente surtout un caractère technique. Le grand vent qui se lève en RDA va tout balayer sur son passage. Faire la monnaie deviendra, selon les propos mêmes de Kohl, une question de guerre ou de paix.

Chapitre 6

L'Europe au pied du mur (1989-1997)

Dans ce chapitre :

▶ La chute du mur de Berlin
▶ Les trois piliers du temple européen
▶ La drôle de main tendue vers l'est

*L*a fin du communisme représente un bouleversement dont les Européens n'ont pas d'emblée pris la mesure.

L'Allemagne enfin unie

La chute du mur

Il est difficile d'expliquer les raisons qui ont conduit le bloc de l'Est, en apparence si puissant, à s'écrouler en si peu de temps. Est-ce le président américain Reagan qui l'a ébranlé de l'extérieur ? Est-ce Mikhaïl Gorbatchev, arrivé au pouvoir en mars 1985, qui lui a permis de s'ouvrir, avec sa politique de *glasnost* (transparence) et de *perestroïka* (restructuration économique et sociale) ? La fin heureuse est-elle due à la prospérité et à la stabilité de l'Europe unie ? Nul ne pourra jamais le dire.

Abattez ce mur !

Le maire de Berlin Richard von Weizsäcker, qui deviendra le premier président de la République unie, avait une formule choc : «La question allemande sera ouverte tant que la porte de Brandebourg sera fermée.» Le 12 juin 1987, Ronald Reagan lance, devant cette même porte, à l'attention des Soviétiques : «Monsieur le secrétaire général Gorbatchev, si vous recherchez la paix, si vous voulez la prospérité pour l'Union soviétique et l'Europe de l'Est, et la libéralisation, venez à cette porte et ouvrez-la. Monsieur Gorbatchev, abattez ce mur !»

Le mouvement Solidarnosc, galvanisé par l'élection d'un pape polonais (Jean-Paul II) assez courageux pour affronter Moscou, a déjà lézardé le communisme en Pologne. Les Hongrois, eux, précipitent les événements, en ouvrant le rideau de fer dès septembre 1989. Mais ce sont les prières pour la paix parties d'une petite église de Leipzig, la Nikolaïkirche, qui ont mis dans la rue des centaines de milliers d'Allemands scandant : « *Wir sind das Volk* » (« Nous sommes le peuple ») puis « *Wir sind ein Volk* » (« Nous formons un peuple. »)

Le plus fou dans cette histoire, c'est que la RDA a cédé la première et de la manière la plus spectaculaire qui soit. C'était pourtant le maillon le plus fort de la chaîne communiste, le bastion de l'orthodoxie et même, selon la propagande, la dixième puissance économique du monde (produisant d'excellents cornichons, comme l'a rappelé le film *Good Bye Lénine*).

À la rentrée, les mouvements de population depuis la RDA vers l'ouest prennent de l'ampleur : via la Hongrie d'abord, puis via la République tchécoslovaque. L'afflux de réfugiés dans l'ambassade d'Allemagne à Prague donne au problème une dimension internationale. Genscher obtient leur sortie vers la RFA. Les prières pour la paix deviennent d'immenses manifestations pacifiques. Le peuple est dans la rue et rien ne semble pouvoir arrêter sa douce détermination.

Le pouvoir est-allemand met un certain temps à réagir. Les fêtes du quarantième anniversaire de la RDA déstabilisent le régime. L'inoxydable Erich Honecker doit céder la place. Mais Egon Krenz qui le remplace ne peut plus rien faire. Gorbatchev lâche un commentaire qui sonne comme une épitaphe : « Celui qui arrive trop tard est puni par la vie. »

La boulette qui brise le béton

Il y aurait un roman à écrire sur la chute du mur de Berlin. Pour ceux qui n'ont pas vécu ces semaines haletantes, il est difficile d'imaginer l'atmosphère qui règne alors en Allemagne où l'espoir d'un monde meilleur se lève.

Lorsque le Politburo se réunit le 9 novembre et décide que « les voyages privés à destination de l'étranger peuvent désormais être demandés sans aucune condition particulière », il prend une décision qui doit être mise en œuvre progressivement, selon des modalités à définir.

Mais la nouvelle, annoncée sans explications au journal télévisé, sur la chaîne officielle, se répand comme une traînée de poudre. Ce qui n'était qu'une petite ouverture devient un feu vert immédiat. L'impatience du peuple impressionne la police est-allemande, pourtant peu connue pour ses états d'âme. Ne sachant pas quoi faire, elle laisse faire. Dans la soirée, la foule ouvre un premier poste frontière ; peu à peu, le mur cède. Les photos des jeunes en liesse, grimpés sur le béton couvert de tags, font le tour du monde.

Mitterrand, plus sphinx que jamais

Le peuple français est confiant. François Mitterrand, en revanche, hésite. Sur ses épaules pèsent de lourdes responsabilités: plusieurs fois, Gorbatchev a laissé entendre qu'un maréchal soviétique de la vieille école pourrait rapidement le remplacer si la perestroïka allait trop loin. En vertu des traités d'après-guerre, la France a des devoirs particuliers. Mitterrand a raison de vouloir veiller à ce que la boîte de Pandore des frontières ne soit pas ouverte. On a beaucoup reproché au chef de l'État français son voyage à Kiev pour voir Gorbatchev, mais il fallait bien discuter avec les Russes, comme les Américains ou les Allemands l'ont constamment fait. En revanche, il était peut-être moins opportun, en décembre 1989, de rencontrer les dirigeants d'une RDA moribonde, comme il en a eu la lubie. Au deuxième semestre 1989, c'est la France, premier partenaire de l'Allemagne, qui exerce la présidence de la Communauté.

Le plus surprenant, de la part d'un homme qui a attaché autant d'importance à la coopération avec Bonn, si sensible (dit-on) en amitié, c'est son manque de chaleur. Il aurait pu faire un geste envers les Allemands. La chute du mur est, avant toute autre considération, une victoire de la liberté dont la France n'a rien à craindre. Pour certaines familles allemandes séparées depuis des décennies, elle marque le temps heureux des retrouvailles. Il aurait fallu pouvoir partager la joie allemande: «*Sich mitfreuen können*», comme on dit joliment dans cette langue.

Enfin, le président français aurait pu faire la distinction entre, d'un côté, l'immense majorité du peuple allemand et de ses dirigeants qui envisagent l'unification sans prurit nationaliste ni revendications territoriales et, de l'autre, une infime minorité de déplacés, nostalgiques des provinces perdues, qui sont un peu l'équivalent germanique des rapatriés d'Afrique du Nord, une clientèle électorale bruyante mais marginale.

Il est vrai que le chancelier Kohl refuse d'affirmer explicitement qu'il ne touchera pas à la ligne *Oder Neisse* (frontière orientale en retrait par rapport à l'Allemagne de 1937): il veut gagner les premières élections panallemandes. Mais le ministre des Affaires étrangères Hans-Dietrich Genscher et les deux Parlements de RFA et de RDA multiplient les déclarations et les votes pour rappeler que la RFA ne revendique aucun territoire perdu. Et l'audace allemande reste très mesurée: le fameux plan en dix points de Kohl, fin novembre 1989, qui a fait couler beaucoup d'encre, n'évoque guère qu'une possible confédération entre RFA et RDA!

Le Président français a emporté dans sa tombe le fin mot de sa méfiance. En tout cas, en 1989, il n'accomplit pas le geste symbolique que ses conseillers le pressent de faire et que l'Allemagne attend. Dans son livre posthume *De l'Allemagne*, il se borne à dire, très sphinx: «Je n'avais rien à prouver, je dédaignais de le faire.» Son dédain laissera aux Allemands une certaine amertume, celle de l'amitié déçue. Et le sentiment – probablement justifié – que certains Français, après quarante ans de construction européenne, raisonnent toujours en termes d'équilibre des forces.

Heureusement, Jacques Delors, lui, trouve les mots justes. Et Margaret Thatcher, par son aigreur, ferait passer tous les Français pour des germanophiles enthousiastes. En décembre 1989, elle sort de son sac à main, dans les couloirs du Conseil européen, des cartes du Reich pour effrayer les interlocuteurs. Les tabloïds anglais ressassent les vieux clichés au point qu'on pourrait croire que la langue anglaise ne connaît que deux mots allemands : *Angst* (la peur) et *Schadenfreude* (la joie du malheur des autres). C'est bien dommage.

Dans la discussion du traité de Moscou du 12 septembre 1990, dit 2+4 (RFA et RDA d'un côté et URSS, États-Unis, Grande-Bretagne et France de l'autre) entérinant l'unification, les Anglais tergiversent jusqu'au bout. Les Américains sont obligés de les rappeler à l'ordre. Qui dira encore que la relation spéciale des Anglais avec Washington ne sert à rien ?

Car d'emblée, les Américains sont les plus vifs à réagir. Le 9 novembre 1989, c'est dans un avion américain que le chancelier Kohl, en visite officielle à Varsovie, regagne Berlin où le mur vient de tomber. Depuis 1945, l'ex-capitale du Reich est interdite d'accès aux avions ouest-allemands. Même le chancelier n'a pas le droit de s'y rendre, en raison des droits réservés. À Paris, nombre de hauts fonctionnaires se drapent dans ces droits tandis qu'à Washington, on accomplit le geste amical qui les relativise. Mais en dépit de ces quelques couacs, notons toutefois que l'unification allemande est l'occasion d'une coopération diplomatique exceptionnelle. Américains, Russes, Européens, une poignée d'hommes et de femmes (dont Condoleeza Rice) écrivent à cette époque sans heurts la plus belle page d'histoire diplomatique du XXᵉ siècle.

La victoire de la Communauté

Ces événements bouleversent l'ordre du monde issu de la fin de la Seconde Guerre mondiale. Le traité de paix de la Seconde Guerre mondiale n'a jamais été signé. Le traité 2+4 clôt donc à la fois la guerre de 1939-1945 et la guerre froide. Pour l'Europe, les conséquences sont immenses. Jean-Pierre Chevènement en tire un bon mot trompeur : « Le mur de Berlin est tombé ; un mort, Jacques Delors. » C'est drôle, mais faux.

DANS LE TEXTE

La chute du mur de Berlin représente au contraire la victoire des idéaux de liberté individuelle, de démocratie et de libre entreprise qui sont ceux de la CEE. Les fondateurs étaient farouchement anticommunistes ; aucun d'eux ne s'est jamais réjoui de la guerre froide. Quant à l'élargissement aux pays d'Europe centrale et orientale que ces événements entraîneront, il a toujours été prévu. Schuman écrivait ainsi : « Nous devons faire l'Europe non seulement dans l'intérêt des peuples libres mais aussi pour pouvoir y accueillir les peuples de l'Est qui, délivrés des sujétions qu'ils ont subies, nous demanderaient leur adhésion et notre appui moral. »

Passé un premier flottement assez compréhensible, l'Europe a correctement réagi : en quelques mois, l'Allemagne est unie, dans ses frontières d'après-guerre, avec l'accord des anciens Alliés et de la Pologne. L'ennemi commun qui a permis de souder les rangs a disparu. Mais faut-il vraiment s'en plaindre ? L'émancipation de l'Allemagne place ses partenaires, France comprise, au pied du mur (c'est le cas de le dire). Les réformes à mener pour renforcer la CEE ne peuvent plus être différées.

Les Américains se flattent souvent d'être les seuls à avoir eu une vision « stratégique » de l'unification allemande et d'avoir atteint leur but : l'Allemagne unie dans l'OTAN. Comme nous l'avons rappelé, ils ont joué un rôle décisif. Ils ont su réagir en amis confiants. Mais l'Europe aussi a mis en œuvre sa vision stratégique. Celui que Chevènement enterre un peu vite, Jacques Delors, en est le promoteur : sous son impulsion et celle plusieurs responsables européens, Mitterrand, Gonzales, Kohl, entre autres, l'unification s'accélère. Comme le répètera Kohl à de multiples reprises, l'intégration européenne et l'unification allemande sont les deux faces d'une même médaille.

ATTENTION !

Le Deutschemark comme prix de l'unité ?

On entend parfois dire que les Allemands ont dû acheter leur unité, c'est faux. Nul ne leur a demandé de lâcher le Mark parce que le mur de Berlin est tombé. Constamment, dans les textes d'après-guerre, l'objectif d'unification de l'Allemagne est répété par les gouvernements occidentaux. La France, comme le reste de l'Europe, reconnaît le droit des peuples à disposer d'eux-mêmes.

Rappelons que le processus devant mener à une union monétaire a commencé au début des années 1970 avec le serpent et le SME. Dès le mois de juin 1988 – c'est-à-dire avant l'unification – à Hanovre, Jacques Delors est chargé de proposer un cheminement par étapes. Un important rapport rédigé par Tommaso Padoa-Schioppa, remis au Conseil des ministres en juin 1989 est, lui aussi, un jalon essentiel, antérieur à l'unification.

La constance de la politique étrangère allemande avant, pendant et après l'unification – grâce notamment à la longévité et aux fortes convictions du ministre Hans Dietrich Genscher – mérite d'être saluée. Les Allemands, qui étaient déjà les plus puissants économiquement avant l'unification, voient leur position confortée par un accroissement démographique de 17 millions de citoyens. Mais au sein de la CEE, cet élément n'est pas décisif. Après 1989, ils n'ont jamais dévié de leur ligne communautaire. Sauf sur deux points : d'une part, le coût très élevé de la mise à niveau de la RDA les rend plus vigilants sur les dépenses ; d'autre part, les protestations des Länder, après l'afflux de réfugiés lié à la guerre dans les Balkans, les rend prudents dans le pilier justice et affaires intérieures.

Notons simplement qu'en attendant le jour où la France aura fait, au bénéfice de l'Europe, un sacrifice équivalent à celui qu'a fait l'Allemagne en mettant dans la corbeille communautaire le Mark, fleuron de sa réussite, nous ne pourrons pas douter de la loyauté allemande…

En route vers Maastricht

En dépit de l'opposition déclarée de Margaret Thatcher, les États membres décident de lancer deux processus parallèles tendant à réviser les traités pour créer la monnaie unique et faire l'union politique.

Conférences sur l'union monétaire et politique

Le Conseil européen se réunit début décembre 1989 à Strasbourg sous présidence française. Il ne comporte pas de déclaration lyrique sur l'Allemagne, se bornant à souhaiter que les Allemands «retrouvent leur unité dans l'autodétermination». Mais, après les flottements des semaines écoulées, un cap clair est fixé en matière monétaire : le 1er juillet 1990 commencera la première étape de l'union économique et monétaire. Non sans mal, Kohl, circonspect dans cette période où son flair peine à sentir ce qui va se passer, a accepté une date pour la convocation d'une conférence intergouvernementale chargée de réviser les traités pour mettre en place la monnaie.

En avril 1990 à Dublin, les deux gouvernements français et allemand demandent formellement la convocation d'une conférence intergouvernementale sur l'union politique, appuyés par les Belges. Malheureusement, ce volet n'est pas aussi bien préparé que celui relatif à la monnaie ; beaucoup d'options sont sur la table.

Les Britanniques sont en porte-à-faux sur les deux domaines, monétaire et politique. En 1988, Margaret Thatcher a prononcé au collège d'Europe, à Bruges, un discours violemment hostile au dirigisme économique, à la CEE telle qu'elle se fait, au fédéralisme, vantant les mérites du libéralisme économique et du souverainisme. Ce n'est pas un scoop : sous sa houlette, les Anglais ont été peu constructifs, sauf sur le Marché unique.

Margaret Thatcher quitte ses fonctions à l'automne 1990, après avoir perdu la confiance de son parti. John Major la remplace, un peu moins vindicatif, moins rigide, mais aussi peu communautaire. À la fin des discussions de Maastricht, qui verront les Français se ranger dans le camp intergouvernemental en matière de politique étrangère et de défense, Major aura cette réflexion odieuse : «*Game, set and match*» («Jeu, set et match»). Il croit avoir gagné parce qu'il reste en dehors de la monnaie et de la charte sociale.

Des négociations tutti frutti

Les deux négociations en théorie séparées se rejoignent dans une discussion qui, de novembre 1990 à décembre 1991, va conduire au traité de Maastricht. C'est en effet la présidence néerlandaise qui aura la mission de clore les discussions dans la ville célèbre pour avoir vu mourir d'Artagnan. Hélas, les mousquetaires européens ne sont pas si unis que ceux d'Alexandre Dumas.

La nature de l'Union donne lieu à un débat fondamental qui renvoie toujours aux deux conceptions que nous avons évoquées au chapitre 2 : Europe communautaire et Europe intergouvernementale. L'Union européenne dont il est question depuis 1972 naît sous une forme compliquée. En son sein cohabitent différents types d'Europe où le communautaire est mêlé à l'intergouvernemental.

Quand l'idée de ces piliers est émise, la Commission critique l'abandon de la méthode communautaire qui a fait ses preuves. Benelux, Italie et Allemagne sont sensibles à l'argument. La France, elle, se désolidarise des autres pays fondateurs et opère un rapprochement avec Londres. Jacques Delors en conçoit un grand regret ; dans ses *Mémoires*, il admet avoir sous-estimé la possibilité d'un arrangement entre la France et la Grande-Bretagne sur la philosophie des piliers.

L'Union : un temple à trois piliers

Le premier pilier de l'Union est la Communauté européenne, en gros l'ex-CEE, dont les compétences économiques sont étendues, notamment en ce qui concerne la monnaie.

Le deuxième pilier est la politique extérieure et de sécurité commune, avec de timides avancées en matière de défense : l'ancienne Union de l'Europe occidentale (UEO) est ressuscitée pour offrir un bras armé l'UE. Le lien avec l'OTAN donne lieu à de vifs débats.

Enfin, le troisième pilier est constitué des affaires intérieures (soit la police) et de la justice.

Alors que le premier domaine relève de la méthode communautaire, les deux autres lui échappent, restant dans le champ intergouvernemental. Le cadre institutionnel est unique (c'est le Conseil qui décide dans les trois domaines), mais en réalité, l'UE n'a pas de personnalité juridique, ni de ressources propres. Certains se félicitent du « toit commun » quand d'autres estiment que l'UE ainsi conçue n'est qu'un succédané d'Europe communautaire.

Maastricht pour les Nuls

Le traité de Maastricht apporte son lot d'avancées, plus ou moins hardies selon les domaines.

Union économique et monétaire

Les États membres (sauf la Grande-Bretagne et le Danemark) s'engagent à réaliser entre eux une union monétaire. Au fil de trois étapes, les États devront faire converger leurs économies. En 1994, un Institut monétaire européen, embryon de la Banque centrale, sera créé. Le passage à la troisième phase sera conditionné au respect de critères précis, chiffrés : taux d'inflation, taux d'intérêt, déficits publics, discipline au sein du SME. Le modèle de la Banque centrale est la Bundesbank, indépendante, attachée à la stabilité. À la Commission échoit le rôle de surveiller le respect des règles ainsi fixées.

Extensions de compétence du premier pilier

Notons d'abord l'inclusion d'un protocole social, cher à Delors et Mitterrand, sur lequel Major obtient une exemption (*opting out*). Les sujets concernés sont notamment la santé des travailleurs, les conditions de travail, l'égalité entre hommes et femmes.

Dans plusieurs secteurs importants, la Communauté acquiert de nouvelles compétences ou étend des compétences anciennes. Cela concerne notamment la recherche, l'environnement, les réseaux d'infrastructures européens, la protection de la santé, la protection des consommateurs et la politique industrielle, objet de fortes divergences entre Français et Allemands (d'où le maintien de l'unanimité).

Les Espagnols obtiennent la création d'un fonds de cohésion destiné aux quatre États les plus pauvres (Irlande, Grèce, Espagne, Portugal). L'octroi de son concours est subordonné à des critères de convergence destinés à les aider à rattraper les États les plus riches, en vue notamment de participer à la monnaie unique.

Innovations institutionnelles

Le Parlement est le premier bénéficiaire de ce traité. Sans entrer dans les détails techniques, il est décidé que les lois communautaires ayant trait au Marché unique seront prises en codécision par le Conseil et le Parlement, une navette joignant les deux organes. Les députés européens ont leur mot à dire dans la désignation de la Commission dans son ensemble et peuvent bloquer les accords d'association et d'adhésion.

Timides avancées en politique étrangère

Le traité de Maastricht prévoit que les États s'engagent à coordonner leurs positions et à chercher la cohérence dans toutes les actions de l'UE. Toutefois, la Commission n'a qu'un rôle marginal. Si les gouvernements ne respectent pas leurs obligations, aucune sanction n'est prévue. L'unanimité reste la règle, même si le vote à la majorité qualifiée (voir chapitre 12) fait une timide apparition pour les mesures d'application des décisions principales.

Pour la défense, l'opposition du camp atlantiste freine les progrès. L'Union de l'Europe occidentale (UEO) est retenue comme bras armé de l'Union européenne. Cette politique « mènera à terme à la définition d'une politique de défense qui pourrait conduire, le moment opportun, à une défense commune ». Tremblez ennemis !

Passerelle vers la justice et les affaires intérieures

Dans le domaine de la justice et des affaires intérieures, les procédures restent aussi intergouvernementales. Sur les questions d'asile, de franchissement des frontières, d'immigration clandestine comme en matière de coopération civile, le Conseil peut décider d'utiliser les procédures communautaires. Une petite passerelle est ainsi lancée entre les piliers. Malheureusement, la coopération pénale et policière en est exclue alors qu'elle serait si utile pour bâtir une Europe de la sécurité et du respect de la justice. Sur certains points, un passage de l'unanimité à la majorité est inscrit dans le temps.

Enfin, cerise sur le gâteau : une citoyenneté européenne est instituée, qui s'ajoute à la qualité de citoyen des États membres. La principale innovation est le droit de vote et de candidature aux élections locales et européennes, dans un autre État membre. Un médiateur européen voit le jour et un Comité des régions, qui fleure bon le terroir.

Trente ans de débat, deux conférences intergouvernementales, x «comités Théodule» (comme aimait à se moquer le général de Gaulle) et la chute du mur de Berlin pour en arriver là, voilà qui est un peu décevant. L'Europe a réagi mais, soyons lucides, la réforme ne va pas assez loin. En matière monétaire, c'est un succès ; sur le plan institutionnel notamment, le résultat est assez piteux.

C'est pas celui qui dit qui l'est

En concevant l'UE avec ce méli-mélo de méthodes, le traité de Maastricht a engagé l'Europe sur une fausse piste. Plus exactement, il a vendu un retour à la case départ comme une avancée : les fondateurs avaient justement écarté la méthode intergouvernementale parce que le veto et la juxtaposition d'intérêts ne garantissent pas l'action. Les rédacteurs du traité de Maastricht se sont crus plus malins. Ils ont feint de croire que ce qui a échoué à la SDN, ce qui échoue à l'ONU, ce qui échoue dans les relations bilatérales pourrait soudain marcher. Par ce biais, ils ont créé une formidable machine à frustration : on sonne avec des trompettes la naissance d'une politique étrangère et de sécurité commune mais l'Europe est impuissante en ex-Yougoslavie. Pour une raison simple : elle n'existe pas ! Dans les domaines intergouvernementaux, les États, le plus souvent, ne s'engagent à rien.

Il ne faut cependant pas désespérer : l'impuissance européenne actuelle, en matière diplomatique, n'est pas une fatalité. Elle est le fruit d'un choix délibéré, celui de placer les affaires étrangères en dehors du champ communautaire. C'est uniquement parce que nous avons opté pour une méthode dont les fondateurs de l'Europe ont réalisé, dès 1950, qu'elle ne marche pas que nous sommes bloqués. Si nous changeons, tous les espoirs sont permis. L'Europe parle d'une seule voix en matière commerciale parce qu'elle s'est organisée à cet effet. Elle pourra également peser sur le monde dès qu'elle se sera – enfin – dotée de pouvoirs diplomatiques.

Une ratification plus compliquée que prévue

La ratification du traité va réserver une surprise aux gouvernements. Le 2 juin 1992, le peuple danois, consulté par référendum, le rejette. C'est un coup de tonnerre dans un ciel serein : jusqu'à cette date, en dépit de quelques consultations populaires lors des adhésions, les questions européennes étaient restées dans les Parlements nationaux. Pourtant, en 1975, le rapport Tindemans évoque déjà le malaise des Européens, mais seul le tiroir où il a été rangé a pu méditer la question.

Ce vote n'est pas surprenant : nombre de Danois sont farouchement attachés à leur identité nationale et scandinave. Méfiants envers les grands empires du Sud. (Si, si, vous avez bien lu : le Sud, pour un Danois, c'est bien l'Allemagne et la France, le franco-allemand étant même la configuration la plus cauchemardesque des «méridionaux». Quand nous vous disions que c'est drôle, l'Europe…)

Entrés dans la CEE pour des raisons de dépendance économique avec la Grande-Bretagne, les Danois n'ont jamais été des Européens enthousiastes. Il est vrai que leur démocratie parlementaire fonctionne remarquablement. Leurs députés ont toujours été plus au courant que d'autres de ce que les gouvernements faisaient au Conseil.

La complexité du texte, son caractère mi-chèvre mi-chou, la référence à une défense commune, tout concourt à effrayer l'électeur danois. Malgré les avantages que le pays a tirés du Marché unique (c'est pratique, pour vendre des Lego à tous les enfants d'Europe…) et plus encore, de la PAC, les Danois n'aiment guère la CEE, trop tournée vers l'économie, et qui a le mauvais goût de s'engager dans l'aventure de la monnaie unique. Trop peu transparente pour des Nordiques, trop anonyme pour les habitants d'un petit pays, la Communauté a décidément beaucoup de défauts !

Du côté français, la réaction de François Mitterrand est politique en diable : l'Élysée annonce immédiatement que, le 20 septembre, les Français voteront aussi sur ce texte. Sous-entendu : nous allons montrer aux Danois qui commande en Europe ! Au moment où il prend cette décision, le risque d'échec semble limité : certains hauts fonctionnaires, autour d'Élisabeth Guigou, ont pourtant senti le vent tourner, mais les sondages donnent le oui gagnant à 60 ou 65 %. Après un démarrage un peu lent (rien n'avait été anticipé…), une bonne campagne s'engage où proeuropéens de droite et de gauche participent à des tribunes communes.

Fin août toutefois, les sondages se détériorent. Les eurosceptiques, Philippe Séguin en tête, attaquent l'abandon du franc, l'absence de «gouvernement économique» et dénoncent l'Europe technocratique. Le chancelier Kohl intervient à la télévision française, à l'appui de son ami Mitterrand. Certains y voient une insupportable intrusion teutonne dans les affaires intérieures françaises ! Il faut oser soutenir de pareilles inepties quand l'Europe est une zone Mark de fait, où la souveraineté monétaire française se résume à suivre, dans les cinq minutes, toutes les décisions de la Bundesbank ! Le débat s'enflamme : les souverainistes de tous bords se déchaînent.

Heureusement, une partie de la droite, grâce notamment à Jacques Chirac et Alain Juppé, résiste à la tentation de la démagogie. Le oui l'emporte avec 51,01 % des voix. La France urbaine qui réussit et les vieilles terres chrétiennes démocrates de l'Ouest ont sauvé la mise. Le soulagement est grand. Le pire a été évité, mais personne n'est fier.

La densité du traité, adressé à chaque Français sur papier recyclé, sans explications, y est pour quelque chose. La longévité de Mitterrand au pouvoir pèse aussi. Dans un référendum, nombreux sont les électeurs qui ne répondent pas à la question posée, mais se prononcent pour ou contre celui qui la pose. Le désamour entre l'opinion et l'intégration ne fait cependant plus de doute. À certains égards, l'Europe est victime de son succès. Lui porter des coups n'est plus sacrilège. Lorsque le chancelier Kohl vend l'euro en disant que c'est une question « de guerre ou de paix », il ne convainc pas les jeunes générations. Pour elles, la réconciliation est acquise. En Allemagne aussi, la ratification connaît un heurt : la Cour constitutionnelle fédérale rend un arrêt qui marque une certaine réserve, pour la première fois, face aux transferts de souveraineté.

Pendant ce temps-là...

L'époque du traité de Maastricht n'est donc pas toute rose pour la construction politique européenne. Et pour tout dire, économiquement, ça ne va pas beaucoup mieux...

La crise monétaire

Pendant toute cette période, la situation monétaire est tendue : en juillet, le dollar s'effondre par rapport au Mark. Plusieurs monnaies européennes sont en mauvaise posture. À la mi-septembre, la livre britannique quitte le SME, ainsi que la lire italienne. La peseta doit être dévaluée. Ces fluctuations engendrent des frictions et du ressentiment, notamment vis-à-vis de l'Allemagne dont la Banque centrale est alors toute-puissante. Une crise encore plus forte, en août 1993, oblige le SME à élargir ses bandes de fluctuation de 2,25 à 15 %. L'Europe monétaire est entrée dans une zone de turbulence. Chacun se demande si la monnaie unique pourra voir le jour.

L'accord financier

C'est dans ce contexte que les Douze doivent examiner le paquet Delors II, c'est-à-dire les perspectives financières pluriannuelles pour les années 1992-1997. La Commission semble bien gourmande, mais elle se borne à traduire en termes budgétaires les ambitions affichées par les États : politique étrangère, compétitivité, cohésion économique et sociale. Le besoin de ressources ne cesse de croître. Une vraie réforme de la PAC est amorcée, mais le total des besoins, selon la Commission, réclame un budget qui s'élèverait à 1,37 % du PIB en 1997 contre 1,20 en 1992. L'accord est obtenu au Conseil d'Édimbourg, en décembre 1992, à 1,27 % pour la période 1993-1999.

Pour surmonter le vote négatif, les Danois sont dispensés de participer à certaines politiques, notamment la monnaie, la défense et la citoyenneté. L'Europe a pris le grave risque de se développer « à la carte », mais cette approche rassure les intéressés. En mai 1993, les Danois ratifient finalement le traité.

L'échéance du grand marché, fin 1992, passe presque inaperçue, comme l'entrée en vigueur du traité de Maastricht en novembre 1993. Excès de réformes et de projets ? Abus de montagnes qui accouchent de souris ? Besoin d'une pause après plusieurs années trop rapides ? Tout se passe comme si les Européens n'étaient plus capables d'enthousiasme. Pourtant Jacques Delors ne ralentit pas le rythme : il se penche sur l'état de l'économie européenne.

Le livre blanc pour la croissance, la compétitivité et l'emploi

Jacques Delors présente un nouveau livre blanc consacré à la croissance, la compétitivité et l'emploi, qui revêt, à ses yeux, beaucoup d'importance. Cette fois, il n'est pas question d'institutions, de piliers ou de procédures. La Commission Delors s'attaque à une question bien plus brûlante pour les Européens : comment leur donner du travail. L'analyse est dense, la démarche éminemment politique. Delors entend attirer l'attention des États sur la nécessité de piloter l'économie. Le Marché unique, la libéralisation, c'est le cadre, l'émulation. Reste à opérer des choix de société. « La compétition qui stimule, la coopération qui renforce et la solidarité qui unit » sont, pour Delors, l'essence du contrat européen. On est loin des idées de Margaret Thatcher.

Le livre blanc rappelle la nécessité d'aboutir à l'Union économique et monétaire, de renforcer l'effort de recherche et la création d'infrastructures (que Delors voudrait financer par l'emprunt). Il attire aussi l'attention sur la nécessité de faire le lien entre environnement et social. Ces deux concepts sont destinés selon lui non à s'opposer à la compétitivité, mais à l'assurer. Le livre blanc fourmille d'idées qui peuvent être critiquées mais qui, si elles avaient été appliquées, auraient assurément évité que l'UE n'apparaisse comme une entreprise de démantèlement.

Avec le départ de Delors, cet esprit combatif, volontariste a hélas tendance à disparaître. Tout y concourt : le choix de ses successeurs, les combats institutionnels d'arrière-garde, la fuite en avant dans un élargissement nécessaire mais mal pensé. L'ère de la médiocrité européenne commence.

Vers le grand élargissement

L'élargissement aux pays d'Europe centrale et orientale artificiellement séparés de l'Europe occidentale était prévu depuis l'origine par les fondateurs. Ces pays font partie de la famille européenne. Le nier reviendrait à rendre à Staline son plus bel hommage posthume. À tous ceux qui en doutent – et ils sont assez nombreux en France –, rappelons quelques réalités historiques.

Pour en finir avec Yalta

Il n'y a pas eu, à proprement parler, partage de l'Europe entre zones d'influence occidentale et soviétique à Yalta. Lors des différentes réunions qui se sont tenues du 4 au 11 février 1945 sur les bords de la mer Noire entre Joseph Staline, Winston Churchill et Franklin D. Roosevelt, les principaux enjeux étaient surtout l'organisation des pouvoirs alliés en Allemagne et l'entrée en guerre de l'URSS contre le Japon. À Yalta, au contraire, a été affirmé le principe que les peuples concernés se détermineraient par des élections libres.

C'est Staline qui n'a pas respecté cet engagement, prenant au piège de grandes portions de l'Europe centrale et orientale: les États baltes, la ville si prussienne de Königsberg, la Moldavie et une partie de la Pologne, la Tchécoslovaquie, la Hongrie puis la zone soviétique de «l'Allemagne dans son ensemble», devenue la RDA. Les Alliés occidentaux ont donc surtout péché par omission, laissant aux mains de l'ogre russe les enfants d'Europe centrale et orientale. Spaak évoquait «l'Europe que nous avons laissé mutiler. Plus de Pologne, plus de Tchécoslovaquie, plus de Hongrie, plus de pays balkaniques, plus d'Allemagne de l'Est».

Mais Yalta ou pas, la scission de l'Europe est peu à peu devenue une réalité. Dans les décennies suivantes, la partie orientale du continent, liée contre son gré dans le pacte de Varsovie, est devenue l'adversaire militaire de l'OTAN. Blocus de Berlin, surarmement nucléaire, crise des euromissiles, la menace était palpable. Quiconque a voyagé aux abords de la frontière germano-allemande ne peut se souvenir sans frisson des barbelés, des miradors et des chiens aboyant dans le brouillard…

Les liens anciens, les souvenirs, la culture n'ont pas pesé lourd dans l'imagination collective. Les Européens ont oublié que *Don Giovanni* de Mozart a été créé à Prague ou que Bartolomeo Rastrelli a construit le Palais d'hiver à Saint-Pétersbourg. Les pays de l'Est ont sombré dans un relatif oubli. À l'exception peut-être de l'Allemagne de l'Ouest, où beaucoup de personnes vivaient au sein même de leur famille le drame de la séparation entre Est et Ouest, le sort des populations est européennes est devenu peu à peu indifférent aux Occidentaux.

En dehors des soubresauts tels que les révoltes Berlin en 1953, Budapest en 1956 ou le printemps de Prague en 1968, cette partie substantielle de l'Europe a été soustraite de l'Europe. C'est ce que Milan Kundera, grand auteur tchèque, a magistralement décrit dans un essai de 1983, *Un occident kidnappé*. Pour lui, au cours de ces années, l'Europe de l'Est a été privée de son identité européenne. «L'essentiel de la tragédie des pays satellites de la Russie» est pour lui qu'ils «ont disparu de la carte de l'Occident».

Notons enfin que, même en étant cynique et en laissant de côté le devoir moral des Occidentaux à l'égard des Européens de l'Est, l'élargissement est pleinement justifié. Il est dans notre intérêt d'user de cette «carotte»: il permet d'attirer nos voisins vers la démocratie, l'économie de marché, et de garantir la protection des minorités! Et quel marché juteux pour nos entreprises!

Au début des années 1990, deux choses sont sûres : ces pays ont droit à entrer dans une UE qui a tout intérêt à les accueillir, mais les blessures subies et des décennies d'ignorance mutuelle ne vont pas simplifier les choses. Malheureusement, les protagonistes de l'élargissement – la Commission et les gouvernements des États membres d'un côté, les candidats de l'autre – marchent vers l'adhésion sans soigner les mesures d'accompagnement. Les plus coupables sont les Européens de l'Ouest. C'est leur projet, leur Union. Elle est originale, assez complexe. Comme alors *L'Europe pour les Nuls* n'existe pas, c'est à eux qu'il revient d'expliquer l'Europe aux candidats, de la défendre, de poser des conditions claires. Hélas, la question fondamentale de la finalité de l'Union européenne est escamotée, tout comme celle de l'implication de l'adhésion en termes de souveraineté et de relations avec les USA (où les diasporas d'Europe centrale et orientale sont pourtant si puissantes).

Selon les interlocuteurs venus expliquer l'Europe (Allemands, Italiens, Anglais, Nordiques), les candidats entendent des sons de cloche franchement différents ! Il y a de quoi s'y perdre. On dirait la célèbre scène des carillons de l'opéra de Rossini *L'Italienne à Alger* : doum doum, ding ding, takatakatakata. Une cacophonie, pas une pédagogie.

Acte manqué à Copenhague

Au Conseil européen de Copenhague de juin 1993 qui a fixé les critères d'adhésion, les chefs d'État et de gouvernement oublient juste… l'essentiel. Le mot « supranationalité » n'apparaît pas. La finalité du projet européen est elle aussi largement passée sous silence.

N'OUBLIEZ PAS !

Les critères d'adhésion : 3 + 1 = 4

Les critères d'adhésion sont établis au nombre de quatre : trois critères rigoureux pour les candidats, un critère plus vague pour les États membres de lUnion. Les candidats doivent pouvoir avancer :

✔ Le respect des droits de l'homme, des libertés fondamentales et des droits des minorités ;

✔ L'existence d'une économie de marché viable et la capacité à affronter la concurrence ;

✔ La reprise de l'acquis communautaire, c'est-à-dire de toute la législation et des accords déjà valables dans l'UE.

Le quatrième critère, qui concerne les États membres de Union, a été formulé à la suite d'un scrupule de la Belgique relayée par l'Espagne. Il consiste en une phrase rajoutée *in extremis* pour rendre l'idée – de bon sens – que l'UE elle-même a des efforts d'adaptation à fournir avant d'accueillir de nouveaux membres : « La capacité de l'Union à assimiler de nouveaux membres tout en maintenant l'élan de l'intégration constitue également un élément important répondant à l'intérêt général aussi bien de l'union que des pays candidats. » Difficile de faire plus pudique : « l'élan de l'intégration »… Voilà à quoi se réduit l'allusion au projet politique le plus novateur du XXe siècle. Monnet a dû se retourner dans sa tombe.

De mauvaises habitudes

Il faut dire que les élargissements précédents n'ont pas non plus donné lieu à des débats de fond sur ce que les Européens voulaient vraiment faire ensemble dans la CEE... Depuis le 1er janvier 1995, trois nouveaux membres sont arrivés dans l'Union : la Suède, la Finlande et l'Autriche (la Norvège qui devait faire partie de ce train ayant, pour la deuxième fois, rejeté l'admission). Malgré leur neutralité, ces pays riches ne posent pas les problèmes que suscitait l'arrivée de la Grèce ou des pays ibériques. Leur qualité de contributeurs nets (pays qui paient plus qu'ils ne reçoivent) est d'ailleurs l'un de leurs principaux atouts face aux Douze de plus en plus fauchés.

Du coup, les Douze évitent, une fois de plus, de poser les questions qui fâchent : la neutralité que professent les trois nouveaux – fondée sur des bases très différentes selon l'histoire de ces pays – est-elle compatible avec une Union qui entend développer une politique de défense ? A-t-elle encore un sens après la chute de l'URSS et la fin des blocs ? Chut ! Une fois de plus, l'UE laisse ces questions au vestiaire. Tant pis pour sa cohérence. On verra plus tard...

Sur l'attachement de ces pays à la finalité politique de l'Union, on se garde aussi de procéder à un examen trop minutieux. Si la Finlande a une approche politique (l'ours russe reste bien dangereux, en dépit ou à cause peut-être des flottements à Moscou), si l'Autriche vote son entrée dans l'UE avec le score confortable de 65 % de oui, les Suédois sont d'emblée assez réservés face à la construction communautaire. En dépit des engagements qu'ils ont souscrits, ils décident de rester en marge de l'euro. Lorsque se pose la question des modalités juridiques de leur admission, notamment sur la pondération des voix, le débat entre les Douze tourne au pugilat (voir encadré ci-dessous). Ces premiers échanges aigres annoncent la discussion de marchands de tapis qui occupe la fin des années 1990, quand l'UE est censée se préparer au grand élargissement.

À la même date, une nouvelle Commission, présidée par le Luxembourgeois Jacques Santer, entre en fonction. Elle comporte des personnalités de premier plan comme le professeur d'économie Mario Monti, Yves-Thibault de Silguy ou Franz Fischler, mais le président, plein de bonne volonté, a été choisi parce qu'il ne représentait pas un danger. Les Britanniques ont écarté volontairement le truculent et engagé Jean-Luc Dehaene, ancien Premier ministre belge, ou Ruud Lubbers, néerlandais, jugés trop communautaires.

Le ver dans le fruit : le compromis de Ioannina

Dans la CEE comme dans l'UE, le vote majoritaire est assorti d'une pondération : les pays les plus peuplés disposent de plus de voix que les moins peuplés, même si ces derniers sont tout de même surreprésentés. L'équilibre des origines était subtil ; les élargissements successifs le bouleversent. Il faut prévoir des votes pour les nouveaux et élever le seuil de la majorité.

En 1995, la répartition suivante est envisagée : dix voix pour la France, l'Allemagne, l'Italie ou la Grande-Bretagne, huit pour l'Espagne, et ainsi de suite, jusqu'à deux pour le petit Luxembourg. L'Autriche et la Suède en récupèrent quatre, la Finlande trois (comme le Danemark ou l'Irlande). À douze, réunir une minorité de blocage exigeait 23 voix ; à quinze États, le seuil aurait dû passer à 25 voix, les décisions étant acquises avec 62 voix (seuil de la majorité).

L'arrivée de trois petits pays du Nord provoque un raidissement des Espagnols : ces derniers ont peur que le centre de gravité de l'Europe ne se déplace vers le nord et que les politiques de solidarité envers le monde méditerranéen soient remises en cause. Lors du Conseil de Ioannina, en Grèce (qui donnera son nom à ce compromis), alliés aux Britanniques, ils se battent pour que la minorité de blocage reste aussi basse que possible. Le raisonnement est pervers : au lieu de chercher à compenser l'effet du nombre en facilitant la prise de décision, ces gouvernements font tout pour la compliquer, faisant passer leur part d'influence avant l'intérêt général. Le résultat est d'une complexité qui fait honte à ses auteurs. Pourtant, dans le même temps, ceux-là jouent du violon sur l'air de « L'Europe proche des citoyens » !

Accrochez-vous : la minorité de blocage est bien relevée à 25 voix, mais si des membres du Conseil représentant un total de 23 à 25 voix indiquent leur intention de s'opposer à la prise de décision, le Conseil fera tout ce qui est en son pouvoir pour aboutir dans un délai raisonnable à une solution satisfaisante qui puisse être adoptée par 64 voix au moins. Le seul énoncé de ces règles montre qu'un ver est introduit dans le fruit communautaire : au lieu de favoriser le dialogue positif, au lieu de privilégier la confiance, chacun campe de plus en plus sur la défense de ses intérêts et son droit à bloquer les discussions. Rien n'est plus contraire aux idées de Monnet.

L'Europe marche sur la tête

Avec le recul, l'attitude des gouvernants européens durant toute cette période laisse perplexe. Récapitulons : l'Union doit faire face aux conséquences de la guerre froide ; elle assiste à ses portes, dans les Balkans, à une affreuse guerre de « purification ethnique » ; elle se débat dans le chômage et le déclin technologique. Elle possède pour agir une méthode efficace, qui a fait ses preuves. Fait-elle pour autant tout ce qui est en son pouvoir pour avancer ? Non. Au lieu de se mobiliser, elle se perd en querelles mesquines. Volontairement inexistante sur le plan diplomatique, elle complique les procédures de prise de décision, écarte du pouvoir les fortes personnalités et, dans la plupart des domaines, accepte que le « moins disant » dicte sa loi…

Ce qu'écrivait Robert Marjolin sur la période qui a suivi la Première Guerre mondiale pourrait être le commentaire d'un observateur de l'Europe à la fin du XXe siècle : « À vrai dire nous comprenions mal ou même pas du tout comment les hommes qui nous avaient précédés avaient pu s'abandonner à cette longue suite d'errements, d'aberrations, d'occasions manquées. »

Faut-il s'étonner, dès lors, que ce soit les Américains qui, par les accords de Dayton, fin 1995, trouvent une issue au conflit en Bosnie ? Tout se passe comme si une étrange maladie ramollissait les esprits et les convictions... Quelques vaches contagieuses ne seraient-elles pas passées par là ?

Alerte à la vache folle

L'Union connaît en effet à ce moment-là l'une de ses crises les plus fortes. Le marché repose sur la nécessité de la confiance. Or l'épizootie de l'encéphalopathie spongiforme bovine (ESB) qui frappe la Grande-Bretagne et se transmet à l'homme sème la panique. La maladie de la « vache folle » fait trembler toute l'Europe.

Après avoir hésité, après avoir pesé l'atteinte (considérable) à la libre circulation et après consultation des rapports d'experts (plus ou moins fiables selon leurs liens avec le monde agricole ou certains États), la Commission se résout, en mars 1996, à ordonner un embargo mondial sur les exportations de viande bovine britannique. Mais les intérêts économiques en jeu sont considérables, les experts partagés. Sous la pression du Royaume-Uni, la Commission envisage peu après d'exclure de cet embargo le suif, le sperme et la gélatine, si précieux dans l'industrie agro-alimentaire. C'est un tollé : États membres, consommateurs et élus protestent.

Dans ce genre de situation, il est toujours facile de dire après coup quelle aurait été la bonne décision, mais il semble bien que, dans ce cas, la Commission ait minimisé les risques. Le Parlement européen, présidé par Klaus Hänsch, met, à raison, l'exécutif communautaire sous pression. Des défaillances au niveau technique, des biais idéologiques en faveur du marché et la gestion politique assez désastreuse de l'affaire par le collège de Jacques Santer créent une situation défavorable à la Commission. Le Parlement européen hésite à la censurer puis recule ; une commission d'enquête renonce à demander la démission de la Commission. Franz Fischler, le commissaire autrichien, reste à son poste et sera même reconduit en 1999.

Malgré tout, de cette affaire, il reste le sentiment que l'Europe a un peu mal tourné : elle défend moins bien les consommateurs que les intérêts économiques ; elle est lente à réagir, même sur des sujets de santé publique. Le malaise n'est pas seulement perceptible dans les négociations institutionnelles, c'est tout l'édifice qui est saisi de doute.

Chapitre 7

La fièvre et la tortue (1997-2007)

Dans ce chapitre :

▶ Quand les gouvernements jouent Marcel Pagnol

▶ Valéry Giscard d'Estaing, le maître subtil du consensus

▶ Puissants, sans s'en apercevoir…

*E*n 1997, il est certain que l'Union européenne va bientôt compter de nombreux membres supplémentaires : tous les pays d'Europe centrale et orientale se sont portés candidats, ainsi que les deux îles méditerranéennes Malte et Chypre. Nul ne connaît la date mais le principe en est acquis.

D'Amsterdam à Nice : l'Europe médiocre (1997-2000)

La «maison» Europe, bâtie pour six États, qui compte en 1997 quinze membres, a besoin de rénovation : ses institutions et ses procédures doivent être adaptées. Les gouvernants le savent et pourtant, ils vont avoir beaucoup de mal à prendre les décisions qui s'imposent.

Amsterdam : demain, j'arrête

L'Union entre en effet dans une phase où les déclarations d'intention vont le plus souvent tenir lieu d'action. C'est le syndrome bien connu des fumeurs : «Demain, c'est promis, j'arrête de fumer.» Et rien ne vient. Une série de conférences intergouvernementales se succèdent à un rythme effréné : le traité de Maastricht (1992), insatisfaisant, appelle celui d'Amsterdam (1997), médiocre, qui justifie celui de Nice (2000), catastrophique, qui lui-même appelle une Convention (2002-2003) qui, à cause de l'obstruction des gouvernements, est alourdie d'une partie III inutile, mal présentée aux citoyens, mal défendue.

Bien sûr, Rome ne s'est pas fait en jour. Vu l'ampleur de l'œuvre communautaire, des étapes sont nécessaires. Mais lorsque le chantier est permanent, lorsque l'échec est dû au rejet, par certains des acteurs principaux, du principe même de l'entreprise, il y a de quoi se poser des questions. L'encre des traités n'est pas sèche que les gouvernements les renégocient… Faut-il s'étonner, dans ces conditions, que les citoyens comprennent de moins en moins ce qui se passe ? Reprenons donc le détail des faits.

Le Conseil européen de Maastricht n'a pas apporté, en matière d'union politique, de progrès à la hauteur des ambitions. Dès 1996, une nouvelle conférence intergouvernementale (c'est-à-dire, rappelons-le, une réunion de plénipotentiaires de tous les gouvernements) est lancée, au Conseil de Turin.

Le traité d'Amsterdam pour les Nuls

Principales avancées

Le traité est d'abord une sorte de gourdin juridique destiné à être utilisé contre les États membres qui violeraient de manière grave et persistante les droits de l'homme et des principes de la démocratie. C'est l'arrivée des pays d'Europe centrale et orientale dont les démocraties sont vulnérables qui conduit à prendre cette précaution.

Il comporte également un petit paquet social : dés son arrivée, Tony Blair accepte l'extension à tous les États membres du protocole social que John Major avait farouchement combattu (voir encadré ci-dessous) et une extension supplémentaire des compétences communautaires en matière d'environnement, de santé et de culture est prévue. Toujours bon à prendre, mais pas de quoi fouetter un chat !

Ensuite, des bonbons pour tous : une clause pour la gauche (la reconnaissance du rôle des services dits d'intérêt économique général – ce qu'on appelle en France les services publics) et une pour la droite chrétienne démocrate (la reconnaissance du rôle des Églises dans la société européenne).

Notons aussi le transfert dans la sphère communautaire, dans un délai de cinq ans, des questions d'asile, d'immigration et de libre circulation des personnes, après une décision unanime du Conseil, ainsi que l'apparition d'un début d'organisation de la « géométrie variable » : il sera possible d'avancer à quelques-uns si certains renâclent. Ce sont là ce qu'on appelle les coopérations renforcées (voir chapitre 21)

Un revirement soudain

Des années durant, les représentants britanniques à Bruxelles, fonctionnaires zélés appliquant les instructions des gouvernements conservateurs successifs de Margaret Thatcher et de John Major, ont opposé au Conseil des ministres une fin de non-recevoir absolue sur les questions sociales.

Lors de la première réunion qui a suivi l'élection de Tony Blair, début mai 1997, le représentant britannique – qui ne manquait pas d'humour – a pris la parole pour annoncer le revirement de Londres en disant : « Comme je vous l'ai toujours dit, mon gouvernement est prêt à accepter le protocole social. » Servitude et grandeur de la diplomatie.

Principales carences

Cependant, dans ce traité, il manque l'essentiel. Les négociations échouent à réorganiser l'Union en vue de l'arrivée d'un grand nombre de nouveaux États. Sur la taille de la Commission, la pondération des voix, l'extension du vote à la majorité qualifiée, c'est le blocage. Un protocole de rattrapage, annexé au traité proprement dit, appelle immédiatement à remettre l'ouvrage sur le métier :

- ✔ Les États conviennent qu'une fois passé le nombre de 20 États, il faudra réorganiser la Commission (demain, un jour, peut-être… le refrain est bien connu).
- ✔ Les « grands » (France, Allemagne, Grande-Bretagne, Espagne et Italie) acceptent de renoncer à leur deuxième commissaire si une solution est trouvée en matière de pondération des voix au Conseil.

Ils sont amusants, ces protocoles de plus en plus solennels, annexés à des traités de plus en plus creux ! Dans une déclaration attenante au texte d'Amsterdam, la France, l'Italie et la Belgique – trois États fondateurs qui, à ce titre, ont des responsabilités particulières – jurent, croix de bois, crois de fer, que le renforcement des institutions est « une condition indispensable de la conclusion des premières négociations d'adhésion ». Vous allez voir ce que vous allez voir : sans réforme sérieuse (au prochain coup), il n'y aura pas d'élargissement ! Vous verrez plus loin ce qu'il adviendra de ce serment des Horaces…

Sur le plan de l'action externe, un « secrétaire général du Conseil, haut représentant pour la politique étrangère et de sécurité commune » est créé. Rattaché au Conseil, il est censé « assister [celui-ci] pour les questions relevant de la politique étrangère et de sécurité commune, en contribuant notamment à la formulation, à l'élaboration et à la mise en œuvre des décisions de politique et, le cas échéant, en agissant au nom du Conseil et à la demande de la présidence, en conduisant le dialogue politique avec des tiers ».

C'est un premier pas utile mais franchement insuffisant. Avouons la vérité : surtout, cet homme-là ne doit pas faire d'ombre aux ministres des Affaires étrangères. Soyez tranquille, Klaus Kinkel, alors diplomate en chef à Bonn y a personnellement veillé, et d'autres avec lui ! D'où ce titre baroque de « secrétaire général du Conseil haut représentant » à la place de celui, qui aurait été logique, de « ministre européen des Affaires étrangères ». Va pour « haut représentant »… Le pire n'est pas dans la dénomination mais dans l'absence de définition précise de ses attributions. L'Union se veut européenne, mais elle se dote de procédures qui, pour le commun des mortels et des tiers, sont du chinois.

L'Europe : enfin le téléphone ?

La légende veut que Henry Kissinger, secrétaire d'État américain, ait regretté de n'avoir pas d'interlocuteur unique à appeler au téléphone en Europe. Vu l'amour que ce Metternich américanisé portait à la *Realpolitik* (terme allemand désignant une politique pragmatique centrée sur les intérêts et non des idéaux), c'est peu probable mais, du moins, on le prétend.

À Amsterdam, les gouvernements installent donc la ligne téléphonique de la diplomatie européenne mais tout se passe comme s'ils la mettaient aussitôt sur liste rouge. Le haut représentant a des pouvoirs si imbriqués dans ceux de la présidence du Conseil, de la Commission, des États membres, que son rôle n'est guère clarifié.

Une Europe suisse alors ?

Les diplomates nationaux aiment vouer la Commission aux gémonies parce qu'elle chercherait en permanence à accroître ses pouvoirs, notamment en s'appropriant la politique étrangère. (Le pirate latiniste d'Astérix dirait : « *Horresco referens* », « Je frémis en le racontant. ») Mais eux-mêmes défendent souvent leur pré carré sans grande considération pour l'efficacité collective européenne.

Dans le fond, à voir le soin que les gouvernements européens prennent à ne pas donner à l'Europe politique les moyens d'exister, le refus de la Suisse de rejoindre l'UE s'explique aisément. Ne sommes-nous pas nous-mêmes riches et quasiment neutres à force de nous rendre impuissants ? Ne devrions-nous pas songer à adhérer à la Confédération helvétique ?

Heureusement, il n'y a pas que la diplomatie. Pendant toutes ces années, un dossier continue à progresser : celui de l'Union économique et monétaire.

En Italie, Romano Prodi, avec l'appui de Carlo Azeglio Ciampi, son ministre des Finances, accomplit un redressement – c'est le cas de la dire – prodigieux pour faire admettre son pays dans la zone euro. Avec la perspective de l'adhésion des pays du Sud, les Allemands réclament des garanties sur la discipline.

Le Conseil d'Amsterdam de juin 1997 adopte un Pacte de stabilité et de croissance! L'ajout de ce dernier mot est le fruit d'un lobbying aussi intense que bref de la part du gouvernement Jospin qui a accédé au pouvoir… au début de la semaine, à la suite de la dissolution impromptue de l'Assemblée nationale. Le cadeau inespéré de Jacques Chirac à ses adversaires a donné des sueurs froides à Bonn et compliqué bien inutilement la tâche de la présidence néerlandaise. (Comment dit-on «abracadabrantesque» en néerlandais?)

L'Union économique et monétaire : « On ne rit pas ! »

Grâce au travail conjoint de la Commission et des ministères des Finances des États concernés, l'euro est sur les rails et les décisions techniques s'enchaînent. Au printemps 1998, la Commission rend un avis capital : elle va juger quels sont les États autorisés à faire partie de la zone euro au 1er janvier 1999. Les Italiens retiennent leur souffle, tout comme les autres pays du Sud. Si la Grèce est disqualifiée, pour tous les autres candidats, la réponse est encourageante. Il reste encore des efforts à accomplir mais les Six ainsi que l'Espagne, le Portugal, l'Irlande, la Finlande et l'Autriche sont déclarés aptes. Un résultat inespéré!

C'est une victoire pour tous ceux qui ont cru la convergence possible, puisque sur les quatre pays qui restent en dehors de l'entreprise, trois n'ont pas cherché à participer (la Grande-Bretagne, le Danemark et la Suède ont des *opting out* de droit ou de fait) et le dernier (la Grèce) est en bonne voie. Mais le Conseil entérinant ces résultats, qui aurait dû être une grande fête, tourne malheureusement au vinaigre: l'attention de tous les médias est détournée par les querelles autour du futur président de la Banque centrale européenne (BCE)…

Wim Duisenberg, ancien gouverneur de la Banque centrale néerlandaise, est favori. Proche de la Bundesbank, il rassure les Allemands, ce qui est essentiel, vu le calendrier. À quatre mois d'élections législatives délicates (que Kohl perdra), une blague circule outre-Rhin : 80 % des Allemands sont hostiles à l'abandon du Mark voulu par le vieux chancelier et 20 % ne sont pas pour.

Alors qu'il avait joué un rôle essentiel en France en 1992 pour la ratification du traité de Maastricht, Jacques Chirac vole au secours de Helmut Kohl, mais à sa manière: il exige que Jean-Claude Trichet, ancien gouverneur de la Banque de France, ancien directeur du Trésor qu'il avait lui-même désavoué pendant la campagne présidentielle de 1995, soit nommé président de la nouvelle Banque centrale européenne. La noble raison de ce marchandage est que la Banque centrale a son siège à Francfort : la France devait bien pouvoir en tirer une petite contrepartie… Trichet est indisponible pour cause de mise en examen dans l'affaire du Crédit lyonnais? Qu'à cela ne tienne! Wim Duisenberg accomplira la première partie du mandat, laissant ensuite la place au Français.

Pour Wim Duisenberg – dont la tâche principale est d'asseoir la crédibilité d'une banque entièrement nouvelle – annoncer piteusement, avant même de prendre ses fonctions, qu'il ne finira pas son mandat revient à se tirer une balle dans le pied. En salle de presse, il essuie les lazzis de tout le gratin de la presse économique et politique mondiale. Le président Chirac lui-même est obligé de tancer les journalistes partagés entre le rire et la consternation. Pour tenter de couper court à leur hilarité, il lance : «On ne rit pas !» Et en effet, il n'y a pas de quoi rire, surtout avec le recul. Quelles que soient les qualités de Jean-Claude Trichet, ces marchandages n'honorent pas l'esprit communautaire.

Nice : quinze mariés et un enterrement

Au deuxième semestre 2000, la présidence de l'Union incombe à la France. La réforme des institutions, reportée deux fois, doit cette fois absolument aboutir. Seule une modification radicale du mode de fonctionnement de l'UE lui permettrait de continuer à agir en augmentant massivement le nombre de ses membres.

Lors de la procédure de ratification du traité d'Amsterdam, le Parlement français a réclamé expressément une réforme des institutions préalable à l'élargissement. De manière inédite, la loi autorisant la ratification de ce traité comporte un article demandant des «progrès substantiels sur la voie de la réforme de l'UE, afin de rendre le fonctionnement de l'Union plus efficace et plus démocratique, avant la conclusion des premières négociations d'adhésion». Hélas, comme aurait dit Dalida, grande experte en questions européennes, «paroles, paroles»… Car dans les mois qui précèdent le Conseil européen de Nice, plusieurs péripéties contribuent à détériorer l'atmosphère.

L'affrontement entre grands et petits s'exacerbe

Fin 1999, les autorités françaises s'engagent à fond dans le combat contre la désignation, en Autriche, d'un gouvernement de coalition des conservateurs et du parti de Jörg Haider (FPÖ), la cohabitation aboutissant à une surenchère antiautrichienne assez peu féconde. Les traités communautaires prévoient bien en effet, depuis Amsterdam, un «gourdin» pour surveiller le respect par les États membres de la démocratie et des droits de l'homme. Sans cultiver la moindre sympathie pour les idées nocives du FPÖ, il est toutefois permis de s'interroger sur le meilleur moyen d'atteindre le but visé. Comment écarter l'extrême droite portée au pouvoir par un vote incontestablement démocratique ? Le risque existe de susciter un réflexe d'union nationale en Autriche. Jusqu'où peut-on vraiment aller ?

Un certain nombre de gouvernements ne s'embarrassent pas de ces détails. Des sanctions sont décidées par les 14 autres États membres contre les Autrichiens, donnant lieu à des comportements disproportionnés. Ainsi, il n'était peut-être pas indispensable, de la part de ministres et de diplomates français, d'humilier les diplomates autrichiens, souvent personnellement hostiles au FPÖ, en ne leur serrant pas la main pendant des mois. Chez nous aussi, le Front national caracole. Nous n'avons pas forcément à prendre les Autrichiens de haut.

En réalité, sans que cela soit dit, c'est plutôt le passé de l'Autriche (entre 1938 et 1945) qui lui est reproché, ainsi que l'absence de dénazification ou de retour de ce pays sur son histoire. Mais qui, lors de l'admission de Vienne dans l'Union, a jamais soulevé la question du devoir de mémoire ? Et quel État européen a des leçons à donner ? Avant les élargissements, ce sont les aspects techniques et économiques qui sont les plus débattus. Pourtant, il n'y a pas de coopération supranationale qui vaille sans une capacité à regarder son passé en face. Lorsqu'on a gardé des secrets de famille bien enfouis, il ne faut pas s'étonner du retour du refoulé (comme dirait Freud, qui s'y connaissait en névroses autrichiennes). Et l'UE est en train de répéter la même erreur dramatique en se dispenser de débattre avec la Turquie la question du génocide arménien (voir chapitre 20).

Dans plusieurs « petits » pays, l'idée se répand que, au sein l'UE, il y a deux poids et deux mesures : un gros gourdin pour les petits pays, un marteau léger pour les grands. L'apathie des capitales et de Bruxelles devant les graves atteintes à la liberté de la presse pratiquées par le président du Conseil Silvio Berlusconi donnera, *a posteriori*, un certain fondement à cette accusation. Sans parler de l'arrivée au pouvoir en Pologne d'un gouvernement ultraconservateur, aux accents antisémites, qui prône le retour à la peine de mort, sans que cela ait l'air de gêner qui que ce soit en Europe.

À la rentrée 2000, le malaise entre grands et petits est plus net que jamais. Les petits se crispent. Alors que ces dernières années le processus de décision leur a donné un poids considérable, ils refusent de lâcher leurs avantages. Et la maladresse des grands ne fait que les crisper d'avantage.

Le franco-allemand explose en vol

La coopération franco-allemande, si décisive par le passé pour préparer les échéances clés, tourne à vide : Hubert Védrine oppose une fin de non-recevoir aux propositions « personnelles » faites par Joschka Fischer le 12 mai 2000. Dans un discours à l'université Humboldt, le ministre allemand a en effet appelé une nouvelle fois à organiser l'Europe politique avant l'élargissement. Il reprend l'idée formulées par Jacques Delors d'une fédération d'États nations qui constituerait le cœur d'une Europe plus large.

Au Bundestag, Jacques Chirac répond à sa façon, en proposant des «groupes pionniers», sorte de succédanés du plan Fouchet. C'est la mode *vintage* : les idées des années 1960 sont recyclées. On a connu la France plus inspirée. Pierre Moscovici, ministre délégué aux Affaires européennes fait savoir aux Allemands que, de toute façon, le président n'engage que lui… Le village gaulois se déchire.

Sur la question du maintien éventuel de la parité des voix entre France et RFA, le débat de fond est éludé : faut-il, comme la France le souhaite, maintenir l'égalité ? Les *Mémoires* de Monnet confirment l'importance d'une parité qui, à l'origine de la CEE, avait pour but de se concentrer sur l'essentiel, c'est-à-dire les projets communs, au lieu de continuer le jeu ancien de savoir qui est le plus fort (voir chapitre 2). Dans une logique d'abandon de l'équilibre des forces, cette position se défendait tout à fait et continue à se défendre. Ou faut-il au contraire, comme l'Allemagne le souhaite, tenir compte de la démographie pour que les décisions reflètent mieux le poids des populations respectives ? Cet argument est lui aussi respectable. Les deux options se conçoivent ; chacun défend, et c'est de bonne guerre, la conception qui lui est la plus favorable. Pour trancher, il faudrait un vrai dialogue, en confiance, et un certain courage politique. L'un et l'autre font défaut.

La dérobade est générale. Dans les semaines qui précèdent la rencontre de Nice, les autorités françaises ont des propos malheureux qui, inconsciemment peut-être, révèlent la méfiance persistante de certains envers l'Allemagne.

Interrogé sur le «destin européen» proposé par Joschka Fischer, Hubert Védrine, ministre français des Affaires étrangères, condamne «les joueurs de flûte qui emmenaient parfois [les peuples] vers des déceptions cruelles». Petite phrase sans conséquence ? Peut-être pour son auteur, qui ne sait visiblement pas qu'en Allemagne, le joueur de flûte est une allusion voilée à Hitler. De son côté, Pierre Moscovici, ministre des Affaires européennes, ne cache guère sa répugnance à travailler avec les Allemands qu'il connaît mal et auxquels il préfère les Anglais. Du correspondant de *Libération* à celui de *Die Zeit*, tous les témoignages des journalistes, observateurs de la scène bruxelloise, concordent : cette période est celle d'une régression de la relation franco-allemande. Un protagoniste de premier plan au ministère des Affaires étrangères aura ce commentaire laconique : «Le franco-allemand a explosé en vol.»

En janvier 201, après Nice, en guise de mercurochrome, l'Élysée et la chancellerie allemande inventeront les dîners de Blaesheim (du nom d'une localité alsacienne) réunissant le chancelier et le président flanqués de leurs ministres des Affaires étrangères. Ces entretiens servent avant tout à panser les plaies.

Le plus long Conseil de l'histoire

Du coup, le Conseil de Nice s'éternise jusqu'à l'épuisement – ce sera le plus long de l'histoire communautaire. Ses conclusions sont si confuses que les juristes mettront un mois à les rendre publiques. La réforme annoncée est un trompe-l'œil pour ne pas dire une trahison des principes et idéaux communautaires : la Commission perd son caractère pour devenir intergouvernementale, au moins jusqu'à ce que l'Union compte 27 membres. Cette fausse disposition transitoire signifie en réalité que l'élargissement programmé aura lieu avec un commissaire par État membre.

Les débats sont si violents que les participants en sortent groggy. Français et Allemands ont failli, mais les autres partenaires ne sont pas des saints non plus. À Nice, les querelles hollando-belges ou hispano-portugaises prennent des proportions épiques ! C'est un mauvais film qui se joue sur la promenade des Anglais. Tous les cadavres des siècles passés ressortent des placards, toutes les rivalités sont ravivées, tous les ressentiments ressurgissent. Le sort des futurs États membres est réglé hors de leur présence mais avec force coups de fil, pressions et déclarations démagogiques. On a ramené la discussion sur le terrain de l'équilibre des forces, voilà le résultat…

DANS LE TEXTE

Alouette, gentille alouette

Au terme du Conseil de Nice, Pascal Lamy, membre de la Commission, fait le commentaire suivant : « On récolte ce que l'on sème ; personne n'a imposé à la France de passer de deux commissaires à un dans la nouvelle Commission européenne. C'est bien un projet français qui a consisté à troquer un cheval contre une alouette. L'alouette, c'est la repondération des voix au Conseil des ministres (forme de calcul des voix de chaque État membre) dans une Europe à 25 – et bientôt plus. Or cette repondération n'a des effets que très marginaux : depuis cinquante ans, la diplomatie française considère que l'essentiel se passe au Conseil et l'accessoire à la Commission. À tort. »

Le traité de Nice pour les Nuls

Le traité de Nice est mauvais mais les protagonistes font comme si l'accord préalable à l'élargissement avait été trouvé. L'avantage, pour les gouvernements, c'est qu'ils s'évaluent eux-mêmes ! Après Nice, la conférence intergouvernementale se « félicite » (c'est un des mots favoris du Conseil européen). Elle considère qu'elle a ouvert la voie à l'élargissement. Avec cet état d'esprit, pour avoir un meilleur taux de réussite au bac, on pourrait aussi demander aux élèves de corriger eux-mêmes leurs copies…

Au nom de la Commission, le président Prodi a maugréé. Au Parlement européen, des voix se sont élevées pour dénoncer le résultat (notamment celle, piquante, de Jean-Louis Bourlanges), mais elles étaient minoritaires. Il est toujours difficile d'être maximaliste. Les proeuropéens, modérés par nature et peu désireux de prendre les futurs États membres en otage de querelles qui leur sont étrangères, se résignent à ne pas créer de scandale. La mariée des Quinze est boiteuse ? Tant pis, on dira quand même qu'elle est belle. L'histoire retiendra plutôt l'enterrement de l'Europe communautaire…

Et si les journalistes font des comptes-rendus critiques, ils sont accusés de commettre « une erreur collective d'appréciation » (Hubert Védrine). Les gouvernants quant à eux font l'objet d'une « erreur judiciaire » (Pierre Moscovici). Aux dires du président Chirac, c'était le « meilleur traité possible » (*sic*). La cohabitation française a fait capoter l'Europe. Mais même les Pinocchio qui tentent de faire croire à une réussite ne sont pas tout à fait dupes, puisqu'une déclaration appelant à engager une nouvelle négociation a été adoptée dès le début du Conseil ! Dans le village d'Astérix aussi, on attache le barde à l'avance, par précaution…

Les avancées

Le principal mérite du traité de Nice est d'exister, puisque plusieurs pays avaient conditionné l'élargissement à l'approfondissement. La condition est remplie, puisqu'on dit qu'elle est remplie. Mais en matière d'approfondissement, c'est un peu juste…

Marcel Pagnol à Nice ?

Depuis des années, dans le jargon communautaire, on parle d'approfondissement et d'élargissement. Approfondir, c'est aller vers plus d'intégration, progresser vers l'union politique en réformant les procédures et les institutions dans un sens plus communautaire. Élargir, c'est accueillir de nouveaux membres. Par l'effet du nombre et de l'hétérogénéité, en raison de l'attachement de ces pays à une souveraineté longtemps confisquée par Moscou, l'élargissement va plutôt dans le sens d'un relâchement de l'intégration et d'un renforcement de l'intergouvernemental. Implicitement au moins, par pusillanimité sûrement, les gouvernements ont donné la priorité à l'élargissement, sans veiller à remédier à ses inconvénients.

La présidence française – peut-être parce qu'on était en Provence-Alpes-Côte d'Azur – a fait du Pagnol : on n'approfondit pas trop. César conseillait en effet à Marius, dans la célèbre trilogie pagnolesque : « Quand tu vas commencer à mesurer le fond de la mer, fais bien attention de ne pas trop te pencher, et de ne pas tomber par-dessus bord et là où ça sera trop profond, laisse un peu mesurer les autres. » Voilà qui ne résume pas trop mal l'esprit du traité de Nice.

Le nombre de députés est fixé à 732 (Amsterdam avait dit 700, pas plus). La pondération des voix est arrêtée au prix d'une bataille sanglante. Du coup, mathématiquement, les chances de prendre une décision sont hélas inférieures à ce qu'elles étaient auparavant. En revanche, l'extension des pouvoirs du président de la Commission et le recours à la majorité qualifiée pour le choisir sont des points positifs. Cela étant, on imagine mal un président de la Commission qui serait choisi contre l'avis d'un pays. En 2004, lorsque les Anglais ont mis leur veto contre Guy Verhofstadt, la vieille pratique du consensus a ainsi été perpétuée… Les coopérations renforcées, elles, sont assouplies (huit États seulement sont nécessaires), mais des restrictions persistent (ainsi, la défense est exclue). Dans ces conditions, ce n'est pas demain la veille qu'un noyau dur va naître…

On note tout de même deux bonnes surprises, en marge des travaux institutionnels : le Conseil a trouvé le temps d'adopter, après trente ans de débat, le statut de la société européenne et il a proclamé la Charte des droits fondamentaux rédigée par une Convention. Mais attention, cette charte n'acquiert pas pour autant une force juridique (les Britanniques s'opposant à l'affirmation de droits sociaux).

Carences et reculades

Au terme du traité, les points qui achoppent encore sont nombreux. En premier lieu, l'unanimité demeure dans certains domaines. On dirait qu'elle est désormais enkystée. L'Espagne s'accroche à ses fonds structurels jusqu'en 2007, la France à la politique commerciale (services culturels et audiovisuels), le Royaume-Uni à la fiscalité. Le système des «lignes rouges» au-delà desquelles les gouvernements refusent des concessions, bien éloignées de l'esprit communautaire, se renforce.

La pondération des voix, on l'a déjà entrevu, est pour le moins baroque. La théorie est la suivante :

- ✔ Les voix des grands États membres son repondérées en leur faveur.
- ✔ Le nombre total des voix est 321 ; la majorité qualifiée est fixée à 232 et la minorité de blocage à 90.
- ✔ On calcule d'abord la majorité des membres (13) dans les cas où le Conseil légifère sans proposition de la Commission et des deux tiers des membres dans les autres cas, à condition que cela représente 62 % de la population si un État le demande.

Si l'on décrypte ce système, on voit que :

- ✔ La France a évité le «décrochage» avec l'Allemagne, mais la clause des 62 % donne à celle-ci un rôle pivot : il lui suffit de s'allier à deux grands pour bloquer…
- ✔ Les États méditerranéens ont un pouvoir de blocage.
- ✔ Les contributeurs nets ont un pouvoir de blocage.
- ✔ Les moyens et les grands s'en tirent particulièrement bien (Pologne, Espagne) et le feront sentir à la Convention.

Conclusion : il est plus facile de bloquer que de décider. Si vous n'avez pas suivi, ce n'est pas grave. Les nuls, ce sont ceux qui pensent faire une Europe «proche des citoyens» avec de pareilles contorsions…

Autre reculade, la Commission compte un commissaire par État. C'est la négation de ce qu'elle est censée être : un organe où il ne s'agit pas tant de représenter les États que de défendre l'intérêt général. La solution retenue aurait pu au moins organiser cette nouvelle répartition, en créant par exemple des commissaires adjoints ou des groupes de commissaires. Rien de tel ne s'est produit.

De Laeken à la Constitution (2001-2005)

«Vingt fois sur le métier remettez votre ouvrage», conseillait Boileau.

Annexée au traité de Nice, la déclaration n° 23 relative à l'avenir de l'Union – qui pourrait aussi s'appeler le protocole Assurancetourix, car il a été rédigé avant le pugilat – invite les gouvernements à organiser un large débat sur l'avenir de l'UE et à apporter des réponses à quatre questions :

- ✔ Comment établir une délimitation plus précise des compétences entre l'UE et les États membres qui soit conforme au principe de subsidiarité ?
- ✔ Quel statut envisager pour la Charte des droits fondamentaux proclamée à Nice ?
- ✔ Comment simplifier les traités afin qu'ils soient plus clairs sans en changer le sens ?
- ✔ Quel doit être le rôle des Parlements nationaux dans l'architecture européenne ?

Et c'est reparti pour un tour…

Laeken ou comment soigner la fièvre de l'Europe

À la fin de l'année 2001, la présidence belge fait adopter au Conseil européen réuni à Laeken une déclaration qui expose, avec lucidité, les failles et les carences de la construction communautaire. L'Europe va mal, elle a de la fièvre. Explication de texte.

Le diagnostic

Après avoir rappelé l'immense succès de l'entreprise européenne, la déclaration de Laeken indique que l'UE est confrontée à un double défi :

- ✔ Interne : convaincre ses citoyens, qui adhèrent au projet d'ensemble mais comprennent de moins en moins l'action européenne ;
- ✔ Externe : prendre ses responsabilités dans un monde incertain et dangereux (les attentats du 11 septembre viennent d'avoir lieu.

Elle rappelle que les Européens attendent beaucoup de l'Europe. Ils sont en effet favorables à une politique étrangère de sécurité commune – notamment pour combattre la criminalité transfrontière –, à une action économique qui favoriserait la croissance et l'emploi, ainsi qu'à des politiques environnementales. Mais, dit la déclaration, ils en ont assez des intrusions de l'UE dans leur vie quotidienne. La déclaration rejette donc l'idée d'un « super-État » et d'institutions européennes qui se mêlent de tout…

Questions préalables à une Constitution européenne

Les auteurs du texte ont la sagesse d'ouvrir « la voie vers une Constitution pour les citoyens européens », sans en dire beaucoup sur sa forme ou son contenu. La démarche – révolutionnaire par rapport à tout ce qui s'est fait depuis 1950 – paraît ainsi plus anodine.

Une multitude de questions (une soixantaine au total) sont énumérées : c'est un peu comme si, dans une maison trop longtemps fermée, on ouvrait enfin des fenêtres pour faire entrer de l'air. La déclaration appelle notamment à régler les questions suivantes :

- ✔ La répartition des compétences entre UE et États membres (le texte a le mérite de rappeler qu'il faut trouver un équilibre entre la protection contre les intrusions communautaires et la nécessité de préserver la dynamique commune) ;
- ✔ La simplification des instruments de l'Union ;
- ✔ La légitimité démocratique à combiner avec l'efficacité.

La naissance de la Convention

Sur la méthode, la déclaration est très précise : elle convoque une « Convention sur l'avenir de l'Europe » et lui donne des leaders de grande envergure : le président en est l'ancien président de la République française Valéry Giscard d'Estaing, flanqué de deux vice-présidents, Giuliano Amato et Jean-Luc Dehaene, anciens Premiers ministres italien et belge. Trois personnalités très différentes, mais trois Européens convaincus, qui vont former un trio aussi improbable qu'efficace. L'Europe dans ce qu'elle a de meilleur.

La composition de la Convention s'inspire de celle qui a rédigé la Charte des droits fondamentaux. Les deux niveaux – national et européen – sont très heureusement mêlés :

- 15 représentants des chefs d'État et de gouvernement ;
- 30 membres des Parlements nationaux (2 par État membre) ;
- 16 membres du Parlement européen ;
- 2 commissaires.

Viennent s'ajouter à ces participants des représentants du Comité des régions, le médiateur, mais aussi, par le biais de consultations, d'autres institutions (Banque centrale, Cour européenne et Cour des comptes par exemple). Et, la logique étant vraiment ouverte, les États candidats qui, après leur adhésion, devront subir le régime juridique adopté dans cette Convention sont représentés comme les États membres (un représentant officiel et deux élus des Parlements), avec un statut d'observateurs. Ainsi, les dix États à la veille d'entrer dans l'UE, ainsi que la Roumanie, la Bulgarie et la Turquie sont présents – ce qui fait grincer quelques dents, à commencer par celles de Valéry Giscard d'Estaing.

La Convention est également dotée d'un *présidium*, c'est-à-dire d'un comité restreint chargé de prendre les décisions qui ne peuvent incomber à une assemblée plénière. Ce présidium réunit le président, ses vice-présidents, deux élus européens, deux commissaires, deux représentants des Parlements nationaux et les représentants des États assurant la présidence pendant la durée prévue des travaux.

Censée commencer le 1er mars 2002, la Convention a en principe une année pour aboutir. Elle siège à Bruxelles et tient des débats publics, traduits dans les onze langues de l'UE ; tous ses documents sont accessibles. Les gouvernements attendent d'elle un document final comportant soit des options, soit des recommandations en cas de consensus.

Pour la première fois, les débats de ce qui devient vite l'équivalent d'une conférence intergouvernementale sont publics ! Le site Web reçoit des dizaines de milliers de visites ; un forum de la société civile associe qui veut bien prendre la peine de s'intéresser dans un joyeux méli-mélo. Les Églises, les syndicats, des associations féministes, de protection des animaux, de consommateurs forment la troupe baroque des interlocuteurs de Jean-Luc Dehaene !

Il faut également noter, au compte des innovations formelles de cette Convention, la présence de grands constitutionnalistes comme Robert Badinter ou Olivier Duhamel (pour ne citer que des Français). Très vite, le niveau politique de représentation des États s'élève, notamment après la décision de Joschka Fischer, ministre fédéral des Affaires étrangères, d'être la voix de l'Allemagne. Dominique de Villepin lui emboîte le pas, ainsi que Ana Palacio, le ministre espagnol. La Convention devient l'endroit chic de la diplomatie : il faut absolument « en être ».

Enfin, la «socialisation» des représentants des États candidats est évidente. Observateurs sur le papier, ils participent à part entière aux travaux; l'un des représentants des Parlements nationaux au présidium est d'ailleurs un élu slovène.

Un petit miracle

La réunion de cette Convention relève du miracle: alors que les gouvernements sont dans une spirale d'échec, ils acceptent – peut-être sans se douter qu'ils iront si loin – de se dessaisir un peu de leurs pouvoirs. Une discussion peut enfin avoir lieu, comme la CEE ni l'UE n'en ont jamais connue. Valéry Giscard d'Estaing décide de commencer par une phase d'écoute, une catharsis à l'échelle d'un continent. En multipliant les références au précédent américain de Philadelphie, il met d'emblée la barre très haut.

Philadelphia or not Philadelphia ?

On a beaucoup reproché au président Giscard d'Estaing ses allusions aux pères fondateurs américains du XVIIIe siècle. Même si le désir de rester dans l'Histoire a sûrement servi d'aiguillon à un homme qui retrouvait enfin un rôle à sa mesure, le rapprochement était fondé. La lecture des *federalists papers* américains (témoignages rédigés par Alexander Hamilton, John Jay et James Madison) montre bien que les questions à affronter dans l'UE sont les mêmes que celles qui ont occupé les conventionnels américains: les rapports du centre et de la périphérie, l'organisation d'une démocratie à plusieurs niveaux, la représentation d'États de tailles très différentes, l'autonomie fiscale, la représentation externe. Ignorer ce magistral précédent aurait été une grave erreur. Et si l'objectif était de doter l'Europe d'une vraie force sur la scène mondiale, il aurait mieux valu s'en inspirer encore plus.

Alain Lamassoure, l'un des représentants du Parlement européen les plus actifs au sein de la Convention, a beaucoup fait rire ses collègues en relevant cependant une nuance de taille entre l'UE et les USA: «Ces derniers avaient eu la sagesse de régler le problème anglais d'abord.»

Quiconque relit aujourd'hui la déclaration de Laeken peut observer deux choses. D'abord, ce sont les gouvernements eux-mêmes qui ont fait le choix d'ouvrir la voie vers une Constitution. L'idée était dans l'air depuis un moment. En France, l'UDF en avait fait un de ses thèmes de campagne lors des élections européennes de 1999, Alain Juppé avait proposé un texte assez iconoclaste et Jacques Chirac avait soutenu l'idée en juin 2000 au Bundestag. Joschka Fischer, lui, avait développé sa vision dans son discours de l'université Humboldt le 12 mai 2000. Enfin, l'objectif figure noir sur blanc dans le texte de Laeken.

Ce sont donc les gouvernements qui n'ont pas été cohérents en cherchant, à la fin de l'exercice, à «raboter» le résultat, refusant notamment toute procédure de ratification à une majorité très qualifiée qui aurait marqué l'avènement d'une phase constitutionnelle. Sans parler du choix idiot – il n'y a pas d'autre mot ! – de 25 ratifications séparées, qui ne pouvait qu'accroître le caractère intergouvernemental du texte. Quant à la France, son recours au référendum, pour un texte qui n'avait pas été conçu dans cette optique, alourdi par sa partie III, était hasardeux.

Admettons cependant que Valéry Giscard d'Estaing a su faire naître un esprit de la Convention, qu'il a su souder les conventionnels dans une démarche commune. Sans ces ambitions, la Convention aurait pu être un flop, une sorte de «comité Théodule» de plus.

LE SAVIEZ-VOUS ?

Le squelette de Giscard

Habilement, pour se garder les coudées franches et mieux évaluer où se situerait le point d'équilibre entre tous ces participants, le président Giscard d'Estaing n'a pas dévoilé ses intentions trop tôt. Il évoque un plan détaillé de la Constitution, mais se garde bien de le rendre public. En octobre, l'impatience gronde : la Convention est censée ne durer qu'un an et donc se terminer en février 2003 (en réalité, elle sera prolongée jusqu'au mois de juin).

Peu à peu, l'habitude commence à être prise de parler de ce plan comme d'un squelette (dans la plupart des États membres, il n'y a pas cette culture du plan détaillé qui règne dans la cartésienne France dont les élites politiques sont passées par Sciences-Po…). Bientôt, si rien ne vient, ce sera le squelette de Giscard qui hantera les esprits et les couloirs ! Mais fin octobre, le suspens s'arrête. C'est bien un plan détaillé qu'on sort du placard, qui deviendra celui du futur traité constitutionnel.

Le seul regret qu'on puisse avoir, c'est plutôt que les médias n'aient pas mieux rendu compte des travaux de la Convention en donnant à l'événement sa juste mesure. Le fait d'avoir siégé à Bruxelles au lieu de tourner dans plusieurs pays a sans doute contribué à éloigner la Convention du public… D'où l'intérêt de réunir des parlementaires nationaux susceptibles de relayer les débats. Du moins quand ceux-ci jouent le jeu : la Britannique Gisela Steward, représentante des Communes, membre du présidium, n'a eu de cesse une fois rentrée en Grande-Bretagne, de se désolidariser de l'œuvre accomplie !

Si les journaux ont fait de nombreux articles, si Olivier Duhamel, conventionnel de talent, a rédigé des chroniques diffusées sur Internet qui sont un modèle de rigueur juridique et de verve, ces relations n'ont touché que de petits cercles. La télévision – capitale pour mobiliser le grand public – n'en a guère parlé. Il est vrai qu'il est difficile de rendre vivants des débats parlementaires sur des sujets assez techniques, lorsque la plupart des intervenants sont inconnus et se parlent via des traducteurs.

Quelle salade !

Sauf exception... On ne peut dénier à Valéry Giscard d'Estaing un sens aigu de la communication: à la fin des travaux de la Convention, en 2003, un texte de Constitution pour l'Europe à 25 est rédigé. Quoi qu'on puisse penser du contenu, c'est un événement majeur qui mérite un reportage à la télévision, au journal de 20 heures. Mais les journalistes de télévision présents dans l'hémicycle du Parlement se désespèrent d'avoir quelque chose à montrer... C'est alors que Valéry Giscard d'Estaing, remerciant ses vice-présidents, les conventionnels, le secrétariat, les traducteurs et les huissiers, sort de sa serviette... de la salade pour dire toute sa gratitude à la tortue chinoise en porcelaine qui, des mois, a trôné sur son bureau et assisté aux séances. Un emblème de persévérance et de ténacité. La salle est hilare. La télé tient ses images. _Sic transit gloria mundi_ (ainsi passe la gloire de ce monde).

Une Constitution pour l'Europe ?

En juin 2003, la Convention livre son travail au Conseil européen. Constitution par son contenu mais traité par sa forme, le texte doit être formellement signé par une conférence de plénipotentiaires des États, puis ratifié par tous les signataires. Une conférence intergouvernementale s'ouvre, qui, comme Pénélope dans _L'Odyssée_, va tenter de défaire l'ouvrage ambitieux de la Convention. La présidence italienne de Silvio Berlusconi échoue à bâtir un compromis. Espagne et Pologne, bien servies à Nice, cherchent à ne pas perdre leur avantage. Chacun revient à ses petites manies.

Ce sont les attentats de Madrid de mars 2004 qui, provoquant la chute d'Aznar et l'arrivée de Zapatero, vont aider au compromis, habilement ficelé par la présidence irlandaise. Le traité reste largement celui issu de la Convention, à une exception près, qui pèsera dans le vote référendaire: l'adjonction de la partie III au texte lui-même. Reprenant pour l'essentiel les traités antérieurs, cette partie, longue et technique, prive le texte de son caractère constitutionnel et jette dans la bataille des matières communautaires depuis 1957 (la concurrence) mais potentiellement controversées. Ce sera pain bénit pour les partisans du non. (Voir aussi chapitre 14.)

Et pourtant, elle tourne...

Pendant ces discussions un peu ésotériques sur les institutions, la vie de la Communauté et de l'Union continue. La période est marquée par quelques belles réussites communautaires qui nous donnent toutes les raison de garder confiance dans la méthode inventée par les pères fondateurs. L'Europe communautaire, bien organisée, est respectée jusqu'à Washington et Pékin ; elle peut jouer un rôle utile dans la globalisation.

La concurrence : bras de fer avec l'Amérique...

Nous verrons dans la quatrième partie en quoi consiste en détail la politique de concurrence et l'action de Mario Monti au cours de cette période. À ce stade, retenons que, de toutes les politiques européennes, c'est probablement la plus intégrée : non seulement de vraies compétences ont été données au niveau communautaire, mais elles sont exercées par la Commission elle-même. Un interlocuteur parle aux Américains (et non pas 25 ou une présidence tournante qui, pour les tiers, est comme un carrousel). Les résultats suivent.

Durant cette période, la Commission s'oppose notamment avec succès à une opération entre entreprises américaines, l'achat par General Electric (le géant américain qui va des assurances au plastique, de la télévision aux moteurs d'avion, l'un des tout premiers groupes diversifiés au monde) de la société Honeywell (fabricant de moteurs d'avion et d'électronique aéronautique). Le groupe qui serait né de cette fusion aurait eu une position dominante abusive.

Microsoft – l'empire de Bill Gates – est également poursuivi par la Commission pour attitude abusive : la vente obligatoirede logiciels maison avec le système d'exploitation Windows, interdisant ainsi aux concurrents potentiels d'entrer sur le marché.

Retenons en l'essentiel : à une époque où les États-Unis pratiquent l'unilatéralisme sans retenue et où il est difficile pour les Européens de défendre leurs intérêts à Washington, l'Europe a pu protéger Airbus et les fabricants européens de logiciels.

Le commerce : l'Europe en première ligne

Dans son livre *L'Europe en première ligne*, Pascal Lamy, commissaire au commerce, explique les différents aspects de sa fonction : il a notamment négocié avec les Chinois leur entrée à l'OMC, porté à bout de bras l'initiative « Tout sauf les armes » en faveur des pays les moins avancés et conclu un premier accord visant à permettre la production de médicaments à bas prix pour les malades des continents pauvres. Il en tire un axiome qui sonne comme un proverbe chinois : « C'est l'union de l'Europe qui peut la rendre puissante et respectable. »

Par ailleurs, la conclusion d'un accord commercial avec la Chine est la seule action extérieure des Européens où l'Europe est représentée par un interlocuteur unique (le commissaire), même s'il agit sur mandat des États membres. En faisant entrer un quart de la population mondiale dans le jeu global, Lamy a plus travaillé à la création d'un monde pluriel « multipolaire » que bien des diplomates nationaux éparpillés.

Au sommet de Doha en 2001, un accord est trouvé qui permet de faire baisser le prix des médicaments tout en préservant les droits intellectuels : la santé publique devient une raison valable pour obtenir des licences obligatoires permettant la fabrication de génériques. C'est ce que Lamy appelle « faire bouger les lignes de la mondialisation ». L'Europe, quand elle est organisée pour parler d'une seule voix, peut y contribuer de manière décisive.

L'Euro : brillant comme un sou neuf

N'oublions pas que, pendant cette période un peu sombre, le 1er janvier 2002, l'euro est entré en circulation. Grâce aux efforts conjoints de la Commission et des ministères des Finances, l'apocalypse prédite par les eurosceptiques et les grincheux n'a pas eu lieu. À Noël, les enfants (et les grands) ont trouvé sous le sapin des petits sacs de pièces brillantes comme des sous neufs. Le 1er janvier les distributeurs de billets ont fonctionné et distribué les premiers billets. Dans tous les pays concernés, les premières courses sont payées en euros : à Paris, le Premier ministre Jospin achète des fleurs au marché ; en Italie, le président Ciampi s'offre un espresso. Sous la neige ou en terrasse, (presque) tout un continent joue au Monopoly avec des billets neufs. De la Laponie à la Sicile, c'est l'achèvement de trente années d'efforts pour accomplir ce qui n'a jamais été fait dans l'histoire du monde : la naissance d'une monnaie unique. Nous y reviendrons au chapitre 18.

Deuxième partie
Les principes de l'Europe : une révolution douce

Dans cette partie…

Avez-vous déjà monté des étagères en kit de conception suédoise ? (Nous prenons naturellement un pays de l'Union européenne tout à fait au hasard…) Si oui, vous avez sûrement apprécié de trouver dans votre carton plat une notice répondant au nom sexy de « *Follow me* » (« Suivez-moi », à prononcer avec un léger accent suédois), un schéma récapitulant toutes les étapes du montage, ainsi qu'une petite clé. Quel rapport avec l'Europe, me direz-vous ? Eh bien imaginez-vous que les Européens sont dans la situation de devoir de monter une union politique sans notice, ni schéma, ni clé.

Ce manque d'explications est d'autant plus regrettable que les pères fondateurs ont laissé des indications précises sur les innovations qu'ils entendaient mettre en œuvre. Monnet disait : « Les propositions Schuman sont révolutionnaires ou elles ne sont pas. » Il faut que les Européens prennent conscience de cette révolution douce ; autrement, elle ne portera pas ses fruits.

L'Europe unie exige un changement des mentalités. À force de ne pas tenir compte de cette exigence, nous bâtissons une Europe de guingois. Le bricolage (dans tous les sens du terme) devient de plus en plus ennuyeux. Donc, si vous le voulez bien, nous n'allons pas nous préoccuper tout de suite des institutions ou des politiques. Réfrénez votre impatient désir de tout savoir sur le Conseil européen ou les secrets de la politique agricole, nous y reviendrons plus tard. À ce stade, concentrons-nous sur l'essentiel : les principes fondateurs, les règles non écrites qui sont indispensables au fonctionnement de l'ensemble et dont les citoyens, en général, ignorent tout. *Follow me*, comme on dit en Suède.

Chapitre 8

Une nouvelle méthode de coopération internationale

S i vous avez lu attentivement l'histoire de l'intégration européenne (voir première partie), vous savez que les fondateurs n'ont pas façonné l'Europe communautaire par hasard : ils sont partis de ce qui, dans les pratiques internationales antérieures, avait échoué et, à partir de leurs expériences respectives dans ce domaine, ont inventé du neuf.

Ainsi, par exemple, c'est grâce aux problèmes de coopération internationale qu'il avait expérimentés dans le ravitaillement des troupes françaises et britanniques pendant la Première Guerre mondiale, ou bien à la Société des nations ou encore à Washington pour la fourniture d'armes aux Alliés entre 1940 et 1943, que Jean Monnet a conçu la méthode communautaire.

Il présente d'ailleurs la décision de 1950 relative à la Communauté du charbon et de l'acier comme « le choix fondamental d'une méthode à intégrer sans fin les choses et les esprits ». « Cette méthode paraît lente et peu spectaculaire. Pourtant, elle fonctionne continûment depuis vingt-cinq ans et personne n'en a proposé d'autre pour faire progresser la communauté. » Selon lui, « il y a une méthode pour construire l'Europe, il n'y en a pas deux » ; celle-ci consiste à « créer progressivement entre les hommes d'Europe le plus vaste intérêt commun géré par des institutions communes démocratiques auxquelles est déléguée la souveraineté nécessaire ». Voilà ce qu'est, au sens large, la méthode Monnet : un changement de mentalité qui s'appuie sur des innovations institutionnelles permettant de privilégier l'intérêt commun.

Dans la troisième partie de l'Europe pour les Nuls, nous reviendrons sur l'importance des institutions. À ce stade, nous voudrions nous attarder sur l'intérêt commun qui est la clé de voûte de l'Europe communautaire. Et faire apparaître aussi ces changements qui, pour être invisibles, immatériels, n'en sont pas moins indispensable : établir la confiance, rejeter le nationalisme, accepter de coopérer avec des Européens de pays de toutes tailles, telles sont les conditions préalables à la réussite de l'entreprise.

L'intérêt général européen

L'invention capitale de l'Europe communautaire, c'est de raisonner en termes d'intérêt commun à tous les Européens.

Privilégier l'intérêt commun sur les intérêts particuliers

L'Europe communautaire repose sur l'idée d'un intérêt européen supérieur transcendant les intérêts nationaux. Monnet disait : « Ce qu'il faut chercher, c'est une fusion des intérêts des peuples européens et non pas simplement le maintien de l'équilibre de ces intérêts. » En découlent plusieurs traits originaux, notamment la création d'un organe chargé spécialement de veiller à l'intérêt général (la Commission) ou la disparition des droits de veto nationaux, remplacés par le vote majoritaire.

Mais qu'est-ce donc que l'intérêt commun ? Bonne question. Pour le voir, il faut prendre de la hauteur, s'élever au-dessus des jeux de court terme. Pour les fondateurs, l'intérêt commun européen était avant tout la survie de notre civilisation. Rien de moins. Leur but était de sauver l'Europe du déclin qui menaçait ses réalisations, ses valeurs, son mode de vie. Tout ce patrimoine immense, dont les Européens d'après-guerre, comme nous, n'étaient jamais que les dépositaires temporaires et qui, dans la tourmente totalitaire, avait failli disparaître.

La volonté d'éviter le naufrage de l'Europe, encore un excès d'idéalisme ? Peut-être, mais même les cyniques ne peuvent éluder la question du sens de l'Histoire : face aux empires, face aux pays émergents de notre XXIe siècle, quel est l'avenir de l'Europe dont jadis l'on partait pour découvrir de nouvelles terres ? Quelle est notre place dans le monde de demain et sur quoi la fondons-nous ?

Même sans évoquer à tout bout de champ la sauvegarde de la sacro-sainte « Civilisation », les Européens partagent une certaine idée de l'homme qui se traduit par exemple dans l'existence, en Europe, de régimes de protection sociale sophistiqués, la généralisation de l'instruction gratuite ou le rejet de la peine de mort. Ils partagent aussi une tradition agricole fondée sur des terroirs et des savoir-faire ancestraux, jouissent d'un patrimoine artistique exceptionnel, affrontent le même vieillissement de leurs populations et les mêmes difficultés pour insérer dans leurs sociétés les immigrés venus du Sud. Ils sont également tous les cibles potentielles des terroristes qui cherchent à détruire les sociétés libérales. La planète a besoin d'organisation, de repères moraux, de références intellectuelles, il n'est pas illégitime, pour les Européens, de défendre les leurs.

Mortelles civilisations

Pour mettre en garde contre le risque de voir sombrer la civilisation européenne, Paul-Henri Spaak renvoyait expressément à Paul Valéry. Publié en 1919 dans *Crise de l'esprit*, ce cri d'alarme est très connu mais nous ne résistons pas au plaisir de le faire entendre ici.

« Nous autres, civilisations, nous savons maintenant que nous sommes mortelles. Nous avions entendu parler de mondes disparus tout entiers, d'empires coulés à pic avec tous leurs hommes et leurs engins ; descendus au fond inexplorable des siècles avec leurs académies et leurs sciences pures et appliquées, avec leurs grammaires, leurs dictionnaires, leurs classiques, leurs romantiques et leurs symbolistes, leurs critiques et les critiques de leurs critiques. Nous savions bien que toute la terre apparente est faite de cendres, que la cendre signifie quelque chose. Nous apercevions à travers l'épaisseur de l'histoire les fantômes d'immenses navires qui furent chargés de richesse et d'esprit. Nous ne pouvions pas les compter. Mais ces naufrages, après tout, n'étaient pas notre affaire.

Élam, Ninive et Babylone étaient de beaux noms vagues, et la ruine totale de ces mondes avait aussi peu de signification pour nous que leur existence même. Mais… France, Angleterre, Russie… ce serait aussi de beaux noms… Et nous voyons maintenant qu'une civilisation a la même fragilité qu'une vie. Les circonstances qui enverraient les œuvres de Keats et celles de Baudelaire rejoindre celles de Ménandre ne sont plus du tout inconcevables : elles sont dans les journaux. »

Souvent, perdus dans nos petites querelles, nous ne voyons plus l'essentiel : ce qui nous unit, nous Européens, est infiniment plus grand, plus précieux que ce qui, d'un pays à l'autre, nous sépare. Robert Marjolin formulait ainsi l'idée de l'interdépendance : « Parmi les leçons que nous [les fondateurs] tirâmes des enseignements de l'entre-deux-guerres, il en est une plus importante que les autres. Une grande partie du gâchis qui marqua les années 1920 et plus encore les années 1930 devait être attribuée – pensions-nous – à l'absence de toute coopération internationale. *Chaque pays cherchait à résoudre ses difficultés comme s'il était seul au monde.* » (C'est lui qui souligne.) Nous ne sommes pas seuls au monde : nous nous partageons le petit cap eurasiatique d'une toute petite planète. Abstenons-nous donc de considérer l'UE comme le *circus maximus* où les partenaires, gladiateurs des temps modernes, s'entretuent allègrement.

Ne pas se comporter en marchands de tapis

La négociation – au sens diplomatique du terme – a joué un grand rôle dans la vie communautaire ; c'est même à peu près la seule image que la télévision en donne : « marathons » agricoles qui durent jusqu'au petit matin, conférences intergouvernementales, Conseils européens où s'affrontent et se congratulent les chefs d'État et de gouvernement. Telle semble être la réalité, mais la pathologie ne doit pas tenir lieu de modèle. Là encore, un petit retour aux sources ne fera pas de mal…

Pour Jean Monnet, l'Europe ne devait pas se faire dans la recherche d'un point d'équilibre entre diplomates retranchés derrières leurs pancartes nationales. Il accueillit en ces termes les délégations venues « négocier » le plan Schuman en 1950 : « Nous sommes là pour accomplir une œuvre commune, non pour négocier des avantages, mais pour rechercher notre avantage dans l'avantage commun. » Et il commente : « Les 60 délégués présents ne savaient pas qu'ils auraient à m'entendre pendant plus de dix mois recommencer cette leçon, qui est une des plus difficiles à prendre pour des hommes formés à la défense et à la conquête d'intérêts purement nationaux. »

Il rappelle ailleurs : « C'est seulement si nous éliminons de nos discussions tout sentiment particulariste qu'une solution pourra être trouvée. Dans la mesure où nous, réunis ici, saurons changer nos méthodes, c'est l'état d'esprit de tous les Européens qui changera de proche en proche. Aussi demandai-je que le mot "négociations" ne fût pas employé à propos de nos réunions qui, entre nous comme vis-à-vis de l'opinion, seraient celles de la conférence du plan Schuman. »

Lubie de puriste ? Pas du tout. La différence entre les négociations diplomatiques ordinaires et ce que prône Monnet est aussi « hénaurme » que la sardine qui a bouché le port de Marseille. Dans le premier cas, des conceptions s'affrontent et, à la fin, il y a des vainqueurs et des vaincus ; dans l'autre, des partenaires ont pris la peine de dégager leur but commun et cherchent ensemble le meilleur moyen de l'atteindre. Cela crée une atmosphère assez différente.

Jean Monnet voulait éviter que les Européens ne s'étripent sur des queues de cerise en appelant la « nation » à la rescousse du moindre lobby. La réalité a confirmé ses craintes. À voir la manière dont Silvio Berlusconi a affronté les Finlandais pour attirer l'Agence de la sécurité alimentaire à Parme au nom de son jambon, on comprend pourquoi Monnet prenait ces précautions. Invoquer la nation, la *patria*, comme dans un opéra de Verdi, pour une affaire de jambon (même si ce jambon-là est un délice), voilà qui paraît excessif.

Sans parler de l'attitude de certains responsables français qui ont donné à la politique agricole commune une priorité absolue, au nom d'un intérêt dit national, sans que la nation ni ses représentants aient été consultés sur ce choix. La population très majoritairement urbaine de la France aurait sans doute aimé être interrogée sur le point de savoir si la prime à la vache allaitante et les intérêts des céréaliers justifiaient vraiment de griller tant de cartouches à Bruxelles.

Ce n'est pas l'idéalisme qui invite à aborder les discussions européennes dans un esprit d'ouverture et de compromis, mais le souci de leur aboutissement : à 15 et plus encore à 27, un résultat ne peut être atteint que si chacun accepte de bouger. À partir du moment où l'un des partenaires pratique l'égoïsme ou se retranche derrière une ligne rouge immuable, la solidarité se détricote à vive allure. D'où l'idée de Monnet et Spaak que le vote majoritaire est le mode normal de décision dans la méthode communautaire. C'est lorsqu'on abandonne le veto que commence vraiment la discussion.

Certains connaisseurs de la réalité communautaire relativisent un peu ce dogme : selon eux, les exemples abondent de cas où l'on a arrêté la montre pour aboutir, même à l'unanimité. C'était notamment cas dans les « marathons agricoles ». Mais la politique agricole commune est vraiment commune. Les États n'ont pas droit à l'échec, autrement le système se bloque. Une sorte de surmoi impose donc l'efficacité. Ce n'est pas transposable dans certains domaines, par exemple la fiscalité ou les affaires intérieures et la justice.

Se comprendre et se faire confiance

Seule la discussion franche permet de comprendre les positions des autres afin que, peu à peu, la confiance s'épanouisse. La diversité, en théorie, c'est merveilleux, mais en pratique cela signifie aussi – il ne faut pas le nier – une certaine difficulté à se comprendre. Contrairement à ce que prétendent les souverainistes, les Européens restent très différents les uns des autres. Si un danger nous guette, c'est bien plus celui de la diversité excessive que celui de la standardisation. Raisonnant dans des cadres de pensée différents, utilisant des mots sans leur donner forcément le même sens, les Européens ont souvent des difficultés à communiquer.

Ils n'ont même pas faim à la même heure ! Détail ? Que nenni ! Au Conseil, à la Commission, l'horaire auquel une réunion est programmée n'est pas sans incidence sur son déroulement. Par exemple, les Espagnols sont redoutables dans les séances de nuit. Leur résistance tient à ce qu'ils commencent leur après-midi quand les Scandinaves ont fini leur journée. Une thèse reste à écrire sur l'influence des taux d'hypoglycémie sur le destin de l'Europe…

Dans la méthode communautaire, la confiance joue un rôle capital. Sans confiance, il n'est pas possible de légiférer ensemble, ni d'appliquer, de bonne foi, des règles de droit et encore moins de gérer des politiques communes ou d'avoir une représentation unifiée à l'extérieur. C'est la confiance qui permet d'aboutir car elle convainc les négociateurs qu'ils partagent vraiment la volonté de trouver un accord. Aussi le principe de confiance compte-t-il au nombre des grands principes dégagés par la Cour de justice dans sa jurisprudence. Mais cela se complique au fil du temps. Pour bien suivre les questions européennes et créer la confiance mutuelle, il faut désormais avoir une connaissance approfondie des hommes et des femmes responsables dans 27 équipes !

Ce qui, avec les Six, allait de soi était encore praticable à l'époque des Douze. Avec les 27 (et plus !), cela requiert un investissement considérable ! Au Conseil des ministres, la salle est si vaste qu'il faut des jumelles de théâtre pour voir si tel délégué suit, si tel autre est déjà parti ou si un représentant a l'arrogance de lire ouvertement le journal en séance (dans cet exemple, toute ressemblance avec un ministre français existant ou ayant existé serait fortuite). Dans la CECA, un commissaire pouvait inviter tous ses collègues à dîner à la maison. À 27, il doit réserver une salle de banquet, surtout s'il tient à ce que les conjoints soient présents.

Et bien riez maintenant !

Même faire une blague que tout le monde comprend devient délicat. En effet, la diversité des langues est telle que les interprètes sont parfois obligés d'avoir recours à des injonctions du type : « Je ne peux pas traduire cette blague mais s'il vous plaît, riez maintenant » ! Ce fait authentique est survenu pendant la présidence finlandaise, notamment à cause de l'utilisation de langues pivots : pour passer du grec au finnois, on traduit d'abord en anglais par exemple. L'interprète court donc un peu derrière les intervenants…

Pour mémoire, rappelons que les discussions les plus importantes du plan Schuman, au début des années 1950, ont pu se dérouler en l'absence totale d'interprétation. Sans cultiver une excessive nostalgie de l'Europe des Six, il est important d'avoir conscience des complications inhérentes à une Europe très large. Quant à l'usage de l'anglais bas de gamme, osons dire que c'est un pis aller, un appauvrissement de la pensée et des débats. Sur des sujets sensibles, tout le monde n'est pas en mesure de faire valoir les nuances.

Reste que, pour résoudre l'équation apparemment insoluble posée par Monnet, consistant à créer un rassemblement d'individus devant négocier tout le temps sans être jamais des maquignons, il existe une seule solution : qu'un accord politique intervienne sur l'essentiel avant d'en venir aux modalités.

Aux politiques de prendre leurs responsabilités

DANS LE TEXTE

Spaak insiste beaucoup sur ce point : « Il est important de ne pas faire sortir [les experts] de leur spécialité et surtout de ne pas leur demander de résoudre les problèmes politiques. Confier aux experts ce genre de question, c'est trop souvent, pour les hommes d'État qui n'osent pas prendre leurs responsabilités, chercher un alibi. Les experts, particulièrement les fonctionnaires, ne travaillent bien que lorsqu'ils exécutent les directives données. Laissés à eux-mêmes, ils ont une tendance à compliquer les questions. Ils montrent souvent une dangereuse intransigeance dans la défense de leurs théories. S'ils ne se sentent pas couverts, ils craignent de transiger. Au contraire, quand l'objectif à atteindre est clairement indiqué […] leur science et leur imagination finissent toujours par trouver [les solutions] qui sont valables. »

C'est exactement ce qui s'est passé pour l'euro par exemple : Kohl, Mitterrand, Delors et quelques autres ont piloté, les ministères techniques ont mis en œuvre, en se faisant remonter les bretelles par les chefs de temps en temps si nécessaire.

Or, c'est exactement ce qui ne s'est pas passé lors des différentes conférences intergouvernementales d'Amsterdam ou de Nice (voir première partie) : l'échec est venu de l'absence de choix politiques préalables. Quand les membres du Conseil européen n'ont pas clarifié ce qu'ils veulent et se mettent à faire un travail de technicien, c'est le désastre. Ainsi lors du Conseil européen de Nice par exemple, où l'on a vu des Premiers ministres, calculette en main, imaginer en séance la pondération respective des voix de l'Allemagne et de la France, du Portugal et de l'Espagne… Chacun se souvient de la pagaille indescriptible qui en est résultée. Que voulait-on ? Perpétuer la parité des grands États fondateurs ? Passer à une représentation plus arithmétique des populations ? Il aurait mieux valu se poser la question d'abord.

Progresser par étapes ?

Pour beaucoup, la méthode Monnet (qu'on appellera aussi méthode communautaire), c'est une progression par étapes qui favorise les effets d'engrenage, la coopération technique ou économique créant des liens politiques. À nos yeux, elle ne se résume pas seulement à cela. C'est bien pourquoi tout ce chapitre est lui consacré.

Nombreux sont ceux qui se demandent si la progression par étapes et par engrenages n'a pas atteint ses limites. Dans son grand discours de mai 2000, Joschka Fischer appelait de ses vœux l'abandon de la méthode Monnet et l'ouverture d'une phase constitutionnelle, afin de faire l'Europe de manière plus directe, plus démocratique, au grand jour, sans détours ni masques. L'interrogation est salutaire. En s'attaquant à la politique étrangère, à la justice et à la monnaie – sujets politiques entre tous – les gouvernements ont peu à peu, inconsciemment peut-être, déplacé l'Europe du terrain technique vers le champ politique.

La rédaction d'un projet de Constitution était en soi une réponse : les gouvernements marquaient leur volonté de faire sortir l'Europe des « engrenages » invisibles. Et les sondages montrent qu'une majorité d'Européens sont encore attachés à l'idée d'une Constitution européenne. Mais ensuite, hélas, ils ne sont pas allés jusqu'au bout de la logique : à plusieurs reprises, pris de peur, ils ont tenté de raboter le résultat. Ils ont voulu garder le processus sous contrôle. Après avoir lâché un tigre dans la nature, ils ont voulu en refaire un petit minou dans une boîte. Ils ont soumis aux électeurs un traité en le baptisant Constitution. Ils ont rendu au niveau national la maîtrise de la procédure. On connaît la suite : le tigre les a mangés.

C'est d'autant plus dommage que Monnet lui-même avait conscience qu'un jour, il faudrait recourir à d'autres voies pour entrer dans l'ère politique. À la fin de ses *Mémoires*, il dit modestement : « La Communauté avait un objet limité aux solidarités inscrites dans les traités, et si nous avions toujours pensé que ces solidarités en appelleraient d'autres, et de proche en proche entraîneraient l'intégration la plus large des activités humaines, je savais que leur progrès s'arrêterait aux limites où commence le pouvoir politique. Là, il faudrait à nouveau inventer. » Voilà exactement où nous en sommes (voir aussi chapitre 14). Notre génération a une responsabilité écrasante.

Le rejet du nationalisme

Le deuxième ingrédient invisible de l'Europe, c'est le rejet du nationalisme.

« Le nationalisme, c'est la guerre »

Le 17 janvier 1995, lors de son dernier discours au Parlement européen, François Mitterrand lance un émouvant appel. L'homme d'expérience met en garde les nouvelles générations contre l'illusion d'avoir dompté la bête immonde : « Ce que je vous demande est presque impossible, car il faut vaincre notre histoire. Et pourtant, si on ne la vainc pas, il faut savoir qu'une règle s'imposera : le nationalisme, c'est la guerre ! La guerre n'est pas seulement le passé, elle peut être notre avenir, et c'est vous, mesdames et messieurs les députés, qui êtes désormais les gardiens de notre paix, de notre sécurité et de notre avenir. »

Pour les jeunes générations au moins, et peut-être même pour les autres, il est bon de rappeler que les fondateurs sont unanimes dans leur rejet du nationalisme : l'Europe est conçue comme « le triomphe de l'esprit de coopération et la défaite du nationalisme égoïste » (Spaak). Ils rejettent d'abord ses abus car, au nom de la nation, trop de sang a coulé au XXe siècle. Ainsi, le ton farouche du manifeste de Ventotene s'explique par les seize années d'emprisonnement de son principal auteur, Altiero Spinelli, victime du nationalisme et de la cruauté fasciste. Alcide de Gasperi a vécu une expérience plus courte mais similaire.

D'autres fondateurs sont plus attachés à leurs racines (Adenauer, Schuman, Marjolin) mais ils dénoncent aussi le nationalisme. Pour tous, il est indissociable de « l'esprit de supériorité » souvent nourri de préjugés et d'arrogance qui empêchent une coopération fructueuse. Spaak disait que « la préférence déterminée, et si souvent exclusive et égoïste, pour la nation à laquelle on appartient empêche de bien comprendre et de bien résoudre les problèmes actuels ». À cet égard, l'analyse des fondateurs n'a pas pris une ride : dans sa forme violente, le nationalisme a disparu du continent, mais il ressurgit souvent sous une forme atténuée qui, à terme, peut s'avérer nocive.

Le nationalisme, c'est toujours un peu s'en remettre à la facilité, à l'habitude, au lieu de chercher la meilleure solution. Vouloir garder « son » commissaire (au mépris de l'efficacité de la Commission dans son ensemble), ne pas pouvoir envisager d'être représenté dans des négociations par un « étranger » (si brillant soit-il), voilà autant de manifestations résiduelles du même sentiment. Dans un monde vaste et concurrentiel, le passeport ne garantit pourtant pas la compétence, ni le repli national l'influence. En puisant nos élites dans un vivier plus grand, plus riche, nous nous renforçons tous.

Nos pays sont trop petits

Dès le début, Monnet pressent de manière visionnaire la montée en puissance des pays émergents : « Nos pays sont trop petits pour le monde actuel, à l'échelle des moyens techniques modernes, à la mesure de l'Amérique et de la Russie aujourd'hui, de la Chine et de l'Inde demain. L'unité des peuples européens réunis dans les États-Unis d'Europe est le moyen de relever leur niveau de vie et de maintenir la paix. » Conclusion : isolément, les nations européennes ne font plus le poids pour défendre leurs intérêts et leurs valeurs.

Sur les deux points, l'opposition entre les fondateurs et le général de Gaulle est radicale. Pour le général, le cadre national est le seul légitime ; il prétend aussi que les États peuvent encore s'en sortir seuls ou – pour être tout à fait exact – qu'ils trouveraient une « démultiplication » suffisante de leur puissance en s'alliant dans un ensemble intergouvernemental lâche.

Laissons la parole à Spaak pour lui répondre : « Quelle inconséquence que de soutenir que, dans un monde en pleine mutation, où tout évolue, se transforme à un rythme presque effrayant, seules les nations telles que nous les connaissons aujourd'hui vont subsister, immuables. La nation serait notre grand refuge. Cette nation qui, pour certains pays, existe depuis quatre ou cinq siècles au maximum et, pour d'autres, depuis cent ans à peine, elle serait pourtant – paraît-il – la seule notion valable et permanente, la seule sur laquelle il serait possible et raisonnable de construire. Cette absurdité historique revient à la mode. »

Et Spaak rappelle : « Les nations telles qu'elles existent aujourd'hui se sont lentement formées. Elles sont le produit d'une longue évolution. Au nom de quoi peut-on prétendre que, dans leur état actuel, elles ont atteint leur état définitif ? Quelle est donc la loi qui leur interdirait de se fédérer d'abord et de s'intégrer ensuite ? Qui peut croire que telles qu'elles existent, elles vont se perpétuer à travers toutes les transformations du monde et que les incroyables progrès techniques vont laisser immuables les sociétés humaines telles qu'elles se sont un moment fixées au travers des temps ? » Victor Hugo déjà, en son temps, avait comparé le mouvement d'unification européen à celui qui, jadis, avait permis la constitution de nos nations. Pour Hugo, la nation n'est pas le point d'arrivée de l'Histoire.

Ces réflexions méritent d'être citées longuement car elles éclairent bien l'incompatibilité entre, d'un côté, une vision de l'Europe fondée sur le dépassement progressif de l'État-nation et, de l'autre, une conception qui laisse aux États, à tout jamais et sans évolution possible, le dernier mot. Or, à Maastricht, l'UE a été construite en piliers qui montrent que les Européens à la fois acceptent et refusent l'Europe supranationale. L'édifice est bancal.

Un nouveau patriotisme

Pourtant, qu'avons-nous à perdre ? Au patriotisme national, les fondateurs ne veulent rien retrancher mais au contraire ajouter un sentiment nouveau d'appartenance, orienté vers l'avenir. Ils croient que nos pays pourront retrouver, dans une organisation politique nouvelle, leur grandeur et leur possibilité de rayonnement, sans se renier.

Pour Spaak, « il ne s'agit pas d'aimer moins sa patrie, d'oublier les heures de gloire ou de souffrance collectives, de renier de nobles traditions, d'effacer ce que les siècles ont apporté d'original aux différentes nations d'Europe. Il s'agit par contre de les grouper dans un cadre nouveau qui leur permettra, à chacune individuellement en même temps qu'à toutes ensemble, de retrouver la place et de jouer le rôle que ce grand et glorieux passé leur confère ».

Comme Blaise Pascal le suggérait à propos de Dieu, il y a un pari à faire. Cela vaut peut-être la peine d'essayer. Et c'est même d'autant plus urgent que nous perdons du terrain.

Chassé par la porte, le nationalisme revient par la fenêtre

Depuis quelques années, un certain nationalisme « light » est de nouveau tendance. Ce n'est pas bien méchant, assurent certains, fiers de s'affranchir des complexes de grand-papa. Rien n'est moins sûr.

À force de ne pas connaître le nationalisme virulent, nous pourrions bien ne pas avoir conscience des dangers qu'il recèle sous sa forme atténuée. Si nous retournons au nationalisme, où nous arrêterons-nous ? Ne nous entraînera-t-il pas plus loin encore, dans de nouvelles confrontations ? C'est pourquoi il faut continuer à enseigner aux enfants la méfiance envers ce sentiment.

Il faut se défier de la résurgence nationaliste, que celle-ci soit politique ou économique. Par exemple, les dirigeants européens prennent de moins en moins de gants pour défendre leurs intérêts nationaux. Pour beaucoup, c'est peut-être moins une conviction qu'un effet de balancier. Ils ont eu d'autant plus tendance à se libérer du « surmoi » européen qu'ils succèdent à des dirigeants engagés : Aznar après Gonzales, Schröder après Kohl, Chirac après Mitterrand, Berlusconi après Prodi pour ne citer que ceux-ci. Dans la partie orientale de l'Europe, le nationalisme est aussi, pour une bonne part, une réaction à l'internationalisme factice et forcé des régimes communistes.

L'expérience du monument aux morts

Pas facile d'aborder le sujet du nationalisme en famille ? Voici une suggestion... Dans chaque village de France, il y a un monument aux morts. Il est bon, un soir d'été, d'aller s'y asseoir avec un enfant. Là, la pédagogie de l'Europe devient naturelle et laisse place à l'émotion, à la réflexion personnelle du petit bonhomme ou de la petite fille.

Les statues, généralement, sont un peu kitsch. L'enfant s'étonnera de l'allure des poilus avec leur casque et leurs bandes aux pieds, il regardera les coqs fiers, dressés sur leurs ergots, ou la robe de la veuve et mère éplorée aux longs cheveux dénoués. Avec l'enfant, lisez les noms à voix haute. Comptez-les. Faites-lui répéter ces patronymes (peu nombreux quand le village est petit), ces prénoms désuets : Alphonse, Bérenger, Urbain... Regardez les dates (les B. ont perdu trois fils le même mois).

Transposez dans sa famille, chez les vivants d'aujourd'hui, l'ampleur du carnage : il n'aurait plus de père, plus d'oncles ; deux cousins seraient morts, un troisième aurait perdu ses bras et un œil. Expliquez lui, qu'au-delà du Rhin, du Danube, il existe d'autres listes parallèles, de prénoms différents, pour le même poids de souffrance : Ernst, Florian, Siegfried. Et si cela continuait, un autre enfant de son âge n'aurait plus de père, plus d'oncles ; deux de ses cousins seraient morts, un troisième aurait perdu ses bras et un œil…

Surtout, avant de rentrer, dites-lui que le cauchemar est fini parce que des hommes ont rejeté le nationalisme. Apprenez-lui à se méfier des chauvins et des irresponsables. Et à juger les êtres sur leur cœur, leurs réalisations, pas sur leur passeport.

Notons que ces politiques nationales n'ont pas mené loin leurs brillants promoteurs : tous les convertis au nationalisme light ont assez vite touché les limites de leurs nouvelles positions. Gerhard Schröder, élu en septembre 1998, a déchanté dès le mois de mars 1999 lorsqu'il a présidé le Conseil européen consacré au budget (agenda 2000). Les historiens diront, avec le recul, si le chancelier prétendument décomplexé d'une Allemagne prétendument normalisée laissera plus de traces dans l'histoire que le chancelier Kohl. Le Parti populaire européen d'Aznar a été défait pour avoir mené une politique à visée de rétablissement national consistant à suivre les États-Unis pendant la guerre en Irak – Aznar y voyait sa revanche sur le Congrès de Vienne de 1815 (*sic* !). Là encore, il n'est pas certain que l'aura de Felipe Gonzales ne l'éclipse pas.

De mai à octobre 1995, Jacques Chirac a fait croire qu'il ferait une politique économique nationale distincte de celle de l'Allemagne (au nom de son slogan de la « fracture sociale »). Après un voyage à Bonn, il jette l'éponge. Inutile également de parler des frères jumeaux polonais, Lech et Jaroslaw

Kaczynski, respectivement président de la République et Premier ministre depuis décembre 2005 et juillet 2006, qui sont en train de ruiner l'image de la Pologne à coups de déclarations intempestives sur l'intérêt national ou le rétablissement de la peine de mort…

Ce nationalisme politique qu'on observe aux quatre coins de l'Europe se double d'un patriotisme économique nouveau. Soyons francs, dans tous les pays, des stratégies plus ou moins discrètes, plus ou moins efficaces sont mises en œuvre pour garder le contrôle des entreprises nationales. Chacun y va de ses mauvaises manières : les Allemands ont protégé leurs sociétés contre les OPA en utilisant tout leur poids au Parlement européen ; les Danois mettent leurs entreprises dans les mains de fondations bien de chez eux.

Dans ce contexte de manœuvres discrètes, la France offre un cas intéressant : pour parvenir à leurs fins, ses dirigeants préfèrent jouer de la trompette. L'Actimel et autres yaourts sont convoités, c'est la patrie en danger ! Bifidus ou Valmy même combat ! Et quand la société d'électricité italienne Enel rôde autour de GDF, Matignon sort son glaive et sa potion magique contre les descendants de César, oubliant que Suez a absorbé le belge Electrabel sans état d'âme.

Les Espagnols, il est vrai, n'hésitent pas non plus à donner de la voix pour crier leur… ingratitude : grands bénéficiaires de fonds structurels payés en majeure partie par l'Allemagne, ils s'opposent violemment au rachat d'Endesa par l'entreprise allemande EON, au nom de l'indépendance nationale. Il faut oser.

Il est certes normal, pour des responsables politiques, de défendre l'appareil industriel national ou de chercher à conserver, sur le territoire national, un maximum d'emplois, mais ces gesticulations sont assez maladroites. D'abord, il y a un minimum de réciprocité à respecter : refuser le rachat de GDF par des Italiens au moment où les banques françaises s'implantent de manière offensive dans la péninsule, voilà une réaction étonnante ! Et les autorités des autres pays membres peuvent considérablement compliquer la vie des entreprises françaises désireuses de s'implanter chez eux si elles se sentent provoquées.

Ensuite, la réalité de nos économies est d'ores et déjà celle de l'ouverture. Le président Barroso a cru bon de rappeler devant le MEDEF en août 2006 : « L'ouverture de la France à l'économie mondiale n'est pas une vue de l'esprit. Ses échanges internationaux de biens et de services représentent aujourd'hui 26 % de son PIB, une part bien supérieure aux 13 % des États-Unis. Au classement mondial, la France est le cinquième exportateur de marchandises et le quatrième exportateur de services. Sur le plan des investissements directs extérieurs, elle est en pointe : troisième pays d'accueil et quatrième pays d'origine. Les investisseurs étrangers sont à l'origine de 45 % des exportations françaises. »

Renault, entreprise « nationale » s'il en fut

De moins en moins d'entreprise ont un « passeport » bien défini. Prenons l'exemple de Renault. L'ancienne régie est-elle vraiment française ? Près des deux tiers de ses actionnaires sont étrangers. En ce qui concerne son implantation, le groupe a des usines en France, en Espagne, en Slovénie, au Royaume-Uni, au Portugal, en Roumanie, en Russie, en Turquie, au Maroc, en Égypte, au Kenya, au Zimbabwe, en Afrique du Sud, aux États-Unis, au Mexique, en Colombie, au Brésil, au Chili, au Pakistan, en Argentine, en Thaïlande, aux Philippines, en Indonésie, en Corée du Sud, en Chine, à Taiwan, au Japon et en Malaisie. Qui dit mieux ? Et que dire encore de ses ventes qui se réalisent à 86 % hors de France ? Et de son patron, né au Brésil, d'origine libanaise, ayant seulement fait ses études en France ? Suffit-il en somme d'avoir un siège administratif en France pour devenir un champion national français ?

L'adhésion au Marché commun (qui date de 1957 !) implique impérativement l'abandon des pratiques nationalistes. Les signataires des traités européens sont censés croire aux vertus de la libéralisation des échanges. Non, l'Europe n'est pas une cuillère d'huile de foie de morue à avaler de force. Conceptuellement, le patriotisme économique et la Communauté s'excluent mutuellement.

Retenons plutôt de nos patriotismes ce qui pourrait fonder un sentiment européen. Dans une conférence à Berlin en novembre 2006, Valéry Giscard d'Estaing s'est risqué à tenter de définir un patriotisme européen, par une référence au don, à l'échange : « Le patriotisme comporte aussi l'acceptation de certains sacrifices, du moins d'un certain désintéressement. Les guerres d'autrefois en apportaient la preuve héroïque, mais dévastatrice dans sa démonstration. Ceci s'enfonce dans le passé, mais le désintéressement subsiste ; qu'avez-vous à donner à l'Europe, et pas seulement à recevoir ? Votre patriotisme doit consister en un geste de solidarité et d'échanges avec les autres Européens, et aussi à reconnaître entre eux et vous le sentiment de même appartenance. »

Et précisons que ce cheminement doit se faire sans considération de la taille du pays dont vient le partenaire. Car – et c'est le troisième ingrédient invisible de l'Europe – la réussite communautaire passe aussi par la capacité à réunir, autour d'un même projet, des États de tailles très différentes.

Grands et petits ensemble

En Europe, petits et grands États cohabitent plus harmonieusement que nulle part ailleurs dans le monde. Pourtant, les relations sont désormais tendues. La discorde des dernières années est d'autant plus absurde que la taille des États ne joue quasiment aucun rôle dans la vie courante de l'UE : rarissimes sont les majorités opposant d'un côté les grands, de l'autre les petits. Les affinités politiques, la richesse, le niveau de développement, la géographie comptent infiniment plus que la taille. Ceux qui sont écoutés sont ceux qui ont quelque chose à dire… Mais symboliquement, psychologiquement, la question revêt une importance capitale.

N'importe quel parent peut le comprendre : dans une famille aussi les petits doivent se faire une place parmi des grands, plus forts physiquement. Alors ils protestent et crient… même avant que les grands n'aient cogné !

Le traumatisme des petits

L'histoire de l'Europe explique aisément la peur des petits d'être écrasés par les grands. Longtemps, les puissants ont traité les faibles sans ménagement : la destruction du Palatinat par le roi Louis XIV, sans motif très sérieux, offre un bon exemple de leur délicatesse. Et la France n'est pas seule : ni l'empire des Habsbourg, ni la Prusse, ni l'Angleterre, pour ne citer que ceux-ci, n'ont épargné les petits voisins moins bien dotés. À vrai dire, entre Européens, c'est plutôt l'absence de guerre qui étonne. Comme a dit François Mitterrand : « La France a combattu tous les pays d'Europe, à l'exception du Danemark, je me demande pourquoi… »

Les Français mesurent mal combien, par exemple, le « moteur franco-allemand », vu chez nous comme une grande et belle réalisation, un modèle de réconciliation, effraie encore nos petits partenaires. Il exaspère aussi les « presque grands » qui se sentent injustement exclus des conciliabules entre grands. Pour eux, c'est un cauchemar absolu : l'alliance contre nature des deux plus grands, potentiellement dirigée contre eux ! Si le reproche de « directoire » venant des petits est souvent exagéré, l'Histoire et quelques maladresses récentes dans la défense, par les grands, de leurs intérêts expliquent aisément les préventions.

Parfois, un témoignage vaut mieux qu'un long discours. En juin 1940, la Belgique neutre est envahie par l'Allemagne nazie. Le gouvernement décide de se réfugier en France. Celle-ci les déçoit d'abord par l'ampleur de sa débâcle. Paul-Henri Spaak raconte : « L'effondrement auquel nous venions d'assister avait été une surprise totale ; jamais nous n'avions imaginé que la France serait mise hors de combat dans un délai aussi court. » Mais aussi par le manque de solidarité à leur égard : « Le gouvernement français nous traitait avec une totale désinvolture. Dans son malheur, celui des autres pesait peu. […] Il ne m'était plus possible de me faire illusion sur l'étendue de notre déchéance. » Être petit signifie donc : devoir tomber avec les grands *et* subir leur morgue.

Spaak poursuit avec un humour qui sauve tout : « Le 18 juin, nous arrivâmes à Bordeaux où se trouvaient déjà les autorités françaises. On nous avait assigné à résidence dans une modeste maison rue Blanc-du-Trouille. On devine les plaisanteries que nos adversaires purent faire par la suite en apprenant le nom de la rue où nous avions siégé... » Finalement, le gouvernement belge (ou ce qu'il en reste, c'est-à-dire Spaak et Pierlot) regagne Londres via l'Espagne et le Portugal dans une épopée digne d'un roman, le Premier ministre étant caché dans le double fond d'une malle arrière. Là, ils reçoivent asile et assistance, mais le récit complet de la guerre vue par un « petit » laisse bien entrevoir les difficultés spécifiques des États moins peuplés.

L'équilibre du début

Churchill, dans son discours de Zurich en 1946 (voir chapitre 1), appelle grands et petits à travailler ensemble. Il faut dire que cela ne lui coûtait rien puisqu'il stipulait pour autrui. Il voulait les « États-Unis d'Europe » autour de la France et de l'Allemagne, mais sans la Grande-Bretagne ! Heureusement, les vrais fondateurs avaient également compris l'importance capitale de cette question. Afin de faire coopérer tout le monde harmonieusement, il faut un dosage idéal, comme dans un bon cocktail : des grands (un peu éduqués), des petits (surreprésentés), un trait d'indépendance de la Commission (pour l'équité) et, en guise de rondelle de citron, des garde-fous parlementaires et juridictionnels. Avec un peu de sucre sur les bords du verre, l'amertume est effacée, grands et petits coopèrent bien.

Les écrits d'un Spaak sont très clairs là-dessus : il ne revendique pas une égalité qui, selon lui, est une vue de l'esprit. Pendant la décolonisation, il a beaucoup soutenu la France à l'ONU, rendant hommage à son histoire et à sa grandeur. Mais, sur le respect dû aux petits, il est sourcilleux : il attend des grands qu'ils réfrènent leurs pulsions hégémoniques et jouent le jeu. D'où ses sorties contre de Gaulle.

Aux débuts de la CEE, le principe d'équilibre reçoit une traduction simple : il y a six États au total, trois grands et trois petits (soudés car regroupés dans le Benelux, une sorte de minicommunauté dans la Communauté). À la Commission, deux commissaires viennent de chacun des grands pays, un de chaque petit. Sur neuf portefeuilles de commissaire, les grands en ont donc six : ils sont les maîtres sans être livrés à eux-mêmes. Au sein du Conseil, la pondération des voix aboutit à ce qu'aucune décision ne peut être prise par deux grands sans qu'ils ne convainquent un petit de participer. La majorité de blocage est à 30 % des voix ; elle le restera à neuf, dix et douze États (voir aussi l'encadré sur le compromis de Ioannina, chapitre 6).

Qui veut jouer au Rubik's Cube ?

Vous vous souvenez sûrement de ce petit cube composé de carrés colorés sur lequel vous vous êtes énervé tout un été en voulant trouver la combinaison gagnante pour épater les copains. Ce que vous ne savez peut-être pas, c'est que cet extraordinaire casse-tête en trois dimensions a été inventé en 1974 en Hongrie (l'un des nouveaux États membres de l'Union) par un architecte génial répondant au nom d'Erno Rubik. Avec l'élargissement, l'UE a ainsi intégré dans son patrimoine l'une des inventions ludiques les plus sophistiquées des dernières décennies. Pour vous consoler de ces crises de nerf enfantines, sachez qu'il n'y a qu'une combinaison gagnante sur 43 252 003 274 489 856 000 ! (Enfin, il paraît ; nous n'avons pas essayé, rassurez vous.)

Quel rapport avec *L'Europe pour les Nuls* ? Aucun, si ce n'est la volonté de vous faire comprendre que l'élargissement est à la fois une chance (vous mesurez ainsi le niveau intellectuel des arrivants…) et un casse-tête institutionnel assez difficile à résoudre. Les nouveaux ne sont pas en cause, c'est le nombre qui perturbe les équilibres subtils de l'Europe communautaire.

ATTENTION !

Grands et petits : physionomie de l'UE élargie

Au fil des élargissements, le nombre des petits États au sein de l'Europe communautaire a considérablement augmenté. Sans bombarder le lecteur de chiffres, un petit tour d'horizon permet de mieux réaliser l'ampleur du problème.

✔ Les six plus grands États membres (Allemagne, Espagne, France, Grande-Bretagne, Italie, Pologne) ont chacun plus de 40 millions d'habitants (et même plus du double pour la RFA). Ils représentent ensemble 74 % de la population européenne et 85 % de son PIB, soit une écrasante majorité.

✔ Les huit suivants (Autriche, Belgique, Grèce, Hongrie, Pays-Bas, Portugal, République tchèque, Suède) comptent entre 8 et 16 millions de ressortissants et représentent, tous ensemble, 19 % de la population européenne.

✔ Les onze restants (Chypre, Danemark, Estonie, Finlande, Irlande, Lettonie, Lituanie, Luxembourg, Malte, Slovaquie et Slovénie) représentent 7 % de la population européenne seulement.

Le principe d'égalité des États conduirait à privilégier les petits, mais la solution serait au détriment des masses de population des grands. Le principe d'égalité des citoyens satisferait les grands, mais laminerait les populations des petits, voire tout petits pays.

On n'est évidemment pas arrivé d'un coup à une Europe aussi vaste. Les élargissements antérieurs à 2004 (faisant passer la CEE de six à douze puis quinze États) avaient déjà fait entrer beaucoup de petits États (sept) et peu de grands (deux). Au fil des années, le souci d'équilibre des fondateurs a été négligé, au profit des petits, incontestablement.

LE SAVIEZ-VOUS ?

Rappelons par comparaison que, lors de la création des États-Unis, les Américains ont réglé la question de la représentation d'États de tailles et de populations différentes en créant deux organes : la Chambre des représentants, où les États peuplés ont plus de sièges que les autres, et le Sénat, où les États sont égaux (deux sièges pour le Delaware comme pour la Californie). Dans l'UE, cette solution a paru trop radicale et puis... les États-Unis, c'est petit et simple à côté de l'Europe communautaire !

Une petite comparaison ébouriffante entre les États-Unis et l'Europe

La Constitution des États-Unis a été écrite pour treize États regroupant au total 3,5 millions d'habitants (soit moins de 1 % de la population européenne que nous cherchons maintenant à unir). Aucun d'entre eux n'avait un passé national prestigieux, ils ne s'étaient pas entredéchirés. Ils parlaient la même langue, pratiquaient la même religion et partageaient au moins le même désir ardent de s'émanciper de l'Angleterre. En Europe aujourd'hui, le plus peuplé des États est plus grand que le plus grand État américain, tandis que le plus petit est encore plus minuscule que le plus petit des États américains. Pour une fois, la démesure est de ce côté-ci de l'Atlantique...

En dehors donc du possible modèle des États-Unis, l'autre solution possible est la double majorité : une décision est acquise au Conseil quand une majorité (simple ou qualifiée) d'États l'a votée et que la majorité, simple ou qualifiée, de la population européenne est représentée dans ce vote. Elle a été retenue par la Convention, sans effet de droit pour l'instant, puisque le traité constitutionnel n'est pas entré en vigueur. En outre, le traité de Nice prévoit que la Commission comporte moins de membres qu'il y a d'États à partir de l'arrivée du vingt-septième, ce qui est accompli avec la Bulgarie et Roumanie.

En 2009, il va donc falloir se creuser la tête. Les déboires de la Commission Barroso, pléthorique, intergouvernementale, devraient ramener à la sagesse institutionnelle qui invite à limiter la taille de cette instance et à ne pas la « nationaliser ». Mais la sagesse n'étant pas toujours la vertu première des gouvernants... À défaut de pouvoir facilement changer la règle mathématique, il est au moins possible de retrouver un esprit coopératif.

L'arrivée d'Angela Merkel a déjà contribué à améliorer la situation. Fidèle à la vieille tradition du chancelier Kohl qui y attachait une importance primordiale, elle veille à soigner l'image d'une Allemagne protectrice des petits. Sur ce point, elle se démarque de Gerhard Schröder. Du côté français, des progrès restent à faire. Traditionnellement, en France, la diplomatie et les élus sont peu portés à câliner les petits. Les déclarations de Nicolas Sarkozy à Berlin en février 2006 ne laissaient pas de doutes sur sa vision des choses, très hexagonale. En septembre 2006 à Bruxelles, il a été plus fin, mettant en sourdine (provisoirement ?) sa passion immodérée pour les grands États. La réalité (20 petits sur 27) se rappellera vite au souvenir de ceux qui voudront l'ignorer.

Seule bonne nouvelle liée à la non ratification du traité constitutionnel : l'égalité des États que le président Barroso était arrivé à faire inscrire dans ce texte est pour l'instant abandonnée.

Enfin, il n'y a pas que la taille qui compte. Pour éclairer ceux qui raisonnaient en termes de grands et de petits, le chancelier Kohl invitait les Européens à aller au cimetière central de Vienne en Autriche. Il disait que si le critère retenu pour caractériser la puissance était la musique, l'Autriche serait toujours un grand empire. Et rappelez-vous que l'Autriche-Hongrie en 1914 était le pays le plus peuplé d'Europe et qu'on y parlait onze langues (autant que dans l'Europe des Quinze).

Bush ou Monnet, il faut choisir

En 2000 à Nice, les autorités françaises ont cherché à avoir d'un côté la parité avec l'Allemagne au nom de l'Union d'États qui l'emporte sur la démographie (et zou ! 22 millions d'Allemands à la trappe) et de l'autre un décrochage par rapport aux plus petits au nom de la… démographie (et zou ! la cohérence à la trappe). Fiasco assuré.

Sans compter que, la diplomatie française passant son temps à réclamer aux Nations unies et dans toutes les organisations internationales – à juste titre – que les Américains ne fassent pas la pluie et le beau temps seuls au motif qu'ils sont les plus forts, elle serait plus crédible si elle respectait mieux ses propres petits partenaires européens. Le Quai d'Orsay devrait en faire son slogan : « Bush ou Monnet, il faut choisir ».

Sur cette question des petits et des grands, mieux vaut rire avec Spaak et lui laisser le mot de la fin : « Il n'y a plus en Europe que des petits pays, simplement certains ne s'en sont pas encore aperçus. »

Chapitre 9

Le droit supplante la force

*L*a question de la nature de l'Union européenne ressemble à celle du sexe des anges : depuis cinquante ans, d'éminents professeurs de droit et de non moins éminents politologues se disputent sur le sujet. La langue idéale pour ce genre de controverse est l'allemand, car les mots se manipulent comme du lego : les préfixes s'enlèvent, les radicaux peuvent s'intervertir, c'est très rigolo. Préférez-vous *Bundestaat* (État fédéral) ou *Staatenbund* (confédération) ? Ou encore *Staatenverbund* (association d'États) ? À vrai dire, dans toutes les langues, il est plus facile de dire ce que l'Union européenne n'est pas.

Par exemple, elle n'est pas un État. La Constitution n'ayant pas été adoptée, elle ne possède pas de personnalité juridique dans la sphère internationale, c'est-à-dire pas d'existence. Elle n'est pas non plus un club ni une alliance d'États, qui serait éphémère, contingente, fondée sur des prestations réciproques et réversibles (même si la presse, notamment anglo-saxonne utilise souvent ces deux termes). Elle n'est pas plus une organisation internationale, car les populations sont directement concernées par le droit communautaire, étant représentées par des députés élus au suffrage universel. Par ailleurs, le vote majoritaire peut mettre un État en minorité et de nombreux éléments fédéraux existent en son sein, notamment la Cour de justice des communautés européennes, la Banque centrale européenne et, à certains égards, la Commission.

Alors, appelant le latin au secours, on dit qu'elle est *sui generis.* Cette expression savante signifie tout simplement qu'elle constitue une catégorie à elle toute seule. Originale, l'Union européenne l'est assurément. Tout en empruntant des traits à différentes formes d'organisations politiques, elle constitue un cas à part. Faut-il s'en inquiéter ? Faut-il la faire entrer de force dans une catégorie préétablie ? Ce serait triste. Tout ce qui, dans la vie, possède du charme est unique. Quand on tombe amoureux, c'est bien pour ce petit quelque chose qui n'appartient qu'à elle ou qu'à lui… Voilà pourquoi nous vous épargnerons les controverses.

Prenons plutôt l'Europe comme elle est, sans nous interroger sur sa nature théorique, sans raisonner à partir de schémas préétablis. Penchons-nous plutôt sur ce qui en constitue l'ossature. Incontestablement, la colonne vertébrale de l'Union européenne, comme de la CEE qui l'a précédée, c'est le droit. Walter Hallstein, le premier président de la Commission (de 1957 à 1967), allemand et professeur… de droit (comment avez-vous deviné ?) définit la Communauté comme une « création du droit, une source de droit et un ordre de droit » :

- ✔ Une création du droit, parce qu'elle résulte d'un accord pacifique de volontés (comme lorsque vous signez un contrat) ;
- ✔ Une source de droit, parce que ses organes créent des règles ;
- ✔ Un ordre de droit, parce que, au-delà du respect des règles, les États s'engagent à agir dans l'intérêt commun et que les individus sont concernés par la Communauté.

Une création du droit : la paix voulue

Rappelez-vous Kant et sa paix perpétuelle : pour fonder une paix qui ne soit pas simplement une trêve entre deux guerres, des règles juridiques sont indispensables. Eh bien, il a fini par gagner.

Trop abstrait ? Trop philosophique ? Trop germanique ? Alors relisez simplement la fable de La Fontaine intitulée « Les animaux malades de la peste ». Le monde décrit par La Fontaine est celui des relations internationales avant l'instauration de la Communauté européenne : des puissants (le lion, le tigre, l'ours et d'autres puissances) crient « haro sur le baudet » et le tuent. Conclusion : « selon que vous serez puissant ou misérable », votre destin ne sera pas le même. Avec des règles de droit bien appliquées, l'âne est un peu plus à l'abri de l'arbitraire des grosses bêtes.

En répudiant le recours à la force, les Européens d'après-guerre ont rompu volontairement, de sang-froid, avec l'une des pulsions humaines les plus nocives. C'est ce qui confère à l'exercice sa grandeur et… toute sa vulnérabilité.

Dans l'histoire des relations internationales, un tel renoncement est une révolution. Dans l'espace, c'est une exception. Essayez d'en toucher un mot aux « faucons » américains ou aux terroristes de tous bords du Proche-Orient. Dans certaines régions du monde, l'idée qu'il faille convertir les esprits – et non taper sur les corps – n'a pas encore fait son chemin.

DANS LE TEXTE

La force répudiée

À propos de la construction européenne en marche, de cette volonté européenne de s'entendre et de consolider une civilisation, Spaak a en 1957 de très belles paroles :

« Cette fois, les hommes d'Occident n'ont pas manqué d'audace et n'ont pas agi trop tard. Le souvenir de leurs malheurs et peut-être aussi de leurs fautes semble les avoir inspirés, leur a donné le courage nécessaire pour oublier les vieilles querelles, bouleverser les traditions désuètes, pour leur permettre de penser et d'agir d'une manière vraiment nouvelle et pour réaliser la plus grande transformation volontaire et dirigée de l'histoire de l'Europe. Ils ont fait une grande chose et ils l'ont faite, ce qui est remarquable et peut-être unique, en répudiant tout usage de la force, toute contrainte, toute menace. C'est cela, ce seul appel à l'intelligence, à la sagesse, à la solidarité qui donne son véritable aspect à notre œuvre. C'est en cela qu'elle est vraiment de notre temps : une manifestation éclatante des richesses d'une civilisation au passé si lourd de grandeur que tout à coup une prise de conscience nouvelle fait apparaître, si plein de jeunesse, d'espoir et d'avenir. »

À cet égard, la responsabilité européenne est incommensurable : notre réussite est importante pour nous, pour nos enfants, mais aussi par sa valeur d'exemplarité. Si notre comportement est convaincant, nous aurons rendu un grand service à l'humanité. Non par notre seul succès, mais surtout par nos fautes : l'Europe a un message à apporter non pas parce qu'elle est meilleure, mais parce qu'elle a été pire… Ce sont les atrocités de la Seconde Guerre mondiale qui ont éclairé quelques consciences et abouti, par une conjonction heureuse de volontés et d'un peu de hasard (ou de providence, aurait dit Schuman) à d'utiles innovations politiques.

Sans compter que l'Europe est le continent où la réflexion sur ces sujets a commencé très tôt, notamment dans la tête de ce monsieur Kant qui menait sur les bords de la Baltique une vie si réglée. D'après les historiens, Vénus ne préoccupait guère le grand penseur mais d'autres, depuis, se sont penchés sur la question des rapports de Vénus et de Mars (voir encadré).

LE SAVIEZ-VOUS ?

Vénus et Mars

Robert Kagan, un expert américain des relations internationales, a essayé de discréditer l'Europe en disant qu'elle avait renoncé à la force par faiblesse, comme une femme (merci monsieur Kagan, un peu macho votre raisonnement !). Il compare l'Europe à la faible Vénus, alors que l'Amérique aurait la virilité musclée de Mars. Personnellement, nous préférons les goûts italiens et avons rendu volontairement hommage à Vénus, grâce à Sandro Botticelli, en couverture de cet ouvrage.

Il n'est pas sûr que, sur le long terme, l'Europe, par son magistère d'influence, n'ait pas plus de succès que les États-Unis ; ceux-ci commencent d'ailleurs à réaliser leur erreur. À voir la situation en Irak, Robert Kagan devrait réviser ses vues… Mais concédons qu'il n'a pas tort de rappeler aux Européens les vertus d'un bon outil militaire, pour le cas où… Pour un monde stable, il faut probablement à la fois Vénus et, en dernier recours, Mars. Hommes et femmes ensemble, c'est souvent mieux.

Une source de droit

Ça vous paraîtra peut-être une drôle de chose, mais la Communauté puis l'Union européenne ont « fabriqué » du droit. Les traités signés entre les États forment le droit « originaire ». De ces traités découle un droit qui, lui, est qualifié de « dérivé » : ce sont les actes produits par les instances communautaires.

L'Union européenne garantit d'abord un certain nombre de nos libertés fondamentales, dégagées par le juge, confirmées par la charte des droits fondamentaux proclamée en 2000. Elle « fabrique » aussi un certain nombre de règles, sous formes de directives, de règlements et d'autres décisions.

Le juge garantit les libertés fondamentales

Les traités communautaires (CECA et traité de Rome) ne contenaient à l'origine aucune disposition générale sur les droits fondamentaux. Rédigeant des textes orientés vers l'économie, leurs auteurs n'ont pas réalisé que même la libre prestation de services et la non discrimination pouvaient poser des questions de principe.

C'est la Cour de justice qui s'est chargée de développer une jurisprudence très créative. Les juges de Luxembourg ont notamment considéré qu'ils devaient dégager des principes généraux communs aux États membres. Les États européens partageant un socle commun de valeurs et de principes, il était sage d'en tenter la synthèse afin de donner au Marché une colonne vertébrale morale. La Cour constitutionnelle fédérale allemande (relayée par les juges italiens) a joué un rôle décisif dans cette évolution, en des temps où la France balbutiait un peu.

Connaissez-vous Solange ?

Si, un jour, vous rencontrez un juge constitutionnel allemand (tout peut arriver !) et qu'il vous parle avec insistance de « Solange » en déformant ce charmant prénom (« zolangue »), gardez votre calme. Il ne vous soupçonne pas d'avoir séduit sa femme, mais cherche sans doute à tester vos connaissances sur deux arrêts célèbres de la jurisprudence.

En 1967, le juge fédéral allemand a d'abord jugé qu'« aussi longtemps que » (*so lange*) les droits fondamentaux ne seraient pas correctement protégés au niveau communautaire, la primauté

de celui-ci sur le droit allemand ne pouvait devenir effective (voilà Solange I). En 1986, il a jugé en sens contraire, au vu des progrès effectués par les juges communautaires, qu'aussi longtemps que la protection des droits fondamentaux serait assurée dans l'ordre communautaire, la primauté pouvait exister (voilà Solange II).

La probabilité de cette rencontre est faible, vu que les juges constitutionnels allemands sont 16 pour 82 millions, mais nul ne pourra dire que les lecteurs de *L'Europe pour les Nuls* ne sont pas préparés à voyager en Europe.

Depuis les négociations d'Amsterdam en 1997, ce travail des juges a été intégré dans les traités qui rappellent expressément les grands principes sur lesquels l'Union est fondée – liberté, démocratie, respect des droits de l'homme et des libertés fondamentales ainsi que de l'État de droit – considérés comme des principes communs aux États membres. Il existe ainsi des principes généraux du droit communautaire, que tous les Européens ont en partage. Et des mécanismes pour les faire respecter, pouvant aller jusqu'à la sanction d'un État violant de manière grave et persistante les droits de l'homme. S'y ajoutent enfin des droits sociaux issus de divers documents et une référence à la Convention européenne de sauvegarde des droits de l'homme et des libertés fondamentales, signée à Rome le 4 novembre 1950 dans le cadre du Coneil de l'Europe.

Là encore, ces énumérations semblent banales, mais dans un continent qui a connu tant de dérives totalitaires, encore au siècle dernier, c'est une belle réalisation. En cela, l'élargissement est déjà un grand succès, ne serait-ce qu'à cause de l'adhésion à ces valeurs et principes de tous les pays sortis du communisme. Les cadavres cachés dans les placards étaient pourtant nombreux ; l'amertume laissée par les déplacements de frontière au cours du XX\ siècle aurait pu nourrir des revendications territoriales inconsidérées, comme en ex-Yougoslavie. S'il n'en a rien été, c'est grâce au Conseil de l'Europe et à l'Union européenne. Malheureusement, comme nous l'expliquions précédemment (voir chapitre 5), le coût de ce qu'aurait entraîné l'inexistence de l'Europe n'est jamais évalué à sa juste mesure…

La Charte des droits fondamentaux : l'Europe inachevée

L'œuvre juridique reste malheureusement inachevée : la Charte des droits fondamentaux, rédigée lors de la Convention et proclamée en décembre 2000, n'a toujours pas de valeur contraignante. Le rejet du traité constitutionnel a eu notamment cet effet, du moins à ce jour.

Revenons sur cette Convention. En 1999, une première convention présidée par le président Herzog (ancien président de la République allemand, grand constitutionnaliste) est chargée par les gouvernements de rédiger une Charte des droits fondamentaux. Ce texte – qui a été adopté à Nice (voir chapitre 7) – est conçu, dans l'esprit de ses concepteurs, comme le préambule d'une Constitution européenne a venir.

N'OUBLIEZ PAS !

La Charte des droits fondamentaux

En quoi consiste exactement la Charte des droits fondamentaux ? Voici un résumé de ses sept parties :

1. **Dignité :** cette première partie englobe notamment le droit à la vie, l'abolition de la peine de mort, l'interdiction de la torture et des traitements dégradants, de l'esclavage et du travail forcé.

2. **Liberté :** la Charte énumère le droit à la sûreté, à une vie privée et familiale, au mariage, à l'éducation, à l'exercice d'une profession de son choix. Elle confirme la liberté de pensée, de conscience, d'expression, de réunion et d'association, pose celle des arts et des sciences. Elle rappelle également le droit d'asile et les garanties en cas d'expulsion et d'extradition.

3. **Égalité :** la Charte rappelle le principe d'égalité, de non-discrimination, d'égalité entre hommes et femmes ainsi que le respect de la diversité culturelle, religieuse et linguistique. Elle rappelle aussi les droits spécifiques des personnes vulnérables (enfants, handicapés, personnes âgées).

4. **Solidarité :** cette partie concerne les droits des travailleurs dans l'entreprise (information, consultation, négociation et action collectives), la protection en cas de licenciement injustifié, l'interdiction du travail des enfants, la protection de la famille, la santé, l'accès aux services d'intérêt économique général, la sécurité sociale, la protection de l'environnement et des consommateurs (ici, la Charte affirme des droits sociaux assez avancés et c'est sur ces points notamment qu'elle est controversée, spécialement en Grande-Bretagne).

5. **Citoyenneté :** la Charte rappelle les droits du citoyen européen tels que le droit de vote, la libre circulation, la protection diplomatique et consulaire. Elle réaffirme l'accès à un médiateur et prévoit un droit de pétition devant le Parlement européen.

6. **Justice :** la Charte rappelle les droits des justiciables (le recours à un tribunal impartial, la présomption d'innocence, le principe de légalité, la proportionnalité et l'interdiction de la double peine).

7. **Mode d'emploi :** la Charte doit être respectée par les États et les organes de l'UE « uniquement lorsqu'ils mettent en œuvre le droit de l'Union ». Elle ne crée pas de compétences et de missions nouvelles. Lorsqu'elle reprend des dispositions de la Cour européenne des droits de l'homme, elles doivent être interprétées dans le même sens.

Ces dernières dispositions ne signifient pas que les États se désintéressent des droits de l'homme dans leurs autres actions mais la Charte vise à compléter l'ordre juridique européen. Au plan national et international, il existe déjà de nombreux textes offrant des garanties équivalentes. Pour éviter toutes divergences de jurisprudence avec les autres cours traitant des droits de l'homme (notamment la Cour européenne des droits de l'homme qui siège à Strasbourg et dépend du Conseil de l'Europe), le traité constitutionnel prévoyait en son article I-9 que l'UE adhère à la Convention européenne des droits de l'homme, conclue dans ce cadre par la totalité des États membres de l'UE.

Un texte de grande qualité est rédigé, même si l'on peut regretter que ces débats n'aient guère donné lieu à publicité ni à débat. Outre la personnalité de Roman Herzog et la qualité de ses membres, le succès est dû à deux phénomènes :

✔ La composition de cette assemblée met en présence le niveau national et le niveau européen. Pour la première fois dans la construction communautaire, les parlementaires nationaux sont vus comme des acteurs communautaires ; ils sont impliqués, ce qui leur permettra de relayer leur travail dans les cercles nationaux.

✔ Le recours au consensus contourne les blocages de l'unanimité. La nuance est subtile : souvent, c'est la même chose (à l'ONU par exemple) mais habilement, Roman Herzog s'arroge le droit, en tant que président, de constater que le consensus est réuni quand une immense majorité se dégage… Tout est question d'autorité personnelle et non de droit mais, en l'occurrence, cela marche.

Seule son incorporation dans les traités (ou la ratification du traité constitutionnel dont elle compose la partie II) fera entrer en vigueur cette Charte. En raison des réserves émises par la Grande-Bretagne à la Convention, ce n'est pas gagné d'avance.

Des règles de droit aux noms bizarres

Il n'était pas facile de trouver une terminologie commune puisque les différents États membres ont des traditions diverses. Ainsi, la Grand-Bretagne n'a pas de Constitution écrite et le Parlement de Westminster joue un rôle dans l'adoption des textes d'exécution des lois. Notez bien une chose : pour l'instant l'Union européenne ne connaît pas la distinction très française entre la loi et les décrets. Le traité constitutionnel créait cette catégorie d'actes dans un effort de simplification méritoire. Jusqu'à nouvel ordre, il existe donc toujours des actes aux noms plus complexes, notamment des *directives* et des *règlements*. La différence n'est pas difficile à saisir. Lançons-nous, car c'est le droit qui fait notre vie quotidienne et il est bon de le connaître.

Le règlement est obligatoire dans tous ses éléments et s'applique tel quel. C'est le plus simple ; il est impératif comme le serait une loi en droit national. Mais dans sa procédure d'adoption, il s'en distingue :

✔ Parfois il est pris par le Conseil des ministres, sur proposition de la Commission, avec intervention du Parlement ;

✔ Parfois il est pris par la Commission toute seule, notamment en matière de concurrence, les États l'ayant voulu ainsi.

Le règlement, c'est le même principe que quand vous dites à votre fils de 15 ans : « Tu ranges ta chambre en mettant les jeans sur cette étagère, les chaussures en bas, tes livres dans la bibliothèque, par ordre alphabétique. »

La directive, elle, impose aussi un résultat, mais chaque État est libre de l'atteindre à sa façon. C'est pourquoi on parle de transposition de directive : le Parlement national l'examine et ajoute sa sauce à lui, ce qui introduit une certaine souplesse. Et des responsabilités pour le niveau national, qui ne les assume pas toujours.... Le principal défaut des directives est que les États tardent souvent à les mettre en œuvre pour cause de « bouchon » législatif interne ou de réticences plus politiques à les appliquer. En France, l'ordre du jour du Parlement aborde souvent les sujets européens lorsqu'il n'y a rien d'autre de « national » à faire. Bel ordre des priorités, qui entraîne ensuite des procédures en manquement contre notre pays !

Pour résumer, la directive revient à dire à votre fils : « Tu ranges ta chambre comme tu veux, mais quand je reviens, je ne veux plus rien par terre. » S'il met les chaussures sur l'étagère du haut et les livres en bas, classés par taille, c'est son choix.

Enfin, pour être complet, citons aussi les *avis* et les *recommandations* de la Commission, qui ne lient pas leurs destinataires, et les *décisions*, qui ont en revanche un destinataire individuel (État, entreprise ou autre personne morale, individu).

Un ordre de droit

Vous avez peut-être déjà entendu, à propos de l'Europe, l'expression « ordre juridique intégré » et vous vous êtes sûrement interrogé sur le sens de ces termes qui fleurent un peu le camp disciplinaire. Rassurez-vous : non seulement cette expression ne cache rien de répressif mais derrière la technicité, comme dans une valise à double-fond, se trouve un petit trésor pour les Européens. La plupart du temps, dans la vie internationale normale, les États concluent des traités qui, comme les contrats, ont un objet : délimiter une frontière, faire la paix ou prévoir des échanges culturels par exemple. Les citoyens des pays impliqués peuvent être parfois indirectement concernés par ces textes mais, le plus souvent, cette activité diplomatique leur passe un peu au-dessus de la tête.

Le traité de Rome, lui, n'est pas un traité comme les autres. Il a décidé de créer des liens forts, durables, sans limitation de temps, entre les gouvernements signataires mais aussi entre les hommes et les femmes qui vivent dans les pays de l'Union. Vous vous souvenez sûrement de la formule de Monnet citée dans la première partie de ce livre qui est la quintessence de sa pensée : « Nous ne coalisons pas des États, nous unissons des hommes. » (À force de la lire, vous allez bien finir par la retenir ; ce sera ma fierté.) En créant des institutions qui produisent en continu des règles de droit, une Cour de justice qui prend des décisions applicables dans toute l'Europe et à laquelle, sous certaines conditions, les requérants ordinaires (entreprises, individus) peuvent demander justice, la Communauté produit plus de droit qu'un traité normal, plus de droit aussi que la plupart des traités créant des organisations multilatérales. C'est ce phénomène qui s'appelle la création d'un ordre juridique intégré.

Un droit d'application directe, supérieur aux règles nationales

Deux principes illustrent particulièrement bien cette innovation :

- ✔ **L'applicabilité directe :** nous venons de voir que les règlements s'appliquent directement ; la Cour a décidé en 1963, dans une affaire mettant en cause l'entreprise néerlandaise Van Gend & Loos, que d'autres actes communautaires (en l'occurrence le traité, article 12) s'appliquaient aussi directement aux citoyens et aux entreprises qui pouvaient en réclamer l'application.
- ✔ **La primauté :** en cas de contradiction, le droit communautaire passe avant le droit national. Le juge national a l'obligation d'écarter le second pour le premier (arrêts Costa contre ENEL en 1964 et Simmental en 1978).

Sur ce dernier point, c'était drôlement culotté de la part du juge communautaire. Il suffit de repenser aux histoires entre Louis XIV et son beau-père espagnol, Philippe IV, sur la question de la préséance de leurs ambassadeurs, pour voir le chemin accompli en Europe…

La Convention chargée de rédiger le traité constitutionnel a donc voulu, dans un souci de transparence vis-à-vis des citoyens, insérer noir sur blanc dans la Constitution, le principe de primauté dégagé par la Cour de justice, appliqué de manière continue, sans heurts majeurs depuis les années 1960 et étendu aux nouveaux États membres à chaque élargissement.

La reine d'Angleterre, découvrant ce principe dans le texte constitutionnel, s'en est émue et l'a fait savoir publiquement… Le Parlement de Westminster serait-il donc privé de son pouvoir souverain ? *Goodness gracious !* Il n'y a pas que Monsieur Jourdain qui découvre sur le tard qu'il fait de la prose… Cette petite anecdote est d'autant plus révélatrice des fantasmes que suscite l'UE que la Grande-Bretagne est l'un des pays qui transpose le mieux le droit communautaire et le respecte avec un fair play unanimement salué. L'idée de cette primauté gêne donc plus que la réalité. C'est peut-être cela aussi l'humour anglais… Toute taquinerie mise à part, n'oublions jamais que les Anglais ont une tradition parlementaire admirable et que c'est en partie pour cette bonne raison aussi qu'ils se méfient des procédures technocratiques.

En France, les juges judiciaires et administratifs ont fait quelque temps de la résistance contre la primauté. La Cour de cassation s'est inclinée la première, en 1975, en reconnaissant la supériorité du traité sur le code des douanes français. Le Conseil d'État a attendu octobre 1989 pour l'admettre. Depuis, tous les juges français sont au diapason : le droit communautaire, primaire et dérivé, est supérieur au droit français.

Sauf… pour dame Constitution. Nous n'entrerons pas dans des controverses qui font les délices des constitutionnalistes, mais retenons qu'en cas de danger de contradiction entre un traité et la Constitution, il est plus sage de modifier celle-ci. Ce fut le cas pour Maastricht et Amsterdam. Si bien que la Constitution de la Ve République commence à être « européanisée ». Après Maastricht, des dispositions nouvelles ont été introduites pour bien marquer que la France participe à l'Union européenne et aux Communautés (article 88-1) et que le Parlement est consulté sur les textes venus de Bruxelles (article 88-4). L'article 88-5 confie aussi au Parlement national une fonction de contrôle de la subsidiarité.

Le droit constitutionnel français et l'Europe

Depuis Maastricht, la Constitution française comporte un titre XV : « Des Communautés européennes et de l'Union européenne ». L'article 88-1 pose le principe de l'appartenance de la France aux Communautés et à l'UE « constituées d'États qui ont choisi librement, en vertu des traités qui les ont instituées, d'exercer en commun certaines de leurs compétences ». Ont été prévus les transferts de compétences nécessaires pour l'Union économique et monétaire (UEM) et pour la libre circulation des personnes (article 88-2) et pour la citoyenneté (droit de vote et d'éligibilité aux élections municipales accordé aux seuls citoyens de l'Union résidant en France). Le texte précise que « ces citoyens ne peuvent exercer les fonctions de maire ou d'adjoint ni participer à la désignation des électeurs sénatoriaux et à l'élection des sénateurs ».

Le plus intéressant, pour le fonctionnement de démocratie française, est l'article 88-4 en vertu duquel « le Gouvernement soumet à l'Assemblée nationale et au Sénat, dès leur transmission au Conseil de l'Union européenne, les projets ou propositions d'actes des Communautés européennes et de l'Union européenne comportant des dispositions de nature législative. Il peut également leur soumettre les autres projets ou propositions d'actes ainsi que tout document émanant d'une institution de l'Union européenne ». Sur ces textes, selon des modalités fixées par le règlement de chaque assemblée, « des résolutions peuvent être votées, le cas échéant en dehors des sessions, sur les projets, propositions ou documents mentionnés à l'alinéa précédent ». Cette disposition peut permettre l'ouverture de grands débats sur l'UE, voire de faire apparaître, avant les Conseils européens, la volonté des représentants du peuple. Dans notre belle « monarchie » républicaine, c'est rare. Si le gouvernement l'a fait sur la directive Bolkestein, il a refusé un débat avec vote sur l'ouverture des négociations avec la Turquie.

Enfin, un article 88-5, qui date de 2005, rend le référendum obligatoire sur les traités d'adhésion de nouveaux pays. Cette disposition rigide constitue une bombe à retardement qui, pour un pays comme la Turquie, pourrait avoir des répercussions politiques considérables (voir chapitre 21).

En inventant la primauté, le juge communautaire n'a pas seulement eu en tête l'accroissement des pouvoirs de la Communauté, comme certains l'insinuent parfois. Imaginez un peu quelle serait l'incertitude juridique des entreprises et des particuliers si le droit communautaire en vigueur en Allemagne n'était pas celui de la Grèce ou de l'Estonie ! En unifiant l'interprétation du droit, les juges ont solidement installé le Marché unique dans un cadre de règles équitables, valables partout de la même manière. Ils ont aussi donné aux citoyens européens des verges pour battre leurs gouvernements si ceux-ci ne respectent pas leurs engagements. Cet aspect est souvent oublié par les critiques eurosceptiques, prompts à dénoncer le « gouvernement des juges » mais moins enclins à montrer les carences des gouvernements tout court…

Cette unification du droit sur l'ensemble du territoire de l'UE a été rendue possible par une procédure au nom barbare, les questions préjudicielles, par lesquelles tous les juges nationaux peuvent poser des questions de droit communautaire à la Cour avant de répondre aux plaignants. En pratique, le plus souvent, ce sont les citoyens requérants eux-mêmes (ou leurs avocats) qui demandent au juge la saisine de la Cour, dans les mémoires qu'ils déposent. Autrement dit, par cette procédure indirecte, qui peut être mise en branle à tout niveau de l'appareil judiciaire et qui doit parfois l'être obligatoirement par les juridictions les plus élevées (cour de cassation et Conseil d'État en France), les citoyens ont quasiment un droit de recours devant le juge européen. Pas direct, mais désormais fréquent et efficace. S'instaure alors un dialogue. La procédure, un peu rudimentaire, allonge les délais mais elle a permis de faire progresser le droit communautaire dans toute l'UE. À 25 et plus, c'est encore plus important d'unifier la jurisprudence, car le risque de fantaisie serait grandement multiplié. Les arrêts de la Cour lient le juge national.

L'affaire Tania Kreil est un exemple concret de recours d'une citoyenne au droit communautaire par le biais des questions préjudicielles. Cette jeune femme allemande a ainsi obtenu que soient écartées en Allemagne les dispositions de la loi fondamentale qui interdisaient l'accès de l'armée aux femmes. C'est une belle victoire quand on connaît le caractère quasi sacré de la Constitution allemande (le philosophe Habermas, professeur à Francfort, n'a pas inventé pour rien le concept de « patriotisme constitutionnel » pour caractériser l'attachement des Allemands à la RFA). Sans compter les conceptions encore un peu traditionnelles du rôle des femmes chez nos chers amis d'outre-Rhin. Pas vrai Angela ?

La Commission veille au grain

En vertu des traités, la Commission est la gardienne des traités. Elle peut déclencher une procédure d'infraction selon plusieurs modalités :

- De sa propre initiative parce qu'elle détecte un manquement ;
- Après dépôt d'une plainte (45 % des cas) : par exemple quand une entreprise est mécontente de ne pouvoir bénéficier d'un avantage parce que le pays responsable n'a pas transposé la directive ou quand un particulier se plaint que la reconnaissance d'un diplôme soit impossible ou onéreuse ;
- Via une pétition adressée au Parlement européen par des individus, des ONG, des associations de consommateurs ou de protection d'un site.

C'est grâce à cette dernière possibilité que nombre de dossiers d'urbanisme espagnols sont remontés à la Commission. L'abaissement du coût des virements transfrontaliers trouve aussi son origine dans ce type de plainte dont la Commission s'est saisie. En 2005, environ un quart du nombre total de procédures ouvertes pour non-respect du droit communautaire avaient trait à l'environnement. Le poids des ONG et des associations de citoyens n'est pas mince !

Une transparence accrue

Dès l'origine, la Communauté a appliqué, selon les critères de l'époque, des principes de transparence : tous les actes des institutions sont publiés au Journal officiel des Communautés européennes ou notifiés à leurs destinataires. La publication dans toutes les langues officielles est importante pour que la législation reste accessible ; pour les entreprises qui concourent à des marchés publics par exemple, c'est capital.

Le Journal officiel communautaire, mode d'emploi

Le Journal officiel communautaire comporte plusieurs séries selon les domaines abordés. La série « L » (pour législation) rend compte des actes produisant un effet de droit (règlements et directives, décisions à caractère général). La série « C » (pour communication et information) permet d'accéder aux actes non contraignants (propositions de la Commission et avis de concours par exemple). Quant à la série « S »

(pour supplément), elle contient les appels d'offres de marchés publics.

Aujourd'hui, ces publications sur papier sont complétées par des versions électroniques, notamment via le portail EUR-lex qui donne accès à tous les actes communautaires, gratuitement, depuis les origines.

Avec l'arrivée des Nordiques, les questions de transparence n'ont cessé de prendre de l'importance dans l'UE : un règlement de 2001 a reconnu aux citoyens européens mais aussi à toute personne physique (un ressortissant étranger par exemple) ou morale (une entreprise américaine par exemple) non domiciliée ou n'ayant pas son siège dans un État membre, la possibilité, sous certaines conditions peu restrictives, le droit d'accéder à tous les documents de la Commisssion, du Parlement et du Conseil. Le champ d'application est large : il couvre non seulement la Communauté mais les autres piliers (soit toute l'UE). Les restrictions sont limitées (elles concernent notamment la protection de la vie privée ou de l'intérêt public dans le champ de la défense et de la sécurité).

Ces avancées sont salutaires… tant qu'elles restent raisonnables. Entre l'exigence de transparence – saine en démocratie – et le besoin de confidentialité – important pour créer des espaces de réflexion sereine – il y a un équilibre à trouver. Les Nordiques ont beaucoup apporté à l'Europe en la matière en quelques années.

Un guichet multilingue à votre service

Jacques Delors disait que jamais personne n'est tombé amoureux du Marché unique mais dans le Marché unique, il est permis de tomber amoureux. Et parfois, cela se complique : permis de séjour, fourniture d'actes d'état civil, formalités de naissance d'un enfant… La vie quotidienne devient un casse-tête ! Surtout quand se produisent des erreurs ou que l'interprétation de vos droits vous est défavorable. Si vous rencontrez des difficultés à faire appliquer le droit communautaire, adressez-vous au service Solvit (de l'anglais *solve it*), réseau d'assistance en ligne. Souvent l'application de la législation du marché intérieur, par les autorités publiques nationales, laisse à désirer. Il existe un centre Solvit dans chaque État membre de l'UE (ainsi qu'en Norvège, en Islande et au Liechtenstein).

Ces centres, installés dans les administrations nationales, sont au service des particuliers et des entreprises. Ils s'engagent à fournir des solutions à des problèmes concrets dans un délai de dix semaines. Les services fournis par Solvit sont gratuits. La Commission européenne les finance et propose une assistance pour accélérer la résolution des problèmes.

Ce système a pour but de rendre le marché intérieur vivant. Les quatre libertés (voir chapitre 16) offrent aux citoyens européens comme aux acteurs économiques de nouvelles perspectives : un autre pays de l'Union européenne vous attire (ou un de ses ressortissants) ? Vous voulez y vivre, y travailler ou vous y installer pour votre retraite ? Votre entreprise vise de nouveaux marchés dans un autre État membre de l'UE ? Solvit vous aide à goûter le Marché unique.

LE SAVIEZ-VOUS ?

Solvit au secours des citoyens européens

Voici quelques exemples de cas réglés par Solvit (dans des délais de quelques semaines).

Un citoyen tchèque souhaitait s'établir en Allemagne en tant qu'ouvrier du bâtiment indépendant. Les autorités locales allemandes exigeaient un permis de travail mais refusaient de le lui délivrer. Solvit Allemagne a précisé qu'aucun permis de travail n'était requis pour les travailleurs indépendants et a fait en sorte que le travailleur tchèque obtienne une autorisation d'établissement.

Solvit a aussi permis l'importation en France d'un fromage autrichien dans la mesure où l'amidon contenu dans le fromage ne présentait pas de danger pour la santé publique.

Un citoyen allemand souhaitait épouser en Allemagne sa fiancée lituanienne déjà mariée une première fois et divorcée. Après l'intervention de Solvit, le tribunal a émis le certificat de divorce et l'a fourni au demandeur.

Un autre service gratuit, Europe direct, permet à tout citoyen de poser des questions sur l'UE par e-mail, courrier ou fax (mais pas par pigeons voyageurs, à cause du risque de grippe aviaire). Avis aux étudiants en panne sèche… Quant au portail L'Europe est à vous, sur le site Europa, il peut vous apporter des éclaircissements sur vos droits en Europe ou sur les procédures en vigueur dans d'autres États membres de l'UE.

La Cour de justice a le dernier mot

La Cour a joué un rôle discret pour tisser la toile communautaire, au petit point, par étapes. En raison de la montée du nombre des affaires, elle est maintenant secondée par un Tribunal de première instance destiné à la décharger.

Composition : pas de jaloux

La Cour, qui siège à Luxembourg, est composée d'un juge par État auxquels s'ajoutent des avocats généraux (dans l'UE à 27, 27 juges et 8 avocats généraux). Le Tribunal est composé de manière similaire s'agissant des juges, mais ne compte pas d'avocats généraux permanents. Depuis 2005 a été aussi créé un Tribunal de la fonction publique européenne.

Un mot des avocats généraux : leur fonction est de présenter une analyse du cas, en toute indépendance et impartialité. Leur prise de position, publique, éclaire les parties et ils sont souvent suivis par les juges proprement dits qui sont les seuls à décider. Cette procédure est inspirée par les méthodes de travail du Conseil d'État français. En son sein, ce rôle de magistrat indépendant est joué par les « commissaires du gouvernement » qui, naturellement, ne sont ni commissaires, ni représentants du gouvernement (les juristes sont décidément des farceurs comme chacun sait).

Tous les juges européens sont envoyés sur les bords de l'Alzette (charmante rivière qui coule dans le grand-duché) pour une durée de six ans. Les gouvernements les nomment d'un commun accord. Vu le niveau de compétence exigé, ce sont en général des juristes chevronnés dont la désignation ne suscite que des combats feutrés. Jouissant d'une immunité de juridiction, ils doivent faire preuve d'indépendance et ne peuvent être révoqués qu'à l'unanimité de leurs pairs.

Lorsqu'ils siègent, ils portent une longue robe couleur pourpre, du moins à la Cour. Au TPI et au Tribunal de la fonction publique, c'est le bleu nuit et le noir qui sont de mise. Les avocats anglais plaident parfois en perruque. C'est très joli, surtout en plénière lorsque tout l'aréopage est réuni. Le plus souvent cependant, ils siègent en chambres restreintes, plus intimes, de trois ou cinq juges. Une particularité notable mérite d'être signalée : ils délibèrent encore en français.

Les juges choisissent leur président pour une période renouvelable de trois ans. Le président dirige les travaux ainsi que les services de la Cour et préside, pour les plus grandes formations de jugement, les audiences et les délibérations. Le greffier, lui, reçoit les requêtes et dirige les services de la Cour, sous l'autorité du président.

Des compétences bien encadrées… sauf vagabondage

Notons que la Cour intervient en matière de Marché unique, de politiques sectorielles et d'Union économique et monétaire. Elle n'est pas compétente pour contrôler le respect du traité dans le deuxième pilier par exemple. L'inaction ne peut pas non plus être poursuivie en justice dans ce domaine. D'un côté, il est clair que la diplomatie se prête mal à des recours de ce type ; de l'autre, l'absence de sanctions et de contrôle crée une Europe molle.

En matière de justice et d'affaires intérieures, une timide percée commence à se faire jour cependant : le traité d'Amsterdam a prévu que la communautarisation de certaines matières entraîne une possibilité de recours. Cela dit, la Cour s'affranchit des barrières avec une hardiesse qui étonne : après des années de prudence relative, elle a fait récemment un pas de géant en considérant que le législateur communautaire était autorisé à prendre des mesures en relation avec le droit pénal lorsqu'elles sont, sous certaines conditions, indispensables pour lutter contre des atteintes graves à l'environnement. Mais les gouvernements réfléchissent à une riposte. L'issue n'est pas certaine : à droit constant, la Cour gagne ; si les États membres changent le traité pour contredire expressément la jurisprudence, les juges sont impuissants.

Les recours

Outre le recours préjudiciel, dont nous venons de parler, la Cour de justice peut intervenir en cas de *recours en manquement*, de *recours en annulation* et de *recours en carence*.

Le recours en manquement se fait contre les États membres qui ne se sont pas acquittés des obligations qui leur incombent en vertu du droit communautaire. La Commission demande d'abord à l'État concerné de se justifier ou d'obtempérer. S'il refuse ou laisse traîner, la Commission peut le poursuivre devant la Cour. Des astreintes peuvent ensuite être votées contre les États récalcitrants qui refusent d'appliquer un arrêt de la Cour.

Théoriquement, les États peuvent se poursuivre mutuellement mais, pour préserver leurs bonnes relations, il y répugnent.

Le recours en annulation concerne l'annulation des actes. Si c'est un particulier qui en fait la demande, c'est le tribunal de première instance (TPI) qui est compétent ; si un État attaque un acte communautaire, c'est à la Cour de statuer (sauf pour le dumping – aides d'État notamment – qui relève du TPI).

Le recours en carence, c'est un peu l'inverse du recours en annulation : le requérant attaque une inaction. Après une invitation à agir, l'institution qui s'y refuse peut être condamnée à mettre fin à la carence par des mesures appropriées. Il est malheureusement moins usité que les autres.

LE SAVIEZ-VOUS ?

Le petit merlu à 57 millions d'euros : la désobéissance coûte cher !

57 761 250 euros tous les six mois ! Voilà ce que la France a été condamnée à payer, le 1er mars 2006, si elle ne se résout pas à respecter enfin une décision de la Cour de 1991, confirmée en juillet 2005.

Sur le fond, le manquement français consiste à n'avoir pas appliqué la législation communautaire visant à protéger les poissons de petite taille pour assurer le renouvellement des espèces. Vu la raréfaction des stocks de poissons, il y a urgence ! La France a pourtant pris son temps :

les faits remontent aux années 1984 à 1987. Pendant onze ans, la Commission a observé la réalité sur le terrain (ou plutôt sous les vagues et dans les criées) pour être sûre que les autorités françaises n'appliquaient pas les règles. Comme des poissons de taille inférieure à celle autorisée continuaient à être vendus sur le marché, la Commission a mis la France en demeure, à deux reprises, de s'exécuter, avant de la traîner devant la Cour. Tant mieux pour les poissons. Sale coup pour le contribuable français...

Notons enfin que les institutions sont responsables financièrement pour les dommages qu'elles causent. La société Schneider a ainsi poursuivi la Commission après l'interdiction de la fusion avec la société Legrand.

L'Europe, une union libre qui tarde à régulariser...

Malheureusement, vis-à-vis du monde extérieur, cet ordre juridique intégré, cette aire de droit la plus sophistiquée au monde, n'existe pas !

De sacrés polissons

Sacrés polissons, les Européens ! Voilà cinquante-six ans qu'ils créent des liens entre eux, mais l'idée de les régulariser aux yeux du vaste monde ne leur est pas encore venue à l'esprit. Si grand-mère savait cela !

L'ordre juridique communautaire compte en effet des dizaines de milliers de pages de législation rédigées par un Parlement élu au suffrage universel. Il peut mettre en avant des milliers de décisions de justice. En son sein, des avocats défendent leurs clients, plus de 61 juges « disent le droit », que des commentateurs analysent, mais cet ensemble ne possède pas la personnalité juridique.

La Communauté, elle, a la personnalité juridique. Mais pas l'Union. Cela a des conséquences très concrètes : l'incapacité juridique de l'UE en tant que telle oblige notamment à faire des montages compliqués lorsque sont signés des accords qui touchent à la fois à la compétence de la Communauté et de l'UE. Autant dire que cette complication supplémentaire ne facilite pas les relations de l'Europe avec le reste du monde. La ratification des accords tarde, les partenaires s'énervent…

Un pas de géant à la Convention

Pendant la Convention, un travail approfondi de réflexion a été mené par deux groupes de travail consacrés l'un à la personnalité juridique, l'autre à l'action externe.

De manière quasi-unanime, les membres du groupe « personnalité » ont conclu à la nécessité de « doter l'UE d'une personnalité juridique unique, se substituant aux personnalités existantes » (le pluriel est nécessaire à cause d'Euratom). Le principal avantage est de rendre l'UE visible dans le monde : elle devient ainsi un « sujet de droit international » à côté des États membres (sans porter atteinte à leur propre qualité de sujets de droit international). Conséquence pratique : l'Union peut jouir de l'ensemble des moyens d'action internationale (droit de conclure des traités, droit de légation, droit de présenter des réclamations ou d'agir devant une juridiction internationale, droit de devenir membre d'une organisation internationale ou d'adhérer à une convention internationale – par exemple la Commission européenne des droits de l'homme –, droit de bénéficier d'immunités). En contrepartie, elle récupère une responsabilité internationale propre.

L'attribution explicite de la personnalité juridique unique à l'Union n'entraîne pas, à elle seule, une modification de la répartition des compétences entre l'Union et les États membres, ni entre l'Union et la Communauté actuelle. Elle n'entraîne pas non plus de modifications sur les procédures et attributions respectives des institutions, concernant notamment l'ouverture, la négociation et la conclusion d'accords internationaux.

Le groupe « action externe » a recommandé d'accroître la cohérence de la représentation de l'UE, même si les compétences et les procédures restent différentes. Les piliers disparaissent, un ministère européen des Affaires étrangères est créé, doté d'un service diplomatique.

Le gâchis du non

Le traité constitutionnel, grâce au travail remarquable de la Convention, a franchi des pas de géant que le grand public, hélas, n'a pas apprécié à leur juste valeur.

Curieusement, alors que pour la première fois l'UE commençait à se rapprocher de ce que les Français, dans leur immense majorité, voudraient qu'elle soit – une puissance capable d'agir –, ce sont eux qui ont torpillé les avancées en votant non. De toutes les pertes liées à la non-ratification du traité, celle-ci semble compter parmi les plus anodines mais elle emporte, en pratique et en droit, de lourdes conséquences. L'Europe s'est tiré une balle dans le pied. Quel que soit le destin du traité, c'est l'un des points qui devra être remis sur le métier.

Le droit a un côté tordu

Le droit a apporté la paix ; il a rendu nos relations légères, plus insouciantes, mais, comme dirait Kundera, la légèreté pèse aussi à ceux qui la pratiquent.

L'insoutenable légèreté du droit

Au début, la petitesse de l'ensemble compensait la rigidité de sa structure. Mais au fil du temps, le phénomène s'est aggravé. Quand Jean Monnet parle de la Haute Autorité entre 1952 et 1955, il évoque une petite équipe de missionnaires, engagés, tout feu tout flamme. Les récits de Marjolin sur la Commission du Marché commun des débuts donnent cette même impression de nouveauté, de complicité. Certains journalistes ou témoins de l'époque évoquent avec nostalgie cette période où tout le monde se connaissait et où les chanoinesses régulières de saint Augustin n'avaient pas encore quitté leur couvent du Berlaymont, sur lequel sera bâti le siège actuel de la Commission.

Le fait de se plier scrupuleusement à des règles conduit parfois à des lourdeurs, c'est indéniable : le droit n'est pas fait pour être souple. Lorsque des individus d'origines et de cultures diverses font un pacte, non sans méfiance et incompréhensions, la marge de flexibilité du système est faible.

Par exemple, on a beaucoup reproché à Mario Monti, commissaire à la concurrence sous Prodi, son manque de souplesse, son refus de « tordre » un peu les règles au profit des intérêts européens. Allez, Mario, juste un peu… Fermez les yeux. Faites un peu de politique industrielle au passage. M. Monti a eu raison de s'y refuser, car la souplesse pour faire plaisir aux uns deviendrait vite dangereuse pour tous. Où s'arrêter ? Comment empêcher une direction générale de la Commission, extrêmement puissante, de s'affranchir de tout contrôle et de toutes règles ? Comme dirait la sagesse populaire : « Quand les bornes sont franchies, il n'y a plus de limites. » Et pourquoi une entité qui ne détient pas le pouvoir législatif jouerait-elle ce jeu ?

Dans l'UE, la bonne méthode pour changer la règle, c'est de… changer la règle. Si les dispositions du traité en matière de concurrence ne conviennent pas, il faut refaire le traité. Il est vrai que cela devient difficile, mais les autres voies ne sont pas moins hasardeuses.

Souvent, lorsqu'on compare la réaction de l'Europe à celle des États-Unis dans une même situation, les Américains semblent plus vifs, plus réactifs, plus pragmatiques. La comparaison est à la fois pertinente – car les deux ensembles politiques sont de taille comparable – et absurde ! Les États-Unis sont un État fédéral souverain. La flexibilité américaine tant vantée (en matière de gestion de la monnaie, de capacité de réaction militaire ou de patriotisme économique) tient à ce caractère. Nous avons, nous, les défauts du système que nous avons choisi !

Nombreux sont les hommes politiques européens qui clament à tort et à travers qu'ils ne veulent pas d'un super-État ou des États-Unis d'Europe. Et pourtant, au fond d'eux-mêmes, ils se comparent aux Américains et rêvent de jouir de tous les avantages d'un « État super »…

Une plume alourdie

Dans un espace démocratique fondé sur le droit, il importe d'avoir des textes clairs. Sur ce plan, reconnaissons-le, l'UE a encore quelques progrès à faire.

Déjà, dans les États membres, le droit national a tendance à devenir de moins en moins normatif et précis. Les contemporains n'ont pas le verbe concis d'un Portalis, rédacteur du code Napoléon. Le Conseil d'État français, dans ses rapports annuels, dénonce régulièrement ce fléau. La situation est similaire à l'étranger.

Mais, au niveau européen, s'ajoutent des complications supplémentaires : le droit communautaire souffre d'être un droit négocié. Il comporte de nombreuses dispositions qui sont le fruit de compromis. Rédigés par des personnes ne pensant pas de la même manière, maîtrisant plus ou moins bien la langue de discussion, cherchant parfois volontairement l'ambiguïté, ce ne sont fatalement pas des modèles de littérature. Naturellement, la médiocrité n'est jamais excusable mais les eurosceptiques qui n'ont jamais participé à une négociation internationale ne devraient pas pouvoir leur jeter la pierre. Il est trop facile d'ignorer les difficultés inhérentes à un exercice de négociation, dans un cadre pluriculturel.

Seul, dans le secret de son cabinet, il est aisé de bien tenir sa plume d'oie, mais l'Europe n'est plus celle du XVIIIᵉ siècle où Frederic II n'avait, dans sa bibliothèque de Sans-Souci, que des livres en français et se payait les services de Voltaire pour améliorer son style (cela s'est d'ailleurs mal terminé : à la fin, le vocabulaire des deux s'est surtout enrichi de noms d'oiseaux et d'agrumes…)

Lorsque 27 mains tiennent la souris, lorsque les auteurs ont pensé et parlé en *basic english*, il est plus délicat de faire de beaux textes… Le rôle de la Commission n'en est que plus important, même si, hélas, elle n'offre pas toujours un modèle aux apprentis rédacteurs. Ainsi la directive sur la libéralisation des services posait-elle non seulement des questions d'opportunité politique mais aussi de clarté juridique et d'expression.

Enfin, de même qu'en droit interne, la loi a aussi besoin de décrets d'application, l'adoption d'une législation communautaire nécessite des textes d'application. Au niveau communautaire, les choses se compliquent en raison de l'absence d'administration compétente pour les adopter. Ce sont des comités qui surveillent la façon dont la Commission exerce les compétences d'exécution qui lui sont confiées par le législateur communautaire. Et c'est reparti pour une négociation avec ses ambiguïtés, ses arrière-pensées et son mauvais anglais.

D'où la tenue de multiples groupes d'experts qui forment ce qu'on appelle dans le jargon la *comitologie*. Sous ce terme qui semble sorti de la bouche d'un des médecins de Molière, il faut entendre « les modalités selon lesquelles des comités composés de représentants des États membres encadrent la Commission dans l'exercice des compétences d'exécution », explique le juriste Pierre Jacqué. Dans la troisième partie, nous reviendrons sur l'absence de séparation des pouvoirs au sens de Montesquieu.

Un grand exercice, intitulé en bon français *better regulation* (mieux légiférer), tente d'y remédier (voir encadré ci-contre).

Un rêve d'immortalité

Pour sortir de ces considérations ennuyeuses, signalons que, lorsqu'il était président de la Convention, Valéry Giscard d'Estaing a eu l'idée de soumettre la version française du traité à l'Académie française pour correction stylistique. Dans le monde aseptisé, moderne et fonctionnel des institutions bruxelloises, le coup a marqué les esprits. Comme si l'amour de la belle ouvrage faisait soudain sa réapparition. Adieu traitement de texte, souris électroniques et autres approximations ! Mais le rêve fut de courte durée : il n'y a pas d'académie dans tous les États membres. L'UE travaille en 23 langues, dans une précipitation peu propice à la réflexion et au style. L'initiative restera probablement isolée. Dommage : l'Europe, civilisation vulnérable, aurait bien besoin d'immortalité, ne serait-ce que pour faire mentir Paul Valéry (voir encadré « Mortelles civilisations », chapitre 8).

Mieux légiférer : le serpent se mord la queue

Depuis le Conseil européen d'Édimbourg en décembre 1992, la Commission a la tâche de simplifier et d'améliorer l'environnement réglementaire. Dans son livre blanc sur la gouvernance européenne (juillet 2001), elle s'est engagée à prendre des mesures pour améliorer la qualité de la réglementation européenne. Sur cette base, la Commission Prodi a adopté, en juin 2002, un plan d'action pour simplifier et améliorer l'environnement réglementaire. À partir de 2003, la Commission a progressivement introduit un système renforçant la consultation des intéressés, analysant l'impact prévu de la mesure prévue et passant les projets au crible des principes de subsidiarité et de proportionnalité. En 2005, la Commission a présenté une liste de 68 propositions législatives à supprimer dans le cadre de l'initiative « mieux légiférer ». Un mois plus tard, un programme pour simplifier, abroger ou réécrire plus de 220 législations européennes dans plus de 1 400 actes juridiques est adopté.

L'exercice est utile : à l'évidence, il faut améliorer les textes, éviter les législations inutiles, analyser autant en amont que possible les conséquences d'une régulation. Mais il a aussi des limites : le grand exercice « vide-tiroir » de 2005 est aussi une opération de communication. Par le passé, la Commission retirait déjà des projets obsolètes ou décalés. Simplement, on ne convoquait pas la presse… Surtout – et c'est plus grave – cet exercice, comme l'application du principe de subsidiarité (voir chapitre 10) joue trop souvent à sens unique : on évite les actions inutiles, mais qui contrôle et sanctionne l'inaction néfaste ?

Un exemple concret : parmi les textes retirés en 2005, il n'y avait pas que des projets obéissant à une volonté exagérée de régulation de la part de la Commission. La disparition de l'ordre du jour de textes sur le temps de travail des routiers ou sur la mutualité n'est pas innocente… Ils devaient gêner quelques puissants.

Sous couvert de mieux légiférer, certains idéologues cherchent à ne pas légiférer du tout. D'ailleurs, pourquoi faut-il une étude d'impact pour proposer un texte mais pas pour le retirer ? Le serpent s'est mordu la queue.

Chapitre 10

Les compétences attribuées par les États

. . . .

Dans ce chapitre :

▶ L'attribution des compétences européennes

▶ Le fonctionnalisme : la fin justifie les moyens

▶ Europe ? Vade retro, Satana !

. . . .

Nous venons de rappeler que l'Europe est une communauté de droit. Ce caractère se reflète tout particulièrement dans la manière dont les compétences sont attribuées à la Communauté européenne (et, depuis Maastricht, à l'Union).

Le principe d'attribution de compétences

Premier principe : l'Europe n'a pas la compétence de sa compétence.

Un sérieux garde-fou

Les États européens se sont librement lancés dans la construction d'une Communauté européenne. Leur volonté s'exprime à travers les traités signés et ratifiés. Pour parler comme le credo des chrétiens, la compétence européenne « procède » des traités comme l'Esprit saint « procède du Père et du Fils » : aucune compétence exercée par une ou plusieurs institutions de l'UE n'échappe à ce principe d'attribution. Ce sont les traités – et eux seuls – qui délimitent le cadre précis de l'action commune.

L'Union européenne ne peut donc décider de sa propre initiative de mener telle action ou de prendre telle décision si les traités ne lui en confèrent pas la capacité. Si de nouvelles missions s'imposent, la révision des traités

est nécessaire. C'est une procédure lourde exigeant l'accord de tous et la ratification du nouveau texte par tous. Voilà un sacré verrou que les souverainistes, prompts à présenter l'Europe comme un monstre glouton dévorant tout sur son passage, oublient souvent de rappeler !

La répartition des compétences devrait donc être claire. Mais, de même que les théologiens discutent depuis le VIe siècle de la question de savoir si l'Esprit procède du Père et du Fils (version catholique) ou du Père tout seul (version orthodoxe), la répartition de compétences n'est pas un sujet simple.

Une complexité croissante

Au fil du temps et des traités, la délimitation des attributions de l'Union est devenue plus complexe, suscitant des revendications sans cesse plus fortes de clarification. Les complications sont de plusieurs ordres.

La diversité des matières

Peu à peu, les champs d'action européens sont devenus plus nombreux : au Marché commun, à l'union douanière et à la PAC des débuts sont venus s'ajouter l'environnement, le social, la politique étrangère, la justice et les affaires intérieures, l'Union économique et monétaire, la culture, l'éducation… Il n'est guère de champ de l'action politique qui, à un degré ou à un autre, ne soit aujourd'hui concerné par une forme de coopération européenne.

Souvent les Européens rêvent que « l'Europe » agisse, les hommes politiques l'invoquent en cas de pépin, mais le plus souvent sans se poser la question de savoir si elle en a la capacité juridique. C'était frappant pendant la guerre en Yougoslavie, dans les années 1990 : nombreux étaient ceux qui se tournaient vers l'Europe. Mais celle-ci ne disposait d'aucun des outils diplomatiques et militaires qui auraient été nécessaires. D'où cette impression fâcheuse que l'Europe répond : « Parlez dans l'hygiaphone » à des citoyens qui évoquent de graves questions…

L'émiettement au sein de chaque matière

En outre, les traités ne délèguent pas à l'Union européenne d'énormes blocs de compétences. À part, par exemple, la gestion de la monnaie, la politique commerciale ou la gestion des ressources halieutiques, les États ont plutôt abandonné des parcelles de pouvoir. La réticence des gouvernants à vendre à leur opinion des réformes allant vers plus d'intégration européenne, la difficulté à trouver des accords entre gouvernements (surtout à 27), la diversité des pratiques d'un pays à l'autre, voire le manque de vision d'ensemble de ce qu'ils veulent pour l'Europe, ont conduit à cet émiettement.

Les avancées sont toujours bonnes à prendre. Aussi les proeuropéens qui cherchent à être constructifs les empochent-ils, mais l'Europe souffre de cette avancée saccadée, au gré de compromis parfois baroques.

En matière sociale, c'est particulièrement frappant. Les Européens se sont amusés à recréer une mosaïque antique dont le dessin, à ce stade, reste encore caché. Entre la Charte sociale européenne signée à Turin en 1961 et la Charte communautaire des droits sociaux fondamentaux des travailleurs, vingt-huit ans se sont écoulés. Pendant toute la décennie des années 1980 et jusqu'en 1997, Margaret Thatcher et John Major font une obstruction tenace sur cette seule charte. À son arrivée, Tony Blair l'accepte, mais il fait de nouveau des difficultés quand il s'agit de donner force obligatoire à la Charte des droits fondamentaux qui constitue la partie II du traité constitutionnel, notamment à cause des dispositions sociales qu'elle contient. À ce jour, celle-ci ne fait toujours pas partie du droit positif ; elle a été proclamée mais n'est pas incorporée dans les traités.

Aux termes des articles 136 et 137 du traité de la Communauté européenne, les champs dans lesquels « la Communauté soutient et complète l'action des États membres » en matière sociale sont parcellaires. Cela concerne :

- La santé et la sécurité des travailleurs ;
- Les conditions de travail ;
- L'information et la consultation des travailleurs ;
- L'intégration des personnes exclues du marché du travail ;
- L'égalité des hommes et des femmes en ce qui concerne leur chance sur le marché du travail et le traitement dans le travail.

À Nice, en 2000, ont été ajoutés quelques alinéas supplémentaires concernant :

- La sécurité sociale et la protection sociale des travailleurs ;
- La protection des travailleurs en cas de résiliation du contrat de travail ;
- La représentation et la défense collective des intérêts des travailleurs et des employeurs ;
- Les conditions d'emploi des ressortissants des pays tiers en situation régulière ;
- La lutte contre l'exclusion sociale ;
- La modernisation des systèmes de protection sociale.

Nous citons ces listes un peu fastidieuses pour montrer comment s'opère le transfert de compétences à l'Europe. C'est moins un grignotage opéré par Bruxelles selon un plan obéissant à une réelle logique qu'un lent strip-tease des États qui commencent par l'accessoire en maintenant le suspens sur l'essentiel. Pour l'instant, ils sont encore chaudement vêtus et à ce rythme-là, le grand public aura quitté la salle avant qu'il ne se soit passé quelque chose de significatif.

C'est la fin qui justifie les moyens

Pour bien comprendre les problèmes actuels, revenons à la logique du départ.

Des délégations limitées et orientées vers un but

L'idée des fondateurs, notamment de Monnet au moment du plan Schuman, est « la délégation de souveraineté dans un domaine limité mais décisif. » En une phrase, tout est dit : la souveraineté est bel et bien déléguée, mais le champ est « limité » pour progresser avec mesure ; il est « décisif » pour enclencher une dynamique. Les fondateurs savent bien – surtout en 1957, après l'échec de la Communauté de défense – que les tentatives destinées à mettre sur pied un ensemble politique obéissant à une logique cohérente, d'un coup, sont plus risquées. D'où la prudence des rédacteurs du traité de Rome (voir chapitre 2).

L'Acte unique pousse encore plus loin la logique, sur deux plans. Pour la première fois depuis la « politique de la chaise vide » en 1965 (voir chapitre 3), le recours à la majorité qualifiée est de nouveau prévu sans contestation possible. Ce traité ajoute notamment un article 100 A à l'article 100 du traité de Rome : par dérogation, « les mesures relatives au rapprochement des dispositions législatives, réglementaires et administratives des États membres qui ont pour objet l'établissement et le fonctionnement du marché intérieur ne sont plus décidées à l'unanimité » (sauf pour les dispositions fiscales, la libre circulation des personnes et les intérêts et droits des travailleurs salariés).

Le transfert de compétences est lié au but à atteindre : ce sont les mesures qui, tendant vers l'objectif du Marché unique – quelles qu'elles soient – donnent la clé des champs. Ce procédé est appelé *fonctionnaliste* par les savants puisque le transfert est fonction du but.

En outre, une passerelle est ajoutée pour le cas où des compétences auraient été oubliées ou pour faire face à de nouveaux défis. Un article (235 devenu 308) permet de pallier ce défaut : si une action de la Communauté, nécessaire pour réaliser, dans le fonctionnement du Marché commun, l'un des objets de la Communauté, n'a pas été prévue, la mesure peut être prise, à l'unanimité (avec proposition de la Commission et consultation du Parlement).

Il n'est pas possible de déduire de la simple lecture du traité ce que la Communauté fait ou ne fait pas. À l'intérieur d'un but défini, une marge d'appréciation existe. Ainsi, par exemple, le livre blanc de Jacques Delors sur le Marché unique proposait 282 directives et règlements mais l'UE n'en est pas restée là. Réaliser la libre circulation des personnes, des marchandises, des services et des capitaux suppose de toucher à une multitude de matières. Au départ, personne ne pensait forcément que ce projet pourrait avoir des répercussions sur les transferts de joueurs de football ou les législations sur l'IVG…

Sans mauvais jeu de mot, pour faire votre Marché (unique), vous n'avez pas besoin de liste préétablie de compétences. (De toute façon, quand on fait des listes avant d'aller au marché, on les oublie à la maison.) Naturellement, des dérapages sont possibles, qu'il faut prévenir autant que possible. Il y a sûrement, dans les législations du Marché unique, une certaine quantité d'absurdités mais les guérites de douane, en 1986, dans un Marché commun, n'étaient-elles pas absurdes ? Et les petites ruses allemandes pour interdire le Cassis au motif qu'il ne titrait pas assez pour une liqueur ? Ou encore la volonté des fromagers français de faire protéger l'appellation « roquefort » bien de chez nous, non sans continuer à produire, dans l'hexagone, de la feta grecque ?

Il y a toujours des exemples à la marge – dont les eurosceptiques se délectent. Il est très facile de se moquer de la réglementation des ferments de yaourts ou de la courbure des concombres. Il est plus difficile, en matière européenne, de progresser dans l'intérêt général. Et de faire de la pédagogie intelligente, comme *L'Europe pour les Nuls* par exemple !

Si on expliquait aux Européens que leurs gouvernants, à qui Jacques Delors avait proposé plusieurs options pour la relance de la CEE (voir chapitre 5), ont fait le choix délibéré de construire l'Europe par le marché, ils seraient peut-être moins perplexes devant le résultat atteint. Et rassurés sur le fait que nous pourrions tout à fait faire autre chose si nous le décidions. Monnet a bien fait de ne pas prononcer la phrase que les nuls (les vrais) lui prêtent toujours : « Si c'était à refaire, je commencerais par la culture. » Mais cela n'exclut pas, à l'avenir, de mieux faire l'Europe.

ATTENTION !

Si on vous dit « téléologie », ne demandez pas : « Sur quelle chaîne ? »

Dans la logique qui est celle de l'Europe, la Cour de justice a constamment interprété le traité à la lumière de sa finalité. Ce raisonnement est appelé, en termes savants, un raisonnement *téléologique*. Explications.

La racine grecque *teleos* renvoie à l'idée de fin, de but. D'après le dictionnaire *Robert*, la téléologie est la doctrine qui considère le monde comme un système de rapports entre moyens et fins. En matière communautaire, les juges se sont fondés sur les objectifs généraux des traités (par exemple fonder une union sans cesse plus étroite ou achever le Marché) pour interpréter les textes dans un sens intégrateur. Lorsqu'il y a un doute, pour eux, il bénéficie à

l'Europe : « Un traité international doit être interprété non pas uniquement en fonction des termes dans lesquels il est rédigé, mais également à la lumière de ses objectifs. »

Prenons un exemple. Dans une importante décision de 1971 (AETR), la Cour de justice a jugé que, à défaut d'une disposition explicite du traité, la Communauté était compétente pour conclure un accord international parce qu'elle disposait de compétences internes lui permettant d'adopter un règlement (en l'occurrence dans le domaine des transports). C'est le souci de cohérence de l'action communautaire qui a conduit la Cour à lui accorder ces pouvoirs implicites.

Plus qu'hier et moins que demain

Connaissez-vous le slogan de la célèbre médaille d'amour ? Il peut vous aider à mieux comprendre l'Europe.

En effet, l'intégration est d'abord un mouvement, une dynamique. L'article 1er du traité de l'Union européenne proclame ce choix sans ambiguïté : il évoque « une union sans cesse plus étroite entre les peuples de l'Europe ».

Qui cherche à voir l'Europe de manière statique, à la figer, passe à côté d'un de ses traits essentiels. Même si certains rêvent de la freiner parce qu'ils la détestent ou d'autres de la stabiliser parce qu'ils voudraient la rendre plus compréhensible, elle continuera à nous échapper… Et c'est bien ainsi !

Naturellement, des règles sont nécessaires. Nous allons les examiner ensemble maintenant, mais gardons-nous de nous enfermer dans une approche étriquée. Le dynamisme d'un organisme vivant, en pleine expansion, est une excellente chose. En dépit de leurs 50 ans bien sonnés, les institutions européennes ont quelque chose du charme de… l'adolescence. Le temps du droit n'est pas celui des hommes. Un jour, quand viendra la maturité, elles s'assagiront. Pour l'instant, le Vieux Continent qui a donné naissance à une si belle fille ne devrait pas trop s'inquiéter de ses foucades pubertaires.

La trappe à compétences

Rapidement, une immense différence est apparue entre les matières dans lesquelles, grâce au recours au vote majoritaire, les blocages peuvent être surmontées et celles dans lesquelles le maintien de l'unanimité gèle tout espoir d'avancer. Un tableau des compétences communautaires qui n'est pas accompagné d'indications des bases juridiques ne permet pas de savoir en définitive qui fait quoi, puisque le veto anéantit souvent tout espoir rationnel de progresser.

L'unanimité crée ce qu'on pourrait appeler une « trappe à compétences » : dans certains domaines (la fiscalité par exemple), les compétences existent, l'harmonisation est théoriquement possible, mais n'avance pas à cause du veto d'une minorité. Même la simple modification du droit existant est impossible et sera de plus en plus difficile au fil des élargissements. Quoi que nous puissions penser de l'opportunité de baisser la TVA dans la restauration, comme Jacques Chirac l'a promis, cette baisse requiert l'accord unanime de nos partenaires. Le blocage était prévisible… Et le déblocage devrait être payé par la France par des concessions dans d'autres domaines.

En refusant la majorité qualifiée, les États membres abusent leurs populations. Ils font croire que le veto protège alors que la perpétuation de l'unanimité, dans de nombreux secteurs, signifie la renonciation pure et simple à exercer une compétence : l'État la perd, l'Union ne la récupère pas. Une partie du malaise actuel en Europe s'explique par ces « poches » de veto.

Les citoyens européens ne sont pas forcément hostiles à la construction communautaire. Les sondages Eurobaromètre, réalisés régulièrement par la Commission, montrent au contraire qu'ils demandent massivement une politique étrangère commune, une politique de défense, une riposte européenne contre le crime organisé. Mais ils ne veulent pas être les otages d'un système où ils se retrouvent coincés entre des États impuissants qui refusent de céder quoi que ce soit de leurs compétences théoriques et une Europe inerte qui ne peut les exercer à leur place, en raison de l'obstruction de quelques-uns.

Des mots exagérés

L'abus de langage qui caractérise l'Union européenne n'arrange rien : pourquoi utiliser des mots tels que « politique étrangère et de sécurité *commune* » si la réalité juridique et politique est plutôt celle d'une coopération entre États (en réalité d'une concertation facultative et limitée) ? L'absence de procédures contraignantes forçant la convergence et la persistance de manquements font une Europe en trompe-l'œil.

Spaak mettait pourtant déjà l'Europe en garde contre « l'emploi des grands mots qui ne sont accompagnés d'aucune réalité qui finit par dégrader, dans les cerveaux et dans les cœurs, la valeur de l'idéal. »

La subsidiarité : une bonne idée ?

Dans une Union de 500 millions d'habitants, qui n'a pas vocation à se substituer aux États membres, la nécessité d'une certaine décentralisation ne fait aucun doute.

Une indispensable décentralisation

L'UE à 27 n'est pas l'Athènes antique où, sur une place de marché, au soleil, fut inventée la démocratie. La taille immense de l'ensemble européen, sa diversité, la complexité du monde contemporain invitent à organiser les pouvoirs de manière décentralisée. L'Union européenne actuelle est déjà beaucoup plus peuplée, beaucoup plus diverse que les États-Unis ! Ce n'est pas l'administration centrale de la Commission, aux effectifs réduits, sans relais sur le terrain, qui, depuis Bruxelles, peut piloter toutes les politiques envisagées. Un principe de répartition est nécessaire. Celui qui consiste à faire remonter, au niveau central, ce que celui-ci l'Europe peut mieux réaliser est, à première vue, tout à fait sensé. Mais le problème tient à ce que cette règle ne… règle rien : qu'est-ce qui est mieux réalisable au niveau central ? Sur quels critères ?

Historiquement, l'Europe s'est faite « à l'envers » : alors qu'une fédération classique ou une confédération repose en général sur la mise en commun de la monnaie, de la défense, de la diplomatie, et laisse aux entités fédérées l'économie et la taille des queues de cerise, les Européens se sont unis par le charbon, l'acier et la normalisation des petits pois. Ensuite, le degré de centralisation/décentralisation est un enjeu de pouvoir. Il est donc difficile d'en parler sereinement : il y a toujours un moment où, même entre gens bien élevés, ça coince. D'où la tentation de la sédimentation, qui est la voie de la facilité. On continue à faire ensemble ce qu'on a déjà commencé à faire, modulo quelques évolutions, parce qu'une routine s'est créée. Analyser vraiment ce qu'on aurait besoin de faire ensemble, voilà qui est plus fatiguant et délicat.

Lors de l'ouverture de la Convention, le président Prodi a appelé, dans son discours, à mettre à plat *toutes* les compétences de l'UE et des États. Peine perdue ! En dépit des critiques incessantes, le *statu quo* a ses vertus : il évite de rouvrir la boîte de Pandore. C'est le fameux jeu du « je te tiens, tu me tiens, par la barbichette » des paquets déjà ficelés.

Vous avez dit subsidiarité ?

La première chose qu'on pourrait attendre d'un concept destiné à rassurer, ce serait qu'on le comprenne. Or quiconque descend des éthers de la théorie pour voir la pratique ne peut que donner un zéro pointé aux inventeurs de la *subsidiarité*. Le cas mériterait d'être étudié dans les écoles de communication.

L'AFP et la subsidiarité

La subsidiarité est un mot piège. Censé rassurer le citoyen, il l'affole un peu plus. Il pose même un sérieux problème aux médias. Aucun individu ordinaire ne comprend d'emblée ce qu'est la subsidiarité. Les journalistes de l'AFP, tenus de compter les mots dans leurs dépêches qui se veulent aussi claires et concises que possible, le détestent. Quatorze ans après Maastricht, chaque fois qu'ils rapportent les propos d'un homme politique européen ou citent un document de la Commission, les journalistes sont obligés de l'accompagner de circonlocutions pour en rappeler la signification. Avant d'arriver au vif du sujet, ils ont déjà gaspillé une ou deux de leurs précieuses lignes.

Un principe emprunté à l'Église…

Ce principe a été emprunté à la doctrine sociale de l'Église (encyclique *Quadragesimo Anno* du pape Pie XI en 1931, renvoyant à *Rerum Novarum* de Léon XIII en 1891) et notamment à la manière dont l'Église catholique considère les rapports entre les pouvoirs publics et les particuliers, agissant dans la sphère privée. C'est donc pas vraiment un principe tiré de la science politique...

Dans *Mater et Magistra* de 1961, le pape Jean XXIII précise et développe ainsi le concept : « De même qu'on ne peut enlever aux particuliers, pour les transférer à la communauté, les attributions dont ils sont capables de s'acquitter de leur seule initiative et par leurs propres moyens, ainsi ce serait commettre une injustice, en même temps que troubler d'une manière très dommageable l'ordre social, que de retirer aux groupements d'ordre inférieur, pour les confier à une collectivité plus vaste et d'un rang plus élevé, les fonctions qu'ils sont en mesure de remplir eux-mêmes. L'objet naturel de toute intervention en matière sociale est d'aider les membres du corps social, et non pas de les détruire ni de les absorber. »

Ce texte montre la faille fondamentale du raisonnement en termes de « subsidiarité » : il s'agit bien de ne pas « trop enlever » de compétences « en bas » pour les transférer « en haut ». Comme si l'échelon central était forcément un ogre qui allait dévorer ses composantes, comme si le transfert vers le haut ne pouvait être volontaire de la part d'entités inférieures conscientes de la nécessité d'unir leurs forces. De glissement conceptuel originel découlent bien des problèmes actuels.

... reformulé par Spinelli...

Avant même l'Acte unique, le projet d'Union européenne de Spinelli (voir chapitre 5) s'efforce d'énoncer un principe de répartition : « Lorsque le présent traité attribue une compétence concurrente à l'Union, l'action des États membres s'exerce là où l'Union n'est pas intervenue. L'Union n'agit que pour mener les tâches qui peuvent être entreprises en commun de manière plus efficace que par les États membres œuvrant séparément, en particulier celles dont la réalisation exige l'action de l'Union parce que leurs dimensions ou leurs effets dépassent les frontières nationales » (article 12-2).

Le texte de Spinelli est déjà moins marqué par le refus d'une certaine dose de centralisation. Il comporte clairement l'affirmation que certaines actions doivent être entreprises au niveau central : celles qui dépassent les frontières nationales en raison de leurs dimensions ou de leurs effets. On ne peut que s'en réjouir : c'est exactement le raisonnement qui a poussé les fondateurs à « faire l'Europe » et que nous avons rappelé au chapitre 8 : nos nations sont trop petites

... puis par Giscard d'Estaing...

En 1990, dans un rapport qui marque un jalon de ce débat, Valéry Giscard d'Estaing, alors député européen, reprend la question dans le contexte communautaire. Déjà, à ce moment-là, c'est-à-dire avant la finalisation du Marché unique, avant Maastricht, l'ancien président français fait apparaître l'ampleur des inquiétudes, la frustration des Parlements nationaux.

Valéry Giscard d'Estaing reprend et poursuit le raisonnement de Spinelli. Il considère que « deux approches du principe de subsidiarité sont possibles » selon que les États transfèrent au niveau supérieur non seulement les tâches « dont la dimension ou l'effet dépasse les frontières nationales » (comme le dit Spinelli), mais aussi les tâches « qui seront mieux réalisées au niveau communautaire ». Et il précise bien que le critère de l'efficacité est « de nature centralisatrice ». Le rapport appelle à la consécration du principe de subsidiarité pour bâtir un « pouvoir fédéral fort doté de compétences limitées ». C'est ce qui, par la suite, sera un peu oublié par les promoteurs du concept...

Il est vrai que, sur l'un des domaines où le grand saut vers l'Europe se justifierait le plus – la politique étrangère et de sécurité commune – Giscard reste prudent comme un Sioux. Pour lui, celle-ci, « tout en devenant davantage commune », devra « rester basée sur la coopération intergouvernementale ».

... sous une forte pression allemande...

Les Allemands ont joué un rôle décisif dans le développement de cette problématique. En s'inspirant de leur système fédéral, ils ont commencé à introduire des demandes quelque peu en décalage avec la logique initiale, fonctionnaliste, du traité de Rome et de l'Acte unique.

Le partage des compétences en Allemagne

Le système fédéral allemand pourrait inspirer, selon les Allemands, le partage des compétences européen. Regardons comment les choses se passent chez nos voisins.

La loi fondamentale allemande (*Grundgesetz*) règle la question des compétences entre le Bund et les Länder de la manière suivante : le Bund a une compétence d'attribution et, dans les matières où la compétence n'est pas fédérale, les Länder gardent le droit de légiférer. Dans les compétences du Bund, on distingue :

✔ Des compétences exclusives où, sauf exception, les Länder n'interviennent pas ;

✔ Des compétences concurrentes où s'applique un principe de garde-fou moins poussé que celui qui sera repris au niveau européen. « Dans ce domaine, la fédération a le droit de légiférer lorsque et pour autant que la réalisation de conditions de vie équivalentes sur le territoire fédéral ou la sauvegarde de l'unité juridique ou économique dans l'intérêt de l'ensemble de l'État rendent nécessaire une réglementation législative fédérale » (article 72-2).

Des listes de compétences – une pour les compétences exclusives, une pour les politiques concurrentes – sont établies par matière. Par exemple, la politique étrangère et la défense reviennent au Bund uniquement. Celui-ci peut aussi prendre des lois-cadres.

Ironie de l'histoire : la plupart des hommes politiques allemands qui demandent une clarification au niveau européen tentent une difficile réforme du fédéralisme interne, sans que le dosage idéal entre le Bund (la fédération) et les Länder (les États) ne soit facile à trouver.

Il y a fort à parier que l'équilibre fédéral allemand – comme celui de l'Europe – sera toujours instable, précaire, redessiné en fonction de la répartition des forces politiques. Peut-être les Allemands sont-ils d'autant plus méfiants au niveau communautaire qu'ils connaissent particulièrement bien la musique (pas seulement Beethoven ou Wagner en l'occurrence, mais plutôt celle des conflits de pouvoir).

Toujours est-il qu'ils ont un peu trop tendance à oublier que la logique de la loi fondamentale n'est pas celle du fonctionnalisme communautaire. Chez eux, la répartition se fait par blocs assez cohérents, sans allusion à un objectif tel que, pour l'UE, le Marché : la raison d'être de la RFA n'est pas liée à un but précis. En tenant absolument à introduire de telles listes dans les traités communautaires, la plupart des Allemands ne se rendent pas compte qu'ils reviennent à une approche fédérale plus classique, probablement plus claire, plus accessible (surtout pour eux) mais, à ce stade au moins, inadaptée à l'UE.

Le plus grave est que ce débat germano-allemand a fini par nourrir, dans ce pays, un euroscepticisme larvé : à force de présenter Bruxelles comme l'auteur de réglementations folles (*Verordnungswut aus Brüssel*), comme l'hydre qui vient croquer les pouvoirs des petits Allemands, ceux-ci scient la planche sur laquelle leur pays, grand exportateur, grand bénéficiaire de l'intégration, est assis. C'est particulièrement vrai en Bavière et, de manière générale, dans les riches États du Sud, où les barons locaux ont fait du combat contre Bruxelles l'un de leurs chevaux de bataille.

Même les Allemands qui comptent au nombre des Européens les plus convaincus sont un peu tombés dans ce piège, comme Wolfgang Schäuble, auteur en 2001, avec Reinhlod Bocklet (alors ministre bavarois, CSU) d'un papier appelant à une nouvelle répartition de compétences d'une rare virulence. Les deux Pater et trois Ave du début pour dire combien on aime l'Europe ne compensent pas vraiment la violence de l'attaque qui suit.

... pendant que la France déserte !

Si cette approche allemande a prospéré, c'est aussi parce que la France a renoncé à jouer son rôle. Le moteur franco-allemand n'a qu'un carburant : le désaccord purifié. Sa valeur tient à ce que Français et Allemands ont en général à surmonter des divergences radicales, notamment conceptuelles. Hélas, sur ce sujet où effectivement les traditions historiques, politiques et psychologiques nous séparent souvent, les Français sont aux abonnés absents ou, faute d'idées, suivent leurs collègues allemands.

La France aurait pourtant pu contribuer à montrer qu'une organisation solide exige, dans certaines matières précises, une dose de centralisation bien définie : notamment l'action extérieure, y compris la représentation externe de l'euro ou l'environnement, ou encore la lutte contre le crime organisé. Mais parce que, en France, l'intégration effraie les cercles de pouvoir, aucune impulsion « centralisatrice » n'est venue du pays le plus centralisateur d'Europe.

Au contraire, depuis des années, le concept de subsidiarité ne cesse d'être présenté comme le remède miracle, y compris par les Français. Il est pourtant manifeste que, depuis le début des années 1990, la multiplication de dispositions dans les traités et annexes à ceux-ci n'a pas suffi à redonner confiance aux citoyens. Le concept est utile, mais il est désormais utilisé de manière un peu trop univoque.

Maastricht et Amsterdam ou les gousses d'ail dans le traité

Contre le vampire communautaire prêt à venir sucer le sang des États, l'UE a ses gousses d'ail. Contre le diable, son eau bénite. Jusque-là l'Europe, mais pas plus loin ! *Vade retro, Satanas* !

Un premier aboutissement de l'ensemble de ces travaux est l'article 3 B de Maastricht. La formulation est solennelle (elle se trouve au début de la partie du traité qui constitue le « fronton » du temple, applicable aux trois piliers) : « La Communauté agit dans les limites des compétences qui lui sont conférées et des objectifs qui lui sont assignés par le présent traité. Dans les domaines qui ne relèvent pas de sa compétence exclusive, la Communauté n'intervient, conformément au principe de subsidiarité, que si et dans la mesure où les objectifs de l'action envisagée ne peuvent pas être réalisés de manière suffisante par les États membres et peuvent donc, en raison des dimensions ou des effets de l'action envisagée, être mieux réalisés au niveau communautaire. L'action de la Communauté n'excède pas ce qui est nécessaire pour atteindre les objectifs du présent traité. »

Quelque chose de la méfiance qui flotte dans l'air et se traduira dans le référendum danois (négatif) et français (positif de justesse) est déjà perceptible. Comme dirait Hamlet (en son château danois) : « *There is something rotten in the Kingdom... of Jacques Delors* » (« Quelque chose est corrompu au royaume de Jacques Delors. ») Pas un mot en revanche sur la nécessité d'affronter ensemble les questions pour lesquelles l'action commune est plus efficace. On revient à des conceptions antérieures aux réflexions de Spinelli et de Giscard d'Estaing.

L'un des documents les plus abscons de l'histoire communautaire est le protocole annexé au traité d'Amsterdam sur « l'application des principes de subsidiarité et de proportionnalité », développant l'article 3 B. Il contient des éléments utiles, tels que la définition du principe de proportionnalité (« l'action de la Communauté n'excède pas ce qui est nécessaire pour atteindre les objectifs du traité ») mais, dans l'ensemble, ces trois pages et demi indigestes semblent n'avoir pour seule raison d'être que de multiplier les verrous et les petites protections. Elles sont d'une telle complexité qu'elles révèlent bien qu'il y a un os.

Regardons le monde en face : faut-il continuer à être aussi mesquin ? Face aux États voyous et aux groupuscules terroristes qui rêvent de mettre à terre nos sociétés libérales, faut-il souhaiter une « prise de décision à un niveau aussi proche que possible des citoyens de l'Union » ? N'est-ce pas là pure démagogie ? Si nous avons enfin la lucidité de l'admettre, comment répondons-nous alors à la question essentielle qui nous est posée et que, pour nos enfants, nous ne devons pas éluder : comment donner à l'Europe les moyens d'exister ? En lui transférant les compétences qu'elle doit exercer en matière diplomatique, de justice, de police.

La Convention européenne : des progrès sensibles, une faille persistante

Pendant la Convention, la question de la subsidiarité a longuement été abordée, à la fois dans le rapport du groupe de travail I qui lui était entièrement consacré mais aussi dans les groupes relatifs aux parlements nationaux (IV) ou aux compétences complémentaires (V). Comme dans beaucoup de domaines, la Convention a bien mieux travaillé qu'une conférence intergouvernementale où les diplomates siègent derrière leur petite pancarte, à huis clos. Mais elle est restée un peu en deçà des besoins de l'Union.

Notamment grâce à un gros travail d'Alain Lamassoure, député européen proche de Valéry Giscard d'Estaing, soucieux de répondre aux demandes allemandes, une présentation plus claire des compétences a été adoptée. Le traité constitutionnel distingue plusieurs catégories de compétences :

- ✔ Les compétences exclusives de la Communauté : celle-ci intervient seule, toute incursion des États dans ces domaines est exclue (liste exhaustive) ;
- ✔ Les compétences partagées : les États membres restent compétents aussi longtemps que la Communauté n'est pas intervenue (liste non exhaustive) ·
- ✔ Les compétences en économie et en politique étrangère et de sécurité commune : deux blocs *ad hoc* (pas le capitaine de *Tintin*, mais correspondant à une politique particulière) ;
- ✔ Les compétences complémentaires ou domaines d'appui : la Communauté coordonne et d'encourage l'action des États membres.

Elles peuvent être regroupées grosso modo dans le tableau suivant :

Tableau 10-1 : Le partage des compétences au sein de la Communauté

Compétences exclusives de l'UE	Compétences partagées	Compétences ad hoc	Actions d'appui
L'Union seule légifère ou intervient	*Priorité à l'Union sur les États*	*Pas de règle générale*	*Pas d'harmonisation,concertation, cofinancements, etc.*
Union douanière	Marché intérieur	Coordination des politiques économiques et de l'emploi	Éducation
Concurrence (marché intérieur)	Politique sociale (en partie)	Politique étrangère et de sécurité commune	Formation
Politique de l'euro	Cohésion économique et sociale		Culture
Conservation des ressources de la mer	Agriculture et pêche		Jeunesse
Politique commerciale commune	Environnement		Sports
Conclusion de certains accords internationaux	Protection des consommateurs		Tourisme
	Transports		
	Réseaux européens		
	Énergie		
	Santé publique (en partie)		
	Recherche et développement		
	Justice et affaires intérieures		
	Coopération et aide au développement		

Les travaux de la Convention ont nettement permis de mettre en relief le besoin de cohérence de l'action externe de l'UE et apporté des améliorations sensibles comme la création d'un poste de ministre européen des Affaires étrangères ou l'octroi à l'UE de la personnalité juridique. Les résultats restent toutefois marqués, eux aussi, par une certaine méfiance envers le « centre ».

Un mécanisme d'alerte, confié aux Parlements nationaux a été créé avec un processus en deux étapes (carton jaune puis carton rouge) de surveillance politique de la Commission.

Les Parlements nationaux, ont un rôle important à jouer pour la diffusion des règles communautaires dans les États, pour la traduction pour les citoyens des décisions de Bruxelles. Ils peuvent en effet contribuer à rassurer les citoyens. S'ils exercent leur contrôle avec discernement, tout le monde y gagnera. Mais ce n'est pas sûr : nul ne peut exclure la tentation de la démagogie et de l'obstruction. En outre, il serait fâcheux de les transformer en simples gardes-champêtres de la subsidiarité chargés de vérifier que la Commission n'aille pas braconner dans le petit bois du Conseil ; ils ont mieux à faire. Les présidents de la délégation pour l'UE de l'Assemblée nationale et du Sénat français en sont tout à fait conscients.

Et maintenant ?

Idéalement, il faudrait poursuivre le renforcement du contrôle de subsidiarité mais lui redonner ses deux dimensions. D'une part pour empêcher que ne remontent au centre, en effet, les compétences qui sont mieux exercées de manière décentralisée (l'Union européenne n'a pas à s'occuper de tout et notamment pas de sujets sans incidence sur le Marché, sans impact international, il n'y a aucun doute là-dessus). Les Parlements nationaux doivent conserver un certain nombre de prérogatives. Mais d'autre part pour empêcher aussi que les gouvernements ne gardent par-devers eux des pouvoirs qui seraient mieux exercés en commun. La dispersion des moyens et des acteurs en matière d'action externe ou de lutte contre l'insécurité ou de contrôle de nos frontières nuit aux intérêts européens. C'est manifeste et il faut oser le dire.

Or si les verrous et procédures ont été multipliés pour se garder du premier travers, le deuxième péril est sous-estimé. Il serait temps de dire que l'Europe n'est pas, en tant que telle, un ennemi ou un danger. Elle est notre planche de salut, notre avenir, notre seule chance de peser dans le monde. Créée pour mieux exercer la souveraineté, elle est incompatible avec un parti pris systématique anticentralisation. Monnet mettait en garde contre le fait que personne n'occupe « la place de l'Europe ». Les problèmes actuels viennent souvent de ce que plus personne ne défend les intérêts communs de l'Europe. L'heure est au repli. Et c'est triste.

Troisième partie

Les institutions : meurtre dans un jardin anglais (et un château bordelais)

Dans cette partie...

Nous allons voir quels sont les différents organes européens et comment ils interagissent. Ces dernières années, la réforme de ce que l'on appelle souvent dans le jargon les « institutions » a accaparé une bonne partie de l'énergie européenne. Pour comprendre comment cela marche, vous devez remplir une petite formalité : vous êtes prié d'assassiner Montesquieu. Si, si, vous avez bien lu, cette partie commence par une incitation au meurtre. Faire disparaître un juriste exceptionnel, seigneur de la Brède, producteur d'un vin renommé, bon vivant, peut paraître excessif ; c'est pourtant indispensable. Et tant que vous y êtes, éliminez aussi John Locke, philosophe anglais, professeur à Oxford.

Leur crime ? Tous deux ont élaboré la théorie de la séparation des pouvoirs. Vous vous rappelez sûrement vos cours d'instruction civique : pour bien organiser le pouvoir politique, il faut distinguer la fonction législative (qui consiste à créer les règles), la fonction exécutive (ou de gouvernement) et la fonction judiciaire (la justice, le règlement des litiges). Cette innovation mérite-t-elle le châtiment suprême ? Naturellement non. En inspirant les rédacteurs de la Constitution américaine de 1787 et de la Déclaration des droits de l'homme et du citoyen de 1789, ces deux philosophes des Lumières ont rendu un grand service à l'humanité. L'appel au meurtre est-il donc pure jalousie de la part d'un auteur misérable condamné à écrire *L'Europe pour les Nuls* quand ceux-ci ont rédigé les *L'Esprit des lois* ou *L'Essai sur la tolérance* ? Peut-être… Mais nous avons surtout voulu vous faire retenir une chose : si vous essayez de plaquer la logique de la séparation des pouvoirs sur celle de l'Union européenne, vous ne comprendrez pas bien son fonctionnement.

Une partie du grand malentendu entre les Européens et l'Europe vient de là. Par choix et par nécessité aussi, les fondateurs ont inventé une autre organisation. Si on l'observe avec les lunettes des traditions des États, on trouve l'Europe biscornue ! En réalité, ce n'est pas si sorcier. Les institutions européennes sont au nombre de quatre : le Parlement (où sont représentés les citoyens), le Conseil (où sont représentés les États), la Commission et la Cour de justice. Sur cette dernière, vous savez déjà tout depuis le chapitre 9. Sa fonction est assez simple : c'est le juge communautaire. Nous n'y reviendrons pas. Entre les trois autres, qu'on nomme couramment le « triangle », c'est plus compliqué. Leur rapport ne répond pas à la traditionnelle séparation des pouvoirs.

Le pouvoir législatif est exercé par le Conseil et le Parlement européen ensemble (pour marquer la double nature de l'UE, union d'État et union de citoyens). Le pouvoir exécutif appartient au Conseil, mais il le délègue parfois à la Commission voire, dans certains cas, au Parlement ! En matière de politique étrangère et de justice et d'affaires intérieures, c'est le Conseil qui est le chef de file. Enfin la Commission, indépendante des États, est là pour préparer les textes européens. Elle exerce certains pouvoirs directement (en matière de concurrence notamment) et, exceptionnellement, peut représenter l'UE sur la scène internationale.

À partir de là, il est facile de dire que l'UE est bancale, marche mal, n'est pas à la hauteur de nos traditions politiques ou souffre d'un déficit démocratique. C'est en partie vrai, et il faudra y remédier. Mais ces critiques oublient parfois la grandeur et la difficulté de l'entreprise : lorsque ce meccano institutionnel a été inventé, les Européens venaient à peine d'enlever leur treillis ! Huit ans avant la création de la CECA, les discussions se faisaient encore à coups de mitraillette. Imaginer un Parlement ou une Cour suprême européens rassemblant des délégués venant de pays ex-belligérants exigeait une rare hauteur de vue. De même, si nous ne sommes pas toujours sur la même longueur d'ondes que les nouveaux venus de l'Est, n'oublions pas leurs décennies d'isolement dans le glacis communiste. L'Europe revient de loin.

Bref, dépassons le niveau des pâquerettes et enlevons nos œillères. Prenons conscience de l'originalité de l'UE sans oublier que, dans nos États eux-mêmes, la théorie de la séparation des pouvoirs est loin d'être bien respectée. En France notamment, où ce qu'on appelle le parlementarisme rationalisé met le Parlement sous tutelle de l'exécutif et où le pouvoir judiciaire est fragilisé. Et puis, rassurez-vous. Nous n'allons tuer personne : Locke et Montesquieu sont déjà morts, respectivement en 1704 et 1755. L'UE reconnaît le droit à la vie.

Chapitre 11

Du côté des peuples, le Parlement européen

*L*e Parlement européen est l'assemblée où siègent des députés élus au suffrage universel par tous les citoyens européens. Seul Parlement supranational au monde élu directement, il contribue à façonner l'UE : si celle-ci n'est pas une organisation internationale ordinaire où seuls des gouvernements coopèrent (et s'étripent), si elle n'est pas seulement une Union d'États mais aussi de citoyens, c'est parce que le Parlement fait vivre la démocratie supranationale.

Des trois organes de ce qu'on appelle le triangle institutionnel, c'est le moins déroutant car il exerce grosso modo les fonctions de nos Parlements : législation, budget, contrôle des autres organes (nous verrons ensuite en détail ses forces et ses faiblesses dans chacun de ces domaines).

Commencer par le Parlement est donc bon pour le moral : en observant l'évolution de cet organe, il apparaît clairement que la démocratie européenne a énormément progressé depuis 1950. Peu à peu, il devient un vrai Parlement, même s'il reste encore du chemin à parcourir avant d'en faire l'équivalent de Westminster, qui peut « tout sauf transformer un homme en femme », comme dit le dicton anglais (nous n'en demanderons d'ailleurs pas tant à notre Parlement de Strasbourg). Il a tellement récupéré de pouvoirs qu'on peut même se demander si le triangle institutionnel n'est pas déséquilibré.

De tous les organes, c'est aussi celui qui résiste le mieux à l'élargissement : dans une assemblée aussi grande, le nombre des États, l'hétérogénéité, les divergences sont atténués : la sensibilité politique joue autant que l'appartenance nationale et les nouveaux sont plus rapidement incorporés.

De l'Assemblée parlementaire à l'élection directe

DANS LE TEXTE

Les fondateurs de l'Europe ont expressément voulu que la CECA – qui ne traite pourtant que de charbon et d'acier – ou la CEE comptent une assemblée au nombre de ses organes, comme c'est aussi le cas au Conseil de l'Europe. Robert Schuman explique en détail le risque « d'ankylose » que courent, selon lui, des services supranationaux qui échapperaient au contrôle des opinions publiques. Rejetant expressément la perspective d'une bureaucratie sans démocratie, il souhaite que « la population soit en état de suivre et d'aider le développement des institutions ». Et Schuman de conclure : « Il faudra donc, dans un avenir pas trop éloigné, prévoir l'élection, au suffrage universel direct, des membres de l'assemblée. » Voilà de quoi relativiser un peu le sempiternel reproche adressé aux fondateurs d'être des élites complotant contre les peuples !

La démocratie embryonnaire (1950-1979)

La démocratie communautaire des débuts est toutefois embryonnaire : l'assemblée n'a d'abord qu'un rôle consultatif. Elle est composée de délégués des Parlements nationaux et non de députés élus au suffrage direct. La création d'un État fédéral ayant été écartée au profit d'une coopération « fonctionnaliste », on ne commence pas par mettre en place un Parlement détenteur de la souveraineté populaire. On part de la souveraineté des États et on la met en bouquet ; l'assemblée est ainsi « composée des représentants des peuples des États réunis dans la Communauté. »

D'emblée, un article du traité de Rome (138) prévoit expressément le passage à l'élection directe. Mais, sur cette évolution, le Conseil doit décider à l'unanimité. Pendant longtemps, la France s'y oppose. La démocratie progresse, mais de manière un peu saccadée : à partir du milieu des années 1970, l'assemblée récupère des pouvoirs budgétaires (en 1975 notamment, par la création des ressources propres) avant même que le principe de son élection directe ne soit acquis (en 1976, grâce à la détermination de Valéry Giscard d'Estaing).

L'élection au suffrage universel direct (1979)

Le premier scrutin direct est organisé en juin 1979. À peine élu, ce Parlement prend son rôle à cœur :

✔ En décembre 1979, il rejette le projet de budget pour 1980, à une confortable majorité.

✔ À l'initiative du député italien Altiero Spinelli (voir chapitre 5), les députés européens rédigent un projet de traité d'Union européenne très communautaire dans son esprit, mais mesuré dans la forme et la substance.

Assemblée ou Parlement ?

La querelle de la dénomination reflète un désaccord profond sur la nature de l'institution. « Assemblée commune » dans le traité CECA et « Assemblée » dans le traité de Rome, elle prend la décision, en 1958, de se nommer « Assemblée parlementaire européenne ». En 1962, elle se fait appeler « Parlement ». Cela ne plaît guère au Conseil ! S'ensuit une nouvelle période de relative incertitude sur sa dénomination. La déclaration solennelle sur l'Union européenne, adoptée à Stuttgart en 1983 par le Conseil, emploie le mot « Parlement européen » en même que celui d'« Assemblée » : cela flotte encore… Il faudra attendre l'Acte unique pour fixer le nom de « Parlement ».

Des élections encore trop nationales

Le mode d'élection revêt une importance capitale : selon que se déroulent 27 débats séparés ou un seul débat à l'échelle de l'Europe, l'enjeu du scrutin est très différent. Hélas, à cet égard, la pratique est un peu décevante : bien que le traité instituant la Communauté européenne invite à adopter une procédure électorale uniforme, ce n'est toujours pas le cas dans les faits.

L'absence de procédure uniforme

Le débat reste encore trop cloisonné. Il faut dire que les élections sont étalées sur quatre jours, du jeudi au dimanche. En raison des traditions différentes d'un État membre à l'autre, nous dit-on. Honte aux petits esprits qui se cachent derrière de tels arguments ! Quand il s'agit de faire progresser la démocratie en Europe, les gouvernements devraient accepter de bousculer quelques habitudes.

Selon les pays, les députés sont élus selon des modalités différentes. Un accord a toutefois pu être trouvé sur quatre points :

✔ Le scrutin est quasiment partout un scrutin proportionnel de liste.

✔ Les listes peuvent être nationales ou régionales. La plupart des États très peuplés ont déjà adopté les listes régionales (Allemagne, Italie, Pologne, France, Royaume-Uni par exemple). Pour les tout petits pays, la circonscription nationale unique a plus de sens.

> ✔ Seuls les partis ayant obtenu au moins 5 % des suffrages exprimés se voient attribuer des sièges.
> ✔ Le vote peut être préférentiel. Par exemple, en Finlande, vous pouvez mettre en tête de liste le candidat de votre choix (flatteur pour les ego chatouilleux).

L'application de la proportionnelle, les conditions de cumul des mandats, de vote et d'éligibilité comme la promotion de la parité restent décidées au niveau des États.

Des partis qui s'internationalisent doucement

Peu à peu, une vie politique proprement européenne est née.

La création de partis transnationaux

Le Parti populaire européen (PPE) regroupe les conservateurs (notamment UMP français, CDU-CSU allemande, PP espagnol, conservateurs britanniques). À gauche, le Parti socialiste européen (PSE) rassemble les socialistes et sociaux-démocrates (PS français, SPD allemand, etc.). Le Parti vert européen et l'Alliance des libéraux et des démocrates pour l'Europe (composée de l'UDF française, de la Margherita italienne, des libéraux britanniques) sont venus compléter le paysage. À l'extrême gauche, le Parti de la gauche unitaire européenne (GUE) s'est également constitué comme parti européen.

C'est un progrès, même si au sein de chaque famille de grandes différences subsistent : au sein du PPE, la CDU allemande, proeuropéenne voire fédéraliste, doit cohabiter avec les conservateurs britanniques dont certains veulent quitter l'UE ! Dans l'UMP, il y a les gaullistes historiques et les anciens UDF, nettement plus allants. Sans compter que, sur certains sujets de fond, les étiquettes « droite » et « gauche » ne signifient pas la même chose selon les pays : pour nombre de nos partenaires, avec ses discours réservés sur la globalisation ou le capitalisme, Jacques Chirac devrait siéger tout à gauche de l'échiquier européen ! Sur la laïcité, certains députés PPE français se sentent plus proches des élus socialistes français que de leurs collègues chrétiens démocrates. Quant aux critiques proférées par une frange du PS français lors du référendum de 2005, il renvoie ses membres dans une sorte de Jurassic Park idéologique déserté depuis belle lurette par les sociaux-démocrates du PSE.

Un statut et des financements pour les partis politiques européens

Le rapprochement a été facilité par l'évolution du droit : depuis 2004, l'UE s'est dotée d'un règlement relatif au statut et au financement des partis politiques au niveau européen. Ce texte fixe les conditions nécessaires à la reconnaissance d'un parti politique comme parti européen, ce qui ouvre droit au financement communautaire (jusqu'à 8,4 millions d'euros par an). Pour y prétendre, un parti doit disposer d'une implantation minimale dans plusieurs pays de l'UE. Le règlement impose aussi des règles de transparence dans la gestion. Les sommes allouées sont strictement réservées aux actions européennes.

Ce dispositif va dans le bon sens même s'il reste encore beaucoup de chemin à parcourir pour que le scrutin européen soit digne de ce nom.

Quand l'électeur boude

Lors des élections de juin 2004, les taux de participation ont été particulièrement bas. C'est très préoccupant. Dans les anciens États membres, l'accroissement des pouvoirs du Parlement européen ne suffit manifestement pas à donner du souffle aux élections : plus de 50 % des Français et des Allemands sont allés à la pêche au lieu d'aller voter et ce sont 60 % des Néerlandais qui ont boudé le scrutin. Dans les nouveaux États membres, ces taux atteignent des proportions encore plus inquiétantes : 80 % des Slovaques et des Polonais et 75 % des Tchèques et des Slovènes ont boudé le droit qui leur a été reconnu de participer à leurs premières élections européennes.

À qui la faute ? Une petite anecdote en dit long sur le sujet.

Interrogé début janvier 2004 sur l'importance de ce scrutin au vu des nouveaux pouvoirs du Parlement et l'arrivée massive de nouveaux membres, un conseiller d'un de nos ministres a eu cette formule choc : « Les européennes, pour les partis, faut pas se faire d'illusions : ce sera la poubelle des régionales » (*sic* – source : conversation avec l'auteur.)

La qualité de certains parlementaires européens dément ce cynisme, mais ce conseiller n'avait pas entièrement tort non plus : dans l'absolu, la nécessité de renforcer l'influence de la France en Europe est souvent évoquée. Lorsque se profilent des nominations ou des élections, le copinage prend, hélas, souvent le dessus sur les considérations stratégiques.

Des pouvoirs croissants

Le Parlement européen a trois fonctions principales :

- Exercer le pouvoir législatif (en partage équitable avec le Conseil) ;
- Contrôler les institutions, notamment la Commission ;
- Exercer une part du pouvoir budgétaire.

Un pouvoir législatif partagé équitablement avec le Conseil

Dans la plupart des domaines, le Parlement et le Conseil partagent le pouvoir de créer les règles (directives) européennes : c'est la procédure dite de *codécision* introduite par le traité de Maastricht en 1992, complétée à Amsterdam en 1997.

La codécision : tout le monde est chocolat

Sans entrer dans les détails techniques, retenons que Parlement et Conseil travaillent ensemble sur la base d'une proposition de la Commission. Pour surmonter d'éventuels désaccords, une procédure de navette entre le Parlement et le Conseil est prévue, pouvant aboutir si nécessaire à la constitution d'un comité de conciliation.

Dans la plupart des ouvrages, les auteurs font un beau schéma avec plein de flèches dans tous les sens pour expliquer le parcours d'un texte d'une institution à l'autre. Cela ne nous a pas semblé indispensable. La procédure ne diffère guère de celle qui existe dans les États où deux chambres se partagent le pouvoir législatif. Si un lecteur soutient que cette navette est complexe (ou déplore qu'elle ne soit pas expliquée en détail), il recevra un gage : il devra lire (en allemand ou même, s'il le veut, en français) la description de ce qu'est le *Vermittlungsausschuss* qui remplit la même fonction entre le Bundestag et le Bundesrat. Bon courage !

Avec le traité de Nice (régime juridique actuel), le champ de la codécision couvre environ 37 domaines, qui touchent notamment au marché intérieur et aux politiques sectorielles (marché, environnement, culture, éducation, santé publique, libre circulation des travailleurs, reconnaissance mutuelle des diplômes, réseaux transeuropéens, etc.) Avec le traité constitutionnel, la codécision, étendue à environ 80 domaines, serait devenue la règle.

ATTENTION !

Mensonge autour de la directive Bolkestein

Lorsqu'au printemps 2005, la « directive Bolkestein » sur les services – qui n'était alors qu'une proposition de la Commission – a été présentée comme un texte susceptible de s'appliquer en l'état, les Français ont été trompés.

La proposition de la Commission contestée a été examinée :

✔ Par les Parlements nationaux, en vertu de leurs prérogatives respectives (en France, sur la base de l'article 88-4 de la Constitution, un débat a lieu) ;

✔ Par le Parlement européen qui, en commission spécialisée, a procédé à de nombreuses auditions. Elle a ensuite été débattue en plénière et le texte final a été voté dans les mêmes termes par le Parlement et le Conseil en tenant compte des nombreux amendements introduits à l'initiative du rapporteur parlementaire Mme Gebhardt (PSE, Allemagne). Le principe du pays d'origine, consistant à appliquer la loi du pays d'où vient le prestataire de services, très controversé, a notamment été abandonné.

Chacun est libre de penser ce qu'il veut d'un projet de texte européen. Il est même sain, en démocratie, qu'un débat existe. Encore faut-il expliquer honnêtement les étapes de la procédure.

Certains racontent que l'Europe n'est pas démocratique. Cela reste à prouver… Petite mise au point sur le soi-disant déficit démocratique de l'UE : à l'heure actuelle, deux tiers des « lois » européennes (directives) sont adoptés conjointement par le Parlement européen et le Conseil, placés sur un pied d'égalité ! Dans cette procédure, la Commission propose, mais ce sont deux instances composées d'élus qui décident. Précisons que le Parlement européen, c'est du 100 % élu (sans adjuvant ni conservateur). Si l'un des deux organes est moins démocratique que l'autre, c'est plutôt le Conseil. Surtout quand, s'agissant par exemple de la délégation française, il est parfois composé de ministres qui n'ont pas affronté le suffrage universel ! (Mais c'est pas là un problème de l'Europe, plutôt une anomalie franco-française.)

Cela ne signifie pas que les élus aient toujours raison. Ils font parfois des choix contestables. Nous prendrons volontiers un exemple. Le Parlement européen a ainsi porté une atteinte grave, inqualifiable et durable à l'un des éléments constitutifs de la civilisation européenne continentale. Il a mis en péril l'un des bienfaits de l'humanité : le chocolat !

La guerre du chocolat a bien eu lieu

L'Europe se partage entre deux types de pays. D'un côté, ceux qui possèdent une tradition gastronomique élaborée, capables de fabriquer du chocolat de qualité, en employant seulement du beurre de cacao. Pour ces tenants de la civilisation, l'appellation chocolat doit être réservée au produit noble, pur et préservé. Dans d'autres pays, des barbares racontent des carabistouilles : ils considèrent qu'un ersatz dans lequel le cacao est vulgairement mêlé à d'autres graisses végétales mérite aussi le nom de chocolat. .

Producteurs de cacao africains, club des croqueurs de chocolat et artisans d'un côté, industrie agroalimentaire des pays barbares de l'autre s'affrontent alors en un combat pluriel (et non singulier, à en juger par le nombre de lobbyistes mobilisés).

Le champ de bataille de cette guerre atroce fut le Marché unique. En vertu de la libre circulation des marchandises, les produits des barbares et des civilisés étaient vendus concurremment. La bataille fut homérique : En juin 2000, le Parlement européen et le Conseil finirent par autoriser l'utilisation, dans la fabrication du chocolat, de six catégories de matières grasses végétales à la place du beurre de cacao (argh !), tout en limitant leur pourcentage à 5 % du produit final (ouf !). Ils décidèrent aussi que le chocolat contenant des matières grasses végétales autres que le beurre de cacao devrait être étiqueté. Les substances seraient indiquées dans la liste des ingrédients (mais pas sur le dessus de la tablette ou de la boîte comme le souhaitaient les puristes).

Bilan du conflit : demi-défaite pour les amateurs de très bon chocolat et pour les pays producteurs de cacao. Mais il faut bien conclure des compromis. La victoire des autres n'est qu'un triomphe à 5 % sous réserve de la sournoiserie des étiquettes. Soyons positifs : la bonne solution consiste à faire découvrir aux barbares les douceurs exquises du vrai chocolat. Parions que si nos artisans font habilement connaître leurs produits, même les barbares deviendront accros. Il y a à Bruxelles, place des Sablons, un chocolatier dont vous me direz des nouvelles…

La consultation

En matière de politique étrangère, les vues du Parlement doivent en principe être prises en considération. De même, sur les questions de coopération policière et judiciaire en matière pénale, le Conseil est tenu de consulter le Parlement, qui a au moins trois mois pour répondre.

Ce pouvoir consultatif est vague. Dans la réalité, seul le Conseil (voire seuls certains États) s'occupent de la politique étrangère et de sécurité commune.

En effet, dans plusieurs domaines essentiels de la vie communautaire, le Parlement n'a qu'un rôle mineur : c'est le cas en matière de politique agricole commune, de commerce et même de concurrence. Dans son ouvrage *L'Europe en première ligne*, Pascal Lamy déplore qu'en dépit de l'accroissement du rôle du Parlement européen comme colégislateur, ce dernier reste toujours exclu de la prise de décision en matière de commerce international. Seuls les gouvernements des Quinze donnent alors mandat au commissaire ; c'est l'une des grandes différences entre l'Europe et les États-Unis, le Congrès américain étant tout-puissant en matière commerciale. En se privant de la force que donne, dans des négociations internationales, soit l'appui d'un Parlement élu au suffrage universel direct, soit la menace que, *in fine*, il retire son aval à l'accord négocié, l'UE affaiblit ses propres positions.

Pour compenser, depuis plusieurs années, le Parlement mène une certaine diplomatie parlementaire, invitant des dissidents, des résistants ou des personnalités auxquelles il estime devoir donner une tribune. Parfois, c'est une agitation aussi sympathique que vaine. D'autres fois, c'est plus justifié, comme dans le cas où le Parlement a offert une tribune au général Massoud.

LE SAVIEZ-VOUS ?
?

Le général Massoud à Strasbourg

En avril 2001, le général afghan Massoud s'est rendu à Strasbourg à l'invitation de la présidente de l'époque, Nicole Fontaine. L'objectif était de marquer la réprobation des Européens devant les atteintes répétées, de la part des talibans, aux droits fondamentaux et à la dignité de la personne humaine. Le Parlement européen voulait aussi soutenir les combattants afghans dans leur lutte : les talibans refusaient alors les soins médicaux aux femmes. Ils avaient aussi détruit deux bouddhas millénaires de Bamiyan. À cette occasion, les députés européens renouvellent leur appel au Pakistan et à Ben Laden pour qu'ils cessent de soutenir le régime taliban.

Tous les témoignages sur l'Afghanistan, pays martyr, comme les attentats terroristes du 11 septembre 2001, ont montré que les inquiétudes exprimées au Parlement européen étaient fondées.

Un pouvoir budgétaire incomplet

Depuis la réforme de 1975, le Parlement européen a vu ses pouvoirs s'accroître en matière budgétaire, notamment sur les dépenses dites non obligatoires, c'est-à-dire les dépenses qui ne concernent pas la PAC, comme les fonds structurels par exemple. Il donne également décharge à la Commission sur l'exécution du budget.

Comparés à ceux d'un Parlement national, ces pouvoirs sont réduits, même s'il faut avoir l'honnêteté de reconnaître que, dans certains États comme la France, les pouvoirs réels du Parlement national sont bien inférieurs à ses pouvoirs formels, l'essentiel du budget étant reconduit chaque année.

Il n'en demeure pas moins que nos démocraties reposent sur un principe venu d'Angleterre, en vertu duquel il n'y a pas de prélèvements fiscaux sans autorisation des élus du peuple (« *No taxation without representation* »). En France, le principe posé par la Déclaration des droits de l'homme de 1789 est celui du « consentement à l'impôt ». C'est la raison pour laquelle la question des pouvoirs du Parlement européen en matière de budget n'est pas technique, mais au contraire éminemment politique. Passer de ce système artisanal à une UE dotée d'un budget, de ressources propres et d'un droit à l'emprunt constitue l'un des défis de demain. Une Europe forte est à ce prix.

Le fait qu'il n'y ait pas, au Parlement européen, de véritable débat budgétaire sur toutes les recettes et toutes les dépenses, entraîne de graves conséquences. Notamment, la solidarité s'effiloche : le recours accru à des contributions nationales encourage bien des pays à raisonner comme jadis Margaret Thatcher : « *I want my money back.* » Si cette tendance se perpétue, l'UE ne sera plus en mesure d'exercer une fonction redistributive : tant pis pour les plus pauvres, tant pis pour la croissance que ces investissements chez nos voisins pourrait induire et tant pis pour les ambitions communes des origines.

Lors des négociations des perspectives financières pluriannuelles pour la période 2007-2013, six États (dont la France et l'Allemagne) ont ainsi voulu limiter le budget européen à 1 % du PIB.

Par ailleurs, notons que si le Parlement touchait au porte-monnaie des électeurs européens (même dans des proportions minimes et encadrées), ils iraient peut-être voter en plus grand nombre et prendraient cette institution plus au sérieux.

Des pouvoirs de contrôle étendus

Lors de la nomination de la Commission, le Parlement peut écarter certains candidats commissaires jugés incompétents, parce que ayant des difficultés à respecter les valeurs européennes ou étant pris dans d'éventuels conflits d'intérêt.

La sauvegarde des valeurs européennes

Ainsi, lors de la désignation de la Commission Barroso, le Parlement a écarté Rocco Buttiglione, candidat commissaire de nationalité italienne, pressenti pour le portefeuille de la Justice et des Affaires intérieures, en raison de ses propos sur l'homosexualité et le rôle des femmes. (Il avait notamment déclaré : « Le mariage a été créé pour permettre à la femme de faire des enfants et d'être protégée par un mâle. ») Le socialiste hongrois Laszlo Kovacs a été mis en cause pour une connaissance insuffisante des dossiers d'énergie. Rocco Buttiglione a bien été éliminé au profit de Franco Frattini. En revanche, le gouvernement hongrois refusant de se dédire, Laszlo Kovacs a été affecté à un autre portefeuille.

Autres exemples au dénouement heureux pour les candidats : après avoir émis des doutes, le Parlement a finalement accepté de laisser Mariann Fischer Boel, propriétaire d'une exploitation agricole au Danemark, devenir commissaire en charge de l'agriculture et la Néerlandaise Nelly Kroes prendre le portefeuille de la concurrence, en dépit de ses liens avec de nombreuses entreprises.

À première vue, ces procédures laissent une impression d'insatisfaction. On se demande : alors finalement, des personnes peu capables ou engluées dans des conflits d'intérêt peuvent arriver aux fonctions importantes de Commissaire ? Ne faisons pas d'erreur optique : les auditions devant les commissions spécialisée du Parlement européen sont longues et difficiles (voir l'encadré « Grand oral démocratique » sur l'audition de Pascal Lamy, chapitre 13).

Dans les États membres, en France notamment, ces procédures sont purement et simplement inconnues. Depuis quand le Parlement aurait-il son mot à dire dans la composition d'un gouvernement ou sur la compétence des ministres ? Ce serait pourtant utile à en juger par le caractère pittoresque de certaines nominations… Au niveau européen, les cas problématiques ne sont probablement pas plus nombreux qu'au sein de nos États. C'est l'existence de contrôles, la transparence exceptionnelle de ces auditions qui grossit leur importance. L'Europe nous tire vers le haut et c'est une bonne chose.

Le pouvoir de censure

Le Parlement a également le droit, par une motion de censure, de renverser la Commission dans son ensemble. En 1999, il a conduit la Commission Santer à démissionner (voir encadré). La sanction d'une indélicatesse commise par un seul commissaire était sévère, elle a porté à l'institution un coup en partie immérité. Il n'en demeure pas moins que cette étape marque un tournant dans l'histoire communautaire. Le Parlement a montré qu'il n'était pas un figurant, mais un acteur majeur du jeu institutionnel.

Pour finir, mentionnons que le Parlement européen dispose d'un pouvoir important pour certains traités : accords d'association conclus avec des pays voisins, de coopération ou pour l'adhésion de nouveaux membres. Dans tous ces cas, son avis conforme est requis. Le Conseil ne peut donc passer outre un éventuel avis négatif. Jusqu'à présent, le Parlement a fait usage de ce pouvoir avec discernement. La candidature assez controversée de pays comme la Turquie pourrait donner lieu, à l'avenir, à des prises de position plus radicales, notamment du groupe PPE qui y est hostile.

Une dent contre Cresson ?

Eu égard à certaines pratiques des cabinets ministériels français, les faits peuvent paraître véniels : une personne proche de la commissaire Édith Cresson, dentiste de son état, originaire de Châtellerault dont ladite commissaire a longtemps été maire, a bénéficié à la Commission d'un emploi de complaisance. La justice belge, saisie du dossier, n'a pas sanctionné pénalement Édith Cresson. Mais dans la plupart des pays de l'UE, ce genre de comportement entraîne aussitôt démission de l'élu mis en cause. Cette indélicatesse aurait dû déboucher sur le départ de la commissaire et d'elle seule. D'autant plus que le contrat avait été passé sous son autorité, sans recours à des procédures collégiales.

Si le gouvernement français avait cessé de soutenir Édith Cresson, il n'y aurait pas eu de tremblement de terre. Dans notre belle République, hélas, les autorités (de cohabitation) ont considéré qu'un ancien Premier ministre de la République ne pouvait être « lâché ». Le 15 mars 1999, à la suite d'un rapport d'expert particulièrement sévère, le Parlement européen s'apprête à voter la censure collective. La Commission Santer s'en va. Il n'a plus été fait usage de la censure depuis cette date.

Le Parlement européen dispose enfin d'une prérogative importante dans les procédures mises en œuvre contre un État membre en cas de violation grave et persistante des droits fondamentaux. Là encore, il joue un rôle incontournable de garant des libertés publiques et de l'état de droit.

La vie du Parlement

Les activités du Parlement, c'est-à-dire de ses députés, se répartissent entre Strasbourg et Bruxelles. Différentes commissions sont créées au gré des questions que doit résoudre l'institution. Voyons ici comment est organisée la vie parlementaire.

Des députés indépendants

Les députés européens sont élus pour cinq ans. Les prochaines élections auront lieu en 2009 pour attribuer 736 sièges (dont 33 à la Roumanie et 17 à la Bulgarie). En attendant cette date, avec l'entrée de la Roumanie et de la Bulgarie, le nombre des députés est exceptionnellement porté à 784.

Sous réserve des dispositions en vigueur dans chaque État, le cumul avec la députation nationale ou d'autres mandats locaux est autorisé. En revanche, de nombreuses incompatibilités européennes existent (par exemple avec la qualité de commissaire, de membre d'un gouvernement national siégeant au Conseil ou de juge à la Cour). En l'absence d'incompatibilité avec des activités privées, le Parlement a établi un système de déclaration des intérêts financiers des membres. Un député amené à traiter d'une affaire dans laquelle il pourrait avoir un intérêt doit le déclarer. Notons que le Parlement, si sourcilleux avec les commissaires, si prompt à se poser en cavalier blanc n'a pas édicté pour lui-même des règles aussi strictes que celles qu'il impose à la Commission…

Dans l'exercice de leurs fonctions, les députés européens sont protégés par des immunités. La levée de celle-ci demeure exceptionnelle.

Jusqu'à présent, les rémunérations des députés européens, souvent calquées sur les salaires des députés nationaux, étaient très variables d'un pays à l'autre. Avec l'arrivée des députés des nouveaux États membres, la disparité aurait été trop forte. Après presque dix ans de négociations entre le Parlement européen et le Conseil, un nouveau statut a été adopté en septembre 2005. Il s'appliquera à la prochaine législature (après 2009). Ce nouveau statut prévoit un salaire uniforme de 7 000 euros mensuels soumis à l'impôt communautaire, assorti d'indemnités pour financer les collaborateurs, organiser le bureau, financer les voyages ainsi que les besoins en formation linguistique.

La transhumance entre Strasbourg et Bruxelles

Le visiteur qui se promène dans les couloirs du Parlement, à Bruxelles, ne peut manquer d'être intrigué par de grandes malles de fer, un peu cabossées, qui traînent devant les bureaux… Dossiers et matériel attendent de partir pour Strasbourg. Sans doute était-ce ainsi lorsque la cour du roi de France allait de château en château, au gré des chasses royales. La « Cour », composée des fonctionnaires communautaires, des commissaires, de journalistes, de lobbyistes suit le Parlement à la trace. C'est la semaine de Strasbourg. Le caravansérail s'ébranle.

En effet, le Parlement partage son temps entre plusieurs villes : par une décision expresse du Conseil européen d'Édimbourg, en 1992, son siège a été définitivement fixé dans la capitale alsacienne. Les députés y passent environ quatre à cinq jours par mois. De nombreuses séances ont lieu à Bruxelles, où ils ont leur principale implantation, où vivent leurs collaborateurs et où siègent les commissions. Quant à l'administration du Parlement, pour faire simple, elle est à… Luxembourg.

La multiplicité des sièges a ses avantages : elle reflète mieux le caractère décentralisé de l'Union. Mais la mobilité a un coût : deux hémicycles ont été construits à grands frais. En l'absence de trains rapides entre Strasbourg entre Bruxelles et de liaisons faciles depuis Strasbourg vers le reste de l'Europe, la transhumance fait perdre beaucoup de temps. Quant au coût écologique de ce grand déménagement mensuel, il reste à chiffrer…

Le flacon et l'ivresse

Les autorités françaises se sont battues pour conserver à tout prix le siège du Parlement européen à Strasbourg. C'est d'autant plus étonnant que, pendant longtemps, notre pays n'a accordé aucun intérêt à cette institution. Le général de Gaulle s'opposait farouchement à son élection directe ; la répugnance traditionnelle des hommes politiques de la Ve République pour les assemblées et la légendaire frivolité française ont fait le reste : même les têtes de liste aux élections n'y siégeaient pas. De nombreux députés choisissaient des commissions moins stratégiques ou étaient souvent absents. Pendant ce temps, les Allemands, forts de leur expérience du Bundestag, de même que les Britanniques et d'autres, occupaient les postes clés, où se prennent les directives ayant des incidences économiques. Heureusement, aujourd'hui, les choses changent. Mais pendant longtemps, il a suffi aux Français d'avoir le flacon pour éprouver l'ivresse…

L'élection de la présidence : stratégie ou courtoisie ?

Le Parlement compte un président qui a des fonctions de représentation et un certain pouvoir budgétaire, entouré de quatorze vice-présidents. Depuis l'élection directe, le président est élu pour deux ans et demi (c'est-à-dire la moitié du mandat parlementaire). Les deux groupes principaux, PPE et PSE, se partagent le poste. Ces petits arrangements entre amis ont contribué à faire du Parlement un lieu de démocratie apaisée, mais le privent aussi de relief.

Les électeurs ne reconnaissent pas le résultat de leur vote. Des personnalités de renom qui n'appartiennent pas aux formations les plus nombreuses n'ont aucune chance d'accéder à certaines fonctions. Ainsi, en 2004, le premier Parlement européen de l'Europe élargie a préféré le socialiste Josep Borrell à l'ancien dissident Bronislaw Geremek, grand historien polonais. La tactique a supplanté le sens de l'Histoire, quels que soient par ailleurs les mérites de M. Borrell, remplacé depuis janvier 2007 par un conservateur, Hans Gerd Pottering.

Le travail des commissions parlementaires

Au Parlement européen, à l'instar de ce qui se fait dans les Parlements nationaux, le travail en séance plénière est d'abord préparé par des commissions spécialisées. Celles-ci jouent un rôle décisif dans l'élaboration de la législation. Elles se réunissent une ou deux fois par mois à Bruxelles et leurs débats sont publics.

Les députés choisissent leur commission en fonction de leurs souhaits, de leurs compétences et des équilibres politiques qui reflètent ceux de la plénière. Contrairement à ce qui se passe en France, c'est le Parlement lui-même qui en fixe le nombre : vingt commissions permanentes pour la présente législature contre dix-sept auparavant. Citons-en quelques-unes : marché intérieur et protection du consommateur, contrôle budgétaire (dite « cocobu »), affaires économiques et monétaires, commerce international, mais aussi affaires étrangères ou libertés civiles, justice et affaires internationales ou encore droits de la femme et égalité des sexes.

LE SAVIEZ-VOUS ?
?

Quel rapporteur !

Le rapporteur d'une commission parlementaire est un personnage clé des institutions européennes. Lorsqu'une commission travaille sur une proposition de textes de la Commission européenne, à examiner en codécision avec le Conseil, ou lorsqu'elle rédige un rapport de sa propre initiative sur un sujet d'actualité, elle désigne, après discussion entre les groupes politiques qui composent le Parlement, un rapporteur. C'est lui qui auditionne les experts, noue des contacts avec des organisations de la société civile, des industriels ou groupes de pression, et qui est chargé de se faire une opinion sur le texte. Une fois son rapport rédigé, il le présente à la Commission à laquelle il appartient, qui en débat et, le cas échéant, l'amende, le plus souvent dans la ligne qu'il propose. Une fois voté en Commission, le rapport est transmis à l'assemblée plénière. Celle-ci débat, examine les amendements proposés puis procède au vote.

Au moment de l'investiture de la Commission européenne, ce sont les commissions parlementaires permanentes qui assurent l'audition des commissaires désignés. En cas de besoin, le Parlement peut créer des commissions temporaires ainsi que des commissions d'enquête, chargées de se prononcer sur des dysfonctionnements de l'administration communautaire, voire des irrégularités.

Une commission d'enquête a ainsi été créée en 1997 pour évaluer l'action de la Commission européenne pendant la crise de la vache folle. Il est assez étrange qu'elle n'ait pas abouti à la censure de la Commission alors que des erreurs graves, dans un domaine aussi sensible que la santé publique, ont été avérées, notamment une tendance à privilégier les intérêts économiques de la filière bovine. Sans doute les esprits n'étaient-ils pas mûrs pour la censure. Désormais, il y a fort à parier que le Parlement européen n'hésiterait pas.

Si la séparation des pouvoirs n'existe pas dans l'UE selon les formes imaginées par Locke et Montesquieu, l'évolution de l'UE vers plus de parlementarisme y pousse assurément. Un peu de contrôle mutuel ne fait pas de mal. La procédure qui favorisera les contrôles sans détruire le fragile équilibre du triangle institutionnel reste à inventer. L'idée, souvent évoquée d'une possible dissolution du Parlement pourrait être une piste. La difficulté est de savoir par qui et comment, dans ce ménage à trois (Parlement, Conseil et Commission), elle pourrait être mise en œuvre.

L'organisation linguistique du Parlement : Babel-sur-Bas-Rhin ?

Aux origines, la Communauté des Six utilisait quatre langues (français, italien, allemand et néerlandais). Organiser la traduction simultanée des débats de l'Assemblée parlementaire était facile ! Aujourd'hui, l'UE utilise 23 langues ! C'est une autre paire de manches.

Concrètement, les interprètes sont assis dans des petites cabines de verre situées dans la partie supérieure de la salle. Ils sont trois par cabine, soit 60 interprètes par plénière. Avec les élargissements et l'apparition de langues rares (le finnois par exemple), la difficulté s'est corsée. En principe, un interprète traduit de la langue étrangère vers sa langue maternelle (il fait de la version, pas du thème). Compte tenu du faible nombre de personnes compétentes disponibles sur le marché pour les langues rares, la pratique du retour (consistant à faire faire du thème et non de la version) a été développée. Le recours à une langue relais est aussi de plus en plus fréquent (on traduit ainsi du finnois en anglais puis de l'anglais en maltais…).

Les coûts sont importants mais l'exigence de transparence (les débats sont publics) et d'égalité des députés (polyglottes ou non) ne peut être satisfaite qu'à ce prix. Mais il faudrait rester raisonnable : certains États commencent à demander des interprétations en langues régionales (catalan, galicien, etc.) Le 1er janvier 2007, le gaélique est devenu langue officiel. Jusqu'où ira-t-on ?

D'ores et déjà, la plupart des réunions informelles ne donnent pas lieu à ce dispositif lourd et se font en anglais (de plus en plus) et en français (de moins en moins). Sur les sites Web de la Commission ou des autres instances communautaires, la domination anglophone ne cesse de se faire sentir. Les changements en une dizaine d'années sont stupéfiants.

La physionomie du Parlement

À quoi ressemble le Parlement ? Voici quelques indications sur ses nuances de couleur politique et la représentation des différentes nationalités.

Les tendances politiques

Plusieurs tendances politiques se dégagent :

Tableau 11-1 : Composition du Parlement élu en 2004	
PPE (conservateurs)	264
PSE (groupe socialiste)	200
ADLE (Alliance des démocrates et libéraux)	90
Union pour l'Europe des nations	44
Verts-Alliance libre européenne	42
Gauche unitaire	40
Groupe indépendance démocratique	23
Non-inscrits	28

À l'heure où ce livre est imprimé, les 35 parlementaires roumains et les 18 parlementaires bulgares arrivés au 1er janvier ne sont pas encore répartis entre les groupes.

Petite précision : pour créer un groupe politique européen, il faut réunir au moins dix-neuf députés venant d'au moins cinq États membres différents, sachant qu'il est interdit d'adhérer à plusieurs groupes politiques. Il est néanmoins possible de faire partie des non-inscrits.

Les origines nationales

Compte tenu des différences de taille des États, les députés représentent un nombre d'habitants très variable d'un pays à l'autre. En moyenne, chacun des 99 députés allemands représente plus de 800 000 électeurs ; chacun des 78 députés français 755 000, chacun des 6 députés luxembourgeois 71 500 !

Depuis le 1er janvier, les 35 députés roumains et les 18 députés bulgares ont porté le total à 784. Ce nombre dépasse de beaucoup la taille de l'Assemblée nationale française par exemple (577 députés). Ce nombre est transitoire, en raison de l'arrivée en cours des deux nouveaux États membres. Il représente une multiplication par 10 depuis la première assemblée de la CECA qui comptait seulement 78 députés. À partir des élections de 2009, tous les pays (sauf l'Allemagne) auront moins de députés, afin que le total à 27 soit 736.

Tableau 11-2 : Nombre de députés européens par État membre dans l'UE à 27

Pays	Nombre de députés
Allemagne	99
France, Grande-Bretagne et Italie	78 chacun
Espagne	54
Pologne	54
Roumanie	35
Pays-Bas	27
Belgique	24
Grèce	24
Hongrie	24
Portugal	24
République tchèque	24
Suède	19
Autriche	18
Bulgarie‡	18
Danemark	14
Finlande	14
Slovaquie	14
Irlande	13
Lituanie	13
Lettonie	9
Slovénie	7
Chypre	6
Estonie	6
Luxembourg	6
Malte	5

Parlements nationaux et européen : en progrès

Les rapports, auparavant quasi inexistants (quand ils n'étaient pas parfois de franche hostilité), entre les Parlements nationaux et le Parlement européen sont en train de s'affermir – dans le bon sens. En France, la vie parlementaire européenne se fait une meilleure place dans l'esprit des politiques, et au niveau de tous les États membres, on observe l'apparition d'un souci de lien direct entre les Parlements nationaux et le Parlement européen.

France : nouveau mode de scrutin et intérêt accru

Pendant longtemps, en France, les députés européens ont été élus au scrutin proportionnel, c'est-à-dire dans le cadre d'une seule circonscription nationale. Ce mode de scrutin laissait la part belle aux états-majors de partis : les élus n'ayant pas de rattachement local étaient un peu éloignés de leur électorat. En 2004, pour y remédier, huit grandes circonscriptions régionales ont été créées. C'est un petit progrès, même si, vu du terrain, ces circonscriptions ne correspondent à aucune réalité historique, géographique ou politique. (Ces fadas ont même mis Lyon et Marseille ensemble, peuchère !)

Tableau 11-3 : Les nouvelles circonscriptions électorales françaises

Circonscriptions électorales	*Nombre de sièges à pourvoir*	*Régions administratives concernées*
Nord-Ouest	Basse-Normandie, Haute-Normandie, Nord-Pas-de-Calais, Picardie	12
Ouest	Bretagne, Pays de la Loire, Poitou-Charentes	10
Est	Alsace, Bourgogne, Champagne-Ardenne, Franche-Comté, Lorraine	10
Sud-Ouest	Aquitaine, Languedoc-Roussillon, Midi-Pyrénées	10
Sud-Est	Corse, Provence-Alpes-Côte d'Azur, Rhône-Alpes	13
Massif central-Centre	Auvergne, Centre, Limousin	6
Île-de-France	Île-de-France	14
Outre-mer	Saint-Pierre-et-Miquelon, Guadeloupe, Martinique, Guyane, Réunion, Mayotte, Nouvelle-Calédonie, Polynésie française, Wallis-et-Futuna	3

Pendant longtemps, certains élus européens français ont pu faire preuve d'un certain dilettantisme sans être inquiétés. Sur les dix-sept commissions permanentes de la législature précédente (1999-2004), deux seulement étaient présidées par des députés français : la commission agriculture par Joseph Daul (PPE-DE) et la commission culture par Michel Rocard (PSE). Les choses s'arrangent, heureusement : dans la législature en cours, les Français président cinq commissions sur vingt et ont porté leur choix sur des thèmes clés (affaires économiques et monétaires, agriculture, pêche, justice et libertés, droits de l'homme).

Les Parlements nationaux se rapprochent de l'Europe

Pendant longtemps, le Parlement européen et les Parlements nationaux se sont regardés en chiens de faïence : l'Europe s'est construite contre les réticences nationales ; les Parlements nationaux ne manifestaient pas d'intérêt particulier pour l'Europe. Heureusement, un rapprochement est en train de s'opérer, par étapes.

D'abord, les organes chargés de la coopération européenne au sein des Parlements nationaux se sont regroupés dans une conférence appelée Conférence des organes spécialisés dans les affaires communautaires (COSAC). Mais attention à ne pas confondre les cosaques et la COSAC : il n'y a, hélas, pas grand-chose à voir entre les hommes libres des grandes plaines de l'Est du continent, tantôt adversaires, tantôt mercenaires des tsars de toutes les Russies, et le sujet qui nous préoccupe. Mais si vous avez rêvé un instant à *Dr Jivago*, *Michel Strogoff*, *Anna Karénine* ou *Guerre et Paix*, tant mieux ! C'était notre petite récréation.

La COSAC a été créée à Madrid en mai 1989 pour favoriser les échanges entre Parlements nationaux. Elle se réunit à intervalles réguliers dans le pays exerçant la présidence. Le texte reconnaît le rôle des Parlements nationaux et encourage leur participation accrue au débat communautaire. La COSAC est invitée à soumettre des contributions aux instances communautaires, tout spécialement en matière de liberté, de sécurité et de justice. Elle peut adresser au Parlement européen, au Conseil et à la Commission des contributions sur les activités législatives de l'Union, notamment l'application du principe de subsidiarité. La COSAC comporte, pour chaque pays, six représentants du Parlement national et six députés européens.

La Convention, de son côté, a travaillé dans le même esprit, puisque les membres des Parlements nationaux représentaient la majorité des délégués (56 représentants et suppléants des Parlements nationaux contre 16 députés européens). Après une phase d'adaptation, la coopération a été fructueuse. La COSAC a même joué un rôle très positif pour que la conférence intergouvernementale adopte un traité constitutionnel proche du projet de la Convention.

Peut-être que l'UE finira par apprendre aux élus français l'importance de la vie parlementaire dans la démocratie… (On peut toujours rêver.)

Une inquiétude cependant

Depuis les années 1970, le Parlement européen n'a cessé de voir ses pouvoirs s'accroître. Il est incontestablement le grand gagnant des réformes introduites par les traités, notamment depuis l'Acte unique et plus encore depuis les traités de Maastricht, Amsterdam et Nice. Donner plus de pouvoirs à des élus statuant en public dans une grande transparence est incontestablement un phénomène positif. En matière législative notamment, l'action du Parlement a bien aéré l'Union européenne qui sentait le renfermé diplomatique…

Malheureusement, ces réformes semblent s'être enchaînées sans vision de long terme. Accroître la parlementarisation de l'UE, oui, mais jusqu'où ? Peu à peu, l'UE s'éloigne du schéma communautaire et s'approche – sans l'atteindre – d'une autre forme d'organisation politique qui serait fédérale. Pourquoi pas ? Mais encore faut-il en avoir conscience et, le cas échéant, en tirer plus de conséquences sur les autres institutions.

Ainsi, la Commission, par exemple, se trouve de plus en plus entre deux chaises. Les causes de cet affaiblissement sont nombreuses (nous y reviendrons au chapitre 13), mais certains déséquilibres sont directement liés à la montée en puissance du Parlement :

- La politisation du président de la Commission, et de lui seul, est une demi-mesure : une fois au pouvoir, il doit travailler avec une équipe bigarrée. En choisissant un président sur ses opinions politiques, le Parlement se donne l'illusion de jouer le rôle d'un « vrai » Parlement, mais c'est une politisation en trompe-l'œil puisque, ensuite, le président désigné ne peut pas faire la politique qu'on attend de lui. C'était vrai pour Prodi, de gauche, et le reste pour Barroso, de droite.

- Les auditions au cours desquelles les députés européens vérifient, en amont, les qualités des personnalités pressenties pour être commissaires sont très utiles… aussi longtemps que les États ont la décence de ne pas interférer dans la composition du collège. Si certains commissaires sur lesquels un doute a été émis arrivent tout de même à leurs fins, notamment parce que leur gouvernement a tenu bon, il ne faudra pas s'étonner que se répande dans l'opinion un sentiment de frustration d'autant plus fâcheux qu'une telle vérification des compétences n'existe même pas au niveau national.

✔ L'extension de la codécision législative réduit *ipso facto* le champ du monopole d'initiative de la Commission dans une proportion qui n'était peut-être pas souhaitable (voir chapitre 13).

✔ Enfin, depuis le renversement de la Commission Santer, la Commission vit sous la menace permanente du Parlement, ce qui peut finir par devenir pervers. En face d'elle, le Parlement ne peut pas être dissous.

Par ailleurs, on peut également se demander ce que va devenir le Conseil dans cette configuration. Une deuxième chambre comme dans un État fédéral ? On peut songer à une évolution à l'américaine, le Conseil devenant le Sénat mais nous en sommes loin. La pondération des voix au Conseil nous éloigne du modèle américain où Delaware et Californie pèsent le même poids.

Quant au Parlement lui-même, il est à la fois plus puissant et incapable de consommer ses noces avec l'Europe, car, en lui refusant un véritable pouvoir budgétaire, les gouvernements en font une sorte d'eunuque politique.

Voilà donc matière à réflexion. Dans ce brouillard, une seule certitude : vivre avec les dispositions actuelles du traité de Nice n'est qu'un pis-aller. Il faudra bien remettre l'ouvrage constitutionnel sur le métier. Puisse l'Europe le faire avec autant de cohérence et de rigueur intellectuelle que possible, sans tomber dans les jeux de pouvoir. Monnet ou Montesquieu ? Il va peut-être falloir choisir.

Chapitre 12

Le Conseil dans tous ses États

Dans ce chapitre :

▶ La présidence tournante, une folle farandole
▶ Des ministres chez Monsieur Jourdain
▶ Le Conseil européen, *ma non troppo*

Avec le Conseil, nous arrivons du côté des États : au départ, ils étaient 6, puis peu à peu 9, 10, 12, 15, 25. À ce jour, ce sont 27 délégations qui siègent autour de la table ! Le Conseil est vraiment dans tous ses États ! Si, vous avez l'impression qu'un Conseil peut en cacher un autre, ne vous inquiétez pas, c'est parfaitement normal. Vous n'avez pas bu, vous n'avez pas d'hallucinations : derrière l'unicité de la dénomination, il y a une pluralité de formations voire, ces dernières années, un peu de confusion…

Qui donc représente les États au Conseil ? Les ministres ? Le Premier ministre ? Le président de la République ? Eh bien un peu tout le monde, à tour de rôle et selon les moments. C'est pourquoi, en toute rigueur, il faut distinguer :

✔ **Le Conseil européen** (qui n'est pas plus « européen » que l'autre, mais c'est son nom, nous n'y pouvons rien…) : il est composé des plus hauts responsables politiques, en général les Premiers ministres (en France et en Finlande le président de la République) qui siègent de manière informelle avec le Préseident de la Commission.

✔ **Le Conseil des ministres :** y siègent les ministres nationaux des États membres, selon des procédures formelles, précisées par les traités, en présence des commissaires concernés.

Pour compliquer un peu les choses, les ministres réunis autour d'une table peuvent aussi bien former le Conseil des ministres qu'agir comme représentants des États membres se réunissant librement et non comme Conseil… Bref, un Conseil peut en cacher un autre, qui cache toujours les États qui le composent. Mais dans cette dernière hypothèse, la Commission est absente. Avant d'examiner successivement le Conseil des ministres et le Conseil européen, disons d'abord un mot d'une pratique qui les concerne tous les deux : la présidence tournante.

La présidence tournante

Depuis les débuts de la Communauté, la présidence du Conseil est exercée à tour de rôle par un État pour six mois. La rotation s'effectue par ordre alphabétique ; celui-ci est seulement un peu aménagé pour assurer une alternance entre le premier et le deuxième semestre de l'année, ce dernier étant moins propice en raison des vacances.

Avantage certain : l'égalité

Cette rotation place les États sur un pied d'égalité. Elle permet à chacun, à tour de rôle, d'incarner l'Europe. Ainsi, lorsque la présidence luxembourgeoise s'exprime, elle s'adresse à 500 millions d'Européens et non plus aux 400 000 sujets de Son Altesse le grand-duc. De même, si elle représente l'UE, elle est le porte-parole de 500 millions de citoyens.

Dans un monde où les questions de prestige et de préséance des États sont si importantes, dans un continent où, il n'y a pas si longtemps, les « grands » ne se gênaient pas pour violer la neutralité des « petits » et les envahir, ce partage égalitaire des tâches est proprement admirable ! Hélas, comme beaucoup des petites révolutions européennes, celle-ci n'est plus appréciée à sa juste valeur. Imaginons un instant une transposition : les États-Unis accepteraient-ils d'être représentés alternativement par le Honduras, Belize, le Canada ou le Mexique ? Le Japon par la Corée, le sultanat de Brunei ou la Chine ? Pour cette raison, les petits pays sont très attachés à la présidence tournante, même s'ils rencontrent parfois des difficultés logistiques pour assumer leurs responsabilités.

En effet, la présidence a une lourde tâche. C'est elle qui, pendant six mois, organise et dirige les travaux du Conseil. C'est elle aussi qui assure la représentation de l'Union dans le cadre de la politique étrangère et de sécurité commune, assistée par le Haut représentant.

Une présidence, c'est un peu comme du patinage artistique : certaines figures sont imposées. Il n'est pas question de se dérober à l'organisation du Conseil européen de printemps consacré à l'état de l'économie européenne, ni de sécher les rencontres régulières avec les États-Unis, la Chine ou le Japon. La présidence n'a pas non plus le choix d'abandonner des négociations législatives en cours. D'où ces courses de relais extraordinaires entre pays membres : trente ans pour adopter le statut de la société européenne, cela représente les efforts cumulés de… 60 présidences successives !

S'y ajoutent les figures libres : à la présidence de définir des priorités dans l'agenda législatif, d'ajouter éventuellement une rencontre internationale qui lui tient à cœur. Enfin, il ne faut pas se casser la figure devant le jury composé de plus de 1 000 journalistes et de tous les gouvernements partenaires : le pays qui exerce la présidence doit aller des uns aux autres, bâtir des compromis, faire preuve d'imagination, de sang-froid, de réactivité, voire de culot : vous vous souvenez du théâtral Conseil européen de Milan en 1985 (voir chapitre 5). Quitte à gommer un peu ses propres exigences pour favoriser l'aboutissement, dans l'intérêt général. Afin d'éviter la confusion des genres, la présidence occupe traditionnellement une place distincte de celle de la délégation nationale et ne s'exprime pas à ce titre.

Souvent, pour faire bouger un pays sur un sujet délicat, les partenaires s'arrangent pour inscrire celui-ci à l'ordre du jour pendant sa présidence : ce n'est pas un hasard si les négociations financières de 2005 tombaient sous présidence britannique ou la réforme des institutions en 2000 sous présidence française. L'expérience montre que ce calcul ne porte pas toujours ses fruits.

Des lauriers pour Verhofstadt, mais par pour Berlusconi

Fin 2001, après l'échec de Nice, la présidence belge a la lourde tâche de sortir l'Europe de la boue où elle s'est enfoncée. Grâce à l'implication personnelle du Premier ministre Guy Verhofstadt, à une bonne coopération avec la Commission et surtout à l'engagement communautaire belge, la déclaration de Laeken pose un diagnostic lucide. La décision de réunir une Convention est prise rapidement. Les modalités de son fonctionnement son arrêtées, le mandat fixé, large et vague à la fois, ouvre des horizons nouveaux. La présidence belge a la sagesse de pousser les dossiers mûrs sans s'entêter sur les sujets déplacés : le Premier ministre décide ainsi de ne pas trancher le choix de la ville où sera implantée l'Agence pour la sécurité des aliments.

Au second semestre 2003, la présidence échoit à l'Italie. Le calendrier est, une fois encore, très chargé puisque la Convention a terminé ses travaux en juin. Le texte produit ne fait pas l'unanimité. Espagne et Pologne, notamment, le rejettent malgré le consensus réuni par Valéry Giscard d'Estaing. Les divergences apparues début 2003 à propos de l'invasion de l'Irak ont aussi laissé des traces. Le président du Conseil italien, Silvio Berlusconi, va lamentablement échouer : dans la Commission, il voit l'ennemi (ne serait-ce qu'à cause de la présence de Romano Prodi). Avec les autres délégations, il ne cherche pas vraiment de compromis. De mémoire de journalistes, on n'a jamais vu cela : ses rencontres bilatérales avec ses homologues ne sont consignées dans aucun procès-verbal ; la plénière du Conseil européen n'entame pas la discussion. Un moment, les Français et les Allemands menacent de créer un noyau dur. Le président du Conseil italien, lui, propose de parler de football et de femmes…

Inconvénient : une certaine confusion

La présidence tournante n'est pas sans inconvénients. Au gré des présidences, les préférences varient : ainsi, le dialogue méditerranéen, poussé par les Espagnols ou les Italiens, n'est plus aussi prioritaire quand arrivent les

Finlandais. La relation à la Russie est alors plus importante. Jusqu'à ce que les Irlandais ou les Polonais mettent en avant les relations transatlantiques, que les Français chercheront à faire passer au second plan, etc.

Des efforts ont été faits pour organiser le relais : depuis quelques années, le Conseil propose au Conseil européen un programme stratégique sur trois ans ; les présidences successives coopèrent. Mais ces réformes n'empêchent pas un certain saucissonnage des sujets.

Par ailleurs, le nombre total des États membres accroît considérablement l'écart entre deux présidences : à six, elle revenait tous les trois ans. À 27, la présidence tournante mobilisera toujours des administrations sans expérience. Le délai entre deux tours fait également perdre le bénéfice de l'incarnation de l'Europe aux yeux du public ; celui-ci ne voit plus que le manège qui tourne, tourne, tourne…

Enfin, pour le Premier ministre responsable de la présidence, la charge de travail s'est considérablement alourdie : faire la tournée de 26 capitales avant un Conseil européen prend au moins quinze à vingt jours à temps plein !

Le traité constitutionnel prévoit de supprimer la rotation et de créer une présidence stable. Cette décision serait bénéfique du point de vue de l'efficacité mais priverait les États de cette appropriation européenne que représente la présidence. Celle-ci est souvent l'occasion de manifestations sur l'Europe, de festivités. L'UE n'a pas tant de temps forts pour la pédagogie européenne qu'elle puisse s'en passer complètement…

Le Conseil des ministres

À première vue, le Conseil des ministres ressemble à n'importe quelle conférence diplomatique : selon le traité (article 203 TCE), le Conseil est en effet « formé par un représentant de chaque État membre, au niveau ministériel, habilité à engager le gouvernement de cet État membre ».

Poussons ensemble la porte d'une salle de réunion du bâtiment du Conseil, le Justus Lipsius, à Bruxelles. Du bâtiment, qui emprunte aux blockhaus sa légèreté et sa délicate couleur marron, n'attendez pas d'émotion architecturale… À l'intérieur, c'est déjà mieux. En voyant la salle, nous pourrions penser que le Conseil des ministres n'est qu'une réunion diplomatique ordinaire : pour chaque délégation nationale, une place, une pancarte. Dans le fond de la salle, les cabines des interprètes. L'œil averti repère toutefois qu'un commissaire est présent (tiens, tiens, que fait là ce drôle d'animal, ce suppôt de la supranationalité ?). Des agents du secrétariat général du Conseil, structure administrative permanente d'environ 2 500 personnes, sont également mobilisées.

Effectivement, en dépit des apparences, le Conseil n'est pas une simple réunion diplomatique. D'abord, la Commission est présente. Ensuite, juridiquement, lorsque les ministres nationaux siègent tous ensemble au Conseil, ils forment une institution européenne qui fonctionne selon des règles précises, fixées par les traités et divers actes dérivés. Le cas échéant, la Cour de justice peut trancher des différends de procédure, comme elle l'a fait par exemple en 2004 sur la question sensible des pouvoirs respectifs du Conseil et de la Commission dans l'application du Pacte de stabilité. En vertu du règlement intérieur du Conseil, la Commission participe à ses travaux. Pour défendre ses textes, entendre les objections des gouvernements et réagir, c'est précieux.

En toute rigueur, il faut donc distinguer entre une réunion du Conseil et une réunion des États membres même si… les personnes autour de la table peuvent être quasiidentiques.

Quand les ministres font de la prose européenne

Ce subtil distinguo entre d'un côté le Conseil et de l'autre une réunion de ministres nationaux n'est pas seulement l'un de ces délices pervers de juristes. Il est très important de comprendre que nos ministres nationaux, quand ils siègent au Conseil, sont des acteurs européens.

Monsieur Jourdain à Bruxelles

Contrairement à une idée cliché, dans l'Union européenne, ce n'est pas « Bruxelles » qui décide. Ce sont, la plupart du temps, des ministres nationaux bien de chez nous. Certes, ils se réunissent physiquement à Bruxelles, mais ils viennent des capitales pour prendre ensemble leurs décisions et devraient en assumer beaucoup plus la responsabilité collective.

Comme Monsieur Jourdain faisait de la prose sans le savoir, nos dirigeants nationaux font trop souvent de l'Europe en l'ignorant (ou en feignant soigneusement de l'ignorer) et surtout sans le dire. Telle est l'une des raisons de ce qu'on appelle, à tort, le déficit démocratique de l'UE : les décisions sont bien prises par des élus, nationaux, siégeant au Conseil des ministres ou au Conseil européen. La procédure est donc démocratique. Mais, une fois rentrés chez eux, les membres du Conseil, plus encore que ceux du Parlement, n'assument pas toujours leurs décisions.

Lors des campagnes législatives nationales (et présidentielles, en France), lors de la nomination des gouvernements, la capacité des hommes politiques nationaux à faire un bon membre du Conseil des ministres européen n'est pas évaluée. Poser la question fait sourire, et pourtant ! En choisissant nos gouvernants nationaux, nous choisissons ceux qui, des années durant, nous représenteront dans l'un des deux principaux organes décisionnels européens. Avant la désignation d'un commissaire, le Parlement fait passer aux nominés des auditions exigeantes, mais avant le choix d'un ministre national, sa compétence européenne n'est pas vérifiée (pas plus que sa compétence tout court, comme nous l'avons déjà indiqué).

Certaines décisions décriées comme étant celles de « fonctionnaires apatrides » parlant le « volapük intégré » (comme disait si gentiment le général de Gaulle) ont été prises au Conseil des ministres avec l'assentiment de nos élus nationaux, voire sur leur initiative ou avec leur diligence. Nous ne résisterons pas au plaisir de rafraîchir la mémoire de ceux qui l'auraient oublié : la directive oiseaux sauvages (79/409 CEE), si contestée par les chasseurs français, donnant lieu tous les ans au psychodrame des dates d'ouverture de la saison de chasse, a été adoptée en 1979, sous présidence… française.

Pourquoi les citoyens européens ignorent-ils à ce point le rôle que jouent leurs ministres en Europe ? D'abord, les ministres se rencontrent en coup de vent à Bruxelles ou à Luxembourg, le temps d'une réunion, puis s'éparpillent immédiatement dans leurs capitales. Contrairement à la Commission, ils ne forment pas un collège soudé, solidaire. Et à la maison, les ministres ont bien d'autres choses à faire. L'activité européenne est parfois marginale dans leur emploi du temps et… dans leur tête. Car ce n'est pas leur brio au Justus Lipsius qui décidera de leur réélection. L'Europe a ainsi choisi délibérément d'avoir des décideurs à temps partiel. C'est peut-être pour cela qu'elle n'est encore qu'une puissance à éclipses !

Ensuite, la communication sur les travaux collectifs du Conseil est cloisonnée : chaque ministre rend compte à « sa » presse nationale. Cette renationalisation après coup, devant les médias, consiste souvent à faire croire qu'on a gagné contre le voisin, même quand le compromis a exigé des concessions de la part de tous les participants, comme c'est fréquemment le cas (voir aussi *infra* sur le Conseil européen). Pas grand-chose n'a été entrepris à ce jour pour que le Conseil ait un esprit d'équipe et que les citoyens s'en rendent compte. Enfin, la composition du Conseil se modifie en permanence, puisqu'au fil des élections nationales, les titulaires des portefeuilles ministériels changent. Des alternances interviennent subrepticement.

Au Conseil, l'accroissement du nombre des participants, après les élargissements successifs, se fait durement sentir : là où autrefois, les ministres étaient facilement « complices » (même Couve de Murville, ministre du général de Gaulle, peu enclin à la tendresse envers la CEE, emploie ce mot), l'anonymat règne. La salle est si grande qu'il y a des écrans pour permettre à tout le monde de voir qui s'exprime. Les débats sont plus formels, moins attirants. Certains ministres sont moins assidus ou viennent, délivrent leur message et s'en vont aussitôt après. S'ils restent, ils vaquent à d'autres occupations. Et une fois leur conférence de presse effectuée, ils estiment avoir fait leur boulot. Ce comportement est à des années lumières de ce que devrait être le Conseil : un lieu de décision collective, au niveau ministériel. Si cela continuait, ce serait grave pour l'Union : il ne resterait plus qu'à remplacer l'hymne européen par *La Symphonie des adieux* (voir encadré).

L'Europe aura franchi un pas de géant le jour où les Européens sauront que, sauf exception, ce n'est pas la Commission qui décide et quand les ministres nationaux assumeront leur double casquette de responsable national et européen, sans se dérober.

La Symphonie des adieux

Pour faire comprendre à son exigeant mécène le prince Esterhazy que les musiciens de l'orchestre, surmenés, souhaitaient prendre quelque repos en famille, Joseph Haydn, compositeur malicieux du XVIIIe siècle, a imaginé une symphonie dans laquelle tous les musiciens arrêtent de jouer l'un après l'autre, avant de quitter la salle en soufflant la bougie de leur pupitre... Pour faire honte aux ministres qui s'éclipsent avant la fin des travaux, le secrétariat général devrait faire diffuser ce morceau à la place de l'hymne européen de Beethoven...

Il y a plusieurs demeures dans la maison du Père

La composition à géométrie variable du Conseil contribue aussi à en brouiller l'image. En effet, si le Conseil des affaires générales (composé des ministres des Affaires étrangères) est censé assurer la coordination des différentes formations, il y a belle lurette que la technicité des sujets a conduit à réunir des ministres techniciens chargés des différents dossiers de fond.

Après diverses réformes pour lutter contre la prolifération des formations, le Conseil en compte neuf :

- Affaires générales et relations extérieures ;
- Affaires économiques et financières ;
- Justice et affaires intérieures ;
- Emploi, politique sociale, santé et consommateurs ;
- Compétitivité (marché intérieur, industrie, recherche) ;
- Transports, télécommunications et énergie ;
- Agriculture et pêche ;
- Environnement ;
- Éducation, jeunesse et culture.

Selon les sujets, ce sont donc des ministres différents qui représentent chacun des États.

Pourquoi neuf formations ? Un équilibre doit bien être trouvé entre trop et trop peu. Le recours à des ministres techniciens, connaissant bien la matière, assure en principe une meilleure qualité de législation et accroît l'implication des administrations nationales, associées en amont aux discussions. Mais un morcellement excessif peut faire perdre de vue l'intérêt de l'Union dans son ensemble : les matières traitées dans différents Conseils peuvent par exemple affecter nos relations avec des États tiers vis-à-vis desquels une grande cohérence d'action est nécessaire. Il arrive aussi que des sujets concernent plusieurs ministres : ainsi de l'environnement qui peut toucher les transports, l'énergie, l'industrie voire la justice et les affaires intérieures quand sont en cause des sanctions contre des pollueurs.

À plusieurs reprises, l'idée a pu être évoquée de désigner un « superministre » des Affaires européennes unique mais il semble impossible, vu le nombre de matières couvertes par l'UE et vu leur importance politique, de déposséder les ministres des aspects européens de leurs dossiers respectifs. La nécessité de mobiliser les appareils d'État dans leur totalité, sur les enjeux européens, invite à ne pas aller dans ce sens. Sans parler des pays gouvernés par ces coalitions où chaque parti est jaloux des prérogatives de « ses » ministres.

En France, la coordination des questions communautaires est assurée par un organisme interministériel, placé auprès du Premier ministre. Longtemps appelé SGCI, rebaptisé depuis peu secrétariat général des Affaires européennes (SGAE), c'est une plaque tournante pour tout ce qui arrive de Bruxelles et doit être attribué aux différents ministères. Cet organisme compte 20 secteurs thématiques et 200 agents. Sa mission consiste à :

- Couvrir tous les domaines d'action du traité sur l'Union (à l'exception de la politique étrangère et de sécurité commune qui relève du ministère des Affaires étrangères) ;
- S'assurer que la France parle d'une seule voix, même avec une multitude de bouches, ce qui suppose de rapprocher les positions des différentes administrations et, le cas échéant, de demander l'arbitrage du Premier ministre ;
- Veiller à l'information du Parlement français dans les questions communautaires, conformément à la Constitution ;
- Envoyer les instructions du gouvernement à notre représentation permanente à Bruxelles ;
- Surveiller le respect du droit communautaire, notamment le suivi de la transposition des directives ;
- Défendre une présence française dans les institutions (suivi des vacances de postes, experts nationaux détachés, concours).

Des attributions tous azimuts

Montesquieu et Locke vont se retourner dans leur tombe, mais nous sommes bien obligés de préciser une fois encore que le Conseil est à la fois le législateur en chef de l'Union européenne, le détenteur du pouvoir exécutif, un acteur de l'action externe, le principal décideur en matière budgétaire et une institution qui détient des pouvoirs hors norme sur les deuxième et troisième piliers ! La séparation des pouvoirs est décidément une notion étrangère à l'UE. Notons toutefois que le principe d'attribution des compétences s'applique aussi au Conseil : pour décider dans un domaine, encore faut-il que les traités aient reconnu la compétence de l'UE. Seule exception : les gouvernements peuvent toujours décider, *en dehors des traités*, de mener toutes les coopérations qu'ils veulent. C'est ainsi qu'est née la coopération Schengen en matière d'abolition de frontières : complètement en dehors du cadre communautaire, même si, entre-temps, elle a été rapatriée en son sein. En revanche, le Conseil agit dans le cadre des traités et doit les respecter.

Pouvoir législatif

Le Conseil adopte les règlements et les directives. Il contribue ainsi à former le droit communautaire dérivé.

Aux origines de la CEE, Conseil et Commission travaillaient à deux, « en amoureux ». Seul le Conseil recevait les propositions de la Commission (voir chapitre 13) et entamait une discussion interne en vue de les adopter. À l'unanimité, ses débats ressemblaient beaucoup à des négociations diplomatiques classiques. Il ne rendait guère de comptes à l'extérieur.

Au fil des réformes qui ont conforté le Parlement (voir chapitre 11) et étendu le champ de la majorité qualifiée, le pouvoir du Conseil a changé de nature : moins enfermé dans un tête-à-tête avec la Commission, il tend à devenir une deuxième chambre, puisqu'il partage désormais la fonction législative avec le Parlement élu au suffrage universel direct. Le jeu des majorités qualifiées n'exclut pas les marchandages mais accroît la fluidité des discussions. Personne ne peut se réfugier derrière le veto et il faut veiller aux amendements du texte. Une grande partie des débats étant publics (au Parlement et depuis peu au Conseil lui-même), les négociations présentent moins un caractère diplomatique.

Dans la recherche du compromis, la présidence joue un rôle essentiel. Cette tâche exige de sa part beaucoup d'autorité, fondée sur la confiance, la capacité à faire preuve d'impartialité.

Pendant la Convention européenne, une clarification avait été proposée : celle consistant à créer d'une part un Conseil législatif, fonctionnant comme une assemblée parlementaire, notamment pour la permanence des débats, et d'autre part un Conseil des affaires étrangères. Cette solution aurait eu le mérite de clarifier les rôles. La plupart des États qui combattent farouchement une évolution trop fédérale s'y sont opposés.

Pouvoir exécutif

Adopter des textes d'application et veiller à leur respect en pratique, voilà aussi une attribution du Conseil. Il arrive qu'il délègue l'adoption des textes à la Commission, mais le plus souvent, ce sont différents comités consultatifs composés d'experts venus des capitales qui négocient ces textes afin de surveiller l'exercice, par la Commission, des pouvoirs d'exécution qui lui sont confiés. Depuis peu, le Parlement intervient aussi, dans certains cas.

La Commission ne disposant pas de services sur le terrain, c'est aux États de prendre les textes d'application des règles communautaires majeures et de les mettre en œuvre (avec les collectivités locales et entités fédérées, le cas échéant). Ainsi, ce sont les États membres qui surveillent le respect par les pêcheurs ou les agriculteurs des règles communes.

Action externe

Lorsque la Commission négocie certains accords (de politique commerciale par exemple), elle agit sur mandat du Conseil. C'est lui qui donne son feu vert pour l'ouverture des négociations. Un comité rattaché au Conseil veille au déroulement des négociations commerciales. Le Conseil négocie aussi les accords d'association et les traités d'adhésion. Il est seul habilité à conclure des actes internationaux.

Dans les instances internationales, c'est en général le pays qui exerce la présidence qui prend la parole au nom de l'Union européenne (par exemple, sur la quasi-totalité des sujets à l'Assemblée générale des Nations unies). Auparavant, les positions de l'UE sont définies au Conseil des affaires générales, voire au niveau du Conseil européen. Il arrive aussi que le haut représentant s'exprime sur ces sujets (ainsi Javier Solana est-il très actif, au nom des Européens au Proche-Orient).

Coordination des différents piliers

Le traité sur l'Union européenne a établi un cadre institutionnel unique. Le Conseil est donc compétent pour statuer sur les deuxième et troisième piliers. Il lui revient d'assurer la cohérence de l'action de l'UE. Parfois, il y parvient, mais pas toujours, comme l'ont révélé les groupes de travail à la Convention, notamment celui consacré à l'action externe qui dénonce le manque de cohérence vis-à-vis du monde extérieur. Pourtant, il est important que les actions de l'UE en matière commerciale soient cohérentes avec son action diplomatique, que la vigilance des polices, en matière de terrorisme, s'appuie sur des analyses stratégiques des évolutions du monde, que la politique d'aide au développement soit bien ciblée pour éviter des migrations massives, etc. Tout se tient.

L'incapacité du Conseil des affaires générales à piloter tous les dossiers a souvent conduit à ce que cette coordination remonte au niveau du Conseil européen (voir infra). Notons, enfin, sans entrer dans la cuisine, qu'il existe maintenant une palette de procédures, y compris au sein du premier pilier, où la justice et les affaires intérieures ne sont pas traitées comme le Marché ou l'agriculture.

Coreper et faux-semblants

Au Conseil des ministres siègent… des ministres, comme M. de La Palice lui-même l'aurait deviné ! Mais naturellement, ces réunions ont besoin d'être préparées. C'est la tâche des représentants permanents auprès de l'Union, fonctionnaires ayant rang d'ambassadeurs, animant une équipe composée de diplomates et de techniciens de différents ministères. Ils siègent dans un organe d'une importance capitale dans la vie quotidienne européenne, le Coreper (pour Comité des représentants permanents).

Là encore, vous allez voir double (et même triple ou quadruple). En effet il n'y a pas un Comité des représentants permanents mais deux et, pour plus de fantaisie, le plus important n'est pas celui qu'on croit… Voilà comme se décompose cet organe européen :

- ✔ Le Coreper I réunit les représentants permanents adjoints. Il examine les dossiers relevant du Marché unique, de la politique sociale, de la protection des consommateurs, des transports, de la recherche, de la santé, etc.
- ✔ Le Coreper II réunit les représentants permanents eux-mêmes. Il s'occupe des relations extérieures, des affaires générales, d'économie et de finance, de justice et d'affaires intérieures.
- ✔ Un petit Coreper spécial pour l'agriculture, appelé Comité spécial agricole, veille tranquillement, depuis 1960, sur son… pré carré.
- ✔ Un Comité plus récent est chargé des questions politiques et de sécurité, appelé le COPS, lui-même assisté d'un Comité militaire de l'Union européenne.

Au sein du Coreper, les représentants permanents ou leurs adjoints cherchent activement à rapprocher les positions. Leur job est d'aplanir, autant que possible, les difficultés pour les ministres, de proposer différentes options et solutions alternatives entre lesquels ces derniers trancheront. Naturellement, chaque représentant permanent est entouré d'une équipe d'experts, nombreux, de qualité, qui forment la représentation permanente (appelée RP dans le jargon).

Avec la structure en piliers et la multiplication des comités destinés à aborder des questions spécifiques, le monopole historique du Coreper a tendance à être battu en brèche. Des réformes récentes tendent à conforter de nouveau celui-ci afin de lui permettre d'assurer le respect du principe de légalité, d'attribution de compétences, les règles de transparence, etc.

Le Coreper est-il si puissant qu'on puisse parler de gouvernement des technocrates ? Ce reproche est exagéré, pour plusieurs raisons. D'abord, les représentants permanents (qui ont ce titre et non celui d'ambassadeurs, même si tel est leur rang : la nuance est symbolique) sont des fonctionnaires qui agissent sur instructions de leurs capitales (voir *supra* le rôle du SAEG en France). Ils rendent compte en permanence de ce qu'ils font, surtout sur les dossiers sensibles. La responsabilité politique reste entre les mains des politiques.

Ensuite, si le Conseil peut adopter certains points de son ordre du jour sans débats (les points A) suite à une bonne préparation au Coreper, les gouvernements ont tout le loisir de demander un glissement de ce point dans la rubrique B, afin de susciter un débat. Surtout, les gouvernements ne veulent pas forcément débattre de tout au niveau ministériel… Il est de bonne pratique administrative (dans l'UE comme dans les États membres, dans un conseil d'école comme dans une réunion de copropriété) que des points mineurs ne retardent pas les débats. Le fait que les représentants permanents explorent des voies ou trouvent des solutions n'est pas malsain ; c'est le signe qu'ils font bien leur travail et l'ensemble des équipes de la représentation permanente aussi.

Enfin, dans les appareils d'État nationaux, nombre de décisions sont aussi préparées par des fonctionnaires. Taper sur les experts n'est pas de bonne démocratie. La technocratie est la conséquence de la technicité croissante des questions. Le problème n'est pas européen, il vaut dans nos États comme aux États-Unis ou ailleurs.

Le vote au Conseil : mythe et réalité

Plusieurs cas de figure existent, que nous allons détailler de manière un peu simplifiée.

Le cas rare : la majorité simple

En l'absence de règles dans le traité, les décisions se prennent à la majorité simple des membres (13 États sur 25). Mais ce cas est rare. Le plus souvent, le traité prévoit la procédure de vote, qui est soit l'unanimité, soit le vote à la majorité qualifiée.

L'exception : l'unanimité

L'unanimité est réunie dès lors que personne ne s'oppose (l'abstention ne faisant pas obstacle à l'adoption de la décision). C'est une procédure résiduelle, mais les « blocs » encore soumis à l'unanimité semblent de plus en plus durs à entamer. L'unanimité est notamment exigée dans :

✔ Les domaines « quasi constitutionnels » : admission de nouveaux membres, organisation de la procédure d'élection du Parlement européen, dispositions relatives au régime linguistique, etc. ;
✔ Les domaines sensibles que les États n'ont pas voulu faire passer à la majorité (ressources de la Communauté, protection sociale, harmonisation des fiscalités des États, etc.).

La règle (presque) générale : le vote majoritaire

Depuis les origines de la Communauté, le vote majoritaire est *pondéré* et *qualifié*. Qu'est-ce que cela veut dire ? Dans le cas du vote pondéré, les États pèsent plus ou moins lourd selon leur population. Dans le vote qualifié, il faut bien plus de 50 % des suffrages pour adopter un texte (entre 60 et maintenant plus de 70 %).

Cette double garantie a permis au vote majoritaire de prospérer. En effet, en dépit des batailles symboliques sur les poids respectifs des grands et des petits États, la pratique montre que les votes se font en fonction des sujets et des sensibilités politiques. La taille du pays n'entre quasiment jamais en ligne de compte. (Pour une explication de la pondération, voir chapitre 7.)

Le Conseil européen

Des sommets de chefs d'État et de gouvernement européens ont été organisés depuis les débuts de la Communauté. Plusieurs se sont réunis par exemple à l'époque du plan Fouchet (voir chapitre 3). Les petits pays n'aimaient pas beaucoup ces enceintes intergouvernementales qui, à leurs yeux, risquent d'affaiblir les instances communautaires mais, au fil des années, le besoin de discussion et d'échange au plus haut niveau n'a fait que croître.

Des grands chefs au coin du feu

Au début des années 1970, Jean Monnet lui-même encourage l'idée de confier aux plus hauts responsables politiques des États membres une mission de coordination et d'impulsion stratégique. Son parrainage est décisif pour que l'entreprise soit un succès : les petits pays sont rassurés. Comme dans toutes ses initiatives précédentes, il cherche à faire en sorte que les affaires européennes soient « décidées » et non plus seulement « discutées ». Pour cela, au moment où il met fin à son Comité d'action pour les États-Unis d'Europe, il veut confier son projet européen aux chefs d'État et de gouvernement eux-mêmes.

En 1974, sous l'impulsion de Valéry Giscard d'Estaing et d'Helmut Schmidt, le Conseil européen est créé. Une décision du sommet de Paris introduit l'idée d'un pilotage stratégique de l'Europe et pose le principe de rencontres régulières. Celles-ci sont conçues pour être aussi informelles que possible. Valéry Giscard d'Estaing les qualifie de discussions « au coin du feu ». Helmut Schmidt voulait que les chefs s'y retrouvent « sans papiers, sans fonctionnaires ». Le président de la Commission en fait partie, ce qui montre bien que l'Union ne se borne pas à rassembler des États mais possède bien quelque chose en plus.

Des « antici » aux SMS : quand le mystère s'envole

Lors de sa création, le Conseil européen possède une part de mystère. Un petit cérémonial assez solennel l'entoure, qui n'est pas dépourvu de charme : pour être tranquilles, les chefs d'État et de gouvernement décident de se séparer de leurs suites nombreuses et agitées. Seul un fonctionnaire du secrétariat du Conseil, sorte de grand prêtre, est autorisé à prendre des notes de ce qui se dit en haut lieu. Relayé tous les quarts d'heure, il va expliquer le contenu des discussions à des personnages répondant au doux nom d'« antici » (d'après le patronyme de Massimo Antici, diplomate italien des premiers temps). Ces fonctionnaires de la représentation permanente de chaque pays sont des sortes de prêtres de seconde classe ; ils peuvent relayer l'information, mais ne pénètrent pas dans le Saint des Saints.

À Bruxelles, les notes des antici sont des mets de choix qui circulent sous le manteau et se dégustent en cachette, comme des ortolans… Scoops et bons mots y fleurissent. Car au sein du Conseil européen, une fois les portes fermées, les discussions entre chefs peuvent être vives ! Du moins, tel était l'usage dans les temps lointains qui ignoraient les téléphones portables. La technologie a tout bouleversé : l'usage des SMS aboutit à des fuites qui, à Nice, ont fait les délices des journalistes. Sans compter que les Nordiques, apôtres de la transparence, mettent un point d'honneur à tout raconter à qui veut l'entendre. L'accès au croustillant presque trop facile… Vraiment, il n'y a plus que le conclave des cardinaux à la chapelle Sixtine pour garder un peu de mystère…

Des impulsions décisives

À ses débuts, le Conseil s'acquitte assez bien de son rôle stratégique. En 1975, il décide d'une lutte conjointe contre le terrorisme. En 1980, il prend position sur le conflit entre Israël et Palestine. C'est lui qui, à Fontainebleau, en 1984, parvient à débloquer la situation budgétaire. En 1985, à Milan, il engage la CEE vers le Marché unique, puis, en 1988, à Hanovre, vers la monnaie unique. Incontestablement, le Conseil européen aura joué un rôle très positif pour la construction communautaire. La plupart des grands projets intégrateurs ont abouti grâce à l'implication des chefs d'État et de gouvernement et du président de la Commission, qui en est membre de droit. Pour Jacques Delors, « ce n'est pas le moindre des paradoxes que cette enceinte, intergouvernementale au point d'avoir suscité des craintes lors de sa création, ait été depuis le moteur permanent de l'approfondissement de l'intégration européenne ».

Malheureusement, au fil des années, le Conseil européen a eu de plus en plus de peine à tenir son rôle. Il est devenu le temple du verbe, des promesses hyperboliques et des desseins géniaux qui « font pschitt ». La décision ne suit pas toujours la discussion.

DANS LE TEXTE

À propos du Conseil européen d'Amsterdam et de la victoire sémantique de Jospin qui a obtenu de faire du « Pacte de stabilité », un « Pacte de stabilité *et de croissance* », le député européen Jean-Louis Bourlanges a des propos très durs : « Grâce à la France, on aura mieux compris ce qu'était progressivement devenu le Conseil européen des chefs d'État ou de gouvernement : une grande entreprise de spectacle, qui donne, à intervalles réguliers, des représentations de qualité au demeurant fort inégale, mais se révèle parfaitement inapte à traiter comme il convient les problèmes réels de l'Union. La raison de cette mutation professionnelle est fort simple : les Quinze sont condamnés à jouer la comédie parce que l'écart est devenu insurmontable entre ce qu'ils devraient faire pour assurer le fonctionnement efficace et démocratique d'une Europe élargie et les efforts d'adaptation que leur petite compagnie est disposée à consentir. »

Certains membres du Conseil européen ne sont guère plus tendres dans leurs jugements. Ainsi, Jose Maria Aznar, l'ancien Premier ministre espagnol, considérait qu'« on ne parle pratiquement plus de rien dans les Conseils européens », tandis que Tony Blair conclut la rencontre de Nice en déclarant publiquement : « Nous ne pouvons pas continuer à travailler comme cela. »

Pourquoi en est-on arrivé là ? Il y a plusieurs raisons.

Le Conseil européen : une auberge espagnole

Il est d'abord ce que ses membres en font. Si ceux-ci sont particulièrement attachés à l'intégration communautaire, engagés, veillant, une fois rentrés dans leur pays, à faire appliquer les décisions collectives, le Conseil est efficace. Ainsi, c'est incontestablement l'implication de Kohl, Mitterrand, Prodi et quelques autres – au Conseil mais surtout face à leur opinion – qui a permis la naissance de l'euro. Mais lorsque certains membres du Conseil cherchent à freiner l'intégration, ils y parviennent en général assez bien. Dans cette catégorie, en championne des empêcheurs de tourner en rond, citons Margaret Thatcher. D'autres ont péché par intermittences : François Mitterrand lorsqu'il a refusé l'union politique en parallèle à l'union économique et monétaire ; Helmut Kohl, à partir de 1996, dans les domaines touchant à l'asile et à l'immigration, Aznar sur la pondération des voix dans le traité constitutionnel. Et ce ne sont là que quelques exemples.

Mais tout ceci est rassurant : le jour où des homme (ou femmes) d'État de grande envergure enclencheront une autre dynamique, la machine européenne pourra repartir.

L'amour des strass et des paillettes

Le Conseil européen des débuts avait quelque chose d'un cirque ambulant : il allait de capitale en capitale. Maintenant, il siège à Bruxelles. Mais les choses n'ont pas beaucoup changé. Lorsqu'ils arrivent, le quartier où ils se réunissent est bouclé. La seule différence d'avec le cirque, c'est que les fauves sont à l'extérieur… (Vu les mesures de sécurité et les déploiements de force de l'ordre, l'Europe proche des citoyens est un mythe.)

Une horde de journalistes accompagne la caravane des délégations qui, pour l'occasion, revêtent leurs habits de lumière. Journalistes, télévisions et hommes de médias sont invités à faire le déplacement. L'Élysée veille particulièrement au confort de la cour parisienne. Alors que d'ordinaire la vie des institutions bruxelloises n'intéresse pas grand monde dans les rédactions, le Conseil européen mobilise les foules journalistiques. Il est de bon ton d'en être… À l'issue des débats, les responsables nationaux s'enferment avec « leur » presse et donnent chacun leur version de ce qui s'est passé, ce qui garantit une vision aussi rassurante que limitée… Comme l'écrit Jean Quatremer, correspondant de *Libération* à Bruxelles, « la revue de presse au lendemain d'un sommet européen est une expérience souvent étonnante : on croirait que 25 réunions se sont déroulées en 25 endroits différents, avec autant de bons et de méchants. Les clichés nationaux sortent renforcés de ces sommets ».

L'intérêt commun ? Quel intérêt commun ?

Cette caisse de résonance nationale invite donc à jouer des mélodies nationales. D'où des appels au nationalisme assez étonnants. Lorsque le Polonais Lezlek Miller obtient en décembre 2002, à Copenhague, un budget favorable à son pays en vue de l'adhésion, il est applaudi à tout rompre par les journalistes polonais.

L'accroissement du nombre des États a un peu changé la nature des débats. Les gouvernants sont trop nombreux pour se connaître bien. Il faudrait une immense cheminée pour que ses membres s'y réchauffent, un verre à la main… Et dans les bâtiments modernes, il n'y a pas d'âtre. Empêtré dans des matières qui ne sont pas de son niveau, le Conseil européen tend à devenir la chambre d'appel du Conseil des ministres. Or cet organe n'est pas propre à prendre des positions techniques ou législatives.

La gestion de l'élargissement par le Conseil européen montre bien, par exemple, à quel point les chefs d'État et de gouvernement sont à la fois mal placés pour résister aux pressions extérieures (des candidats et des tiers) et incapables d'aller expliquer à leurs populations ce qu'ils ont décidé…Cette institution a un peu tendance à penser que « la logistique suivra ». Mais quand elle se retourne, elle voit combien elle est seule. Parfois, elle a perdu les citoyens en route !

Des méthodes douteuses

Si, comme l'a rappelé Delors (voir *supra*), le Conseil n'a pas été à l'usage le grand méchant loup intergouvernemental que certains redoutaient, il n'a pas non plus, ces dernières années, fait preuve d'un grand amour pour la méthode communautaire. En abandonnant une méthode qui repose sur des procédures contraignantes, un rôle important à la Commission, un contrôle du juge, le Conseil européen est devenu une véritable éolienne : il brasse du vent.

Ainsi de la méthode ouverte de coordination adoptée par le Conseil européen de Lisbonne en mars 2000. Dans cette « méthode », le Conseil européen est censé « jouer un rôle renforcé d'orientation et de coordination, de manière que cette stratégie soit dirigée de façon plus cohérente et que les résultats obtenus fassent l'objet d'un suivi effectif ». Est prévue l'organisation d'une réunion du Conseil européen chaque printemps pour définir les missions pertinentes et garantir leur suivi, ainsi que tout un arsenal de réunions. Cette approche consiste à faire du Conseil européen une sorte de forum d'échanges d'idées, de comparaison entre États.

Derrière les jolis concepts, regardons la réalité en face : cette méthode a surtout été choisie en raison de la réticence des gouvernements à céder aux institutions européennes une nouvelle compétence dans cette matière, ne serait-ce que parce que les décisions nécessaires ne sont pas de nature législative. Cette pratique a été appelée « transgouvernementalisme intensif », ce qui signifie que « les acteurs principaux sont des décideurs nationaux de premier plan, opérant de manière hautement interactive et développant de nouvelles formes d'implication et d'engagement mutuel » (Hélène Wallace). Les 15 millions de chômeurs de l'UE auxquels cette méthode était censée apporter un job apprécient moins que les professeurs de sciences politiques cette merveilleuse usine à gaz.

Le Conseil a fait des promesses ; il a fait miroiter (ce qui mérite le pompon) que l'Europe serait la « zone la plus compétitivité du monde en 2010 », alors qu'il ne s'est pas doté des moyens d'assurer que les États respectent leurs engagements. En dépit de l'enjeu, les gouvernements ont choisi l'Europe molle. Le résultat est à la mesure des efforts. À Europe molle, croissance molle, confiance molle.

ATTENTION !

Ne pas confondre…

Au niveau institutionnel, l'Europe est une jungle dans laquelle il importe de bien identifier les différents acteurs si l'on veut survivre. Un certain nombre d'organe aux noms voisins sont à ne pas confondre.

- **Le Conseil de l'Europe et le Conseil européen** : le premier est une organisation internationale dont le siège est à Strasbourg et qui rassemble aujourd'hui 46 États démocratiques de l'Europe. Il a été créé en 1949 par les mêmes fondateurs que la CECA et la CEE, mais ceux-ci s'en sont peu à peu détournés (Spaak notamment, son premier président) parce que cette organisation restait vouée à la coopération intergouvernementale. Son champ d'activités actuel est la promotion de la démocratie, des droits de l'homme et de l'État de droit en Europe. Le Conseil européen, lui, est la réunion régulière (au moins deux fois par an) des chefs d'État et de gouvernement des États membres de l'Union européenne pour orienter la politique communautaire.

Notons, à propos du Conseil de l'Europe né des immenses espoirs soulevés par le congrès de La Haye de 1948, qu'il est un peu décevant : le Conseil des ministres statue à huis clos et à l'unanimité et l'Assemblée parlementaire n'a qu'un rôle consultatif. C'est d'autant plus regrettable que le Conseil de l'Europe compte aujourd'hui parmi ses membres la Russie et la Turquie et qu'il est particulièrement actif grâce à sa Cour européenne des droits de l'homme. Sur ce dernier point toutefois, sans sévérité excessive à son égard, on peut noter que si le Conseil de l'Europe avait mieux réussi dans sa mission de sauvegarde des droits de l'homme, l'UE aurait pu s'épargner d'entrer dans la logique fatale consistant à admettre sans limites de nouveaux membres pour assurer la promotion des valeurs européennes.

- **L'Assemblée parlementaire et le Conseil de l'Europe et le Parlement européen** : la première est composée de 315 représentants et de 315 suppléants désignés par les Parlements nationaux des États membres (pas d'élection directe) quand le second est l'organe parlementaire de l'Union européenne qui regroupe les députés européens directement élus au suffrage universel dans les 27 États membres de l'Union européenne.

- **La Cour européenne des droits de l'homme et la Cour de justice des Communautés européennes** : la première se trouve à Strasbourg, ville siège du Conseil de l'Europe, et est l'organe judiciaire créé par la Convention européenne des droits de l'Homme. Elle est composée d'un juge par État partie à la Convention et assure, en dernière instance, le respect par les États parties des obligations résultant de la Convention. La Cour de justice des Communautés européennes, elle, siège à Luxembourg et assure le respect du droit communautaire, ainsi que l'interprétation et l'application des traités instituant l'Union européenne. Pour cette raison, elle joue un rôle primordial pour les 27.

Chapitre 13

La Commission, une chauve-souris

*P*our bien comprendre la Commission, rien de tel que de regarder de près les… chauve-souris. Comme cet animal (le seul mammifère qui vole), la Commission a un caractère hybride. Ce n'est ni tout à fait une administration, ni tout à fait un gouvernement. Elle est une institution à part, la seule de sa catégorie. Méconnue du grand public, objet de préjugés, de jugements à l'emporte-pièce, elle passe, comme la chauve-souris, pour nuisible, elle fait peur, alors que, objectivement, elle accomplit un travail utile.

On cloue les pipistrelles sur la porte des granges, tête en bas, ailes déployées, par superstition. Par ignorance, la survie de certaines espèces est menacée. De même, dans tous les cafés du commerce de l'Union, des petits malins mettent la Commission au pilori. Les eurosceptiques ne sont pas loin de lui reprocher de sucer le sang des Européens et les proeuropéens eux-mêmes agitent à tout bout champ, devant elle, la subsidiarité comme une gousse d'ail devant un vampire (une espèce sur mille chez les chiroptères ; aucun spécimen recensé, à ce jour à Bruxelles, même après adhésion du pays de Dracula). À force de crises et de coups de boutoir, d'évolutions mal pensées et de compromis bâtards, la Commission n'est plus que l'ombre d'elle-même. C'est une institution en péril.

Pourtant, on ne le répètera jamais assez, la Commission est au cœur du système. Allons observer ensemble ces drôles de commissaires à Bruxelles. Ils ne sont pas si effrayants ! Dans leur bureau, ils ne se tiennent même pas la tête en bas.

Comprendre sa raison d'être

La Commission, c'est la petite idée géniale qui a permis à la Communauté d'être autre chose qu'une organisation internationale de plus où des États viennent défendre leur intérêt « national » contre celui du voisin.

Ce qu'elle est

Elle est le « plus », la valeur ajoutée de l'Europe communautaire.

L'incarnation de l'intérêt général

Comme nous l'avons rappelé au chapitre 8, les fondateurs de l'Europe communautaire ont eu l'idée révolutionnaire de raisonner en termes d'intérêt commun européen là où, jusqu'alors, s'affrontaient des intérêts particuliers. Un des articles du traité précise expressément que « les membres de la Commission exercent leurs fonctions en pleine indépendance, dans l'intérêt général de la Communauté » (213). L'existence d'un organe dédié à la recherche et à la défense de l'intérêt commun est l'une des caractéristiques les plus originales de l'Europe communautaire. Pour reprendre une expression de Monnet, elle est censée se tenir à la place centrale que personne n'occupe. À tous ceux qui lui disaient : « Mettez-vous un instant à ma place », Jean Monnet, *a posteriori*, répondait en effet : « Ce n'était pas mon problème. Je devais au contraire me situer à la jonction des intérêts nationaux, à une place que personne ne songe à occuper ordinairement. »

Quand l'Europe prend la mer (1)

Voici un exemple du rôle de la Commission. La gestion des stocks de poisson permet de bien illustrer son utilité. Pour assurer le renouvellement des espèces, il est important de laisser les petits poissons devenir grands. Il est donc de l'intérêt commun des Européens de préserver les ressources halieutiques à proximité de nos côtes (et même au-delà). Des règles prescrivant une taille minimale des prises, la réglementation des diamètres des filets, la fixation de dates de prise peuvent remédier au désastre annoncé.

Les ministres nationaux n'ignorent pas cette réalité, mais les pêcheurs votent (ils étaient 100 000 en Espagne lors de l'accession de ce pays à la CEE) tandis que les poissons, eux, ne votent pas, ne défilent pas dans les rues, ne protestent pas. La Commission peut proposer des solutions plus équilibrées, plus favorables aux intérêts de long terme que ne le feraient les gouvernements soumis aux pressions des professionnels du secteur et, plus généralement, de leurs électeurs.

La gardienne des traités

La Commission veille à ce que les règles soient respectées par tous. Nous avons vu, au chapitre 9, l'importance du droit dans la construction européenne. À cet égard, elle est bien plus que le secrétariat général d'une organisation internationale. Chargée de traquer les manquements des États, elle dispose de pouvoirs précis à cet effet : lorsqu'elle soupçonne qu'un pays ne remplit pas ses obligations, elle peut d'abord le mettre en demeure (ce qui suffit généralement à le faire obtempérer) mais aussi, le cas échéant, saisir la Cour. Cette procédure a souvent permis à des citoyens européens d'obtenir satisfaction alors que leur État d'origine – ou un autre État – refusait d'agir. Contrairement à ce qu'on raconte sur elle, elle est souvent l'allié objectif des consommateurs, des entreprises, des citoyens qui ont du mal à faire valoir leurs droits.

Un lieu d'impulsion

Nombre de grandes réalisations communautaires lui doivent beaucoup. Ainsi, sans l'implication de Jacques Delors et de lord Cockfield, le Marché unique n'aurait probablement jamais vu le jour. La monnaie unique a été portée par des hommes comme Raymond Barre, Roy Jenkins et Yves Thibault de Silguy.

Souvent, les États lui demandent d'« inventer » des politiques européennes, surtout en catastrophe. Dans ces moments-là, les gouvernements deviennent souvent moins chatouilleux sur la sacro-sainte subsidiarité !

Quand l'Europe prend la mer (2)

Après le naufrage du pétrolier *Erika* au large des côtes bretonnes, le gouvernement de Lionel Jospin a adressé à l'Union européenne, en février 2000, un mémorandum proposant plusieurs mesures pour un renforcement de la sécurité maritime. En réponse à cette action, la Commission européenne a proposé notamment une directive sur le renforcement des contrôles des sociétés de classification, une autre sur le renforcement du contrôle des navires dans les ports, ainsi qu'un règlement prévoyant une accélération du calendrier d'élimination des pétroliers à simple coque. D'autres mesures ont suivi, notamment après la marée noire causée, au large de la Galice, par le pétrolier *Prestige*. En novembre 2005, la Commission a adopté un troisième « paquet » de mesures relatives à la sécurité maritime, notamment sept textes axés sur la prévention renforcée des accidents et des pollutions (renforcement des conditions d'octroi des pavillons européens ; durcissement des législations existantes sur les sociétés de classification et le contrôle par l'État du port ; amélioration des systèmes de surveillance du trafic maritime) quand d'autres traitent des suites à donner en cas d'accidents.

Les SOS lancés par les gouvernements à la Commission sont souvent des réactions dans l'urgence. Les mêmes gouvernements qui se tournent vers la Commission rechignent parfois à appliquer les règles, quand ils ne reprochent pas à celle-ci « d'en faire trop » ! Ainsi, dans les années qui ont suivi la demande de réglementation en matière de sécurité maritime, la France s'était fait épingler pour son manque de coopération dans la mise en œuvre des contrôles de sécurité dans les ports. D'une manière générale, à cette époque-là, la lecture des tableaux annuels de transposition des directives (c'est-à-dire de leur mise en œuvre dans le droit national, qui nécessite l'adoption de lois ou de décrets nationaux) faisaient apparaître la France comme 15e sur 15 en 2002, 12e sur 15 en 2003 et 15e sur 25 en 2004.

Une représentation interne et externe

Enfin, la Commission possède des délégations dans tous les États membres ainsi que dans des pays tiers.

Les représentations de la Commission dans l'Union sont évidemment présentes dans les 27 États membres. La Commission y possède des services rattachés à la direction générale de la Communication, qui assurent l'information du public sur l'action de la Commission et font remonter du pays considéré les éléments d'appréciation importants pour éclairer les commissaires dans leur décision.

Les délégations en pays tiers existent dans 118 pays du monde et 5 villes sièges d'organisations internationales (Genève, New York, Paris, Rome, Vienne). Chargées de défendre les intérêts de l'Union européenne dans son ensemble, ces délégations sont des sortes d'ambassades de l'UE dont le rôle est surtout décisif en matière commerciale et d'aide au développement.

Précisons que lorsque la Commission négocie pour le compte de la Communauté, elle agit sur mandat du Conseil, dans le cadre des instructions que celui-ci donne au commissaire. C'est notamment le cas en matière commerciale sur mandat d'un comité dit 133 (du numéro de l'article du traité CE).

Ce qu'elle n'est pas

L'une des erreurs les plus fréquentes est de voir en elle un gouvernement, puis de s'étonner qu'elle n'agisse pas comme tel. Retenez bien ceci : la Commission n'est pas un gouvernement.

D'abord, comme nous l'avons rappelé au début de cette partie, le « triangle institutionnel » de l'Union européenne n'obéit pas à la logique de la séparation des pouvoirs telle qu'elle fonctionne dans nos États. L'UE compte bien un Parlement mais en face de lui, il y a à la fois le Conseil et la Commission. Un jour, l'UE sera peut-être dotée d'un gouvernement supranational (avatar de la Commission), d'une chambre de représentants élus au suffrage universel (issue du Parlement) et d'une chambre des États (à partir du Conseil). Mais nous n'en sommes pas là.

Ensuite, contrairement à ce qui se passe dans les gouvernements des démocraties parlementaires, les membres de la Commission ne sont pas choisis en fonction de leur appartenance à une famille politique, ni même à une coalition constituée après les élections pour gouverner. Nous avons déjà relevé, dans le chapitre consacré au Parlement, le caractère mi-chèvre mi-chou des rapports entre Parlement et Commission (voir chapitre 11).

Son président est désormais choisi dans la majorité du Parlement européen mais, en son sein, cohabitent diverses sensibilités : la Commission Prodi allait de Michele Schreyer, verte allemande venue des milieux alternatifs, à Loyola de Palacio, membre du parti conservateur espagnol, d'Antonio Vitorino, socialiste portugais, à Michel Barnier, gaulliste, en passant par Pascal Lamy, socialiste de cœur mais n'ayant jamais exercé de mandat électif, et Mario Monti, président de l'université Bocconi de Milan, économiste sans attache partisane.

La Commission actuelle compte un président conservateur (ex-maoïste), des conservateurs de différentes orientations, plusieurs socialistes (de Louis Michel à Peter Mandelson, travailliste), un ex-communiste (le Hongrois Kovacs) et des centristes comme Jacques Barrot.

Son président ne peut compter que sur son autorité morale. Il ne dispose pas de la même autorité que le chef du parti dominant qui, dans la plupart des démocraties parlementaires, est en principe choisi comme Premier ministre (exception faite de notre belle France, plus monarchique).

La Commission est censée avoir à la fois une appréciation politique (par exemple dans l'application du Pacte de stabilité ou dans certaines affaires de concurrence) mais aussi une expertise technique (par exemple... dans l'application du Pacte de stabilité ou dans certaines affaires de concurrence). En conséquence, elle est toujours susceptible d'être critiquée. Si on n'a pas conscience de sa nature hybride, il est aisé de dire qu'elle ne fait jamais rien de bien et qu'elle a toujours tort...

Contrairement à une idée reçue, sauf délégation de compétence du Conseil, elle ne possède pas le pouvoir d'exécution, notamment pas la prérogative d'édicter les normes d'exécution d'une « loi » communautaire (directive). Elle ne prend notamment pas l'équivalent des décrets d'application qui, en droit français, servent à compléter une loi. Cette mission revient à des comités qui, dans un certain secret, surveillent l'exercice, par la Commission, des pouvoirs d'exécution que lui confie le législateur communautaire. C'est ce qu'on appelle, dans le jargon, la politique de *comitologie*. Née hors traité, cette pratique a peu à peu été réglementée, notamment à partir de l'Acte unique, mais non sans difficultés.

Sauf à vouloir faire sombrer le lecteur dans un sommeil profond, il est impossible d'entrer dans le détail de ces procédures... L'essentiel est de retenir que le reproche de « bureaucratie tentaculaire » fait à la Commission est largement infondé. Pour « comitologie », la définition du dictionnaire juridique de l'Union européenne est la suivante : « Pratique institutionnelle qui implique des représentants des États membres, des experts scientifiques, ou des représentants des milieux économiques et professionnels, pour gérer, réglementer ou donner un avis sur une compétence exécutive de la Commission. » Les comités peuvent être consultatifs, de gestion ou de réglementation (ou Théodule !)… Mais déjà vos paupières sont lourdes. Arrêtons-nous là !

La comitologie ou le mystère des petits êtres tirant leur valise à roulette…

Si, un jour, vous êtes à Bruxelles, placez-vous vers 9 ou 10 heures du matin au coin de la rue Belliard et de la rue Froissard. Observez les individus qui viennent du métro Schuman ou sortent de taxis en provenance de l'aéroport… Victor Hugo en aurait tiré un poème génial, une sorte de *Melancholia* (*Comitologia ?*) pour le XXIe siècle : « *Où vont tous ces experts dont pas un seul ne rit ? / Ces doux êtres pensifs que la fièvre maigrit* »…

Tout un peuple de messieurs et de dames traînant leur valise à roulette, dans la brume grise du petit matin, en provenance de toutes les capitales, se dirige vers un immeuble de béton sale, merveille architecturale des années 1970, le mythique Borschette (du nom d'un ancien représentant permanent du Luxembourg qui aurait sûrement mérité mieux). Comme les saumons remontent les rivières pour aller frayer au lieu de leur naissance, voilà nos experts qui vont pondre collectivement, dans l'eau trouble des marchandages, les textes d'exécution des directives.

La Commission exerce certains pouvoirs de gestion des comités, mais elle les reçoit du législateur communautaire. Ce sont les États eux-mêmes qui déplacent sous les brumes de la capitale européenne leurs hordes de fonctionnaires, sans le faire savoir à leurs administrés. Encore un flagrant délit qui consiste, pour les gouvernements, à faire l'Europe dans leur petit coin, en l'expliquant le moins possible.

La vérité sur le comité Théodule

Des biographes du général de Gaulle abordent ainsi cette lancinante question du mystérieux « comité Théodule » : l'essentiel pour lui, ce n'est pas ce que peuvent penser le comité Gustave, le comité Théodule ou le comité Hippolyte, l'essentiel pour le Général de Gaulle, le président de la France, c'est ce qui est utile au peuple français. Il semble qu'une phrase de ce genre ait été prononcée à Orange (Vaucluse) le 25 septembre 1963.

Le sens de cette expression est aujourd'hui déformé : le plus souvent, on parle du « comité Théodule » pour critiquer toute nouvelle commission ou comité créé(e) par facilité pour traiter (ou enterrer) un problème. Le général, lui, dénonçait plutôt les clubs de réflexion de hauts fonctionnaires qui lui mettaient des bâtons dans les roues.

Rien à voir avec Bruxelles ? En effet, ce qui nous permet, une fois encore, de voir que les entraves au pouvoir politique existent aussi au niveau national.

Un caractère indépendant

L'indépendance des commissaires vis-à-vis des États membres est la pierre angulaire de cette institution : les commissaires ne doivent ni recevoir ni solliciter d'instructions de la part des gouvernements et les États membres doivent s'abstenir d'exercer sur eux des pressions.

L'indépendance comme garantie d'efficacité

Mais indépendance ne signifie pas absence de dialogue, bien au contraire. Les commissaires sont d'autant plus crédibles – et efficaces – qu'ils savent jouer ce rôle de « modem » consistant à expliquer dans leur pays d'origine les contraintes et les raisons de la politique de la Commission et à faire remonter au collège les inquiétudes ou demandes venant du pays « qu'ils connaissent le mieux », comme dit pudiquement le jargon bruxellois… Ils ont aussi une fonction d'information, de personnification d'une Europe anonyme et un peu lointaine. Dans les petits pays notamment, ils sont le visage connu de l'Europe.

DANS LE TEXTE

Servitude et grandeur du commissaire

Robert Marjolin apporte le témoignage suivant de la fonction de commissaire :

« Hallstein n'était pas un instrument au service d'Adenauer [...] pas plus que je n'étais moi-même toujours d'accord avec le gouvernement français. La vérité, c'est qu'inévitablement, les membres de la Commission, tout dévoués qu'ils fussent à l'idée européenne, et à moins de se condamner à l'impuissance, devaient tenir compte des positions nationales. Une part de leur action consistait à concilier ce qu'ils estimaient être l'intérêt commun et ce qu'ils savaient des préoccupations des différents gouvernements, y compris du gouvernement du pays auquel ils appartenaient. Autrement dit, le rôle de la Commission était d'autant plus fécond que les propositions qu'elle formulait et présentait au Conseil des ministres étaient certaines d'y recevoir un accueil favorable ou en tout cas de ne pas se heurter à un veto absolu qui ne laissât aucune place à la négociation. C'est ce qui se produisit pendant ce que j'ai appelé la lune de miel du Marché commun ; si une crise grave éclata en 1965 [crise de la chaise vide, voir chapitre 3], c'est qu'une majorité de la Commission s'écarta de cette règle d'or. »

Parfois, les États ne se privent pas d'exercer de grosses pressions sur leurs commissaires. Dans ces bras de fer, la difficulté est de démêler le vrai du faux. Aux yeux de certains gouvernants, Bruxelles est aussi un théâtre ; leurs gesticulations ont moins pour effet de changer le sens de la décision envisagée que de montrer aux eurosceptiques nationaux qu'ils se sont battus jusqu'au bout.

Ainsi, pendant la phase finale de négociation du traité constitutionnel à la Convention, le gouvernement français a envoyé à Pascal Lamy des lettres courroucées lui reprochant de trahir la cause française en négligeant de protéger la « diversité culturelle » dans les négociations commerciales. Comme par hasard, ces lettres se sont retrouvées dans la presse. La réponse ferme du commissaire a, elle aussi, atterri dans les pages saumon d'un quotidien national. À bon entendeur, salut. Ce n'est bon ni pour l'image de la France, ni pour l'autorité du commissaire contesté.

Parfois, les pressions cherchent à atteindre un commissaire d'une autre nationalité : dans son rapport de force avec les banques régionales allemandes ou avec la firme Volkswagen, Mario Monti a été très critiqué outre-Rhin. Les commissaires doivent en effet faire preuve d'indépendance vis-à-vis des milieux économiques et des lobbies, tout autant que vis-à-vis des gouvernements. Les décisions qu'ils prennent et les textes qu'ils proposent ont souvent une incidence majeure sur une activité économique (par exemple la directive REACH sur l'industrie chimique).

Afin d'assurer leur indépendance par rapport à la sphère privée, ils n'ont pas le droit d'exercer d'activité professionnelle pendant leur mandat et sont astreints, après leur départ de la Commission, à se tenir un certain temps à l'écart des secteurs dont ils ont eu la charge. L'ex-commissaire allemand Bangeman s'étant recasé un peu vite dans une entreprise relevant de son ancienne sphère d'activité, le respect d'un délai de « viduité » est désormais exigé.

L'attribution aux États les plus peuplés de deux commissaires a, pendant longtemps, contribué à garantir l'indépendance de l'organe (de 1958 à 2004). En effet, la plupart du temps, les deux commissaires du même pays étaient issus de la majorité et de l'opposition. Ce pluralisme permettait de limiter les pressions politiques.

Depuis 2004, la Commission compte un commissaire par État. La dépendance vis-à-vis des gouvernements qui les désignent s'en est trouvée accrue. La tendance est forte, dans les capitales, de voir en eux le représentant de l'État en question dans le système, une sorte de super-représentant permanent. Naturellement, les qualités humaines peuvent compenser ce défaut de la structure, mais l'évolution, contraire à l'esprit de la Commission depuis les origines, n'en demeure pas moins aberrante. La nomination de commissaires de plus en plus souvent politiques (anciens ministres) va dans le même sens. Les experts parmi lesquels se recrutaient de très grands commissaires comme Robert Marjolin, Raymond Barre, Mario Monti ou Pascal Lamy se font rares.

Zoom sur la Commission

Pour 500 millions d'habitants dans l'Union européenne, la Commission compte :

✔ 27 commissaires ayant chacun son cabinet de 6 personnes d'au moins 3 nationalités ;

✔ Environ 24 000 fonctionnaires (pour la plupart à Bruxelles) ;

✔ 1 secrétariat général (chargé de faire tourner la boutique) ;

✔ 26 directions générales thématiques (relations externes, agriculture, justice et affaires intérieures, économie et finances, mais aussi budget, administration, etc.) ;

✔ Près de 2 000 traducteurs à temps plein.

La collégialité

À la Commission, toutes les décisions sont prises de manière collective, beaucoup plus que dans un gouvernement national. Ce caractère collectif renforce considérablement l'indépendance, en interdisant à un commissaire d'être le porte-parole de son pays d'origine.

Si nécessaire, la Commission vote à la majorité simple. Quel que soit leur vote le jour où la décision est prise, tous les commissaires en sont solidaires. Et il est impératif que cela reste le cas à l'avenir.

Comment cela se passe-t-il au quotidien ? Quelles sont les règles de cette collégialité ? Chaque commissaire a un portefeuille dont il est spécifiquement chargé (la concurrence par exemple, ou la protection des consommateurs). Mais il est censé suivre tous les dossiers examinés par le collège. À cette fin, il a auprès de lui des collaborateurs (son cabinet) qui suivent l'activité des autres commissaires.

En vertu du règlement intérieur de la Commission, une réunion du collège a lieu tous les mercredis matin. Cette rencontre est préparée par des réunions des membres des cabinets, puis des chefs de cabinet (qui, à Bruxelles, sont les vrais « directeurs » desdits cabinets. Grâce à ce travail préparatoire, nombre de points de l'ordre du jour sont adoptés sans débat par une procédure dite écrite, à condition que le service juridique ait donné son aval.

Naturellement, le commissaire chef de file conserve la haute main sur un dossier. Sur les dossiers sensibles ou, à tout moment, à la demande d'un membre de la Commission, un dossier peut être débattu par l'ensemble du collège. Ces discussions peuvent parfois durer plusieurs heures et donner lieu à de vifs échanges verbaux. Lorsqu'un sujet d'une extrême importance le requiert, la Commission peut être réunie en séminaire d'une journée.

Selon les périodes, selon l'aptitude du président à tenir son équipe, le collège est plus ou moins soudé. Là est sa vraie force. La discorde engendre immanquablement la faiblesse. La Commission étant une maison de verre, toutes les disputes ont tôt fait d'être rapportées par la presse ; il est alors plus difficile de bâtir un consensus.

DANS LE TEXTE

La collégialité vue par Jacques Delors

« Au lieu d'avoir des commissaires assimilables à des ministres, chacun travaillant dans son domaine, sur ses dossiers, réticent à les présenter devant ses collègues, la Commission a besoin que ses membres discutent ensemble de tous les sujets importants, des propositions de "loi" bien sûr mais aussi de la stratégie générale, ce qui implique d'aborder chaque semaine les points qui fâchent, sans exclure de recourir éventuellement à un vote. Or les hommes et les femmes sont ainsi faits qu'ils n'aiment pas beaucoup les affrontements. Des commissaires auraient préféré que certains points soient discutés par les chefs de cabinet sans qu'il soit besoin d'y revenir en Commission. Mais chaque fois qu'il y avait une menace de frictions ou de grincements dans les États membres, je tenais au contraire à ce qu'il y ait une discussion au sein de la Commission. […] Il n'était pas toujours facile d'obtenir le consensus du collège dont la vie était parsemée de petites querelles de ménage dues parfois à mes propres erreurs de comportement [mais] l'esprit de famille était là ; ce qui n'empêchait pas de vifs et utiles débats dans l'esprit de la collégialité. »

Les délibérations doivent ainsi être correctement organisées. L'une des difficultés qu'a rencontrées la Commission quand elle a cherché à rationaliser son travail en créant par exemple des groupes de commissaires travaillant sur un sujet proche (l'action externe dans ses différents aspects par exemple) tient à ce que tout travail en sous-commission amoindrit la collégialité. Or la Cour de justice veille au principe de collégialité. Elle s'est ainsi prononcée sur les délégations de pouvoir de la Commission à l'un de ses membres.

À l'origine, il n'y avait de responsabilité de la Commission que collective. À la suite de la chute de la Commission Santer pour des problèmes concernant la seule Édith Cresson (voir chapitre 11), le président Prodi a pris la précaution de faire signer d'avance une lettre de démission en blanc, à chacun de ses dix-neuf commissaires. Son mandat s'est achevé sans qu'il ait eu besoin d'en faire usage mais chacun savait que cette épée de Damoclès pesait sur sa tête. Le traité de Nice a fait entrer cette pratique dans le traité : à la demande du président, après approbation du collège, un commissaire peut être contraint de démissionner pour des motifs relevant de sa seule personne.

Notons que les auditions individuelles de commissaires et cette possibilité nouvelle de faire démissionner un commissaire aboutissent à modifier peu à peu le caractère sacro-saint de la collégialité ; avec l'accroissement du nombre des membres du collège, c'est sans doute fatal. Une fois de plus, nous avons un exemple d'évolution qui nuit à la nature de l'organe sans qu'on ait réfléchi au moyen d'y remédier. Quelles que soient les évolutions futures, deux caractéristiques de la Commission doivent être impérativement préservées : la collégialité et l'indépendance.

Une désignation exigeante, une composition lâche

À l'origine, les membres de la Commission étaient choisis d'un commun accord par les gouvernements. L'Assemblée parlementaire ne jouait aucun rôle dans leur désignation, même si elle avait déjà le droit de renverser la Commission via une motion de censure.

Au fil du temps, le rôle du Parlement dans le choix du président, puis de l'ensemble du collège s'est accru. La vitesse à laquelle ces changements se sont opérés, par petits bonds successifs (Maastricht, Amsterdam, Nice) a quelque chose d'un peu inquiétant : qui a réfléchi aux conséquences de long terme de ce grignotage ?

Depuis le traité de Nice, le Conseil européen ne statue plus à l'unanimité mais à la majorité lorsqu'il choisit le président. On imagine toutefois assez mal un président de la Commission choisi en passant outre l'opposition d'un État, surtout important. Le mandat de la Commission a même été calé sur celui du Parlement européen (cinq ans) pour que ce soit une nouvelle législature qui choisisse le nouveau président. Naturellement, en cas de motion de censure et de renversement de la Commission ou de démission anticipée de celle-ci, une nouvelle équipe est désignée, mais elle n'accomplira que le mandat restant.

Concrètement, la procédure se déroule en deux temps : le choix du président, puis la désignation du collège.

Le choix du président

Une fois le président désigné (ce qui exige parfois plusieurs réunions successives du Conseil européen), il est soumis au vote d'approbation du Parlement. Une tendance nouvelle se dégage, qui consiste à choisir le président dans le courant majoritaire du Parlement. Lors de la désignation du président Barroso, le Conseil a manifestement privilégié les candidats issus des rangs du PPE. Le libéral Guy Verhofstadt, soutenu par la France et l'Allemagne, a été écarté (officiellement pour ce motif, mais plus probablement parce que sa position pendant la guerre en Irak indisposait les Britanniques). De même, le socialiste Pascal Lamy, dont le nom a circulé, n'avait guère de chances en dépit de son expérience reconnue, car il avait la « mauvaise » étiquette.

Une condition non écrite s'est ajoutée récemment : que le président soit un ancien membre du Conseil européen (ancien chef d'État ou de gouvernement). Ce n'est pas forcément une bonne idée. Une telle condition aurait écarté Walter Hallstein ou Jacques Delors. Elle limite le nombre des candidats possibles.

Tableau 13-1 : Les présidents de la Commission

Année de désignation	Président	Pays d'origine
1958	Walter Hallstein	Allemagne
1967	Jean Rey	Belgique
1970	Franco Maria Malfatti	Italie
1972	Sicco Mansholt	Pays-Bas
1973	François-Xavier Ortoli	France
1977	Roy Jenkins	Grande-Bretagne
1981	Gaston Thorn	Luxembourg
1985	Jacques Delors	France
1994	Jacques Santer	Luxembourg
1999	Romano Prodi	Italie
2004	Jose Manuel Durao Barroso	Portugal

La désignation du collège

Le président doit ensuite composer son équipe avec les candidats qui lui sont proposés par les États. Il n'a pas la liberté d'aller piocher dans les États membres les coéquipiers dont il rêve. Mais, depuis Romano Prodi, il est clair qu'il entend jouer un rôle actif. En 1999, l'ancien chef du gouvernement italien a pris des risques : il a ainsi décidé de confier à Pascal Lamy, socialiste français, le portefeuille très sensible du commerce. Pour les ultralibéraux anglo-saxons, c'était un chiffon rouge, mais le casting s'est finalement révélé excellent.

Les désignations se font donc dans un dialogue entre le président désigné et les gouvernements. À 27, le jeu devient franchement compliqué. Le président Barroso a failli trébucher en raison de choix peu judicieux (voir chapitre 11). En servant grassement les petits pays au détriment notamment des Français et des Allemands, il a fait une erreur qui a failli lui coûter cher :

au Parlement, les gros bataillons de députés de ces pays se sont rappelés à son bon souvenir. Il n'est pas sûr que ce collège tienne cinq ans : la répartition des portefeuilles et les problèmes posés par les liens entretenus par certains commissaires (chargés de la concurrence ou de la politique agricole commune par exemple) avec les milieux économiques dont ils ont la charge peuvent ressurgir d'un jour à l'autre... Et les deux nouveaux, Bulgarie et Roumanie, ont dû se contenter d'attributions un peu vagues (diversité linguistique et consommateurs).

Enfin, les commissaires pressentis sont soumis à des auditions parlementaires exigeantes, bien plus poussées que ce qui existe dans les États membres pour un poste de ministre. Une fois ces examens passés par tous les commissaires et la Commission approuvée dans son ensemble, les membres prêtent serment devant la Cour de justice.

Grand oral démocratique

Voilà le souvenir que garde Pascal Lamy de son audition en 1999 : « Je m'attaque d'abord au questionnaire que le Parlement européen a adressé à chacun des candidats commissaires. Il porte à la fois sur des sujets d'ordre général sur l'avenir de l'Europe, sur l'égalité hommes/femmes, sur des sujets ayant trait à nos futures responsabilités : faut-il lancer un nouveau cycle de négociations commerciales ? Quelles sont pour vous les relations entre commerce et développement ? Commerce et environnement ? Commerce et santé ? J'ai droit aussi à des questions plus personnelles sur mon rôle comme directeur de cabinet de Jacques Delors, sur mon éventuelle implication dans l'une ou l'autre affaire controversée sous la précédente Commission. Cinquante questions à bûcher. Après voir pris contact avec mon prédécesseur, sir Leon Brittan, avec mes probables futurs services, avalé l'excellent dossier de 400 pages qu'il ont préparé pour le nouvel impétrant, et replongé dans l'ouvrage que j'avais publié en 1993 comme président d'une commission du plan français et que j'avais appelé France-Europe-monde, je m'attaque à la rédaction des

réponses, transmises au Parlement et publiées sur Internet. »

D'après Lamy, la phase orale de son « examen de passage » dure trois heures : « Les parlementaires entendent tester ma connaissance des dossiers chauds : conflit avec les Américains sur les importations européennes de bœuf aux hormones ou de bananes, élimination progressive des quotas d'importation des produits textiles d'ici 2005, réforme des subventions à l'audiovisuel, appellations d'origine pour le vin ou le fromage, concurrence coréenne dans les chantiers navals, politique en matière d'antidumping. [...] Au-delà de l'objet immédiat et circonstanciel de cet oral démocratique qu'est l'investiture d'un commissaire, je trouve de bon augure que les représentants élus des peuples européens qui, aux côtés des représentants des États membres (le Conseil des ministres) forment l'assise démocratique de l'Union expriment ainsi des positions fortes et leur volonté d'exercer un contrôle sur le cours nouveau de la globalisation des échanges. » (*L'Europe en première ligne*, Éditions du Seuil, 2002)

Une équipe de plus en plus nombreuse

Dans la perspective de l'arrivée massive de nouveaux membres, la réduction du nombre des commissaires a été l'un des points brûlants de l'ordre du jour des dix dernières années. Ses partisans font valoir que le nombre de portefeuilles correspondant à une fonction définie est réduit à une grosse quinzaine environ. L'émiettement des compétences n'est pas sain. Pour la collégialité, pour la rapidité des décisions, il est souhaitable de limiter la taille de l'équipe, quitte à ce que chaque pays n'ait pas « son » commissaire. Ses opposants avancent qu'il ne sert à rien de décider vite si c'est pour prendre des mesures qui ne sont pas considérées comme légitimes dans toute l'Union européenne. Aussi se battent-ils pour garder « leur » commissaire

C'est encore un débat Rubik's cube : tout le monde a raison et tout le monde a tort. Idéalement, la Commission devrait être ce creuset où se fondent toutes les sensibilités, où chaque espace juridique, chaque sphère linguistique compte un représentant. À Six, c'était possible sans qu'au total le nombre de participants soit trop élevé.

Les grands États soutiennent d'autant plus la réduction qu'ils n'imaginent pas un instant perdre leur commissaire (on n'osera tout de même pas leur faire cela !). Les petits, aujourd'hui surreprésentés, ont perdu le sens commun : quand ils trustent 19 postes sur 25, il est difficile de dire que cela assure la légitimité de la prise de décision pour une immense majorité de la population (voir le tableau du chapitre 8)… Dans ce casse-tête, s'il faut trancher, c'est l'esprit de l'institution qui nous semble devoir prévaloir : indépendante des États, la Commission doit rester aussi peu intergouvernementale que possible. Si certains pays n'ont pas « leur » commissaire, inventons des commissaires adjoints ou d'autres solutions techniques (réduction du mandat, rotation accélérée, etc.).

Car la formule actuelle est probablement la pire. Si elle est transitoire, en raison de l'arrivée massive de dix pays en 2004, ce n'est pas trop grave. Si elle était appelée à durer, ce serait catastrophique. Faute d'accord à Nice sur une réduction, la Commission actuelle compte un commissaire par État membre. Depuis l'arrivée du 26e et du 27e au 1er janvier 2007, les États membres sont censés prendre la décision de réduire à terme le nombre de commissaires en dessous du nombre des pays membres. Le collège qui prendra ses fonctions en 2009 devrait être réduit, sauf si le Conseil en décide autrement. Notons au passage que la Convention a retenu une autre solution consistant à prévoir une rotation (voir chapitre 14).

L'homme est ego

Quid de la parité hommes/femmes à la Commission puisque le principe de non-discrimination figure parmi les premiers principes de l'Union européenne ? Romano Prodi voulait une Commission composée à parité d'hommes et de femmes, avec des cabinets paritaires, mais ses déclarations ne furent que belles paroles. Le vent de Belgique les a emportées…

Sur 20 commissaires, son collège comptait 5 femmes. Le seul cabinet paritaire était celui de Pascal Lamy et seul Michel Barnier avait une directrice de cabinet. Sur 27 commissaires actuels, il y a 8 femmes et 2 directrices de cabinet. Petit progrès, le puissant secrétaire général de la Commission – le premier de ses fonctionnaires – est désormais une femme. Inconvénient : à l'automne 2006, la liaison d'un commissaire et de son chef de cabinet a défrayé la chronique médiatique en Allemagne. Ce n'est pas en France que ce genre de choses se produirait…

Tableau 13-2 : Composition de la Commission 2004-2009

Membre	Pays d'origine	Fonction / attributions
José Manuel Barroso	Portugal	Président
Margot Wallström	Suède	Vice-présidente / Relations institutionnelles et stratégie de communication
Günter Verheugen	Allemagne	Vice-président / Entreprise et industrie
Siim Kallas	Estonie	Vice-président / Administration, audit et lutte anti-fraude
Jacques Barrot	France	Vice-président / Transports
Franco Frattini	Italie	Vice-président / Justice, liberté et sécurité
Benita Ferrero-Waldner	Autriche	Commissaire / Relations extérieures et politique européenne de voisinage
Louis Michel	Belgique	Commissaire / Développement et aide humanitaire
Meglena Kuneva	Bulgarie	Commissaire / Protection des consommateurs
Markos Kyprianou	Chypre	Commissaire / Santé et protection des consommateurs
Mariann Fischer Boel	Danemark	Commissaire / Agriculture et développement rural
Joaquín Almunia	Espagne	Commissaire / Affaires économiques et monétaires
Olli Rehn	Finlande	Commissaire / Élargissement

Tableau 13-2 : Composition de la Commission 2004-2009 (suite)

Membre	Pays d'origine	Fonction / attributions
Stavros Dimas	Grèce	Commissaire / Environnement
László Kovács	Hongrie	Commissaire / Fiscalité et union douanière
Charlie McCreevy	Irlande	Commissaire / Marché intérieur et services
Andris Piebalgs	Lettonie	Commissaire / Énergie
Dalia Grybauskaite budget	Lituanie	Commissaire / Programmation financière et
Viviane Reding	Luxembourg	Commissaire / Société de l'information et médias
Joe Borg	Malte	Commissaire / Pêche et affaires maritimes
Neelie Kroes	Pays-Bas	Commissaire / Concurrence
Danuta Hübner	Pologne	Commissaire / Politique régionale
Vladimír Špidla	République tchèque	Commissaire / Emploi, affaires et égalité des chances
Leonard Orban	Roumanie	Commissaire / Multilinguisme
Peter Mandelson	Royaume-Uni	Commissaire / Commerce
Jan Figel	Slovaquie	Commissaire / Éducation, formation, culture
Janez Potocnik	Slovénie	Commissaire / Science et recherche

Un monopole d'initiative jalousé

Le monopole d'initiative de la Commission est l'une des inventions les plus originales de l'histoire communautaire. Ce petit détail, en apparence technique, a largement contribué à permettre le vote à la majorité qualifiée ainsi que la cohabitation harmonieuse des grands et des petits. Conformément au syndrome de la chauve-souris, il est d'autant plus décrié qu'il est mal compris. Mais les Nuls vont tout savoir…

Présentation d'une innovation

C'est l'article 149 du traité de Rome qui introduit cette innovation en apparence anodine : « Lorsqu'en vertu du présent traité, un acte du Conseil est pris sur proposition de la Commission, le Conseil ne peut prendre un

acte constituant amendement de la proposition que statuant à l'unanimité. »
Comme nous l'avons déjà souligné, en Europe, dans la plupart des cas, c'est le
Conseil qui décide ; la Commission se borne à proposer. L'article 149 dispose
que, dans les domaines où il décide à la majorité qualifiée, le Conseil ne peut
s'écarter de la proposition de la Commission qu'à l'unanimité.

En fait, ce mécanisme, c'est du judo : l'unanimité est une force puissante,
elle peut tout bloquer ; mais en l'utilisant à l'envers, en exigeant des États
l'unanimité pour revenir sur ce que propose la Commission, les fondateurs ont
retourné cette force au profit de la décision collective. Cette invention est à la
fois toute simple et géniale : elle met à l'abri de l'arbitraire de la majorité les
États (notamment petits) susceptibles de se trouver mis en minorité, ou du
moins elle leur offre un avocat équitable et impartial.

Naturellement, lorsqu'un texte est en discussion, un dialogue s'engage entre la
Commission et le Conseil : si les gouvernements font valoir des considérations
qui auraient échappé à la Commission au stade de la rédaction de son projet ou
émettent des objections fondées, celle-ci accepte les amendements. En revanche,
si le Conseil voulait dénaturer une proposition de la Commission, il devrait
réunir sur ce contre-projet l'unanimité, ce qui est toujours difficile. Il suffit à la
Commission d'avoir le soutien d'un seul État pour contrer ce genre de manœuvre.

Ce monopole confère à la Commission une grande force en droit (puisque
c'est elle qui tient la plume), en opportunité (puisqu'elle a le choix du
moment, souvent capital en politique), et pendant la négociation (puisqu'elle
est incontournable). Grâce à ce garde-fou qui, dans la vie quotidienne de la
Communauté, a joué un rôle considérable, le recours à la majorité qualifiée a
été grandement facilité puisque les États susceptibles d'être mis en minorité
ont tout de même une garantie.

Trop souvent, les commentateurs oublient de parler de ce rôle tampon de la
Commission entre majorité potentielle et minorité potentielle. Les eurosceptiques
caricaturent le recours au vote en « abandon de souveraineté ». C'est excessif.
N'y a-t-il pas plus encore abandon de souveraineté quand on se soumet, pieds et
poings liés, à l'arbitraire du veto dans les champs où les décisions se prennent
à l'unanimité ? Le monopole d'initiative a permis d'entourer l'exercice du vote
majoritaire de garanties jusque-là inconnues dans l'ordre international. Il faudrait
l'expliquer beaucoup plus pour rassurer les citoyens européens.

Nuances

À cet égard, il est également utile de comprendre que ce monopole n'est pas
aussi strict qu'il en a l'air. La Commission possède un monopole juridique
mais les faits le relativisent. Les chiffres qu'elle a publiés au moment de la
Convention montrent qu'elle ne propose pas des textes en s'enfermant dans sa
tour d'ivoire…

ATTENTION !

Un monopole... bien partagé

Quelques chiffres pour relativiser le monopole d'initiative de la Commission :

✔ 35 % des propositions de la Commission correspondent à une adaptation du droit communautaire à l'évolution des données scientifiques, économiques ou sociales ;

✔ 31 % correspondent à des obligations internationales souscrites par la Communauté ;

✔ 17 % répondent à une demande expresse des autres institutions, des opérateurs économiques ou des États membres (voir par exemple ce que nous avons expliqué en matière de sécurité maritime) ;

✔ Enfin, dans 12 % des cas, ce sont des actes obligés prévus par le traité ou le droit dérivé.

Les nouvelles initiatives de la Commission représentent donc seulement 5 % du total !

En réalité, l'Europe progresse quand ses différents organes travaillent en bonne intelligence. Nous avons déjà vu (au chapitre précédent) que le Conseil européen – qui ne compte toujours pas au nombre des institutions d'un point de vue juridique (du moins jusqu'à l'entrée en vigueur de la Constitution) – a également lancé la plupart des initiatives européennes importantes, ce qui relativise le rôle de la Commission. S'y ajoute aussi la jurisprudence particulièrement créative de la Cour de justice, comme nous l'avons rappelé au chapitre 9.

Évolution

Au fil du temps, ce monopole perd de son importance. En veillant à verrouiller, dans les traités, une minorité de blocage, les gouvernements ont cherché une parade pour bloquer les projets qui leur déplaisent, sans faire intervenir la Commission. Et dans la procédure de codécision (Conseil et Parlement), la Commission est marginalisée, surtout au stade de la conciliation ; ils sont libres d'adopter les amendements qu'ils veulent, sans aucun garde-fou.

À plusieurs reprises, des revendications ont été formulées au profit du Parlement : pour nombre de juristes ou d'hommes politiques, il est choquant que la représentation du peuple soit frustrée du droit d'initiative. En pratique, comme nous l'avons vu, le problème n'est pas si gênant, puisque la Commission reprend volontiers à son compte des propositions de textes émanant d'autres organes.

Enfin, dans un pays comme la France, la Constitution nationale elle-même restreint les droits du Parlement. Il est vrai que ce n'est peut-être pas une référence...

C'est Monnet qu'on assassine

Comme certaines espèces de chauve-souris, la Commission est en péril.

Faisons un rêve

Le vif débat qui a eu lieu sur la taille de la Commission montre la réticence persistante des gouvernements à accepter une dose, même limitée, de coopération supranationale. Alors que cinquante ans se sont écoulés depuis le traité de Rome, c'est préoccupant. En médecine, on parlerait sans doute d'un risque de rejet de la greffe. Cette attitude crispée est surprenante : tout se passe comme si Bruxelles était avant tout le lieu où se déroule un combat des Européens, les uns contre les autres, alors qu'il devrait être celui où l'union fait la force. Dans le monde actuel, la question n'est plus de savoir si un Français nous représente mieux qu'un Belge, mais de réaliser ce que pèse l'Europe face à la Chine, aux États-Unis ou au crime organisé.

À moins que cette bataille ne serve finalement à faire la preuve par l'absurde que l'Union européenne ne peut pas continuer ainsi. L'idée de laisser le président de la Commission composer son collège librement commence à faire son chemin. Le traité ne dirait rien sur le nombre des commissaires. Le président chercherait à s'entourer des meilleurs (avec l'aval des États et du Parlement, dans le respect de la diversité bien sûr). L'UE franchirait alors une étape majeure vers sa maturité. Et ce serait là une belle manifestation de subsidiarité, chaque niveau de décision exerçant pleinement ses responsabilités.

LE SAVIEZ-VOUS ?
?

Un vision iconoclaste de la Commission

Pourquoi Jacques Chirac, gaulliste de longue date, n'éprouvant pas une tendresse particulière envers la Commission, a-t-il, dès Amsterdam et par la suite à Nice, prôné une réduction du nombre des commissaires qui, en général, n'est guère souhaitée que par des fédéralistes ? La présidence néerlandaise de 1997 lui prête le propos suivant, qu'il aurait tenu à Wim Kok : « Les commissaires, moins il y en a, mieux je me porte. »

Les questions que pose la politisation

Ces dernières décennies, la Commission a été peu à peu plus politisée, plus exposée aux affrontements partisans. Désormais, deux thèses sont en présence. L'une consiste à toujours considérer la Commission comme un organe qui gagne à rester technique, à préparer les décisions, à être indépendant. Pour certains, en se démocratisant, en entrant dans l'arène politique, elle perd en sagesse et en autorité. L'autre thèse considère comme impossible, désormais, de résister à la politisation. La première est en perte de vitesse sans que, malheureusement, une réflexion de fond ait vraiment été engagée sur les avantages et les inconvénients de la polarisation droite-gauche.

Aussi la Commission se trouve-t-elle au milieu du gué : on attend d'elle toutes les vertus d'un organe politique et toute la retenue d'un cercle d'experts. Son président a été choisi pour sa couleur politique mais ne peut pas composer une équipe en accord avec ses idées. Elle doit être soumise à la majorité du Parlement européen même si, au sein de ce dernier, il n'y a pas de majorité claire. D'où des tiraillements et des cafouillages.

Les demi-mesures risquent de frustrer tout le monde. Les citoyens qui aspirent à une vraie politisation ne comprennent pas le côté caméléon de la Commission. Sur certains dossiers (par exemple la libéralisation des services), l'actualité a montré que la Commission est traversée par des divergences profondes. En l'état actuel des choses, il ne peut pas en être autrement. Or ces divergences l'ont empêchée de tenir tout à fait sa place : depuis des années, elle est moins créative.

Pendant la Convention, elle a atteint le comble de la schizophrénie puisque Romano Prodi faisait officiellement travailler au grand jour une équipe interservice rédigeant certains documents pesés au trébuchet entre les 20 commissaires et, officieusement, la nuit, une équipe restreinte qui a rédigé, dans le secret, le projet baptisé Pénélope (voir chapitre 14). Les tiers n'ont rien compris à cette double vie. Elle était le reflet des insatisfactions du président avec sa Commission légitime (comme souvent en cas de double vie…). Mais, en dépit de ses grands mérites, la pauvre Pénélope a été exécutée par Valéry Giscard d'Estaing et les médias.

Ces dernières années, il n'y a pas eu de débat approfondi sur le rôle de la Commission, mais seulement sur le nombre des commissaires. Que doit-elle être ? Un organe indépendant ? Un lieu d'expertise impartiale ? Un embryon de gouvernement appelé à se développer dans cette direction ? Une agence ? Pour l'instant, elle est un peu tout cela à la fois, c'est-à-dire pas grand-chose dans la tête des Européens. Et pourtant, c'est bien elle qui reste, dans son principe, la garante de l'intérêt commun. D'où la gravité d'un divorce éventuel de l'opinion et de la Commission et d'où, aussi, la vanité de cette chasse à la chauve-souris qui n'est dans l'intérêt de personne.

Au fil des révisions des traités, des mesures sont prises qui, au coup par coup, la placent un peu plus sous le contrôle des élus. Les réformes des dernières années, notamment l'augmentation du contrôle du Parlement, tendent toutes vers la transformation de l'Union européenne en une sorte de démocratie parlementaire de type étatique avec séparation des pouvoirs. Pourquoi pas ?

On peut ressusciter Montesquieu et Locke avant la fin du chapitre… Mais cette évolution n'est pas assumée : elle se fait par petits pas, minuscules concessions et autres trompe-l'œil, les gouvernements espérant malgré tout garder la main haute sur le système. Ce n'est pas cohérent et l'UE en souffre.

Les difficultés d'un ménage à trois

La vraie difficulté institutionnelle de l'Union vient de ce que l'amant de madame est sorti du placard : la logique de départ a été perturbée par l'irruption du Parlement. Là où Commission et Conseil faisaient leurs petites affaires à deux, le Parlement, auréolé de sa légitimité incontestable, est venu jouer le troisième larron.

La dépendance accrue de la Commission à l'égard du Parlement commence en effet à être source d'un déséquilibre. Si le Parlement abusait de ses droits – ce qui peut toujours arriver – elle n'a aucune arme, notamment pas celle de la dissolution. Or, en l'état actuel de la composition de la Commission, on voit mal comment lui donner un tel pouvoir. Le Conseil européen, lui, entretient avec elle des relations qui ne sont guère plus saines : il lui fait souvent porter le chapeau des insuffisances étatiques. Il la malmène et l'utilise. Cela sent le vieux couple qui ne peut se quitter mais ne s'entend plus guère.

La conséquence de ces évolutions, c'est que l'intérêt général n'est plus aussi bien déterminé ni défendu qu'auparavant. Dans la Communauté européenne telle qu'elle était conçue, dans l'Union telle qu'elle est toujours censée fonctionner, c'est extrêmement gênant. Pour la plupart des observateurs, la politique européenne est plus le fruit d'un rapport de force, d'un marchandage de maquignon, qu'une démarche stratégique. Et les lobbies et autres groupes de pression s'engouffrent dans la brèche.

La Commission est désormais moins capable d'entraîner toute la mécanique communautaire. Elle joue dans une interaction complexe avec les États membres, le Parlement, la Cour de justice des communautés européennes, l'opinion publique et les médias. Le reflux du fédéralisme, le traumatisme subi par ses fonctionnaires depuis la chute de la Commission Santer, le manque d'idéal (car désormais, croire à un idéal, cela fait naïf…) confortent une tendance préoccupante à l'autoflagellation.

Un jour, elle annonce à coups de trompette qu'elle retire des textes (*mea culpa, mea maxima culpa*) parfaitement utiles (sur la mutualité ou la limitation du temps de travail des chauffeurs routiers par exemple) parce qu'elle a cru devoir sacrifier son âme au dieu nouveau de la dérégulation. Le lendemain, elle se croit obligée de faire une communication annonçant qu'à l'avenir elle produira des résultats (*sic*), comme si ses prédécesseurs, depuis cinquante ans, faisaient la sieste dans leur bureau.

Son président se donne comme objectifs prioritaires l'emploi et la croissance, domaines vitaux s'il en est mais dans lesquels il n'a aucun moyen de forcer les États à agir. Il se gargarise de la méthode ouverte de coordination et du processus de Lisbonne qui la mettent tout particulièrement sur la touche, au lieu de défendre la méthode communautaire qui lui permettrait de garantir l'intérêt général. Les élargissements continuent sans qu'une solution sérieuse aux questions institutionnelles, budgétaires et identitaires qu'ils soulèvent n'ait jamais été esquissée. Certains de ses meilleurs agents sont mis au placard, poussés dehors sans ménagement ou empêchés d'agir. À Bruxelles, c'est Monnet qu'on assassine.

Chapitre 14

L'Europe du traité constitutionnel

Dans ce chapitre :

▶ Le traité de tous les dangers

▶ Des progrès réels

▶ L'Europe à la roulette russe

*E*n ce moment, l'Europe est un peu entre deux chaises : le traité de Nice est appliqué, c'est-à-dire que les institutions décrites dans les trois chapitres précédents continuent de fonctionner. Tel est ce que les juristes appellent le droit positif (sans que jamais personne ne parle de droit négatif… ne cherchez pas à comprendre, vous n'êtes pas dans *L'Électricité pour les Nuls*). Le traité constitutionnel rédigé par la Convention européenne, qui est censé doter l'Union de nouvelles institutions, devait le remplacer mais il a été rejeté dans deux États membres par référendum (la France et les Pays-Bas) en 2005. Juridiquement, il n'entrera donc pas en vigueur, du moins pas sous cette forme. Il a cependant été ratifié par dix-huit États membres au 1er janvier 2007. Parmi ceux-ci, le Luxembourg et l'Espagne l'ont adopté par référendum. Le oui de ces États n'est pas plus négligeable que le non de la France ou des Pays-Bas…

En outre, tout nouveau texte devra forcément s'inspirer de l'important travail qui a été accompli (simplification, clarification, adaptation au nombre des États, etc.). Car, même s'ils doivent respecter le vote des peuples français et néerlandais, les négociateurs de demain ne pourront pas réinventer la roue. Ce travail conserve ses vertus et il est à souhaiter qu'il ne soit pas perdu. C'est pourquoi il nous a paru nécessaire de consacrer un chapitre à la genèse du traité et à son contenu. À toutes fins utiles…

Un traité nommé Constitution

Le texte constitutionnel est le résultat d'une démarche très novatrice. Voyons en quels termes.

Fille ou garçon ?

C'est Giuliano Amato, vice-président de la Convention, qui a le mieux rendu l'ambiguïté de l'exercice en formulant sa déception en ces termes : « J'attendais une fille (une constitution), j'ai eu un garçon (un traité) ». Malgré cette référence aux bébés, il importe de bien faire comprendre que le traité constitutionnel n'a pas été apporté par une cigogne ! Il est le fruit d'une innovation majeure, d'une de ces bonnes surprises dont la vieille Europe est parfois capable : en convoquant une Convention, l'Union européenne a commencé à passer de la diplomatie à la démocratie (voir aussi chapitre 7).

La composition variée de la Convention (qui réunissait des élus nationaux et européens, des représentants des gouvernements et de la Commission), le recours à une méthode de travail par groupes rapportant à la plénière, sous l'autorité du praesidium ont permis un travail plus approfondi, plus transparent que dans les habituelles conférences intergouvernementales. Pour prendre un exemple concret, les travaux du groupe social présidé par le représentant grec Katiforis ont ainsi montré combien les vues de la gauche française sur l'Europe sociale sont isolées. Sur l'action extérieure, la défense ou le rôle des Parlements nationaux par exemple, le même travail a été accompli, avec profit, car une plus grande convergence existait, y compris sur des sujets aussi délicats que la personnalité juridique de l'Union (voir chapitre 9).

Le trépas de la ligne rouge

La Convention s'est donc substituée à une conférence intergouvernementale. Et la différence est de taille : dans une conférence intergouvernementale, seuls siègent des représentants des gouvernements (avec, le cas échéant, comme observateurs, un commissaire et des députés européens). Les gouvernements peuvent alors parfaitement refuser d'aborder un sujet pour cause d'« intérêt national » (qui est parfois plus celui de tel ou tel lobby que celui de la nation). On dit alors qu'ils invoquent leurs « lignes rouges ».

À la différence de cette pratique, la Convention instaure un dialogue : la composition est plus large et Valéry Giscard d'Estaing a insisté pour que les conventionnels s'expriment à titre personnel. Si le représentant d'un pays ou un parlementaire a de bonnes objections à faire valoir, il est écouté. Une solution est recherchée pour l'aider à contourner les problèmes propres qu'il évoque. Sans doute n'obtiendra-t-il pas ce qu'il veut à 100 %, mais il y a de bonnes chances qu'il ne reparte pas bredouille. C'est une méthode bien plus fructueuse que le dialogue de sourds armés de veto. Ce n'est pas à proprement parler une innovation, mais la confirmation de ce que Monnet avait compris en voyant la SDN échouer, comme nous l'avons rappelé dans la première partie.

Malgré ces progrès dans la méthode, le résultat de la Convention est, hélas, resté un traité. Les gouvernements ont même alourdi le texte en incluant une partie III, longue, superfétatoire, se bornant pour l'essentiel à reprendre les traités existants. Ils ont refusé toute procédure d'entrée en vigueur faisant disparaître l'unanimité.

Genèse de la Convention

Comment se sont passées les négociations du traité ? C'est ce que nous allons voir.

Albion, as usual...

La Grande-Bretagne, très active pendant la Convention, très assidue auprès des candidats (contrairement aux Français et aux Allemands) a obtenu de ses partenaires énormément de concessions. Une fois encore, Londres a placé la barre… assez bas et emporté une grande victoire. Tony Blair a plaidé qu'il était déjà assez difficile de faire avaler une Constitution aux Britanniques (qui n'en ont jamais eue). Du coup, il est parvenu à édulcorer le contenu. Finalement, à cause des non français et néerlandais, lui qui avait pourtant pris l'engagement de soumettre le texte à ratification, se sent libre de ne pas aller devant ses électeurs… Saperlipopette ! On dirait bien que les Continentaux se sont mis tout seuls dans le sac.

Le franco-allemand avec ses gros sabots

La France et l'Allemagne, de leur côté, ont fait à la Convention une sorte de retour. Après le drame de Nice, il était temps… Plusieurs papiers sont rédigés en commun (sur les institutions par exemple), plusieurs photos de Dominique et Joschka bras dessus bras dessous ont rassuré dans les chaumières. Le président de la Convention leur donnait souvent la parole – par hasard ! – l'un après l'autre, c'était très touchant. Toute ressemblance avec un couple célèbre venant se rabibocher devant les caméras après des incartades est naturellement fortuite.

Malheureusement, pendant cette période, l'attachement du chancelier Gerhard Schröder et de Jacques Chirac est devenu si vif et leur opposition à George Bush sur l'Irak si passionnelle que les deux pays ont perdu des chances de rallier autour d'eux le consensus.

La surenchère généralisée

Pendant cette période, tous les protagonistes se comportent mal :

- Les Français et les Allemands, pris par l'euphorie de la célébration des quarante ans du traité de l'Élysée en janvier 2003, ont tort de faire comme si leur accord (à 2) signifiait celui de l'Europe (à 25) sans avoir même demandé l'avis des 23 autres. Jacques Chirac pousse l'amabilité jusqu'à conseiller aux Polonais de « se taire », ce qui a été apprécié à sa juste valeur à Varsovie. Pour aggraver leur cas, le chancelier allemand et le président français se trouvaient alors en compagnie de Wladimir Poutine, qui, pour les Polonais, incarne une menace plus grande que les États-Unis.
- Les Espagnols, les Britanniques, les Polonais (et d'autres) ont tort de riposter par une lettre ouverte dans la presse américaine soutenant George Bush, étalant ainsi à la face du monde, au mépris des traités appelant à la concertation, les divergences européennes.
- La présidence grecque, dépassée par les événements, comme la Commission sont incapables de ramener le débat là où il devrait avoir lieu : au sein des instances communautaires.

La maladresse de la Commission

À la Convention, la Commission a, hélas, mal joué. Pourtant, quand la Convention s'ouvre, elle a devant elle un boulevard. Alors qu'une conférence intergouvernementale l'aurait mise sur un strapontin, le jeu largement ouvert de la Convention lui est favorable. Certes, Valéry Giscard d'Estaing s'en méfie, mais il sait écouter. Lorsqu'il rencontre les membres de la Commission, en particulier un mercredi matin dans la salle de réunion du collège, un vrai dialogue s'engage. Aux « grands » commissaires, en charge des dossiers lourds, il prête une oreille attentive. Mario Monti et Pascal Lamy notamment le rencontrent en tête à tête pour le briefer sur leur mission.

Trop de protagonistes oublient l'importance du dialogue et de la pédagogie. Ils prêtent à Valéry Giscard d'Estaing des intentions plus arrêtées qu'elles ne le sont. Ils oublient que la Commission est la seule institution dont il n'a pas l'expérience directe. En effet, ancien ministre, ancien président de la République, inventeur du Conseil européen, il connaît bien ce côté du « triangle ». Père de l'élection directe du Parlement, député européen des années durant, il sait aussi comment fonctionne l'assemblée parlementaire européenne. En ce que concerne la Commission, il peut apprendre. Et il apprend vite d'ailleurs, plus vite que d'autres. Des commentateurs diront à la fin de la Convention qu'il a mis beaucoup d'eau communautaire dans son vin intergouvernemental. Pascal Lamy – qui comprend très vite lui aussi – voit juste en lâchant : « Giscard veut que l'œuf que pondra la Convention porte son nom. Qu'il y ait plus de blanc ou de jaune, il est prêt à s'en accommoder. »

La méfiance instinctive du président Giscard d'Estaing est compensée par la place inespérée faite à la Commission au sein de la Convention. À Laeken, le Conseil européen accorde en effet deux représentants à la Convention siégeant dans l'organe stratégique qu'est le praesidium : Antonio Vitorino, grand juriste, en charge du portefeuille de la justice et des affaires intérieures, ancien membre de la convention qui a rédigé la Charte des droits fondamentaux, et Michel Barnier, commissaire chargé des questions institutionnelles, fort de sa grande expérience des négociations de Nice. C'est une grande chance, mais pas tout à fait un hasard : pour faire passer la désignation d'un ancien chef d'État français auprès des petits États, ceux-ci obtiennent deux vice-présidents communautaires (Giuliano Amato, Jean-Luc Dehaene) et deux commissaires au lieu d'un.

De tous les acteurs de ce jeu subtil, la Commission est la seule à pouvoir compter sur des milliers d'experts touchant à toutes les questions communautaires, travaillant dans toutes les langues, ayant accès à toutes les capitales et possédant les archives, le recul historique, la légitimité. Pour les candidats, elle est une planche de salut dans des négociations d'adhésion parfois rudes.

Hélas, la Commission ne va pas échapper aux divisions qui scindent l'Europe : la querelle grands/petits la traverse, tout comme l'opposition idéologique libérale/sociale ou l'affrontement communautaire/intergouvernemental. Si elle participe activement à de nombreux groupes de travail, si le travail d'Antonio Vitorino sur la Charte et la justice et les affaires intérieures ou de Michel Barnier sur la défense sont salués, elle n'aura pas l'impact qu'elle aurait pu avoir.

La bonne tactique aurait été de faire profil bas, de s'en tenir à ce rôle d'expert qui, en réalité, rend vite incontournable et confère le poids politique. La relation de Romano Prodi et de Valéry Giscard d'Estaing tourne au contraire rapidement à une rivalité assez stérile.

Le président de la Commission fait une grave erreur en confiant à un groupe de travail secret, se réunissant la nuit, le soin de rédiger un projet de traité. Pourquoi se cacher ? De quoi avait-il honte ? Les projets de Constitution mis sur la table par les membres de la Convention (d'Andrew Duff à Robert Badinter, pour ne citer que les meilleurs) ne se comptent plus. La Commission a bien le droit de donner sa vision des choses ! La publication de ce texte intervient dans des conditions désastreuses. Romano Prodi envoie à Paris un émissaire qui remet le texte à Valéry Giscard d'Estaing sur le quai de la gare du Nord et… repart à Bruxelles avec lui sans que l'ancien président ne daigne lui adresser la parole.

À partir de là, le collège se divise. Des commissaires de premier plan, Mario Monti par exemple, sont furieux d'avoir été abusés. Le président ne peut pas s'appuyer sur l'institution « officielle », il sera obligé de désavouer sa liaison nocturne… Honteux et confus, Barnier et Vitorino doivent déposer ce texte comme contribution « personnelle ». Pour des raisons mystérieuses, le texte a été baptisé Pénélope. Lors d'une conférence de presse mémorable, Valéry Giscard d'Estaing assassine ce travail avec une ironie mordante et, par contrecoup, jette le discrédit sur tout le travail de la Commission, y compris ses propositions rédigées à ciel ouvert… Ulysse est veuf.

C'est un gâchis d'autant plus triste que le projet de Constitution Pénélope est excellent : bien rédigé, clair, il innove sur plusieurs points comme l'entrée en vigueur du traité constitutionnel par exemple. Il s'agit naturellement d'un texte très communautaire qui aurait eu peu de chances, en tant que tel, d'être ratifié par le collège pour devenir la position de la Commission et encore moins d'être repris à la Convention. Mais il aurait pu au moins constituer une référence respectée s'il était sorti comme contribution technique ou, saucissonné en tranches, pour le secrétariat de Valéry Giscard d'Estaing toujours avide de glaner des propositions.

Finalement, la Constitution sera celle rédigée par le secrétariat de la Convention, sous le contrôle d'une poignée de conventionnels entretenant avec Giscard une relation d'amour et de haine. La clé du succès, outre la personnalité du président, l'alchimie des vice-présidents et le professionnalisme du secrétariat tenu d'une main de fer par un diplomate britannique, c'est la manière de dégager le consensus. Selon Dehaene, « il y a consensus quand le président trouve qu'il y a consensus ». Le porte-parole de Giscard d'Estaing fera même tourner un petit film de quelques minutes, amusant, sur « le conchenchuche », en version auvergnate.

Valéry Giscard d'Estaing a réussi dans son incroyable entreprise parce qu'il était moins schizophrène que les gouvernants : il voulait vraiment un résultat européen. Il y a laissé quelques plumes (ou quelques-unes de ses chères idées comme le congrès des Parlements nationaux et du Parlement européen par exemple) mais il a conclu. Et c'est cela l'Europe : l'art de la concession pour avancer.

Les changements institutionnels

Le traité constitutionnel ne change pas radicalement la face de l'Europe. Il ne touche pas au triangle institutionnel que nous avons décrit dans les chapitres 11 à 13. Il ne crée pas un gouvernement européen, n'introduit pas la séparation des pouvoirs. Chaque institution reste à sa place. Les tendances antérieures sont confirmées (notamment vers la parlementarisation), mais sans que les gouvernements en tirent toutes les conséquences. La manière de réviser le traité ou de l'adopter relève du droit international. À cet égard, il est bien décevant d'avoir eu « un garçon »…

Ses avancées peuvent être regroupées en trois rubriques : la simplification, un pas de plus vers la démocratie et une plus grande efficacité.

La simplification

Car celle-ci est réelle. C'est sans doute l'un des domaines où la Convention a accompli le plus gros travail. Dans trois directions surtout :

✔ Les piliers de Maastricht sont supprimés (alléluia !), l'Union européenne redevient « une », même si, naturellement, les procédures de décision diffèrent encore d'une matière à l'autre.

✔ Une nouvelle terminologie est adoptée, plus claire (on parle de lois au lieu de directives par exemple) ; le nombre des instruments juridiques est considérablement réduit.

✔ La répartition des compétences est mieux présentée, ce qui permet de comprendre (un peu) mieux qui fait quoi ; la logique téléologique du système demeure cependant inchangée (voir l'encadré du chapitre 10 pour ceux qui auraient oublié).

Plus de démocratie

Là aussi, les avancées sont tout de même significatives :

✔ La Charte des droits fondamentaux devient du droit positif (voir chapitre 9).

✔ Un droit de pétition est reconnu aux citoyens, et ce n'est pas un gadget : la Confédération européenne des syndicats par exemple, forte de millions d'adhérents, serait bien placée pour en faire usage (I. 47).

✔ Les pouvoirs de contrôle des Parlements nationaux sont accrus, notamment avec l'invention de cartons jaune et rouge pour la subsidiarité (voir aussi chapitre 10).

Plus d'efficacité

Sur les points suivants, le texte confère à l'Europe des possibilités d'action plus claires :

✔ Les pouvoirs du Parlement européen sont encore étendus (extension de la codécision qui devient quasiment la règle pour toute la législation).

✔ Le calcul de la majorité qualifiée permet beaucoup plus de combinaisons gagnantes que les chinoiseries de Nice. L'Union européenne est dotée d'une double majorité : pour qu'une décision soit prise, il faut une majorité d'États représentant une majorité de population. C'est clair et équitable. Le poids des pays les plus peuplés est accru.

✔ Le Conseil européen est doté d'une présidence stable, pour deux ans et demi, qui évite le carrousel actuel qui voit défiler des têtes nouvelles tous les six mois.

✔ Un ministre européen des Affaires étrangères est créé (avec ce titre, et non la feuille de vigne du traité d'Amsterdam). Il est doté d'un service diplomatique qui, à terme, devrait regrouper les représentations de la Commission et les multiples et redondantes ambassades des États membres. L'action externe est considérée comme un tout.

- La composition de la Commission est revue : moins de commissaires, une rotation égalitaire quoiqu'un peu rigide.
- L'Eurogroupe, où siègent les gouvernements des pays qui ont l'euro, est renforcé.
- De nouveaux champs de coopération sont explorés en matière de défense (clause de solidarité en cas d'attaques et d'attentats terroristes, agence d'armement).
- De gros progrès sont faits en matière de justice et affaires internationales (notamment en ce qui concerne l'asile et l'immigration).

Il est bien sûr impossible de résumer en quelques lignes un texte aussi long et aussi complexe, mais voilà les quelques éléments à retenir.

Le traité constitutionnel n'est certes pas un chef-d'œuvre, mais c'est un pas dans la bonne direction. Tout en étant lucide sur ses limites, il est incontestablement meilleur que le traité de Nice. C'est pourquoi il était et reste bon à prendre. Même si certaines études récentes (*Élargissement : comment l'Europe s'adapte ?*, décembre 2006, presses de Sciences Po) tendent à démontrer que le blocage des institutions n'est pas aussi avéré qu'il était permis de le craindre. Vivre à 27 avec le traité de Nice n'est pas une panacée.

Les études quantitatives sur le nombre de textes adoptés ou le délai requis pour adopter un texte passent à côté des éléments qualitatifs : l'Union européenne peut aussi décider plus vite parce qu'elle se garde bien d'ouvrir les dossiers qui fâchent. À part la directive services et le texte REACH, lancés voilà des années, la cuvée 2006 n'est pas marquée par des initiatives majeures. Vue de loin, elle ne donne pas l'impression de tourner à plein régime. Le souffle fait défaut.

Le chemin de croix de la ratification

Après la Convention, une conférence intergouvernementale est convoquée, qui ne touche pas à l'essentiel du texte mais l'allonge, le complique. Les gouvernements sont en train de reprendre les choses en main. Avec le retour des diplomaties, les choses se gâtent. Malgré l'insistance des parlementaires nationaux réunis à la COSAC, à Rome en octobre 2003 (voir chapitre 11), les gouvernements tergiversent.

Une fois le texte adopté en juin 2004 (en partie grâce aux terroristes qui, en déclenchant les attentats de Madrid, font accéder Zapatero au pouvoir), nul ne réfléchit avec une vision d'ensemble au meilleur moyen de faire adopter ce texte dans toute l'Europe. Les considérations de politique intérieure aboutissent à la pire procédure possible : 25 ratifications séparées dans le temps, sans débat paneuropéen pour ce qui est censé être la loi fondamentale des Européens.

Un référendum hasardeux

Le 14 juillet 2004, le président de la République française annonce l'organisation d'un référendum. Le fait que le traité n'ait pas été rédigé dans cette perspective ou que le calendrier de la fin 2004, avec la décision relative à la Turquie, soient peu propices à une consultation ne semblent pas le troubler. D'après certains, il aurait voulu diviser la gauche. Pour d'autres, dans la mesure où Tony Blair avait annoncé un référendum, la France ne pouvait être en reste… Ah bon ? Quelle étrange analyse ! Nul n'a vu Blair se précipiter pour organiser sa consultation parce que les Français en ont fait une.

En apparence, les sondages sont sereins, le oui l'emporterait à 60 %. Visiblement, ses conseillers ont oublié l'expérience de Maastricht…

À l'automne, Laurent Fabius, le Premier ministre qui a signé l'Acte unique en 1986, prend parti contre un traité qu'il présente comme ultralibéral. Avec succès, il fait croire que les choses vont être gravées dans le marbre et qu'il existe un plan B. En dépit de la position officielle du PS, favorable au traité, après consultation des militants, il persiste. Nul ne sait si le lobby des marbriers lui a su gré de cette publicité gratuite (mensongère hélas, le traité constitutionnel n'étant nullement plus gravé dans le marbre que l'actuel)…

Parce que la gauche a dû voter Chirac en 2002 après l'éviction de Lionel Jospin par Jean-Marie Le Pen, la campagne se polarise : pas question de conférences sur des tréteaux communs entre droite et gauche ! L'engagement européen passe au second plan, derrière les jeux partisans. Et nombreux sont ceux qui refusent de défendre la « constitution de Giscard », oubliant que la Convention comptait plus de 100 membres…

Après une campagne atone où le camp du oui ne convainc pas, le résultat tombe, sans appel : une coalition hétéroclite pour le non, qui va de la droite extrême à la gauche qui ne l'est pas moins, donne l'illusion d'une alternative. Comme en 1954 avec la Communauté européenne de défense, la France rejette le traité. Cette fois, c'est le peuple qui dit non, à plus de 55 %.

Et les Bataves aussi

Quelques jours après les Français, les Néerlandais votent massivement contre le traité, pour des raisons un peu différentes (l'euro, la peur de l'Allemagne, les problèmes d'intégration dans la société hollandaise) qui aboutissent au même résultat. En dépit de votes positifs en Espagne et au Luxembourg et de plusieurs ratifications parlementaires, le texte est en suspens. Le grand espoir qui s'est levé à Laeken est terni. Mais l'Europe en a vu d'autres. Elle rebondira.

Chapitre 15

Pouvoirs et contre-pouvoirs

*P*our comprendre « Bruxelles », il ne suffit pas de connaître le jeu des seules institutions officielles, Parlement, Conseil, Commission. Une véritable nébuleuse entoure les pouvoirs publics européens. Lobbyistes, consultants, juristes, syndicalistes, journalistes, religieux, militants d'organisations non gouvernementales (ONG) et activistes de diverses associations, délégués des régions et des collectivités locales s'activent autour des décideurs. Certains cherchent à influencer la décision, d'autres à s'informer, à nourrir le débat ou, simplement, à être « là où cela se passe ».

Contrairement au cliché, l'Union européenne est plutôt ouverte sur la société. Ses décideurs sont assez accessibles. Simplement, la distance physique entre Bruxelles et les régions d'Europe, la multiplicité des intervenants et les cloisonnements nationaux génèrent malentendus et fantasmes. Prendre des décisions qui affectent 500 millions de personnes séparées par des barrières linguistiques, culturelles et nombre de préjugés historiques ne sera jamais simple. La création d'une « agora » comme disaient les Grecs de l'Antiquité ou bien d'un « espace public » comme le souhaite le philosophe Jürgen Habermas restera durablement compliquée.

Mais il ne faut pas non plus se faire une montagne des défauts de l'Union européenne. Ce sont largement ceux de nos États dont la démocratie est, elle aussi, patraque : entre « France d'en bas » et « France d'en haut», le fossé est large. La faible participation électorale fragilise les gouvernants : c'est par exemple le drame de Tony Blair en Grande-Bretagne. En Pologne et en République tchèque, la démocratie se perd dans les extrêmes. Et parfois, faute de majorité claire, il faut conclure des accords de coalition difficiles à vivre, comme en Allemagne par exemple.

Le dialogue politique à l'échelle du continent est encore moins aisé, parfois plus mystérieux mais, à certains égards, l'Europe est aussi un fantastique laboratoire. Par le contact aux autres, par le foisonnement des initiatives, l'expérience communautaire peut aider à régénérer la vie politique nationale. Dans le jargon savant, on dit qu'à Bruxelles s'invente une nouvelle *gouvernance* (c'est-à-dire le moyen de prendre les décisions politiques de la meilleure manière possible), ici multiculturelle, plus interactive.

La représentation des intérêts

Née sur le terrain économique, la CEE a d'abord intéressé les producteurs, les syndicats, les consommateurs. Ceux que choque le jeu des lobbies ou des représentations d'intérêts oublient trop souvent quelle fut la matrice communautaire. En vertu des traités, un Comité économique et social, calqué sur le modèle du Conseil économique et social français, rassemble des représentants de la société civile organisée : producteurs, agriculteurs, négociants, artisans, etc. Nommés sur proposition des États membres pour quatre ans, ils sont consultés sur un certain nombre de textes et peuvent émettre des avis de leur propre initiative. Cette institution a fait la preuve de son utilité comme forum et lieu de socialisation européenne, mais elle n'a pas joué à ce jour un rôle majeur. Elle pourrait constituer un relais utile pour mieux faire passer le message européen dans tous les milieux socioprofessionnels d'Europe.

En faisant sortir le processus de décision communautaire du cadre feutré, quasi confidentiel, du tête-à-tête entre Conseil et Commission, en impliquant de plus en plus le Parlement, les réformes des vingt dernières années ont encouragé la montée en puissance du *lobbying*. Ce mot anglais désigne l'action de groupes de pression divers qui cherchent, par une action ouverte voire occulte, à influencer les décisions.

Les lobbies économiques

Pour les Français, le lobbying (ou lobbyisme en bon français) est souvent suspect. Ce concept d'origine anglo-saxonne reflète une réalité pourtant présente dans notre pays, même si elle s'exerce sous d'autres formes (par exemple via les grands corps de l'État qui agissent en réseau) ou par des voies discrètes (les agriculteurs ayant l'oreille de l'Élysée).

Il est difficile d'évaluer le nombre total des lobbyistes actifs à Bruxelles. Il est sans doute de l'ordre de plusieurs milliers répartis, en gros, en trois catégories :

> ✔ **Des cabinets spécialisés en relations publiques ou en conseil qui interviennent à la demande :** la plupart d'entre eux ont fleuri dans les années 1980 à la grande époque du Marché unique. Ils aident leurs clients (grandes entreprises et PME plus rarement) à faire valoir leur opinion auprès des autorités communautaires, notamment la Commission et le Parlement, l'influence sur le Conseil s'exerçant plus souvent en amont, dans les capitales.

✔ **Des groupes représentants des professions ou des groupements :** ce sont notamment l'Union des industries de la Communauté (UNICE, ou représentation européenne patronale), le comité des organisations agricoles, le Bureau européen des unions de consommateurs.

✔ **Des représentations d'intérêts sectoriels :** l'industrie chimique, le textile ou l'agro-alimentaire par exemple sont représentés à Bruxelles. N'avez-vous jamais rêvé de travailler pour l'Union des stockers professionnels de céréales ou l'Association européenne des fabricants de cartons ? Certaines grosses firmes ont un bureau de représentation qu'elles financent directement (Areva par exemple).

Une table ronde qui vaut son pesant d'or

Certains représentants de secteurs sont puissants et connus comme l'European Round Table (ERT). Sur son site Web, l'ERT se présente comme un forum informel qui rassemble 45 PDG et dirigeants de sociétés multinationales de divers secteurs. Tous réunis, ils représentent la bagatelle de 1 500 milliards d'euros de chiffre d'affaires et 4,5 millions d'emplois dans le monde.

Pour la France, en sont membres les patrons de Saint-Gobain, Lafarge, Total, Air Liquide, Suez et Renault. Un petit secrétariat permanent est basé à Bruxelles. Au sein de l'ERT, des groupes de travail s'attaquent à divers sujets, de l'environnement à la réforme des retraites en passant par la fiscalité ou l'élargissement.

Le travail des lobbies consiste par exemple à donner aux décideurs des statistiques ou des études sur un sujet donné quand un texte est en cours de préparation. Ou à entretenir par anticipation un « bruit de fond » pour le cas où. Par courrier, en demandant des rendez-vous, en envoyant des notes par courrier électronique, ils assurent la diffusion de leurs idées ou de leurs réticences. En organisant des dîners prestigieux où politiques et chefs d'entreprise se mêlent ou des séminaires divers, les groupes de pression font en sorte que les « bonnes personnes » se rencontrent, se parlent, se persuadent mutuellement.

Selon les cas, les lobbies agissent directement en produisant leurs propres études ou font appel à des organismes indépendants appelés *think tank* (ou, littéralement, réservoirs de pensée) dotés d'une capacité d'expertise. Pour éviter les déconvenues, nombreuses sont les grandes entreprises qui mettent leurs œufs dans de nombreux paniers. Il est amusant de voir comment les entreprises et les ONG se retrouvent sponsors d'un même organisme, lui-même financé par la Commission… Un petit coup d'œil à la liste des sponsors de Friends of Europe (un think tank qui a pignon sur rue à Bruxelles) est à cet égard, édifiant, puisque celle-ci compte à la fois des multinationales, des ONG, des Européens, des Américains : notamment Areva, Coca-cola, Exxon Mobil, IBM, Intel, McKinsey & Company, Microsoft, Swiss Life, Telefonica, Toyota, Unilever, Veolia, Visa, Volvo, WWF…

Les jours d'optimisme, on peut se dire que ce panachage de revenus garantit l'indépendance du think tank en cause ; les jours plus sombres, que tout ceci n'est qu'un gigantesque inceste conduisant à l'appauvrissement de la pensée et à de potentiels conflits d'intérêts.

Quoi qu'il en soit, une véritable guerre des idées fait rage dont les Français se sont beaucoup trop tenus à l'écart. La question a été jugée suffisamment grave pour que, sur une initiative franco-allemande, le Conseil européen décide de doter l'Union européenne d'un centre d'analyse économique de qualité : Brugel (pour Brussels European and Global Economic Laboratory), dirigé par Jean Pisani-Ferry et présidé par Mario Monti. Treize États membres le financent, ainsi que de grandes entreprises, afin que l'UE puisse rivaliser avec les grands centres de réflexion économiques anglo-saxons.

Il serait fastidieux de dresser un panorama complet des think tanks installés à Bruxelles et dans les capitales. Mais notons que sans eux, la production intellectuelle sur l'Union européenne serait à l'évidence plus pauvre. Il est toutefois difficile de mesurer l'impact de chaque étude. Rares sont les papiers ayant un large écho. Rares sont aussi, dans ce petit bocal assez conformiste, les voix originales.

L'Allemagne aligne de gros instituts de recherche (Stiftung Wissenschaft und Politik et Bertelsmann Stiftung par exemple) qui se font entendre à Bruxelles. Quelques acteurs ont au contraire choisi le créneau « petits mais costauds ». C'est le cas du Center for European Reform de Londres, fort de sa proximité avec Blair et les médias anglophones, ou de l'indépendant et plus prometteur Eur-IFRI français à Bruxelles.

Ces dernières années, la prise de conscience de l'enjeu a conduit plusieurs acteurs français à ouvrir une officine à Bruxelles ou à agir, depuis Paris, sur ce créneau (Fondation Robert-Schuman, Fondation socialiste Jean-Jaurès, Fondation pour l'innovation politique, Institut Montaigne, Réseau Confrontations tourné vers les nouveaux pays). La Fondation de France se bat aussi à Bruxelles pour le développement d'un droit européen des fondations, facilitant la création d'entités transfrontières.

Des syndicats puissants

Au fil des évolutions des traités, certains acteurs ont pu prendre plus d'importance : ainsi des syndicats. Si Jean Monnet les avait déjà associés à son Comité d'action pour les États-Unis d'Europe, les traités de Maastricht et d'Amsterdam ont accru leur importance en développant les exigences de consultation des partenaires sociaux au niveau européen.

La Confédération européenne des syndicats (CES) comprend actuellement 81 organisations membres, issues de 36 pays de l'Europe de l'Ouest, centrale et de l'Est, ainsi que 12 fédérations syndicales. La CES représente les intérêts de 60 millions de syndicalistes au niveau européen.

En 1985, le président de la Commission européenne, Jacques Delors, à peine désigné, lançait officiellement à Val-Duchesse (Bruxelles) le dialogue social bipartite européen associant la CES et les employeurs. Le traité de Maastricht, qui est entré en vigueur en 1993, a reconnu le droit des partenaires sociaux de négocier des accords-cadres européens contraignants, qui sont soit incorporés dans le droit européen via des directives, soit mis en œuvre de façon autonome par les partenaires sociaux au plan européen et national.

Des comités du dialogue sectoriel existent désormais dans 32 secteurs industriels et 40 textes intersectoriels ont pu être adoptés (par exemple sur le congé parental ou le travail à temps partiel), ainsi que 300 textes sectoriels. La CES soutient également le droit des travailleurs d'être informés et d'exercer une influence sur la politique et la prise de décisions dans les entreprises qui opèrent dans plus d'un État membre (par exemple par les comités d'entreprise européens et les procédures d'information et consultation).

C'est bien parce qu'il existe des syndicats puissants, organisés par-delà les frontières, que les dispositions du traité constitutionnel reconnaissant à 1 million de citoyens européens le droit d'inviter la Commission à faire des propositions n'étaient pas un gadget, quoi qu'en aient dit les détracteurs de ce texte (article I-47 sur la démocratie participative). Des affaires de restructuration concernant plusieurs États membres ont ainsi abouti à un début de prise de conscience (souvenez-vous, en 1997, la fermeture brutale par la direction de Renault à Paris de l'usine belge de Vilvorde ou, plus récemment, celle de Volkswagen à Bruxelles).

La société qu'on dit civile

Quoi qu'en disent ses détracteurs, l'Europe est extrêmement vivante. C'est parce qu'elle touche à la vie quotidienne qu'elle intéresse tout un monde d'organisations non gouvernementales, d'associations et autres mouvements de citoyens.

Ce sont tout d'abord des associations touchant à l'économie et à la défense des consommateurs qui se sont fait entendre. Contrairement à certains clichés, l'Europe n'est pas seulement ce machin impossible qui veut vous casser les pieds avec ses normes burlesques, c'est aussi une enceinte de défense de vos droits contre certains abus, notamment des producteurs.

Grâce à l'action des associations de consommateurs, la Commission a ainsi été encouragée à s'attaquer par exemple aux conditions de vente des véhicules ou des pièces détachées automobiles. À l'avenir, il sera possible d'aller choisir une petite voiture dans un magasin vendant des véhicules de plusieurs marques au lieu d'être obligé d'aller dans plusieurs garages de marques différentes, sans possibilité de comparer d'un coup les prix d'un véhicule d'une catégorie donnée.

Grâce à l'appui de mouvements de citoyens, l'UE a aussi pris conscience de la nécessité de protéger les produits du terroir et autres appellations contrôlées. Désormais, le Parmiggiano Regiano et le Grana Padano sont protégés. Idem pour le Roquefort ou les vins d'appellation qui, face à la concurrence des pays du Sud (Australie, Chili, Afrique du Sud), étaient menacés. Là encore, des mouvements comme Slow Food, cette ONG italienne défendant un art de vivre à l'européenne, contre le fast-food ont joué un rôle décisif dans l'évolution des esprits.

Slow Food ou le génie italien

Ce mouvement a été fondé en 1986 par un Italien, Carlo Petrini, par réaction contre les fast-foods, la standardisation de la nourriture, la perte de biodiversité, en gros la malbouffe ! Par des actions de défense des produits du terroir, par la promotion de bons petits plats et de vins de qualité, par de grandes fêtes organisées dans les villages, Slow Food défend à la fois un pan entier de l'économie européenne, la richesse des variétés végétales et animales et plus encore notre art de vivre, nos traditions gastronomiques. Un peu l'âme de l'Europe…

Riche de 83 000 membres dans le monde entier, cette organisation accomplit une œuvre intelligente : défendre l'art de vivre européen (et nos intérêts) sans s'enfermer dans une attitude de repli. Rien n'est plus sympathique (et convaincant) que d'inviter ceux qui n'ont pas eu la chance de connaître cet aspect de la civilisation européenne à en partager les délices… Leur site Web : slowfood.com. *Buon appetito* !

Désormais, la variété des activités européennes a conduit des ONG plus politiques à agir au niveau européen. Elles défendent des causes variées qui concernent aussi bien le reste du monde que l'Europe.

La contestation de la globalisation a donné lieu à des actions protestataires, plus ou moins constructives. Ainsi, dans ses combats pour l'accès aux médicaments bon marché dans le tiers-monde ou pour la défense des revenus des habitants des pays les moins avancés, Pascal Lamy a pu s'appuyer sur des ONG comme Oxfam. Dans d'autres directions, comme celles en charge de la justice et des affaires intérieures ou du développement, les interlocuteurs habituels sont Amnesty International ou Action contre la faim ou encore Greenpeace.

En matière environnementale, les règles de recyclage des emballages ou des produits électroniques, l'interdiction des décharges sauvages et bien d'autres règlementations sur le bruit, la qualité de l'eau ou de l'air viennent de « Bruxelles », de ce creuset où les organisations non gouvernementales (notamment du nord de l'Europe) ont mis l'administration communautaire et, à travers elle, nos États, sous pression. L'exemple du travail accompli par les organisations de défense de l'environnement face au lobby chimique est à cet égard tout à fait éclairant. Nous y reviendrons dans la quatrième partie, consacrée aux politiques.

N'OUBLIEZ PAS!

REACH, ou la chimie sous contrôle

Le système REACH (pour *Registration, Evaluation and Authorization of Chemicals*, c'est-à-dire en bon français le Système d'enregistrement, de test et d'autorisation des substances chimiques) est né grâce à la constance de certains mouvements environnementalistes. L'idée de ce mécanisme est de transférer aux entreprises, sous contrôle d'une agence centrale, la preuve de non-toxicité d'un produit.

Pendant une longue période de consultation qui s'est étendue de 1998 à 2003, différents acteurs ont confronté leurs expertises : les producteurs, notamment le Conseil européen des fédérations d'industrie chimique d'un côté, Greenpeace et d'autres environnementalistes de l'autre, et, au milieu, le Bureau européen de l'environnement. Margot Wallström, commissaire à l'environnement de la Commission Prodi, de nationalité suédoise (l'un des pays les plus en pointe en Europe, dans le domaine environnemental), a défendu une approche exigeante, favorable à l'environnement. Peu à peu, d'autres mouvements de défense de la nature comme le World Wildlife Fund (WWF) ou Friends of the Earth ont rejoint le mouvement. Pendant ce temps, les producteurs ne lâchaient pas la Commission et travaillaient en coulisses.

En février 2001, la Commission adopte un livre blanc sur les substances chimiques qui énonce le principe de précaution, prône le remplacement des produits dangereux par des produits plus sûrs (cela vaut mieux que l'inverse, en effet...). L'idée d'un renversement de la charge de la preuve chemine : aux entreprises de montrer qu'elles ne fabriquent pas des cochonneries. Les chimistes produisent des contre-rapports en défense. Une vaste consultation par Internet, organisée par la Commission, fait apparaître les inquiétudes des experts travaillant sur le cancer notamment. En face, les industriels – en Europe et hors de nos frontières – se mobilisent, inquiets de l'impact que pourrait avoir une législation trop restrictive. Sous l'effet de lobbies puissants, souvent relayés par des chefs d'État et de gouvernements, le texte de directive de la Commission est revu à la baisse. Au nom des emplois et de la compétitivité, le Parlement et le Conseil tiennent compte des vues des industriels.

En décembre 2005, un accord politique est trouvé sur un texte de compromis. La plupart des négociateurs sont déçus (ce qui est relativement bon signe, car un compromis ne satisfait jamais tout le monde). En schématisant, le principe d'un enregistrement des substances dangereuses est acquis, mais son application est étalée dans le temps (onze ans au maximum), modulée selon la quantité produite et la toxicité (les substances cancérigènes ou entraînant des mutations génétiques faisant l'objet d'exigences plus sévères). Fabricants et importateurs devront ainsi connaître eux-mêmes quelles substances ils introduisent dans l'environnement et prendre des mesures de déclaration et d'information le cas échéant. Une agence européenne coopère avec les autorités nationales chargées elles aussi de faire respecter ce texte.

De nouveaux sujets émergent aussi à la faveur des mesures de non-discrimination adoptées au niveau européen, notamment la défense de l'égalité entre hommes et femme ou des droits des homosexuels. Des organisations ont ainsi cherché, dans un premier temps, à « susciter la sympathie », notamment par le biais d'interventions dans les médias.

Il est particulièrement important, pour la vitalité de la société civile européenne, que les actions des associations ne restent pas isolées dans tel ou tel État membre. Le Réseau européen des associations de lutte contre la pauvreté et l'exclusion sociale regroupe par exemple des associations telles qu'Agir contre le chômage (AC !) pour la France ainsi que des associations à vocation comparable dans d'autres pays de l'Union européenne.

Créé en septembre 1995 à la veille de la conférence intergouvernementale de révision du traité de Maastricht, le Forum permanent de la société civile regroupe quant à lui environ 130 associations. En France, le Carrefour pour une Europe civique et sociale tente aussi de fédérer des mouvements associatifs au service d'une certaine idée de l'Europe.

Le foisonnement des thèmes et des acteurs amène à se poser la question de la légitimité des intervenants issus du milieu associatif et des ONG. Rien ne garantit en effet la représentativité de certaines organisations. En outre, leur approche sectorielle leur donne souvent une vue partielle sinon partiale. Certains défenseurs de l'environnement, des femmes ou du bien-être animal s'agitent autour des décideurs avec beaucoup de bonne volonté. Cela ne signifie pas que ceux-ci doivent forcément entendre leurs revendications. La défense de l'intérêt général suppose au contraire de s'élever au-dessus des considérations particulières, sans céder au politiquement correct ambiant. Si c'est le plus sonore ou le plus puissant qui gagne, la société dans son ensemble, ou du moins ses groupes les plus vulnérables et les moins organisés y perdent.

Notons enfin que ces premiers contre-pouvoirs ne pourraient pas agir de manière aussi efficaces s'ils n'étaient relayés par les médias.

Les médias : communication, information ou raclée ?

Au niveau européen, les médias jouent un rôle essentiel : ils sont incontournables. Si brillants soient-ils, le président du Conseil en exercice ou le président de la Commission sont dans l'incapacité de s'adresser directement à tous les Européens dans une vingtaine de langues. Pas question d'apparaître au journal de 20 heures partout à la fois (ne serait-ce que parce que le journal du soir n'est pas diffusé dans toute l'Europe à la même heure).

Un si petit bocal…

Aux débuts de la CECA et de la CEE, le biotope européen est à taille humaine. Même si Max Kohnstamm, le secrétaire de Jean Monnet, raconte aux jeunes visiteurs que, dès l'installation de la Haute Autorité à Luxembourg, celui-ci ne se préoccupait que de l'effet produit à « Washington et à Moscou », l'impact médiatique des premières Communautés demeure modeste. La coopération communautaire se limitant à l'économie, l'intérêt dans les capitales reste bienveillant mais distant. Le public concerné par le détail se limite à des cercles restreints. À part les périodes de sommet ou de marathon agricole, le petit monde européen tourne en vase clos.

L'Agence Europe

Créée par Emmanuele Gazzo en 1953, à Luxembourg, l'Agence Europe est un organe indépendant de tout pouvoir national. Cette agence de presse traite l'information dans une optique résolument européenne. Chaque jour, elle publie quelques feuillets imprimés sur papier bleu (aujourd'hui surtout vendus sous forme électronique). Dans ces pages denses, les experts, les fonctionnaires, les hommes politiques et certains collègues journalistes trouvent une information complète sur les décisions prises dans la sphère communautaire. L'édition est quadrilingue (français, anglais, italien, allemand). Elle se présente elle-même comme « LA source (certains disent la Bible) de l'information sur l'intégration économique et politique européenne ». À la une, l'éditorial quotidien de Ferdinando Riccardi, « Au-delà de l'information », se déguste comme une mignardise.

Jusque dans les années 1990, les journalistes français sont gâtés : tout se fait dans leur langue, les points de presse de la Commission comme les entretiens avec les commissaires. De même que dans les années 1950 et 1960, la presse nationale est fort respectueuse des pouvoirs politiques nationaux (c'est l'époque des télévisions d'État et notamment, en France, de l'ORTF), les correspondants à Bruxelles ne cherchent pas la petite bête aux commissaires ou aux ministres. Il arrive, racontent les anciens, que le ministre national, au sortir du Conseil dicte quasiment les articles de compte-rendu à « ses » journalistes.

L'éditorialiste de l'Agence Europe, témoin de cette époque, évoque avec nostalgie l'atmosphère bon enfant des premiers temps, mais reconnaît les failles dans le contrôle, par les médias, des pouvoirs publics : il n'y a pas de frontière entre les décideurs et les commentateurs. Tous sont des pionniers qui partagent un même idéal. Composé de figures quasi inamovibles, le corps de presse à Bruxelles contribue à entretenir l'élan collectif. L'époque Delors sera encore largement celle de ces « bons soldats » de l'Europe.

... devenu grand

Au fil des élargissements, cet état d'esprit disparaît peu à peu. Les journalistes anglo-saxons puis les Nordiques apportent dans l'Union européenne un professionnalisme plus exigeant. Ils imposent une plus grande distance entre la presse et les décideurs. Grâce à eux, l'objectivité de l'information s'accroît. En parallèle, l'anglais s'implante : les interviews commencent à se faire dans cette langue.

Assez rapidement, le ton devient plus critique. Certains dossiers encouragent les journalistes à creuser : lors de la crise de la vache folle notamment, vers 1996-1997, de nombreux médias réalisent l'importance de se livrer directement à des investigations, sur la composition des comités vétérinaires par exemple ou l'objectivité des rapports d'experts. La santé publique, sujet sensible, intéresse plus les rédactions. Avec la montée en puissance du Parlement, fort de ses commissions d'enquête, commence une ère nouvelle : le Parlement commence à contrôler la Commission, sous l'œil vigilant de la presse, qui commence à contrôler les deux.

Après la chute de la Commission Santer, Romano Prodi réorganise le service des porte-parole des commissaires : l'idée est de limiter les déclarations intempestives, conformément à la collégialité. La reprise en main est d'autant plus nécessaire que le pouvoir enivre certains journalistes. Les tabloïds populistes britanniques – déjà peu tendres envers Jacques Delors – se déchaînent contre l'Europe, contre la Commission forcée à la démission, contre ses bureaucrates. Autant le passage de la phase I (celle d'une certaine complaisance) à la phase II (un journaliste plus tourné vers l'investigation) était légitime, autant le glissement vers une mise en cause systématique voire outrancière des autorités communautaires est regrettable. C'est la phase III, celle de la raclée quasi-systématique : la critique est de moins en moins constructive, le ton devient plus cinglant. Une forme de poujadisme se répand ou, pour parler anglais, de *bashing*.

DANS LE TEXTE

Bashing or not bashing, that is the question

To bash, c'est donner une raclée, en l'occurrence au figuré, à un responsable, une institution, une nationalité, sans grand discernement. Après l'affaire Cresson, après le Conseil européen de Nice de décembre 2000, le *French bashing* est en vogue : c'est la faute aux Français. Depuis la chute de Santer et au fil des maladresses de Prodi (notamment sa déclaration sur le « stupide » Pacte de stabilité), la presse pratique plus souvent que de raison le *Commission bashing*.

Il est bon que les journalistes soient impertinents mais, même au sein de la profession, certains doutent qu'il faille aller si loin. Comme l'écrivent deux journalistes en poste à Bruxelles (Jean Quatremer et Yves Clarisse), cette critique doit s'exercer avec mesure et responsabilité : « À la lecture des journaux, on a souvent l'impression que tout va mal en Europe ; l'euro est trop haut ou trop bas, la réglementation est trop tatillonne ou trop laxiste, la construction communautaire est trop libérale ou pas assez. S'émerveiller de ce que les Européens ont réussi à construire en plus de cinquante ans, c'est être "naïf". La critique est normale mais devenue trop systématique, elle est grosse de danger car les contempteurs de l'Europe n'ont pas grand-chose à proposer que le retour à l'État national dont le "génie" s'est payé en millions de morts. »

L'influence de certains organes de presse, si sérieux et professionnels soient-ils, mérite réflexion. La direction générale de la concurrence pourrait s'émouvoir des positions de quasi-monopole que certains journaux sont en train d'acquérir.

Ainsi, chaque matin, les commissaires et leur entourage se ruent sur le *Financial Times*, sorte d'évangile sur papier saumon. Alors que ce journal n'est lu que par des cercles restreints, une microélite internationalisée du business et de la politique, c'est lui qui donne le la, fait peur ou rassure. Peu à peu, certains font l'erreur de croire que l'essentiel, en termes de communication, c'est ce que pense la poignée de journalistes – faillibles – de ce canard et non les centaines de millions d'Européens auxquels les décisions s'adressent.

Parmi les magazines, *The Economist* détient lui aussi une position dominante : une page hebdomadaire répondant au nom de Charlemagne, décrit les derniers événements communautaires. C'est à travers ce prisme qu'en Inde, au Brésil, en Chine ou aux États-Unis, les « gens qui comptent » sont informés sur l'Europe. Avec les risques que cela comporte…

Naturellement, bien d'autres médias jouent, chacun dans leur sphère d'influence, le même rôle de baromètre, de censeur et de flatteur, mais aucun n'atteint l'audience des titres édités en anglais, notamment ceux que nous venons de citer. Cette domination pose non seulement un problème de concurrence mais aussi une difficulté spécifique, vu la position du Royaume-Uni en Europe.

Aujourd'hui, Bruxelles est l'un des endroits au monde où le plus grand nombre de journalistes est accrédité : plus de 1 000 au total, dont une grosse moitié sont issus des États membres ; les autres viennent du monde entier, car l'Union européenne intéresse au loin. Les plus grandes agences de presse (AFP, Reuters) sont aussi représentées et alimentent même les journalistes sur place. Le jour où Prodi a été pris par *Le Monde* à dire que le Pacte de stabilité était stupide, c'est l'AFP qui a fait prendre la mayonnaise en envoyant une dépêche courte qui a fait le tour des salles de rédaction.

Selon les pays, les équipes à Bruxelles sont de tailles très différentes. Les Allemands constituent le gros des troupes. Il faut dire qu'il y a encore en Allemagne de nombreux journaux avec des tirages respectables. Les gros quotidiens (*Frankfurter allgemeine Zeitung*, *Süddeutsche Zeitung*, *Financial Times Deutschland*) ont des équipes consistantes. À côté, le correspondant de *Libération*, solitaire, a du mal à soutenir la comparaison même si, en l'occurrence, il la soutient tout à fait (son blog est même devenu l'un des plus visités de Bruxelles). *Le Monde* a quatre journalistes à Bruxelles qui se répartissent les tâches de manière thématique, mais l'un d'eux couvre aussi le Benelux.

Enfin, les télévisions sont le parent pauvre de l'Europe, notamment à cause du manque d'images : montrer les arrivées de voitures au Conseil européen n'est pas très sexy, pas plus que de placer un correspondant qui dira quelques mots (sous un parapluie…) devant le bâtiment du Berlaymont. Les émissions sur l'Europe sont en général programmées à des heures tardives (comme *France Europe express* sur France 3 par exemple). Si LCI couvre assez bien l'actualité européenne (notamment dans *Journal du Monde*), TF1 n'a pas jugé utile d'avoir un correspondant à Bruxelles. Notons également que le président de la Commission ne compte pas au nombre des invités réguliers du journal du soir ; les présidences successives laissent à peine la trace de leur visage. L'absence d'Europe à la télévision, le plus influent des médias, a des conséquences très négatives sur la perception qu'en ont les citoyens, notamment les plus modestes, qui ne lisent guère la presse écrite.

ATTENTION !

Faut-il bouter l'anglais hors d'Europe ?

Il ne s'agit pas de pleurnicher sur un recul de la langue française qui est désormais une réalité irréversible. L'élévation du niveau d'anglais des jeunes générations par rapport à la plupart des seniors est encourageante. Que cela nous plaise ou non, le vecteur des idées est désormais la langue anglaise. Cette constatation ne doit cependant pas conduire à s'aveugler sur ses risques.

Premier problème : les médias anglophones sont souvent détenus par des propriétaires non européens qui se moquent de l'intégration européenne (quand ils n'y sont pas franchement hostiles, comme Rupert Murdoch).

Deuxième problème : les références culturelles des Britanniques restent très marquées par leur vision nationale. Rien de comparable au rapprochement franco-allemand, par exemple, n'est intervenu dans ce pays. La fréquence à laquelle reviennent les références à Napoléon dès qu'il est question de la France ou au nazisme lorsque l'Allemagne est en cause finit par être dérangeant.

Un coup d'œil à un livre de poche grand public permet de se faire une idée : édité par la maison d'édition Pinguin, contenant théoriquement les plus grands discours du XXe siècle, cet ouvrage de vulgarisation n'évoque qu'un homme politique français (le général de Gaulle pour l'Appel du 18 juin 1940). Le dernier Allemand (cité trois fois) est… Adolph Hitler (aucun homme politique allemand d'après-guerre, ni Adenauer, ni Brandt, ni Weiszäcker, ni Kohl n'apparaissent dignes de considération). Et naturellement, la déclaration de Robert Schuman du 9 mai 1950 n'y figure pas… C'est affligeant.

Ainsi, en matière de communication sur l'Europe, la domination anglophone pose un problème tout à fait différent de celui que créerait une hégémonie germanique ou hispanophone : elle revient à confier à ceux qui, en général, y croient le moins le soin de diffuser l'idée européenne. Quel que soit le professionnalisme des journalistes anglophones, que personne ne conteste, leur lecture est celle d'un État occupant une position à part dans le paysage communautaire, voire, pour l'euro ou Schengen, d'un État qui ne participe pas à l'aventure. Il faudra bien y remédier, au besoin en créant un grand média en anglais rédigé par des Continentaux. En attendant, le recrutement par ces journaux de non-Britanniques peut déjà être efficace. L'éditorial du lundi du *Financial Times*, rédigé par un Allemand, Wolfgang Munchau, offre un bon exemple des vertus de « l'entrisme »…

Au royaume du off et de la débrouille

Le travail des correspondants de presse à Bruxelles est assez bizarre : il n'y a pas à proprement parler de terrain sur lequel faire des reportages. Comme au zoo, les institutions alimentent les fauves à heure fixe : à la Commission, c'est le point de presse de midi, où commissaires et porte-parole exposent le fruit de leurs travaux et se prêtent au jeu des questions/réponses. Le mercredi, jour de session de la Commission, il y a foule. Les représentations permanentes et le Parlement font de même.

L'essentiel de la tâche des bons journalistes consiste donc à glaner des informations officieuses (appelées off dans le jargon), d'où l'abondance d'articles qui ne citent pas leurs sources : « Un diplomate de la présidence confirme… », « Un proche du président de la Commission explique… », etc. Derrière ces masques qui n'abusent personne, certains collaborateurs sont en service tout à fait commandé, d'autres règlent des comptes, d'autres enfin s'amusent à faire de l'esprit pour rompre avec la communication aseptisée à laquelle ils sont astreints. Quand ce ne sont pas les ministres eux-mêmes qui vendent la mèche : lors de leur passage à Bruxelles ou à Luxembourg, les responsables nationaux se laissent volontiers aller à des confidences que les journalistes distillent au compte-gouttes, en s'affranchissent du off au besoin, si l'information le mérite. Ainsi, le 21 février 2002, le correspondant du *Figaro*, rapportant les propos d'« un » ministre français (on se demande bien lequel…) enterrant sans fleurs ni couronnes la relation franco-allemande.

Parfois aussi, un micro mal fermé permet d'en savoir plus qu'un long entretien. Le jour où Prodi, en 2001, a manqué la conférence de presse du Conseil de Gand, les journalistes ont pu entendre en direct ce que Solana et Verhofstdat pensaient de lui… Pour le reste, il y a la débrouille et l'échange d'information qui transcende les sensibilités politiques des journaux…

La Rosticceria Fiorentina

Un petit restaurant italien qui ne paie pas de mine, avec ses tables en Formica et ses nappes en papier, situé près du Berlaymont, sert de lieu de rencontre aux journalistes. C'est là qu'après le point de presse de midi à la Commission, quelques-uns se retrouvent pour aller manger la *pasta del giorno*, qu'ils discutent, comparent leurs informations, voire leurs scoops, et qu'ils interpellent les fonctionnaires présents. Les sensibilités se mêlent, les frontières entre journaux disparaissent. Une fois rentré devant son écran, chacun met sa sauce personnelle, exactement comme la Mamma, derrière le comptoir, accommode ses pâtes fraîches de diverses manières.

Quelques médias rédigent des papiers qui sortent un peu de l'ordinaire. Ainsi du classement des commissaires du magazine *L'Expansion*, effectué plusieurs années de suite. En soi, l'idée d'évaluer les prestations de chacun est plutôt bonne, mais la méthode suscite des interrogations. Certes, il serait difficile de faire un sondage grandeur nature sur les commissaires. Un Italien de la rue n'aura probablement jamais entendu parler du commissaire irlandais et les talents de l'Estonien sont vraisemblablement ignorés au Portugal. Même le président de la Commission n'est pas connu du grand public. Mais est-il juste d'interroger seulement des journalistes en poste à Bruxelles ? De classer les responsables en ignorant l'avis de leurs « usagers » (entreprises, citoyens européens, gouvernements) ? Et que signifie, pour le lecteur non averti, un classement de commissaires qui possèdent des prérogatives de nature extrêmement différentes ? Ces palmarès font apparaître ce que chacun savait déjà : un portefeuille à fort contenu (la concurrence par exemple) échoit souvent à une forte personnalité qui tranche sur ses collègues.

Certains médias ont décidé de traiter de manière plus approfondie et plus systématique les questions européennes. C'est notamment le cas du journal *Ouest France*, champion toutes catégories de l'engagement européen.

Bravo « Ouest France ! »

Une analyse faite par le Centre européen du journalisme de Maastricht met en évidence l'exceptionnel engagement d'*Ouest France*. Dans le paysage médiatique français et européen, le quotidien régional fait en effet figure d'exception : avec une ligne éditoriale résolument proeuropéenne, inchangée depuis l'après-guerre, il peut se targuer d'un tirage à 800 000 exemplaires qui lui assure un lectorat d'environ 2 millions de personnes. Premier journal français et, au niveau européen, chef de file de la presse régionale, il a fait le pari de l'Europe sans que cela lui nuise. Dans ses éditoriaux, pour 1788 usages du mot « France », on compte, d'après l'institut néerlandais, 1787 utilisations du mot « Europe » !

Depuis 2003, le journal organise pour son personnel (journalistes et non-journalistes) des séminaires de formation à l'Europe : lors d'un voyage à Bruxelles et Strasbourg, les participants visitent les institutions, rencontrent des députés européens de toutes tendances, assistent à des séances du Parlement, dialoguent avec des commissaires (y compris, assez souvent, le président de la Commission). Désormais, le programme est ouvert à d'autres journalistes (*La Croix*, *Nord éclair*, *Les Dernières Nouvelles d'Alsace*, etc.). Certains sujets qui intéressent particulièrement le lectorat des régions de l'Ouest sont privilégiés (sécurité maritime, politique agricole commune, fonds structurels), sans exclure la politique étrangère ou d'autres sujets d'actualité (la directive services en 2005 par exemple). À la fin 2006, plus de 400 personnes auront participé à ces programmes dont l'ambition est de développer un « réflexe européen ». Des séminaires plus spécifiquement orientés sur un sujet européen sont aussi organisés au profit de la rédaction, autour d'experts indépendants. Enfin, par des concours ouverts aux jeunes et aux enfants, le journal contribue également à populariser les thèmes européens dans le grand public (une devise pour l'Europe, un symbole pour l'Union élargie).

Les vicissitudes de la communication officielle

À la Commission, une direction générale est chargée de la communication. C'est elle qui facilite tout d'abord l'accès des journalistes aux informations, elle leur offre des facilités techniques qui, de leurs dires mêmes, sont sans équivalent dans le monde. C'est elle aussi qui est chargée de communiquer avec le grand public – ce qui est plus compliqué. Jose Manuel Barroso a jugé la mission suffisamment importante pour la confier à Margot Wallström, vice-présidente. Hélas, après deux ans d'activité, le bilan est décevant. Le blog de Margot Wallström met une petite touche de vie dans un panorama austère mais cet instrument, un peu gadget, ne saurait combler le déficit de communication actuel. D'après l'Eurobaromètre n° 65, 54 % des Européens considèrent que leur voix ne compte pas dans l'Union ; c'est grave, pour une démocratie.

Le site Web de la Commission est inégal. Une grande masse d'informations est disponible mais, le plus souvent, elles sont données dans un jargon qui n'en facilite pas la compréhension. Et certaines directions sont loin de tenir à jour le site public. Surtout, des pans entiers de l'activité communautaire ne sont plus présentés qu'en anglais. C'était déjà le cas auparavant pour les questions économiques, monétaires (voir le site de la Banque centrale européenne), financières, mais désormais, l'action externe et bien d'autres domaines sont concernés. Au moment où, plus que jamais, la Commission et le Conseil prétendent vouloir être proches des citoyens, c'est infiniment regrettable. À force de vouloir faire des économies, on décourage les citoyens ordinaires d'essayer de comprendre ce qui se passe à Bruxelles.

La communication de la Commission a fait l'objet récemment de plusieurs documents sans que sa vocation soit parfaitement clarifiée : en quelques mois se sont succédés un plan d'action de la Commission relatif à l'amélioration de la communication sur l'Europe (juillet 2005), un plan D comme « démocratie, dialogue et débat » (octobre 2005) et un livre blanc en bonne et due forme sur une politique de communication européenne (février 2006). Jamais le message n'a été plus confus : sur sa communication, la Commission communique mais, sur le fond, que veut-elle dire ?

Faut-il donner des informations factuelles, brutes ? Ou les mettre en perspective (ce qui amènera certains à y voir une forme de propagande) ? Comment impliquer les autorités nationales sans lesquelles les destinataires ne seront pas aussi bien atteints ? Jose Manuel Barroso a-t-il eu raison, pendant la campagne référendaire de 2005, de rester à distance de la France (à la demande semble-t-il du président de la République) ou aurait-il dû sauter dans l'arène ? L'Eurobaromètre, outil de sondage régulier mis en œuvre par la Commission depuis, n'échappe pas à ces questions.

LE SAVIEZ-VOUS ?

L'Eurobaromètre : l'opinion scrutée

Tous les six mois, un sondage effectué dans les États membres, sur des échantillons représentatifs, appelé Eurobaromètre permet de mesurer l'état de l'opinion.

L'Eurobaromètre standard, outil de suivi de l'état de l'opinion, existe depuis 1973. Il évalue le climat de l'opinion (c'est-à-dire la satisfaction personnelle, les attentes et les préoccupations des Européens), mais il livre aussi des indications sur le soutien à l'Union européenne (le soutien à l'appartenance d'un pays à l'UE, les bénéfices tirés de cette appartenance, l'image de l'UE auprès du public et la confiance qu'il lui accorde, etc.). Des sondages plus spécifiques sont aussi effectués sur des sujets précis (par exemple, l'attitude à l'égard de l'élargissement, les attentes en matière d'énergie, les inquiétudes face à la grippe aviaire). Et lorsque l'actualité le justifie, un sondage flash est effectué en urgence (par exemple, après le référendum en France et aux Pays-Bas pour saisir les raisons du non).

Ces outils sont d'un maniement complexe : une imprécision sémantique dans la traduction des questions d'une langue à l'autre peut suffire à fausser les comparaisons. Et c'est surtout le rapprochement des réponses au fil des années qui donne les tendances les plus intéressantes, comme par exemple la réticence persistante des Britanniques à l'égard de l'Union ou au contraire la convergence de tous les Européens sur l'Irak, avant, pendant et après la décision franco-allemande.

Même si c'est de bonne guerre, la Commission biaise un peu. Elle pèche volontiers par omission : est-il honnête d'interroger les Européens en termes aussi généraux que : « Êtes-vous favorable à de futurs élargissements ? » (sans dire à quel pays ?) ou « à une Constitution ? » (sans dire laquelle) ? Selon qu'il s'agira de la Suisse ou de la Turquie, d'une Constitution ambitieuse ou plus édulcorée, les réponses seront différentes.

L'insondable mystère des Églises

Parmi les lobbies auxquels, souvent, en France on ne songe guère, il faut dire un mot des Églises. Si dans tous les États membres, les rapports entre « Dieu » (le pouvoir spirituel) et « César » (le pouvoir temporel) sont apaisés, le degré de sécularisation diffère largement d'un État membre à un autre : en Allemagne, l'impôt d'Église est levé par l'État et seuls ceux qui s'en acquittent ont accès aux sacrements. En Pologne, en Espagne ou en Irlande, l'influence de l'Église catholique dans la société n'est pas négligeable, comme en Grèce, celle de l'Église orthodoxe. Les Français ont parfois du mal à l'admettre mais la plupart de leurs partenaires ignorent leur conception de la laïcité. Le mot est même difficile à traduire dans certaines langues.

Pour les décideurs européens, il est donc important d'entretenir un dialogue avec les différentes Églises et les mouvements non confessionnels, qui le demandent tous de manière de plus en plus nette.

La position de l'Église catholique

Dans une exhortation apostolique du 28 juin 2003, « _Ecclesia in Europa_ », le pape Jean-Paul II abordait longuement la question des rapports entre l'Église et l'Europe. En bon Polonais, il insistait sur la nécessité de réussir le rapprochement entre les anciens membres et les États d'Europe centrale et orientale. Il soulignait aussi le « besoin d'espérance » pour « donner un sens à la vie et à l'histoire, et aider à marcher ensemble ». Il rappelait l'importance de la doctrine sociale de l'Église qui « contribue à poser des bases solides pour une vie sociale à la mesure de l'homme, dans la justice, la vérité, la liberté et la solidarité ». Appelant à adopter une « référence au patrimoine religieux et spécialement chrétien de l'Europe » dans le traité constitutionnel en cours de rédaction, il souhaitait également « dans le plein respect de la laïcité des institutions » que fussent reconnus :

- le droit des Églises et des communautés religieuses à s'organiser librement, en conformité avec leurs propres statuts et leurs propres convictions ;
- l'identité spécifique des confessions religieuses ;
- la nécessité de prévoir un dialogue structuré entre l'Union européenne et ces mêmes confessions, tout en respectant le statut juridique dont les Églises et les institutions religieuses jouissent déjà en vertu des législations des États membres de l'Union.

La foi discrète des fondateurs

Les traités des origines sont muets sur l'inspiration des fondateurs, même si des valeurs telles que le pardon, la réconciliation, le respect de la dignité humaine sont au cœur du projet européen. Robert Schuman, profondément croyant comme Alcide de Gasperi ou Konrad Adenauer, consacre un chapitre entier de ses _Mémoires_ à l'Europe qui est pour lui « la mise en œuvre d'une démocratie généralisée dans le sens chrétien du mot ». Mais ni les Églises, ni la religion ne sont évoquées par les traités.

Peu à peu, différents courants chrétiens viennent s'implanter autour des institutions : les jésuites, puis l'association œcuménique Église et Société. La Commission des épiscopats de la Communauté européenne (Comece) est établie en 1980. De manière assez amusante quand on connaît l'attachement à la laïcité de la gauche française, c'est un président de Commission français, socialiste, Jacques Delors, qui affiche sa volonté de « donner une âme à l'Europe » pour contrebalancer la priorité donnée au marché. Dès sa désignation, il multiplie les rencontres avec des religieux, son but étant de « rassembler un jour toutes les confessions autour d'une table, y compris la fédération des non-croyants ». Sept années (un chiffre très biblique…) seront nécessaires pour y parvenir, en raison notamment des difficultés à rallier l'État du Vatican et à régler les questions de représentativité des différents courants de l'islam.

Pour Jacques Delors, « l'objectif n'était pas d'inscrire Dieu dans le traité, ni d'entretenir des polémiques sur les racines religieuses de l'Europe mais d'inciter les forces spirituelles, celles qui croient et celles qui ne croient pas en un être suprême, à œuvrer pour que l'Europe ne soit pas uniquement une réalisation économique et marchande ». Concrètement, le service de prospective rattaché au président de la Commission (appelé alors cellule de prospective, ce qui fait assez… monastique en effet) organise des séminaires de dialogue. Cette tradition, perpétuée par Romano Prodi, est poursuivie par le président Barroso qui s'est engagé à rencontrer deux fois par an les représentants des trois grandes religions monothéistes et dialogue aussi avec les mouvements humanistes.

Sur le site de la Commission figure la longue liste des organisations avec lesquelles la Commission entretient des contacts. Celles-ci vont du Vatican à des organisations juives ou musulmanes européennes en passant par la communauté de San'Egidio ou des associations humanistes ou encore des Églises nationales comme la puissante Église évangélique allemande. Transparence et diversité mettent la Commission à l'abri de pressions trop directes : d'ici à ce que tous ces rabbins, prêtres, imams et autres pasteurs se soient mis d'accord, il aura coulé de l'eau dans les bénitiers.

Ces dernières années, le besoin de dialogue avec les différents courants spirituels s'est encore accru : à l'est de l'Europe, du moins dans certains États, les Églises ont joué un rôle important dans la fin de la guerre froide : l'Église catholique en Pologne, au plan local, avec Solidarnosc, avec l'appui de Jean-Paul II à Rome ; l'Église évangélique en RDA. Parmi les nouveaux venus, certains y tiennent.

L'inquiétude devant les dérives islamiques et la volonté de mieux intégrer les citoyens musulmans amènent la plupart des États membres à se pencher plus qu'auparavant sur les questions religieuses. C'est le cas aux Pays-Bas (où le réalisateur Theo Van Gogh a été assassiné), au Danemark (surtout depuis l'affaire des caricatures de Mahomet), au Royaume-Uni (ébranlé dans sa tolérance par les attentats commis par de « paisibles » sujets de Sa Gracieuse Majesté, en Allemagne (où Wolfgang Schäuble a lancé une conférence sur l'islam). Même dans la France laïque, le ministère de l'Intérieur prône un dialogue officiel avec les musulmans.

Enfin, l'Union européenne ne se contente plus de supprimer des barrières douanières ou de faire une politique agricole commune. Les sujets abordés dans le cadre de la politique étrangère ou de la politique de sécurité et de justice justifient des débats d'ordre éthique.

César et Dieu apaisés

Depuis le traité d'Amsterdam entré en vigueur en 1999, les relations avec les Églises et organisations non confessionnelles sont réglées par une déclaration n° 11 annexée à celui-ci : « L'Union respecte et ne préjuge pas du statut dont bénéficient, en vertu du droit national, les Églises et les associations ou communautés religieuses dans les États membres. » Elle « respecte également le statut » qui, en droit national, « est accordé aux organisations philosophiques et non confessionnelles ».

Le livre blanc de la Commission de juillet 2001 consacré à la gouvernance reconnaît l'importance, pour les autorités européennes, d'entretenir des rapports fructueux avec les Églises et organisations non confessionnelles qui sont à la fois des acteurs importants de la société et, souvent, des prestataires de services caritatifs. Les dispositions du protocole d'Amsterdam ont été reprises dans le traité constitutionnel dans un article I-52 intitulé « Statut des Églises et des organisations non confessionnelles ». Le traité y a même ajouté une disposition « reconnaissant leur identité et leur contribution spécifique » et prônant « un dialogue ouvert, transparent et régulier » de l'Union avec ces Églises et organisations. En revanche, en raison notamment de l'opposition des autorités françaises, le préambule du traité constitutionnel ne comporte aucune mention de l'héritage religieux européen.

Sprechen Sie deutsch ?
Une charte pas vraiment bilingue

Lors de la discussion de la Charte des droits fondamentaux (devenue la partie II du traité constitutionnel), la question de la référence à l'héritage religieux s'était déjà posée. Et déjà, les autorités françaises (de cohabitation, Jacques Chirac et Lionel Jospin ensemble) s'étaient opposées à toute mention en ce sens.

Le résultat n'est pas brillant. Comme le point était d'importance pour les Allemands, pour la première fois, les versions française et allemande d'un texte communautaire solennel sont divergentes : la version française évoque le « patrimoine spirituel et moral » de l'Europe quand la version allemande comporte l'adjectif « *religiös* » (religieux) accolé à « *geistig* » (spirituel). Cette manière de contourner les désaccords par des tours de passe-passe linguistiques est assez consternante. Il y a de quoi y perdre son latin (d'église).

La laïcité à la française, un concept pour l'UE ?

En adoptant cette conception très rigide de la laïcité, la France n'a pas forcément fait le choix le plus judicieux. L'importance de l'héritage religieux, chrétien, en Europe est une évidence : chaque village est bâti autour d'une église, chaque grande ville possède sa cathédrale. D'anciennes abbayes parsèment nos campagnes. Vu la faiblesse et la pauvreté de l'Église catholique dans l'Hexagone au début du XXIe siècle, il n'y avait pas grand risque à accepter de reconnaître cette vérité. Au moment où un certain nombre de nos voisins (notamment grâce à des femmes comme la sociologue Necla

Kelek en Allemagne ou l'ex-député Ayan Hirsi Ali aux Pays-Bas) commencent à s'intéresser à la laïcité comme moyen de lutter contre les dérives islamistes, il aurait été plus avisé de chercher à « exporter » notre concept de laïcité en l'appliquant de manière pragmatique et décontractée.

Les questions religieuses sont au cœur des problématiques de nos sociétés. La France aurait tout à gagner à donner d'elle-même l'image d'un pays ne niant pas l'importance de la religion, ni même de la religiosité manipulée à des fins politiques qui défend sa vision mais comprend les positions des autres. Le terrain religieux n'est pas le seul où la France, en raison de ses spécificités, a eu un peu de mal à entrer dans le jeu européen tel que nos partenaires le conçoivent.

Les régions entre globalisation et culotte de cuir

L'Union européenne compte à la fois des États fédéraux ou fortement décentralisés comme l'Allemagne, l'Espagne et même, désormais, le Royaume-Uni (avec le processus de *devolution*), des États de tradition plus centralisée comme la France et d'autres trop petits pour être découpés en régions. Malgré cette diversité historique, une tendance traverse toute le continent : plus la globalisation galope, plus les frontières s'ouvrent, plus les Européens, quels qu'ils soient, cherchent leurs racines. Les plus modernes n'y échappent pas.

C'est probablement en Bavière que le phénomène est le plus frappant : ce Land autrefois rural est devenu riche grâce au développement de filières high-tech. La journée, on y pratique l'électronique de pointe mais, pour aller au théâtre le soir, on enfile son *Dirndle* (tenue traditionnelle). Pour des Français, l'attachement aux processions et à la vie villageoise que peuvent manifester de jeunes Bavarois roulant en voiture de sport est assez surprenant… C'est l'un des charmes de la diversité.

La diplomatie régionale

Cet air du temps est renforcé par l'existence de politiques régionales européennes importantes qui ont conduit les acteurs locaux à vouloir être présents à Bruxelles, la ville d'où tombe la manne (les fonds structurels). Aussi la plupart des régions sont-elles désormais implantées dans la capitale européenne. Selon leurs moyens, elles possèdent à elles seules une délégation ou bien se regroupent (comme l'a fait le Grand Sud-Ouest français par exemple). Certaines régions puissantes entretiennent des liens transnationaux (la Lombardie, la Catalogne, le Baden-Wurtemberg et la région Rhône-Alpes forment un quadrige).

Grâce à ces « ambassades » à Bruxelles, les régions glanent des fonds, font valoir leurs vues sur les sujets qui intéressent leurs principales entreprises, voire, pour certaines, mènent, par-dessus la tête des gouvernements nationaux, une politique de lobbying et de « diplomatie publique ». Quand des considérations de prestige s'en mêlent, le résultat est parfois impressionnant.

À Bruxelles, la Bavière gagne le match immobilier

Pour ceux qui doutent qu'une partie de bras de fer entre Bund et Länder se joue à Bruxelles, une petite visite aux représentations des États allemands s'impose. Dotés de moyens importants, ces bureaux recrutent des jeunes collaborateurs de valeur, au sortir des meilleures universités ou du Collège d'Europe de Bruges, qui suivent tous les dossiers et abreuvent la Commission et les députés de « *non paper* » (ces papiers informels destinés à influencer en amont la prise de décision).

La plus impressionnante de ces représentations est le bâtiment (que les eurocrates ont vite baptisé le *Schloss*, « château », de l'État libre de Bavière : moins kitsch que Neuschwanstein ou Hohenschwangau, mais rénové avec magnificence, idéalement situé entre le Parlement et le Conseil, ce bâtiment affirme la force de Munich face à Berlin. À côté, la représentation du Bund, installée dans un immeuble années 1970 sans grâce et défraîchi, a des allures de caisse de Sécurité sociale de l'ex-RDA…

Les souverainistes persuadés que, dans le fédéralisme, le centre domine la périphérie, feraient bien d'aller faire un petit tour à Bruxelles pour assister au match berlino-bavarois.

Avec l'arrivée de nouveaux membres de taille réduite, les revendications venant de régions représentant une part importante du PIB européen ne sont pas étonnantes. Que Malte (avec moins de 400 000 habitants) ait un commissaire européen et un droit de veto sur certaines matières fait grincer quelques dents en Catalogne ou en Lombardie.

En Belgique et en Allemagne, le fédéralisme a évolué dans le sens d'une reconnaissance des pouvoirs de ces entités : il arrive que, lors d'une discussion au Conseil, ce ne soient pas les représentants de l'État fédéral qui siègent derrière la pancarte RFA ou Belgique, mais des délégués des Länder ou des régions.

Le Comité des régions

C'est le traité de Maastricht qui a officiellement « installé » les régions à Bruxelles en créant un nouvel organe : le Comité des régions, destiné à associer celles-ci au processus décisionnel communautaire. Nommés par le Conseil à la majorité qualifiée sur proposition des États pour quatre ans, les membres de ce comité ont des fonctions consultatives. Depuis le traité de

Nice, ils doivent exercer, dans leurs pays, des responsabilités d'élus locaux. Naturellement, ils ne peuvent pas être membres du Parlement européen en même temps. Doté d'un secrétariat et de moyens matériels, le Comité des régions rend des avis sur certaines matières prédéfinies, selon les mêmes modalités que le Comité économique et social européen (lui-même calqué sur le Conseil économique et social français).

À ce stade, il est un peu tôt pour juger l'impact de son action, mais tout ce qui contribue à relayer l'Europe dans les réseaux locaux est bénéfique ; de même que l'Union européenne a besoin d'être à l'écoute des avis des élus locaux, proches des réalités de terrain.

Longtemps, la diplomatie française a été hostile à une action externe des collectivités locales. Heureusement, les choses évoluent dans le bon sens, les autorités nationales comprenant, sous l'influence de pays moins jacobins, l'utilité de ces canaux d'échanges et de coopération décentralisés.

Les eurorégions

Le dynamisme des régions se fait aussi sentir loin de Bruxelles, dans une des expériences les plus vivantes de coopération locale : les eurorégions. Une initiative intéressante a consisté à encourager la coopération régionale transfrontalière. Certaines de ces régions ont été bâties au sein du Conseil de l'Europe tout entier, c'est-à-dire qu'elles dépassent le cadre de l'Union européenne, quand d'autres sont propres à l'Union.

Citons par exemple l'eurorégion symbolique Sar-Lor-Lux (Sarre, Lorraine-Luxembourg avec des ramifications en Wallonie et Rheinland-Pfalz), autrefois terres d'affrontements, ou encore l'eurorégion Neisse, dans l'une des zones les plus sensibles pour les relations germano-polonaises puisqu'elle permet la coopération entre Allemands et Polonais dans des territoires autrefois allemands autour de la fameuse « ligne oder Neisse » qui aurait pu devenir une pomme de discorde. Certaines de ces régions sont à califourchon sur la Manche : Kent/Nord-Pas-de-Calais, ou East Sussex/Seine-Maritime/Somme. (Qui dira encore après cela que la Grande-Bretagne est une île ?) Et dans le Midi, la région très catalane Catalogne/Languedoc-Roussillon/Midi-Pyrénées chevauche les montagnes.

Quatrième partie
Les politiques : que fait l'Europe ?

Dans cette partie...

Nous nous attaquons enfin au concret : les politiques que mène l'Union. Tous les détours que nous avons faits dans les trois parties consacrées à l'histoire, aux principes fondateurs et aux institutions, c'est un peu à cause de Kant et l'ornithorynque, comme dirait Umberto Eco, le malicieux philosophe italien. Dans un livre assez hermétique qui porte ce titre, Umberto Eco s'interroge sur la question de savoir pourquoi notre raison admet qu'un ornithorynque est un mammifère en dépit de son bec de canard et de ses pattes palmées. Quel rapport avec l'Europe ? Nous y venons...

Umberto Eco raconte l'anecdote suivante : Marco Polo, débarquant à Sumatra, croise sur son chemin un animal inconnu portant une corne unique, un rhinocéros. Le seul quadrupède doté d'une corne dont Marco Polo ait jamais entendu parler est... la licorne. Mais cette grosse bestiole ne lui ressemble guère. Après réflexion, Marco Polo arrive à la conclusion que, dans ce pays-là, il y a forcément des licornes un peu différentes. Eh bien dites-vous que les politiques européennes sont de drôles d'animaux ! De même que, pour un œil non averti, le rhinocéros pourrait être pris pour une licorne, certaines politiques européennes ont des caractéristiques des politiques étatiques. Pourtant, elles sont souvent assez différentes, en raison de l'originalité et des insuffisances de l'intégration européenne.

La morale européenne de cette histoire tient en une phrase : nous ne pouvons pas faire complètement abstraction de nos schémas mentaux, mais si nous refusons d'en sortir, il est plus difficile pour nous de comprendre l'Europe. À Bruxelles, là où l'on s'attend à une licorne, on tombe sur un rhinocéros... Car l'Union européenne pratique ce qu'on a pu appeler le fédéralisme à l'envers : les États ont choisi d'exercer au niveau européen des compétences restreintes à certains secteurs (le charbon et l'acier) ou économiques (le Marché commun) et non de mettre en commun les compétences qui, d'ordinaire, sont exercées, dans les États fédéraux, au niveau fédéral (défense, diplomatie, justice). À cet égard, seule la monnaie fait exception, mais encore le nombre d'États de la zone euro est-il réduit.

Ce choix était assez bizarre (comme la morphologie d'un ornithorynque), mais un premier pari a été gagné : à tout prendre, la paix par les sacs de charbon et la normalisation des concombres est toujours bonne à prendre. Au stade actuel, les politiques européennes forment un méli-mélo que nous allons essayer d'ordonner au fil de cinq chapitres, en gardant à l'esprit les côtés positifs de la singularité qu'il faudrait être fou et ingrat pour oublier, sans rien cacher des incohérences qu'il serait malhonnête de cacher.

Ainsi rappelons que l'Europe, c'est d'abord de l'économie : un gigantesque marché, plus ou moins ouvert, où la concurrence est régulée et la solidarité organisée ; des politiques sectorielles (agriculture, transports, énergie, etc.) au contenu plus ou moins substantiel ; une Union économique et monétaire, qui est comme une jolie fille pleine d'avenir mais boiteuse, obligée de marcher sur une forte jambe monétaire (l'euro) et sur une chétive gambette économique. La politique étrangère, elle, rappelle l'histoire des petits cochons qui ne sont pas tous prévoyants et construisent des maisons plus ou moins solides. La justice et les affaires intérieures enfin, pourtant si importantes, sont encore le parent pauvre de l'Europe : même si les actions communes s'intensifient, on est encore loin d'atteindre le degré d'entente supranationale du crime organisé.

L'Union européenne aura-t-elle un jour plus d'allure que cet espèce de canard recouvert de poils ébouriffés qui pond des œufs et allaite ses petits, auquel Kant ne s'intéressait pas ? Saura-t-elle remettre de l'ordre dans ce méli-mélo ? Difficile à dire. En tout cas, ne refusez pas la singularité. Pour comprendre, laissez vous surprendre... Voyage au pays des politiques politiquement incorrectes.

Chapitre 16

Marché et solidarité

Dans ce chapitre :

▶ La coopération qui renforce

▶ La compétition qui stimule

▶ La solidarité qui unit

Cette formulation en trois points (coopération, compétition et solidarité) utilisée par Jacques Delors résume bien le Marché unique.

Place du Marché : quatre libertés, 500 millions d'Européens

L'expression de Marché commun laisse souvent les Européens songeurs. Pourtant, l'ambition communautaire est compréhensible par tous.

DANS LE TEXTE

Comme dans les foires médiévales d'antan

Le grand historien Jacques Le Goff, auteur de *L'Europe est-elle née au Moyen-âge ?*, explique bien la révolution commerciale qui est intervenue au XIIIᵉ siècle : « Les marchands sont d'abord itinérants et handicapés par le mauvais état des routes, les défauts des moyens de transport des marchandises, l'insécurité et plus encore peut-être les taxes, les droits, les péages de toutes sortes levés par d'innombrables seigneurs, cités, communautés, au passage d'un pont, d'un gué ou pour le simple transit sur leurs terres. » Puis les grandes foires, en Champagne notamment, permettent que se tienne « un marché quasi permanent du monde occidental ». Et Le Goff d'ajouter : « L'économie marchande ne peut se développer qu'avec l'aide et sous le contrôle des pouvoirs publics. » C'est ainsi qu'après la Champagne, Bruges devient une grande place financière tandis que la Hanse et l'Italie prospèrent du négoce.

Les quatre libertés (panorama)

Rien de bien différent et donc rien de bien effrayant dans la démarche communautaire: la CEE lève les obstacles aux échanges, supprime les péages et fait en sorte qu'en un seul lieu, sinon réel du moins virtuel, les biens, les forces créatrices et les capitaux s'échangent. Dans le jargon, on parle de libre circulation et des quatre libertés, mais cela ne doit pas vous dérouter. Quoi de plus naturel? Tous les jours, dans l'Union européenne à 27 se déroule l'une des scènes les plus familières de la vie de nos villes et de nos bourgs: c'est le jour du marché.

Les quatre libertés sont les suivantes:

- Tous les producteurs de denrées ou de marchandises manufacturées peuvent les offrir à la vente à tous les Européens;
- Tous les travailleurs peuvent chercher une place chez tous les employeurs;
- Tous les artisans, professions libérales, prestataires de services peuvent proposer leur travail à tous les Européens intéressés;
- Tous les capitaux peuvent être prêtés ou placés dans toute l'Europe.

Quiconque a vu sur un marché de campagne Perrette vendre son lait, un travailleur agricole trouver un emploi de vendangeur, un artisan rempailleur de chaises dénicher un client, quiconque a vu, sur la place, en face de l'église, l'agence bancaire peut imaginer le «village européen». Seule différence: la place de ce marché est gigantesque. Cinq cents millions de personnes sont concernées, qui, pour la plupart, ne se rencontreront pas physiquement.

La libre circulation des marchandises

Le Marché commun repose sur l'interdiction des restrictions à la libre circulation des marchandises. Cela signifie par exemple que les droits de douane sont abolis entre la France et l'Italie (ainsi la mozzarella n'est pas taxée en arrivant à Menton). Les *restrictions quantitatives à l'exportation* sont prohibées, comme les *mesures d'effet équivalent*: c'est-à-dire que les États n'ont pas le droit de tricher en imposant, sous couvert de contrôles vétérinaires ou techniques, des règles plus strictes aux produits qui viennent des autres pays membres. Naturellement, certaines mesures de sauvegarde sont possibles lorsque par exemple la santé publique est en cause. Lors de la crise de la vache folle, les États membres ont ainsi été autorisés à appliquer exceptionnellement un embargo sur le bœuf britannique. En pratique, il est toujours un peu compliqué de définir l'étendue des mesures autorisées: les Britanniques ont tenté de contester le bien-fondé de l'embargo sur le suif, le sperme, la gélatine, sans obtenir gain de cause.

La libre circulation des marchandises a été accélérée par l'arrêt de la Cour de justice, datant de 1969, relatif au Cassis de Dijon dont nous avons parlé au chapitre 4. Cette jurisprudence pose un principe de *reconnaissance mutuelle*. En droit, le principe s'énonce ainsi : chaque État membre est tenu d'accepter sur son territoire des marchandises légalement produites et commercialisées dans un autre État. En langage courant : ce qui est bon pour un Français ne peut pas faire de mal à un Allemand, surtout quand l'argument invoqué par les autorités du pays d'importation revient à dire que le titre de la liqueur est trop bas eu égard aux dispositions allemandes !

C'est à l'époque de Jacques Delors que l'idée d'une harmonisation à l'unanimité, dans le moindre détail, est abandonnée au profit d'une approche plus légère : des règles essentielles, pour des catégories de produits, adoptées à la majorité qualifiée sont considérées comme suffisantes. En pratique, cinquante ans après la signature du traité de Rome, le Marché n'est toujours pas achevé : exporter hors de ses frontières, même dans l'Union, reste plus compliqué que vendre sur le marché national. Il n'est pas rare que des États continuent à « chipoter », c'est-à-dire à chercher la petite bête aux étrangers, ou, par leur retard à transposer les directives, entravent la libre circulation. L'existence de procédures de règlement amiable des difficultés comme le réseau Solvit (décrit au chapitre 9) et la vigilance de la Cour de justice qui peut annuler des décisions contraires au traité permettent de limiter les dérapages. Le chantier du Marché, vivant, mouvant, restera cependant toujours inachevé.

La libre circulation des personnes

Lesdites personnes ont d'abord été les seuls travailleurs migrants, puis la liberté s'est étendue aux inactifs : les retraités voulant se dorer au soleil de Marbella ou Syracuse, les étudiants soucieux de parfaire leurs langues ou de voir du pays. Depuis le traité de Maastricht, l'approche est moins économique : tous les citoyens ont le droit de circuler et séjourner librement sur le territoire des États membres.

Les Européens ne se rendent pas compte du privilège dont ils jouissent : sur une planète où l'immense majorité des êtres humains sont astreints à demander des visas pour voyager, où des milliers de migrants meurent dans des conditions horribles, ballottés par des trafiquants, embarqués clandestinement, les Européens sont libres d'aller où bon leur semble sur un continent entier ! Enfants gâtés de l'histoire et de la géographie, ils oublient trop souvent la valeur de cette liberté. Ils oublient aussi de la partager. Au sein même de l'Union européenne, en 2006, tous n'en profitent pas (voir encadré ci-dessous).

Grâce à un règlement de 1971 et à la jurisprudence de la Cour de justice, les travailleurs migrants ont le droit d'emmener avec eux, dans leur balluchon, quand ils se déplacent, leurs droits acquis (points de retraite par exemple). Ils sont aussi protégés contre les discriminations en matière de prestations. Même si la mise en œuvre de ces droits est parfois compliquée pour des raisons bureaucratiques et linguistiques, c'est un avantage considérable dont jouissent les Européens.

LE SAVIEZ-VOUS ?

Une période transitoire pour les nouveaux venus

Pendant une période transitoire d'au maximum sept années à compter du 1er mai 2004, les ressortissants des nouveaux États membres, notamment les pays d'Europe centrale et orientale, n'ont pas le droit de circuler librement dans la partie occidentale de l'Union européenne.

La plupart des anciens Quinze ont en effet opté pour des mesures de protection de leur marché du travail. Ils ont redouté que la main-d'œuvre est-européenne qualifiée, bon marché, frappée par un chômage massif, ne soit prête à s'exiler. L'Irlande, la Suède et le Royaume-Uni ont d'abord choisi d'ouvrir leurs frontières librement, mais ce dernier par exemple les a refermées récemment, préoccupé par l'afflux de travailleurs polonais ou tchèques posant des problèmes de logement et d'intégration.

Sans aller jusqu'aux inquiétudes irraisonnées suscitées par le mythe du plombier polonais, invité surprise de la campagne référendaire française de 2005, les inégalités de niveau de vie qui existent désormais au sein de l'Union doivent être prises au sérieux. Elles peuvent entraîner des départs massifs qui ne seraient bons ni pour les pays d'accueil si ceux-ci ne peuvent assurer des conditions décentes de travail et de logement, ni aux pays de départ, qui sont privés de forces vives.

La question clé est de savoir combien de temps ce régime est appelé à durer : le recours à des clauses transitoires a été bénéfique lors de l'adhésion de l'Espagne et du Portugal. En revanche, la prolongation de ces mesures destinées à rester exceptionnelles serait de mauvais aloi pour l'Union élargie. Dans un rapport de l'automne 2006, la Banque mondiale invite les nouveaux membres à se tourner vers la main-d'œuvre encore meilleur marché venant d'encore plus à l'Est. Certains gouvernements, comme celui de la Bulgarie, espèrent au contraire un ralentissement de l'hémorragie de main-d'œuvre qualifiée une fois l'adhésion parachevée.

La libre circulation des services

Derrière ce mot fourre-tout se cachent des activités qui représentent entre 60 et 70 % de la richesse de l'Union européenne et une part équivalente des emplois. Les banques, les assurances, les services à la personne, les activités des artisans ou des professions libérales entrent par exemple dans cette catégorie.

Le traité garantit :

- ✔ La liberté de s'établir durablement dans d'autres États membres (par exemple, un kinésithérapeute belge peut ouvrir un cabinet en France) ;
- ✔ La liberté de délivrer, à titre temporaire, des prestations de services sur le territoire d'un autre État membre (par exemple, un architecte allemand peut construire un lycée en Pologne tout en restant installé en Allemagne).

La Cour de justice a beaucoup contribué à déterminer les contours de ces deux libertés. Des législations spécifiques dans des domaines tels que les services financiers, les télécommunications, la radiodiffusion télévisuelle et la reconnaissance des qualifications professionnelles ont aussi contribué à faire progresser la libre circulation des services. Des progrès significatifs dans la voie de la libéralisation ont été accomplis dans les services publics de réseau (gaz, électricité, télécommunications, eau). La question de savoir jusqu'où la libéralisation doit aller est cependant posée : la défense de certains services publics (la poste, par exemple) mérite considération.

Parce qu'elle amène des êtres humains, et non de simples marchandises, à passer les frontières, la libre circulation des services est beaucoup plus délicate à réaliser. Cinquante ans après la signature du traité de Rome, elle accuse un grand retard. Le problème fondamental est celui du degré de confiance que les États membres se portent mutuellement. L'hétérogénéité de l'Union européenne, l'absence de connaissance approfondie des nouveaux partenaires, voire, dans certains cas, des sentiments d'égoïsme ou de supériorité assez déplaisants ont abouti à rendre le sujet explosif.

Analysons un cas d'école (c'est le cas de le dire…) entre Suède et Lettonie. En 2004, la compagnie de construction lettone Laval un Partneri obtient un chantier d'établissement scolaire en Suède. Les salaires versés aux ouvriers lettons (9 euros de l'heure) sont plus élevés que ceux versés à Riga mais bien inférieurs à ceux versés à Stockholm.

Pour donner une idée de l'écart, il faut savoir qu'en Lettonie, pays balte longtemps rattaché à l'URSS par la force, membre de l'UE depuis le 1er mai 2004, le salaire minimum est d'environ 120 euros par mois ; le salarié moyen gagne 230 euros mensuels. Beaucoup d'ouvriers du bâtiment sont employés au noir, sans vraie protection contre les accidents du travail. De l'autre côté de la mer Baltique, la Suède est un eldorado social. Là, le salaire moyen est de près de 2 000 euros par mois. Le modèle social est douillet : 80 % des salariés sont syndiqués et les conventions collectives y ont force de loi, comme les Suédois ont tenu à le préciser au moment de leur adhésion à l'UE.

Le principal syndicat du bâtiment suédois, Byggnad, invoquant le salaire minimum établi pour toutes les industries par des conventions collectives suédoises, exige que Laval verse aux ouvriers lettons des salaires à des taux suédois (environ 16 euros de l'heure). Laval refuse. Byggnad organise un piquet de grève devant le chantier pendant plusieurs semaines, avec pour slogan « Des lois suédoises en Suède ». L'affaire s'envenime. Une crise diplomatique s'ouvre entre Lettonie et Suède, un fossé idéologique se creuse entre nouvelle Europe et vieille Europe, les Suédois défendant le modèle suédois, les Lettons la liberté de gagner leur pain, au besoin en exportant sa force de travail. Le chantier étant retiré aux Lettons, l'affaire est portée devant la justice.

En octobre 2005, Charlie McCreevy, commissaire chargé du marché intérieur, prend parti, non sans une certaine maladresse (même s'il est dans son rôle) pour la Lettonie et la libre circulation. La Confédération européenne des syndicats (elle aussi dans son rôle) soutient au contraire vivement les Suédois. Alors que la majorité de la Commission actuelle est probablement sur la ligne de McCreevy, Barroso joue l'apaisement : «En aucune manière nous ne nous opposons ni ne critiquons le modèle social [suédois]», dit-il, patelin. Devant la menace de retirer la Suède de l'Union européenne (rien de moins!) proférée par le ministre suédois de l'Emploi Karlsson, McCreevy fait machine arrière et reconnaît le droit des syndicats suédois d'exiger l'application, par les compagnies étrangères, des conventions collectives.

À court terme, la Suède a gagné : c'est la Suède aux Suédois. Mais le problème des transferts de main-d'œuvre dans une économie ouverte, globalisée, reste entier. Car après la Lettonie, il y aura l'Ukraine, la Russie, la Chine, l'Inde, l'Afrique entière. Tant que des hommes mal payés auront le courage d'aller travailler dur ailleurs, le problème ne sera pas réglé. L'attitude des syndicats suédois est juridiquement légitime (il faut protéger les acquis de cent ans de lutte sociale), mais un peu simplificatrice. Ne transformons pas les travailleurs des pays pauvres en ennemis. Ce sont avant tout des victimes des inégalités et de la misère qui essaient de s'en sortir.

Dans le même temps, au-delà de ce cas isolé, la Commission tente de faire appliquer le principe du pays d'origine dans une directive cadre. Lors du Conseil européen de Lisbonne de mars 2000, les États membres lui demandent en effet de concevoir une stratégie appelant à la suppression des barrières pour les services transfrontaliers. En juillet 2002, la Commission publie un rapport dressant un inventaire des obstacles juridiques, administratifs et pratiques à la libre circulation des services transfrontaliers. Sa conclusion est sans appel : le décalage est réel entre la théorie (un Marché unique) et la réalité (des marchés toujours cloisonnés). Pour la Commission, il en résulte un coût plus élevé et une qualité moindre du service final fourni aux consommateurs et entreprises clients des prestataires. Ces barrières pénalisent particulièrement les petites et moyennes entreprises.

En janvier 2004, la Commission Prodi adopte une proposition de directive cadre relative aux services dans le marché intérieur, connue (et critiquée abondamment) sous le nom de directive Bolkestein. Celle-ci s'applique à de nombreux secteurs d'activités (du tourisme à l'artisanat, de la construction au commerce, de la publicité au conseil), mais en exclut plusieurs expressément : communication, transports, services d'intérêt général non marchands, jeux de hasard (après un lobbying intense de ces derniers). Ce texte concerne les deux libertés que nous avons rappelées :

- ✔ En matière de liberté d'établissement, elle procède essentiellement par élagage des autorisations préalables et autres paperasses ;
- ✔ En matière de prestation de services, elle prévoit l'application des règles du pays d'origine, à de nombreuses exceptions près (droit du travail, propriété intellectuelle, etc.).

La Commission défend son texte en mettant en avant qu'il «vise à éliminer les obstacles aux échanges de services, permettant ainsi le développement des opérations transfrontalières […], la suppression des barrières discriminatoires, la réduction de la bureaucratie, la modernisation, la simplification du cadre juridique et administratif et l'amélioration de la coopération administrative entre les administrations des États membres ainsi que le renforcement les droits des utilisateurs de services». Ah, la jolie prose de la Commission… À croire qu'il fait aussi le café et vous apporte vos pantoufles!

Le texte finalement voté par le Parlement européen en 2006 ne comprend plus la règle du pays d'origine. C'est une bonne chose mais le champ d'application est si réduit qu'on peut se demander s'il sert encore à quelque chose… Il faudra dresser le bilan à l'usage, mais il est probable qu'il nécessitera des compléments si l'objectif reste la libre circulation des services. Il est vrai que le climat était passionnel…

Bolkestein et Frankenstein

Pendant la campagne référendaire de 2005, le commissaire le plus attaqué n'était plus en fonction… Fritz Bolkestein, ancien commissaire au marché intérieur de l'équipe Prodi, auteur du texte controversé, a réussi la prouesse d'être voué aux gémonies comme s'il était encore le responsable du dossier.

Sa proposition posait des questions, mais la virulence des attaques laisse songeur: les partisans du non et certains médias n'ont pas hésité à présenter ce qui n'était qu'un projet de texte, préliminaire, devant encore passer au Parlement européen et au Conseil, comme la version définitive d'un texte applicable. Un site Internet, StopBolkestein.org, a même été créé, comme s'il était seul en cause. Or la Commission décide collégialement. L'équipe Prodi comptait de nombreuses personnalités de gauche, de Lamy à Vittorino en passant par le président lui-même.

La suite des événements a prouvé que cette présentation était outrancièrement biaisée. Des débats ont eu lieu en 2005-2006 dans les Parlements nationaux. En France, les Chambres ont proposé des changements au pouvoir exécutif. Le rapporteur du Parlement européen et le Conseil pouvaient parfaitement amender en profondeur une proposition imparfaite. Et c'est exactement ce qui a été fait.

La libre circulation des capitaux

Trop technique, ce sujet? Et pourtant, quand vous êtes à la plage à Alassio, sur la riviera italienne, pendant vos vacances et que, pour acheter un *gelato al limone* (une glace au citron), vous allez retirer de l'argent au distributeur du coin, vous opérez un transfert d'argent transfrontalier. Vous allez voir, ce n'est pas si sorcier.

Sachez d'abord que les marchés financiers sont importants pour le bon fonctionnement de l'économie. S'ils sont bien organisés, les capitaux sont (théoriquement) mieux affectés et la performance économique de long terme est plus efficace. Depuis le traité de Rome, toutes les restrictions aux mouvements de capitaux (investissements directs, emprunts, achats d'actions et d'obligations) et toutes les restrictions au paiement sont interdites, à la fois entre les États membres et entre États membres et pays tiers (avec des réserves dans ce dernier cas).

Pendant les années 1980 est intervenue la libéralisation des paiements courants. Puis le marché intérieur des services financiers a été approfondi : d'une part, l'exercice de l'activité bancaire a été réglementé de manière à faciliter la libre prestation de services des établissements de crédit et la liberté d'établissement des banques. D'autre part, une harmonisation a été entamée pour les opérations et les services rendus par les banques. Mais celle-ci progresse plus lentement. Aujourd'hui, 80 à 90 % des décisions relatives au secteur bancaire sont prises au niveau européen.

En 1999, la Commission a adopté un Plan d'action pour les services financiers (1999-2005), répondant au joli acronyme de PASF (et non de PIF : c'est tout sauf un gadget). En décembre 2005, la Commission européenne a présenté sa nouvelle stratégie dans le domaine des services financiers pour les cinq prochaines années. Elle considère que « le secteur des services financiers de l'UE (banque, assurance, valeurs mobilières et gestion d'actifs) dispose encore d'un potentiel inexploité considérable en matière de croissance économique et d'emploi ». La Commission vise à faire bénéficier effectivement le secteur et les consommateurs des avantages de l'intégration financière.

La Commission travaille pour vous

Jusqu'à peu, la fourniture de services financiers aux particuliers laissait à désirer : coût prohibitif des opérations transfrontalières, absence de transparence sur ces coûts. Le 1er juillet 2002 est entré en vigueur le règlement sur les paiements transfrontaliers : grâce à ce texte, les frais prélevés pour le retrait de billets ou le paiement par carte bancaire est identique que vous soyez dans votre pays d'origine ou dans un autre État membre.

Depuis 2003, les virements sur des comptes bancaires européens sont également concernés.

Pour envoyer de l'argent à une fille étudiant à Berlin, à de vieux parents résidant au Portugal ou réserver un hôtel en Grèce, c'est appréciable. Comparez le coût d'un retrait d'argent à New York ou à Helsinki et vous verrez votre gain. On dit merci à l'Europe !

La concurrence libre et non faussée

Parmi toutes les sornettes entendues sur l'Europe ces dernières années, celle sur le caractère néfaste d'une concurrence «libre et non faussée» est la plus absurde.

Les sornettes et le poids de l'histoire

La politique de concurrence est sûrement perfectible et a d'ailleurs été réformée en profondeur ces dernières années par Karel van Miert d'abord, Mario Monti ensuite, qui se sont succédés au poste de commissaire chargé de ce dossier. Elle pourra l'être encore, si nécessaire. En revanche, en contester le principe, surtout au nom de la justice sociale, est un contresens populiste : sans contrôle de la concurrence, ce sont les producteurs les plus puissants qui forment des cartels sur le dos des consommateurs, ce sont les grosses entreprises qui mangent les petites, c'est l'argent du contribuable qui est dépensé en aides inopportunes.

L'allergie française au libéralisme ne date pas d'hier. Pour Alexis de Tocqueville, grand intellectuel du XIXᵉ siècle, cette méfiance prend sa source dans l'Ancien Régime. Décrivant ce qu'il appelle les «deux passions principales de la France», il cite d'abord la «plus profonde et venant de plus loin, la haine violente et inextinguible de l'inégalité», et seulement ensuite «l'autre, plus récente et moins enracinée» qui portait les Français à vivre «non seulement égaux mais libres». «L'histoire tragique d'une nation affolée d'égalité», disait aussi l'historien de la Révolution François Furet, reprenant Châteaubriant.

Y sommes-nous condamnés pour l'éternité? Essayons de nous dégager de cette insoutenable lourdeur de l'histoire. La société d'Ancien Régime a disparu, la Restauration aussi. Si la justice sociale doit être cherchée ardemment, cessons de dévaloriser la liberté qui peut être si féconde. Et puis, ce n'est pas fromage ou dessert, liberté ou égalité. Respectons l'ordre de notre devise nationale, liberté et égalité, couronnées par le joli concept de fraternité. Cessons de nous crisper sur des vieilles lunes qui privent notre économie de l'aiguillon de l'émulation. La concurrence stimule et protège les faibles.

En 1957, les Six ont mis en place dans le traité de Rome un extraordinaire dispositif de préservation de la concurrence. À cette époque, c'est une révolution. si l'Allemagne a un droit des cartels développé, aucun des États signataires n'est doté, dans le cadre national, de règles qui vont aussi loin, notamment en matière d'aides d'État! Depuis cinquante ans, c'est devenu le cadre juridique ordinaire de l'action économique. Et nous n'en sommes pas morts. La disposition du traité constitutionnel qui évoquait la «concurrence libre et non faussée» ne faisait que reprendre des dispositions du traité instituant la Communauté européenne, qui continue d'ailleurs de s'appliquer après le rejet du traité constitutionnel. Ce n'était vraiment pas la peine de rejeter celui-ci pour ce motif. En attaquant la concurrence, les Français s'en sont pris à l'une des rares politiques qui, avec la politique agricole, soit effectivement *commune* depuis les origines.

Ceci posé, venons-en au fond. La politique de concurrence comporte trois volets. Elle consiste à traquer les pratiques anticoncurrentielles des entreprises, à surveiller la générosité des États dans l'octroi des aides et à contrôler les fusions.

Traquer les pratiques anticoncurrentielles

Les entreprises peuvent tricher de deux manières pour restreindre la concurrence : en concluant des ententes entre producteurs ou en abusant d'une position dominante. Dans les deux cas, le traité prohibe les accords qui ont pour effet d'affecter le commerce entre États membres et de restreindre le jeu de la concurrence à l'intérieur du Marché commun.

La triche peut coûter très cher, notamment depuis que la Commission n'hésite pas à infliger des amendes salées. Elle a raison. Si, pour le lecteur, ces chiffres semblent faramineux, il faut se souvenir que, dans le monde des affaires, les ordres de grandeur sont très différents des rémunérations des citoyens ordinaires. Et voilà toujours un peu d'argent pour les caisses européennes.

Le goudron et les plumes

En septembre 2006, la Commission sanctionne quatorze entreprises (huit fournisseurs et six acheteurs de bitume routier) qui, aux Pays-Bas, ont participé à une entente portant sur la fixation des prix, en violation du traité. Les participants fixaient le prix du bitume à facturer aux centrales d'enrobage, les clients ne participant pas à l'accord supportant le surcoût des ristournes mutuelles.

Une procédure similaire (toutes proportions gardées) à celle utilisée pour les repentis de la mafia a produit des effets positifs : des règles de clémence s'appliquent aux entreprises qui, rompant la loi du silence, dénoncent un cartel. Dans ce cas, la firme BP a échappé aux sanctions en vendant la mèche.

Ce jour-là, le record des amendes pour entente n'a pas été battu : il reste détenu par un cartel de vitamines à qui la Commission a infligé 855 millions d'euros d'amende en 2001.

Contre les ententes

Voici un exemple de peine infligée par la Commission.

De plus en plus souvent, c'est la collaboration internationale des autorités de concurrence (américaine, canadienne, européenne) qui permet de dépister les fraudeurs. Notons également que des règles nationales continuent de s'appliquer en parallèle pour les atteintes à la concurrence qui n'affectent pas le commerce intracommunautaire.

Parce que le droit de la concurrence n'est pas une fin en soi mais un instrument au service de la prospérité européenne, le droit communautaire admet certaines ententes, par exemple celles qui contribuent au progrès technique en permettant l'obtention de brevets. La Commission accorde alors des exemptions individuelles ou par catégories.

Contre l'abus de position dominante

Dans ce domaine aussi, la Commission frappe parfois. En 2004 par exemple, la Commission a condamné l'abus de position dominante de Microsoft sur le marché des systèmes d'exploitation pour les ordinateurs personnels. En obligeant à acheter Windows Media avec le système d'exploitation Windows qui, dans le monde entier, équipe la quasi-totalité des ordinateurs, la firme Bill Gates a abusé de sa force. Facture : 497 millions d'euros.

Une question délicate est celle des conséquences, en termes d'abus de position dominante, de l'existence de monopoles publics ou de situations donnant à certaines entreprises la jouissance de facilités essentielles (un réseau de communications, une installation ferroviaire ou portuaire). Une série de directives sectorielles a été adoptée pour préserver les obligations de service public tout en favorisant l'ouverture à la concurrence qui, rappelons-le, est souvent plus économe des deniers publics. Sont concernés les télécommunications, l'électricité, le gaz, les services postaux, le transport ferroviaire, maritime et aérien.

La question des services publics est si importante, et si sensible en France, que quelques précisions s'imposent. Le traité de Rome règlemente essentiellement les activités marchandes. Ni l'éducation, ni la protection sociale de base ne sont par exemple menacées par les règles de concurrence. D'où le nom de services d'intérêt *économique* général (SIEG) donné, au niveau européen, à ce que les Français appellent services publics alors même qu'ils sont parfois exercés par des entreprises privées auxquelles ces fonctions sont concédées.

La tendance constante des quinze dernières années, en Europe, est celle de la reconnaissance de l'utilité de ces services. Un article du traité règle la question de l'application à ces services des règles de concurrence « dans les limites où l'application de ces règles ne fait pas échec à l'accomplissement en droit ou en fait de la mission particulière qui leur a été impartie ». Un autre reconnaît leur place dans les valeurs de l'Union et leur rôle de proximité.

Enfin, les compensations financières des surcoûts liés aux obligations de service public peuvent être autorisées par la Commission. Le traité constitutionnel comportait une disposition encore plus explicite pour donner une base juridique à l'Union européenne pour légiférer sur les garanties accordées aux SIEG. On comprend mal, une fois de plus, pourquoi certains, notamment à gauche, l'ont voué aux gémonies alors qu'ils se disent attachés aux services publics.

Tous ces garde-fous fonctionnent. Il reste certes de nombreuses questions en suspens, notamment pour distinguer les services économiques (marchands) de ceux qui ne le sont pas. Cette situation invite à la vigilance, mais une partie des intervenants français cèdent à des biais idéologiques. Pour l'usager, pour le contribuable, il peut être sain que soit introduit l'aiguillon d'une certaine dose de concurrence et, plus encore, que soit pratiquée une évaluation publique plus transparente des coûts réels de ces services pour le contribuable et l'utilisateur.

Vues de Bruxelles, les largesses dont bénéficient certains comités d'entreprise ou certaines structures publiques ne sont guère à la gloire de la France. Au nom de la défense des services publics, certains justifient des avantages acquis. On comprend qu'ils redoutent la comparaison internationale et la transparence… L'Europe n'est pas un croque-mitaine ultralibéral. Elle est ce que nous en faisons. Si les Français veulent défendre leurs services publics, il est important que ceux-ci soient irréprochables et… au service du public. Il aurait été bon qu'ils adoptent la Constitution.

Surveiller les aides d'État

Aux termes du traité de Rome, les aides d'État sont considérées comme incompatibles avec le Marché commun lorsqu'elles affectent les échanges entre États membres, faussent ou menacent de fausser la concurrence en favorisant certaines entreprises ou certaines productions. Pour autant, certaines aides sont «réputées compatibles» avec le traité (par exemple, les aides sociales ou liées à l'unification de l'Allemagne); d'autre sont «présumées compatibles» (aides à la culture et à la préservation du patrimoine ou aides aux régions en retard de développement).

Les petites et moyennes entreprises jouent un rôle déterminant dans la création d'emplois et plus généralement comme facteur de stabilité sociale et de dynamisme économique. Leur développement peut cependant être limité par la modicité de leurs ressources. Un règlement communautaire facilite le développement des activités économiques des PME, en exemptant de l'obligation de notification préalable les aides d'État aux PME compatibles avec les règles de la concurrence.

Le Parlement s'est associé à la réforme des aides d'État proposée par la Commission en 2005 : moins d'aides pour aider les entreprises en déclin et davantage de fonds pour la recherche et développement et le développement régional.

Le contrôle des aides d'État est aussi une question de respect des procédures… Tout projet d'octroi d'une aide nouvelle doit être notifié en temps utile à la Commission par l'État membre concerné, qui est obligé de fournir tous les renseignements nécessaires pour permettre à la Commission de prendre une décision. Si la Commission considère que les informations fournies par l'État membre sont incomplètes, elle peut demander tous les renseignements complémentaires dont elle a besoin. L'aide ne peut être octroyée qu'avec l'aval de la Commission. Inutile de dire que le commissaire chargé de la concurrence doit savoir résister aux pressions venant de l'intérieur de l'UE.

Pour les hommes politiques pressés d'agir, soucieux d'éviter les fermetures d'usine (surtout dans une circonscription détenue par un membre de leur famille politique), la contrainte n'est pas mince. Nombreux sont ceux qui cherchent à la contourner ou, de manière assez puérile, ne respectent même pas l'obligation de notification à Bruxelles, ce qui a bien évidemment le don d'agacer les autorités communautaires. Quand ils ne pratiquent pas un double langage sidérant. Un ancien commissaire à la concurrence raconte ainsi les cas où il a été saisi par des responsables nationaux qui venaient d'accorder, en connaissance de cause, des aides illégales et lui disaient : «On compte sur vous pour l'annuler, n'est-ce pas?» L'Europe a bon dos!

En Allemagne, la direction générale de la concurrence a combattu l'octroi d'aides par les Landesbanken, bras armé de l'interventionnisme économique germanique, toujours pratiqué au niveau local. Et sur l'affaire de Volkswagen, entreprise sanctionnée pour avoir détourné les règles de concurrence en Italie, la Commission devra affronter le chancelier Schröder en personne, ancien membre du Conseil de surveillance de l'entreprise (du temps où il était ministre et président de Basse-Saxe).

De Colbert à « bonjour, bonsoir et merci »

La France aime les aides d'État. D'après le journal *L'Expansion*, sur l'année 2003, la France était, après l'Allemagne, le pays qui avait accordé le plus d'aides : 8,8 milliards d'euros, sur un total de 52,8 milliards pour l'ensemble des quinze anciens membres de l'UE. Traditionnellement, la France a pratiqué une politique de défense des « champions nationaux » qui a valu à notre pays d'être à plusieurs reprises dans le collimateur de la Commission : Boussac, Crédit Lyonnais, GAN ou Bull, la facture pour le contribuable dépasse les 30 milliards d'euros. C'est la faute à Colbert.

Nouveauté soulignée par la presse économique en 2006 : «Les interventions de Bercy ne paraissent plus se faire à fonds perdus.» Et pour leurs deux derniers gros sauvetages, les grands argentiers du public obtiennent même un certain retour financier. La recapitalisation de France Télécom s'est avérée rentable. Avec Alstom, l'affaire était mal partie. Mario Monti a regardé de près le dossier avant d'accepter, sous conditions, la recapitalisation. Trois ans après, l'État actionnaire s'est enrichi au passage.

D'où la conclusion de *L'Expansion* : «Selon sa nouvelle doctrine actionnariale, l'État ne se gêne pas pour entrer dans le capital de sociétés en cas d'urgence, mais n'éprouve plus la moindre retenue pour en sortir avec une belle plus-value à la clé. Après le "ni-ni", voici le "bonjour, bonsoir et merci".»

Contrôler les concentrations

Dans ce domaine aussi, le commissaire à la concurrence doit avoir du sang-froid. Le contrôle des concentrations ne figure pas au nombre des politiques de concurrence inventées en 1957. C'est un règlement de 1989 qui impose aux entreprise de notifier de manière préalable à la Commission les opérations de dimension communautaire auxquelles elles entendent procéder. Comme en matière d'aides d'État, la Commission exerce donc un contrôle *a priori*. Elle vérifie que l'entreprise issue de la fusion ou du rachat n'occupe pas une position dominante sur le marché en question. Cette appréciation est forcément délicate : à l'interprétation juridique des textes doit s'ajouter une analyse économique d'un segment de marché. La question se pose aussi de savoir si le risque pour la concurrence doit être calculé dans le ou les marché(s) national(aux) considéré(s) ou d'un point de vue communautaire.

En 2002, la Commission a vu plusieurs de ses décisions refusant des fusions annulées par le Tribunal de première instance. Les affaires Schneider-Legrand et Tetra Laval ont fait grand bruit. Les juges communautaires ont en effet décidé que l'analyse économique de la Commission était erronée. Mario Monti a réagi en réformant en profondeur les manières de travailler à la direction générale de la concurrence : création d'un poste d'économiste en chef, obligation de double lecture des dossiers, attention plus grande portée aux enjeux économiques.

Notons aussi que l'intervention du juge communautaire est parfaitement normale : les contrôles prévus s'exercent, les dérives sont corrigées. Chacun est dans son rôle. La seule réserve tient au rythme des affaires : lorsqu'une entreprise a gain de cause plusieurs mois après que la décision litigieuse a été prise, le temps d'une fusion est parfois passé, de manière irréversible. En dépit de ces couacs, de nombreux dossiers ont abouti. La France notamment n'a pas à se plaindre, vu le nombre de fusions autorisées concernant des entreprises françaises (Carrefour/Promodes, Elf/Totalfina, Framatome/Siemens). Il serait caricatural de déduire de deux refus que la Commission refuse les rapprochements ou la constitution de groupes de taille européenne.

L'histoire la plus extraordinaire de ces dernières années est celle qui a opposé la Commission à Jacques Welch, mythique patron de General Electric, parti de rien pour devenir le manager du siècle, homme dur en affaires qui a fait de son groupe une magnifique réussite. En 2000, Jacques Welch décide d'acquérir Honeywell qui fabrique des moteurs d'avions moyens porteurs. General Electric fabriquant des réacteurs de long-courriers, les deux entreprises sont complémentaires. De manière assez brutale, alors que le conseil d'administration d'Honeywell s'apprête à conclure avec une autre société (United), Welch fait une offre à 45 milliards de dollars. À côté, l'enlèvement des Sabines aux premiers temps de Rome était une transaction en douceur. Le mariage de General Electric et Honeywell est annoncé à coups de trompe en octobre 2000.

Spontanément, Welch serait plutôt enclin à ne pas accorder trop d'importance à une bande de fonctionnaires bruxellois qui prétendent veiller à ce que la concurrence soit libre et non faussée sur les marchés européens et mondiaux… Il a tort : en 1996 déjà, le prédécesseur de Monti, Karel van Miert, a lourdement pesé sur l'achat par Boeing de l'avionneur Mac Donnell Douglas (MDC). Au terme d'un bras de fer dans lequel Bill Clinton intervient, l'avionneur américain accepte les conditions draconiennes posées par Bruxelles : renoncer à imposer à ses clients des contrats d'exclusivité, concessions sur les brevets, etc. En sens inverse, les autorités de la concurrence américaines empêchent parfois des fusions européennes qui auraient des répercussions sur la concurrence aux États-Unis.

Quand, en janvier 2001, Welch fait un saut à Bruxelles et rencontre Mario Monti, il pense à une formalité. Son audace se heurte à l'intransigeance de la direction de la concurrence. George Bush élu entretemps a beau intervenir et tempêter, la société américaine a beau faire du chantage à l'emploi, Monti ne cède pas. Une décision négative tombe en juin 2001. La fusion n'a pas lieu parce que l'analyse des experts communautaire conclut au risque de création ou renforcement d'une position dominante de nature à affecter la concurrence sur le Marché unique.

Portrait d'un grand commissaire

Professeur d'économie à l'université Bocconi de Milan, auteur de nombreux ouvrages et articles, Mario Monti ne se laisse pas facilement saisir. On le dit froid mais sa réserve n'empêche pas une extrême courtoisie et, dans le fond, une grande sensibilité. Urbain, raffiné comme seuls certains Italiens savent l'être, parfait francophone, il allie humour anglais et discipline prussienne. L'Europe à lui tout seul !

Dans son pays, les offres de portefeuilles ministériels n'ont jamais ébranlé ses choix : expert avant tout, travailleur infatigable, il refuse d'entrer dans l'arène politique. Il croit à la vertu d'une Commission indépendante des États, des pressions et des lobbies. Il le montre lors de son premier mandat de commissaire (écourté par la chute de la Commission Santer) quand il s'occupe du marché intérieur en tenant tête aux gouvernements sur les ventes hors taxes par exemple. À la concurrence, il sait affronter les gouvernements nationaux sans ciller, y compris des grands États et aux partenaires étrangers les plus redoutables. Il est la preuve vivante que la chauve-souris Commission peut travailler dans l'intérêt général, avec autant d'élégance que de fermeté.

Une politique modernisée, à moderniser encore…

La politique de concurrence a souvent été sous les feux de la rampe ces dernières années. Souvent critiquée, il faut savoir qu'elle a été aussi considérablement renouvelée au cours des dernières années. Mario Monti a contribué à la décentraliser, en faisant exercer par les autorités nationales de concurrence, pour le compte de Bruxelles, certaines de ses compétences. Reste que de nombreuses questions sont encore à régler. Savoir quel est le marché pertinent pour apprécier les conséquences d'une fusion (national, européen ou mondial ?) n'est pas simple. En dépit de l'avancement du grand marché, dans de nombreux domaines, le cadre de l'activité reste cloisonné et national.

L'autorité de concurrence, c'est le gendarme. Sa fonction est de surveiller les contrevenants, non d'écrire les règles. Dans une Communauté de droit comme l'Union européenne (voir chapitre 9), la Commission ne peut pas s'amuser à prendre ses distances avec le droit positif. Refusant de tordre la politique de concurrence pour l'utiliser à des fins qui n'étaient pas prévues par les traités, Mario Monti a souvent appelé de ses vœux une politique industrielle européenne, menée avec des moyens appropriés. Elle reste à inventer.

La solidarité

Depuis les origines de la CEE, depuis les textes préparatoires à la conférence de Messine, la préoccupation sociale est présente, mais la matière reste largement de compétence nationale.

Des fonds pour les plus défavorisés

En 1974, avec l'arrivée de nouveaux États, sur fond de crise pétrolière, la Communauté décide de venir en aide aux régions les plus défavorisées : l'Irlande n'est pas riche, la Grande-Bretagne souffre déjà de ne pas bénéficier de la politique agricole commune et, dans les anciens États membres, certaines zones comme le Mezzogiorno ne décollent pas. Le Fonds européen de développement régional (Feder) vient donc s'ajouter au Fonds social européen (FSE) et au Fonds européen d'orientation et de garantie agricole (Feoga) d'origine. L'arrivée des pays du Sud (Grèce, Espagne, Portugal) ne fait que renforcer le besoin.

Entre 1988 et 1993, sous l'impulsion de Delors, ces fonds se développent. Pour le président de la Commission, l'expansion du grand marché doit s'accompagner d'une solidarité accrue. La distribution de ces fonds s'affine : des objectifs précis sont déterminés (développement de régions en retard, reconversion et lutte contre le chômage par exemple), une programmation pluriannuelle est organisée et le partenariat étroit des collectivités locales et des territoires concernés est recherché. En parallèle, à Maastricht, une nouvelle étape est franchie : grâce à l'habileté de Felipe Gonzales notamment, sont créés les fonds de cohésion, destinés à aider les quatre pays les plus pauvres de l'Union à fournir l'effort de convergence demandé par la monnaie unique (Grèce, Espagne, Portugal, Irlande).

Pour la période 1994-1999, les dotations financières consacrées aux fonds structurels sont doublées : elles passent de 45 à plus de 90 milliards d'écus. Cette somme sera portée à 195 milliards d'euros pour la période 2000-2006. À ce moment-là, les objectifs sont ramenés à trois :

> ✔ Soutien aux régions en retard de développement ;
> ✔ Soutien à des zones connaissant des difficultés structurelles ;
> ✔ Adaptation et modernisation.

Concrètement, à quoi sert cet argent ? Il finance des programmes à cheval sur plusieurs régions européennes ou sur les frontières externes de l'Union (programme Interreg). Ainsi, une liaison entre Grèce et Italie a permis de mettre fin à l'isolement de la Grèce en matière électrique. Baptisé Thétis, du nom de la nymphe qui aidait les dieux et les mortels à apaiser les éléments déchaînés, le projet a constitué un exploit technologique eu égard à la longueur (163 kilomètres) et à la profondeur (jusqu'à 1 000 mètres) du câble sous-marin. Les travaux, partagés entre l'Italie et la Grèce, ont comporté la construction, de chaque côté, d'une station de conversion de courant alternatif en courant continu et vice versa : l'utilisation du courant continu permet en effet de réduire la déperdition d'énergie pendant le transport de l'électricité. Coût pour l'Union européenne : 129 millions d'euros

Le développement en milieu rural n'est pas négligé. Un plan européen de relance de la lavande bénéficie d'une subvention communautaire de 1,77 million d'euros. Ce plan a permis à la montagne sèche des Alpes du Sud d'augmenter la production de lavande de 30 à 70 tonnes par an (4 000 hectares de culture désormais). Il comporte un volet agricole en permettant aux producteurs d'échanger des informations, de bénéficier d'une aide technique et financière et d'accroître la productivité. Mais il a aussi une finalité touristique : la création de la route de la lavande qui traverse le nord de la Provence.

Le programme Equal, lui, cherche à promouvoir l'égalité des chances en dépit des discriminations liées à l'âge, au sexe, à la couleur de peau. En Carélie du Nord par exemple, vaste région finlandaise à la frontière russe, les femmes sont particulièrement touchées par le chômage. Comme elles sont généralement vouées aux occupations familiales, leur contribution à la vie politique et économique de la région est restée relativement limitée (remarquez qu'il n'y a pas qu'en Carélie…). Une association de femmes entrepreneurs cherche à faire bouger les esprits. Grâce aux financements européens, cette association a ouvert un centre à Joensuu pour aider les femmes dans leur parcours d'entrepreneurs. Dans une région aussi reculée, ce réseau est précieux. Coût pour l'Union : 272 000 euros.

En 2002, quasi simultanément, le gouvernement français a simplifié les règles d'accès à ces fonds tandis que la Commission réformait aussi son dispositif. Sous l'impulsion dynamique de Michel Barnier, commissaire alors chargé du développement régional, les programmes communautaires ont cherché à n'être plus cette lourde machinerie que les utilisateurs dénoncent.

Notons enfin que l'Union européenne élargie est traversée par de forts contrastes. À 25, le PIB moyen européen par habitant avait déjà baissé de 12,5 % par rapport à celui de l'UE à 15. Environ 92 % des habitants des nouveaux États membres vivent dans une région où le PIB par habitant est inférieur de 75 % à la moyenne communautaire. Les disparités se sont donc accrues. Si certains pays ont bien pris leur essor, l'Irlande notamment, d'autres n'ont pas tiré un aussi grand profit des aides reçues (Grèce, Portugal, mais aussi le sud de l'Italie, certaines régions comme la Sicile ne parvenant pas à accéder aux fonds auxquels elles ont droit). Le vieillissement de la population, la faiblesse de l'investissement en recherche et développement sont également autant de sujets de souci. Aussi l'enveloppe pour la période 2007-2013 est-elle répartie un peu différemment. La convergence visant les populations les plus en retard est privilégiée (80 % du budget); vient ensuite la défense de la compétitivité régionale et l'emploi (15 %); le reste est attribué à la coopération territoriale

Des politiques sociales en développement

Dans le traité de Rome, les politiques sociales n'occupent pas la première place. Pour les fondateurs, un haut niveau de protection sociale découlera de l'accroissement de la prospérité. Il n'appartient pas à la CEE de se substituer aux États dans les politiques sociales, mais de créer les conditions de la croissance et de la création de richesses.

Peu à peu cette conception a évolué, notamment sous l'impulsion de Delors. Dans le traité, des principes généraux sont affirmés, notamment un «niveau d'emploi et de protection sociale élevé» et «l'égalité hommes/femmes» et, d'une manière générale, la lutte contre toutes les discriminations. La Charte des droits fondamentaux comporte aussi une partie consacrée aux droits sociaux; elle n'est pas formellement entrée en vigueur mais la Cour de justice y puise déjà des orientations.

Ensuite, c'est le méli-mélo énoncé plus haut: le traité énumère de nombreuses matières où l'Union peut intervenir mais, selon que l'unanimité est exigée ou que la majorité qualifiée suffit, l'UE agit ou reste en réalité sur la réserve. Il est très difficile, sans tomber dans des détails techniques fastidieux, de décrire précisément ce que fait l'UE. Retenons simplement que cet état de choses a été voulu par les gouvernements: il a été décidé que les questions sociales resteraient largement de compétence nationale. La précaution est sage, tant les traditions nationales sont diverses. Les partisans de l'Europe sociale oublient souvent qu'elle ne pourrait se faire que sur des bases assez éloignées des vues françaises. Le fait que certains choix de solidarité soient laissés au niveau national ne doit pas être vu comme une carence choquante.

Ceci posé, on peut distinguer quelques blocs de compétences européennes :

- ✔ La libre circulation des travailleurs et ce qui l'accompagne, notamment la coordination des régimes de sécurité sociale (de nombreux obstacles pratiques subsistent, mais la reconnaissance mutuelle des qualifications et un meilleur accès aux offres d'emploi dans des pays tiers vont dans le bon sens);
- ✔ La non-discrimination, notamment l'égalité entre hommes et femmes (dans ce domaine, c'est la jurisprudence de la Cour qui a fait le plus, même si cinq directives ont été adoptées depuis 1975 pour favoriser par exemple l'égalité de rémunération);

✔ L'emploi, en complément de l'action des États ;

✔ Les conditions de travail, l'information et la consultation des travailleurs en complément de l'action des États membres, avec des conséquences très concrètes dans les grands groupes internationaux grâce aux comités d'entreprise européens ;

✔ La santé et la sécurité sur le lieu de travail, qui font l'objet de directives depuis l'Acte unique ;

✔ La lutte contre l'exclusion sociale, traitée dans la méthode ouverte de coordination.

En avance, la France ?

Lors de la négociation du traité de Rome, en 1956-1957, l'une des raisons pour lesquelles l'administration française avait des réticences était… la peur de régresser en matière d'égalité hommes/femmes. Chacun sait naturellement que notre beau pays a toujours été en pointe sur ces questions, que les femmes y ont le droit de vote depuis des temps immémoriaux et que l'égalité de rémunération, à travail égal, est acquise. Comme écrit Marjolin à propos de cette négociation, « la France était persuadée que sa législation sociale était considérablement en avance sur celle des autres pays ». Mieux vaut en rire qu'en pleurer.

D'autres domaines sont exclus du champ communautaire : la réglementation du droit de grève et du lock-out, les rémunérations (du moins en théorie : voir plus haut l'affaire suédo-lettone). Notons aussi que la Commission est obligée, pour certaines propositions de textes, de procéder à des consultations au niveau européen. Les partenaires sociaux peuvent aussi négocier de leur propre initiative à ce niveau.

De son côté, le Fonds social européen permet de financer des mesures destinées à encourager la mobilité des travailleurs en Europe, ainsi que leur adaptation aux mutations industrielles et économiques.

Pour finir, précisons que, lors du Conseil européen de Nice, sous présidence française, les Quinze ont adopté un agenda social qui s'inscrit dans la logique de la création d'une économie de la connaissance où la compétitivité repose sur de véritables exigences sociales. Peu à peu, les restructurations à grande échelle et le développement d'entreprises transnationales ont abouti à des règles censées s'appliquer à ce type de grands groupes : création d'un comité d'entreprise européen pour les sociétés dont la taille le justifie, règles relatives au détachement de travailleurs dans le cadre d'une prestation de services et statut de la société européenne.

Et chaque printemps, lors du Conseil européen chargé de regarder les grandes orientations de politique économique, un tour d'horizon social est effectué.

Politiques communes et sectorielles

Dans l'Union européenne, certaines politiques sont menées en commun. C'est le cas de la politique agricole commune (PAC), de la préservation des ressources de la mer (pêche). Dans d'autres domaines, les politiques restent largement du ressort des États, mais sont en partie confiées à l'Europe.

L'Europe en vert et bleu (politique agricole et pêche)

La PAC et la pêche sont des politiques communes où l'UE a de grandes compétences.

Origines et objectifs

Aussi étonnant que cela puisse nous paraître aujourd'hui, en nos temps de surabondance, l'un des objectifs principaux de la politique agricole commune (la PAC) était de garantir la sécurité des approvisionnements. Dans l'Europe de l'après-guerre, on avait encore faim ! C'est le traité de Rome qui définit les objectifs généraux de la PAC, mais c'est au cours de discussions à Six, notamment pendant la conférence de Stresa, en juillet 1958, que les détails sont réglés. Les débats se poursuivent jusqu'en 1960 et la PAC entre en vigueur en 1962.

Les cinq objectifs de cette politique agricole sont :

- ✔ Une meilleure productivité ;
- ✔ Un niveau de vie correct des agriculteurs ;
- ✔ La stabilisation des marchés ;
- ✔ La sécurité des approvisionnements ;
- ✔ Des prix raisonnables.

Et ceci selon une volonté politique précise : privilégier les exploitations familiales et ainsi servir la vitalité et l'équilibre des campagnes, ainsi que l'environnement.

Sans l'action déterminée du général de Gaulle, cette politique ne se serait sans doute pas autant développée. Et le Marché commun n'aurait pas vu le jour, car le gouvernement français ne pouvait concevoir l'un sans l'autre.

De Gaulle : la PAC ou la vie

Dans les *Mémoires d'espoir*, le général ne voile pas la menace : « L'esprit et les termes du traité de Rome ne répondent pas à ce qui est nécessaire à notre pays. Autant les dispositions qui concernent l'industrie y sont précises et explicites, autant sont vagues celles qui évoquent l'agriculture. [...] Nos négociateurs de 1957, emportés par le rêve d'une Europe supranationale et voulant conclure à tout prix quelque chose qui s'en approchât, n'ont pas cru devoir exiger qu'un intérêt français, essentiel pourtant, reçût satisfaction au départ. Il faudra donc soit l'obtenir en cours de route, soit liquider le Marché commun. » Le général a bien écrit « liquider ». *Poor lonesome cow-boy.*

Dans l'élaboration de la PAC, le commissaire néerlandais Sicco Mansholt joue un rôle décisif en accomplissant un important travail conceptuel et politique. Dès décembre 1958, le Conseil est en mesure d'approuver les orientations générales. Un premier règlement financier pour les trois années 1962-1964 est adopté. L'engagement doit ensuite être confirmé avant le 1er juillet 1965 (ce qui entraîne la crise de la chaise vide, voir chapitre 3). Fin 1961, une session marathon sur la PAC est si difficile que les délégations arrêtent la montre : afin de ne pas bloquer le passage à la deuxième phase de l'union douanière censée intervenir le 31 décembre, les négociateurs font comme s'ils avaient terminé à temps. (En réalité, ils négocient jusqu'au 14 janvier !)

Les trois axes de la PAC sont l'instauration d'un marché agricole unique, d'un budget agricole unique, ainsi que d'une préférence communautaire. Concrètement, cela veut dire qu'au sein de la CEE puis de l'UE, les produits agricoles circulent librement. Un prix unique s'applique, avec des correctifs appelés « montants compensatoires monétaires », introduits chaque fois qu'une dévaluation est décidée. (Que de complications pour tenter d'effacer les conséquences de dévaluations entre monnaies nationales. Vive la monnaie unique!)

La solidarité financière se traduit par un budget unique : l'ensemble des dépenses de la PAC est financé par le budget communautaire. Cette particularité a longtemps assuré à la France un retour sur contribution avantageux, c'est-à-dire qu'elle récupérait, grâce à la PAC, une grande partie de ce qu'elle versait au pot commun. À l'inverse, le Royaume-Uni a bénéficié d'un rabais sur sa contribution parce qu'il profite peu de la PAC. Enfin, conformément à la préférence communautaire, les produits importés de pays tiers sont frappés de droits de douane (de moins en moins élevés puisque les droits ont constamment baissé en raison d'accords régionaux et des accords du GATT puis de l'OMC).

Quoi qu'on en pense, au moins dans le domaine agricole, la qualification de politique commune n'est pas usurpée : la politique produit ses effets dans toute la CEE (même si, désormais, elle est aussi en partie décentralisée). Les décisions sont prises à la majorité qualifiée sur la base de propositions émanant de la Commission.

Grâce à la PAC, le niveau de la production a augmenté de manière significative. En garantissant le revenu des agriculteurs, elle a permis que l'exode rural s'accompagne d'une modernisation des exploitations et des techniques. Les prix des denrées agricoles sont restés raisonnables pour le consommateur. Et c'était bien là l'objectif, même si nous avons tendance à le perdre de vue : la PAC avait été créée pour les consommateurs avant de profiter aux producteurs.

Le marché est organisé par produit. Pour chacun d'eux, des organisations communes de marché (OCM) sont mises en place. Il en existe par exemple pour le lait, le sucre, la viande de bœuf. Ces organisations ont pour mission de :

- ✔ Soutenir les prix sur le marché communautaire, au besoin en achetant les quantités excédentaires : cette politique aboutissait à la constitution de stocks déraisonnables. Dans les années 1970-1980, la CEE ne savait plus quoi faire de son beurre ou de sa viande congelée.

- ✔ Organiser les échanges avec les pays tiers : la différence entre les prix internes et les cours mondiaux est versée aux agriculteurs. Les prix européens s'étant rapprochés des prix du marché, ce volet de la PAC tend à devenir moins important.

1992 : une bonne réforme ou Kafka à la ferme ?

En 1992, la PAC est réformée en profondeur. Friches, découplage, conditionnalité… Voilà le nouveau patois de nos campagnes.

La réduction des surfaces cultivées

Contrairement à ce qui se passait à l'origine, la PAC ne cherche pas à augmenter la production mais, dans bien des domaines, à limiter les excédents. La réforme permet de mettre fin à l'existence des fameux stocks qui, autrefois, encombraient les frigos de la CEE. Mais les paysans vivent mal la mise en jachère voire le gel de certaines terres, car leur métier est de produire, non de créer des friches qui ne valorisent pas les paysages.

Le découplage

Le revenu des agriculteurs n'est plus soutenu par des prix communautaires plus élevés que les prix du marché mondial. Les pertes sont compensées par des aides directes sans rapport avec le niveau de production, c'est-à-dire *découplées* (par exemple, calculées à l'hectare). Une mécanique perverse est toutefois enclenchée : en leur versant des aides pour ce qu'on leur a demandé de ne pas produire alors qu'ils sont des agents économiques à part entière, la PAC fait des agriculteurs des assistés. C'est le monde à l'envers.

La conditionnalité

Les aides sont désormais soumises à des *conditions* et le seront de plus en plus. Depuis une réforme de 2003, portée par le commissaire autrichien Fischler, responsable de l'agriculture sous Romano Prodi, le versement des aides est soumis au respect de dix-huit normes européennes, telles que, par exemple, la sécurité alimentaire, l'écologie, la santé ou le bien-être des animaux.

À partir du moment où il y a des aides et non le jeu du marché (fût-il interne à l'UE), la question des critères d'octroi des aides se pose de manière criante : faut-il aider ceux qui en ont le plus besoin (les petits agriculteurs) ou ceux qui perdent le plus, faute de pouvoir exporter comme par le passé (les gros) ? Le résultat, c'est Kafka à la ferme : une part majoritaire des aides va à une minorité de grandes exploitations, avec la fâcheuse conséquence de dresser les agriculteurs les uns contre les autres. Et, paradoxe suprême, montrés du doigt par la société, les agriculteurs se détournent peu à peu de l'Europe à laquelle ils doivent tant ! En 2005, bien des zones rurales qui, des décennies durant ont vécu de la PAC, rejettent le traité constitutionnel.

Les autorités françaises se sont arc-boutées sur leurs positions. Avec une vision « Touche pas à ma PAC », elles conduisent notre pays à faire parfois des concessions exorbitantes : par exemple, en 1999, la détérioration de la relation franco-allemande ou la renationalisation des droits de douane perçus à l'entrée des ports néerlandais. Sans compter le maintien du rabais britannique qui, à lui seul, coûte à notre pays cette année 1,5 milliards d'euros ! C'est un beau gâchis. D'autant plus qu'à retarder la réforme, on en augmente le coût. Nos partenaires nous le feront payer très cher.

Développement rural : la PAC nouvelle est arrivée

Depuis l'agenda 2000 proposé par la Commission à la fin des années 1990, l'idée se développe que les agriculteurs n'ont pas pour seule fonction la production de nourriture : l'évolution de nos sociétés, l'urbanisation massive de l'Europe, les atteintes à l'environnement justifient l'émergence d'une agriculture d'un type nouveau. Celle-ci pourrait contribuer à la préservation des paysages, à la protection de l'environnement, à la défense de la biodiversité et des ressources en eau comme au maintien d'activités en milieu rural. Le développement d'activités complémentaires (tourisme vert par exemple) pourrait permettre aux exploitants de trouver des compléments de revenu et aux citadins de goûter à de nouveaux types de loisirs.

En mettant l'accent sur les zones défavorisées (agriculture de montagne par exemple), cette PAC nouvelle cherche aussi à être plus équitable. En effet, auparavant, 80 % des aides allaient à 20 % des exploitations. Les grands céréaliers de la Beauce ou les sucriers du Nord en tiraient plus de profit que les petits producteurs ou éleveurs de zones moins bien dotées. L'évolution s'accompagne aussi d'une plus grande sensibilité aux questions de sécurité alimentaire (une Agence pour la sécurité sanitaire des aliments a notamment été créée après l'affaire de la vache folle). Enfin, une politique de qualité renouvelée comporte à la fois une politique en faveur du bio (avec des labels) et la défense des appellations d'origine, en liaison avec l'OMC.

En février 2006, le Conseil des ministres adopte des orientations stratégiques pour le développement rural. La politique de développement rural pour la période 2007-2013 s'articule autour de trois axes :

✔ Améliorer la compétitivité de l'agriculture et de la sylviculture ;

✔ Améliorer l'environnement et l'espace rural ;

✔ Améliorer la qualité de vie et diversifier l'économie dans les zones rurales.

La PAC et le vaste monde

Une PAC qui verse essentiellement des aides découplées et qui a abaissé ses droits de douane sur les produits agricoles venant des pays tiers peut améliorer les relations des Européens avec les pays du tiers-monde. La PAC d'antan, très controversée par ses effets néfastes sur les pays pauvres de la planète, a vécu. Il reste encore beaucoup de progrès à faire, mais le tournant est pris, notamment depuis les accords de Marrakech de 1994.

Notons pour l'objectivité que les principaux détracteurs de la PAC (États-Unis, Groupe de Cairns regroupant des pays comme la Nouvelle Zélande ou l'Australie) ne sont pas des petits saints non plus. Les aides à l'agriculture sont massives, dans le monde entier, au détriment des plus pauvres, comme le montrent les difficultés des producteurs de coton.

L'OMC ou l'agriculture dans les choux

À l'Organisation mondiale du commerce (OMC), un nouveau round de discussions est en cours, dont l'un des objectifs est de favoriser le développement. Malheureusement, la dernière réunion majeure n'a pas abouti. La Commission européenne déplore vivement l'échec du round de Doha. En juillet 2006, la commissaire chargée de l'agriculture, Mariann Fischer Boel, rappelait que les enceintes multilatérales sont les plus adaptées pour discipliner les pays dans l'octroi d'aides à l'agriculture.

Les négociations peuvent reprendre un jour mais, pour l'instant, il n'y a pas de calendrier fixé. En attendant, la Commission continuera à faire des efforts (sur le vin, les bananes, les fruits et légumes par exemple). Pour la commissaire, l'Union européenne, premier importateur de produits en provenance des pays du tiers-monde, partisane – par essence – de discussions multilatérales, est prête à jouer un rôle constructif. Nul ne peut dire si cela suffira à inverser une tendance récente de plusieurs pays, dont les États-Unis, à privilégier des séries d'accords bilatéraux. À suivre…

L'impact de l'élargissement

L'arrivée des nouveaux États membres a considérablement influé sur la PAC. Dans un pays comme la Pologne, les agriculteurs représentent près de 20 % de la population active et 3 % du PIB. Pour de nombreux Polonais, c'est une source de revenus d'appoint. Les exploitations sont petites, morcelées et peu équipées. En Roumanie, ces taux atteignent respectivement 44 % et 13 % ! Rien de comparable avec l'ouest du continent.

L'Union européenne a étendu aux nouveaux pays le bénéfice de la PAC selon les modalités suivantes :

✔ **Solidarité :** le « gâteau commun » est partagé entre tous les membres puisque le budget total n'augmente pas. C'est un vrai effort de solidarité de la part des plus anciens États membres, notamment des grands bénéficiaires traditionnels de la PAC comme la France. Ce point est trop souvent oublié. À l'inverse, les Britanniques, partisans farouches de l'élargissement, n'en ont guère supporté le surcoût.

✔ **Progression :** les aides sont versées aux nouveaux entrants de manière graduelle, à partir de leur arrivée en 2004, avec une augmentation par paliers pour rattraper le niveau de l'Ouest en 2013. À cette date, les agriculteurs des nouveaux pays toucheront autant que leurs collègues de l'Ouest. Déjà, les effets positifs de cette manne se font sentir, notamment en Pologne.

✔ **Mesures spécifiques :** des mécanismes adaptés aux types d'exploitation des nouveaux pays ont également été mis en place (par exemple, des mesures en faveur d'exploitations de semi-subsistance).

Là encore, il est permis de s'interroger sur le choix qui a été fait : en étendant la PAC réformée à ces pays qui exportaient peu et avaient déjà des prix inférieurs à ceux du marché, on en arrive à donner des aides directes relativement injustifiées. La situation des agriculteurs de ces pays ressemble en effet plus à celle des Six en 1960 qu'à celle de leurs homologues des autres États membres. Un découplage entre marché intérieur et extérieur serait plus justifié.

Parmi les changements discrets mais décisifs qu'opère le traité constitutionnel, le passage des décisions relatives à la PAC dans le champ de la procédure de codécision (décisions conjointes du Conseil et du Parlement) mérite d'être signalé. Cela aurait été une minirévolution ! L'abandon des pouvoirs exclusifs des États au profit du Parlement aurait permis d'aérer la vieille PAC et d'accroître le débat sur les choix qui sont faits dans cette politique.

L'immense majorité des Européens urbains aspirent sûrement à une réflexion sur la politique qui, en dépit des réformes, continue d'absorber la majeure part du budget commun. Il ne s'agit pas de mettre au ban de la société les agriculteurs. En effet, même s'ils sont ultraminoritaires (3 % de la population en moyenne), ces derniers assurent la sécurité alimentaire et ont la responsabilité de 90 % du territoire. Il s'agit en revanche de redéfinir un élément majeur du contrat européen. En dépit de son importance financière et psychologique pour la société, la PAC a été trop rarement débattue dans les Parlements nationaux et au Parlement européen. En France, le débat a même été escamoté ! (Il faut dire que certains hommes politiques sont prompts à brandir l'intérêt national pour la betterave sucrière ou la vache allaitante…)

Les perspectives financières adoptées en décembre 2005 pour la période 2007-2013 prévoient une clause de révision en 2008-2009 (c'est-à-dire après les élections présidentielles françaises…) La PAC et le rabais britannique – qui lui est lié – devraient être rediscutés. Le maintien de la règle de l'unanimité ne permet pas d'espérer des miracles, même en cas de changement d'hôte à l'Élysée.

L'Europe de la mer

Le traité de Rome englobait déjà la pêche dans ses dispositions relatives à l'agriculture, mais cette branche de la politique n'a pas été organisée de manière précise. Les différentes vagues (c'est le cas de le dire…) d'adhésion contribuent à la façonner.

Dans les années 1970, les Six avaient commencé à poser le principe du droit d'opérer dans les eaux d'un autre État membre. Avec l'adhésion du Danemark, de l'Irlande et du Royaume-Uni en 1973, les choses se compliquent : le principe de libre accès aux zones côtières est abandonné. C'est seulement en 1983 que la politique commune de la pêche voit le jour. Les premières mesures de cette politique marquent la volonté de préserver une ressource halieutique de plus en plus menacée par la pêche au chalut et autres techniques intensives. Elles prolongent aussi la dérogation au principe de non-discrimination : contre l'esprit même de l'intégration communautaire, on consolide durablement une conception nationale de la pêche.

Avec l'arrivée du Portugal et plus encore de l'Espagne, la question de la pêche devient encore plus brûlante : le nombre des pêcheurs est multiplié par deux dans la Communauté. Dans la péninsule ibérique, ce sont des groupes de pression politiques puissants.

La gestion des stocks obéit à un principe de quotas : sur la base d'évaluations scientifiques, le Conseil des ministres répartit la pénurie, fixe la taille des mailles des filets, interdit, le cas échéant, la pêche dans certaines zones. Malheureusement, comme l'a prouvé l'affaire d'astreinte faramineuse infligée à la France (rappelée au chapitre 9), la surveillance, par les autorités nationales, du respect de ces règles par les pêcheurs laisse parfois à désirer. La Commission n'a pas les moyens d'aller sur les embarcations ou dans les ports pour contrôler l'application des règles communes.

Réductions de capacité et aides à l'équipement des navires ou à la reconversion (aquaculture par exemple) vont de pair afin d'inciter les exploitants et marins pêcheurs à faire évoluer leur activité. Une réforme intervenue en 2002 a également limité les aides pour ne pas encourager l'augmentation des capacités de pêche. La réforme s'est aussi efforcée de privilégier une approche plus fine des ressources en poissons, espèce par espèce. Elle privilégie une planification pluriannuelle pour permettre aux pêcheurs d'anticiper leurs investissements et aux poissons de se régénérer.

La politique commune de la pêche possède un volet externe extrêmement important : négociation d'accord avec des États tiers (Norvège, Russie, pays de la Méditerranée), participation aux grande conventions de protection de la mer, etc.

Transports, énergie, environnement : les belles endormies

Si Proust s'était avisé d'écrire *À la recherche des politiques sectorielles perdues*, son roman aurait pu commencer par la phrase : « Longtemps, je suis resté au lit. » En effet, ces politiques, bien qu'inscrites dans le traité de Rome, sont durablement demeurées lettre morte. Alors même qu'elles représentent des enjeux considérables, avec des implications internationales majeures (énergie) et qu'elles transcendent les frontières soit par nature (environnement), soit par nécessité (organisation de réseaux de transports, télécommunications). À bien des égards, les réalisations européennes ne sont pas à la hauteur des attentes. C'est un peu dommage pour le rapprochement des Européens, mais aussi pour notre compétitivité. Heureusement, ces dernières années, une certaine impulsion a été donnée, aussi bien dans le domaine des transports que dans celui de l'énergie et de l'environnement.

L'Europe qui roule, qui vogue et qui vole

Le traité couvre l'ensemble des moyens de transport : routier, ferroviaire, fluvial, maritime, aérien. Mais il faut attendre l'avènement de l'Acte unique et du traité de Maastricht (insertion d'articles sur les réseaux transeuropéens) pour que les transports reviennent au centre des préoccupations européennes. Jusque-là, les Européens étaient censés circuler librement mais les réseaux de transports demeuraient cloisonnés.

Depuis, de nouveaux problèmes sont apparus. D'abord, la congestion routière est coûteuse pour l'économie européenne. Certaines études considèrent que l'Union européenne perd, à cause d'elle, chaque année 0,5 point de PIB, coût qui pourrait doubler d'ici à 2010 avec l'augmentation du trafic. Dans un pays comme l'Autriche, victime d'un trafic intense dans des vallées de montagne étroites, la question des transports terrestres a déjà failli peser sur l'adhésion et continue à nourrir des sentiments antieuropéens. D'autres États, notamment parmi les nouveaux pays membres, se trouvent, comme la France d'ailleurs, en situation de subir de nombreux désagréments en raison de leur situation géographique.

Parallèlement, l'environnement en souffre. Le transport routier représente 84 % des émissions de CO_2 pour une part de trafic inférieure à la moitié. Le rééquilibrage entre rail et route, le développement d'autres moyens de transport (maritimes notamment) deviennent vitaux.

Les réseaux transeuropéens

Une fois encore, c'est Jacques Delors qui cherche à donner une impulsion décisive à l'Europe : le livre blanc de 1993 prône notamment la création de réseaux transeuropéens. L'ambition de cette politique est à la fois de rapprocher les Européens et, par le lancement de grands chantiers, de créer de la croissance et des emplois. Un grand nombre de projets d'intérêt commun ont ainsi bénéficié d'un soutien financier du budget communautaire (au titre du budget RTE, des Fonds structurels et de cohésion) ou de prêts de la Banque européenne d'investissement (BEI).

Et voici comment Jacques Barrot, actuel commissaire aux transports, voit la situation. Selon lui, le bilan des dernières années est qu'on peut mieux faire : «Force est de constater que les résultats sont en retrait par rapport aux

ambitions initiales. En 2003, à peine un tiers du réseau avait été réalisé. Sur les quatorze projets spécifiques identifiés par le Conseil européen d'Essen de 1994, trois projets seulement avaient été achevés. »

Mettant en avant les enjeux européens, il précise que « la croissance du trafic entre États membres devrait doubler d'ici à 2020. […] L'ensemble des investissements requis pour compléter et moderniser un véritable réseau transeuropéen dans l'Union élargie représenterait pourtant quelque 600 milliards d'euros. »

À propos des projets des 30 corridors transnationaux, des autoroutes de la mer et du système de navigation par satellite Galileo, il explique : « Ces projets ont été sélectionnés en 2005 à partir des propositions des États membres en fonction de leur valeur ajoutée européenne, de leur contribution au développement durable des transports et à l'intégration des nouveaux États membres. » Ils incluent les quatorze projets d'Essen, pour certains restés en rade… « Des liaisons par bateau entre l'Espagne, la France et l'Italie permettront de réduire le trafic à travers les Alpes et les Pyrénées. […] Galileo, le système européen de radionavigation par satellite, est un projet prioritaire, avec à la clé des services de navigation et de positionnement d'une précision extrême, tels que la planification d'itinéraires, et des progrès formidables dans le transport de fret par une information en continu des flux de marchandises. »

Qu'en est-il des crédits ? « Dans les perspectives financières 2007-2013, la Commission a proposé une augmentation significative du budget dédié aux réseaux transeuropéens de transport. » Autrement dit, un effort sera fait sur les régions transfrontalières, sans oublier les projets qui débordent les frontières externes de l'Union. Le Conseil qui a discuté du budget en décembre 2005 a accepté de faire un effort pour les transports.

La libéralisation et les garde-fous

Un autre volet important de l'action communautaire depuis le lancement du grand marché aura été l'ouverture à la concurrence des grands réseaux de transport. En 2003, le fret ferroviaire entre États membres est libéralisé, avant de l'être à l'intérieur même des États en 2006. Un troisième paquet concernant les passagers a été examiné en 2006.

En parallèle à ces règles tendant à faire baisser les coûts par le jeu de la concurrence, l'Union européenne a pris des mesures garde-fous :

- Un règlement sur les obligations de service public dans le secteur des transports terrestres ;
- Une réglementation des conditions de travail pour les chauffeurs routiers (règlement sur le temps de conduite et de repos ou formation des chauffeurs par exemple).

Le ciel unique

À partir de 1999, la Commission réfléchit à un projet de «ciel unique» ayant pour objectif de remédier au morcellement de l'espace aérien européen. L'idée est d'arriver à une meilleure coopération des services chargés de la navigation aérienne pour accroître la sécurité et limiter les retards. Un partage plus judicieux des espaces aériens entre civils et militaires et la création d'un réseau d'autorités nationales sont aussi visés. Après adoption de la réglementation en 2004, les nouveaux dispositifs sont entrés en vigueur.

La Cour de justice a contribué à consolider l'idée d'un ciel unique européen. En 2002, dans des arrêts aux conséquences majeures, elle a condamné la clause de nationalité prévue dans les accords bilatéraux des compagnies aériennes avec des partenaires étrangers. La Commission a ainsi repris la main pour la négociation internationale. L'enjeu principal, ce sont naturellement les liaisons vers les États-Unis, qui tentent de jouer sur la division des Européens. Sur mandat du Conseil, la Commission a pourtant négocié de 2003 à 2005 un accord général avec les États-Unis ; le texte agréé en novembre 2005 devrait permettre un ciel ouvert avec l'Amérique. Mais la relation est compliquée par les questions de sécurité qui, depuis les attentats du 11 septembre, ont pris une importance vitale.

LE SAVIEZ-VOUS ?

Bras de fer transatlantique sur les libertés publiques

Après les attentats de 2001, les Américains ont mis en place un «dossier passager» (*Passenger Name Record*) que les compagnies aériennes sont censées transférer aux autorités des douanes et de protection des frontières américaines. La cession d'informations personnelles sur les passagers (nom, adresse, numéro de téléphone, itinéraire et numéro de carte de crédit) se heurte aux règles de protection des données personnelles en vigueur en Europe.

Un premier accord a été conclu entre la Commission et les États-Unis, permettant aux États-Unis de conserver des informations sur les passagers pour une période pouvant aller jusqu'à trois ans et demi. La Cour de Justice l'a annulé en mai 2006 sur saisine du Parlement, laissant un petit délai aux parties pour régler le différend. Mais l'accord ancien a expiré le 30 septembre 2006 sans qu'un compromis ait été trouvé à cette date : les Américains veulent en effet le droit de conserver durablement ces données et de les partager avec d'autres agences de lutte contre le terrorisme, alors que l'Europe souhaite que cet échange se fasse de façon limitée et au cas par cas.

Les compagnies aériennes se retrouvent donc dans un vide juridique préoccupant. Les États-Unis menacent d'imposer des amendes (jusqu'à 4 700 euros par passager !) aux compagnies aériennes ou d'interdire l'accès à son territoire si les informations n'étaient pas transférées.

Des avions bon marché

La liberté tarifaire est désormais complète, d'où l'émergence de compagnies à bas coût. Des liaisons nouvelles se sont créées, par exemple entre la Grande-Bretagne et le sud-ouest de la France. Ces lignes créent une nouvelle perception de l'espace : les seules liaisons au départ de Bergerac mènent… en Angleterre. Il n'y a pas de liaison entre Bergerac et Paris. Pour la France autrefois dotée de réseaux en étoile autour de la capitale, cette réalité montre l'ampleur de la révolution !

Comment l'Union européenne a renforcé les droits des passagers

En cas de refus d'embarquement (pratique du surbooking), d'annulation du vol, de retards de 2 heures ou plus, de perte de bagages ou de dommages à la personne, les passagers peuvent faire valoir leurs droits. Prenons l'exemple du refus d'embarquement : la compagnie doit verser une indemnisation qui varie selon la distance (de 250 euros jusqu'à 1 500 kilomètres à 600 euros pour les vols de plus de 3 500 kilomètres effectués hors Union européenne). Elle est également tenue de donner le choix entre le remboursement du billet ou un vol de remplacement et est censée offrir des repas, des rafraîchissements, l'accès à des moyens de communication, voire une nuit d'hôtel. Dans ce cadre, la réglementation européenne a institué un système de plainte auprès des autorités nationales compétentes, avec un numéro gratuit mis à la disposition des voyageurs. La Commission peut être tenue au courant du suivi donné à la plainte.

L'Union européenne publie aussi la liste noire des compagnies considérées comme dangereuses et qui, pour cette raison, sont interdites sur son territoire. Avec la multiplication des voyages discount, c'est une garantie importante. Avant de s'embarquer avec une compagnie aérienne, même à l'autre bout du monde, il est bon d'aller consulter cette liste…

Un exemple concret : l'Europe des trains

Enfant, avez-vous rêvé devant un train électrique, ses petits passages à niveau, sa gare minuscule, ses virages périlleux et ses déraillements fracassants ? Si oui, ce chapitre est pour vous. Vous y serez en bonne compagnie.

Comme nous l'avons vu au chapitre 1, Victor Hugo a fait, sur le destin de l'Europe, des déclarations visionnaires. Il est amusant de les replacer dans leur contexte d'origine. Pour le grand écrivain, « la paix perpétuelle a été un rêve jusqu'au jour où le rêve s'est fait chemin de fer et a couvert la terre d'un réseau solide, tenace et vivant ; Watt est le complément de l'abbé de Saint-Pierre ». Il se permet même des jeux de mots : « Autrefois, à toutes les paroles des philosophes, on s'écriait : songes et chimères qui s'en iront en fumée ! Ne rions plus de la fumée ; c'est elle qui mène le monde » (*Le Rhin*).

Quelques années plus tard, au Congrès de la paix de 1849, dont il prononce le discours d'ouverture, il revient sur l'idée du progrès technologique qui «rapproche les distances» et fait que «les peuples lointains se touchent». «Grâce aux chemins de fer, l'Europe bientôt ne sera pas plus grande que ne l'était la France au Moyen Âge.» Dans son argumentation, ce point revêt une importance capitale puisque, selon lui, les guerres seront aussi impensables à l'avenir entre nations européennes qu'elles le sont entre Normands et Bourguignons, Lorrains et Picards qui, quatre siècles auparavant, s'entredéchiraient.

C'est donc à propos du chemin de fer qu'il se lance dans une envolée lyrique devenue célèbre : «Un jour viendra où il n'y aura plus d'autre champ de bataille que les marchés s'ouvrant au commerce et les esprits s'ouvrant aux idées […], un jour viendra où l'on verra ces deux groupes immenses, les États-Unis d'Amérique, les États-Unis d'Europe, placés en face l'un de l'autre, se tendant la main par-dessus les mers, échangeant leurs produits, leur commerce, leur industrie, leurs arts, leurs génies.» Notre grand homme avait bien perçu le lien entre mobilité accrue et rapprochement humain et politique. Sans doute avait-il sous-estimé les difficultés assez grandes liées à des décennies de nationalisme ferroviaire (qui vaut bien le nationalisme tout court).

Cependant, peu à peu, l'Europe des trains, longtemps balbutiante, se met sur les rails, grâce notamment à l'innovation technologique que représente la grande vitesse : le marché ferroviaire de demain sera de plus en plus européen, avec un réseau de lignes nouvelles internationales, accessibles à l'ensemble des opérateurs de la grande vitesse. D'ici à 2017, sept nouveaux projets de ligne à grande vitesse seront lancés, 25 millions de voyageurs contre 16 actuellement emprunteront ces trains. D'ici à 2020, le réseau aura triplé, ce qui fait dire au directeur général de la SNCF : «L'avenir est assez bluffant.»

Petit aperçu du TGV est-européen

La mise en service du TGV est-européen est prévue le 10 juin 2007, aux termes d'années de discussions et de travaux. Il desservira l'Allemagne (Stuttgart, Munich, Francfort notamment), la Suisse (Bâle, Zurich), le Luxembourg et 20 villes de l'Est français (notamment Reims, Metz, Nancy, Strasbourg, Mulhouse). Pas moins de 37 millions d'Européens sont concernés.

Entre la France et l'Allemagne, les TGV iront jusqu'à Stuttgart et Munich, tandis que l'ICE3 fera la liaison entre Paris et Francfort. Le personnel de bord sera mixte et bilingue et les habitudes de chaque pays seront respectées (réservation obligatoire en France et sur les trajets internationaux; facultative sur le trajet allemand).

Les 19 rames internationales du TGV seront dotées de l'ERTMS (European Rail Traffic Management System), le système de signalisation européen. Grâce à celui-ci, le trafic sera facilité : à l'heure actuelle 23 systèmes de sécurité coexistent. Grâce à l'électronique embarquée, ce système-là offre un contrôle permanent de la marche du train, avec freinage automatique en cas de dépassement de vitesse.

Le plus intéressant, d'un point de vue européen, c'est qu'en raison de la libéralisation du trafic, les compagnies ferroviaires ont été amenées à se lancer dans des politiques de coopération de natures diverses. Alors que jusqu'au début des années 1990 elles travaillaient séparément, elles ont commencé à créer des filiales communes. Le Thalys (qui relie Paris à Bruxelles et Amsterdam), l'Eurostar (entre Paris et Londres) en sont de bons exemples, tout comme le Lyria franco-suisse ou l'Elipsos, franco-espagnol. Ces filiales permettent de n'avoir qu'une direction et les fruits du trafic sont partagés. Depuis 1995, le trafic international a augmenté de 60 %. Ces sociétés représentent 23 % de l'activité des grandes lignes de la SNCF.

Désormais, la tendance est moins à créer des sociétés ayant des marques propres qu'à instituer des coopérations via des entités communes, sans nom particulier. Ainsi de la structure chargée de gérer, pour la Deutsche Bahn et la SNCF, la circulation des TGV français et des ICE3 allemands entre la France et l'Allemagne (à partir de juin 2007).

En 2006, une alliance inspirée par celle des compagnies aériennes (Skyteam), appelée Railteam a été lancée entre six compagnies ferroviaires (celles d'Allemagne, d'Autriche, de France, des Pays-Bas, de Belgique et du Royaume-Uni). Elles visent à avoir des standards de qualité communs, à offrir des billets combinés, des tarifs harmonisés et des correspondances améliorées.

Par la coopération internationale est ainsi accrue l'offre de services, si importante désormais pour le client qui ne demande plus seulement à être transporté mais réclame des réservations faciles et, à bord, des distractions, l'accès à Internet, un confort accru, sans parler des demandes relatives à la préservation de l'environnement. Les collectivités locales sont associées à ces coopérations puisqu'elles apportent des financements non négligeables et organisent, à partir des gares TGV, les dessertes locales.

L'Europe qui chauffe : l'énergie

À l'origine de l'Europe étaient le charbon et l'acier, puis l'atome. Pourtant, en dépit de ces débuts prometteurs, le domaine énergétique est longtemps resté une friche européenne. Le traité de Rome n'en parle pas. La volonté de préserver l'indépendance nationale, de choisir les sources d'énergie (notamment, pour certains États, de bannir le nucléaire), l'existence de monopoles nationaux liés aux réseaux de distribution ont conduit à laisser ce secteur en dehors du champ de la coopération communautaire.

Pourtant, par ses implications diplomatiques (approvisionnement) et environnementales (gaz à effet de serre, gestion des déchets nucléaires), c'est un champ de coopération européen par excellence. Aucun des États membres ne peut défendre ses intérêts face à la Russie aussi bien que l'Union européenne. Et il ne suffit pas de signer et ratifier le protocole de Kyoto, encore faut-il le mettre en œuvre ensemble.

À partir de 1993, la construction du Marché unique amène à aborder la question de l'énergie. Cette politique suppose de respecter les règles de concurrence et de non-discrimination inclues dans le traité. En parallèle, des réseaux transeuropéens permettant des interconnexions se développent, la libéralisation des marchés est lancée. Une directive de 1996 permet l'ouverture du marché européen de l'électricité. Ce texte impose aussi des obligations de service public (continuité, protection du consommateur et de l'environnement). Progressivement les industriels puis les PME puis les particuliers (2007) bénéficient de la concurrence. La même démarche pour le gaz est en route depuis 1998.

Des efforts sont faits sur le plan écologique: pour 2010, un plan de la Commission prévoit le doublement du recours à des énergies renouvelables (énergie hydraulique, énergie solaire, éoliennes, géothermie) pour les porter à 12 % de la consommation totale. Les biocarburants offrent aussi des perspectives à des filières agricoles menacées par la mise en friche et l'effondrement des cours mondiaux. Des efforts sont consentis également dans le cadre des programmes de recherche (efficacité énergétique, énergies renouvelables, nucléaire). L'implantation du programme de fusion thermonucléaire ITER à Cadarache, dans la région Provence-Alpes-Côte d'Azur, constitue une opération majeure, de dimension mondiale.

LE SAVIEZ-VOUS ?

ITER ou les chercheurs au pays de Cézanne

Le projet ITER porte sur la production d'énergie par la fusion des atomes. Jusqu'à présent, l'énergie nucléaire était produite par fission (en cassant des atomes). L'idée est cette fois de chercher à produire de l'énergie par fusion. Cette perspective mettrait à la portée de l'humanité une énergie propre, abondante. Avec la raréfaction des énergies fossiles et le problème des gaz à effet de serre, l'enjeu est considérable.

Mais le défi est si grand qu'il suppose de mobiliser les financements et la matière grise de chercheurs du monde entier: Russie, États-Unis, Japon, Chine, Union européenne. Le choix de l'implantation n'a pas été facile: les Européens ont heureusement surmonté leurs divisions et affronté ensemble la détermination japonaise et les réticences américaines (malgré le contexte difficile de la guerre en Irak). La Commission et les États membres ayant bien travaillé ensemble, l'Union a fait la force. Après, ce furent de longues négociations. Mais la réputation mondiale de la Provence a joué. Devant l'idée de faire de la recherche au pays de Cézanne, même les Japonais ne pouvaient résister longtemps! Le calendrier est le suivant: dix ans de construction (à partir de 2005) puis dix à vingt ans d'exploitation. L'Europe, pour une fois, a su voir loin.

Globalement, à propos de l'avenir énergétique de l'Europe, les analyses de la Commission sont sans appel. Un livre vert sur l'efficacité énergétique révèle qu'en 2030, l'Union européenne sera dépendante de l'extérieur pour 90 % de sa consommation de pétrole et 80 % de sa consommation de gaz. Actuellement, 20 % de l'énergie consommée dans l'Union pourrait être économisée. À l'été 2003, des coupures de courant en Italie ont montré la nécessité de coopérer entre États membres. Des efforts restent donc à faire. La Commission insiste à juste titre sur le potentiel d'emplois hautement qualifiés que recèle le domaine de l'environnement. Mais les progrès sont lents… Pendant ce temps-là, les enjeux stratégiques au Moyen-Orient, en Ukraine, en Biélorussie ou dans le Caucase ne cessent d'augmenter.

L'Europe qui brûle : l'environnement

Jacques Chirac disait à Johannesburg, en 2002 : « Notre maison brûle et nous regardons ailleurs. » Heureusement, ce n'est pas tout à fait exact : l'Union européenne œuvre activement pour la défense de l'environnement. La montée en puissance progressive des questions environnementales se reflète dans quelques dates clés :

- En 1986, avec l'Acte unique, l'environnement devient une composante des politiques communes.
- En 1992, dans le traité de Maastricht, la protection de l'environnement devient un objectif à part entière de l'Union. Un certain nombre de décisions peuvent être prises à la majorité qualifiée (sauf, malheureusement, entre autres, la fiscalité, ce qui interdit bien des mesures incitatives).
- En 1997, le traité d'Amsterdam fait pour la première fois référence au concept de développement durable. Le passage en codécision, avec des pouvoirs accrus du Parlement, est une bonne chose, mais des blocs restent à l'unanimité, ce qui montre les résistances des États. Le principe de précaution, énoncé lors du Sommet de la terre à Rio en 1992, entre dans le champ du traité.
- En 2000, la stratégie de Lisbonne, adoptée lors du Conseil européen, fait du développement durable un élément à part entière de la compétitivité européenne.
- En 2001, le Conseil européen réuni à Göteborg adopte une stratégie de développement durable, sous la responsabilité de la Commission.

Dans le même temps, les règles environnementales se sont imposées peu à peu dans la PAC. En vertu du traité, les axes d'action sont la préservation de l'environnement et la protection de la santé des personnes.

La préservation de l'environnement

La directive relative à la conservation des oiseaux sauvages du 2 avril 1979, adoptée sous présidence française, alimente chaque été l'un des psychodrames hexagonaux récurrents sur « l'Europe ». Ce texte dispose en effet que les oiseaux migrateurs doivent être protégés, notamment en limitant les périodes de chasse. Régulièrement, le ministère de l'Environnement, sous la pression des chasseurs, tente d'allonger un peu la période de chasse. Tout aussi régulièrement, le Conseil d'État annule ces textes, à la demande des associations de défense de la nature.

Dans les palombières du Sud-Ouest ou les étangs de la Somme, un peuple majoritairement masculin, qui se prévaut des traditions, maudit Bruxelles. Les oiseaux passent, le droit est plus ou moins respecté et l'excitation retombe jusqu'à l'année suivante. C'est un peu triste. Pour les oiseaux, mais aussi pour les êtres humains impliqués dans cette affaire, incapables de se mettre une bonne fois pour toutes d'accord, dans le respect du droit.

Un autre texte dont l'application a été très controversée au début semble avoir été assimilé peu à peu: c'est la directive du 21 mai 1992 relative à la conservation des habitats naturels ainsi que de la faune et de la flore sauvage. En visant le maintien de la biodiversité, elle établit un réseau européen d'espaces protégés désignés sous le nom de Natura 2000. La législation communautaire énumère un certain nombre de variétés végétales et d'espèces animales qui présentent un intérêt particulier en raison de leur rareté ou de leur fragilité. Les espèces en voie de disparition sont tout spécialement protégées, ainsi que leurs habitats. Sur proposition des États membres, la Commission désigne les zones dans lesquelles la protection de ces espèces et habitats est organisée. Natura 2000 représente aujourd'hui plus de 10 % du territoire de l'Union européenne.

Une fois les zones désignées, ce sont les États qui, responsables de leur gestion, doivent assurer la conservation des espèces et habitats désignés par la législation communautaire. Si les activités humaines, comme l'agriculture par exemple, restent autorisées à l'intérieur de telles zones, elles doivent cependant être compatibles avec l'objectif de conservation. Seules des raisons impératives d'intérêt public peuvent conduire à revenir sur le classement d'une zone.

La protection de la santé des personnes

Cet autre domaine de l'action environnementale européenne couvre notamment la directive contre le bruit et les textes relatifs à la qualité de l'eau. Nous n'entrerons pas dans le détail d'une matière très technique mais voudrions surtout prendre un exemple récent, celui de la réglementation REACH sur les produits chimiques dont nous avons déjà parlé dans le chapitre sur les contre-pouvoirs, à propos des lobbies (voir chapitre 15).

Rappelons d'abord que REACH est l'acronyme anglais pour *Registration, Evaluation and Authorisation of Chemicals* (en français, Système d'enregistrement, d'évaluation et d'autorisation des substances chimiques). C'est un règlement adopté le 13 décembre 2006 qui fixe un certain nombre de règles nouvelles, au terme de neuf années de discussion passionnées!

Pourquoi un texte? Des milliers de substances utilisées dans des produits mis sur le marché, présents dans les maisons, les bureaux, les voitures, les jardins ne font l'objet d'aucun test. On estime ainsi que sur 100 000 molécules existantes, seules 5 000 ont été étudiées. Lorsqu'un produit est soupçonné d'être nocif pour la santé, il appartient aux victimes ou aux pouvoirs publics de démontrer *a posteriori* sa dangerosité. En 1998, les ministres de l'environnement des Quinze s'émeuvent de cette situation. La Commission s'attelle à la rédaction d'un livre blanc, publié en juin 1999, qui confirme les craintes exprimées par les milieux environnementalistes. D'où l'idée de contrôler *a priori* la mise sur le marché de substances dangereuses et d'encourager le recours à des produits de substitution. REACH est lancé.

Pourquoi une bataille? Selon les experts, un certain nombre de cancers et certaines infertilités pourraient bien être liés à des atteintes à l'environnement. Mais l'industrie chimique ne l'entend pas de cette oreille. Elle fait valoir son importance économique (près de 600 milliards d'euros de chiffre d'affaires en 2005) et sociale (1,7 million de salariés européens). L'Union européenne est en effet le premier producteur mondial de chimie, devant les États-Unis et l'Asie, notamment grâce aux géants allemands BASF (numéro 1 mondial du secteur) et Bayer. Gerhard Schröder convainc Tony Blair et Jacques Chirac de demander à la Commission de ne pas nuire à la compétitivité du secteur chimique européen.

Les ONG environnementalistes trouvent cependant en la Commission un allié de poids. Celle-ci ne plie pas, soutenue par la Confédération européenne des syndicats, cette fois sensible aux enjeux pour les travailleurs. En effet, avec des millions de salariés exposés à des risques chimiques, les syndicats abandonnent leur position traditionnelle de défense de l'emploi industriel. Les députés européens jouent aussi un rôle d'aiguillon, en cherchant à conserver au règlement REACH un contenu ambitieux, contraignant.

Sentant que l'attaque frontale est difficile, l'industrie chimique change de tactique. Peu à peu, elle se concentre sur l'abandon des dispositions les plus contraignantes, notamment celle d'une éventuelle obligation de substitution des substances les plus dangereuses. Au terme des négociations, deux points sont acquis:

- Le renversement de la charge de la preuve: désormais, il appartient au producteur ou à l'importateur de produits chimiques de démontrer que les substances mises sur le marché ne présentent pas de danger.
- L'enregistrement dans une base de données de toutes les substances produites ou importées dans l'Union européenne en quantité supérieure ou égale à 1 tonne par an, soit au total environ 30 000 substances chimiques présentes dans des produits tels que les voitures, les ordinateurs ou encore la peinture.

Font par ailleurs l'objet d'une évaluation les produits très dangereux tels que les substances cancérigènes, celles qui ont des effets sur les gènes ou sur la fertilité, ou celles qui sont persistantes, bioaccumulables et toxiques (PBT) ou très persistantes et très bioaccumulables (vPvB). Pour les produits les plus dangereux, une autorisation ne pourra être accordée que si le producteur démontre que les risques sont maîtrisés.

Au sein du Parlement européen, l'un des points les plus débattus était la question de l'enregistrement. Pour un certain nombre de substances produites ou importées à des quantités comprises entre 1 et 10 tonnes par an, soit entre 17 500 et 20 000 substances, les exigences ont été réduites. Le parti des verts n'a pas adhéré à ce compromis. En revanche, le principe de déclaration et d'enregistrement est demeuré, ce qui fait de l'Union européenne la zone la plus contrôlée du monde en la matière, dotée d'une Agence européenne des produits chimiques.

La Commission estime que REACH coûtera environ 2,3 milliards d'euros à l'industrie chimique européenne sur onze ans. Pour l'ensemble de l'industrie (de la métallurgie à l'automobile en passant par le textile et l'électronique), les coûts se situeraient entre 2,8 et 5,2 milliards d'euros. Mais l'on peut attendre de REACH des bénéfices sur la santé qui seraient de l'ordre de 50 milliards d'euros sur trente ans ! Dans six ans, une révision du système de contrôle interviendra, qui permettra de rectifier le tir sur la base de l'expérience.

Il est difficile d'entrer dans tous les détails d'une matière assez technique, mais il importe d'attirer l'attention des Européens sur le nombre de domaines où l'Union a contribué à augmenter les standards environnementaux, notamment récemment, sous la pression des pays nordiques. En matière de déchets, de transport transfrontalier de déchets dangereux, d'emballages, de lutte contre les pesticides ou de contrôle des plantations d'OGM, l'Union européenne est à la pointe de ce qui se fait dans le monde. Quand les Européens s'interrogent sur le sens de la construction communautaire, ils peuvent se réjouir qu'en dépit de nombreuses difficultés, l'Europe nous ait, de ce point de vue, tirés vers le haut.

Une politique internationale favorable à l'environnement

L'Union européenne mène aussi une politique internationale favorable à l'environnement. D'où le rôle de pointe de l'Europe dans le protocole de Kyoto sur les gaz à effet de serre. Adopté en décembre 1997, ce protocole, annexé à une Convention cadre des Nations unies sur le changement climatique (CCNUCC… ce sigle est vraiment joli), reflète une prise de conscience de l'urgence planétaire. Aux termes de ce protocole, les pays industrialisés se sont engagés à réduire d'au moins 5 % leurs émissions de six gaz à effet de serre (le dioxyde de carbone, le méthane, l'oxyde nitreux, l'hydrofluorocarbone, l'hydrocarbure perfluoré et l'hexafluorure de soufre) pendant la période 2008-2012 et par rapport aux niveaux de 1990. Cet accord repose notamment sur des mécanismes de marché comme la possibilité pour les États signataires de s'échanger des quotas d'émission (les plus vertueux pouvant revendre leur « droit à polluer » aux autres).

Le 31 mai 2002, l'Union et ses États membres ont ratifié le protocole de Kyoto, rejoints par la Russie en 2004. Cette ratification a permis son entrée en vigueur le 16 février 2005. Ce traité est désormais contraignant pour tous les États signataires.

Les pays membres de l'Union européenne se sont engagés à réduire de 8 % leurs émissions au cours de la période couverte par le protocole. D'après la Commission européenne, en 2003, les émissions globales des six gaz à effet de serre en provenance des pays de l'Union étaient de 1,7 % au-dessous des niveaux de 1990.

Le protocole de Kyoto ne résout certes pas tous les problèmes épineux créés par le changement climatique. Ce n'est qu'une première étape. L'absence, parmi les signataires, d'un pays tel que les États-Unis lui ôte une partie de son intérêt, mais c'est néanmoins un effort, multilatéral, marquant la volonté de s'attaquer au problème. En novembre 2005, une conférence des parties à la CCNUCC et au protocole de Kyoto a relancé les discussions internationales. Si des changements politiques interviennent aux États-Unis au fil des élections, la position de ce pays grand consommateur d'énergie changera peut-être. Des prises de position américaines (comme celle d'Al Gore, ex-vice président et ex-candidat démocrate) montrent une salutaire prise de conscience outre-Atlantique. Naturellement, l'attitude des pays émergents amenés à accroître leur consommation d'énergie (Chine, Inde) sera également décisive.

Même si le régime mis en place est imparfait et devra être amélioré, notons qu'une fois encore, l'Europe a largement ouvert la voie. Si le développement durable devient peu à peu une réalité sur notre vieux continent, c'est en grande partie grâce à l'intégration communautaire qui permet à des règles de droit contraignantes de s'appliquer à grande échelle.

Chapitre 18

Une monnaie vraiment unique

*T*reize États d'Europe partagent aujourd'hui la même monnaie : la France, l'Allemagne, l'Italie, la Belgique, les Pays-Bas, le Luxembourg, l'Irlande, la Grèce, l'Espagne, le Portugal, l'Autriche, la Finlande et, depuis le 1er janvier 2007, la Slovénie (l'un des États entrés en 2004 avec des performances économiques qui en faisaient la plus développée des républiques de l'ex-Yougoslavie). La Grande-Bretagne et le Danemark disposent d'une exemption en bonne et due forme, la Suède d'un prétexte en peau de lapin (le manque d'indépendance de la Banque centrale européenne, motif mis en avant depuis le refus du peuple suédois, exprimé par référendum, d'adopter la monnaie unique).

Les dix nouveaux États membres entrés en 2004 sont tous censés rejoindre la zone euro dès que leur situation économique le leur permettra. Pour certains, comme la Slovénie, c'est chose faite. Pour d'autres, il faudra encore de nombreuses années. Juridiquement, ils n'ont pas de dérogation, mais l'expérience a prouvé qu'on peut toujours en inventer sur mesure.

Il n'existe *aucun* précédent d'une union monétaire du type de la zone euro. Pour cette raison, pendant plusieurs années, les observateurs étrangers étaient assez sceptiques sur sa viabilité. Une monnaie commune sans intégration politique, voilà qui est inédit ! C'est pourtant cette souplesse conceptuelle qui a permis à l'euro de voir le jour – et qui est l'extraordinaire marque de fabrique européenne ! Déplorer l'indépendance de la Banque centrale ou la rigidité du Pacte de stabilité revient à oublier d'où nous sommes partis dans cette extraordinaire aventure ! À l'origine, il n'y avait que de vieilles nations farouchement attachées à leur souveraineté monétaire et à leurs traditions monétaires différentes, et une zone Mark de fait.

La question qui se pose aujourd'hui est celle de savoir si ce « bricolage » est durable. Une fois la phase de lancement achevée, une fois la confiance dans la monnaie installée, peut-être faut-il passer à autre chose. Certaines réformes ont déjà été menées à bien : le Pacte de stabilité a ainsi été assoupli en 2005. Reste la question clé, à aborder sans idéologie : certains pays de la zone euro connaissent une croissance ralentie. Leurs finances publiques sont en piteux état. Ce défaut majeur appelle un sursaut, sinon, à terme, la monnaie pourrait ne pas être viable.

Pourquoi l'euro ?

Dans un marché aussi intégré que le Marché commun, les avantages d'avoir une seule monnaie sont nombreux.

Des avantages internes

Interrogé sur ce que, à la réflexion, il aurait rétrospectivement ajouté au traité de Rome s'il avait dû le renégocier, Maurice Faure a répondu : la monnaie unique.

Grâce à l'euro, les entreprises sont en effet mises à l'abri des risques de change qui existaient encore dans les années 1990 (entre la France et l'Italie par exemple, en raison des dévaluations répétées de la lire). Étant donné que le commerce intracommunautaire représente environ 60 % des échanges des pays européens, ce progrès est significatif. L'existence d'une monnaie européenne protège aussi le commerce intraeuropéen des jeux de yoyo du dollar qui, depuis l'effondrement du système de change de Bretton Woods et le flottement généralisé des monnaies, en 1971, se répercutaient notamment sur le Mark.

Autres conséquences bénéfiques, les pays à monnaie faible ne peuvent plus dévaluer. Les banques centrales européennes n'ont plus à intervenir pour défendre les monnaies européennes les unes contre les autres. Pour les entreprises, ce sont des coûts de transactions et des incertitudes qui disparaissent. La politique agricole commune n'est plus compliquée par des mécanismes destinés à compenser les évolutions des monnaies (les fameux montants compensatoires monétaires).

La monnaie unique favorise également une meilleure concurrence entre les acteurs économiques : il devient plus facile de comparer les prix d'un pays à l'autre. En facilitant les échanges, le commerce transfrontalier, les déplacements, la monnaie unique est un facteur de croissance. Et si elle n'a pas produit tous ses effets, elle n'est pas seule en cause, puisqu'à l'intérieur de la zone euro, la situation des différents pays est assez contrastée. Certains vont bien, d'autres beaucoup moins bien, sans qu'on puisse dire : «C'est la faute à l'euro!»

Grâce à la lutte contre l'inflation menée dans le cadre européen, une baisse sensible des taux d'intérêt, favorable à l'investissement, s'est opérée. Les épargnants en ont aussi profité : leurs petites économies ne fondent plus comme neige au soleil, comme c'était encore le cas dans les années 1970 et 1980 !

Pour les touristes, les hommes d'affaires mais aussi les déménageurs ou les routiers, les voyages au sein de la zone euro sont simplifiés : de la Laponie à la Sicile, la même monnaie est utilisée. En peu de temps, cet avantage nous est devenu naturel. Il suffit pourtant de faire un saut à Londres ou en Suisse pour retrouver les vieilles contraintes : penser à changer des devises avant de partir, transporter deux porte-monnaie dans son sac, ne plus savoir quoi faire des pièces au retour… et, au passage, payer des commissions de change !

Des avantages externes

Vis-à-vis du monde extérieur, l'euro nous protège. Si le franc avait encore existé en 2003, il n'est pas certain que la France aurait pu avoir une position aussi affirmée contre les États-Unis à propos de l'Irak. Le franc aurait pu être facilement attaqué par des spéculateurs, alors qu'il est plus difficile de s'en prendre à l'euro.

Le FMI quittant Washington pour Bruxelles ?

Le Fonds monétaire international est une organisation internationale créée après la Seconde Guerre mondiale, regroupant désormais 184 pays. Il a pour mission de promouvoir la coopération monétaire internationale, de garantir la stabilité financière, de faciliter les échanges internationaux, de contribuer à un niveau élevé d'emploi et à la stabilité économique et de faire reculer la pauvreté.

En vertu de ses statuts (article XIII), « le siège du Fonds est établi sur le territoire de l'État membre dont la quote-part est la plus élevée. » À l'heure actuelle, ce sont les États-Unis qui, avec une quote-part de 17,5 %, sont en tête. Mais rien que la France, l'Allemagne et l'Italie atteignent ensemble 14,4 %. Les Européens pourraient-ils revendiquer le déménagement du FMI en Europe ? La zone euro n'est pas à proprement parler un « État membre » du Fonds, mais ce type de disposition montre bien l'importance des rapports de force dans les organisations internationales et… le retard de l'Europe à s'organiser pour défendre conjointement ses intérêts. Le fait que, sur le site Web du FMI, il soit si peu question de l'euro et de la zone euro en dit long sur les efforts à fournir pour que l'Europe existe. Horst Köhler, actuel président de la République allemande, ancien directeur général du FMI, a dénoncé et dénonce encore cet étrange gaspillage d'influence.

Deuxième monnaie de réserve au monde derrière le dollar, l'euro assoit peu à peu le poids international de l'Europe. Si le dollar reste la principale monnaie de transaction à l'échelle globale, les voisins de l'Union européenne utilisent de plus en plus l'euro : c'est le cas en Europe centrale et orientale (même avant l'adhésion des tout derniers entrants) dans les Balkans. Un jour peut-être, il sera possible d'acheter pétrole et gaz en euros : ce sera alors un grand progrès pour l'Europe de ne plus subir les fluctuations du dollar.

L'euro représente aussi pour l'Europe l'espoir de peser plus dans les instances financières internationales. Si les Européens n'allaient pas au Fonds monétaire international (FMI) en ordre dispersé, ils seraient mieux entendus.

Comment l'euro nous est-il venu ?

C'est à la fin des années 1960, alors que la CEE n'était pas au mieux de sa forme, que les premières idées de monnaie commune sont lancées.

Les prémices à la monnaie unique

Dans cette «préhistoire» de l'euro, plusieurs rapports font date. En décembre 1969, l'économiste Raymond Barre, alors commissaire français, présente un document qui restera dans les annales sous le nom de «premier plan Barre». Chacun se rappelle son action en faveur d'un franc fort lorsque, dans les années 1970, il devient Premier ministre en France. En mars 1970, le comité Werner (du nom du Premier ministre luxembourgeois qui en assure la présidence) est chargé d'élaborer un projet d'union monétaire, en plusieurs étapes. Ce plan prône une intégration poussée des politiques économiques.

Comme nous l'avons rappelé au chapitre 4, les esprits n'étaient *a priori* pas très mûrs pour aller si loin. À partir de 1971, les événements jouent en faveur de l'Europe : en suspendant unilatéralement la convertibilité du dollar en or, les Américains placent leurs partenaires européens en mauvaise posture, surtout les Allemands dont la monnaie a tendance à s'apprécier à l'excès.

Le président de la Commission britannique Roy Jenkins, Européen engagé, pousse activement dans le sens de l'unification monétaire. En 1972, au sommet de Paris, les gouvernements prennent la décision de réaliser (avant fin 1980 !) l'Union économique et monétaire. À court terme, des mesures renforcées de coordination des politiques monétaires nationales sont prévues, ainsi que la constitution d'un fonds européen. Le serpent monétaire voit le jour : les monnaies fluctuent dans une sorte de tunnel (décrit au chapitre 4). Peu à peu, le serpent perd ses écailles : la livre en sort vite, comme la lire, et le franc a du mal à y rester.

L'impulsion décisive est donnée en 1978-1979 avec le Système monétaire européen (voir sa description au chapitre 4). Celui-ci repose sur un panier de monnaies qui évoluent autour d'un cours pivot. Plus sophistiqué, le mécanisme se révèle plus efficace : les fluctuations des monnaies sont amorties. Des ajustements des cours pivots sont toutefois nécessaires à plusieurs reprises : entre 1979 et 1992, une douzaine de réalignements de parité sont nécessaires. Tous vont dans un seul sens : l'appréciation du Mark allemand.

La longue naissance de l'euro

Le coup d'envoi de l'Union économique et monétaire (UEM) telle que nous la connaissons est bien postérieur : il est donné au Conseil européen de Hanovre en juin 1988. À la demande de Jacques Delors, l'économiste italien Tommaso Padoa-Schioppa rédige un rapport qui fera date. Remis aux chefs d'État et de gouvernement lors du Conseil européen de Madrid en juin 1989, dans un climat économique assez euphorique, ce texte propose la création d'une monnaie *unique* (alors qu'à un moment, on avait songé à conserver les monnaies nationales qui auraient constitué ensemble une monnaie commune). Il préconise aussi l'unification des politiques communautaires et, par conséquent, des progrès institutionnels significatifs.

En dépit des premiers flottements qui ont suivi la chute du mur de Berlin en novembre 1989, le démarrage de la première phase de l'UEM est confirmé. Des dates fermes sont fixées pour les différentes étapes. Les négociations aboutissent au traité de Maastricht, signé en février 1992.

N'OUBLIEZ PAS !

Le calendrier de l'euro

Entre 1991 et 1994, la coopération monétaire qui existait déjà au sein du Système monétaire européen s'accroît. Des critères de convergence sont déterminés et mis en œuvre, la libre circulation des capitaux est achevée.

De 1994 à 1999, les critères de convergence stricts doivent être respectés. Des institutions sont créées : l'Institut monétaire européen est mis en place, c'est l'embryon de la Banque centrale européenne. Durant cette période est aussi créé l'Eurogroupe (sous-ensemble du Conseil des ministres de l'économie et des finances qui rassemble les représentants des seuls pays qui participent à la monnaie unique). Le choix du nom de la monnaie est fait au Conseil européen de Madrid en décembre 1995.

En 1999, passage à la troisième phase par la fixation de parités irrévocables entre les monnaies concernées. Le Système européen de banques centrales (SEBC) composé de la Banque centrale européenne elle-même, à Francfort, et de l'ensemble des banques centrales nationales, se met en place.

Le 1er janvier 2002, les monnaies nationales disparaissent, les pièces et les billets en euros entrent en circulation.

Le choix bizarre de Maastricht

Durant les négociations qui ont abouti au traité de Maastricht, les Européens font un choix assez bizarre: ils font délibérément de l'UEM une jolie fille… boiteuse. Du côté monétaire, cette créature a une jambe bien galbée, solide: la Banque centrale possède des pouvoirs bien définis, intégrés, qu'elle exerce en liaison avec les banques centrales nationales. L'euro existe en tant que monnaie commune, gérée par des instances communes. Du côté économique en revanche, la gambette est plus frêle: les gouvernements s'en tiennent à une coordination de leurs politiques, impliquant Conseil et Commission mais dont la responsabilité première relève des États. Le traité puis le Pacte de stabilité prévoient des contraintes précises relatives au déficit public et à la dette. Mais l'important volet de ce que l'on appelle les réformes structurelles est laissé au bon vouloir des États.

Contrairement à ce que l'on entend souvent en France, c'est à Paris qu'a été refusée l'union politique qui aurait pu faire équilibre à l'union monétaire. Sur ce sujet, le paradoxe français atteint son paroxysme: certains Français se sont émus de l'indépendance de la Banque centrale européenne; d'autres ont évoqué la nécessité de lui adjoindre un «gouvernement économique». Mais qui dit gouvernement économique capable de décider dit gouvernement politique, et qui dit gouvernement politique dit institutions fortes, soumises à un contrôle démocratique. Là, les Français ont pris peur. Une fois encore, ils ont rêvé d'une union forte avec des institutions faibles, d'une Europe de type fédéral sans en assumer le prix, d'un gouvernement économique sans en assumer les conséquences. Vieille rengaine…

Du côté monétaire: l'orthodoxie et même un peu plus…

Les économistes aiment les sigles et ont l'esprit de… système: après le Système monétaire européen des années 1980-1990 (SME), voici le Système européen de banques centrales (SEBC).

Un système qui peut faire beaucoup

Derrière ces quatre lettres se cache tout simplement un réseau. Il est composé:

✔ Des bonnes vieilles banques centrales nationales: la Bundesbank (Buba, à prononcer «Bouba», pour les intimes), ayant son siège à Francfort dans un immeuble de béton si affreux qu'il pourrait être situé rue de la Loi à Bruxelles et devant lequel s'ébattent, sur une pelouse vert émeraude, des dizaines de lapins, la Banque de France nettement plus austère, sise en ses quartiers parisiens; la Banca d'Italia, devant laquelle poussent de merveilleux palmiers, et toutes les autres;

> ✔ La jeune et fringante Banque centrale européenne (BCE) ayant elle aussi son siège à Francfort, dans une tour de glace et d'acier (paradoxalement dépourvue de lapins, l'absence d'animaux à longues oreilles constituant sa principale différence avec la Buba à laquelle par ailleurs elle ressemble beaucoup).

Ce système a pour mission principale, en vertu des traités, de « maintenir la stabilité des prix » (article 105 TCE). La BCE veille à ce que l'inflation reste en dessous de 2 % sur l'année. Elle observe la croissance de la masse de monnaie en circulation (ce que les spécialistes, tous des poètes ou des nostalgiques de la bataille navale, appellent l'agrégat M3). Sur la base de l'analyse prospective de l'évolution des prix, elle fixe le taux d'intérêt directeur. C'est sur ce dernier point que les déclarations du président de la BCE rappellent celles de la pythie de Delphes, dans la Grèce antique, dont le moindre soupir donnait lieu à de multiples interprétations.

La vision orthodoxe du rôle du SEBC, en général, s'arrête là. Le SEBC est un système de banques centrales bien organisé, partageant réellement la souveraineté monétaire et veillant à la stabilité des prix, basta ! Les textes précisent toutefois qu'il apporte aussi « son soutien aux politiques économiques générales de la Communauté » et notamment concourt aux objectifs de l'article 2 du traité (voir encadré).

La mission de la Communauté européenne

L'article 2 du TCE rappelle que, par son marché et son union économique et monétaire, l'Union entend promouvoir :

✔ un développement harmonieux, équilibré et durable des activités économiques ;

✔ un niveau d'emploi et de protection sociale élevé ;

✔ l'égalité entre les hommes et les femmes ;

✔ une croissance durable et non inflationniste ;

✔ un haut degré de compétitivité et de convergence des performances économiques ;

✔ un niveau élevé de protection et d'amélioration de qualité de l'environnement ;

✔ le relèvement du niveau et de la qualité de la vie ;

✔ la cohésion économique et sociale et la solidarité entre États membres.

Que faut-il en déduire ? Les objectifs du SEBC ne sont pas tout à fait limités à la lutte contre l'inflation. Si le président de la Banque centrale européenne « voit de l'inflation partout » comme écrit le journal *Libération*, dubitatif, ce n'est pas une fatalité (cette maladie, assez fréquente chez les banquiers centraux, n'est peut-être pas incurable). En tout cas, le traité donne une base juridique pour tenir compte de plusieurs missions.

Une marge de manœuvre importante existe pour agir en faveur de l'emploi, de la protection sociale, du niveau de vie. (Sur l'égalité hommes/femmes, c'est plus douteux: on voit mal comment un réseau de banques centrales pourrait y contribuer par la politique monétaire, mais ne cherchons pas la petite bête.) En d'autres termes, l'Europe jugée ultralibérale par certains a tout de même quelques tours dans son sac pour mener, à traités constants (c'est-à-dire sans avoir besoin d'une renégociation, ni d'une révolution), une politique différente. Enfin, si cela lui chante… et apparemment, cela ne lui chante guère. C'est sans doute à nos gouvernements nationaux qu'il serait bon de le rappeler. Il faut toujours relire les textes…

Concrètement, le SEBC définit la politique monétaire de la zone euro par rapport notamment aux États membres de l'Union européenne hors zone euro. Il mène la politique de change arrêtée par le Conseil des ministres, définit et gère les réserves de change. Bref, il effectue tout le travail d'une banque centrale classique. En son sein, la BCE est désormais l'un des organes les plus intégrés de l'UE (avec la Cour de justice).

Dans les faits, au cours de ses premières années d'existence, la BCE a su asseoir sa crédibilité. Depuis 2001, elle a mené une politique de baisse progressive des taux d'intérêt. Le revers de la médaille, c'est une augmentation des prix que les consommateurs ordinaires imputent à l'euro et qui, souvent, est dû à deux facteurs. D'une part, l'indélicatesse de certains commerçants: ainsi, d'après le journal *Le Parisien*, les prix de biens courants auraient augmenté de 80 % en moyenne (90 % pour le kilo de pommes, 120 % pour le café dans un bar et 23 % pour la baguette). La tentation des arrondis a été fatale. D'autre part, la faiblesse de ces biens dans l'indice des prix dissimule ces augmentations. D'où le dialogue de sourds qui s'est instauré entre des experts qui s'accrochent à leurs chiffres ne faisant pas apparaître d'augmentations notoires et des consommateurs un peu perdus, affolés par la valse des étiquettes… Ce n'est pas avec ces méthodes que l'on rapprochera l'Union des citoyens. On rêve d'experts qui achèteraient du pain et seraient capables de réaliser que l'euro est sur une pente dangereuse.

Une Banque centrale parfaitement fédérale

Les États membres ont renoncé à des prérogatives importantes au profit de la Banque centrale européenne: c'est elle qui fixe les taux d'intérêt, qui détermine la quantité de monnaie mise en circulation (billets et pièces) et contrôle les banques nationales. Dans le domaine monétaire, la souveraineté est vraiment exercée en commun sur un mode fédéral, osons le dire. Et le problème vient moins de ce fédéralisme que de l'absence de pouvoir politique de même niveau en face.

Le directoire de la BCE est composé de six membres choisis en commun par les gouvernements (parfois non sans mal, comme nous l'avons rappelé au chapitre 7: souvenez-vous du fameux slogan présidentiel «on ne rit pas!»), après consultation du Parlement européen et du Conseil des gouverneurs des banques nationales. Ce Conseil des gouverneurs aurait plu à M. de La Palice puisqu'il rassemble les… gouverneurs des banques nationales (et aussi les membres des directoires).

Le Français qui n'est pas un French man

L'actuel président de la Banque centrale, Jean-Claude Trichet, qui a succédé à feu Wim Duisenberg en novembre 2003, a déclaré lors de son audition au Parlement européen: «*I am not a French man* (Je ne suis pas un Français).» Père de l'euro dont il a été l'un des négociateurs principaux, saint Nicolas de la stabilité et père fouettard potentiel de tout ministre des Finances entré en tentation de déficit, le voilà qui passe son grand oral. Ainsi se donnent les gages d'orthodoxie. Sans doute n'était-il pas nécessaire d'en arriver là, mais ce réflexe de survie est très révélateur de l'image dont jouit notre pays dans certains cercles internationaux. À méditer.

Calquée sur l'ancienne Bundesbank allemande, la BCE est indépendante du pouvoir politique. Elle l'est même un peu plus si l'on se rappelle la manière avec laquelle la Buba a été priée par Helmut Kohl, en 1990, d'échanger 1 Mark de l'Ouest contre 1 Mark de l'Est, c'est-à-dire 1 unité de la monnaie la plus forte d'Europe contre de la roupie de sansonnet… L'histoire ne dit pas si, en raison de la sacro-sainte indépendance de la Buba, Kohl s'est retenu d'ajouter «et que ça saute!» Qui dira encore que nos amis allemands n'ont pas d'humour?

La question de l'indépendance de la BCE a été l'objet de longs débats franco-allemands lors de la création de l'Union économique et monétaire. Comme souvent en Europe, les arrière-pensées sont plus éclairantes que l'argumentation officielle, les Allemands l'exigeant au nom de la rigueur (et de leur angoisse de partager leur monnaie avec des partenaires méridionaux peu fiables) et les Français attirant l'attention sur les dangers de cette autonomie (notamment parce qu'ils ont la crainte de ne pouvoir se passer de dévaluations compétitives).

Traumatisés par l'hyperinflation des années 1920, fiers de la force du Mark créé avant même la République fédérale, en 1948, les Allemands ne voulaient pas entendre parler de manipulations politiques des taux d'intérêt. Partant de positions extrêmement rigides, ils ont toutefois fini par accepter un certain dialogue entre la Banque centrale et le Conseil des ministres compétent (dit Conseil écofin) ainsi qu'une référence générale aux objectifs du traité, parmi lesquels la croissance et l'emploi. Pour les Français, le pilotage par des techniciens délivrés d'instructions politiques est démocratiquement dangereux.

Mais, depuis des années, les Français étaient entrés de fait dans une zone Mark, comme en atteste le virage pris par François Mitterrand en 1983 (dont il faudrait aviser une partie du PS…). Quoi qu'il en soit, en acceptant l'indépendance de la Banque centrale européenne, en se ralliant à une culture de stabilité monétaire au moment même où la conjoncture était particulièrement défavorable aux restrictions qui en résultaient, la France a fait, dans les années 1990, une concession majeure à l'Europe et à l'Allemagne, occupée à financer son unification.

Allô Mamie, bobo

Amusante époque que celle de la mise en place de l'UEM ! Dans les séminaires européens consacrés à la question, le gratin des banquiers, des économistes, des analystes financiers et autres économistes allemands, tous diplômés de Columbia, Harvard, HEC ou quelque université germanique prestigieuse, se mettaient soudain à parler de… leur grand-mère. Régression collective ? Fantasme lié à un abus du conte *Le Petit Chaperon rouge* ? Que nenni, point de loup à l'horizon, mais l'évocation, par tous les intervenants allemands de ce qu'avaient enduré leur grand-mère, dans les années 1920, au temps de l'hyperinflation. Il est vrai que les livres relatant ce qui s'est passé en Allemagne à cette période révèlent des situations absolument abracadabrantes, inconcevables pour des gens normaux. Sebastian Haffner, dont nous avons cité le livre au chapitre 2 décrit très bien les conséquences qu'a entraînées cet épisode de folie collective dans un pays qui a horreur du désordre. L'essentiel pour comprendre les peuples, c'est de connaître leurs peurs.

En 1993, le système menace d'imploser. La libre circulation accrue des capitaux, combinée à une parité rigide, n'est plus tenable. Les bandes de fluctuation sont élargies à plus ou moins 15 %. Néanmoins, la culture de la discipline est assez ancrée dans les esprits pour que le système résiste. Français et Allemands ont vraiment fait, à ce moment-là, un fantastique effort de rapprochement mutuel. C'est tout à fait conforme à la logique que décrivait Paul-Henri Spaak. Rappel de notre fondateur favori qui parlait comme président du Comité intergouvernemental créé à Messine, lors de l'assemblée parlementaire de la CECA, en 1956 : « Si nous voulons réaliser Euratom ou quelque plan sérieux en matière d'énergie atomique, il faut mettre tout en commun, le bien et le mauvais. Chacun doit être prêt à apporter à la Communauté européenne les quelques éléments que l'un ou l'autre peut posséder, mais celui qui apporte doit avoir la certitude que l'autre apportera, je ne dis pas autant, mais ce qu'il possède de son côté. »

Du côté économique : une fantaisie toute relative

Il est un peu triste que, tout en réclamant à cor et à cri (à droite comme à gauche), un «gouvernement économique», les Français n'aient pas accepté le volet politique que les Allemands, les Néerlandais et quelques autres «orthodoxes communautaires» étaient prêts à mettre en place à Maastricht. Ainsi, ils ont contribué à rendre la fiancée boiteuse. Car ce sont les États qui conservent la responsabilité des politiques économiques et budgétaires. Ce choix peut s'expliquer par la priorité donnée à la subsidiarité, au désir de laisser des marges de décision aux niveaux nationaux ou régionaux.

Dommage que le résultat ne soit pas probant. D'une part, les promoteurs de la rigueur se sont eux-mêmes affranchis des règles, le dispositif de surveillance a été pris en défaut. D'autre part, ce qui est plus grave encore, la croissance n'a pas été au rendez-vous. Les réformes structurelles qui devaient accompagner la création de la monnaie unique tardent à venir. Faute de recours à une méthode appropriée, l'emploi reste insuffisant, les sociétés ouest-européennes connaissent des inégalités croissantes.

ATTENTION !

Vous avez dit réformes structurelles ?

Pour les profanes, cette expression qui revient souvent dans les médias est un peu du chinois. Tentative d'explications.

Les réformes structurelles, c'est le «dur»: réformer le marché du travail; permettre de nouveaux rapports entre partenaires sociaux; modifier la fiscalité pour ne pas pénaliser le développement économique; adopter de nouveaux mécanismes de fixation des salaires ou réduire durablement les déficits publics. Voilà quelques exemples de ce que les économistes entendent en général par réformes structurelles. La conjoncture, c'est plus léger, plus éphémère: la hausse des taux du pétrole ou les intempéries peuvent détériorer la conjoncture et une aubaine liée à une hausse de la demande dans un secteur, l'améliorer.

La coordination des politiques économiques et budgétaires

La logique du traité de Maastricht, renforcée en 1997 par le Pacte de stabilité et de croissance, est celle d'une coordination des politiques économiques et budgétaires des États membres doublée d'une surveillance mutuelle des déficits publics. Pour coordonner l'action des États membres en matière économique, chaque printemps, le Conseil européen adopte des grandes orientations de politique économiques (ou GOPE, article 99 TCE). Derrière ce sigle qui ressemble à un borborygme de Marsupilami se cache un document important, très sérieux qui permet aux États membres de savoir ce que trafiquent les petits copains avec lesquels ils font monnaie commune. Ces GOPE sont adoptées pour trois ans, mais revues chaque année, au printemps, avec le retour des hirondelles (et des régimes minceur dans les magazines féminins, avec la même efficacité). La Commission fait une recommandation sur laquelle le Conseil vote à la majorité qualifiée.

Cette logique correspond à ce que les Anglo-saxons appellent le *name and shame* («je t'appelle par ton nom et je te fais honte»): si un gouvernement s'écarte trop du droit chemin de sa GOPE, il est rappelé à l'ordre par les autres! Non seulement il n'est plus permis de cloper librement en Europe, mais encore il n'est plus admis de «goper» de travers, sauf à recevoir un blâme de ses pairs. Les ministres des Finances étant par nature des gens assez chatouilleux, c'est assez dissuasif. Enfin… dans un petit cercle, parce qu'en dehors, le non-respect des GOPE n'empêche personne de dormir. Il est tout à fait sûr que l'immense majorité d'entre vous aviez très bien vécu jusqu'à présent, sans même en soupçonner l'existence!

Il y a pire encore dans l'effroyable arsenal du cafardage mutuel : l'article 104 du traité prévoit une procédure de contrôle des déficits publics excessifs! Là, vous êtes sûrement en terrain plus familier, car les médias et les hommes politiques ont déjà abondamment cité ces fameux critères de Maastricht si controversés durant le débat référendaire de 1992 :

- ✔ Pas plus de 3 % du PIB de déficit public ;
- ✔ Pas plus de 60 % du PIB de dette publique.

Sur les seuils, sur leur pertinence économique, la manière de les calculer, les avis des experts divergent. Certains en contestent farouchement le bien-fondé et leur reprochent leur sévérité, laquelle aurait contribué à casser la croissance. Peut-être.

À lire le rapport commandé en 2005 par le gouvernement français à un groupe d'experts indépendants, présidé par Michel Pébereau, même le plus ignorant d'entre nous peut comprendre qu'il y a tout de même un problème: la France vit largement au-dessus de ses moyens. Pour un État, ce n'est pas grave si la dette sert à investir dans la recherche, l'éducation ou tout autre domaine qui produira demain des richesses. Le déficit n'est pas en soi choquant, cela dépend de l'utilisation de l'argent. Chez nous, hélas, ce ne fut pas le cas. La dette publique française, qui atteint un montant fabuleux, n'a pas servi à préparer l'avenir. Elle est en partie le résultat de déficits antérieurs qui servent à financer le service de la dette!

Mille milliards de mille sabords: la dette française

Voici ce que le rapport Pébereau dit de la dette française: «Depuis vingt-cinq ans, la dette financière des administrations publiques augmente sans cesse. Elle a été multipliée par cinq depuis 1980 et dépassera 1 100 milliards d'euros fin 2005. Elle est passée de un cinquième aux deux tiers de notre production nationale annuelle en vingt-cinq ans. À cette dette financière s'ajoutent d'autres engagements de l'État, qui ne figurent pas aujourd'hui dans la dette publique mais doivent être pris en compte [pour] un montant compris entre 790 et 1 000 milliards d'euros. Au regard de ces sommes, notre situation financière apparaît donc aujourd'hui très préoccupante. Elle l'est d'autant plus que sa dégradation permanente depuis dix ans nous distingue nettement de nos partenaires. Nous sommes en effet le pays d'Europe dont le ratio de dette publique s'est le plus accru ces dix dernières années. La plupart des pays ont pris conscience de l'enjeu et ont entrepris de réduire leur dette financière. [...] La France n'a respecté aucun des programmes de remise en ordre de ses finances publiques sur lesquels elle s'était engagée devant les institutions européennes.» Montant de l'ardoise: de 1 100 milliards à 2 000 milliards...

La situation de l'Italie n'est guère moins vertigineuse, mais cela ne nous console pas. À ces «détails», on peut se demander si le pouvoir de mise en demeure puis de sanction prévu par le traité va suffisamment loin. Les générations futures seront en droit de demander des comptes aux cigales qui nous ont gouvernés ces dernières années... L'Europe aurait peut-être dû nous taper dessus encore plus fort pour nous inciter à limiter le recours à la facilité. Pourtant, elle n'a déjà pas lésiné! Dans un contexte peu favorable de croissance ralentie, la plupart des États membres ont fait l'objet d'une procédure pour déficit public excessif.

En 2003, les Allemands eux-mêmes se sont fait prendre la main dans le sac, eux jadis si prompts, lors des négociations du Pacte de stabilité, à dénoncer le laxisme des pays du Sud désignés par certains termes peu amènes (Club Med, voire PIGS pour Portugal, Italy, Greece, Spain...). La Commission recommandait que l'Allemagne, ainsi que la France soient poursuivies pour déficit excessif. Le Conseil ayant refusé de suivre la recommandation de la Commission, cette dernière a porté l'affaire devant la Cour de justice qui rend un jugement de Salomon.

À la suite de ces péripéties, la nécessité de réformer un pacte déjà considéré comme trop rigide n'a plus fait de doute (Prodi a eu raison trop tôt lorsqu'il en dénonçait, un peu maladroitement, le caractère «stupide»). L'idée maîtresse de la réforme est de mieux tenir compte des aléas de la conjoncture: afin de ne pas pénaliser un État en période de vaches maigres et de ne pas tolérer des comportements laxistes en période de vaches grasses.

La réforme adoptée au printemps 2005 devrait permettre de mieux tenir compte des cycles économiques et de ne pas pénaliser les dépenses d'avenir (recherche et développement, dépenses liées à des réformes structurelles, etc.). L'objectif est aussi de faire du sur-mesure pour que la situation de chaque État soit bien prise en compte, c'est-à-dire à la fois ses efforts et ses charges particulières (unification pour l'Allemagne par exemple). À un examen brutal du respect de critères quantitatifs s'est substituée une analyse plus complète des structures et des politiques des États. Plus exigeante, plus respectueuse des situations nationales, cette nouvelle méthode est plus efficace.

Il n'en demeure pas moins que, même brutaux, les critères chiffrés ont leur vertu : celle de faire apparaître un déficit qui pourrait être banalisé mais n'en est pas moins anormal et dangereux. L'Europe nous a incités à une sagesse que nous sommes incapables de respecter seuls. C'est un peu le principe de la ceinture de sécurité obligatoire : pas très agréable, mais qui évite le crash.

La méthode ouverte de coordination : de qui on se MOC ?

Il nous semble important de mentionner ici les orientations de politique économique dont l'Union européenne s'est dotée ces dernières années. Au printemps 2000, sous présidence portugaise, l'UE a adopté un ambitieux programme économique, la méthode ouverte de coordination (MOC) souvent appelé stratégie de Lisbonne : lors de ce Conseil européen, les chefs d'État et de gouvernement décident de faire de l'Union une « économie de la connaissance », capable, d'ici à 2010, de devenir la zone du monde « la plus compétitive et la plus dynamique » (*sic*) ! Avec un tel objectif, ils auraient dû se réunir à Poudlard, dans l'école d'Harry Potter. Laissons de côté le ridicule de l'hyperbole (que nous avons déjà souligné au chapitre 12) et tentons d'abord de décrire honnêtement l'ambition.

Cette stratégie a raison de s'attaquer au drame humain que vivent les 15 millions de chômeurs de l'Union européenne. Sur l'objectif, sur l'approche même, il n'y a rien à redire. Le mérite de cette stratégie est son approche globale, qui ne dissocie pas le social et l'environnement de la compétitivité des entreprises. C'est sur les moyens que le bât blesse : sans méthode sérieuse pour les mettre en œuvre, ces bonnes intentions risquent fort de demeurer un vœu pieux.

Des échanges de bonne pratique, des comparaisons de programmes nationaux et des encouragements non contraignants peuvent-ils être suffisants entre pays qui partagent la même monnaie, le même marché ? Par le passé, les Européens ont fait le constat collectif que la bonne volonté exprimée par des gouvernements, autour d'une table, ne garantissait en rien que des résultats soient atteints. C'est dans cette constatation que réside le point de départ de la construction communautaire tel que nous l'avons rappelé au chapitre 2. Nous revoilà au cœur de la question centrale que la Communauté a voulu résoudre.

Tous les commentateurs de la MOC soulignent qu'elle a entraîné quelques progrès, quelques échanges fructueux. Pour les acteurs de la société civile, elle fournit de précieux renseignements. Mais tous dénoncent le manque de résultats : ni les taux de croissance et d'emploi, ni l'investissement dans la recherche et développement, ni la protection de l'environnement n'ont progressé de manière significative. Le décalage entre l'objectif affiché et le résultat donne de l'Union européenne une image assez piteuse.

C'est grave. Non seulement parce que l'Union européenne a renié son âme en revenant à des procédures dont Monnet lui-même avait analysé la faiblesse et dénoncé les carences, mais plus encore parce que les citoyens entendent parler d'une action européenne pour l'emploi et ne peuvent pas deviner que, en réalité, la responsabilité incombe aux États. Morale de l'histoire : ils imputent à l'Europe des carences contre lesquelles elle ne peut rien. Dans la compétition économique globale, l'Europe dit qu'elle fait et ne fait pas. C'est pire encore que de se taire.

L'adoption par le Conseil, en 2005, sur proposition de la Commission, d'une stratégie de Lisbonne révisée s'efforce d'améliorer le dispositif, sans aborder, hélas, la question centrale, celle de savoir si un dispositif plus contraignant, créant plus de convergence, ne serait pas nécessaire. Des programmes nationaux de réforme sont élaborés dans chaque pays, mais c'est un exercice lourd qui peut vite tourner au pensum bureaucratique. Pendant ce temps, les États-Unis, la Chine et l'Inde investissent massivement dans la recherche et nous dament le pion. Sur tous ces points, nous devrions prôner des logiques de résultat et ne perpétuer que les méthodes qui marchent.

Cette situation pose le problème de la crédibilité de la zone euro et, plus largement, de l'UE : si celle-ci est incapable de donner du travail aux Européens et de leur faire goûter les bienfaits de la globalisation, aucun effort de réforme institutionnelle ne saurait aboutir. Dans une brochure éditée par le ministère des Affaires étrangères, d'ordinaire prudent dans ses jugements, cette phrase interpelle le lecteur : « Sur la période récente, la zone euro a conjugué un rythme de croissance économique plus faible, un taux d'inflation comparable et un taux de chômage globalement supérieur à ceux de ses principaux partenaires. » La lucidité de ce constat est quelque peu désabusée… C'est d'autant plus grave que, lors du référendum de Maastricht, l'euro a été vendu aux Français comme une garantie de croissance et une protection dans le monde globalisé… Cinq ans après, les critiques ne manquent pas. Et pourtant, sans l'euro, ce serait pire.

L'absence quasi totale de politiques fiscales

Dans le même esprit, en dépit du Marché unique, le choix a été fait de ne pas tenter l'harmonisation fiscale qui relève toujours largement des États membres. Pour schématiser, deux écoles s'affrontent au sein de l'UE aujourd'hui :

- Celle des pays qui considèrent la concurrence fiscale entre États membres comme une bonne chose : aux gouvernements de jouer sur le levier fiscal comme bon leur semble. L'Irlande a, la première, pratiqué une politique fiscale attractive qui a largement contribué à son décollage. Certains nouveaux États membres font de même (Estonie, Slovaquie etc.).

- Celle des pays plus continentaux qui refusent ces pratiques et souhaitent au moins une harmonisation minimale des assiettes (voire des taux).

La prise de décision à l'unanimité ne facilite pas l'évolution de ce dossier. Si les premiers n'ont pas tort car cette politique a porté ses fruits dans les pays qui l'ont pratiquée (trop d'impôt tuant l'impôt), les grands pays continentaux ne peuvent jouer la carte du paradis fiscal aussi aisément que les petits. Une question d'équité se pose aussi dans la mesure où certaines politiques de solidarité dont bénéficient justement ces pays (comme l'Irlande) sont financées par les impôts prélevés dans les autres États membres qui, en quelque sorte, passent deux fois à la caisse, tandis que les autres ont le beurre et l'argent du beurre.

TVA : chaud devant !

Parce que la restauration est considérée comme un vivier d'emplois et que les cafetiers traditionnels se sentent pénalisés par rapport à la restauration rapide, le président Chirac s'était engagé, durant la campagne présidentielle de 2002, à faire baisser le taux de TVA dans la restauration pour le ramener à 5,5 %. L'unanimité l'a empêché de faire sauter de verrou. Quoi qu'on puisse penser du bien-fondé de cette mesure qui coûterait cher au budget de l'État pour un recrutement aléatoire (le travail au noir étant fréquent), on est typiquement dans un piège lié à l'unanimité. Au niveau national, l'action n'est juridiquement plus possible ; au niveau européen, elle n'est politiquement pas accessible.

La promesse était difficilement tenable mais Bruxelles offre un bouc émissaire tout trouvé.

Cette fois-ci, la communautarisation va un peu loin : les atteintes à la concurrence sur le marché communautaire sont limitées. Lorsqu'à la pause du déjeuner, une personne va manger une salade au café du coin, il y a peu de chances qu'elle nuise au commerce intracommunautaire. Elle n'a sans doute pas hésité entre passer sa pause sur la terrasse d'une trattoria de Pise ou un bar à tapas de Séville… Sur un tel sujet, la subsidiarité pourrait jouer. Ou l'harmonisation se dérouler à la majorité qualifiée.

Dans l'Union européenne, il n'y a guère que les impôts indirects pour être harmonisés : accises et TVA notamment. En raison de la libre circulation des marchandises, il est vite apparu qu'il fallait éviter les trop fortes distorsions dans ces domaines. Ni l'impôt sur le revenu, ni l'impôt sur les sociétés, ni les taxes sur la fortune n'ont fait l'objet d'une harmonisation.

Les défis

Comme nous l'avons dit au début de ce chapitre, la zone euro souffre essentiellement de ne pas être représentée de manière politique.

Une représentation externe qui tarde à venir

Un pas important a pourtant été fait dans cette direction avec la désignation, en septembre 2004, du premier président stable de l'Eurogroupe. C'est le Premier ministre et ministre des Finances luxembourgeois Jean-Claude Juncker qui a été choisi pour occuper cette fonction. Depuis le 1er janvier 2005 et pour une période de deux ans (renouvelable), il est responsable de la continuité des travaux de l'Eurogroupe.

Jeune doyen du Conseil européen, artisan de l'euro du temps de Kohl et Mitterrand, aussi à l'aise en français qu'en allemand, spécialistes des questions financières (vitales pour son petit pays), c'est un vieux routier de la politique européenne et des cercles économiques mondiaux. Européen convaincu, habile, il a aussitôt déclaré vouloir développer une politique économique orientée vers la croissance sans que soient perdus de vue la stabilité des prix et l'emploi. Il est également censé rencontrer fréquemment les membres de la Commission européenne et la Banque centrale européenne.

Mais comme nous l'avons dit, au sein du FMI, les États membres de la zone euro souffrent encore de se présenter en ordre dispersé. La complexité est encore accrue par le fait que zone euro (13 États) et UE (27) sont désormais loin de coïncider. Le partage de responsabilités entre Eurogroupe et Conseil des ministres Ecofin n'est pas aisé à établir. Au départ, sous la pression des Britanniques notamment, qui envisageaient de rejoindre l'euro à moyen terme (ou qui voulaient garder un pied dedans de toute façon), l'Écofin avait le rôle principal. Mais maintenant que s'éloigne la perspective d'une adhésion britannique à la zone euro et que le nombre d'États non membres de cette zone est supérieur à celui des membres, il paraît naturel (et plus démocratique) de redonner à l'Eurogroupe les pouvoirs principaux.

Le traité constitutionnel prévoyait des dispositions pour encourager la représentation externe de l'euro et renforcer l'Eurogroupe. Là encore, il n'est pas évident que le rejet français ait été opportun, pour rester poli.

Approfondissement et élargissement

Les nouveaux membres ont vocation à entrer dans l'euro. Leurs politiques budgétaires sont surveillées afin de vérifier qu'ils sont sur la voie de la convergence nécessaire pour rejoindre la monnaie unique. Une sorte de sas, appelé mécanisme de change européen, leur permet, pendant deux ans, de veiller à la parité de leur monnaie. La Slovénie est le premier des nouveaux membres à avoir adopté l'euro (le 1er janvier 2007), la Lituanie ayant été écartée en raison de son niveau d'inflation. Le paradoxe tient à ce que les nouveaux membres ont parfois une inflation élevée : leur économie connaît une croissance accélérée, par ailleurs heureuse pour eux et leurs partenaires au sein de l'Union européenne. Faut-il que les anciens, eux-mêmes empêtrés dans leurs déficits et leurs dettes, comme la France, leur fasse la leçon ? Quant à l'Estonie, redoutant le même sort que la Lituanie, elle s'est finalement gardée de faire sa demande.

Sur le plan monétaire aussi, l'élargissement continue de se heurter à des préjugés récurrents ou des analyses univoques. Vous avez dit solidarité ? Sur un sujet aussi sensible que la souveraineté économique, il est évident qu'il sera plus difficile de se mettre d'accord sur un partage de compétences ou un gouvernement de l'euro si la zone compte 27 États et non 13. Certains poussent à la création des États-Unis d'Europe, une sorte de zone très intégrée dans une Union européenne large et lâche, sur la base de l'Union économique et monétaire. C'est notamment la thèse de Guy Verhofstadt, le Premier ministre belge qui a publié en 2005 un petit livre très stimulant : *Les États-Unis d'Europe*. Cette piste devra être creusée.

Chapitre 19

L'action externe :
27 petits cochons dans le monde

. . . .

Dans ce chapitre :

▶ Un monde dangereux

▶ De beaux succès commerciaux

▶ Une encourageante aide au développement

▶ Une diplomatie encore faiblarde

. . . .

L e fait qu'il n'y ait plus un «ennemi» armé jusqu'aux dents, équipé de chars et d'ogives nucléaires, comme l'URSS au temps de la guerre froide, ne doit pas nous abuser : pour être moins tangibles, les dangers actuels ne sont pas moindres. À la place de l'ours russe, clairement identifié, c'est une sorte de loup insaisissable qui met en péril notre sécurité.

Qui a peur du grand méchant loup ?
C'est pas nous

À l'heure actuelle, dictatures, mouvances terroristes et mafias transfrontières menacent notre sécurité : le respect de la personne humaine, l'égalité hommes/ femmes, la démocratie et l'État de droit sont le cadet de leurs soucis. Dans les années 1990, une guerre ethnique a eu lieu à nos portes, en ex-Yougoslavie. Dans le même temps, l'accroissement démographique crée des rivalités globales pour l'accès à l'eau, à l'énergie, aux matières premières. Les atteintes à l'environnement écologiques devraient créer des tensions supplémentaires.

Le monde rétréci du XXIe siècle appelle incontestablement une action internationale résolue. Les Européens se sont-ils dotés des moyens d'action les plus efficaces possibles ? Pas vraiment. Bien qu'ils aient fait quelques pas dans la bonne direction, ils donnent plutôt l'impression d'être les porcelets de la planète, roses, dodus, insouciants. Trop occupés à régler leurs petites querelles pour s'organiser efficacement, ils répugnent à prendre les décisions qui s'imposent. Quand le méchant loup sortira les crocs, quand il soufflera sur nos bricolages, la maison Europe résistera-t-elle ?

La réticence des Européens à construire une diplomatie commune est d'autant plus étonnante que, dans le domaine commercial, l'Union européenne joue un rôle majeur. Dans ce domaine, elle a accumulé un savoir-faire et des résultats probants, elle sait parler d'une seule voix. En matière d'aide au développement, elle se situe aussi au tout premier rang mondial. En d'autres termes, comme les trois petits cochons de l'histoire, les Européens ont construit trois maisons, plus ou moins solides, plus ou moins capables d'affronter le grand souffle de la mondialisation :

✔ La maison de pierre : le commerce extérieur ;
✔ La maison de bois : l'aide au développement ;
✔ La maison de paille : la politique étrangère et de sécurité commune.

Une quatrième est en chantier, les fondations en sont à peine posées : c'est celle de l'Europe de la défense.

La maison de pierre : le commerce extérieur

De toutes les actions externes de l'Union européenne, la plus élaborée est la politique commerciale. Autrefois limitée aux droits de douane et au négoce, elle touche désormais à des sujets sensibles pour nos sociétés et pour les rapports entre Nord et Sud.

La globalisation des échanges, un enjeu majeur

Chacun de nous contribue chaque jour à la globalisation des échanges. Sans nous en apercevoir, nous consommons quotidiennement des biens venus des quatre horizons. Si vous en doutez, allons prendre ensemble un petit déjeuner. Que désirez-vous ? Du thé ? Un petit café noir ou encore un chocolat chaud ? Et que diriez vous d'un jus d'orange et d'une tartine avec de la marmelade de citron ? Rien qu'en commençant ainsi votre journée, vous participez au commerce mondial, car si le pain vient de la boulangerie du coin et le beurre de Normandie (ou du Poitou, dirait Ségolène), il y a de fortes chances pour que votre thé ait poussé au Sri Lanka ou sur les coteaux de Darjeeling. Votre café est probablement importé du Brésil ou d'Éthiopie, votre chocolat de Côte d'Ivoire, vos agrumes du Maghreb ou de Floride.

Jadis, au petit matin, les Européens trempaient une soupe d'orge, avec un bout de lard. Même les plus protectionnistes, les plus moustachus des adeptes de l'altermondialisme rêvent rarement de revenir à ces douceurs gauloises… Voilà pourquoi le commerce international n'a pas cessé d'augmenter ces dernières années.

L'Union européenne est la première puissance commerciale du globe. À elle seule, elle représente environ un cinquième du commerce mondial (les États-Unis environ 16 % et le Japon 10 %). Notre prospérité, nos emplois dépendent donc dans une large mesure de nos échanges. L'Allemagne est même, à elle toute seule, le premier exportateur du monde : en 2004, le volume de ses exportations était d'environ 734 milliards d'euros (38 % du PIB et 10 % du commerce mondial !). Cette même année, l'excédent de la balance commerciale allemande atteignait 156 milliards d'euros.

En raison du tarif douanier commun, adopté en 1968, l'Union forme, vis-à-vis du monde extérieur, une entité soudée : entre les pays membres (d'abord les 6, puis les 9 et maintenant les 27), les droits de douane ont été complètement supprimés. C'est ce qu'on appelle la préférence communautaire. Ainsi, 60 % des échanges des États membres sont devenus du commerce «intérieur». Ne relèvent plus du commerce extérieur à proprement parler que 40 % de nos échanges.

Alors qu'il est à la mode de décréter l'horizon européen trop étroit, quelques économistes font observer que la réalité n'est pas encore si globale que cela. Éric Le Boucher du *Monde* écrivait même en décembre 2006, paraphrasant l'extraterrestre ET : «Les entreprises européennes ne se sentent pas "mondiales", même celles implantées fortement sur tous les continents. Elles regardent le globe, pointent le bleu de l'Europe et disent "maison".»

La préférence communautaire s'est étendue géographiquement puisque l'Union européenne englobe désormais 27 États, le marché intérieur représentant la bagatelle de 500 millions de consommateurs. Mais, dans le même temps, au fil des accords offrant à des tiers des conditions d'accès privilégiées au marché européen, elle a perdu en intensité : durant les cinquante dernières années, au plan mondial, les droits de douane ont été considérablement abaissés. Alors qu'ils représentaient en moyenne 40 % après la Seconde Guerre mondiale, ils sont tombés à moins de 4 % aujourd'hui. L'avantage à acheter *made in Europe* disparaît donc peu à peu.

Ce phénomène contribue à donner le sentiment que l'Union européenne nous «protège» moins bien qu'avant. Pour certains contestataires de la globalisation, c'est son défaut majeur. Mais l'Union européenne agit dans un monde qui, lui-même, s'est beaucoup ouvert. Même si l'Union européenne n'avait pas existé, il est probable que la tendance aurait été la même. Nous aurions simplement été moins bien placés dans les négociations mondiales pour défendre nos intérêts.

Et gardons-nous de revenir à l'illusion protectionniste. L'Europe unie est née de l'idée selon laquelle le développement des échanges accroît la richesse. Des garde-fous sont certes nécessaires pour organiser le commerce. Cela n'ôte rien à la conviction que l'émulation demeure plus bénéfique à l'économie que le repli. La règle appliquée en Europe demeure valable au niveau global : l'ennemi, ce n'est pas l'accroissement des échanges, c'est l'anarchie juridique dans laquelle il intervient, d'où le besoin d'une Europe forte, capable de contribuer à une régulation mondiale. Rappelons notamment qu'en contrepartie de sa propre ouverture, l'Union obtient un plus large accès aux marchés concernés, pour le plus grand profit des entreprises européennes.

Naturellement, ces évolutions infléchissent notre manière de faire de la politique commerciale. À ses débuts, la Communauté concluait des séries d'accords préférentiels avec des zones ou groupes d'États. Ainsi, les accords de Lomé et Cotonou (voir *infra*) ont accordé à des États pauvres (essentiellement d'Afrique noire et des Caraïbes), des conditions plus favorables d'exportation. Ces accords lient aujourd'hui l'Union à 77 pays pauvres.

Avec les pays de la Méditerranée (dans le cadre de ce qu'on appelle le processus de Barcelone) et, dans les années 1990, les pays de l'Est ou la Turquie, la démarche a été similaire. Ces politiques permettaient un ciblage en fonction de liens historiques (anciennes colonies) ou géopolitiques (voisins importants, à stabiliser). L'objectif était de parvenir à une zone de libre-échange à plus ou moins long terme (2010 pour les pays méditerranéens par exemple). En 2001, à l'initiative de Pascal Lamy, l'accord « Tout sauf les armes » a permis aux produits provenant des 49 pays les moins avancés d'entrer dans le marché européen sans taxation (avec des périodes transitoires pour le sucre, les bananes et le riz).

La pression du libre-échange mondial limite la possibilité de faire du sur-mesure. Elle introduit une baisse des droits qui est un peu du prêt-à-porter. C'est ce qu'on appelle le Système des préférences généralisées. Dans le cadre de l'OMC, les Européens persistent à viser des ouvertures de marché qu'on appelle asymétriques, c'est-à-dire favorables aux pays les plus pauvres. Ce n'est pas la position de tous les acteurs mondiaux. Les contestations devant l'OMC ont par exemple conduit l'Union européenne à revoir le régime juridique (sans jeu de mots) des bananes venant des Caraïbes que traditionnellement, les Européens (sous la pression française) soutenaient.

L'Union continue à offrir aux États membres une protection commune contre le dumping et d'autres pratiques déloyales : en cas de problème, elle peut, par exemple, prendre des mesures de sauvegarde, en rétablissant des droits sur certains produits, pendant un certain temps.

Il y a dumping lorsqu'un pays vend sur les marchés extérieurs à des prix inférieurs aux coûts de production, pour casser les prix. Il se comporte ainsi de manière déloyale ; des procédures antidumping ont ainsi été déclenchées pour certains vêtements en provenance de Chine en 2005. En 2006, à la demande d'industriels italiens, l'Union a pris des mesures similaires sur des chaussures en cuir en provenance du Vietnam.

Des choix de société

La politique commerciale a évolué. Au début, elle consistait surtout à fixer les droits applicables à des marchandises. Aujourd'hui, elle touche des domaines fort sensibles ; c'est elle, plus encore que la diplomatie traditionnelle, qui est au cœur de la problématique de la mondialisation. De nouveaux enjeux sont apparus, la plupart touchent à des questions délicates, supposant de trouver un équilibre entre des impératifs contradictoires.

Voici quelques exemples d'équilibres difficiles à établir :

- Entre la préservation des intérêts agricoles européens et la volonté d'aider les pays les plus pauvres, souvent ruraux, à sortir du sous-développement ;
- Entre la baisse des prix qui profite au consommateur et l'avènement de conditions sociales et environnementales plus favorables chez les producteurs (lorsque des multinationales agro-alimentaires exploitent les paysans sud-américains, le café a soudain un goût amer) ;
- Entre la protection des innovations intellectuelles (brevets protégeant des molécules de médicaments par exemple) et l'obligation morale d'abaisser le coût de ces médicaments pour les mettre à la portée des plus pauvres (notamment pour des pathologies comme le sida, le paludisme ou la tuberculose) ;
- Entre le maintien de l'emploi en Europe et l'allocation optimale des ressources qui plaide pour la délocalisation des services (centres d'appels, services de facturation sont désormais implantés en Inde ou au Maroc) ;
- Entre les droits des enfants du tiers-monde à aller à l'école et la nécessité de les laisser contribuer à l'effort familial (dans les familles nombreuses de ces pays, le moindre salaire compte).

Pour chacun de ces enjeux, les choix à faire sont souvent des choix éthiques. Les solutions existent mais elles sont rarement simples. Souvent les contrôles sur place sont impossibles : un Occidental qui vient vérifier si des enfants ne travaillent pas dans une usine au fin fond du Bangladesh est repéré suffisamment longtemps avant son arrivée pour que les enfants soient dissimulés. Parfois, mieux vaut persuader les parents d'envoyer les enfants à l'école à mi-temps, en acceptant qu'ils continuent à travailler, plutôt que de chercher à imposer, même avec une grande générosité, des schémas occidentaux tout faits.

Si les risques de délocalisation préoccupent les Européens quand ils raisonnent en tant que salariés, les mêmes Européens, lorsqu'ils se comportent en consommateurs, ne sont pas toujours prêts à payer des prix plus élevés. C'est notamment le cas pour leurs achats alimentaires ou vestimentaires. Si la course aux prix bas existe, à l'échelle du monde, c'est largement parce que nos comportements d'acheteurs encouragent rarement le commerce équitable. En vérité, nous sommes un peu schizophrènes :

moralistes devant le poste de télévision à 20 heures, quand le journal télévisé montre le travail d'enfants en bas âge, plus indifférents quand nous cherchons à économiser quelques euros sur un panier d'achats…

Une Union européenne bien organisée...

La politique commerciale est l'une des rares compétences exclusives de l'Union (voir chapitre 9). C'est donc l'Union qui détermine, pour tous les États membres, les conditions d'entrée des produits importés ; c'est elle qui protège tous les États contre les pratiques déloyales comme le dumping. Enfin, les tiers y trouvent leur intérêt puisqu'un seul régime d'importation existe pour tout le territoire de l'Union. Cette réalité explique notamment que les États-Unis soient les plus ardents avocats de l'élargissement de l'Union : plus le territoire de l'UE s'étend, plus grande est la zone où les entreprises américaines exportent dans de bonnes conditions, selon des règles uniformes, avec une police de la concurrence unique.

Dans les négociations commerciales, l'Union européenne est représentée par un négociateur unique, le commissaire en charge de la politique commerciale qui chapeaute l'une des plus puissantes directions générales de la Commission (la direction générale Trade). Jusqu'en 2004, c'était Pascal Lamy qui en était responsable. Désormais, c'est Peter Mandelson. Ce négociateur reçoit ses instructions des États membres qui, réunis au sein du Conseil des ministres, définissent son mandat de négociation. Une blague éculée à la Commission consiste à dire qu'avant d'avoir ses instructions, le commissaire ne peut pas négocier, car il ne connaît pas sa marge de manœuvre ; qu'après les avoir reçues, il ne peut plus négocier car celle-ci est trop faible…

Personne ne conteste que le job soit difficile mais, dans certains États, cette situation de dépendance peut être celle d'un ministre des Affaires étrangères lié par un accord de coalition, sous le contrôle du Parlement comme c'est souvent le cas en RFA sur un certain nombre de questions comme l'engagement des forces ou les ventes d'armes. En pratique, il y a parfois des couacs – comme en 1994 lors de la signature de l'accord commercial dit de Blair House – mais, dans l'ensemble, ça marche. L'habileté du commissaire consiste justement à savoir «jusqu'où il peut aller trop loin». Et la liaison constante avec les représentants des États membres permet de rectifier le mandat en fonction de l'évolution de la négociation. Le mandat de négociation est ajusté en permanence.

Ce système, assez lourd, présente un énorme avantage : en matière commerciale, l'Europe possède un visage et n'a qu'une parole, ceux du commissaire qui, pendant cinq ans, est en charge de ce portefeuille. Les tiers savent qui ils doivent appeler à Bruxelles pour connaître la position de l'Union. Ils ne peuvent jouer sur les divisions des Européens (ils essaient quand même, mais c'est plus compliqué). La plus belle consécration de cette réussite réside dans le fait que l'un des documents les plus importants de l'administration

Bush, la Stratégie nationale de sécurité des États-Unis, ne mentionne l'Europe qu'une fois: à propos de la politique commerciale. La maison commerciale des petits cochons européens a pignon sur rue: elle est solide, elle est identifiée, même à Washington.

N'OUBLIEZ PAS!

Dites 133

Concrètement, un comité de représentants des États – appelé comité 133 en raison du numéro de l'article du traité qui fonde ses pouvoirs – se réunit dans une formation plus ou moins élevée (des simples fonctionnaires de base aux directeurs du commerce extérieur). Ce comité surveille de près ce que fait le commissaire en charge du commerce. Ce dernier est obligé de lui rendre des comptes. Si le comité n'est pas satisfait, il peut rappeler la Commission à l'ordre.

Lors des grandes négociations de l'OMC, les ministres du Commerce extérieur eux-mêmes se trouvent dans la pièce voisine de celle où le commissaire négocie pour l'Union européenne. Cette pratique permet de suivre en temps réel ce qui se passe. Surtout pendant des nuits blanches à Seattle (1999) ou à Doha (2001).

Naturellement, tout n'est pas parfait et harmonieux. D'abord, de délicates questions de compétences se sont posées au fil des années. La Cour de justice, de manière très hardie, a décidé de confier à la Communauté des compétences externes (de négociation internationale) quand elle s'est déjà vue reconnaître des compétences pour agir dans l'UE. Dans un arrêt appelé AETR, qui remonte à 1971, elle a ainsi tenu à donner une grande cohérence à l'action commune: il aurait en effet été curieux, dans un monde de plus en plus ouvert, de séparer les volets internes et externes d'une action. Depuis les années 1990, un coup d'arrêt a été donné. La jurisprudence admet que les États conservent certaines compétences (par exemple en matière de services et de propriété intellectuelle).

Avantage: l'éventuelle voracité du niveau communautaire est endiguée. Inconvénient: dans de nombreux domaines, des accords mixtes doivent être conclus entre les tiers, la Communauté et les États. Ces accords signés par la Communauté doivent être ratifiés par tous les États, ce qui allonge considérablement les procédures. Sans compter que l'absence de décision majoritaire permet à certains États (dont la France notamment) de prendre des négociations entières en otage. Car si dans la plupart des cas, les mandats de négociation sont décidés par le Conseil à la majorité qualifiée, l'unanimité demeure requise dans trois domaines (sous certaines conditions, mais nous n'entrerons pas dans le détail):

- Les services, la propriété intellectuelle et les investissements directs étrangers;
- Les services culturels et audiovisuels;
- Les services sociaux, d'éducation et de santé.

Naturellement, il suffit qu'un accord comporte une clause touchant à ces domaines pour qu'un État prenne en otage toute la négociation et revienne notamment sur les clauses où il aura pu être mis en minorité.

... dans un monde en voie de délitement ?

Mais le vrai danger qui guette la politique commerciale, c'est moins ses défauts ou les dissensions des Européens que l'évolution du contexte international. Après une phase d'expansion quasiment continue, le multilatéralisme commercial traverse une grave crise.

Lors des grands cycles de négociations mondiaux la CEE puis l'Union ont joué un rôle décisif (lors du Kennedy Round dans les années 1960, puis du Tokyo Round et du Uruguay Round). Cette phase de négociations globales a été favorable au commerce international. Un ordre de grandeur en témoigne : de 1950 à 2000, en cinquante ans seulement, le volume des échanges mondiaux a été multiplié par 22 !

Dans la création de l'OMC, l'Europe a pu voir la consécration du multilatéralisme qu'elle affectionne. Au lieu de multiplier des accords bilatéraux, la discussion se fait à présent avec toutes les parties concernées, en même temps, de manière plus transparente et en jouant sur tous les registres (agriculture, services, biens industriels, etc.). Il serait d'autant plus utile de poursuivre dans cette voie que le nombre des acteurs ne cesse d'augmenter : outre les puissances émergentes ou déjà développées (Brésil, Inde, mais aussi, en matière agricole, Australie, Argentine ou Nouvelle-Zélande), un phénomène nouveau se produit : les plus démunis monter au créneau mondial pour défendre leurs intérêts (petits producteurs de coton africain par exemple). Plus que jamais, le monde aurait besoin de multilatéralisme et de discussions ouvertes, équitables.

N'OUBLIEZ PAS !

L'OMC en quelques points

L'Organisation mondiale du commerce fut créée au cours du grand cycle de négociations d'Uruguay, entre 1986 à 1994. Cette organisation rassemble 149 États et fonctionne au rythme d'une conférence ministérielle tous les deux ans au moins avec également de fréquentes réunions d'experts, ainsi que des panels pour régler les différends. Son siège se trouve à Genève, au secrétariat de l'OMC. Son directeur général actuel est le Français Pascal Lamy.

L'un des objectifs de l'Union européenne à l'OMC est d'encourager le développement. Le cycle de Doha, lancé en 2001, a pu être baptisé cycle du développement. Si les dragons asiatiques ont pris leur essor, bien des pays, notamment en Afrique subsaharienne et dans les zones des Caraïbes et du Pacifique, demeurent coupés des grands courants d'échanges. Malheureusement, pour le moment, ce cycle est interrompu pour une durée indéterminée.

Naturellement, tout ne se fait pas à l'OMC. Sur certains sujets, l'Organisation n'élabore pas les normes elle-même. Pour prendre un exemple très concret, le Codex Alimentarius, qui établit les normes recommandées en matière alimentaire et permet notamment de protéger les appellations d'origine, relève d'institutions spécialisées des Nations unies qui sont l'Organisation des Nations unies pour l'alimentation et l'agriculture (FAO) et l'Organisation mondiale de la santé (OMS). Toutefois, la faiblesse des Nations unies ne permet pas d'augurer, à brève échéance, un renouveau du multilatéralisme dans ce cadre.

La maison de bois : l'aide européenne au développement

Dès l'origine, le souci du développement est présent dans la construction européenne. Cette préoccupation s'explique notamment par les liens étroits que certains fondateurs (France, Pays-Bas et Belgique notamment) entretenaient avec le continent africain et l'océan Indien où ils possédaient encore des colonies. À l'égard de celles-ci et des territoires d'outre-mer, le traité de Rome met en œuvre des politiques de solidarité fondées sur un volet commercial et un volet d'aide à proprement parler (concours directs, prêts favorisés).

L'aide au développement : de l'histoire ancienne

Les conventions de Yaoundé signées dès 1963 et 1969 avec plusieurs États africains et malgaches deviennent, dans les années 1970, après l'adhésion de la Grande-Bretagne, les conventions de Lomé qui lient la CEE avec 46 États d'Afrique, des Caraïbes et du Pacifique (dits ACP). Dès 1989, le nombre des États concernés – les plus pauvres de la planète – sont au nombre de 71 (Lomé IV). Comme nous l'avons déjà indiqué, en matière commerciale, l'élargissement géographique va cependant de pair avec l'érosion des clauses préférentielles. En revanche, les concours financiers de la Communauté et des États membres s'accroissent avec l'augmentation du nombre des États bénéficiaires. En parallèle, à partir de Lomé III (1984), les accords ont commencé à comporter des clauses plus politiques, conditionnant l'octroi de l'aide au respect des droits de l'homme par les pays bénéficiaires.

Peu à peu, avec les conventions de Cotonou, la conditionnalité de l'aide a même été étendue au respect de l'État de droit et à la bonne gestion publique (ce qu'au FMI on appelle la «bonne gouvernance»). Certains États apprécient assez peu ce qu'ils perçoivent comme une ingérence dans leurs affaires intérieures, une distinction a cependant été faite entre les éléments essentiels, pouvant donner lieu, le cas échéant, à la suspension des accords, et les clauses recommandant une meilleure qualité de la gestion publique, n'ouvrant pas la voie à des sanctions. Pour parvenir à une amélioration du fonctionnement de la démocratie et de l'État de droit, l'Union européenne s'est appuyée sur la société civile et diverses ONG locales ou internationales, avec des résultats inégaux, nombre de pays concernés continuant à souffrir de corruption et de non-respect des droits de l'homme.

Dans un autre domaine aussi, il faut bien admettre que les résultats de la politique d'aide communautaire n'ont pas été à la hauteur des attentes : la CEE puis l'UE ont encouragé les rapprochements régionaux entre partenaires ACP, comme par exemple entre le Marché commun du Sud (Mercosur) et le Chili. Mais ceux-ci tardent à devenir réalité. Dans le cadre du partenariat euro-méditerranéen (lancé à Barcelone en 1995), l'Union s'est heurtée à l'incapacité de ses partenaires (dans le Maghreb par exemple) à travailler les uns avec les autres, sans parler des conséquences tragiques du conflit israélo-palestinien.

Ainsi, la démarche est ancienne, la solidarité forte, mais une partie des pays aidés ne s'en sortent pas vraiment.

L'Europe, premier donateur au monde

Les concours et autres crédits accordés dans le cadre de l'aide au développement (notamment dans le cadre de la convention de Lomé/Cotonou) ne sont pas intégrés au budget communautaire. Les contributions des États membres sont calculées selon des clés différentes. En volume, l'Union européenne et ses États membres représentent le premier donateur au monde. Près de la moitié de l'aide mondiale aux pays en développement a une origine européenne.

Un premier canal de l'aide est le Fonds européen de développement. S'y ajoutent les programmes d'aides accordées à la partie orientale du continent européen, notamment aux anciennes républiques soviétiques (MEDA et TACIS, aujourd'hui réformés), ainsi que les sommes octroyées dans le cadre des programmes euro-méditerranéens.

Traditionnellement, une aide alimentaire était octroyée aux pays souffrant d'insuffisances, mais peu à peu les effets pervers d'aides qui perturbent le cours des denrées ont été mieux perçus. Si des aides d'urgence sont allouées, l'accent est mis, de manière permanente, sur l'aide au développement rural. L'aide humanitaire d'urgence est distribuée par un office spécialisé dans la gestion des crises, ECHO, qui est rattaché à la Commission.

Des chiffres marquants mais contestés

D'après le ministère français des Affaires étrangères, « l'aide communautaire représente 5,4 milliards d'euros en décaissements annuels en 2000, soit 10 % de l'aide pour le développement mondiale. Cet effort passe principalement par trois canaux:

- ✔ le Fonds européen de développement (FED) qui bénéficie aux 77 pays d'Afrique, des Caraïbes et du Pacifique (pays ACP) et qui fait l'objet d'un financement spécifique (hors budget) de 1,55 milliard d'euros;

- ✔ les programmes régionaux, d'un montant total de 2,3 milliards d'euros;

- ✔ les lignes budgétaires thématiques, qui concernent le cofinancement des activités mises en œuvre par les ONG, l'aide humanitaire gérée par l'office ECHO, la promotion des droits de l'homme et de la démocratie, et la dimension environnementale (montant total hors programme PHARE: 1,51 milliard d'euros). »

Certaines ONG, dont Oxfam par exemple, contestent ces chiffres: elles récusent le fait que des annulations de dettes ou des salaires de coopérants expatriés soient inclus dans ces montants car, à leurs yeux, ce ne sont pas des aides à proprement parler.

En cas d'urgence, appelez ECHO

ECHO a pour mission de porter assistance et secours aux victimes de catastrophes naturelles (comme le tsunami) ou de conflits qui ont lieu dans des pays hors Union européenne (par exemple la guerre au Liban à l'été 2006). L'aide est distribuée sans considération politique, ethnique ou religieuse. Cet office peut mobiliser rapidement des secours en nature (biens de première nécessité, denrées spécifiques, matériel médical, médicaments, carburant) ou des services (équipes médicales, équipes de traitement des eaux, soutien logistique) en faisant appel à ses partenaires, notamment des ONG. Depuis 1992, ECHO a acheminé de l'aide d'urgence et de l'aide à la reconstruction dans des régions en crise de plus de 85 pays du monde.

Le budget annuel géré par l'office est de plus de 500 millions d'euros. En temps ordinaire, il fournit des missions d'expertise, assure le suivi des projets humanitaires et met en place des mécanismes de coordination. En assurant des actions de prévention (formation de secouristes par exemple), il contribue à accélérer la réactivité des secours. Il veille aussi à sensibiliser les opinions publiques à ces sujets.

Une politique en cours de réforme

L'aide au développement a été critiquée pour son efficacité relative. Et s'il est vrai que l'effort européen reste significatif au plan mondial, la part consacrée à l'aide au développement stagne à environ 0,31 % du PIB des États donateurs. Compte tenu du creusement des inégalités à l'échelle du monde, c'est moralement choquant. En outre, de cette injustice découlent de nombreux troubles que les Européens doivent gérer : émigration massive de désespérés du Sud, prêts à tout pour atteindre l'eldorado européen, extension des zones en voie de désertification, concentration de population dans les villes, prime donnée aux idées politiques extrémistes. Même si l'octroi d'aides se heurte à des difficultés sérieuses, les Européens seraient peu avisés d'abandonner leur politique de soutien au développement. La manière dont les Chinois s'implantent sur le continent africain devrait finir de nous ouvrir les yeux.

Depuis 2000, des réformes ont été mises en œuvre pour tenter de remédier aux défauts des politiques antérieures. Des objectifs plus précis ont été identifiés, en concordance avec l'agenda international défini aux Nations unies : lutte contre la pauvreté, développement durable, intégration à l'économie mondiale. Lors de la conférence de l'ONU à Monterrey, en 2002, la lutte contre la pauvreté a été placée au premier rang des priorités. Elle se retrouve dans les perspectives financières de 2007-2013 (le budget pluriannuel de l'Union européenne) adoptées en 2006.

Après d'âpres négociations avec le Conseil, le Parlement européen a en effet approuvé un accord sur l'instrument de financement de la coopération au développement pour la période 2007-2013 portant sur près de 17 milliards d'euros. Les députés ont obtenu une limitation du champ d'application de l'instrument de coopération aux seuls pays en développement, que la Commission européenne souhaitait étendre aux pays industrialisés bénéficiant d'accords de préadhésion, de voisinage ou de partenariat avec l'Union européenne. Pour les députés, la politique de développement doit se concentrer sur les pays en voie de développement, conformément aux objectifs des Nations unies.

À la demande du Parlement, un outil spécifique pour financer la promotion des droits de l'homme sera par ailleurs créé. La Commission européenne s'est aussi engagée à allouer 20 % des programmes géographiques à l'éducation primaire et secondaire, ainsi qu'aux soins de santé de base.

Sur le plan administratif, une plus grande décentralisation des décisions a été lancée, en reconnaissant un rôle accru aux délégations de la Commission installées sur place. À terme, deux grands objectifs restent à atteindre :

- Une meilleure coordination de l'action de la Commission et des États membres ;
- Une meilleure gouvernance dans les pays considérés.

La montée en puissance des acteurs privés

Un phénomène nouveau est en train de se produire dans le monde de l'aide au développement qui, par le passé, ne comptait guère que des États et des ONG : plusieurs chefs d'entreprise ont commencé à mettre le savoir-faire capitaliste au service d'une forme de coopération nouvelle, à mi-chemin entre business et social.

C'est le cas notamment de la société française Danone qui, en Afrique du Sud ou au Bangladesh, cherche à distribuer ses produits de manière rentable tout en visant, en parallèle, d'autres objectifs. Ayant à l'esprit l'apport nutritionnel que représentent pour des enfants mal nourris des laitages fermentés, conscients du coût prohibitif de ces aliments et de l'impossibilité de les vendre normalement, les consommateurs potentiels n'ayant pas de réfrigérateurs, la société française a imaginé un nouveau « business model » avec des produits repensés pour coûter le moins cher possible, tout en apportant des éléments nutritionnels essentiels, un prix très bas, une exigence de rentabilité moindre et une rentablitité revue. Vendus par des femmes non qualifiées qui font du porte-à-porte avec des petites glacières, les produits frais arrivent à flux tendus aux consommateurs, jusqu'au fin fond des villages et bidonvilles. Certaines de ces opérations sont en outre financées par le microcrédit du prix Nobel de la paix Yunus, dans l'état d'esprit qui a fait son succès : permettre à chacun de se sortir de la misère dignement, par son travail, en retrouvant une utilité sociale.

L'action de Bill et Melinda Gates en Afrique via leur fondation caritative ou au Bangladesh en association avec Danone est inspirée de la même philosophie qui mêle dignité, coresponsabilité des entreprises et des aidés, techniques pointues d'étude de marché et livraison des produits à pied.

Certains ont reproché à ces chefs d'entreprise de chercher avant tout à améliorer l'image de marque de leur commerce ou de viser une plus grande mobilisation des salariés autour d'un projet qui a du sens. Ce n'est pas faux mais si cela aboutit à une *win win situation* comme disent les Anglo-Saxons, c'est-à-dire une configuration où tous les partenaires sont gagnants, pourquoi pas ? Tout ce qui permet de combattre la pauvreté mais aussi de faire prendre conscience aux gens du Nord de leur responsabilité individuelle pour une globalisation plus juste va dans le bon sens.

La responsabilité collective des occidentaux est aussi engagée : par exemple, lorsque des gestions laxistes des finances publiques, au Nord, créent des déficits budgétaires importants, les disponibilités financières mondiales ont tendance à aller dans les pays les plus solvables. Aux pays du Sud qui ont un besoin vital d'investissement, il ne reste plus que leurs yeux pour pleurer. Engager une vraie politique de codéveloppement ne pourrait se faire qu'au niveau de l'Union européenne. C'est une responsabilité morale. Il y va de la paix dans le monde de demain. C'est aussi une manière de régler les problèmes d'immigration et de délocalisation d'activités que connaît déjà l'Europe et qui, sans perspectives de croissance au Sud, iront en s'aggravant.

La maison de paille : la politique étrangère de sécurité commune

De toutes les politiques européennes, la politique étrangère et de sécurité commune (PESC, dans le jargon) est probablement celle pour laquelle l'écart entre ce que les gouvernants disent vouloir faire (une politique *commune*) et ce qu'ils font (une coordination parfois fort limitée des politiques nationales) est le plus grand. La maison légère de la diplomatie commune n'est pas de taille, en l'état actuel des choses, à résister au souffle du temps.

L'Europe de nos velléités

Après l'échec du plan Fouchet en 1962 (voir le chapitre 3), les Européens n'essaient plus de doter la Communauté de structures lourdes censées traiter de politique étrangère. Les gouvernements cherchent à avancer de manière pragmatique, en menant ce qu'on appellera la coopération politique (voir chapitre 4). Dans ce cadre informel, les États membres prennent peu à peu l'habitude de se concerter sur les questions internationales. Les directeurs des affaires politiques des ministères des Affaires étrangères se rencontrent régulièrement à leur niveau, ainsi que, de temps à autre, leurs ministres de tutelle. Un poste de correspondant européen est créé dans chaque diplomatie nationale. Relié à ses confrères par un réseau chiffré, il constitue le point focal de la coopération politique : c'est lui qui rédige ou reçoit les télégrammes entre correspondants européens appelés COREU qui deviennent la voie privilégiée d'un échange mutuel, constant d'informations.

Du début des années 1970 au traité de Maastricht en 1992, les choses en restent là. Le rapprochement, qui permet de mieux se connaître, est utile. Les Neuf puis les Douze apprennent à travailler ensemble, à aplanir certaines de leurs divergences. Un climat de confiance se crée. Quand la volonté politique y pourvoit, l'action commune porte ses fruits, par exemple à la Conférence pour la sécurité et la coopération en Europe, lors de la signature des accords d'Helsinki en 1975, ou au Conseil européen de Venise de 1980 reconnaissant aux Palestiniens le droit à l'autodétermination.

Mais le rapprochement est aléatoire, la convergence souvent superficielle. Ces mécanismes non contraignants, parfaits pour les jours calmes et les sujets mineurs, montrent vite leurs limites quand l'actualité devient plus brûlante : durant la crise pétrolière de 1973, les États européens agissent séparément. Dans les jours qui suivent la chute du mur de Berlin, un certain flottement se fait sentir, de même que lors de la désintégration de la Yougoslavie.

À Maastricht, un pas est effectué vers l'action commune : la politique étrangère et de sécurité commune voit le jour. Affolés de leur propre audace, les gouvernements décident toutefois de verrouiller les procédures afin de conserver à l'entreprise un caractère intergouvernemental. C'est pour mettre la PESC à l'abri de toute contagion communautaire que le traité crée une Union européenne composée de plusieurs piliers (la Communauté économique, avec la méthode communautaire), la diplomatie en deuxième pilier, soigneusement séparé du premier, et enfin la justice et les affaires intérieures en troisième pilier (voir chapitre 20). Si les rédacteurs du traité s'étaient mieux souvenus de Baudelaire, ils auraient su que «la nature est un temple où de vivants piliers laissent parfois sortir de confuses paroles». Et de fait, l'Union européenne ne va guère être capable de parler d'une seule voix et encore moins d'avoir des messages cohérents.

À cor et à cri, une politique étrangère commune est annoncée, mais tout est fait pour en séparer les différentes composantes, car cela placerait sous le contrôle de Bruxelles à la fois le commerce, l'aide au développement et la diplomatie classique. Les rédacteurs de Maastricht sont à des années-lumière du traité précédent qui ne portait pas pour rien le nom d'Acte unique. Le député européen Jean-Louis Bourlanges a même évoqué une «PESC imaginaire».

La lecture du traité montre en effet à quel point la démarche est contournée : l'Union se donne, entre autres, comme objectif «d'affirmer son identité sur la scène internationale, notamment par la mise en œuvre d'une politique étrangère et de sécurité commune, y compris la définition d'une politique de défense commune, qui pourrait conduire à une défense commune, conformément aux dispositions de l'article 17». Et ce dernier article d'ajouter «si le Conseil en décide ainsi». Naturellement, la matière est délicate, mais que veulent dire ces formules? En lisant ces dispositions mal rédigées qui relèvent plus du vœu pieux que d'une disposition fixant le droit positif, c'est une mise en garde de Paul-Henri Spaak qui nous revient en mémoire. Les fondateurs avaient bien vu le danger de se bercer de mots.

Spaak écrivait en effet : «Ce que je n'aime pas non plus – je suis peut-être insolent en faisant cela – ce sont les montagnes qui accouchent d'une souris. On nous dit : "Nous allons faire l'Union des peuples." Et les peuples étonnés attendent que la lumière jaillisse. Et puis on leur donne un texte et qu'est-ce que l'union des peuples? Cela consiste à faire se réunir les Premiers ministres des différents pays – je m'incline devant eux respectueusement – qui trois ou quatre autres fois par an, discuteront de politique internationale; j'ai quelque peine à expliquer à ceux qui sont vraiment européens que c'est cela l'union des peuples. J'ai peur que l'emploi des grands mots qui ne sont accompagnés d'aucune réalité ne finisse par dégrader, dans les cerveaux et dans les cœurs, la valeur de l'idéal.»

Quelques années plus tard, à Amsterdam, comme nous l'avons rappelé dans le chapitre 7, un autre pas est effectué dans la bonne direction par la création d'une sorte de «superdiplomate» européen : le secrétaire général du Conseil, haut représentant pour la politique étrangère et de sécurité commune. Ce dernier est censé «assiste(r) le Conseil pour les questions relevant de la politique étrangère et de sécurité commune, en contribuant notamment à la formulation, la mise en œuvre des décisions de politiques et, le cas échéant, en agissant au nom du

Conseil et à la demande de la présidence, en conduisant le dialogue politique avec les tiers ». Toute l'ambiguïté de sa position se reflète dans cet article 26 : s'agissant de la place de l'Europe dans le monde, il est des « le cas échéant » qui tuent…

En effet, quels que soient les mérites du titulaire du poste, Javier Solana en l'occurrence, indéboulonnable depuis les origines, ce haut représentant est dans une position inconfortable : rattaché au Conseil des ministres, il n'a aucun lien avec la Commission, dont plusieurs commissaires sont pourtant chargés de l'action extérieure, du commerce, de l'aide au développement. Les relations se passent bien parce que les titulaires successifs de ces postes sont constructifs, mais l'état du droit ne leur facilite pas la tâche.

Le haut représentant n'agit que sur mandat du Conseil, sans que la répartition des rôles avec la présidence tournante et avec les États ayant une tradition diplomatique affirmée (Royaume-Uni, Allemagne et France notamment) ne soit vraiment clarifiée. En vertu des traités, c'est toujours la présidence tournante du Conseil qui « représente l'UE pour les matières relevant de la politique étrangère et de sécurité commune ». C'est elle qui exprime les positions communes dans les enceintes internationales (Nations unies par exemple).

La PESC n'est donc pas organisée selon les principes communautaires ; de *commune*, elle n'a guère que le nom puisqu'elle se borne à organiser une coordination des actions nationales. Des actions communes sont censées être menées, sur la base de positions communes qui lient les États membres, mais le plus souvent le consensus se fait sur le plus petit dénominateur commun. Parfois, comme on l'a vu début 2003 à propos de l'intervention américaine en Irak, il n'est même pas recherché : à ce moment-là, Français et Allemands ont tenté d'imposer leurs vues aux autres qui, par mesure de représailles, ont apporté un appui médiatique et politique significatif aux États-Unis. Depuis cette division de l'Europe en deux camps, l'UE élargie s'est un peu retrouvée sur des positions intermédiaires. Depuis, chacun a tiré les leçons de ces querelles assez puériles. Il n'en demeure pas moins qu'aucun mécanisme ne garantit qu'à l'avenir, sur un autre sujet majeur, les Européens ne se divisent pas à nouveau.

Si le traité prévoit que les États membres qui sont aussi membres du Conseil de sécurité de l'ONU se concertent et veillent à défendre les positions et intérêts de l'Union, ces obligations ne font l'objet d'aucun contrôle ni, en cas de violation, d'aucune sanction. Les membres permanents du Conseil de sécurité (France et Royaume-Uni) ont même obtenu que ces obligations de solidarité communautaire se conçoivent « sans préjudice des responsabilités qui leur incombent », en vertu de la charte des Nations unies.

Pour l'opinion publique européenne, la confusion est grande : durant la décennie des années 1990, une purification ethnique a eu lieu à notre porte, en ex-Yougoslavie, sans que la politique étrangère commune n'ait pu défendre les valeurs communes, ni séparer les frères ennemis. Massivement favorables à la conduite d'une véritable politique diplomatique européenne, les Européens contemplent la réalité sans comprendre les raisons de l'impuissance collective. Les sondages effectués à la demande de la Commission ou pendant la

Convention ont fait apparaître les attentes des Européens en matière d'action externe. Les dernières enquêtes d'opinion Eurobaromètre de 2006 (n° 251) comme l'enquête Eurobaromètre Flash sur la France n° 178 ne dérogent pas à la règle: 77% des citoyens réclament par exemple une politique étrangère et de défense européenne.

Un sondage annuel publié par une ONG américaine impartiale, The German Marshall Fund of the United States, intitulé «*Transatlantic trends*», fait ressortir également que plus de 70% des Européens (anciens et nouveaux États membres confondus) trouvent «souhaitable» que l'Union européenne «exerce un fort leadership dans les affaires internationales». Une majorité des sondés, y compris dans les pays atlantistes comme les Pays-Bas ou le Royaume-Uni, répondent qu'ils désirent une Europe ayant une approche plus indépendante des Etats-Unis. Sans doute l'effet repoussoir de Georges W. Bush joue-t-il désormais en faveur de l'Europe, mais les taux sont impressionnants.

L'Union européenne, par une certaine impuissance, les déçoit. Pour mettre fin à la guerre en Bosnie, ce sont les Américains qui convoquent les parties au conflit – et les Européens – sur la base de Dayton en 1995. Douze ans plus tard, alors que nos valeurs sont de nouveau bafouées, l'UE n'est guère plus efficace face à l'Iran: le président Ashmadinedjad se déclare prêt à acquérir l'arme nucléaire tout en niant la Shoah et en souhaitant rayer Israël de la carte. En face, les Européens mènent un étrange ballet diplomatique tantôt à trois (France, Allemagne, Royaume-Uni), tantôt à 27, en envoyant leur haut représentant Javier Solana, sans obtenir des concessions significatives de l'Iran. Si les Américains se sont ralliés à nos vues, c'est sans doute autant à cause de leur enlisement en Irak qui empêche d'envisager une action militaire que pour la vertu des solutions que prônent les Européens.

Le sondage précité du German Marshall Fund fait en effet apparaître que si, dans la plupart des États membres de l'UE (France et Allemagne notamment), près de 70% des sondés refusent de considérer que la guerre peut être nécessaire pour obtenir la justice, la proportion est à peu près inverse aux États-Unis. Cela montre combien le «logiciel» mental des Européens est proche, malgré les différences apparentes.

Par ailleurs, en Chine et en Inde, les États européens abordent les marchés juteux et les gouvernements en ordre dispersé. Ainsi, ni au Moyen-Orient, ni dans les puissances émergentes, les Européens n'apparaissent comme une entité politique organisée, capables de défendre leurs valeurs et de contribuer de manière décisive à des solutions pacifiques. Tout se passe comme si l'Union européenne faisait le choix délibéré de ne pas exister sur la scène mondiale.

Tous les groupes de travail qui, pendant la Convention européenne, se sont penchés sur ces questions ont souligné le manque de cohérence de l'action extérieure des Européens. En séparant la politique commerciale, l'aide au développement, la diplomatie environnementale d'un côté et la diplomatie tout court de l'autre, en refusant de reconnaître à l'UE la personnalité juridique internationale, en sacralisant le rôle des diplomaties nationales tout en ajoutant à celles-ci un «Monsieur PESC» (ou haut représentant) qui a pu souvent être utile mais ajoute encore à la confusion des rôles, l'UE gaspille ses chances. Pourtant, quiconque connaît l'histoire de l'intégration communautaire (notamment tous ceux qui ont lu *L'Europe pour les Nuls*, chapitre 1 et suivants) peut comprendre pourquoi ça coince.

Le mauvais Monnet chasse le bon

En lisant le chapitre 1, vous avez appris que la CEE est née du constat fait par Jean Monnet à la Société des nations, puis en juin 1940, pendant la débâcle : tant que la souveraineté est sacralisée, tant que des représentants de chaque État peuvent interrompre une discussion par la seule évocation de leur intérêt national étroitement défini, aucune coopération durable n'est possible. Et pour faire aboutir l'intérêt général, il ne suffit pas de s'en remettre à la bonne volonté politique, changeante comme une plume au vent (comme disait Verdi des femmes, anticipant sur la politique étrangère et de sécurité dite commune).

Encore faut-il se doter de mécanismes permettant de donner la priorité à l'intérêt général sur les intérêts nationaux, c'est-à-dire de procéder à une analyse objective de l'intérêt européen commun et de rejeter le droit de veto. Tout ce que nous avons fait pour l'économie devrait nous inciter à procéder autrement pour l'action externe. Le retour aux anciennes méthodes produit ce que nous pouvions prévoir : l'inefficacité. L'échec est tellement patent, le diagnostic tellement facile à poser qu'il y a de quoi s'interroger sur la lucidité européenne !

Si le haut représentant commence fort à propos à élaborer des analyses stratégiques pour l'UE entière (notamment, en 2003, une stratégie commune), le mode d'élaboration de ce texte ressemble au célèbre sketch de Fernand Raynaud : «Ici on vend des belles oranges pas chères.» À force de faire disparaître des détails gênants pour les uns ou les autres, on aboutit à une analyse stratégique assez édulcorée. La comparaison des différentes versions de ce document montre ce risque, même si le résultat final demeure méritoire, en l'état actuel des mentalités.

Enfin, le refus de recourir au vote majoritaire – seul mécanisme permettant d'espérer agir rapidement à 27 – condamne l'action européenne à l'impuissance. À l'inverse, il est évident qu'une politique étrangère, compte tenu de sa force symbolique et de ses conséquences concrètes politiques, économiques, culturelles, ne peut être imposée de force, par le jeu de mécanismes juridiques inappropriés.

Mais cette constatation ne doit pas devenir prétexte à ne rien faire. Un rapprochement des positions peut et doit être recherché de manière plus active afin que le passage à une politique effectivement commune ne soit plus un drame et que l'intervention éventuelle du vote ne soit pas vécue comme une humiliation. C'est sur les esprits que le plus grand travail doit être accompli, en faisant prendre la mesure des changements rapides qui affectent le monde, en démontrant inlassablement la perte d'influence relative des États membres, même des plus grands d'entre eux, et la voie à un recours au vote majoritaire, dans des conditions de crispation moins grandes.

Même si les sondages doivent toujours être considérés avec précaution, voici une réponse encourageante pour l'édification d'une PESC véritable intégrée. À la question «L'Union européenne devrait-elle avoir son propre ministre des Affaires étrangères, même si [votre pays] n'est pas toujours d'accord avec les positions prises?», la plupart des sondés répondent oui. Ainsi, 69 % des Français interrogés, 65 % des Allemands, 71 % des Italiens, mais aussi 67 % des Polonais et même 52 % des Britanniques seraient prêts à voir leur pays mis en minorité!

Comme on pouvait s'y attendre, les taux sont plus bas pour la question: «Si l'Union européenne devait décider d'utiliser la force militaire, [votre pays] devrait-il se soumettre à cette décision, même s['il] n'est pas d'accord?» Mais ils restent encore étonnamment élevés (57 % en France, 66 % en Allemagne, 54 % en Italie, 57 % au Royaume-Uni et 40 % en Pologne).

Une contribution franco-allemande à la Convention prônait le recours au vote majoritaire en matière d'action externe. Mais, au fond d'elles-mêmes, nombre d'élites nationales jouent contre la montre, en essayant de retarder l'inéluctable. Comme disait un conventionnel à propos des diplomates nationaux censés négocier leur disparition programmée: «On ne demande pas à la dinde de préparer Noël.»

Des blocages qui peuvent être surmontés

L'incapacité à avancer est le produit de différents phénomènes qui devraient être abordés séparément. L'histoire joue son rôle: pour toutes nos nations, souvent anciennes, s'affirmer sur la scène internationale a longtemps été constitutif de l'identité nationale. Vouloir défendre sa spécificité, ses intérêts n'est pas illégitime; reste à définir selon quelles modalités. Invoquer la coutume et l'usage condamne à rester prisonnier d'une vision statique de l'histoire. Au motif qu'elles l'avaient déjà fait par le passé, France et Allemagne, «ennemis héréditaires», auraient pu continuer à s'étriper au lieu de faire l'Europe ensemble. Bienheureux nos prédécesseurs qui ont rompu avec la pratique antérieure des conflits récurrents!

Si nous nous en donnions la peine, nombre de nos réflexes nationaux pourraient aussi disparaître. Naturellement, l'histoire a fait les Européens différents: les traumatismes liés à la colonisation, la diversité des rapports aux États-Unis, l'existence d'affinités géographiques ou culturelles sont autant d'éléments de divergences objectives qu'il ne s'agit pas de nier. Un enseignement moins cloisonné de l'histoire (comme l'a entrepris le premier manuel franco-allemand, rédigé cinquante-six ans après la déclaration Schuman – voir chapitre 21) et une approche systématiquement prospective et commune des problèmes permettraient toutefois de mieux faire apparaître nos intérêts communs.

À ce jour, l'Europe, ce sont des individus formés dans des schémas nationaux, dressés à défendre des intérêts nationaux qui, sur le tard et à la marge, tentent soudain de faire une politique étrangère commune et s'étonnent d'avoir du mal à y parvenir… Plus nous gardons la loupe focalisée sur les divergences en les prenant pour des réalités insurmontables, plus il sera difficile d'avancer ensemble. Pour que la PESC vive, il serait temps que nous entrions dans une démarche plus radicalement européenne et donnions la priorité à l'expression des intérêts communs.

Tous nos États sont soumis à la pression forte que représentent la globalisation, l'émergence de puissances nouvelles, la raréfaction des ressources, etc. Quels que soit nos passés respectifs, nous avons en commun l'incertitude de notre avenir. Et c'est en raison des risques qu'il nous fait courir qu'une maison plus solide doit être bâtie.

La géographie ne saurait être niée, surtout dans une Union élargie où différents centres d'intérêts coexistent : la vision de l'Amérique du Sud d'un Espagnol restera durablement différente de cette d'un Balte, qui lui-même entretiendra encore longtemps une relation particulière avec la Russie. Mais cette diversité peut aussi être tournée en atout : dans l'UE élargie, il y a toujours quelqu'un qui connaît mieux telle zone ou, au contraire, peut y être vu comme neutre et servir plus aisément de médiateur. Mettons ensemble nos talents, cherchons des économies d'échelle au lieu de dupliquer des services diplomatiques de moins en moins bien dotés, pratiquant le saupoudrage d'influence.

Enfin, l'absence de frontières du projet européen a créé ces dernières années une incertitude à laquelle il est urgent de remédier. Avant de définir une politique étrangère commune, encore aurait-il fallu commencer par définir où débute le monde « étranger ». Il est en effet frappant que les années censées être celles de la construction de la PESC ont vu le nombre des États membres passer de 12 à 27, avec des perspectives d'élargissement plus vastes encore. Nous reviendrons au chapitre 21 sur ces questions de frontières et d'appartenance. Retenons à ce stade que, pour la définition d'une politique étrangère commune, ne pas avoir de frontières est contre-productif. Cela ne signifie pas que l'Union européenne doive devenir une forteresse, naturellement.

L'erreur de logique a d'ailleurs été poussée jusqu'à son comble, ces dernières années, par ceux qui vendaient l'élargissement de l'UE comme le plus grand succès de sa politique étrangère (un expert anglais, Robert Cooper, par exemple). Cette approche cannibale, qui consiste à tant aimer les partenaires étrangers que le seul rapport avec eux consiste à les avaler, a montré ses limites. À 27, la saturation se fait sentir. Les autorités communautaires elles-mêmes (Commission et Conseil européen), sous la pression des opinions et de la crise constitutionnelle, prônent une pause. Elle sera salutaire pour les citoyens qui, à ce jour, ne se retrouvent plus dans « l'UE lycra » (extensible à l'infini) qu'on a essayé de leur vendre et dans l'ambiguïté qu'on disait constructive. Elle sera plus opportune encore pour l'élaboration d'une PESC enfin conçue comme marquant la limite entre le dedans et le dehors.

Rappelons d'ailleurs les sondages précités, qui, à condition de se doter d'un calendrier par étapes, donnent bon espoir d'aboutir au terme d'un processus par étapes : malgré toutes les sensibilités différentes nées de l'histoire ancienne ou des traumatismes de la guerre froide, de la géographie ou des angoisses face à l'expansion de l'Europe, les populations convergent. Et c'est bien l'essentiel.

Les chantiers à ouvrir

Aucune politique étrangère et de sécurité commune véritable ne verra le jour sans la mise en œuvre d'un calendrier de rapprochement permettant, à terme, de dépasser la coopération pour parvenir à l'intégration. Cessons de nous raconter des histoires : aux yeux des tiers, nous existons en tant qu'Européens quand nous sommes organisés en Européens, c'est-à-dire quand un représentant unique s'exprime au nom de tous, quand chacune des entités qui composent l'UE a renoncé à son droit de veto. Qu'on l'appelle fédéralisme ou pas, voilà le seul chemin viable. Le reste n'est qu'illusion d'Europe.

Le traité constitutionnel allait dans ce sens, en prévoyant, pour la première fois, la création d'un ministre européen des Affaires étrangères, rattaché à la fois au Conseil et à la Commission, doté d'un service diplomatique commun. En dotant l'Union de la personnalité juridique, il permettait d'envisager une adoption plus rapide d'accords internationaux, accroissant ainsi la crédibilité européenne. Il est capital que ces progrès ne soient pas perdus en raison des non français et néerlandais qui n'ont pas porté sur ces matières.

Même en l'absence de ce texte, des progrès ont été accomplis. Aux Nations unies, sur l'immense majorité des sujets, les Européens votent de concert, entraînant derrière eux un nombre considérable d'autres États. L'Union européenne est ainsi devenue le partenaire majeur de l'Assemblée générale. Mais cette victoire quantitative ne doit pas masquer les désaccords persistant sur les sujets qualitativement décisifs.

La grande bataille de la politique étrangère et de sécurité commune sera gagnée – ou perdue – au Conseil de sécurité. Et à cet égard, c'est l'attitude de la France qui sera décisive :

- ✔ Ou notre pays reste sur des lignes conservatrices consistant à défendre ses droits, envers et contre tout, dans un système en perte de vitesse, et alors notre influence, en apparence intacte, déclinera en réalité assez rapidement par discrédit jeté sur l'organe lui-même ;
- ✔ Ou la France contribue à une évolution de la conception de l'État, admettant de mettre, de manière progressive, cet atout au service de l'Europe ; elle jouera alors un rôle infiniment plus important dans l'évolution du monde.

Naturellement, pour des motifs politiques et juridiques tirés de la Constitution nationale comme de la charte des Nations unies, un État membre permanent du Conseil de sécurité ne peut, du jour au lendemain, céder ses prérogatives à d'autres États ou à l'Union européenne. Mais si la politique étrangère et de sécurité commune doit un jour exister, ce siège doit être partagé. Le sacrifice ne serait pas plus grand que celui accompli par les Allemands lorsqu'ils ont cédé le Mark pour faire l'euro. Il relèverait de la même prise de judo que celle consistant en 1950 à tendre la main aux Allemands.

S'il paraît prématuré de franchir ce pas à 27, sans convergence de nos positions dans l'UE élargie, commençons justement avec notre partenaire le plus proche, l'Allemagne, qui, pour des raisons historiques évidentes n'est pas membre de ce Conseil à titre permanent. En menant avec les Allemands une politique intégrée à New York (par la fusion des missions de représentation auprès des Nations unies par exemple), en combinant au niveau gouvernemental et parlementaire, à titre expérimental, nos procédures de décision, nous pourrions tester les difficultés, échafauder des solutions, acquérir une expérience utile. Le but de cette expérimentation ne serait pas d'exclure les autres partenaires européens au profit d'un illusoire directoire des deux, mais de mettre en incubation, en vue de l'élargir ensuite, une coopération qui, à ses débuts, doit être menée à petite échelle.

Il y a là matière à un gros travail de laboratoire, notamment en raison de toutes les questions inédites que pose une prise de décision collective en situation de crise. Faisons de notre siège de membre permanent le lieu d'innovations diplomatiques au service de l'Europe et du multilatéralisme mondial. Nous serons plus crédibles qu'en attendant que la convergence des 27 tombe du ciel…

Sur le fond, cela suppose que nous perdions quelques-unes de nos illusions françaises récurrentes. Cette Union ne sera jamais le contrepoids aux États-Unis dont ont rêvé certains Français depuis le général de Gaulle (non sans avoir confié aux Américains le soin d'assurer leur propre sécurité). Mais elle sera probablement plus autonome par rapport à Washington que ne le pensent d'autres peuples européens (Anglais, Baltes ou Polonais notamment), car il est dans la nature des institutions politiques, surtout dotées d'un tel poids politique, de s'émanciper. Et l'émancipation de l'Europe induirait des changements aux États-Unis dont nous ne mesurons pas l'impact aujourd'hui, exactement comme l'euro a suscité le respect américain dès lors qu'il est devenu réalité.

Si le plus vieux continent du monde marquait de manière éclatante son attachement au multilatéralisme, s'il donnait un signal aussi tangible de la désacralisation de l'État au profit d'une vision plus efficace des rapports internationaux, ce serait un pas de géant dans la gestion publique des questions posées par la globalisation, qui, toutes, transcendent les frontières nationales. Que ce soit pour la défense de l'environnement, la lutte contre les grandes pandémies ou l'éradication du terrorisme, l'organisation cloisonnée du monde n'est pas la réponse adéquate. À ce stade, nul ne saurait dire ce qu'il adviendrait, mais ce dynamisme, cette hardiesse dans l'innovation pourrait redonner un nouveau souffle au projet européen aujourd'hui enlisé dans le doute.

La défense en marche

Après le traumatisme engendré par l'échec de la Communauté européenne de défense en 1954 (voir chapitre 2), l'idée de créer des forces armées intégrées européennes est abandonnée pour longtemps. C'est dans l'OTAN que s'effectue le réarmement allemand. Tout au long de la guerre froide, l'Alliance assure la défense collective de l'Occident. La disparition de l'URSS n'aboutit pas non plus à l'émergence d'une défense européenne, les démocraties du Centre et de l'Est de l'Europe cherchant immédiatement auprès des États-Unis et de l'Alliance atlantique, le parapluie dont elles ont besoin. L'Europe pour la prospérité économique, l'Amérique pour la sécurité. Elles ne mettent pas tous leurs œufs dans le même panier !

La leçon de l'ex-Yougoslavie

Ce sont malgré tout les évolutions géostratégiques des années 1990 qui aboutissent à la relance du dossier militaire européen : avec l'éclatement de la Yougoslavie en juin 1991 commence une période tragique où l'instabilité et la purification ethnique sont pratiquées en Europe.

Bosnie : l'histoire tragique d'un échec européen

Au départ, les États-Unis et l'OTAN refusent d'intervenir. C'est une force composée sous l'égide des Nations unies (Forpronu), comptant dans ses rangs de nombreux militaires européens (notamment des Français, des Britanniques, mais aussi des Néerlandais) qui s'interpose sur le terrain. Mais, malgré sa présence sur place, elle est impuissante à empêcher le massacre de Srebrenica. Certains Casques bleus sont même pris en otages par les Serbes. La guerre fait au total des dizaines de milliers de morts, des réfugiés fuient vers l'Union européenne, l'Allemagne et l'Autriche notamment en accueillent des centaines de milliers.

Les États-Unis finissent par reprendre les choses en mains : en 1995, ils enferment les protagonistes du conflit sur une base de l'Ohio (Dayton) et parviennent à obtenir un accord. Les Européens, conviés à participer, ont à peine leur mot à dire. La leçon de la Bosnie est sévère : l'Europe a suscité des attentes qu'elle n'est pas en mesure de satisfaire. Incapable d'assurer la stabilité à ses portes, elle doit subir des flux de réfugiés et se plier aux décisions d'une Amérique qui fait la preuve de son leadership.

Les yeux des Européens s'ouvrent. Après l'échec en Bosnie, la nécessité de pouvoir intervenir dans ce qu'on appelle la «gestion des crises» ne fait plus de doutes. L'enjeu des discussions entre ministres de la Défense n'est plus la défense territoriale des États européens, mais la projection de troupes sur des théâtres d'opération extérieurs. La progression va se faire par étapes.

Vers une force d'intervention rapide

Lors de la conclusion du traité de Maastricht, comme nous l'avons rappelé, la perspective d'une possible défense commune est évoquée. De nombreuses divergences existent toutefois entre les États membres. Pour la plupart des gouvernements européens (Grande-Bretagne, mais aussi Pays-Bas, Danemark et Allemagne pour ne citer que ceux-ci), le cadre de l'action militaire, c'est l'Alliance atlantique. Tout embryon de défense européenne devrait renforcer l'OTAN. La France, tout en jouant à l'OTAN un rôle plus actif que la plupart des hommes politiques nationaux ne l'avouent publiquement, souhaiterait au contraire que l'Union de l'Europe occidentale (UEO) devienne le bras armé de l'Union européenne, dans une certaine autonomie par rapport à l'Alliance. Enfin, plusieurs États membres sont neutres (Irlande, bientôt rejointe par les trois États entrés dans l'UE en 1995, Finlande, Autriche, Suède).

Cette diversité n'a pas que des inconvénients : elle permet aussi d'aborder certaines questions avec un regard différent ou de jouer des rôles de tiers neutre. Les Nordiques notamment ont une grande expérience à cet égard.

Dans cette dialectique UEO/OTAN, la défense européenne avance un peu en crabe : en 1992, lors d'une réunion sur la «colline inspirée» du Petersberg, près de Bonn, la Communauté élargit considérablement le champ théorique de ses missions : elle pourra désormais accomplir des missions humanitaires de secours et d'évacuation des ressortissants, des missions de maintien de la paix et même des opérations de rétablissement de la paix, impliquant la participation à des combats.

En droit, la légitimité d'interventions extérieures européennes est ainsi affirmée. En pratique, les moyens opérationnels font largement défaut. Seuls deux pays possèdent à la fois une certaine quantité de moyens militaires mobilisables et l'expérience de la projection de forces sur des théâtres extérieurs : ce sont le Royaume-Uni et la France.

En 1996, c'est du côté de l'OTAN que vient un assouplissement important : lors du Conseil de Berlin, l'OTAN accepte la création en son sein d'une «identité européenne de sécurité et de défense». Le rapprochement souhaité par le président Chirac en 1995 n'a pas abouti au retour de la France dans les structures militaires intégrées, mais les relations sont malgré tout plus confiantes que par le passé. Les événements en Bosnie ont contribué à persuader les Américains de la nécessité que les Européens assument de plus grandes responsabilités. Ils réclament sans cesse aux Européens un *burden sharing* (partage du fardeau). Naturellement, de nombreuses ambiguïtés et arrière-pensées subsistent : cette « identité » reste entourée d'un grand flou. Les Américains l'acceptent sans doute d'autant plus volontiers qu'elle n'a pas de contenu. Selon les Européens, elle recouvre des conceptions différentes. Elle permet cependant de lever un verrou psychologique.

L'étape décisive de Saint-Malo

Le renversement décisif est opéré en décembre 1998 quand les Britanniques et les Français concluent, à Saint-Malo, un accord tendant à doter l'Union européenne « d'une capacité autonome d'action, appuyées sur des forces militaires crédibles ». La démarche est pragmatique à plusieurs titres.

Au lieu de s'enliser dans des discussions sans fin sur des structures politiques et des objectifs abstraits, Britanniques et Français s'attaquent au concret : pour intervenir à l'extérieur, les déclarations de Petersberg, c'est bien, mais des soldats entraînés et correctement équipés, c'est mieux. On décide aussi que la question de la relation avec l'OTAN sera traitée au cas par cas.

Ce geste en faveur de l'Europe dans le domaine de la défense qui restera durablement intergouvernementale, bien à l'abri des velléités de communautarisation, est tout bénéfice pour Tony Blair, récemment élu, soucieux de faire évoluer les mentalités en Grande-Bretagne et de remettre son pays dans le *driving seat* européen. Alors que ses chances d'organiser à brève échéance un référendum sur l'euro sont minces, il reprend habilement la main. En France, certains veulent saisir cette chance, quand d'autres se réjouissent avant tout de rééquilibrer la relation franco-allemande à l'heure où le chancelier Schröder est lui-même tenté de se rapprocher de Londres. Enfin, Tony Blair rêve de jeter le pont incontournable entre les États-Unis et l'Union européenne qui placerait le Royaume-Uni au centre du jeu transatlantique. Sans renoncer, ainsi, à la *special relationship*.

L'Allemagne s'engage

Peu à peu, sous l'effet du mouvement européen, l'Allemagne, jusque-là astreinte à une grande retenue (*Selbstbeschränkung*), va accepter de prendre plus de responsabilités. En juillet 1994, la Cour constitutionnelle fédérale prend une décision capitale pour l'avenir de toute action militaire européenne : elle autorise l'intervention de troupes allemandes en dehors de la zone couverte par le traité de l'Atlantique Nord, à condition que l'envoi des soldats soit avalisé par le Bundestag. Lors du Conseil européen de Cologne en juin 1999, l'Allemagne, qui longtemps n'a même pas possédé un état-major national, rejoint l'accord de Saint-Malo.

Au second trimestre de la même année, au Conseil européen d'Helsinki, la présidence finlandaise concrétise les choses (ce sont les neutres qui permettent à l'Europe de la défense d'avancer) : l'Union européenne s'engage à être en mesure, à partir de 2003, de déployer en soixante jours, pour une durée de un an, une force de réaction rapide de la taille d'un corps d'armée (60 000 hommes environ). Ce corps sera constitué par des apports de différents États membres qui devront tous indiquer l'ampleur de leur contribution. À titre national, la France s'est engagée à en fournir environ 12 %. L'Eurocorps, né de l'élargissement de la brigade franco-allemande, a vocation à être impliqué dans ce type d'opérations. Il sera engagé dans les Balkans.

Le plus intéressant consiste dans l'engagement pris par les Européens de doter ces forces de capacités de commandement, de contrôle, de renseignement et de logistique. La logique des engrenages chère aux pères fondateurs est enclenchée : une première coopération concrète en appelle d'autres, et ainsi de suite…

À Feira, en 2000, il est décidé que des arrangements permanents permettront à l'Union européenne d'avoir accès aux moyens de l'OTAN. Au Conseil européen de Nice de décembre 2000, la création d'un centre satellitaire européen est acquise. Il sera implanté en Espagne, à Torrejon, et permettra à l'UE de disposer d'informations indispensables pour agir de manière autonome.

Des uniformes au Conseil

Des institutions nouvelles sont aussi créées à Helsinki et Nice :

- **Le comité politique et de sécurité (COPS) :** composé de diplomates ayant rang d'ambassadeurs, ce comité, qui a son siège à Bruxelles, examine l'ensemble des questions liées à la politique étrangère et de sécurité commune. Il peut être amené à exercer la responsabilité stratégique d'opérations et adresse à ce titre des directives au comité militaire.
- **Le comité militaire de l'Union européenne :** des officiers représentant les chefs d'état-major des armées formulent des recommandations militaires au COPS. En cas de crise, ce comité donne des instructions à l'état-major de l'UE.
- **L'état-major de l'UE :** composé d'officiers, il est chargé de la planification stratégique, des missions de Petersberg, de l'analyse des situations et, le cas échéant, de l'alerte rapide.

À Bruxelles, dans le bâtiment du Justus Lipsius où siège le Conseil des ministres, l'évolution de la dernière décennie est perceptible. Dans les couloirs, on croise des officiers en uniforme. C'est un changement majeur dans un bâtiment où jusqu'il y a peu de temps, il était plus question de petits pois, de taux d'intérêt de l'euro et de vaches allaitantes. L'Europe politique a fait un sacré détour, mais elle a fini par avancer…

En réalité, cette évolution ne supposait rien de moins que de tourner la page de la Seconde Guerre mondiale! Aussi l'un des pas les plus décisifs est-il été franchi, non pas à Bruxelles mais en Allemagne, quand le gouvernement rouge et vert accepte la participation de troupes allemandes à des opérations décidées par l'OTAN, sans aval des Nations unies, au Kosovo. Dans la foulée l'Allemagne participe à la force de stabilisation en Bosnie, aux opérations de l'OTAN en Macédoine et même, après les attentats du 11 septembre, à des opérations de l'OTAN en Afghanistan. Non sans s'émanciper des États-Unis sur l'affaire de l'Irak.

L'échange le plus symbolique de la montée en puissance de l'Europe est celui qui oppose le ministre allemand des Affaires étrangères Joschka Fischer à son homologue américain Donald Rumsfeld durant la grande rencontre annuelle des spécialistes mondiaux de la défense de février 2003 (Wehrkunde). À celui qui cherchait à entraîner les Européens sur les chemins hasardeux de la guerre en Irak, le ministre allemand répond avec force: «*I am not convinced.*» L'authenticité a des accents que la langue de bois n'imite jamais… Le jour où tous les Européens seront capables de tenir bon comme Joschka Fischer, non pas en opposition aux Américains, mais en vertu de leurs convictions et de leur propre analyse, l'Europe diplomatique aura chaussé ses bottes de sept lieues.

Chapitre 20

Le pont sur la rivière JAI

C'est d'abord par les trois lettres JAI (prononcer «jaille»), pour «justice et affaires intérieures», que le traité de Maastricht, en 1992, a désigné le nouveau champ de coopération offert aux États membres. Dans la jungle foisonnante des droits nationaux, le grand train de l'intégration européenne avance à vive allure, véhiculant à la fois d'extraordinaires opportunités et des risques sérieux : les mouvements de personnes au sein du grand marché sans frontières favorisent le développement d'activités licites et illicites. En parallèle, à l'échelle globale, les migrations s'intensifient, entraînant des afflux de populations étrangères légales ou illégales, elles aussi amenées à circuler librement d'un État membre à l'autre.

Il y a quelque chose du fameux film à suspense de David Lean, *Le Pont de la rivière Kwaï*, dans la course à laquelle se livrent d'un côté les autorités publiques attelées à construire la coopération des justices et des polices et, de l'autre, les trafiquants et autres criminels qui abusent de la liberté qui leur est offerte pour faire prospérer leurs commerces douteux. Les frontières sont en effet abolies pour tout le monde, sauf pour les polices nationales et l'exécution des décisions de justice !

Pour prendre un exemple concret, la situation actuelle permet à une Française qui n'a pas réglé son loyer pour la location d'une maison en Allemagne, condamnée à ce titre outre-Rhin par la justice, de rentrer tranquillement dans son pays d'origine sans pouvoir y être inquiétée. La somme, élevée pour le propriétaire privé allemand, ne justifie pas pour autant le déclenchement d'une procédure d'exequatur qui rendrait la décision allemande exécutoire en France.

À l'évidence, le choix qu'ont fait les gouvernements de l'Union européenne de créer un marché fondé sur la liberté où les frontières sont abolies sans qu'aient d'abord été prévues une justice européenne et des forces de sécurité communes crée un déséquilibre. Ce déséquilibre n'est pas le fruit de la fatalité mais d'une frilosité des gouvernements nourrie par l'ancienneté du monopole de la violence légitime de la police, par le caractère régalien de la justice (qui, aux temps de Saint Louis, était rendue en personne, par le roi, sous un chêne...) et par le poids des traditions et rituels juridiques de nos États.

Tous ces obstacles n'offrent cependant pas une excuse valable à la pusillanimité actuelle de nos gouvernants. Car le résultat de ce souverainisme larvé, c'est une prime au crime: victimes de leurs rigidités, les États n'ont pas la flexibilité des mafias, ni leur aptitude à travailler en réseau. Les proxénètes, terroristes, receleurs, trafiquants de drogue, marchands de corruption et de contrefaçons ne peuvent que se féliciter du maintien des barrières nationales entre les polices et les justices!

Ces dernières années, des progrès ont été accomplis, significatifs, mais qui restent en deçà de ce qui serait nécessaire. Ainsi, à Maastricht, la justice et les affaires intérieures sont regroupées dans ce qu'on appelle le troisième pilier. Peu à peu (notamment à partir du traité d'Amsterdam en 1997), l'Union tend à être considérée comme un «espace commun de liberté, de sécurité et de justice».

Cela étant, comme pour la fameuse politique étrangère et de sécurité *commune*, l'Union se gargarise de mots: dans cet espace, on est loin d'avoir mis en place des juridictions européennes, un droit européen et un parquet européen aux compétences étendues. Il s'agit plutôt de gérer un peu mieux les conséquences de l'ouverture du grand marché, en admettant une harmonisation marginale, un peu plus de reconnaissance mutuelle des décisions de justice et des structures de coopération embryonnaires, comme Europol et Eurojust, dont le fonctionnement n'est pas opérationnel et dépend largement du bon vouloir des États.

Aujourd'hui, au terme d'un processus qui a compté plusieurs étapes, la coopération est plus ou moins intégrée selon les domaines. Trois blocs peuvent être identifiés:

- **La politique européenne de contrôle aux frontières, de délivrance de visas, du droit d'asile et des conditions d'entrée et de séjour des étrangers:** elle relève largement du niveau européen.
- **La coopération judiciaire en matière civile:** elle est rendue nécessaire par l'augmentation du nombre des mariages mixtes et des divorces entraînant des questions de garde d'enfants, mais aussi par la conclusion d'un plus grand nombre de contrats civils entre Européens de plus en plus mobiles. Intégrée dans le premier pilier, elle obéit toutefois à des règles qui restent en deçà des pratiques communautaires éprouvées.
- **La coopération judiciaire en matière pénale, assortie de la coopération policière:** indispensable en raison de la recrudescence des activités criminelles transfrontières (trafics de drogue, traite d'êtres humains, prostitution, etc.), elle reste intergouvernementale et constitue le troisième pilier résiduel.

La dernière-née des politiques européennes

Le traité de Rome n'aborde ni les questions de police, ni celles relatives à la justice. S'il effleure la matière, c'est pour demander aux États membres de faciliter la reconnaissance et l'exécution des décisions de justice et des sentences arbitrales qui ne manqueront pas de se multiplier avec l'augmentation des échanges. Dans ce silence, les gouvernements de la CEE commencent, à partir des années 1970, à créer des groupes de travail informels. Les activités terroristes des Brigades rouges en Italie, de la Rote Armee Fraktion en RFA, poussent à une meilleure coopération des États membres. Ainsi, c'est à Rome qu'est mis en place en 1975 le groupe Trevi, afin de permettre aux responsables des polices nationales de se concerter sur le terrorisme mais aussi sur la criminalité organisée et l'ouverture des frontières.

LE SAVIEZ-VOUS ?

Le rêve de Trevi

Le premier cercle de coopération informelle portait le nom de la célèbre fontaine de Rome mais ne fantasmez pas, c'est en raison d'un acronyme comme les fonctionnaires en ont le secret (Terrorisme, Radicalisme, Extrémisme, Violence internationale). À moins que, dans un bureau, un technocrate facétieux ait voulu évoquer la scène de *La Dolce Vita* où Marcello Mastroianni entre dans l'eau pour embrasser la pulpeuse Anita Ekberg... On le comprend, rêvons un peu.

Schengen : défense et illustration de l'avant-garde

En 1985 est conclu à Schengen (au Luxembourg) un accord d'une grande importance qui vise à permettre le libre franchissement des frontières prévu par le traité de Rome mais largement entravé. Les signataires prévoient des mesures compensant la disparition des contrôles aux frontières, des règles dans le domaine de la libre circulation des personnes et une coopération policière et judiciaire accrue.

D'abord conclu à cinq seulement (Allemagne, France, Belgique, Pays-Bas et Luxembourg), l'accord de Schengen est conçu comme un moyen d'aller plus vite à quelques-uns, de défricher, en petit comité, une matière complexe. À terme, sa vocation est de s'appliquer à tous les États membres de la CEE, comme en atteste la Convention d'application des accords de Schengen signée en 1990. Depuis le traité d'Amsterdam, malgré des dérogations accordées au Royaume-Uni, à l'Irlande et au Danemark, ce qu'on appelle l'acquis de

Schengen fait partie du corpus des règles de l'Union. Les nouveaux États qui ont rejoint l'UE en 2004 ont dû l'incorporer dans leurs droits, même s'ils ne bénéficieront de la libre circulation qu'au terme d'une période transitoire. À l'heure où certains s'effarouchent à l'idée que certains pays puissent, au sein de l'UE, former une avant-garde, il est bon de rappeler ce précédent fructueux.

ATTENTION !

L'Europe à la carte

Voici un petit jeu d'addition et de soustraction européen : Allemagne, Autriche, Belgique, Espagne, Finlande, France, Grèce, Islande, Italie, Luxembourg, Norvège, Portugal, Pays-Bas, Suède appliquent les dispositions de l'acquis de Schengen dans leur intégralité. Notons que la Norvège et l'Islande ne sont pas des États membres, mais ont été associés à cause de l'existence d'une union nordique des passeports. Un accord spécial a été passé avec la Suisse, pour l'appliquer en partie. Irlande et Royaume-Uni ont obtenu des dérogations plus ou moins poussées. Le Danemark, lui, bénéficie d'une position sur mesure, une sorte de Schengen à la carte. Les nouveaux États membres de l'UE (Chypre, Estonie, Hongrie, Lettonie, Lituanie, Malte, Pologne, République tchèque, Slovaquie, Slovénie) n'appliquent pas encore pleinement les dispositions de l'acquis de Schengen. Par conséquent, ces États ne délivrent toujours pas de visa Schengen uniforme. L'acquis de Schengen ne fera pas l'objet d'une application intégrale par les nouveaux États membres avant fin 2007.

Moralité : l'Europe à la carte existe déjà. Elle présente l'avantage de permettre à certains d'avancer plus vite et l'inconvénient de permettre aux autres de se dérober aux obligations de réciprocité intégrale que comporte en principe la coopération communautaire.

Maastricht : et l'UE créa la JAI

Après Anita Ekberg, c'est un rêve lointain de Brigitte Bardot qui passe (*Et Dieu créa la femme*)… Mais revenons à nos moutons. Comme nous l'avons déjà indiqué (notamment aux chapitres 6 et 19), le traité de Maastricht qui crée l'Union européenne introduit aux côtés du premier pilier communautaire, un deuxième pilier relatif à la politique étrangère et de sécurité commune, ainsi qu'un troisième pilier qui couvre les questions de justice et d'affaires intérieures (titre VI du traité UE). C'est donc à 1992 que remonte l'avènement officiel de ces matières. Les débuts sont modestes puisqu'il s'agit plus de reprendre ce qui a déjà été accompli entre gouvernements que d'appliquer à ces matières la méthode communautaire. On est loin de créer une justice ou une police de l'Union européenne.

S'agissant de la JAI, l'expérience consistant à apprivoiser progressivement des matières sensibles pour les amener à entrer peu à peu dans le cadre communautaire s'est toutefois révélée plus probante que pour la politique étrangère et de sécurité commune.

Amsterdam: l'avènement d'un espace de liberté, de justice et de sécurité

Dès la négociation d'Amsterdam, la nécessité est apparue de faire passer dans le premier pilier un certain nombre des matières qui en avaient été soigneusement écartées de prime abord: c'est le cas notamment des politiques d'asile, d'immigration et la coopération judiciaire en matière civile. Le changement d'approche, lié à la prise de conscience qu'un espace de libre circulation appelle des garanties équivalentes en matière de sécurité et de justice, est significatif. Le transfert se fait cependant avec de nombreuses réticences, sans que la méthode communautaire ne soit appliquée. C'est au mieux un glissement progressif vers le communautaire. Juridiquement, ces politiques se trouvent soumises à une sorte d'entre-deux. Ce progrès est toujours bon à prendre, mais il ne simplifie guère les choses. Bien malin le citoyen qui s'y retrouve! Même les experts ont parfois du mal à savoir où ils en sont.

À Amsterdam, un calendrier contraignant est également adopté. Il prévoit par exemple qu'au bout de cinq ans, les États s'engagent à reconnaître à la Commission un droit d'initiative exclusif qui constitue l'une des caractéristiques de la méthode communautaire. Ce détail peut paraître technique mais la rédaction, par la Commission, d'avant-projets de textes constituant une synthèse des traditions juridiques et des positions des États membres fait gagner beaucoup de temps. En revanche, même après l'entrée en vigueur du traité d'Amsterdam, la matière reste régie par l'unanimité. Avec le nombre actuel d'États dans l'UE, c'est un gros handicap.

Lors de la première présidence finlandaise en 1999, le Conseil européen réuni à Tampere fait significativement progresser le dossier «liberté, justice, sécurité». La Commission se voit confier un rôle de pilotage.

Un chantier inachevé

Notons toutefois, avec tristesse, que toutes les objurgations de la Commission se sont révélées moins efficaces que les attentats du 11 septembre 2001. C'est aux méfaits de M. Ben Laden que les Européens doivent l'adoption, en un temps record, du mandat d'arrêt européen qui traînait depuis des années dans les cartons! Cette accélération n'a d'ailleurs pas empêché certains gouvernements, une fois l'émotion retombée, de mener encore quelques combats d'arrière-garde (Silvio Berlusconi craignant pour sa propre personne, la Cour constitutionnelle fédérale allemande pour la protection des nationaux allemands menacés, selon des juges quelque peu nationalistes, dans leurs droits fondamentaux par… la justice espagnole!).

Pourtant, ce mandat d'arrêt est vraiment indispensable pour que les frontières intraeuropéennes théoriquement abolies ne continuent pas à protéger des individus douteux: faute de mandat d'arrêt européen, ce sont en effet des demandes d'extradition qui sont requises, ce qui allonge les procédures pénales et rend leur issue incertaine. Ainsi, des trafiquants de viande frelatée ont pu, pendant la crise de la vache folle, couler des jours paisibles en se réfugiant en Belgique à quelques kilomètres de la frontière française.

C'est aussi faute de mandat d'arrêt européen que les Britanniques, longtemps indulgents envers les islamistes, ont empêché la justice française de suivre son cours à l'encontre d'un terroriste présumé, Rachid Ramda, proche du GIA algérien, impliqué dans une vague d'attentats meurtriers à Paris. De 1995 à 2001, les autorités britanniques, faisant preuve alors d'une extrême complaisance vis-à-vis des islamistes, refusait son extradition arguant de risques de «traitement dégradant» en France. Seuls les attentats du 11 septembre 2001 ont conduit le ministre de l'Intérieur David Blunkett à reprendre le dossier et ordonner l'extradition, sans que la procédure aboutisse. Encore une fois, le nationalisme profite au crime.

Pour Robert Badinter, ancien garde des Sceaux, Européen convaincu, «la justice paraît devoir être, dans les années à venir, un domaine privilégié des progrès de l'Union européenne». Il déplore que, malgré l'existence de juridictions européennes qui existent à Luxembourg, «il n'existe pas de justice européenne, c'est-à-dire un ensemble organisé d'institutions, de procédures qui assurent aux citoyens de l'Union, dans toute l'Union, une garantie identique de leurs personnes, de leurs biens et de leurs droits subjectifs». Pour lui, un pas décisif sera franchi le jour où les États accepteront qu'advienne «une justice *de* l'Union européenne et non plus seulement une justice *dans* l'Union européenne».

Et Robert Badinter, qui a été membre de la Convention, de rappeler qu'en matière de justice et d'affaires intérieures plus peut-être que dans d'autres domaines, le traité constitutionnel comportait de sérieux progrès. Citons notamment:

- La création d'un mécanisme d'évaluation de la mise en œuvre par les États des politiques de l'Union dans l'espace de justice, associant les Parlements nationaux;
- Le passage à la codécision, c'est-à-dire à la majorité qualifiée du Conseil et après vote du Parlement européen, des textes qui relèvent de la coopération judiciaire en matière civile (l'unanimité maintenue pour le droit de la famille, ayant une incidence transfrontalière, peut être transformée en majorité qualifiée sans révision du traité, grâce à une clause dite passerelle);
- L'harmonisation de certains aspects de la procédure pénale comme le régime des preuves, les droits des personnes, les droits de victimes.

L'absence de ratification du traité constitutionnel représente, à cet égard, une perte considérable. Les partisans du non, qui n'en ont sans doute pas tous conscience, se sont rarement flattés d'avoir fait ainsi le jeu de tous ceux, criminels ou trafiquants, que l'absence de l'Europe de la justice et de la police arrange.

La politique de libre circulation, d'immigration, d'asile

Les accords de Schengen ont ouvert une brèche symbolique d'une importance majeure : pour les États, maîtriser l'accès à leur territoire en verrouillant les frontières était en effet l'une des prérogatives régaliennes les plus farouchement défendues.

La libre circulation

Les rêves de jeunesse se réalisent parfois à une échelle internationale… Le chancelier Kohl, pour montrer son attachement à la réconciliation et à l'édification de l'Europe politique, a souvent raconté qu'adolescent, il avait arraché les poteaux frontaliers qui séparaient son Land (la Rhénanie-Palatinat) de la France. En 1985, les accords de Schengen ont été signés sous son autorité. Et depuis 1995, les frontières ne sont plus qu'un souvenir entre les États membres de l'espace Schengen.

Sur l'autoroute qui relie Paris à Bruxelles, des guérites rouillent au milieu des herbes folles. Entre les Pays-Bas, la Belgique et l'Allemagne, à Aix-la-Chapelle, ancienne capitale de Charlemagne, nul ne sait très bien où se situe la ligne qui sépare les trois pays. Elle traverse une usine. Des services de premier secours communs aux trois pays ont même été mis en place… Dans les aéroports et les ports maritimes, les vols et liaisons « intérieurs » ne donnent plus lieu à des contrôles. Des files séparées permettent aux voyageurs Schengen de gagner un temps fou.

À tous ceux qui râlent contre « l'Europe de Bruxelles », il est bon de rappeler ces petits bonheurs de tous les jours qui profitent aussi bien au transporteur routier qu'à l'homme d'affaires et au touriste. Dans le monde entier qu'on dit globalisé, la norme la plus fréquente, ce sont des visas et des contrôles policiers au moindre franchissement de frontières. Entre le Mexique et les États-Unis, un mur est même en train d'être construit. Les Européens ne mesurent plus leur bonheur de se balader ainsi…

Pour les situations particulières, des mesures de limitation de la libre circulation peuvent, à titre exceptionnel, être prises. La Convention d'application des accords de Schengen permet que des contrôles aux frontières puissent être rétablis quand l'ordre public ou la sécurité nationale l'imposent. Ainsi, lors de manifestations majeures où des rassemblements importants de foules sont attendus, comme le sommet du G8 à Gênes en juillet 2001, qui a donné lieu à d'immenses manifestations « *No global* » ou lors de la Coupe du monde de football en Allemagne à l'été 2006, où les autorités fédérales redoutaient l'arrivée de hooligans, l'Italie ou l'Allemagne ont fait jouer cette clause. La France en a également fait usage un temps pour mieux endiguer le trafic de stupéfiants en provenance des Pays-Bas, ce que les autorités néerlandaises, fort libérales en matière de drogues dites douces, ont peu apprécié.

En contrepartie de cette ouverture du territoire des pays adhérant à Schengen, les contrôles sont reportés aux frontières externes qui revêtent de ce fait une importance particulière. Douanes et polices effectuent aussi des contrôles impromptus à l'intérieur du territoire national. À l'arrivée du train à grande vitesse Thalys, en provenance d'Amsterdam, de Bruxelles ou de Cologne, des brigades de douaniers et de policiers continuent à assurer leur mission de surveillance. Des brigades volantes font de même sur l'ensemble du territoire national. Un système d'information mutuel dit Système d'information Schengen (SIS) permet également l'échange d'information entre polices nationales (voir encadré).

Pas de coopération, dites-vous ? Mais SIS !

Le Système d'information Schengen consiste en une gigantesque base de données informatique comportant des informations sur des personnes (par exemple un individu recherché) ou des biens (par exemple une œuvre d'art volée). Il est accessible à tous les douaniers, policiers et autres fonctionnaires habilités (par exemple du ministère des Affaires étrangères pour la délivrance des visas). Chaque pays nourrit la base qui comporte désormais des millions de données et peut consulter les informations l'intéressant. La gestion technique de la partie mise en commun a été confiée à la France depuis Strasbourg.

Le registre SIRENE (supplément requis à l'entrée nationale) comporte des informations à destination des polices. La conduite à tenir n'est pas laissée à la discrétion de l'agent qui opère une vérification positive : au contraire, de nombreuses procédures sont prévues et codifiées par les accords de Schengen. Ainsi, l'harmonisation de la réponse européenne à un cas donné est mieux assurée.

La perspective de l'augmentation du nombre des États susceptibles de se servir du SIS a entraîné une réforme et le passage à un système de deuxième génération.

Les pays périphériques exercent, pour le compte de tous, une fonction régalienne dans l'intérêt général européen. Pour certains d'entre eux, notamment les nouveaux États membres de l'Est, c'est une lourde tâche, alors que des États plus riches, mieux dotés, se retrouvent dépourvus de frontières externes. C'est notamment le cas de l'Allemagne fédérale qui, à part un petit bout de frontière avec la Suisse, se trouve confortablement entourée d'États tampons… Alors que la Pologne a à elle seule à surveiller trois frontières externes avec la Russie, l'Ukraine et le Belarus. La Roumanie a pour elle les frontières avec l'ex-Yougoslavie, l'Ukraine et la Moldavie, où de nombreux trafics, notamment de la traite d'êtres humains sont, hélas, très développés.

Un temps, l'idée d'une police des frontières communautaire a été évoquée. Elle a été écartée en raison de son caractère très intégrateur. Mais sous l'effet conjugué des pressions migratoires au Sud (Italie, Espagne notamment) et des trafics de l'Est, le projet ressurgira peut-être. Une agence de gestion de la coopération aux frontières est censée répondre aux besoins les plus urgents que pose la surveillance conjointe des frontières externes.

Des visas harmonisés

La libre circulation dans un espace commun suppose des règles harmonisées d'octroi des visas pour les ressortissants de pays tiers appelés à y entrer. Pour les courts séjours, l'harmonisation a été relativement aisée. Un visa Schengen uniforme permet à son bénéficiaire de circuler librement, pendant trois mois, sur l'ensemble du territoire européen concerné. Ce sont les consulats des États membres dans les pays tiers qui les délivrent, en respectant des conditions communes et des spécifications techniques harmonisées. Grâce à une vignette commune, la falsification a été rendue très difficile.

L'affaire des visas délivrés à la légère par le consulat d'Allemagne en Ukraine qui a failli coûter cher au ministre vert Joschka Fischer en 2005 montre bien combien l'accès à l'espace Schengen a des incidences sur d'autres États membres : c'est au Portugal qu'une grande partie des Ukrainiens entrés avec un visa « allemand » ont fini par se retrouver… Quelque 298000 visas délivrés en 2001, contre 141200 en 1998, voilà qui aurait pu mettre plus tôt la puce à l'oreille du ministère allemand.

Pour les séjours plus longs et l'immigration, l'harmonisation est jugée plus complexe. Dans tous les pays européens, la question est sensible : les gouvernements oscillent entre une attitude réservée fondée sur la difficulté à intégrer, dans de bonnes conditions, les populations étrangères et une certaine ouverture justifiée par le souci de compenser le manque de jeunes et de main-d'œuvre. C'est pourquoi la question de la politique de l'immigration n'a pas été traitée dans la Convention d'application de Schengen. C'est avec Maastricht et Amsterdam qu'elle a fait son apparition dans le champ européen.

Une politique européenne des migrations

Lorsque des étrangers sont autorisés à demeurer sur le territoire d'un des États membres de l'espace Schengen, ils peuvent, sinon en droit du moins en fait, circuler librement d'un État membre à l'autre. Des règles communes sont donc indispensables.

La liberté de circulation relativise les concepts tels que l'immigration choisie. L'effet des décisions de nos partenaires se fait sentir chez nous comme nos décisions peuvent avoir des répercussions chez eux : lorsque le gouvernement de Zapatero régularise des centaines de milliers d'étrangers entrés irrégulièrement en Espagne ou que Romano Prodi fait de même en Italie, les intéressés peuvent ensuite facilement aller s'installer en France ou en Belgique…

Les États membres ont donc dû se doter de règles communes en matière d'entrée et de séjour des migrants légaux (y compris le regroupement familial, source principale d'immigration en Europe à l'heure actuelle) comme ils ont dû affronter ensemble les mesures à prendre envers les clandestins. Ainsi, des règles d'éloignement et de sanctions sont prévues, y compris la signature d'accords de réadmission avec les pays tiers.

Dans ce domaine, l'asile constitue une politique à part. Depuis la Seconde Guerre mondiale, les États ont veillé à assurer un refuge aux personnes poursuivies. Le texte de base en la matière est la convention de Genève de 1951. Au début des années 1990, avec la guerre en ex-Yougoslavie, le nombre des demandes d'asile a beaucoup augmenté. D'autres conflits l'ont aussi fait progresser (en Turquie en raison des poursuites contre les Kurdes, au Sri Lanka à cause de la rébellion tamoul, en Afrique en raison de la situation au Rwanda ou au Congo).

L'un des paradoxes de cette matière tient à ce que les demandeurs circulent librement dans l'espace européen tandis que les régimes juridiques diffèrent considérablement d'un État membre à l'autre, la convention de Genève laissant aux États une certaine marge d'appréciation (par exemple du caractère plus ou moins sûr d'un pays). Traditionnellement, certains pays comme l'Allemagne, les Pays-Bas ou le Danemark offraient des conditions favorables aux demandeurs. Devant l'afflux de population, la RFA a durci son approche et accorde maintenant moins facilement l'asile.

Cela étant, comme l'affaire du centre de Sangatte, dans le Pas-de-Calais, l'a prouvé, la principale motivation des demandeurs d'asile lorsqu'ils circulent dans l'espace Schengen est de rejoindre une partie de leur famille ou de leur communauté d'origine, susceptible de les aider à s'implanter. Il n'y a pas de mesures vraiment dissuasives face à des individus prêts à risquer leur vie pour atteindre le but d'un voyage qui a souvent commencé dans des conditions très périlleuses.

Un gros effort de rapprochement a été mis en œuvre par les États membres afin de déterminer, en cas de demandes multiples, l'État membre responsable du traitement d'une demande d'asile. La Commission a aussi cherché, non sans mal, à proposer des normes minimales communes concernant l'octroi et le retrait du statut de réfugié. Mais ces questions sont, dans tous les pays, très délicates et l'avancée est lente.

La coopération en matière civile

L'augmentation des échanges de marchandises et la libre circulation des personnes ont multiplié les affaires relevant de ce que les experts appellent le droit international privé. Qu'il s'agisse d'une livraison défectueuse par-delà les frontières entre des pays A et B ou d'un accident de camion immatriculé dans le pays C conduit par un chauffeur dont la nationalité est celle de D, heurtant trois véhicules de E, F et G, les cas pittoresques ne manquent pas.

D'un droit conventionnel à un embryon dans le traité...

Pour éviter des situations inextricables, les États membres ont conclu en 1968 une convention dite de Bruxelles qui tentait déjà de régler un certain nombre de questions telles que le recouvrement des créances par des entreprises exportatrices.

Avec l'article 65 du traité d'Amsterdam, «les mesures relevant du domaine de la coopération judiciaire dans les matières civiles ayant une incidence transfrontière» entrent dans le champ communautaire, du moins «dans la mesure nécessaire au bon fonctionnement du marché intérieur». En clair, cela signifie que des règles communes peuvent être édictées pour régler des questions de procédure : en pratique, une réglementation européenne peut régler les conflits de lois et de compétences, organiser la coopération pour l'obtention des preuves, améliorer la notification des actes de justice, etc. Le but est de rendre les régimes des différents États membres, souvent élaborés de manière cloisonnée, plus compatibles les uns avec les autres.

... le problème reste entier

Ces rapprochements en matière de procédure laissent subsister des divergences sur le fond du droit (c'est-à-dire des divergences quant aux règles applicables, selon l'État membre considéré) qui ne sont pas sans incidence sur la procédure ou la manière dont les magistrats prennent leurs décisions. D'où les lacunes du système mis en place.

Pour résumer, l'Union demeure trop souvent cantonnée dans des mécanismes de reconnaissance mutuelle des décisions de justice, de facilitation, quand il faudrait pouvoir rendre exécutoire, sans exequatur, des décisions prises dans un autre État membre et lever toutes les barrières judiciaires nationales. Les questions les plus délicates ne sont pas tellement celles qui touchent au droit des obligations (contrats et autre formes d'accords entre parties) que celles touchant au droit de la famille et de la personne, comme on l'a vu avec de nombreux cas douloureux de divorces entre conjoints français et allemands. Conditions de la séparation, versement des pensions alimentaires, garde des enfants, sur tous ces sujets les différences juridiques se doublent de parti pris culturels persistants qui, après des décennies d'intégration communautaire, sont assez consternants.

Les évolutions en zigzags, d'un pays européen à l'autre, du droit de la famille, notamment sur des questions comme le mariage homosexuel ou l'adoption d'enfants par des couples homosexuels, sont susceptibles aussi de poser de grandes difficultés pour la reconnaissance mutuelle des décisions de justice.

La coopération policière et judiciaire en matière pénale

Même si le traité UE a fait entrer cette matière dans le champ d'action européen, elle remonte pour l'essentiel à l'accord de Schengen.

La coopération policière

L'un des principes précieux pour les polices est le droit de continuer une poursuite sur le territoire d'un autre État membre, notamment en cas de flagrant délit ou d'évasion. Aux frontières, des sortes de commissariats communs, regroupant des policiers de plusieurs nationalités, ont été mis en place.

Par ailleurs, la création d'Europol a jeté les bases d'une coopération plus intégrée des polices. Lancée en 1991, cette idée n'a finalement abouti qu'en 1999. Cette institution fonctionne comme une sorte de service de renseignement des polices européennes : les polices nationales sont censées l'informer des affaires ayant un caractère transfrontière.

Elle présente essentiellement deux défauts. Le premier, c'est de dépendre entièrement du bon vouloir des polices nationales. Si celles-ci ne veulent pas céder des informations sensibles, le système tourne à vide. La présence d'officiers de liaison venus du pays d'origine est censée offrir des garanties, mais la confiance tarde à venir. Le second, plus fondamental encore, tient au caractère limité des prérogatives de cet organe. Contrairement au FBI américain, Europol n'a aucun pouvoir opérationnel. L'Union européenne, une fois encore, a hésité à franchir le pas de l'efficacité : elle ne s'est pas dotée d'une véritable police judiciaire européenne.

La coopération judiciaire

Au début des années 2000, des conventions ont été adoptées pour simplifier l'entraide judiciaire en matière pénale, faciliter les échanges directs entre autorités judiciaires, permettre les enquêtes sur plusieurs États, etc. Mais leur entrée en vigueur est subordonnée à des ratifications en nombre suffisant.

Traditionnellement, lorsqu'un État A demandait à un État B une extradition par exemple, l'État B disposait d'une marge d'appréciation et ne s'exécutait qu'une fois ses propres juges intervenus, avec des aléas (voir *supra* l'affaire Ramda). Afin d'accélérer les choses, à Tampere, il a été décidé de recourir à la reconnaissance mutuelle des décisions de justice. Celle-ci consiste, lorsqu'un juge de l'État A a pris une décision sur la base de critères fixés au niveau européen, à ne plus permettre à l'État B de tergiverser. La décision du juge de A doit être exécutée par les autorités de B. A et B constituent, avec leurs autres partenaires de l'UE, un espace judiciaire unifié.

Le texte emblématique en la matière est celui relatif au mandat d'arrêt européen : une fois émis un tel mandat par le pays A, le pays B doit remettre la personne recherchée dans les meilleurs délais. Les questions traditionnellement épineuses de double incrimination et d'intervention des autorités administratives (qui justifiaient, en France, le contrôle du Conseil d'État) sont éliminées.

Enfin, dans ce domaine aussi, un organe intégré a été créé : Eurojust. Installé à La Haye, il possède, à l'inverse d'Europol, quelques compétences collégiales ; celles-ci sont toutefois très limitées. Il est fâcheux qu'en dépit des analyses concordantes du Parlement européen et de la Commission, la création d'Eurojust, initiée lors du sommet de Tampere en 1999, se soit bornée à établir un organe de liaison des parquets nationaux, et non pas un embryon de parquet européen. Cette situation reflète le refus persistant des États à se dessaisir de la prérogative de l'action publique, même pour les cas d'atteinte aux intérêts financiers de l'Union européenne ou dans le cadre de la lutte contre la criminalité organisée par-delà les frontières. Sur cette perspective, même le traité constitutionnel était d'une grande prudence : si l'éventualité de créer un parquet européen à partir d'Eurojust est mentionnée, elle reste soumise à l'unanimité ce qui, à 27 équivaut à un enterrement durable.

L'avant-garde nécessaire

S'il est un domaine où les États membres qui continuent de croire dans la nécessité d'une Europe forte qui ne fait pas le jeu des criminels devraient aller de l'avant, c'est bien celui de la justice et de la police. Les progrès à 27 sont si lents, les demandes de dérogation touchent à des matières si essentielles au regard de la philosophie du traité de Rome, que ces États devraient avancer sans états d'âme, exactement dans l'esprit qui a présidé aux accords de Schengen.

La seule voie qui semble ouverte aujourd'hui pour des progrès en matière de justice et de sécurité à la hauteur des enjeux est celle des coopérations renforcées : le traité de Nice permet en effet en toute légalité des avancées à quelques-uns. Pour y parvenir, l'accord de huit États suffit. C'est même l'un des rares sujets sur lesquels le traité de Nice est plus favorable que le traité constitutionnel qui, lui, exige de recueillir l'accord du tiers des États membres.

L'existence d'une grande similitude de vues entre les pays ayant en partage la tradition du droit romano-germanique permet d'envisager des progrès rapides. En font partie les six fondateurs, ainsi que les pays de l'ancien Empire austro-hongrois, ce qui permettrait d'atteindre sans difficultés ce chiffre de huit. Comme pour Schengen, l'objectif serait moins d'exclure certains partenaires que de prendre acte de leur refus d'avancer. Il serait paradoxal que l'obstruction de quelques gouvernements minoritaires prive les Européens d'avancées indispensables, dans un domaine où l'intégration n'est pas un luxe mais une condition de préservation de notre État de droit et de notre sécurité.

Cinquième partie
Les défis de demain, les raisons d'espérer

Dans cette partie…

Nous arrivons au terme de notre voyage européen. En principe, sauf si vous avez fait semblant de lire *L'Europe pour les Nuls* pour attirer les paparazzis vers votre compagne en maillot de bain, vous devriez commencer à y voir plus clair.

Sur la révolution douce accomplie par les pères fondateurs, vous êtes incollable. Vous savez que la paix n'est pas tombée du ciel mais de la priorité donnée, de manière volontariste, aux intérêts communs des Européens sur les intérêts nationaux. Et que nous vivons fort bien depuis que nous avons librement consenti à partager notre souveraineté. Vous connaissez dans le détail les principales réalisations communes, notamment l'euro, la politique de concurrence, la politique commerciale, mais il ne vous a pas échappé que l'Union européenne n'a pas encore le réseau ferroviaire dont rêvait Victor Hugo, ni une politique économique qui crée la croissance promise lors du lancement de la monnaie unique. Elle n'a pas non plus de politique étrangère commune à proprement parler. Quant à l'espace de liberté, de justice et de sécurité, il est assez vide pour l'instant.

En 2007, cinquante ans après la signature du traité de Rome, l'Union européenne se trouve donc entre deux chaises. L'édification d'une puissance publique européenne est en cours mais, au moment de franchir les ultimes étapes, les gouvernements renâclent, les élites se carapatent. Alors que l'État nation n'est plus en mesure d'agir seul, elles refusent de donner à l'Europe les moyens de prendre le relais. D'où la perplexité des peuples qui entendent des sons de cloche discordants. Complexe par nature, inachevée, attaquée par ceux qui sont censés la promouvoir, l'Union européenne est devenue le punching-ball d'Européens stressés, vieillissants, qui manquent terriblement de confiance en eux.

Ils n'ont pourtant aucune raison de douter d'eux-mêmes. L'héritage de leurs pères est immense: l'Europe est le seul continent où une paix durable a été instaurée entre vieilles nations ennemies, le seul continent où une innovation politique majeure a été mise en œuvre: la méthode communautaire. Tant qu'elle a été utilisée, les résultats ont suivi; c'est depuis qu'elle a été sournoisement abandonnée, à Maastricht en 1992, que l'Union européenne marque le pas.

L'Europe est enfin le seul continent où la démocratie supranationale, indispensable pour gérer les grands dossiers de demain, tous transfrontières (la protection de l'environnement, la lutte contre le terrorisme, l'expansion des droits de l'homme et de la démocratie), a été expérimentée à grande échelle. L'Europe, ce n'est pas le monde idéal, mais c'est déjà un sacré progrès!

Ces dernières années, l'arrivée massive de nouveaux membres a accaparé une grande partie de l'énergie. Dans la précipitation, un certain nombre d'erreurs ont été commises. Des décisions brouillonnes ont été prises, sans réflexion préalable, dans une crainte absurde du débat public. L'Europe a dit qu'elle faisait sans faire, a fait sans oser dire, a promis sans tenir. C'est dommage, mais, dans le fond, ce n'est pas si grave si nous reprenons rapidement pied.

Un nouveau départ suppose de s'attaquer à cinq chantiers: définir les frontières de l'Union, forger un sentiment d'appartenance, donner à l'Union les moyens institutionnels et financiers d'agir, oser la géométrie variable et, pour la France, savoir ce qu'elle veut (ce qui n'est peut-être pas le plus simple…).

Chapitre 21

L'Europe, de l'Atlantique à l'Irak?

L'Europe s'est fondée sur le refus des frontières, des barrières. Par essence, l'Europe est rapprochement. Mais une Union européenne sans limites heurte le bon sens. Il est temps pour les Européens d'oser poser les bornes de leur Union. Même si la légende veut que Romulus ait tué Remus en délimitant les fondations de Rome, l'exercice consistant à déterminer les frontières devrait pouvoir être mené sereinement. Il n'est pas forcément agressif envers les tiers, il n'empêche pas la poursuite d'un échange amical, mais doit aboutir à la perception d'un dedans et d'un dehors. En tout cas, il serait naïf de croire encore que l'absence de frontières sera durablement profitable.

L'accumulation de tabous et de non-dits invite à sortir de l'ambiguïté, l'incertitude qui alimente la peur étant plus préjudiciable que la décision, quelle qu'elle soit. Vivre sans savoir de quoi demain sera fait est souvent source d'angoisses. De Napoléon, Tocqueville écrivait: «ce qui a réduit [les autres princes] au désespoir, c'est moins ce qu'ils souffraient que l'incertitude perpétuelle de leur avenir et l'attente effrayante de quelque chose de pire encore».

Dans la crise actuelle, la détermination des frontières est sans doute la première des mesures à prendre. À l'automne 2006, Commission et Conseil européens ont fini par l'admettre: l'Union européenne a besoin de marquer une pause dans les élargissements. Aussi longtemps que la crise constitutionnelle n'est pas réglée, aussi longtemps que l'Union à 27 (nous étions 12 en 1994!) n'aura pas repris son souffle, il n'y aura pas de nouvelles adhésions.

Où en est-on ?

L'Union européenne compte 27 États depuis le 1er janvier 2007. Turquie et Croatie sont des candidats avec lesquels l'UE négocie depuis octobre 2005. Depuis décembre 2006, les négociations avec la Turquie sont toutefois partiellement gelées, en raison du refus des autorités turques d'honorer un de leurs engagements (consistant à étendre à Chypre l'accord d'Union douanière signée en 1995 avec l'UE). La vocation européenne des Balkans a été reconnue au Conseil européen de Thessalonique en 2003, mais les négociations n'ont pas été ouvertes.

Pour les pays qui ne sont pas concernés par l'adhésion (rive sud de la Méditerranée, Moyen-Orient) ou en tout cas pas à brève échéance (Ukraine, Moldavie), une politique européenne de voisinage a été mise en place à partir de 2003. Des plans d'action négociés avec chacun des États concernés permettent de développer avec eux des coopérations concrètes (par exemple en matière d'environnement, de justice et de police, pour favoriser les échanges d'étudiants ou de commerce). En revanche, ils n'accèdent pas aux institutions et ne deviennent pas formellement membres.

Pour en arriver à la décision de bon sens de faire une pause tout en encourageant les pays intéressés à rester aussi proches de l'UE que possible, il aura fallu parcourir un chemin semé d'embûches, entre le politiquement correct des uns et le cynisme des autres.

Qui est européen ?

En principe, la réponse à toutes les questions sur l'Union européenne se trouve dans les traités. Toutes ? Sauf celles relatives aux frontières ! Un seul article (49) du traité d'Union européenne aborde indirectement la question en se bornant à dire que « peut demander à devenir membre de l'Union tout État européen qui respecte un certain nombre principes ». Ceux-ci sont énoncés à l'article 6, il s'agit de la liberté, la démocratie, le respect des droits de l'homme et des libertés fondamentales ainsi que l'État de droit. La définition de qui est « européen » ne figure nulle part.

Ce silence s'explique par plusieurs raisons. D'abord, il ne faut pas confondre l'Europe (le continent) et l'Union européenne. Restons modestes : l'entrée dans l'Union européenne n'est pas de nature, à elle seule, à conférer la qualité d'Européen. Nul ne conteste cette appartenance aux Suisses ou aux Norvégiens, qui pour l'instant ne souhaitent pas faire partie de l'UE. À l'inverse, si demain le Conseil européen, dans un de ses moments de fantaisie, décidait l'élargissement au Vanuatu ou à la Papouasie-Nouvelle-Guinée, ces pays ne deviendraient pas européens pour autant.

En revanche, il ne fait pas de doute que, pour les pères fondateurs, les pays « de l'Est » tombés par malchance du mauvais côté du rideau de fer avaient vocation à rejoindre la CEE. Pour leur génération, l'absurdité de la partition du continent était encore plus évidente que pour nous. En tout état de cause, n'oublions pas rétrospectivement le contexte très particulier des débuts de la CEE : la guerre froide était la préoccupation dominante. Cela a pu inciter à ouvrir certaines perspectives, comme par exemple en 1963 à la Turquie, poste avancé de l'OTAN sur le flanc sud de l'URSS. La coupure de l'Europe en deux blocs rendait purement spéculatives les réflexions sur un grand élargissement.

Enfin, il n'existe aucune définition simple de qui est européen. De la chute de l'Empire romain aux Lumières en passant par la Renaissance et le Moyen Âge, l'histoire a incontestablement contribué à façonner l'Europe : la séparation du spirituel et du temporel, l'émergence des cités libres contre la féodalité, la victoire de la raison sur les fanatismes sont autant de caractéristiques de ce continent. L'historien Jacques Le Goff, rejoignant des analyses d'Alexis de Tocqueville frappé par la similitude des évolutions de la société « de la mer d'Irlande aux confins de la Pologne », fait remonter au Moyen Âge la naissance de l'Europe. Mais à elle seule, l'histoire n'épuise pas le sujet.

La géographie n'offre pas non plus de réponse toute faite. Ne serait-ce que parce que la matrice intellectuelle, artistique et juridique de l'Europe, c'est le monde gréco-romain, implanté tout autour de la Méditerranée, tandis que la chrétienté, qui a pris son essor au Moyen-Orient, plonge ses racines dans le judaïsme. Ainsi, ni le traité, ni l'histoire, ni la géographie, ni la culture, ni la religion n'apportent la solution simple dont certains rêvent. Il faut se rendre à l'évidence : il n'y a pas d'évidence.

Les frontières : un choix politique

Fixer les frontières de l'Union européenne constitue une décision politique. En la matière, il n'y a pas d'échappatoire, pas de réponse unique. Chaque responsable, chaque citoyen doit prendre ses responsabilités, en ayant bien conscience qu'il n'y a pas d'un côté l'erreur et de l'autre la vérité, mais différentes options présentant chacune des avantages et des inconvénients. Et aussi que la solution négative n'est pas une humiliation, sauf à considérer avec arrogance que la qualité d'Européen l'emporte sur toutes les autres.

La réponse dépend en grande partie de l'idée que l'on se fait de l'intégration européenne, de ce vers quoi tend la démarche commune. La problématique de l'élargissement aiguise l'affrontement entre les deux visions différentes de l'Union européenne que nous avons déjà eu l'occasion de rappeler.

La première est celle d'une Communauté, d'une Union ayant vocation à former un ensemble politique intégré, démocratique, dont les citoyens sont les acteurs aux côtés des États. Elle rassemble des peuples qui ont le sentiment de partager un destin, sont prêts à exercer conjointement la souveraineté et à l'exprimer au travers d'une solidarité qui finance des politiques communes. Cette Union a besoin de cohésion. Pour permettre en confiance le recours au vote majoritaire et à des institutions supranationales, elle doit rester de taille raisonnable.

La seconde est celle d'une Union mettant en réseau des États adhérant à un socle de valeurs communes, notamment la démocratie, l'État de droit et l'économie de marché, mais n'ayant pas pour ambition de constituer une entité politique nouvelle. Cette Union peut s'étendre plus largement, elle n'exige pas d'effort particulier en termes de solidarité. En son sein, les États jouent un rôle prédominant, les peuples sont une quantité négligeable. L'UE reste un outil de politique étrangère.

Ces deux visions, également respectables, ne se confondent pas. La seconde présente une certaine utilité. Elle peut permettre de stabiliser notre environnement, de diffuser certaines de nos valeurs et de développer des liens économiques, mais elle revient à renoncer aux ambitions politiques des origines. Elle est bien moins exaltante.

Ces dernières années, les gouvernants européens ont prétendu faire l'Union politique sur le modèle initial, tout en se contentant de bâtir un réseau, beaucoup moins exigeant. D'où la frustration des Européens et le malaise ambiant. C'est pourquoi il est vital de débattre enfin de la question des frontières et de la trancher, au moins provisoirement. Refuser de réfléchir aux limites de l'Europe revient à refouler la question existentielle : quelle Europe bâtissons-nous ? Et la questions corollaire : à quoi sommes-nous prêts à nous engager pour elle ?

Car la principale difficulté de l'élargissement, ce ne sont pas les candidats, c'est nous. Ils nous dérangent car ils placent devant l'Europe un miroir grossissant qui souligne nos imperfections et nos insuffisances… Il ne s'agit pas, comme on le caricature souvent, d'être « proturc » ou « antiturc », « pro ukrainien » ou « anti ukrainien », mais de déterminer ce que nous voulons faire et qui nous sommes, ce que nous-mêmes pouvons offrir aux candidats, quels que soient leurs qualités et leurs défauts… Et peut-être aussi quelle part d'Europe les candidats peuvent apporter.

Sur ce point, les Européens doivent être capables de prendre une décision souveraine. L'avis des tiers, comme les États-Unis, ne doit pas nous tenir lieu d'analyse. Nous serons infiniment plus respectés outre-Atlantique si nous sommes capables de nous déterminer seuls.

Acte manqué à Copenhague

Le plus bel acte manqué du Conseil européen depuis la fin de la guerre froide a été accompli en juin 1993 à Copenhague. En fixant les critères que devaient remplir les futurs États membres, nos gouvernants ont juste oublié… l'essentiel (sans que l'histoire dise si c'est un coup de la belle petite sirène, détournant les esprits des membres du Conseil européen comme jadis, dans l'Odyssée, ces créatures faisaient perdre la tête aux marins d'Ulysse).

Cette liste ne fait en effet aucune allusion au projet politique commun. De supranationalité, il n'est pas question. Sans doute le fait que la présidence ait été exercée par un pays assez souverainiste qui venait de rejeter le traité de Maastricht a-t-il joué. Depuis des années – et la position françaises n'est pas dépourvue d'ambiguïtés non plus – l'UE compte en son sein des partenaires qui ne partagent pas la même vision de leur destin commun.

Nous les avons rappelés dans la première partie, mais il n'est pas inutile de citer de nouveau dans ce contexte les critères de Copenhague. Ils consistent essentiellement à requérir des efforts de la part des candidats :

- ✔ En matière politique, il faut qu'ils aient «des institutions stables garantissant la démocratie, la primauté du droit, les droits de l'homme, le respect des minorités et leur protection»;
- ✔ En matière économique, «une économie de marché viable» capable de résister à la concurrence est requise;
- ✔ En matière juridique, ils doivent être capables de reprendre ce qu'on appelle dans le jargon l'acquis communautaire, c'est-à-dire les règles existantes dans l'UE.

Mais nous devons à un remords de la délégation belge, toujours l'une des plus orthodoxes (qu'elle soit louée!), le rappel des «devoirs» des anciens membres. D'où un quatrième critère rédigé de manière un peu contournée : doit être préservée «la capacité de l'Union à assimiler de nouveaux membres tout en maintenant l'élan de l'intégration». Le texte pose là un principe de bon sens : il est dans l'intérêt des candidats et de l'Union que l'entrée de nouveaux membres ne se fasse pas au détriment de l'Union européenne qu'ils rejoignent.

2005 ou le retour du refoulé

Jusqu'en 2004, gouvernants et hauts fonctionnaires chargés de faire progresser l'adhésion ont cru pouvoir faire passer les décisions d'élargissement en escamotant le débat et même en bâclant la réforme. À cet égard, la période de cohabitation de 1997 à 2002 aura été l'une des plus noires de l'histoire communautaire : décision prise en catimini de reconnaître à la Turquie le statut de candidat (à Helsinki, en 1999) ; entente franco-allemande en berne, notamment lors du grand discours de Fischer à l'université Humboldt ; pilotage désastreux des négociations de Nice, sous présidence française. Le manque d'engagement européen des élites françaises, toutes tendances politiques confondues, ne pouvait être démontré de manière plus éclatante.

Même si ce n'est pas un sujet de consolation, soulignons que, chez nos partenaires, ce n'était guère plus brillant. Comme par magie, la condition tenant à « l'élan de l'intégration » avait peu à peu disparu de la rhétorique européenne officielle. Les gouvernements et la Commission, qui, en guise de réforme institutionnelle préalable à l'arrivée des nouveaux, n'avaient été capables que de se mettre d'accord sur le plus petit dénominateur commun du traité de Nice, ne tenaient à pas à mettre en relief l'étendue de leur défaillance. Pas vu, pas pris, pensaient-ils ? En 2004, quand Günther Verheugen occupait les fonctions de commissaire en charge de l'élargissement, cette condition n'était même plus mentionnée sur le site de la Commission qui est pourtant censée être gardienne des traités.

La responsabilité de la crise institutionnelle actuelle ne doit donc pas être imputée aux derniers arrivés, mais à tous ceux qui, à l'intérieur du système, n'ont pas su le faire évoluer pour faire de cette extraordinaire victoire sur Yalta le triomphe d'une conception exigeante de l'intégration européenne.

Faute d'avoir accepté le risque de la discussion et faute d'avoir accompli les efforts nécessaires, nous avons assisté au retour du refoulé, sous la forme la plus détestable, durant la campagne référendaire autour du traité constitutionnel. Celle-ci a en effet porté, en partie au moins, sur les derniers élargissements (notamment à travers la caricature du « plombier polonais ») et ceux qui pourraient advenir (Turquie, Balkans, Ukraine).

Le plus extraordinaire, c'est que l'article 49 du traité ne nous lie pas les mains : celui-ci se borne à indiquer que les pays intéressés remplissant certaines conditions *peuvent* faire acte de candidature. Il ne dit pas que l'UE est obligée des les accueillir. Chaque adhésion est ainsi une « éventualité à considérer » (Robert Badinter) et non, comme on a tenté de le faire croire, un droit acquis reconnu au bénéfice de tous les tiers.

La manière dont les Européens ont peu à peu considéré qu'ils ne pouvaient pas dire non est confondante. La vocation principale de l'intégration européenne, n'en déplaise aux esprits pétris de « politiquement correct », n'est pas de faire le bonheur des peuples qui l'entourent, ni même de promouvoir l'État de droit et les droits de l'homme. Une autre organisation, le Conseil de l'Europe (voir chapitre 12) s'est vue assigner cette dernière tâche juste après la Seconde Guerre mondiale, et un Français, René Cassin, a joué un rôle déterminant pour la rédaction de la Convention européenne des droits de l'homme. Doté d'une Cour qui dit le droit et d'un texte enrichi d'une jurisprudence élaboré, cet organe est précieux. Or, c'est un peu le parent pauvre de l'Europe. Plus ancien que l'Union européenne, compétent sur les sujets qui font justement débat quant aux frontières (notamment la démocratisation, la stabilisation de nos voisins), il pourrait tout à fait être revigoré, dans l'intérêt de tous.

Lorsque nos gouvernants brandissent l'argument selon lequel un refus d'adhésion à l'Union plongerait les pays concernés dans le chaos, ils font bien peu de cas du Conseil de l'Europe, particulièrement outillé pour éviter un éventuel dérapage. Nos voisins sont liés par leurs engagements pris vis-à-vis du Conseil de l'Europe : quelle que soit la réponse de l'Union, leurs engagements au sein du Conseil de l'Europe et leur intérêt propre devraient les inviter à continuer à respecter droits de l'homme et démocratie. Personne ne doit être démocrate pour faire plaisir à Bruxelles.

De la part de ceux qui, depuis longtemps, combattent une conception intégrée de l'Europe, la ficelle de l'élargissement « devoir moral » et « rempart contre le chaos » est un peu grosse : certains gouvernements, non sans cynisme, ont été des partisans enthousiastes de l'élargissement parce qu'il leur a permis de joindre l'utile (la stabilisation d'une zone périphérique importante) à l'agréable (torpiller l'Europe unie dont ils n'ont jamais voulu).

Naturellement, les vagues d'adhésion ont été multiples dans l'histoire de la Communauté puis de l'Union (voir annexe A). Le fait que plusieurs d'entre elles, par le passé, aient été une réussite ne doit pas nous abuser. Elles concernaient des pays appartenant au cœur historique de l'Europe (Autriche, Espagne, Hongrie, Pologne), de plus petite taille (Irlande, Portugal, pays Baltes) et ont été accompagnées par des transferts financiers auxquels plus personne en Europe ne consentirait aujourd'hui. Enfin, elles n'intervenaient pas sur fond de crise institutionnelle aussi profonde.

Il y a un moment où, en l'absence de remise à plat, « le pays entrant marginal » comme diraient les mathématiciens, apporte la goutte d'eau qui fait déborder le vase. Nul ne peut prédire à l'avance si ce sera le pays n ou $n + 1$, mais l'extension de l'UE à l'infini est impensable. Une lassitude est d'ores et déjà perceptible. Et comme nous l'avons rappelé dans la deuxième partie, certains mécanismes originaux de la méthode communautaire requièrent une connaissance mutuelle et une confiance difficiles à créer dans un ensemble de vastes dimensions.

Dans ces conditions, continuer au motif que « au point où on en est, cela ne pourra pas être pire… » ne semble guère judicieux. C'est une fuite en avant. Dans la perspective où le processus d'adhésion se termine par un référendum, c'est même suicidaire.

Le référendum qui tue

La dernière raison pour laquelle il est important d'ouvrir le débat sur les frontières réside dans la décision prise par le président Chirac, en 2005, de faire modifier la Constitution nationale pour rendre le référendum obligatoire, à l'avenir, sur tous les traités d'adhésion (ce texte entrant en vigueur pour le premier pays adhérant après la Croatie). En Autriche aussi, il est probable qu'un référendum serait organisé.

Or l'adhésion d'un nouvel État requiert l'accord unanime de ceux qui en sont membres. Soumettre à référendum un accord conclu avec un pays qui a pu faire, des années durant, des efforts pour rejoindre l'Europe, c'est jouer avec lui à la roulette russe et placer nos partenaires européens, tardivement, devant le fait accompli. Chacun sait que, dans les consultations populaires, la réponse peut être négative pour de multiples raisons n'ayant guère de rapport avec la question posée. Pour les pays considérés, fermer la porte à ce stade, pour des motifs fantaisistes, serait peu loyal. Par retour de boomerang, en raison des frustrations créées, les Français se meurtriraient eux-mêmes. Notre pays serait stigmatisé comme «anti-x ou y».

Dans un référendum sur l'adhésion de la Turquie, le risque de rejet pour des raisons tenant au pays lui-même ne doit pas être éludé. Certaines réalités que balaient du revers de la main les «élites éclairées» sont potentiellement explosives : la religion musulmane de l'immense majorité du peuple turc au moment où la laïcité turque traditionnelle est menacée, mais aussi, par exemple, l'existence de futures frontières communes de l'UE élargie avec l'Irak et l'Iran. Ne serait-ce que pour éviter que le référendum ne dégénère en cadeau fait aux xénophobes et autres extrémistes, le tabou qui entoure la question des frontières doit être brisé.

La Commission et le Conseil ont commencé à prendre ce chemin : depuis l'automne 2006, le temps est à la pause, même si, à long terme, le Conseil a réaffirmé qu'il respecterait ses engagements notamment vis-à-vis des Balkans. Avec la Turquie, en raison du refus de ce pays d'étendre à tous les États membres actuels (dont Chypre), le bénéfice du protocole d'Ankara relatif à l'Union douanière, huit chapitres de négociation sont gelés depuis décembre 2006. Sauf changements majeurs en Turquie qui interviendront peut-être après les élections de 2007, l'hypothèse d'une autre offre européenne, un partenariat privilégié à la place de l'adhésion, devra probablement être réexaminée.

Nous n'avons pas à faire le choix de l'adhésion ou rien, de l'adhésion ou du chaos, de l'adhésion ou de relations hostiles. La politique de voisinage inventée par la Commission Prodi en 2003, qui permet de nouer des liens sur mesure avec nos voisins, de développer des coopérations concrètes sans faire entrer un État dans les institutions, est prometteuse et devrait être développée.

Chapitre 22

L'Europe existe mais se cherche

Dans ce chapitre :

▶ D'abord on fait comme si…

▶ Ensuite, on fait un peu

▶ Maintenant, il faut faire plus

Comme nous l'avons déjà rappelé, Jean Monnet voulait « unir les hommes ». Le traité de Maastricht annonce qu'il « marque une nouvelle étape dans le processus créant une union sans cesse plus étroite entre les peuples de l'Europe ». Mais en quoi consiste cette union ? Mystère et boule de gomme. Nul n'a pris soin de le dire. Et avons-nous cherché par tous les moyens à la faciliter et à l'accélérer ? Il est permis d'en douter. Voilà un domaine où tout reste à faire, ou presque.

L'accord tacite des fondateurs

Les réticences des fondateurs s'expliquent aisément. Après le traumatisme des guerres, il fallait avancer avec délicatesse. Non seulement, comme nous venons de le rappeler, ils n'ont pas fixé de frontières géographiques à la Communauté mais, en faisant un petit détour par le charbon et l'acier puis par le Marché commun pour atteindre leur but politique, ils ont pu laisser de côté ces épineuses questions. L'échec de la Communauté européenne de défense a entraîné les promoteurs de l'idée européenne à adopter un profil bas. Maurice Faure comme Robert Marjolin insistent beaucoup sur ce point dans leurs souvenirs.

Par prudence, les proeuropéens se sont donc durablement gardés d'ouvrir le dossier de l'identité européenne ou de préciser dans les traités sur quoi pourrait se fonder le sentiment d'appartenance à l'Union. Ensuite, l'attitude du général de Gaulle a conduit les plus fédéralistes à souhaiter l'entrée dans la CEE de l'Angleterre, même si celle-ci ne professait pas un attachement sans faille au projet européen, afin de faire contrepoids à la France (voir chapitre 3).

Mais le silence des fondateurs ne doit pas abuser : chez eux, il n'était pas le signe d'un vide mais bien plutôt d'un accord tacite. On parlait d'autant moins de l'essentiel dans les traités qu'il ne faisait pas de doute. En relisant leurs œuvres, leurs discours, ce qui frappe, c'est la similitude des termes employés par les uns et les autres, c'est leur profonde convergence de vues. Croyants ou non, les fondateurs avaient en partage une même conception : ils entendaient défendre la civilisation européenne dont le substrat est la chrétienté, revue et corrigée par l'esprit de liberté des Lumières.

DANS LE TEXTE

Juste après le rejet par la France de la Communauté européenne de défense, à l'automne 1954, excédé sans doute par le manque de hauteur de vue dont a fait preuve le Parlement français, Paul-Henri Spaak, agnostique de gauche, n'hésite pas à affirmer : «Ne vous rendez-vous pas compte que nous sommes les hommes d'une même civilisation qui s'appelle la civilisation chrétienne ? Et quand nous aurons tous disparu et qu'on ne pensera plus à aucun d'entre nous, dans le recul des temps on saura tout de même qu'ensemble, c'est cette aventure là que nous avons vécue.» Étrange prise de position qu'on attendrait plutôt dans la bouche d'un Robert Schuman, catholique fervent, ou de ses coreligionnaires De Gasperi ou Adenauer. Mais telle était l'époque. Le général de Gaulle aussi considérait l'Europe comme composée de peuples «chrétiens de race blanche» (*sic*) très proches les uns des autres.

En 2006, ces propos semblent surannés, pour ne pas dire décalés. Il nous paraît cependant utile de les remettre en mémoire des Européens. Que ces derniers s'en félicitent, le déplorent ou s'en moquent, tel était l'état d'esprit dominant lors du lancement de la construction européenne.

Le danger du vide

Aujourd'hui, ce que les Européens ont en partage n'apparaît sans doute pas aussi clairement aux yeux de tous. Les traités renvoient pourtant à des objectifs, des principes et des valeurs communs.

Aux termes de l'article 2 du traité de l'Union européenne, ces objectifs (résumés) sont les suivants :

- Promouvoir le progrès économique et social (niveau d'emploi élevé, développement équilibré et durable) ;
- Affirmer son identité sur la scène internationale (politique étrangère pouvant conduire à une défense commune) ;
- Renforcer les droits des ressortissants européens en créant une citoyenneté de l'Union ;
- Développer un espace de liberté, de sécurité et de justice ;
- Maintenir et développer l'acquis communautaire.

La lecture de cet article laisse un peu perplexe… Là où l'on attendrait un peu de souffle, on trouve une énumération d'objectifs certes respectables mais qui ne font pas une entité politique. Certaines dispositions alambiquées trahissent même un mauvais compromis : c'est le cas par exemple de «l'affirmation de l'identité européenne sur la scène internationale» dont on peut se demander en quoi elle consiste ou de «la définition progressive d'une politique de défense commune qui pourrait conduire à une défense commune», vraiment tirée par les cheveux. Le traité CECA et le traité CEE étaient infiniment mieux écrits. En outre, l'existence de deux traités (Union européenne et Communauté européenne) emboîtés l'un dans l'autre comme des poupées russes n'aide par le lecteur à avoir une vue d'ensemble… Le traité constitutionnel, quoi qu'en aient dit ses détracteurs, apportait une amélioration notable en fusionnant les textes.

En l'état actuel du droit, il faut encore «aller à la pêche» entre différentes dispositions des deux textes pour se faire une idée complète. Ainsi, les articles relatifs aux objectifs de la politique étrangère commune (dans le TUE) mentionnent aussi des objectifs de l'UE (par exemple, l'attachement des Européens au maintien de la paix), tandis que l'article 2 du traité instituant la Communauté européenne (TCE) mentionne des principes aussi fondamentaux, par exemple, que «l'égalité entre les hommes et les femmes» ou la «solidarité entre les États membres».

Définir les «valeurs communes» mentionnées par plusieurs articles des traités est plus difficile encore. L'article 6 TUE (alinéa 1er) énumère des principes fondamentaux : «la liberté, la démocratie, [le] respect des droits de l'homme et des libertés fondamentales ainsi que [de] l'État de droit.» L'alinéa 2 renvoie aussi, conformément à la jurisprudence de la Cour de justice, aux droits fondamentaux garantis par la Convention européenne des droits de l'homme ainsi qu'aux principes communs aux États membres (voir chapitre 9). Personne ne pourrait contester que l'UE est une zone fondée sur le respect du droit. D'autant qu'à ces multiples références s'ajoute, depuis 2000, la Charte des droits fondamentaux (voir chapitre 9).

Pourtant, même sur la question fondamentale des droits qui constituent le socle de notre engagement mutuel, il n'y a malheureusement pas d'accord entre les membres actuels de l'UE : le gouvernement du Royaume-Uni, pays de l'*habeas corpus*, patrie mère des démocraties, a lutté *contre* l'intégration de la Charte dans le traité constitutionnel, notamment en raison des droits sociaux qui y figurent. Les partisans du non français ne pouvaient faire plus beau cadeau aux ultralibéraux britanniques que de les dispenser de reconnaître à ces dispositions une valeur juridique suprême…

La situation à laquelle nous avons abouti est donc paradoxale : malgré des allusions récurrentes à des «valeurs européennes», malgré l'existence d'un corpus élaboré de règles et de principes, sans aucun équivalent dans le monde, les Européens ont du mal à percevoir leurs traits communs. À la question «Les pays de l'UE possèdent-ils des valeurs communes qui les distinguent du reste du monde?» : 66% des Français répondent certes oui, la différence entre les partisans du oui (76 %) et du non (61 %) n'étant pas déterminante (sondage Eurobaromètre Flash n° 178, 2006).

Mais sur ce que sont ces valeurs constitutives de l'identité (question fermée), les réponses des Français s'échelonnent ainsi : 46 % estiment que ce sont la démocratie et le respect des droits de l'homme, 44 % l'économie de marché, 41 % une géographie commune, 23 % une histoire commune, 21 % une culture commune et seulement 9 % un héritage religieux et spirituel.

Les concepts mis en avant restent à un niveau de généralité assez préoccupant. Si le rejet de la guerre comme mode de règlement des conflits ou l'abolition de la peine capitale ou encore l'égalité entre hommes et femmes peuvent être considérés comme des acquis assez spécifiquement européens, il n'est pas sûr que les Européens en aient toujours conscience.

Les sondages qui mettent en perspective l'Europe et le reste du monde sont sans doute les plus parlants. Malheureusement, ils ne sont pas toujours suffisamment connus. Ainsi le sondage régulier intitulé « *Transatlantic trends* » effectué par les soins de l'ONG américaine indépendante The German Marshall Fund of the United States, que nous avons déjà mentionné, fait apparaître un refus généralisé en Europe de considérer la guerre comme une politique normale ou la défense des intérêts nationaux comme justifiant l'abandon des engagements multilatéraux d'un pays (voir notamment le sondage GMF 2004, après le déclenchement de la guerre en Irak). Pour donner aux Européens le sentiment de leur complicité, peut-être faudrait-il les envoyer un moment à l'autre bout du monde méditer sur leur chance…

Il est bon que les Européens se reconnaissent, s'affirment, car si la définition trop étroite des identités est « meurtrière » (Amin Maalouf), l'absence d'identité n'est pas sans risque non plus. D'ailleurs, interrogés sur les « éléments définissant une identité européenne », le taux de Français niant l'existence d'une identité européenne est de 0 % (Eurobaromètre Flash n° 178, 2006). Ce chiffre étonnant est de bon augure.

L'Europe a besoin d'acquérir une personnalité, c'est ce qui la rendra attirante. Elie Barnavi, employant une image crue mais parlante, dit qu'« on n'a pas envie de coucher » avec une Europe qui n'aurait pas de caractère, qui ne serait pas charnelle. Selon lui, Israélien, historien, l'Europe possède des traits communs hérités de l'histoire et, notamment, de la chrétienté.

Ensuite, pour mener à bien un projet aussi novateur et exigeant que l'intégration européenne, mieux vaut être à l'aise dans ses baskets. Car le partage de souveraineté dans un système reposant sur l'influence et le vote majoritaire exige d'être assez confiant en soi, dans ses réalisations, dans sa capacité à convaincre et à séduire les autres. Là réside sans doute l'un des principaux problèmes de la France avec l'Europe en ce moment : les Français se trouvent en perte de vitesse. Il est probable que si la France n'avait pas été saisie du vertige du « déclin » depuis 2003-2004, elle aurait réagi de manière plus sereine au traité constitutionnel.

Comme Monnet le remarquait, «il faut que l'autorité soit bien établie pour déléguer la souveraineté». De même, ceux qui, après l'unification, redoutaient une Allemagne trop puissante faisaient une grave erreur. C'est une Allemagne faible et mal à l'aise qui serait plus dangereuse. Avoir des partenaires détendus, rassurés sur leur sort semble la meilleure garantie de relations équilibrées.

Au niveau européen, il est permis d'espérer que le pire est passé. Les dernières années n'ont été faciles pour personne : ni pour les plus anciens États membres, inquiets de l'arrivée des nouveaux, confrontés à une conjoncture maussade et à des perspectives économiques de long terme inquiétantes (délocalisations, perte de compétitivité), ni pour les nouveaux entrants, soucieux de ne pas être au niveau en dépit d'efforts souvent méritoires. Désormais, nous sommes tous sur le même pied ; la recherche d'une plus grande harmonie devrait en être facilitée. Plus les niveaux de vie s'égaliseront, plus les préjugés mutuels s'estomperont, plus les Européens pourront – ensemble – définir ce qu'ils veulent être.

Le chiffre le plus intéressant d'un des Eurobaromètres de 2006 (n° 251), le moins surprenant quand on y réfléchit mais qui mérite d'être rappelé à nos gouvernants souvent privilégiés, est celui selon lequel plus de un citoyen sur trois a des difficultés à joindre les deux bouts. Ce taux qui est en moyenne de 37 % atteint 60 % environ dans le sud de l'Europe (Portugal, Grèce, Italie) et dans un certain nombre de nouveaux pays (45 % en Hongrie, 39 % en Pologne). Avec 36 %, la France est dans la moyenne. Ce taux n'est que de 22 % aux Pays-Bas et de 12 % dans l'eldorado social qu'est la Suède. Pendant longtemps, l'Europe, c'était la prospérité. Aujourd'hui, les inégalités se creusent.

Enfin, plus nous échangerons sur nos histoires, sur nos expériences différentes, mais aussi sur ce qui, derrière les différences, nous rapproche, plus les décisions communes seront faciles à prendre. Il ne suffit pas de concevoir des institutions efficaces, des procédures rapides, des règles complexes ; encore faut-il que les êtres humains qui les font vivre s'y reconnaissent. Et cela ne se fera pas tout seul. Pour l'avenir, ne nous étonnons pas des difficultés si le sentiment d'appartenance à un ensemble uni n'est pas délibérément cultivé. En la matière, l'UE reste en deçà de ce que le professionnalisme le plus élémentaire exigerait : à l'heure où les entreprises fusionnant par-delà les frontières dépensent des fortunes en «management interculturel», gouvernants, commentateurs, citoyens sont présumés aptes – sans l'avoir appris – à évoluer dans un univers aussi complexe et culturellement divers que celui de l'Union européenne.

Comme si le passage de la défense des intérêts nationaux à l'approche communautaire allait de soi ! Comme s'il fallait s'étonner que des hommes et des femmes habitués à travailler dans un schéma mental national continuent, sauf exception, à avoir les mêmes réflexes lorsqu'ils sont à Bruxelles ! Voilà qui est bien naïf. Tout comme il était naïf, en 2005, d'attendre de citoyens mal informés, tenus à l'écart des enjeux européens et des manières de penser de leurs partenaires qu'ils soient soudain capables les jours de référendum, de penser «européen» et de voter en conséquence ! En l'absence de politique volontariste, continue, durable, en l'absence de formation à la citoyenneté européenne, ses grandeurs et ses vicissitudes, ne nous étonnons pas que chacun suive sa pente naturelle, nationale.

Les chemins du rapprochement

Si l'objectif d'une «union sans cesse plus étroite» des peuples européens est sérieux, si nous voulons vraiment «unir des hommes» et non «coaliser des États», alors nous devons passer à la vitesse supérieure dans le rapprochement humain. Les Eurobaromètres font bien apparaître l'insuffisance des contacts directs et de l'accès à la culture des autres en VO.

L'Europe mérite un voyage

Le premier problème, c'est que les Européens ne se connaissent pas suffisamment. Une minorité a la chance de voyager et d'échanger, mais une immense majorité de la population ne dispose que de rares opportunités d'entretenir des contacts directs. Les jumelages de villes y pourvoient un peu mais ils sont plus ou moins dynamiques. Avec les nouveaux pays, pour des raisons d'éloignement géographique ou de différence linguistique, ils sont encore trop rares.

Notre pays étant l'un des plus occidentaux du continent, ce phénomène était prévisible. Qu'à Clermont-Ferrand ou Romorantin, on n'ait pas souvent l'occasion de connaître des Slovènes ou des Chypriotes relève du bon sens. Encore une fois, les experts ont été capables de calculer savamment le «*phasing in*» de la PAC ou l'«*opting out*» de Schengen (pour parler jargon), mais pas d'organiser des échanges et des manifestations rendant les nouveaux pays moins exotiques. Et depuis 2004, date de leur arrivée, on ne peut pas dire que la situation ait beaucoup changé : ces pays sont entrés dans l'Union sans que, en France, on ait accroché un lampion pour faire une fête, sans qu'on ait vraiment encouragé l'apprentissage de leurs langues (rares certes), sans que des fondations communes aient vu le jour. C'est déplorable.

Les sondages parlent d'eux-mêmes. À la question de savoir s'ils ont des relations sociales avec des personnes d'un autre État de l'UE, 43 % des Européens interrogés répondent oui, mais cette moyenne cache de fortes disparités entre Luxembourgeois (84 %) et Allemands (58 %, comme certains Nordiques) et d'autres peuples plus isolés : le taux tombe à 39 % en France et 24 % en Espagne ou 19 % en Hongrie. Les distances géographiques, les revenus, la barrière linguistique sont autant d'obstacles aux contacts directs. L'argument tiré de la méconnaissance des nouveaux partenaires a été souvent entendu pendant la campagne référendaire dans la bouche d'électeurs qui n'étaient pas forcément hostiles à «l'élargissement» (concept d'ailleurs bien vague pour eux), mais tristes de ne pas pouvoir mettre un visage ou le souvenir d'un voyage derrière certains drapeaux.

Et seulement 37 % des personnes interrogées ont visité un autre pays de l'Union européenne au cours des douze derniers mois. Là encore, c'est peu. Cette moyenne dissimule de nouveau des différences importantes

(Luxembourg 85 % ; pays Baltes environ 20 % ; Espagne 17 % ; Grèce 10 %). Quant à la lecture régulière ou occasionnelle dans une autre langue, elle ne concerne que 23 % des sondés (en moyenne, à 25) ! Tous ceux qui sont tentés de penser que les anglophones détiennent un avantage dans l'UE d'aujourd'hui devraient méditer sur leur splendide isolement : seulement 17 % des Anglais et 13 % des Irlandais ont lu dans une autre langue au cours des douze derniers mois. S'exprimer dans la langue dominante, c'est peut-être un atout, mais c'est aussi un appauvrissement. Car il n'est pas certain que, sur le plan culturel et en termes d'ouverture, ils ne soient pas également les premières victimes de la montée en puissance d'un monolinguisme de fait…

Si, si, vous êtes citoyen d'Europe !

Côté citoyenneté, ce n'est pas beaucoup mieux : établie par le traité de Maastricht en 1992, la « citoyenneté européenne » conserve un caractère abstrait. Tout citoyen d'un des États membres est en même temps citoyen européen, mais beaucoup ignorent qu'ils possèdent cette double qualité. Les personnes interrogées continuent toujours de s'identifier personnellement avant tout à leur nation (53 %), 38 % à leur ville et seulement 26 % à l'Europe – à égalité avec leur quartier ! (Sondage Enjeux 2006, TNS Sofres).

Aux urnes !

Le principal droit ouvert aux citoyens européens est celui de voter et d'être éligible aux élections locales et européennes dans les autres États membres. S'y ajoute un droit d'accès aux emplois publics des autres États membres (sauf fonctions d'exercice de la souveraineté) : ainsi, un État ne peut opposer une condition de nationalité lors du recrutement d'une infirmière, d'un jardinier, d'un enseignant, mais peut réserver l'emploi de préfet ou d'ambassadeur à un national. Enfin, dans les pays tiers, les citoyens européens peuvent demander la protection diplomatique d'un autre État membre si leur propre pays n'est pas diplomatiquement présent.

La citoyenneté européenne n'est pas négligeable, mais elle souffre d'être très juridique. En dépit du droit de vote aux élections européennes, les citoyens persistent à se sentir trop peu impliqués dans les décisions politiques. Le chiffre le plus frappant des sondages Eurobaromètre est que 53 % des Européens considèrent que leur voix ne compte pas dans l'Union (Eurobaromètre n° 63).

La plupart des Européens entendent par « vie politique » les batailles locales, nationales mais rarement les échéances européennes. Quant aux autorités européennes, à quelques exceptions près, elles n'ont ni visage ni voix, en dehors du pays d'origine. Les taux d'abstention aux dernières élections européennes étaient dangereusement hauts (50 % en France, 70 à 80 % dans plusieurs nouveaux États membres !)

D'une manière générale, les autorités communautaires sont trop distantes. L'affirmation, à l'article 1er du traité UE d'«une union sans cesse plus étroite des peuples» dans laquelle «les décisions sont prises dans le plus grand respect possible du principe d'ouverture» (comprenne qui pourra…) et «le plus près possible des citoyens» est une… vaste blague (pour rester poli).

La question est épineuse: d'un côté, il est évident qu'une administration peu nombreuse comme celle de la Commission (qui compte moins d'agents que la RATP!) ne peut pas être proche de 500 millions de citoyens répartis sur un vaste territoire. Mais de l'autre, si «Bruxelles», laissant les questions concrètes aux États et aux autorités locales, ne touche jamais la vie des citoyens, «Bruxelles» sera aussi abstrait et lointain que les aristocrates d'Ancien Régime dont Tocqueville fait la description dans son œuvre *État social et politique de la France*.

Avant 1789, les aristocrates français forment, selon lui, une caste enfermée dans ses privilèges, désormais «éloignée de la demeure du pauvre». Son analyse est si frappante qu'elle mérite d'être citée un peu longuement: «En abandonnant ainsi à d'autres les détails de l'administration publique pour ne viser qu'aux grandes charges de l'État, la noblesse française avait montré qu'elle tenait plus aux apparences de la puissance qu'à la puissance elle-même. L'action du gouvernement central ne se fait sentir que de loin en loin et avec peine aux particuliers. La politique extérieure, les lois générales n'exercent qu'une influence détournée et souvent invisible sur la condition et le bien-être de chaque citoyen. L'administration locale les rencontre tous les jours ; elle les touche sans cesse dans les endroits les plus sensibles ; elle influe sur tous les intérêts dont se forme le grand intérêt qu'on porte à la vie ; elle est l'objet principal de leurs craintes ; elle attire à elle leurs principales espérances […]. C'est en gouvernant les villages qu'une aristocratie établit les fondements du pouvoir qui lui sert ensuite à diriger tout l'État.» Du coup, cette élite est incapable «d'attacher les cœurs par l'espérance».

Pas d'émiettement s'il vous plaît !

En tout état de cause, l'Union a besoin d'une cohésion plus forte que celle qui existe aujourd'hui. Elle doit dénoncer le retour d'un nationalisme étroit, de fanfaronnades chauvines ou de folklore régionaliste qui ne résolvent rien.

Alors que l'après-guerre était un temps de vastes desseins (l'ONU, le Conseil de l'Europe, la CEE), de regroupements, nous voilà dans un temps d'émiettement où des confettis se prennent pour des puissances! Un coup d'œil à la carte de l'Europe de 1913 où l'immense empire des Habsbourg occupait une vaste surface suffirait pourtant à relativiser un peu les nationalismes de notre temps. Si les héritiers de François-Joseph régnaient encore à Vienne, nous aurions une Commission nettement plus restreinte et un Conseil moins nombreux.

Impertinence jacobine? Peut-être bien, mais nous serions bien inspirés de veiller à ne pas donner suite à toutes les revendications régionalistes (au

1er janvier 2007, l'introduction du gaélique comme langue officielle de l'Union européenne par exemple…), à toutes les velléités séparatistes, à tous les coups de gueule des nations petites ou grandes, car le chauvinisme n'est pas moins insupportable quand il paraît inoffensif. Sinon, l'Union européenne ne méritera bientôt plus son nom et, plus vulnérable que les États nations, explosera en vol.

Cela ne signifie pas que les différences culturelles ne doivent pas être reconnues et enseignées. Curieusement, nous vivons sans doute ces temps de repli sur le minuscule parce que le global balaie aussi nos particularités et détruit nos traditions.

Instaurer un socle culturel commun

Dans l'Union, à ce jour, la question culturelle n'a jamais été traitée sérieusement. Si le programme Erasmus d'échanges d'étudiants constitue un progrès qui mérite d'être salué et qui produira des effets à grande échelle d'ici peu, quuand les générations qui en ont bénéficié seront aux commandes, il reste encore beaucoup à faire.

En matière de formation professionnelle (initiale ou continue), un autre programme d'échanges existe depuis 1994, sous le nom de Leonardo da Vinci. Ces initiatives heureuses sont appréciées et portent leurs fruits. Une éducation européenne plus large reste toutefois à inventer, dont l'objectif ne serait certes pas de formater des petits Européens en série (comme le faisaient les Jeunesses de la RDA) mais de permettre à tous les enfants de l'Union d'avoir dans leur balluchon les outils de compréhension de la complexité européenne. Cela supposerait :

- Une véritable instruction civique européenne ;
- Un bagage linguistique de deux langues étrangères au moins (ce qui serait un geste secourable envers les anglophones notamment, enfermés dans leur monolinguisme, voir *supra*) ;
- Des opportunités d'échanges et de voyages.

Chez nous, les questions européennes sont entrées dans le socle commun de connaissance des petits Français, disent les autorités. À suivre…

Parmi les expériences les plus intéressantes de ces dernières années, citons la rédaction récente d'un manuel d'histoire franco-allemand pour les classes de terminale. Même si les avis des spécialistes sont partagés sur certains passages, le principe même de ce manuel est extraordinaire. Une approche franco-allemande de l'histoire, voilà qui est décapant, révolutionnaire. Il est d'ailleurs assez significatif que sa rédaction ait été entreprise près de soixante ans après la déclaration Schuman de mai 1950 marquant le début de la réconciliation franco-allemande. Il aura fallu du temps pour vaincre les préjugés et réticences ! Son aboutissement est cependant le signe qu'il n'est pas impossible d'aborder des sujets longtemps explosifs.

LE SAVIEZ-VOUS ?

Erasmus ou « l'auberge espagnole »

Avec Erasmus, les étudiants peuvent effectuer une partie de leurs études dans un autre établissement européen, pendant trois mois au minimum et un an au maximum. Les études ainsi effectuées hors de France, sans que des droits d'inscription supplémentaires soient exigés par l'université partenaire, sont reconnues et prises en compte pour l'obtention du diplôme en France, par l'université d'origine, notamment grâce au système de crédits ECTS et au contrat d'études qu'un étudiant Erasmus signe, avant son départ, avec les deux universités concernées. Certaines bourses sont allouées pour couvrir une partie des frais.

En 2004, près de 21 000 étudiants français sont partis étudier en Europe avec Erasmus, ce qui place la France au premier rang des pays européens qui participent au programme. À l'heure actuelle, plus de 2 000 établissements d'enseignement supérieur de 31 pays participent à Erasmus. Depuis sa création en 1987, 1,2 million d'étudiants ont accompli une période d'études à l'étranger grâce à cette action. Le budget pour 2004 s'élevait à plus de 187,5 millions d'euros. Réduit par les gouvernements dans les perspectives financières 2007-2013, le budget a été relevé par le Parlement européen. « L'auberge espagnole » a encore de beaux jours devant elle...

Un même manuel gagnerait à être conçu avec les historien du Royaume-Uni: comme nous l'avons rappelé au chapitre 15, il n'est pas indifférent que des journaux ou des magazines aussi sérieux que le *Financial Times* ou *The Economist* emploient à répétition des allusions décalées à Napoléon ou à la guerre de Cent Ans.

Entre Européens, le besoin de confrontation historique est manifeste. Sans parler des tabloïds anglais qui véhiculent les pires clichés, dans des termes impensables sur le continent. Pour donner un exemple qui en dit long, en mai 2003, pendant la Convention européenne, *The Sun* a comparé le travail mené par cette assemblée démocratique, travaillant de manière transparente, présidée Valéry Giscard d'Estaing, aux entreprises de Philippe V d'Espagne, Napoléon et Hitler (qui tous trois ont tenté d'envahir la Grande-Bretagne)! On franchit là les bornes de la raison.

Avec les nouveaux États membres, une confrontation historique serait également profitable. Nous aurions beaucoup à apprendre de leur passé fait d'une lingue expérience communiste et d'une libération pacifique. Le discours d'investiture d'Angela Merkel au Bundestag en novembre 2005, consacré à la liberté, devrait être donné à lire aux écoliers européens (et à leurs parents). Son enfance en RDA dans une famille de pasteurs opposés au régime donne à son témoignage des accents émouvants.

Et il n'y a pas que la bataille pour le passé. Sur le plan culturel, les nouvelles technologies créent de nouveaux défis.

ATTENTION !

Google ou le statut de la liberté

En décembre 2004, le moteur de recherche américain Google annonce qu'il va numériser et rendre accessible sur la Toile, gratuitement, 15 millions d'ouvrages qui auront été sélectionnés dans les fonds de bibliothèques américaines et anglaises. C'est un beau projet pour la diffusion de la culture, mais un danger existe que les œuvres soient choisies et classées en fonction de critères linguistiques (l'anglais d'abord) et commerciaux (les livres qui rapportent des contrats publicitaires à Google en priorité).

Par un petit livre, *Quand Google défie le monde, plaidoyer pour un sursaut*, Jean-Noël Jeanneney, président de la Bibliothèque nationale de France,

lance un débat global. Puis il organise une riposte européenne. Désormais, toutes les bibliothèques de l'Union européenne, anciens et nouveaux membres confondus, sont d'accord pour créer une bibliothèque numérique européenne multiculturelle, conçue sans recherche de profit et selon les principes d'un savoir organisé.

Il est vital de préserver un accès impartial à ce qui circule sur la Toile : environ 75 % des recherches effectuées dans le monde passent par Google ! Quel que soit le détenteur de ce pouvoir, celui-ci pourrait finir par devenir exorbitant. C'est une question de culture, mais aussi de libertés publiques.

L'Europe en manque de symboles

Enfin, pour conclure sur ce chapitre difficile, notons que l'Europe devrait renforcer son action au niveau symbolique. Le dernier geste européen fort est la poignée de mains de Kohl et Mitterrand à Verdun en 1984. Un jeune qui a 20 ans en 2007 a grandi dans une Europe sans gestes forts ni symboles.

Pourtant, les occasions ne manquaient pas : de la chute du mur, dont la présidence française de l'époque n'a pas su faire un événement européen, à l'élargissement du 1er mai 2004, en passant par l'introduction de l'euro, l'histoire de ces dernières années est celle d'une succession de réussites mal valorisées. Sans compter que la mise en scène du pouvoir est inexistante à Bruxelles. D'une certaine manière, cette sobriété représente une victoire sur les mœurs nationalistes, grandiloquentes de notre passé. Mais il ne faut pas s'étonner que les Européens ne soient pas fascinés par un pouvoir « honteux », hébergé dans des bâtiments sans âme.

Quand l'Histoire a habitué certains peuples au faste, ce régime sec est peu sexy. Quiconque a visité Schönbrunn, Versailles, la Rome impériale, le Vatican ou le Parthénon (et même Washington, dessiné par un Français, ou Saint-Pétersbourg, conçu par des Italiens comme Bartolomeo Francesco Rastrelli) sait que les architectes européens ont toujours su créer des mises en scène du pouvoir temporel ou religieux. En comparaison, la malheureuse rue de la Loi de Bruxelles ne risque pas d'épater quiconque. Pour les Français habités par la grandeur de Louis XIV et de Napoléon, habitués à des jardins où même la nature cède devant le monarque, à une Cour centre du monde et à des rois entourés de favorites, le régime communautaire manque singulièrement de sel…

Or les Européens continuent de refuser de voir le problème que leur pose leur propre dérision de l'Europe. Quand Romano Prodi, président de la Commission, a constitué un groupe de travail composé de différents artistes et intellectuels pour réfléchir à ce que pourrait être le concept «Bruxelles, capitale de l'Europe», leurs conclusions ont abouti à l'idée qu'il fallait privilégier… «le virtuel»! Umberto Ecco, moins inspiré que pour les ornithorynques, avait même suggéré, non sans facétie, que, les institutions étant à Bruxelles, les Européens prennent comme symbole le Manneken-Pis, ce petit bonhomme de 30 centimètres de haut occupé à faire pipi.

Certains l'ont compris mais se heurtent à de vraies oppositions. À la Convention, il aura fallu toute l'énergie d'Européens engagés comme Olivier Duhamel pour que soient mentionnés, dans le traité constitutionnel, les symboles de l'Union européenne: le drapeau (dont nous avons raconté l'histoire au chapitre 5), l'euro, l'hymne.

LE SAVIEZ-VOUS ?

L'Europe muette ?

Voici ce que dit le site officiel de l'Union européenne Europa à propos de l'hymne européen: «Cet hymne n'est pas seulement celui de l'Union européenne, mais aussi celui de l'Europe au sens large. La mélodie est tirée de la 9e symphonie de Ludwig van Beethoven, composée en 1823. Pour le dernier mouvement de cette symphonie, Beethoven a mis en musique *L'Ode à la joie* écrite en 1785 par Friedrich von Schiller. Ce poème exprime la vision idéaliste que Schiller avait de la race humaine, une vision de fraternisation de tous les hommes, que partageait aussi Beethoven. En 1972, le Conseil de l'Europe (qui avait déjà conçu le drapeau européen) a choisi le thème musical de *L'Ode à la joie* de Beethoven pour en faire son propre hymne [...]. Cet hymne sans paroles évoque, grâce au langage universel de la musique, les idéaux de liberté, de paix et de solidarité incarnés par l'Europe. Les chefs d'État et de gouvernement de l'Union européenne en ont fait l'hymne officiel de l'Union en 1985. Il n'est pas destiné à remplacer les hymnes nationaux des États membres, mais à célébrer les valeurs qu'ils partagent tous, ainsi que leur unité dans la diversité.»

Toute l'ambiguïté de l'Europe ressort de ces quelques lignes:

- elle a un hymne mais elle s'en excuse: il ne faut pas faire de peine aux États;
- elle le partage: surtout, ne sachons pas qui nous sommes…
- elle prône l'unité dans la diversité, mais les paroles de Schiller (un peu déjantées, il est vrai) ont été gommées: il ne faudrait pas qu'une langue risque de l'emporter sur une autre, surtout pas l'allemand… Du coup, silence total.

En paraphrasant Molière, voilà pourquoi, citoyens, votre Europe est muette.

Chapitre 23

L'Europe a besoin de moyens (financiers et institutionnels)

Dans ce chapitre :

▶ D'incalculables bénéfices pour chacun

▶ Les institutions au service de la révolution européenne

▶ Ce qu'on fera de la Constitution

Lorsqu'en mai 2001, le président de la Commission Romano Prodi est venu en France pour prononcer un discours sur l'Europe, à Sciences Po, le titre de son intervention n'était pas innocent : il se prononçait «Pour une Europe forte, dotée d'un grand projet et de moyens d'action». Il savait surtout à qui il parlait : trop souvent les responsables nationaux (notamment français) se laissent aller à des incantations lyriques sur «l'Europe puissance» ou la grandeur de son projet mais, en définitive, refusent à l'Europe les moyens matériels nécessaires pour atteindre ces objectifs.

Chez le fabricant de chaussures Nike, le slogan qui revient au même, plus concis, est «*Just do it*» (fais-le). Si tu veux avancer, si tu veux gagner ta course, fais-le, prends-toi en mains. Tel est l'un des défis les plus redoutables auxquels l'Europe est confrontée à présent. Elle possède le potentiel, elle possède la méthode, elle possède une mine de talents et de dynamisme, encore faut-il qu'elle se donne les moyens financiers et institutionnels de réaliser ses rêves.

Les finances : un enjeu démocratique

Le principal enjeu pour l'avenir de l'Union européenne n'est pas, contrairement à ce qu'on pourrait penser, le montant du budget européen. Naturellement, pour mener à bien des projets ambitieux, des moyens financiers sont nécessaires. Mais c'est surtout la manière dont l'argent lui est alloué qui compte.

Le consentement des représentants du peuple à l'impôt constitue l'un des fondements des démocraties. La lutte progressive des représentants de la noblesse, puis du peuple tout entier, pour contrôler les finances publiques se trouve au cœur de l'évolution politique de l'Europe et même de l'Occident puisque l'émancipation des États-Unis vis-à-vis de l'Angleterre y trouve sa source.

Dès 1628, le *Bill of rights* britannique mentionne le nécessaire consentement de la nation aux taxes et à toutes formes de taille et de charges. Le principe, repris dans la déclaration d'indépendance des États-Unis de 1776, apparaît également à l'article 14 de la Déclaration des droits de l'homme et du citoyen de 1789 sous le nom de consentement à l'impôt : « Tous les citoyens ont le droit de constater, par eux-mêmes ou par leurs représentants, la nécessité de la contribution publique, de la consentir librement, d'en suivre l'emploi et d'en déterminer la quotité, l'assiette, le recouvrement et la durée. »

L'Union européenne prétend avoir créé, depuis 1992, une citoyenneté européenne, mais dénie aux citoyens européens l'un de leurs droits les plus essentiels. Privé d'une des prérogatives majeures d'une assemblée élue, le Parlement européen élu au suffrage universel direct ne joue pas le rôle qu'il pourrait jouer dans l'UE. S'il intervient sur le budget annuel, il a peu de prise sur les « perspectives financières » qui sont le document essentiel, pluriannuel, fixant les orientations et les montants pour une période d'environ cinq ans.

ATTENTION !

Ne confondez pas perspectives financières et budget

Les « perspectives financières » de l'UE définissent le cadre et les priorités budgétaires de la Communauté sur une période de plusieurs années. Elles décrivent pour chaque poste budgétaire le plafond annuel des crédits d'engagement (engagements financiers). Chaque année, un budget détermine le niveau réel des dépenses et la ventilation entre les différents postes budgétaires.

Les perspectives financières échues ont couvert la période 2000-2006. Un accord est intervenu en décembre 2005 au Conseil, puis en avril 2006 au Parlement, pour les années 2007-2013. Il sera cependant renégocié en cours de route, notamment pour permettre une éventuelle réforme de la PAC (voir chapitre 17).

On aura beau accroître encore le champ de la codécision ou encourager les rapprochements des partis par-delà les frontières, tant qu'il manquera au Parlement la prérogative budgétaire, vitale, il aura du mal à affirmer sa légitimité. Curieusement, même les États les plus favorables à un accroissement des pouvoirs du Parlement européen (notamment les Pays-Bas, du moins traditionnellement, ou l'Allemagne) sont soudain d'une prudence de Sioux si l'on évoque de telles évolutions. Il est vrai que l'Allemagne est aussi le premier contributeur actuel et potentiel au budget commun. Elle redoute un système où les élus européens adopteraient des attitudes dépensières incontrôlables.

La situation perdure donc d'une UE qui a un Parlement dépourvu de réel pouvoir budgétaire, notamment sur les recettes, et vit de l'argent que lui concèdent les États, aux termes de débats ubuesques où l'intérêt de l'Europe est rarement prioritaire ! Curieuse démocratie que celle où un acte juridique en deux parties (dépenses et recettes) est adopté pour une part au Parlement européen et pour une part dans 27 Parlements nationaux, eux-mêmes ligotés par les termes de l'accord signé par les gouvernements, détenteurs du pouvoir exécutif. La séparation des pouvoirs, au niveau national, n'en sort pas renforcée.

L'absence de débat d'ensemble sur l'intégralité du budget au Parlement européen prive surtout l'Europe d'un exercice de démocratie au niveau adéquat, là où les points de vue de tous s'affronteraient. Sur la PAC par exemple, ce serait fructueux. Les autorités françaises n'auraient pas pu maintenir leur position conservatrice si un débat paneuropéen avait pu avoir lieu. Même si l'examen des lois de finances, dans nos pays, consiste toujours en un exercice un peu formel, c'est malgré tout l'un des rendez-vous annuels de la République et une occasion de réfléchir et d'affiner les orientations nationales. L'UE fait une grave erreur en croyant pouvoir s'en passer : elle se prive d'une occasion de faire de la pédagogie et même… de s'étriper un peu, ce qui fait aussi partie de la vie politique.

Jean-Baptiste Colbert disait : « L'art de l'imposition consiste à plumer l'oie pour obtenir le plus possible de plumes avec le moins possible de cris. » Il nous semble au contraire qu'un peu de cris autour de l'acte de plumage fait du bien à la bête ou, du moins, qu'il est illusoire de penser pouvoir « plumer l'oie » sans qu'elle s'en aperçoive. Ce qui était peut-être valable au temps de Louis XIV (non sans nourrir une frustration populaire qui conduisit finalement à la Révolution) ne l'est assurément plus aujourd'hui.

Le vide au cœur de la démocratie européenne se paie cher : si les députés européens pouvaient toucher au porte-monnaie des électeurs, ceux-ci seraient plus motivés pour se rendre aux urnes lors du renouvellement du Parlement. Les partis politiques verraient dans le Parlement européen un lieu de pouvoir.

Des ressources propres en trompe-l'œil

Cette évolution est d'autant plus nécessaire que l'évolution de la nature des ressources de l'Union européenne a plutôt aiguisé le problème. Le traité a beau préciser à l'article 169 que « le budget est [...] intégralement financé par des ressources propres », la réalité est assez différente : l'UE est de moins en moins autonome, de plus en plus entre les mains d'États qui négocient à courte vue, en perdant le sens de la solidarité européenne.

De 1958 à 1970, le budget a été financé par des contributions des États, comme au sein d'une organisation internationale classique. Walter Hallstein ayant suscité la crise de la chaise vide pour avoir voulu introduire des ressources propres contre la volonté française, c'est après son départ et celui du général de Gaulle que, en 1970, le système de ressources propres voit le jour. Ces ressources étaient pour l'essentiel les droits de douane et prélèvements agricoles, complétés par le produit d'une TVA harmonisée. Peu à peu, la Communauté aurait pu, par ce biais, acquérir son autonomie par rapport aux États, en se finançant pour une large part via des ressources que le Marché commun génère, notamment les droits frappant les marchandises entrant à l'intérieur de la CEE.

Mais au fur et à mesure que les droits de douane ont été réduits dans le cadre des accords mondiaux pour la libéralisation des échanges, la nécessité de trouver d'autres financements s'est fait sentir. Des besoins nouveaux, liés à la volonté d'accroître la cohésion communautaire (c'est-à-dire de réduire l'écart entre les régions riches et pauvres) sont également apparus, ce qui creusait encore potentiellement le fossé entre recettes et dépenses. Aussi un rapport commandé par Jacques Delors à Tommaso Padoa-Schioppa a-t-il proposé, au milieu des années 1980, de créer une nouvelle « ressource propre », qui était en fait une contribution des États calculée à partir du PNB de chaque État membre.

Cette nouvelle ressource a incontestablement permis de financer des dépenses européennes nouvelles, notamment les fonds structurels qui profitent aux régions les plus défavorisées. Elle a également servi à accroître les budgets de recherche ou à allouer des aides aux pays sortis du communisme. Mais le deal fait alors avec les États se révèle redoutable : c'était en quelque sorte plus de ressources contre moins d'autonomie.

Au fil des années, la mise sous tutelle de l'Union européenne s'est même accrue, la part de la contribution calculée sur le PNB ne cessant d'augmenter dans le budget et celle fondée sur les recettes de TVA n'étant qu'un autre versement calculé à partir d'une TVA abstraite. C'est très différent du versement direct d'un pourcentage de l'impôt payé par le consommateur. En conséquence, les contribuables effectifs européens (les citoyens, les entreprises) ne se sentent pas du tout impliqués dans la vie financière de l'Union, un contribuable apparent, chaque État étant celui qui signe les chèques.

Le calcul destructeur du retour sur contribution

Le budget fait toujours l'objet d'une négociation intergouvernementale dans laquelle chaque État cherche à défendre ses intérêts financiers.

Même si la Commission fait une proposition d'ensemble, dans l'intérêt général européen (agenda 2000 en 1999, propositions Prodi en 2004), ce sont les États qui reprennent la main. Dès lors, des discussions parfois surréalistes s'engagent sur le «retour sur contribution» de chacun. Cette approche comptable est pourtant absurde.

D'abord, chacun peut calculer ce qu'il verse et ce que certaines politiques lui rapportent mais, à ce petit jeu, personne ne se préoccupe des effets bénéfiques pour l'ensemble de l'Union européenne. Par exemple, pour l'Allemagne, grande puissance exportatrice, les avantages liés à l'existence d'un Marché unique, régulé, sont énormes. Ces avantages ne sont pourtant pas quantifiés dans le retour sur contribution allemand. De même, quand l'Europe améliore notre santé en se préoccupant de renforcer les normes sur les produits chimiques, qui est bénéficiaire? Tous les citoyens européens, et même, avec eux, la planète. Idem quand l'Union finance la transition de l'Europe de l'Est vers la démocratie et l'économie de marché: nul ne peut dire ce que chaque État membre en retire, mais il est évident que l'absence de guerres ethniques et d'instabilité à nos portes a permis des flux d'échanges dont nos entreprises sont les bénéficiaires. Les exemples pourraient être multipliés à l'infini.

Et on ne parle ici ni de la paix, ni de la liberté, ni des démocraties produites par l'Europe, dont les retombées sont impossibles à quantifier mais dont nous jouissons tous les jours. Les économistes ont même un mot pour ce type de phénomène: ils parlent d'«externalités positives», de conséquences heureuses involontaires en quelque sorte.

Cette dérive vers un calcul systématique du retour net est très nuisible à l'Union européenne. Elle heurte de plein fouet l'idée qu'il existe un intérêt général commun, casse l'esprit de solidarité. Ce n'est pas un hasard si le chantre de cette approche a été Margaret Thatcher réclamant son dû en des termes directs: «*I want my money back.*» En lui donnant satisfactions, en entrant dans ce jeu manifestement eurosceptique, les gouvernements des années 1980 ont pris un risque considérable. Sans doute n'avaient-ils guère le choix puisqu'elle menaçait de bloquer l'Union, mais la logique est destructrice. Elle fait de l'UE une sorte de club de cricket où l'on paie pour venir jouer et où l'on veut «en avoir pour son argent».

Cette logique n'est pas celle d'une entité politique solidaire, menant des politiques jugées utiles en fonction d'un dessein commun. Même si une certaine équité est nécessaire, le système est aujourd'hui en train d'être dévoyé. Le saupoudrage qu'elle induit est contre-productif: elle vise à donner à chacun un petit sucre à croquer. C'est en grande partie pour éviter cette dérive que la Commission Prodi, quoique finissant son mandat, a tenu à proposer un concept pour les perspectives financières. L'idée était de concevoir celles-ci à partir des priorités de l'action politique et non des pingreries nationales additionnées.

La manière dont sont calculées les contributions rend de toute façon fort curieuses les tentations de coller une étiquette nationale sur l'argent versé au budget communautaire. Ainsi, quand l'Espagne contribue au budget avec la manne fiscale recueillie sur le territoire espagnol, rien ne dit que l'argent soit espagnol ! Le produit de la TVA payée par un touriste finlandais séjournant en Espagne va au budget espagnol, mais les experts savent que la richesse vient d'ailleurs, aussi utilisent-ils une jolie formule : « l'effet Marbella ». Si, à l'inverse, l'Union percevait un pourcentage de la TVA réelle, le x % payé par le touriste finlandais ou américain serait versée de manière neutre, sans appropriation nationale par les autorités de l'État collecteur.

De même, lorsque les Néerlandais ne cessent de se plaindre du coût prohibitif de l'UE, ils oublient que l'accroissement des échanges de l'Europe avec le reste du monde a généré des flux d'échanges de marchandises dont une large part entre en Europe par… le port de Rotterdam ! Les États percevant les droits de douane pour le compte de l'UE conservant un pourcentage, les Pays-Bas ne sont pas les plus à plaindre. Mais qui le sait en Europe ? Sur ce point comme sur tant d'autres, le traité constitutionnel, sans introduire de révolution, apportait quelques aménagements profitables, notamment une plus grande implication du Parlement dans certaines dépenses dites obligatoires (PAC notamment).

Argent de poche ou budget européen ?

Prenant les devants pour encourager une réflexion de fond, la Commission Prodi a présenté en février 2004 la communication « Une Europe prospère : calendrier politique et ressources budgétaires pour une UE élargie, 2007-2013 ». Le collège des commissaires proposait de retenir trois priorités politiques à long terme :

- ✔ Le développement durable (croissance, cohésion et emploi, notamment pour mettre en œuvre l'agenda de Lisbonne et Göteborg, en orientant l'UE vers une croissance durable) ;
- ✔ L'espace de liberté, de sécurité et de justice ;
- ✔ L'action externe (l'Union comme partenaire global).

Elle proposait de porter le niveau moyen de dépenses à 1,14 % de la richesse communautaire au cours de la prochaine période de sept ans (contre 1,24 % théoriques, en fait non atteints, pour la période antérieure). La disposition la plus critiquée par certains gouvernements, dont Paris, était l'institution d'un mécanisme de correction généralisé de nature à rectifier une charge budgétaire pouvant être jugée excessive par rapport à la prospérité relative d'un pays. Lors du Conseil européen des 16-17 juin 2005, l'accord n'avait pas été possible, notamment en raison du conflit entre le Royaume-Uni et les autres partenaires sur le rabais britannique.

Il est bon de rappeler pour les «Nuls», qui sont des contribuables, que les montants ne sont pas marginaux. Le bénéfice pour la Grande-Bretagne est de l'ordre de 6 milliards d'euros, le coût pour la France d'environ 1,5 milliard par an, soit environ 10 % de notre contribution au budget européen. Avec une Grande-Bretagne de plus en plus riche, c'est assez aberrant.

Fin 2005, grâce à une entrée en scène remarquée d'Angela Merkel, renouant avec la tradition d'Helmut Kohl, la présidence britannique a pu boucler un accord. Au printemps, le Parlement européen, saisi de l'accord, a obtenu du Conseil 4 milliards d'euros supplémentaires. Finalement, le budget est fixé pour la période 2007-2013 à 862 milliards d'euros, soit 1,045 % du produit national brut de l'Union européenne.

Mais les perspectives financières restent empreintes de la même logique délétère. Le Premier ministre britannique Tony Blair faisait de la réforme de la PAC la condition de l'abandon du rabais. Des dépenses agricoles à hauteur de 40 % du budget européen sont pour Londres injustifiées. Le président Chirac n'ayant pas cédé sur ce point, l'accord s'est fait sur une clause révision à mi-parcours, en 2009, ce qui, compte tenu de la succession prévue des présidences, renvoie la balle dans le camp de la France, qui aura la présidence au deuxième semestre 2008. Bonne chance au futur président, quel qu'il soit. Au moment de glisser leur bulletin dans l'urne en mai 2007, les Français devraient se souvenir qu'ils élisent non seulement le chef de l'État mais leur représentant au Conseil européen…

DANS LE TEXTE

Mise en perspective française

Lors du débat budgétaire 2006, alors que le Sénat examinait le prélèvement effectué sur les recettes de l'État au titre de la participation de la France au budget des Communautés européennes, d'environ 19 milliards d'euros, le rapporteur Denis Badré a donné pour la France les ordres de grandeurs suivants: «Ce chiffre peut paraître important. En valeur absolue, il l'est dans la mesure où il représente 6,9 % de nos recettes fiscales nettes. Il est tout de même modéré si l'on considère qu'il correspond à 1 % de notre produit intérieur brut, le PIB, puisque le projet de loi de finances pour 2007 table sur un PIB de 1 856 milliards d'euros. Ces 18,696 milliards d'euros représentent également, ce qui relativise notre débat, la moitié des crédits réservés à la mission "Défense" et un tiers des crédits réservés à la mission "Enseignement scolaire". Le coût de l'Europe pour notre budget reste donc très modéré, et cela d'autant plus si l'on considère que ces 18,696 milliards d'euros sont l'un des meilleurs investissements que la France puisse faire.»

En effet, dans tous ces débats budgétaires, il est bon de prendre un peu de hauteur. Retenons que les Européens consacrent à l'Europe environ 1 % de leur richesse. C'est à la fois une somme assez considérable et, comme dirait les Anglo-Saxons, *peanuts* : car ce n'est pas une dépense à considérer de manière comptable mais à envisager comme un investissement dans notre avenir. À cet égard, la misère actuelle n'est peut-être pas destinée à durer, à en juger du moins par ce qui s'est passé dans l'histoire.

LE SAVIEZ-VOUS ?

La montée en puissance du budget fédéral américain

Dans un petit livre intitulé *Les États-Unis d'Europe*, le Premier ministre Guy Verhofstadt rappelle des données qu'il est intéressant de se remémorer. Jusqu'à la guerre de Sécession, les USA n'ont pas eu de budget conséquent, ni d'armée digne de ce nom. Lors de la crise de 1929, le budget fédéral représentait environ… 1 % du PIB. En 1953, il était monté à 17 % et tourne aujourd'hui autour de 20 %. C'est le New Deal qui a conduit Roosevelt à faire monter en puissance l'État fédéral, pour redonner du travail et des perspectives économiques aux Américains. Sans chercher à imiter à tout prix les Américains, comme dit Guy Verhofstadt, cet exemple « nous indique clairement la voie à suivre en Europe » : faire du budget communautaire un instrument politique.

Lassé des comparaisons permanentes des performances de l'Union européenne avec celles États-Unis actuels, Mario Monti répondait souvent à ses interlocuteurs que des comparaisons sensées supposaient que l'Europe ait le budget fédéral américain et les instruments du fédéralisme. À cet égard, il est important de savoir qu'un budget important n'est pas une fin en soi ; c'est l'adéquation des financements et des compétences qui compte, ainsi que l'existence d'institutions aptes à fonctionner, sans lesquelles la conduite des affaires européennes est singulièrement compromise.

L'illusion des « projets »

Curieusement, depuis quelque temps, certains sont tentés d'opposer aux controverses institutionnelles – qui seraient avant tout des délices d'experts un peu pervers – les préoccupations concrètes des « gens » : « l'Europe des projets » ou, comme dit la Commission, « l'Europe des résultats » est à la mode. En apparence, le renversement de perspective est séduisant : enfin, Bruxelles va cesser de s'occuper du sexe des anges pour aborder les « vraies questions » ! Dans les cafés du commerce, on soupire d'aise !

Lorsqu'on y regarde de plus près, cette argumentation est critiquable, voire dangereuse. Ceux qui connaissent l'histoire de l'intégration européenne – par exemple les lecteurs de *L'Europe pour les Nuls*, désormais très calés – savent parfaitement que l'Europe communautaire a justement produit des résultats en raison d'une révolution institutionnelle. L'invention de la méthode communautaire est venue combler un vide, celui des coopérations intergouvernementales antérieures dont les limites sont avérées. Paradoxalement, l'Europe des projets ne serait possible... qu'avec de bonnes institutions. Pour faire «l'Europe par la preuve», il faut que l'Europe fasse ses preuves. C'est impossible quand le processus décisionnel est bloqué, notamment parce que l'unanimité reste la règle ou parce que les compétences requises pour agir au niveau européen font défaut (politique étrangère et de sécurité commune, justice et police, par exemple).

Ensuite, cette argumentation laisse plus ou moins entendre que, depuis cinquante ans, à Bruxelles, hauts fonctionnaires et hommes politiques se tournent les pouces ou, du moins, ne cherchent pas à produire des résultats pour le plus grand bénéfice des consommateurs, des travailleurs migrants, des entreprises, des femmes concernées par l'égalité hommes/femmes. Cette insinuation *a contrario* est proprement scandaleuse! Certes des erreurs ont pu être commises par nos aînés, des choses auraient pu être mieux faites – nous ne l'avons pas caché dans cet ouvrage – mais de là à jeter l'opprobre sur le travail de nos prédécesseurs contre les nationalismes, à nier l'innovation qu'ils ont eu à cœur de mettre en œuvre, voilà qui est indélicat. Quand on sait que la Commission Barroso elle-même se flatte plus de retirer des projets de textes communautaires plutôt que de parachever le Marché unique, on se demande si l'Europe a encore toute sa tête!

En fait, depuis quelque temps, l'Union européenne est partie sur une fausse piste et c'est grave! Elle n'est plus «Communauté». Elle devient distributeur automatique de satisfactions et d'avantages immédiats. «L'Europe, bof? Qu'est-ce que ça me rapporte?», disent des citoyens soudain entrés en crise d'adolescence, encouragés par des responsables nationaux guère plus matures ni courageux! Si le consumérisme gagne le projet européen, si les autorités bruxelloises elles-mêmes ne voient plus les citoyens que comme des consommateurs d'Europe auxquels il faut fournir une becquée prémâchée, facile à avaler, sans rien exiger de leur part en retour, ceux-ci risquent fort, un de ces jours, blasés, de zapper définitivement...

La Commission et les gouvernements semblent parfois à côté de la plaque. Ils refusent de voir ce que la plupart des sondages Eurobaromètre révèlent: évidemment, les citoyens attendent la solution de leurs préoccupations concrètes, une politique aboutissant à des résultats, mais ils sont trop intelligents pour croire les boniments de ceux qui promettent des solutions faciles. Ils espèrent surtout que les décisions politiques présidant leur destin seront prises après qu'ils ont pu se faire entendre.

L'aspect positif du référendum de 2005, c'est qu'il a fait mentir tous ceux qui, dans les cercles de pouvoir, affirmaient de manière péremptoire que «les gens» ne s'intéressent pas à l'Europe. À en juger par les tirages des ouvrages de vulgarisation vendus durant cette période ou par la vivacité des débats dans le moindre café, c'est le contraire qui est vrai. Naturellement, il y a eu des dérapages, des mensonges, des approximations, mais le débat n'a pas été, dans l'ensemble, de mauvaise qualité. Le sérieux avec lequel certains Français peu portés à manier des textes juridiques complexes ont cherché à se renseigner, à lire le traité constitutionnel, la sagacité avec laquelle ils ont posé certaines questions est admirable.

LE SAVIEZ-VOUS ?

Emmaüs ou l'Europe de la dignité

L'une des expériences les plus intéressantes de la campagne référendaire a été menée par l'association d'aide aux défavorisés Emmaüs. Celle-ci a organisé dans ses centres d'accueil des débats sur le traité constitutionnel : le résultat, dont le président d'Emmaüs Martin Hirsch a rendu compte dans *Libération*, est très éclairant : 55 % des sans-abri concernés, une fois informés, se déclaraient prêts à voter oui. Et Martin Hirsch de citer l'un d'eux disant : «Quand on entend qu'au-dessous de 1 200 euros de revenus mensuels, les gens votent forcément contre le traité, on généralise abusivement ou... on dit ce qu'on aurait envie d'entendre.» Ce chiffre prouve que les Européens – même les moins nantis – n'attendent pas que des «résultats». Certains espèrent surtout, pour donner la parole à l'un d'eux, «qu'on cesse de me désigner comme un exclu, qu'on me considère comme un citoyen, comme un acteur de la société à part entière».

L'Europe n'est donc pas une idée pour les riches, les puissants, une minorité cultivée ou bien lotie. Parce qu'elle a apporté la paix et la prospérité, l'Europe concerne tout le monde. Jadis, lorsque les Européens se déchiraient dans des guerres, le moindre village de France voyait la liste des noms s'allonger sur son monument aux morts. Les vies économisées sont donc aussi celles des plus humbles. Et la prospérité, même encore inégalement répartie, a des retombées positives pour tous. Le propre de la démocratie, c'est bien de considérer que chaque citoyen pèse le même poids. Dans une époque de grand matérialisme, de consumérisme, l'égalité politique des hommes et des femmes, quelle que soit leur condition, est un bien précieux. Ne le dévalorisons pas. Les premiers à y perdre seraient les plus modestes.

Ainsi, même si les efforts de la Commission et du Conseil pour être plus efficaces et concrets sont bons à prendre, ce n'est pas dans le résultat pour le résultat – à supposer qu'il soit si facile à atteindre – que réside l'avenir de l'Union européenne. C'est plutôt, comme nous l'avons déjà diagnostiqué à propos du financement, dans la possibilité de faire vivre une démocratie européenne, supranationale, capable d'agir certes, mais aussi de prendre ses citoyens pour des adultes, de les respecter.

La nécessaire réforme des institutions

Une réforme des institutions est donc incontournable. Sans elle, l'Europe à 27 aura du mal à prendre durablement des décisions et à se démocratiser : paralysée par l'unanimité qui règne dans un certain nombre de domaines clés, victime de l'affaiblissement de la Commission et d'une crise de légitimité profonde, l'Union européenne semble toujours en place mais peine à avancer.

Certaines études, comme celle publiée par le centre européen de Sciences Po fin 2006, « Élargissement : comment l'Europe s'adapte », démontrent que, selon des critères quantitatifs (durée des procédures, nombre de textes adoptés), l'élargissement n'a peut-être pas été si négatif qu'on le dit pour le fonctionnement des institutions. Peut-être l'avenir confirmera-t-il cette tendance heureuse ; nous ne pouvons que le souhaiter.

Notons toutefois que les auteurs eux-mêmes s'interrogent. Certaines données sont sujettes à caution : l'accélération des délais d'adoption des textes est-elle due au fait que la « mécanique marche encore » ou à l'abandon, par la Commission, de certaines ambitions ? La « *better regulation* », consistant à améliorer la qualité de la règlementation en multipliant les études d'impact et autres évaluations, est-elle une panacée ou une usine à gaz ? Il est amusant de rappeler que, contrairement à la création d'un texte, l'abandon n'est pas soumis à étude d'impact… La procédure mise en place est donc manifestement favorable à une approche de dérégulation. Enfin, que dire de la dégradation de la qualité des textes, visible à l'œil nu ?

À supposer que la mécanique ne soit pas grippée, la perception générale reste celle d'un malaise et d'un ralentissement d'activités. Qui peut, en trois mots, expliquer la raison d'être de l'UE ? La paix ? Le marché ? Le rempart (ligne Maginot ?) contre la globalisation ? Dans les cœurs, l'Union européenne perd du terrain, comme en attestent les sondages fort préoccupants qui ont été publiés début 2007 pour les cinq ans d'introduction de l'euro, montrant une majorité de Français (et d'Allemands ou d'Italiens) réservés à l'égard d'une monnaie accusée surtout d'avoir surenchéri le coût de la vie.

Qui sème le vent, récolte la tempête : le traité de Nice, négocié sous présidence française en 2000, ne répondait pas aux besoins d'une Union en voie d'élargissement. Par un sursaut de raison (et grâce, une fois encore, à l'orthodoxie belge), les chefs d'État et de gouvernement ont décidé au sommet de Laeken, en décembre 2001, de lancer la Convention européenne. Le traité constitutionnel constituait le fruit de cette session de rattrapage inespérée. Faute de ratification de ce dernier, la base juridique actuelle demeure malheureusement l'ersatz niçois ; le problème numéro 1 de l'Union demeure donc entier.

Nous ne reviendrons pas sur tous les points abordés dans le chapitre 14 relatif au traité constitutionnel qui explique en quoi celui-ci, sans être un chef-d'œuvre, comportait des innovations extrêmement précieuses, mais la totalité des réformes proposées par le traité allaient dans la bonne direction, y compris, paradoxalement, en regard des principales critiques émises par les votants du non : démocratisation, simplification, octroi à l'Union de la personnalité juridique, suppression de la présidence tournante, création d'un ministre européen des affaires étrangères, refonte de certaines politiques (notamment en matière de sécurité et de liberté), etc. Le texte issu de la Convention ne comportait du reste pas la partie III, la plus controversée du débat interne français, qui reprenait pour l'essentiel des traités en vigueur. Au pire, le traité maintenait le *statu quo*, ce qui ne le rendait pas bien méchant, du moins pas plus que la situation née du non : le *statu quo*. Parce que le non était largement irrationnel, il est maintenant particulièrement difficile de trouver une solution satisfaisante.

Enfin, souvenons-nous que le traité constitutionnel est le fruit du labeur d'une enceinte originale. Pour la première fois, les Européens ont organisé un débat public pour mener à bien une réforme des traités. D'ordinaire, c'étaient des diplomates siégeant à huis clos qui modifiaient les traités, et non pas, comme à la Convention, un groupe composé majoritairement d'élus nationaux et européens, débattant en public, en présence de représentants de la Commission et des gouvernements nationaux. Même si la différence a malheureusement échappé aux opinions publiques, la Convention marquait une étape majeure de l'histoire communautaire ; il serait fâcheux de revenir en arrière.

C'est du reste l'un des défauts les plus nets des solutions mises en avant par certains, comme le « minitraité » qui serait conclu à la va-vite par une conférence intergouvernementale, afin de sauver quelques éléments du traité constitutionnel non controversée. Même si ce texte *a minima* constitue une solution provisoire impliquant, à terme, un exercice plus démocratique, le retour à une gestion du dossier institutionnel par des diplomates débattant dans leur petit coin ne donne pas le bon signal. Cette solution risque de passer pour une provocation et de nous ramener à l'impasse dont on était heureusement sorti à Laeken, avec l'invention de la Convention.

Il n'y a aucune solution simple ; aussi est-il important d'agir sur plusieurs plans :

1. **En expliquant aux Français que le** *statu quo* **serait un désastre** : les institutions de Nice ne permettent pas de travailler correctement à 27. Quand on relaie des idées intéressantes (comme celles du député européen allemand Jo Leinen qui a tenté de montrer le coût de la non-Constitution par exemple), nombre de gens ayant voté non voient bien qu'il n'y a pas de plan B.

2. **En expliquant hors de France qu'il serait peu avisé d'ignorer le non des Français et des Néerlandais :** nous devons éviter d'apporter de l'eau au moulin de ceux qui caricaturent le prétendu « déficit démocratique » de l'Union européenne. Certaines questions de partisans du non étaient légitimes.

3. **En défendant objectivement le contenu du texte :** il ne s'agit pas de le sacraliser, mais d'éviter de céder sur les progrès objectifs qu'il contient (la Charte, la simplification, la fin de la présidence tournante, la possibilité d'aller plus loin à quelques-uns, le président du Conseil, le ministre des Affaires européennes, etc.). Ce texte représentait une amélioration sensible. Le fait qu'une majorité hétéroclite l'ait rejeté, pour des raisons souvent étrangères au texte, ne réduit pas ses mérites. Il faut le répéter posément, inlassablement.

4. **En aiguillonnant les responsables, en réclamant, sur certains points, d'aller encore plus loin que le traité constitutionnel :** le traité n'était pas parfait, il avait des insuffisances (notamment la procédure de révision, la réforme de la Commission, la répartition des compétences, le rôle budgétaire du Parlement). Certaines politiques dont il a peu été question à la Convention justifient également un débat (l'énergie par exemple).

5. **En refusant l'argument « si on discute, on va détricoter » :** cela dépend où et comment on discute, avec quels objectifs stratégiques. La discussion peut consister à ajouter des dispositions (par exemple des éléments de politique industrielle pour compenser des règles de concurrence qui n'avaient pas été conçues à cette fin).

Il faudra bien remettre l'ouvrage sur le métier

De toute façon, il faudra bien discuter à 27, sinon cela signifie que nous ne voulons pas vivre ensemble. Et il faudra se battre pour que la discussion à 27 ne soit en aucun cas un retour à une conférence intergouvernementale siégeant à huis clos mais reste ouverte aux élus européens nationaux et à la société civile. Sur le fond, l'important est d'aborder cette discussion avec la volonté que le traité constitutionnel soit la base des discussions. Si une immense majorité des délégués, notamment des pays ayant ratifié, prennent le traité comme base de départ, ce travail ne pourra pas être « détricoté. »

En tout état de cause, l'important est de ne pas creuser davantage le fossé entre les pays qui ont voté oui et ceux qui ont voté non, les premiers n'étant pas toujours assurés d'un soutien massif de leur population (quand la ratification a été opérée par voie parlementaire notamment).

Idéalement, les Européens devraient se rappeler la leçon de Spaak et de Monnet : avant d'entrer dans le détail juridique, avant de se demander s'il faut supprimer ou raccourcir telle ou telle partie, une décision politique devrait d'abord être prise sur les orientations générales. Il ne sert à rien de chercher des solutions techniques sans avoir vérifié l'accord politique. Spaak déplorait qu'on demandât trop souvent à des fonctionnaires de trancher des questions qui ne sont pas de leur ressort. Les 27 partagent-ils toujours la même vision de l'Europe de demain ? Veulent-ils aller de l'avant ? Peut-on escamoter des désaccords sur la Charte des droits fondamentaux ou sont-ils révélateurs d'une distance insurmontable ? Voilà les questions clés.

Juridiquement le traité est mort, ou du moins a-t-il sombré dans un coma profond. En effet, en droit, l'unanimité est requise pour qu'il entre en vigueur. Cela suppose de surmonter les deux non français et néerlandais, puis de faire sortir de leur silence les États qui n'ont pas même entrepris de le ratifier, trop heureux de s'épargner cette peine (Royaume-Uni, Pologne, République tchèque par exemple). Politiquement, ce texte conserve cependant une valeur certaine : 18 États (sur 27) l'ont ratifié dont deux (Espagne et Luxembourg) par référendum, d'autres récemment. Ainsi de la Finlande par exemple, qui l'a ratifié à l'automne 2006 sans se laisser arrêter par les votes négatifs du printemps 2005. Dans un certain nombre de capitales, il y a un vrai attachement à ce texte, soit par conviction, soit parce que les autorités locales sont persuadées que personne ne fera mieux.

L'appui de tant de pays n'est pas négligeable. Les Français devraient en prendre conscience. En se drapant dans leur non, ils pourraient bien finir par s'isoler. En effet, dans l'UE, il ne suffit pas de brandir son bon droit, encore faut-il convaincre ses partenaires du bien-fondé de sa position et chercher des accommodements. Pour la première fois, début 2007, une réunion européenne importante a eu lieu sans la France : celle du groupe des dix-huit États ayant ratifié le texte.

Pour beaucoup de nos partenaires, la position de la France est indéfendable, ceci pour plusieurs raisons :

- Les élites nationales ont été incapables de vendre le texte qu'elles avaient négocié et qui avait été rédigé sous la présidence d'un ancien chef d'État français. Certains hommes politiques français ayant exercé des responsabilités importantes l'ont délibérément torpillé en apportant leur caution à des thèses fort douteuses.
- Le président de la République n'a pas tiré de conséquences de l'échec, en dépit de l'esprit de nos institutions. En 1969, désavoué lors d'un référendum, le général de Gaulle a quitté le pouvoir.
- Dix-huit mois après le scrutin, les autorités françaises n'ont pas proposé de voies de sortie de crise. Elles n'ont pas non plus entrepris d'expliquer à nos partenaires les raisons du vote français en constituant un groupe de sages ou un panel de réflexion nationale. Elles n'ont rien entrepris non plus avec les Pays-Bas, ce qui aurait au moins permis de sortir d'une approche nationale inappropriée puisque le traité est d'intérêt commun.

Cette attitude pour le moins désinvolte des autorités et d'une partie de la classe politique françaises a laissé des traces dans les esprits ; nos partenaires ne nous feront pas de cadeaux.

Début 2007, tout ce qu'on peut dire est que l'avenir de ce texte est incertain même si la présidence allemande entend le sauver. Ensuite, il n'y aura pas de texte extrêmement différent dans la mesure où les questions centrales ont déjà été examinées sous tous les angles (dans les conférences intergouvernementales de 1997, 2000, à Bruxelles, et par la Convention de 2002 à 2003) mais aussi au XVIIIe siècle par les rédacteurs de la Constitution américaine. La similitude des problématiques, qui n'avait pas échappé à Valéry Giscard d'Estaing, doit nous inviter à une certaine modestie. Même s'il serait choquant d'ignorer les non de deux peuples fondateurs, nous n'allons pas réinventer la roue, ni passer outre le oui de dix-huit pays !

Chacun va devoir bouger. L'intention de la chancelière allemande est de procéder à des consultations bilatérales, avec chacun des États membres, durant le premier semestre 2007, afin de dresser un bilan objectif des positions des uns et des autres, sans toutefois ouvrir à proprement parler de négociations. L'espoir des Allemands est de parvenir à un accord sur une procédure de relance, lors du Conseil européen de juin 2007. L'arrivée d'un nouveau gouvernement en France pourrait y aider.

Les Allemands comptent aussi sur les cinquante ans du traité de Rome, en mars 2007, pour donner un nouveau souffle à la construction communautaire. Une déclaration devrait être adoptée, qui dresse un bilan des cinquante années écoulées, mais ouvre aussi des perspectives nouvelles. En maintenant séparés les deux exercices, l'un plus technique, l'autre plus ouvert, les Allemands espèrent avoir plus de chance de sauver le premier. À suivre…

Chapitre 24

La géométrie qu'on dit variable

Il existe un paradoxe dans l'Union européenne actuelle : la notion d'« avant-garde » ou de « noyau dur » est souvent diabolisée ou considérée comme un pis-aller. Il est vrai que l'intégration communautaire repose en principe sur la mise en commun durable des intérêts des participants. Les fondateurs étaient en conséquence hostiles aux dérogations.

Voilà ce que Monnet, qui les connaissait bien, disait des Britanniques : « L'expérience a prouvé qu'il n'est pas bon que les Anglais obtiennent des conditions particulières et une situation spéciale dans leurs rapports avec les autres, ni même qu'ils puissent espérer en bénéficier. En revanche, vous pouvez beaucoup attendre d'eux si vous leur offrez résolument de coopérer en position d'égalité. Si votre résolution est constante, les chances sont grandes qu'ils s'y adaptent tôt ou tard et qu'ils deviennent des partenaires, au sens plein du terme. »

C'est également la raison pour laquelle les traités ne prévoient pas de clause de sortie de l'Union. Comme nous l'avons rappelé au début de ce livre, la coopération communautaire relève plus du mariage, indissoluble, que d'une liaison. La participation aux institutions, le financement pluriannuel des politiques, l'édification d'un ordre de droit supposent une certaine stabilité dans l'engagement.

La différenciation existe déjà

Mais de même que les dogmes n'ont jamais empêché certains époux de s'affranchir des contraintes du mariage, une certaine dose de géométrie variable ou différenciation (pour employer le jargon) existe dans l'Union. Elle existait déjà dans la Communauté économique européenne. Et si aucun État n'en est jamais sorti à ce jour, il serait difficile de retenir contre son gré celui qui en ferait la demande.

C'est plus une question d'esprit que de lettre des traités : dans la mesure du possible, l'idéal est d'avancer tous ensemble. Aussi les dérogations accordées aux uns et aux autres ont-elles été plutôt imaginées pour faire face à des situations ponctuelles comme par exemple le non danois lors de la ratification du traité de Maastricht en 1992 ou le non irlandais lors de la ratification du traité de Nice en 2001. Parfois, celles-ci étaient conçues comme le moyen de faciliter l'évolution des esprits dans le pays en question : ainsi, Tony Blair avait annoncé, lors de son élection en 1997, qu'il procèderait à un référendum pour faire adopter la monnaie unique outre-Manche. La position dérogatoire de la Grande-Bretagne semblait une position d'attente, à caractère transitoire. Parfois, c'est un provisoire qui dure… Comme nous l'avons indiqué à plusieurs reprises au fil de cet ouvrage, dans plusieurs domaines, la réalité, c'est que le rythme de l'intégration n'est pas identique pour tous les États.

Comme nous l'avons rappelé au chapitre 20, l'accord de Schengen qui portait pourtant sur l'une des quatre libertés du traité de Rome (rien de moins!) a d'abord été signé à cinq. Conçu comme un facteur d'accélération de l'intégration communautaire, il était destiné à s'appliquer à tous. L'exclusion durable du Royaume-Uni ou du Danemark crée des trous regrettables dans la zone de libre circulation européenne. L'euro est également né entre un nombre limité de pays et n'est utilisé que dans 13 pays sur 27 en 2007. Le Danemark et le Royaume-Uni se sont d'emblée abstenus. La Suède fait comme si elle en avait le droit.

De ces expériences diverses, on peut retenir plusieurs choses. Les coopérations plus étroites sont toujours nées d'une volonté politique. À certains égards, si vous vous rappelez le théâtral Conseil européen de Milan en 1985, même le Marché unique a été lancé grâce à l'impulsion d'un groupe avant-gardiste, autour de la présidence italienne et de la Commission, puisque trois États ont alors voté contre l'organisation de la conférence intergouvernementale qui devait donner naissance à l'Acte unique. Rien ne se fait en Europe sans ces impulsions. Ceux qui attendent aujourd'hui une sortie de crise constitutionnelle sans envisager de retrousser leurs manches et d'en payer le prix font une grave erreur ; il faudra, pour sortir de l'ornière, qu'une impulsion soit donnée par quelques audacieux.

Retenons également que jamais ces «petits complots pour l'Europe» n'ont rassemblé seulement des «grands» États membres (ou seulement des «petits»): les coalitions de volontaires sont toujours diverses, celles des récalcitrants aussi.

À Schengen, France et Allemagne ont été accompagnées par le Benelux ; à Milan, ont voté contre l'Acte unique la Grande-Bretagne, la Grèce et le Danemark (un grand et deux petits). Pour donner une impulsion, l'union des forces des grands et des petits, accompagnés par la Commission est plus fructueuse que les pseudo-directoires de grands auxquels certains rêvent, notamment en France. En ce moment, plusieurs « grands » ne le sont plus guère à en juger par la petitesse de leurs ambitions communautaires : en rejetant le traité constitutionnel, la France a porté atteinte à sa capacité d'entraînement, la Pologne s'enferme dans un nationalisme d'un autre âge, le Royaume-Uni ne sait toujours pas quelle est sa place en Europe.

Enfin, pour compter au nombre des États qui conduisent l'Europe, encore faut-il être de *toutes* les avant-gardes. À cet égard, en dépit de dix années d'effort de Blair, la position du Royaume-Uni reste un peu décalée : sans être ni dans l'euro, ni dans Schengen, les Anglais ne peuvent prétendre à certains postes (président de la Commission par exemple). Le Premier ministre de Sa Majesté a eu beau multiplier les discours où il appelait Londres à être dans le « *driving seat* de l'UE » (le fauteuil du chauffeur), il n'y est pas arrivé. Il a eu beau lancer l'Europe de la défense, avec succès, sa capacité à prendre les rênes de la sphère communautaire ne s'est pas trouvée accrue.

Si les remarquables performances économiques du Royaume-Uni donnent à ce dernier une ascendance forte sur le reste de l'Europe, ce sont surtout les erreurs des Français et des Allemands, leur commune désertion du champ communautaire, qui ont laissé le champ libre aux thèses anglaises. Car les positions des Britanniques, si respectables soient-elles, ne sont pas des positions pour l'Europe intégrée. C'est une défense et illustration de ce qui existait *avant* l'intégration européenne, c'est l'apologie, selon un marketing habile et dans un nouveau packaging, d'idées intergouvernementales classiques. Ainsi, pour Gordon Brown, actuel ministre des Finances, il n'y a rien entre l'État nation et le vaste monde. Comment être le leader politique d'un ensemble dont on nie la pertinence ?

Les coopérations renforcées et autres noyaux durs

Le traité d'Amsterdam a tenté d'encadrer des démarches qui, jusque-là, restaient informelles. Il a créé les « coopérations renforcées » (articles 43 et suivants). En vertu de celles-ci, les États membres qui veulent avancer plus vite à quelques-uns peuvent recourir aux institutions de l'Union. Ils doivent poursuivre les objectifs de l'Union (ce que faisait par exemple la coopération Schengen) sans nuire aux intérêts des autres, ni mettre en péril l'acquis communautaire, la coopération n'étant lancée qu'en dernier ressort, une fois la preuve faite de l'incapacité d'avancer tous ensemble.

Modifiées à Nice, ces dispositions permettent de lancer une coopération renforcée à partir du moment où huit États le souhaitent. Ces articles du traité n'ont jamais été appliqués. Ce n'est guère étonnant : censées faciliter le lancement d'une avant-garde, ils révèlent en fait une certaine méfiance envers elle. Le nombre des conditions posées entrave le lancement. Et certains critères sont vagues : comment être sûr qu'on agit « en dernier ressort » quand il est facile aux États récalcitrants de faire traîner les discussions au sein de l'Union européenne ? Paradoxalement, ce sont les États les plus attachés à l'idée communautaire, donc les plus désireux de ne laisser personne derrière, qui seraient les plus à même de s'en servir. Donc ils y répugnent, donc il ne se passe rien.

Séduisantes et rassurantes sur le papier, ces dispositions ne servent pas à grand-chose, pas plus que les groupes pionniers dont Jacques Chirac avait parlé dans son discours au Bundestag de juin 2000. Si une coopération plus étroite était jugée nécessaire par un nombre significatif de gouvernements, ceux-ci pourraient toujours la lancer, en marge des traités, sans respecter aucune condition particulière. On voit mal pourquoi ils iraient alors s'embarrasser des conditions posées par les textes communautaires. Quand on se souvient de la détermination qui a été nécessaire à François Mitterrand et Helmut Kohl pour faire l'euro, ce n'est pas une condition formelle posée dans un traité qui risquait de les faire hésiter… En revanche, si la volonté d'avancer n'existe guère – comme c'est, hélas, le cas en ce moment – tous les prétextes sont bons. On l'a déjà vu par le passé.

Parmi les moments mythiques de l'histoire communautaire, citons la proposition Schäuble/Lamers. Elle possède le reflet doré de ce qui aurait pu être. À l'automne 1994, alors que l'Allemagne exerce la présidence de l'Union, Karl Lamers, porte-parole pour les questions de politique étrangère du Parti chrétien démocrate, et Wolfgang Schäuble, député, ancien ministre de l'Intérieur, tous deux Européens convaincus, proposent la création d'une avant-garde liée à la monnaie unique, afin de prévenir les forces centrifuges liées au futur élargissement. Proches du chancelier Kohl (qui aurait récupéré la mise en cas de succès), orthodoxes du communautaire, ils offrent notamment à la France d'entrer, avec le Benelux, dans une Union politique intégrée, un noyau dur.

La réaction des autorités françaises tarde à venir, puis se borne à repousser la proposition à la fois parce qu'elle est trop « fédérale » et parce qu'elle écarte l'Italie. Le Premier ministre répond dans *Le Monde*. Circulez, y'a rien à voir. La discussion souhaitée par les Allemands n'a pas lieu. Les mines de vierge effarouchée que font certains à Paris devant l'emploi du mot « noyau dur », la sollicitude soudaine pour des cousins italiens que, d'ordinaire, les Français ne ménagent guère cachent mal le réflexe gaulliste, très classique, du gouvernement Balladur. Une fois encore, la France se complaît dans l'ambiguïté : elle dit vouloir l'Europe mais n'y travaille guère ; elle se dit proche de l'Allemagne mais, dans le fond, la redoute. Malgré l'élargissement qui se profile, malgré l'euro, l'idée d'aller plus loin avec les Allemands effraie les élites françaises, heureuses de chercher du côté de Londres des réassurances intergouvernementales. Une belle occasion manquée.

L'histoire repasse pourtant le plat en mai 2000, dans une forme plus assimilable par les Français, lorsque Joschka Fischer, ministre des Affaires étrangères, prononce un grand discours à l'université Humboldt : la perspective d'un élargissement encore plus grand conduit le ministre allemand à proposer d'accélérer le rythme de l'intégration, d'adopter une Constitution et de donner corps au concept de Jacques Delors de «fédération d'États nations».

Une fois encore les autorités françaises, de gauche cette fois, ne répondent guère ou plutôt ressassent les mêmes peurs du fédéralisme, sans chercher à creuser. Dans un nouvel article dans *Le Monde*, les élites françaises ressortent l'épouvantail, et l'affaire est enterrée.

L'agenda de la présidence française du deuxième semestre demeure inchangé. Les concertations franco-allemandes sont plus inertes que jamais. À l'automne, on traite les Allemands de joueurs de flûte et on refuse, sans discuter vraiment, l'abandon de la parité. Ce sera bien la seule fois où les *Mémoires* de Jean Monnet servent à ceux qui nous gouvernent. Dommage qu'ils n'aient pas lu le reste !

Au total, les années 1990 et le début des années 2000 auront été celles de la velléité européenne, notamment française : malgré l'élargissement qui presse les choses, Paris refuse de voir le caractère intenable de sa position mi-communautaire mi-souverainiste. À force de ménager la chèvre et le chou, la France fait du sur-place intellectuel et politique.

Conçues comme l'arme atomique de la vie communautaire, destinées, par leur valeur dissuasive, à faire pression sur les États les plus tièdes, les coopérations renforcées sont un flop. Dans le grand reflux de l'idée communautaire, dans le maelström du repli nationaliste et du manque d'idées, elles ressemblent aux anciennes ogives atomiques soviétiques qui sont en train de rouiller dans des cimetières russes.

Une bonne solution si et seulement si

Pourtant, il n'y a pas d'autre chemin vers l'Europe que de rassembler les forces de ceux qui la veulent vraiment, en tenant à l'écart ceux qui ne la veulent pas et qui, ces dernières années, n'ont eu que trop d'occasions d'exercer leur néfaste influence. Toute la crise européenne actuelle vient de ce que le projet est miné de l'intérieur : plus grand monde ne sait pourquoi l'union doit être faite et selon quelle méthode elle a quelque chance d'aboutir. Tant que les proeuropéens accepteront cette dépossession sans ciller, tant qu'ils admettront que les récalcitrants imposent des conditions, ils n'iront pas loin.

Naturellement, le lancement d'une avant-garde ne doit en aucun cas se faire sur des *a priori* ou des préjugés. Les Français notamment devraient comprendre, après leur non, que la première place ne leur revient pas de droit. Elle se mérite, pour eux comme pour les autres. Le ticket d'entrée se paie.

Il est donc sage, comme le prévoit le traité, de tenter d'abord honnêtement d'avancer dans le cadre de l'UE. Aucun État ne doit être écarté, notamment pas parce qu'il serait « petit » (que serait l'Europe sans l'action des Belges ou des Luxembourgeois ?) ou nouveau (les anciens sont parfois les pires !). En revanche, aucun « passager clandestin » monté en maraude, sans vouloir payer le prix du billet ou qui a pour objectif de faire chavirer le navire, ne devrait être admis à bord ou toléré sur sa bonne mine.

Contrairement à ce que certains croient, la solution d'une avant-garde n'est pas la voie de la facilité : ce chemin suppose des partenaires engagés. Toutes les questions que l'Union à 27 n'a pas réglées de manière satisfaisante, notamment celle de la démocratie, se posent aussi dans un cadre plus restreint. N'oublions pas que les procédures lourdes de la méthode communautaire ont été inventées pour une Communauté qui ne comptait que six membres. Souvenons-nous aussi que Jean Monnet a compris, pendant la Première Guerre mondiale, dans les commissions de ravitaillement franco-britanniques (avec deux partenaires !), que l'intergouvernemental ne permettait pas d'avancer, faute de garant de l'intérêt commun.

L'assemblée parlementaire de la CECA, la Haute Autorité, la Cour de justice ont été inventées pour une communauté limitée à un secteur comportant six membres culturellement très proches. La question de l'organisation et de la légitimation démocratique d'un éventuel nouvel ensemble à naître demeure donc entière.

Ceux qui pensent régler le problème de l'avant-garde par la création de groupes pionniers intergouvernementaux, faisant de la coopération de manière informelle sans contrôle d'élus ni surveillance par les juges, ceux-là n'ont pas compris le projet communautaire et ignorent les attentes des citoyens. Ces exigences appellent une discussion approfondie avec les partenaires potentiels avant d'annoncer quoi que ce soit. Il est regrettable que Dominique de Villepin ait fait état d'une idée d'union franco-allemande, en novembre 2003, sans avoir… prévenu les Allemands. Spaak se moquait volontiers des Français en disant qu'ils pourraient imaginer l'Europe d'un seul… C'est aussi pour leur humour que nous avons impérativement besoin des Belges.

Enfin, et ce n'est pas une question secondaire, la compatibilité d'un noyau avec l'Union européenne qui serait amenée à subsister n'est pas facile à organiser juridiquement. Compte tenu de toutes ces difficultés, l'avant-garde la plus simple et la plus naturelle serait celle qui organiserait l'Europe politique autour de la zone euro : le besoin d'action commune est indéniable, c'est plutôt l'absence d'action qui finit par être reprochée aux États concernés, comme en atteste le climat de grogne cinq ans après l'introduction de l'euro. La survie de la monnaie dépend peut-être de ce sursaut.

Aussi le Premier ministre belge Guy Verhofstadt a-t-il proposé en 2005 de créer des « États-Unis d'Europe » autour de la monnaie unique. Dans un petit livre très tonique, il a cherché à développer le schéma d'une Europe intégrée, sur un modèle fédéral, à l'intérieur d'une Union plus vague qui pourrait alors plus facilement englober des pays difficiles à assimiler dans le premier cercle. Ce plaidoyer démontre que l'avant-garde n'est pas une sorte de pis-aller. Pour la faire naître, il faudra autant de vertu européenne que pour faire bouger l'Union et, en prime, le courage d'affronter le désaccord des partenaires récalcitrants…

Certains ont imaginé organiser plutôt l'arrière-garde, ce qui est une piste astucieuse; l'élimination des États ayant refusé de ratifier le traité constitutionnel aurait pu y contribuer de manière efficace. La certitude qu'on ne peut pas sortir de l'UE a en effet encouragé des comportements paresseux ou irresponsables. Il serait temps d'y remédier.

L'utopie de la Françallemagne

Lorsqu'on réfléchit aux avant-gardes et noyaux durs possibles, il apparaît qu'un bloc demeure incontournable, en dépit des affirmations contraires: c'est l'Allemagne et la France. Par leur rôle historique, par leur poids politique, par la force de leurs économies, il n'est pas d'Europe sans ces deux pays. Alors que, durant les années 1990 et depuis le début des années 2000, certains contestent leur leadership, il semble bien que les deux mastodontes restent au centre du jeu.

Aucune équipe alternative n'a émergé dont le but serait de mener l'Europe (ne parlons pas des «coalitions de tièdes» pour lesquelles les candidats sont plus faciles à trouver). Aucun projet n'a vu le jour sans eux et leur coopération bilatérale est probablement la plus étroite du monde. Elle touche même les limites du possible: à force de multiplier les Conseils des ministres communs, les rencontres entre «quatre-zyeux», les instances communes et certains gadgets, on s'y ennuie ferme, car on n'a plus rien à découvrir. Ceci dit, en dépit des efforts de démolition de l'équipe euroréaliste au pouvoir en France dans les années 1997-2000 et en Allemagne de 1998 à 2002 (Schröder 1), poursuivis jusqu'en 2002 au moins, la coopération a résisté. Pour surprendre, il n'y aurait plus qu'un PACS entre les deux chefs d'État…

Il faut noter également que les deux pays se sont considérablement rapprochés, notamment en matière de politique étrangère mais aussi, du fait de l'euro, en matière économique. Et quand bien même leurs performances ne sont plus ce qu'elles étaient (surtout pour la France), la force d'inertie en ferait, en tout état de cause, un poids (mort?) au centre du continent.

Pour autant, l'idée d'une union franco-allemande, caressée notamment par Pascal Lamy, aurait vraiment un sens si plusieurs conditions étaient remplies:

> ✔ Il faudrait faire plus d'efforts pour la connaissance mutuelle; or l'apprentissage mutuel de la langue du partenaire recule et la présence des uns et des autres dans les médias ou télévisions du partenaire restent trop faibles.

- Il faudrait lutter contre le reflux du nationalisme : il reste perceptible, même en dehors des cercles politiques, notamment dans les rapprochements d'entreprise. Airbus, Sanofi Adventis sont autant d'exemples de franco-allemand « de surface » où les considérations politiques se mêlent à la logique d'entreprise mais où les réflexes nationaux jouent avec une intensité inquiétante, dans les deux pays.

- Enfin, il faudrait améliorer nos performances économiques. Dans les années 1960-1970, l'Allemagne et dans une moindre mesure la France incarnaient un succès économique. Le modèle rhénan faisait rêver, comme la solidité des produits *made in Germany*. À cet égard, il semble que l'Allemagne soit en train de distancer la France. Les réformes de Hartz IV ont produit leurs fruits, le commerce extérieur allemand n'a jamais été aussi florissant. Comme à l'époque du Mark, la monnaie forte profite aux entreprises d'outre-Rhin.

Chapitre 25
La France et l'Europe

L'amélioration des rapports entre la France et l'Europe seront décisifs pour le rebond de l'UE.

« *Quand lama fâché, lui toujours faire ainsi* »

Cette phrase tirée de l'album de Tintin *Le Temple du soleil* décrit assez bien ce que les Français ont fait en 2005 : pour exprimer leur colère, ils ont en quelque sorte, par leur vote négatif, craché à la figure de leurs partenaires. Venu du tréfonds d'un pays mal en point qui a conduit Jean-Marie Le Pen au deuxième tour de l'élection présidentielle en 2002, ce cri de détresse, en partie rationnel, en partie inexplicable, a exprimé une multitude de ras-le-bol entremêlés. Ronchonnement poujadiste, angoisses légitimes, exaspération se sont mêlés dans un mouvement n'ayant finalement qu'un rapport lointain avec l'Europe et le texte qui leur était soumis.

D'après un sondage effectué à la sortie des urnes (TNS Sofres, le 29 mai 2005), les motivations premières des électeurs ayant voté non tiennent plus à la politique intérieure qu'à l'Europe, même si nous savons combien ces distinctions sont désormais artificielles : 46 % d'entre eux redoutaient plus de chômage, 40 % souhaitaient exprimer un mécontentement. C'est seulement en troisième position qu'arrivent les motifs tirés du traité ou de l'Europe : pour 35 % des votants, l'espoir de renégocier un meilleur traité ; pour 34 %, le fait que ce traité soit trop « libéral » ; 34 % le trouvaient trop difficile à comprendre ; 19 % y voyaient une menace pour l'identité nationale ; 18 % exprimaient leur mécontentement à l'idée de l'adhésion turque.

Nos partenaires ont pris en pleine figure, un peu par hasard, un malaise qui est surtout français, nourri par le traumatisme du vote «obligé» en faveur de Jacques Chirac en 2002. Voilà où nous en sommes.

Comme nous l'avons rappelé au chapitre 22, la violence et le caractère hasardeux de certaines critiques exprimées contre l'Europe (et le plus souvent contre un traité de Rome en vigueur depuis 1957) ont agacé nos partenaires. Notre incapacité, depuis lors, à dire ce que nous comptons faire pour sortir de la crise lasse les plus bienveillants d'entre eux. Naturellement, la plupart savent bien ce que l'Union européenne doit historiquement aux idées originales et à l'action résolue d'un certain nombre de Français tels que Monnet, Schuman, Delors, Valéry Giscard d'Estaing et François Mitterrand. Mais ils se rappellent aussi nos frasques, notre manière récurrente de les lâcher en rase campagne, en dépit des accords conclus ensemble.

En 1954, c'est la France qui refuse de ratifier le traité créant la Communauté européenne de défense né du plan français de René Pleven. En 1965, lors de l'épisode de la chaise vide, c'est la France qui met en péril le fonctionnement de la CEE, revenant sur le traité de Rome dûment ratifié qui prévoyait le passage automatique au vote majoritaire. En 1992, c'est la France qui refuse l'union politique et encourage la naissance d'une union cloisonnée, européenne *ma non troppo*, où le Mark allemand est fondu dans l'euro mais où la diplomatie française est soigneusement mise à l'abri de toute «contagion communautaire». En 2005, c'est la France, suivie par les Pays-Bas, qui, par son vote négatif sur le traité constitutionnel, plonge l'UE dans la crise.

Souvent bien inspirée dans ses initiatives proeuropéennes, la France est aussi le pays fauteur de troubles. Brutale, cassante, elle n'a pas la manière. Souvent elle varie. Et ses contradictions sont légendaires: elle parle de faire de l'Europe une puissance sans lui céder les moyens de le devenir; elle voudrait que les États-Unis la considèrent comme égale, sans faire elle-même de réels efforts envers les «petits» du continent européen. Prompte à exiger la solidarité, elle défend ses intérêts, notamment agricoles, avec une âpreté toute paysanne. Refusant aux autres le veto (voire le droit de parler, à en juger par l'admonestation des nouveaux pays, par le président Chirac en 2003…), elle le garderait bien pour soi. Elle pense de bonne foi imposer son «modèle social» et ses «services publics» à des pays qui vont parfois mieux qu'elle et un plan B inexistant à des partenaires auquel le traité convient parfaitement. Aux Turcs, le chef de l'État français promet l'adhésion, mais en instaurant aussitôt un référendum obligatoire qui la rend improbable…

Si ce n'était pas si grave, cette liste de nos incohérences serait presque drôle. Sur le Conseil européen, Molière aurait sûrement su faire du bon théâtre… Hélas, nos partenaires ne rient pas toujours de cette comédie. Et notre perte d'influence, nette, sans appel, a plutôt des côtés tragiques.

Par notre vote négatif de 2005, nous avons fait aux Britanniques un cadeau inespéré. Dès le 3 juin, le magazine *The Economist*, lu dans le monde entier, titrait «L'Europe qui est morte». L'éditorial donnait le ton : «Ce n'est peut-être pas faire preuve d'un grand tact que de le souligner, mais le rejet par la France de la Constitution européenne est, à plusieurs titres, un triomphe pour la Grande-Bretagne. Depuis au moins cinquante ans, les Britanniques ont eu deux objectifs principaux en Europe : le premier était d'entraver la marche vers une union politique de l'Europe ; le second était d'éviter une domination franco-allemande sur la politique européenne. La mort de la Constitution a permis de faire d'une pierre deux coups.» *No comment.*

Plusieurs de nos partenaires chanteraient volontiers, s'ils la connaissaient, la chanson de Brassens en l'appliquant à notre beau pays : «Emmerdante, emmerdeuse, emmerderesse itou»…

L'agacement que notre légendaire arrogance suscite n'est pas en soi une nouveauté. En revanche, le contexte a changé. À ce stade de l'intégration, la France conserve une place importante. À cet égard, il est faux de dire qu'elle n'est qu'un État sur 27. Mais elle n'a plus le rôle central, de «droit divin», qui était le sien dans les années 1960 par exemple. Quand le général de Gaulle pratiquait la chaise vide, il savait que la CEE, sans la France, n'avait aucun sens : les Allemands étaient alors trop vulnérables. Contraints à la retenue et à la diplomatie du chéquier, ils étaient pieds et poings liés. Trop petits ou trop pauvres, les autres partenaires ne pouvaient jouer un rôle central. À l'extérieur de la CEE, les Anglais n'étaient pas dans une situation économique florissante ; le Sud, pris dans les rets des dictatures et de l'archaïsme, ne comptait guère. Au nord, Nokia était encore une entreprise de bûcherons dans un petit pays coincé contre l'URSS…

En 2007, le paysage est fort différent : l'Union européenne s'est considérablement agrandie. Les performances économiques de certains États, grands ou petits, sont bien meilleures que celles des fondateurs, France et Italie notamment. Les capacités d'innovation des Nordiques, les résultats du Royaume-Uni, le décollage de plusieurs pays comme l'Irlande ou l'Espagne, sans parler de la croissance des nouveaux venus, relativisent la place de la France. Sans entrer dans les pleurnicheries des «déclinologues» et autres «psys» politiques, nous devons avoir conscience de ces changements radicaux qui placent notre pays au pied du mur.

La France au pied du mur

Cette prise de conscience est rendue plus complexe par l'absence de discours lucide, des années durant, sur les chances et les faiblesses de notre pays. Le mythe entretenu par le général de Gaulle depuis 1944 a bercé les Français d'illusions. Ses incantations, son hymne à la grandeur de la nation française entonné avec un talent d'orateur exceptionnel et d'écrivain hors pair ont endormi les Français. Agissant comme l'un de ces produits chimiques qui sont dispersés en cas d'incendie, il a retardé l'heure de vérité.

La lecture à tête reposée des *Mémoires d'espoir* suffit à mesurer l'ampleur du fourvoiement : à lire le général de Gaulle, la France semble avoir existé de toute éternité. C'est oublier un peu vite que les Gaulois n'étaient que des guerriers hirsutes, habitant des huttes en branchages au milieu de forêts touffues, sans accès à l'écriture ni à la technique à une époque où les Grecs dominaient les arts et la pensée, les Romains le droit et la technique. Fransceco Rutelli, ancien maire de Rome, aujourd'hui ministre de la Culture en Italie, invité à témoigner pendant la campagne référendaire, avait raison de proclamer avec un zeste d'impertinence, prenant le contre-pied d'Astérix : «Ils sont fous ces Gaulois !»

Le fait que le général de Gaulle, héros de 1940, ait pris les positions qui étaient les siennes sur l'Europe a fini d'abuser certains esprits. Si de Gaulle a eu raison une fois contre tous, en 1940, s'il a montré alors le courage le plus admirable, il peut s'être trompé par ailleurs… Mais les successeurs du général se sont gardés de toucher au mythe. Si nul ne conteste à Valéry Giscard d'Estaing et François Mitterrand une volonté de moderniser la France, si nul ne met en doute leurs fortes convictions européennes, l'Europe s'arrêtait pour eux à la lisière de l'Élysée, là où commence le domaine réservé du président de la République : en matière de diplomatie, de défense, ce qui valait pour l'économie cessait d'être tenu pour vrai.

Cette position – déjà ambiguë – était peut-être tenable tant que la guerre froide divisait l'Allemagne et gardait dans le frigo russe la moitié du continent. La fin de la partition de l'Europe aurait toutefois dû marquer le début d'une révision des positions françaises. Mais l'attitude méfiante de François Mitterrand pendant l'unification, son souci de préserver les frontières montre que, au-delà des sages précautions que commandait l'histoire tumultueuse de l'Europe, il était aussi un homme prisonnier de certains schémas du passé. Du soutien à la RDA moribonde à l'appui apporté aux autorités «légitimes» soviétiques contre les démocrates russes, cette période est émaillée de décisions marquées par un certain conservatisme…

Avec l'arrivée au pouvoir de Jacques Chirac, d'Édouard Balladur ou même de Lionel Jospin, aucun *aggiornamento* de notre politique européenne n'est entrepris. Si la conscription est abandonnée et un rapprochement avec l'OTAN esquissé, si les troupes françaises postées en Bosnie reçoivent enfin des ordres clairs, la politique européenne de la France reste marquée par son ambiguïté originelle. Comme nous l'avons rappelé au chapitre 23, la France, en rejetant les offres de ses partenaires allemands, refuse de prendre la mesure de l'élargissement programmé. «Faire l'Europe sans défaire la France», proclamera solennellement Lionel Jospin pendant son passage à Matignon. Le slogan sonne bien, mais cela revient à peu près à vouloir bénéficier des avantages du mariage tout en gardant une liberté de célibataire (ce dont certains conjoints volages rêvent en effet) ! Monnet avait déjà critiqué Bidault pour avoir dit, mot pour mot, la même chose, dans les années 1950.

Ce sur-place intellectuel, cette défense jusqu'au-boutiste des positions antérieures, telle fut la ligne de toute la décennie, marquée par des périodes de cohabitation stérile. Le meilleur exemple de cette position défensive se mesure dans l'attitude de la France face à la réforme des Nations unies. Alors que les autorités françaises dénoncent l'unilatéralisme américain ou l'arrogance de «l'hyperpuissance» (Hubert Védrine) et devraient donc se trouver aux avant-postes de la promotion du multilatéralisme, alors qu'à l'évidence le système onusien né pendant la Seconde Guerre mondiale ne reflète plus les rapports de force du monde d'aujourd'hui, notre pays se garde bien de prôner des solutions trop novatrices. Ainsi, les autorités françaises se frottent les mains en voyant que les Allemands, après l'arrivée de Gerhard Schröder au pouvoir, cherchent finalement à avoir eux aussi un siège de membre permanent du Conseil de sécurité.

En soutenant la demande allemande, elles croient se délivrer un brevet de bonne conduite européenne alors que la question de la compatibilité de cette demande avec une politique étrangère *commune* mériterait d'être sérieusement abordée. Est-il vraiment dans l'intérêt conjoint européen de demander pour l'Europe qui, démographiquement, représente une part décroissante de la population mondiale, un troisième siège au Conseil de sécurité? Rien n'est moins sûr mais, à la fin des années 1990, il n'existe plus de Jean Monnet capable d'aller d'une capitale à l'autre attirer l'attention sur les intérêts communs. Chacun fait cuire sa petite soupe dans son coin. La mode est au national, à la reconnaissance obligeante de la «normalité» allemande, à la complaisance dans les vieux schémas qui, comme les vieilles pantoufles, ont le mérite d'être confortables à défaut de permettre de courir.

Après 1945, l'Allemagne n'a peut-être pas eu la politique qui aurait été la sienne sans le traumatisme nazi. Il est vrai que son destin n'a pas été ordinaire. Cette période n'en demeure pas moins l'une des plus fécondes, des plus intelligentes de l'histoire des relations internationales et pour l'Allemagne, incontestablement, la plus grande. Qu'une puissance économique et intellectuelle immense ait accepté de s'autolimiter, n'est-ce pas plus intéressant qu'une «normalité» consistant à se vautrer dans la souveraineté, comme les autres, au point de finir par ignorer les interdépendances? Pour les États comme pour les individus, la maîtrise de leurs pulsions constitue sans doute un stade plus élaboré de développement que l'expression frustre de la force souveraine…

De Napoléon ou de Jean Monnet qui, à la réflexion, est le plus grand? C'est peut-être bien le petit marchand de Cognac à la fine moustache, qui a réalisé l'Europe par la paix et non le despote qui a tenté de faire l'Europe par l'épée. Espérons que le séduisant Fabrice Del Dongo, passionné de l'Empereur, nous pardonnera ce manque de panache… La création de l'Europe communautaire est probablement l'une des plus grandes entreprises menées par un Français depuis des siècles. Elle est la perle du trésor national. Elle mériterait d'être défendue comme elle le mérite et servie comme il sied.

Dans *Le Mal français*, écrit voilà près de trente ans, Alain Peyreffitte, ministre du général de Gaulle dénonçait déjà l'aveuglement des Français, leur préférence pour les héros qui n'ont pas abouti à grand-chose: Louis XIV épris de grandeur, mourant dans une France ruinée; Napoléon rêvant de créer une dynastie assise sur l'Europe et la Grande-Bretagne, finissant ses jours sur l'îlot de Sainte-Hélène sans avoir jamais revu son fils ; Jeanne d'Arc, condamnée à mort par un tribunal d'Église après avoir été envoyée en mission. Cette propension française à encenser des perdants laisse dans l'ombre les artisans des vraies réussites de notre pays, celles des souverains qui ont su résister à «l'effet Serendip» qui est, selon Peyreffitte, une tendance des événements à produire le résultat inverse de celui attendu. À cet égard, en 2005, le référendum ne fait pas exception à la règle : les votants du non voulaient changer l'Europe, ils ont gardé l'ancienne.

Monnet au contraire a atteint son but. Comme Henri IV, il a su donner, au moment décisif, l'impulsion suffisante pour modifier le cours des choses. L'hommage qui lui est rendu aujourd'hui n'est pas à la hauteur de son incroyable action. Ce n'est pas la seule difficulté tenant à l'histoire de ce pays, son histoire désormais ancienne, mais qui a tant marqué nos mentalités.

Notons au passage pour la petite histoire que Peyreffitte a écrit en 1976 un livre sur le mal français sans accorder à l'intégration communautaire plus de quelques lignes… Signe des temps et de cette inaptitude des «élites» à prendre l'Europe au sérieux.

L'Ancien Régime, ce passé qui ne passe pas

La France demeure profondément façonnée par l'expérience de la monarchie absolue mise en œuvre par Louis XIV et Colbert, après l'éviction de Nicolas Fouquet en 1661. Le Grand Siècle a commencé bien tard mais il a commis un certain nombre de dégâts toujours sensibles plus de trois cents ans plus tard !

Le meilleur livre qu'on puisse recommander à un étranger qui voudrait comprendre la France actuelle – et les raisons du non au référendum – est le génial ouvrage de Tocqueville *L'Ancien Régime et la Révolution* que nous avons déjà cité. Dans ce livre, Tocqueville explique le dilemme fondamental entre égalité et liberté qui déchire les Français : leur goût immodéré pour l'égalité, en réaction aux abus d'une société profondément injuste, l'a emporté selon lui sur l'amour de la liberté.

Quel rapport avec l'Europe me direz-vous ? Eh bien, quand on sait que le principe de liberté est au cœur du traité de Rome avec les quatre libertés de circulation et le choix d'une politique de concurrence élaborée tendant à favoriser l'émulation, on comprend que les Français aient du mal avec l'UE : ils n'ont pas le «bon logiciel». Tous les protagonistes des années 1950, Maurice Faure et Robert Marjolin notamment, insistent sur les difficultés apparues dans les négociations du traité de Rome, pour les Français, en raison de leurs conceptions économiques.

Contrairement à la société anglaise ou américaine, que Tocqueville a décrites dans d'autres ouvrages, la société française ne place pas la liberté au sommet de son échelle. C'est là une grande différence. La liberté politique, passe encore, mais la libre entreprise, voilà qui est louche ! Cette méfiance est une séquelle du colbertisme et du dirigisme économique ambiant, qui ont fait croire aux Français, depuis des siècles, que l'économie va bien quand des manufactures vivant des commandes de l'État, selon le bon plaisir ou les désirs du roi, sont prospères. Pour beaucoup de Français, la création de richesses par des individus libres et entreprenants reste un peu suspecte ; la seule bonne économie est planifiée et si les enfants peuvent devenir fonctionnaires, c'est mieux.

Les réticences envers le capitalisme et l'économie de marché sont visibles dans les manuels d'économie comme dans les réponses spontanées aux sondages. Même des magazines de gauche s'en sont émus, *Le Nouvel Observateur* consacrant un dossier à la question un an après le référendum, en juin 2006. Le succès de livres de vulgarisation déplorables ou de certaines thèses des mouvements hostiles à la globalisation révèle une certaine ignorance des réalités économiques. Le centre d'analyse et de prévision du ministère des Affaires étrangères avait eu, voilà quelques années dans une de ses notes une jolie formule : c'est « Bécassine fait de l'économie ». D'où les difficultés récurrentes de notre pays, classe dirigeante comprise, avec la politique de concurrence, l'absence de politique industrielle européenne, le « patriotisme économique » ou le gouvernement économique de l'euro.

Naturellement, le pays évolue. Nous avons déjà indiqué que la nouvelle gestion des entreprises publiques avait réduit le nombre de cas litigieux d'aides d'État, des expériences intéressantes de passerelle entre l'éducation nationale et l'entreprise sont mises en place mais le pays revient de loin… et il y a fort à faire pour changer les mentalités.

L'amour du dirigisme et des rapports hiérarchiques entre État et société ne favorisent pas non plus chez les Français les qualités nécessaires dans les jeux d'influence et les prises de décisions collectives. Sur ces terrains, si importants à Bruxelles, l'éducation des Anglo-Saxons ou des Allemands les rend plus efficaces ; leur expérience du débat collectif, la considération portée aux parlementaires mais aussi aux ONG, associations et autres relais de la société civile, sont autant d'atouts qui font défaut aux Français.

La construction de l'Europe exige des efforts patients, des compromis souvent sans gloire, des travaux plus proches du labourage d'un attelage de bœufs que d'une chevauchée de cadets de Gascogne… De la France, Tocqueville disait avec justesse que c'était « une nation […] propre à concevoir d'immenses desseins plutôt qu'à parachever de grandes entreprises, […] plus capable de génie que de bon sens ».

Après ce tableau sévère mais nécessaire, il ne faudrait pas conclure que la France ne peut pas jouer en Europe un rôle majeur. Bien au contraire, dresser un bilan lucide permet aussi de mesurer nos atouts et d'affirmer qu'une France engagée en Europe pourrait y tenir une place importante. Malgré tous nos défauts, nos partenaires attendent toujours beaucoup de nous : un vrai miracle !

La France ou la chance de l'Europe de demain ?

L'Union européenne – ou toute autre avant-garde – aura impérativement besoin de la France. D'abord, par inertie. Notre pays occupe en effet au centre de l'Europe une place qui, pour n'être plus la première, n'est pas non plus négligeable. L'un des défauts majeurs des chantres du déclin est de toujours forcer le trait ; ne plus se prendre pour le nombril de l'Europe ne signifie pas que nous soyons la dernière roue de la charrette. Ensuite, aussi agaçants soient-ils, certains traits du caractère national sont, à ce stade de l'intégration, particulièrement précieux à condition – et là est l'essentiel – de savoir en faire un usage positif.

La France a des choses à dire sur l'Europe telle qu'elle se fait, que les autres États ne diront sans doute pas. Et elle a raison de les dire, à condition de s'exprimer de manière plus argumentée que le lama crachant à la figure de ses partenaires. Même si notre goût pour les révolutions et les cassures violentes, hérité de notre histoire, est encore vif, nous devrions apprendre à pratiquer une critique constructive, orientée vers la cause commune. Nous aurions alors plus de chance de convaincre.

Le drame du référendum de 2005, c'est qu'une partie des critiques des partisans du non était fondée, respectable et méritait des réponses. Hélas, en les formulant par l'invective, en mêlant dans un même sac des interrogations légitimes et les attaques des anticapitalistes primaires ou des souverainistes irréductibles, le camp du non s'est discrédité. Les mêmes critiques exprimées après un vote positif, par une France ayant gardé la main, auraient eu plus de poids. Car l'Europe est un univers où il ne faut taper sur la table que rarement, à bon escient, et jamais seul. Quiconque monte au créneau sans avoir assuré ses arrières risque de se faire tuer comme un lapin.

Quels sont les sujets sur lesquels notre pays peut apporter un regard particulier ? Comme nous l'avons indiqué au chapitre 10 consacré aux compétences, l'Union souffre d'un certain manque de centralisation. La prime est trop souvent donnée à l'éparpillement sur l'unité, au folklore sur le rationnel. Si l'Europe veut se hisser au niveau global, elle doit certes avoir des racines mais cesser de penser villageois. Aux Français, avec d'autres de préférence, de le répéter inlassablement. Dans l'entreprise consistant à faire de l'UE un acteur mondial, menant une politique étrangère qui mériterait son nom, l'expérience diplomatique globale et la tradition universaliste de la France peuvent être d'un grand secours, tout comme la vision mondiale des Britanniques par exemple.

De ce point de vue, la position un peu décalée que donne la francophonie et la sensibilité particulière aux aspects culturels de la globalisation sont un atout. Lorsque les Français ne prêchent pas seulement pour leur paroisse (la langue française et la place de la France) mais argumentent honnêtement en faveur de la défense d'une diversité culturelle à l'échelle mondiale, elle est écoutée, comme nous l'avons rappelé en expliquant l'initiative de Jean-Noël Jeanneney.

Si nos partenaires n'aiment pas toujours notre côté «lama fâché», une certaine fascination est aussi perceptible, en Europe, envers cette France enfant terrible, si insupportable mais en même temps si souvent créative… En 2005, nombre de journalistes allemands qui cherchaient à comprendre ce qui s'était passé en France étaient partagés entre la consternation et… une pointe de jubilation. Ce n'est pas chez eux, pays où le sens des responsabilités est, depuis 1949, l'une des valeurs fondatrices de la RFA que ce genre de défoulement collectif (irresponsable) pourrait avoir lieu…

Une pointe d'audace et d'irrespect dans un univers de droit, de procédure et de négociation ne ferait pas de mal à l'Europe à la condition expresse d'être mise au service des intérêts communs. Une seule chose est sûre : la France a noué avec l'Europe une relation trop étroite, l'idée européenne est trop belle pour que nous en restions là.

Sixième partie
La partie des dix

Dans cette partie...

*A*u terme de ce grand tour exploratoire de l'Europe, voici la partie des dix. Bien connue des habitués de la collection, elle va nous permettre de dresser le portrait de dix acteurs majeurs de la construction européenne (le côté solaire de l'aventure), mais aussi de passer en revue dix idées fausses colportées à tort sur l'Europe (le côté obscur de la force...)

Chapitre 26

Dix figures qui ont fait l'Europe

L'Europe a été portée par des personnalités exceptionnelles. Nous voilà donc confrontés à l'embarras du choix. Parce que l'Europe est une œuvre collective, il faudrait, pour être objectif, présenter tous les artisans de tous les pays, de toutes les époques : des Six, des nouveaux États membres, du Nord, du Sud. Mais c'est impossible. Les Nuls, c'est la tradition, se terminent par la partie des dix. Dix, pas un de plus.

Nous nous en sommes donc tenus aux fondateurs originaires des six premiers pays impliqués dans l'aventure et avons choisi de parler de préférence de ceux qui ne sont plus et qu'on a déjà tendance à oublier. Nous ne minimisons pas le rôle, dans la réussite européenne, de Jacques Delors, de Valéry Giscard d'Estaing ou de Simone Veil qui ont défendu l'Europe en France contre vents et marée, ni de leurs partenaires des autres États membres. Qu'ils nous pardonnent cette injustice.

Jean Monnet (1888-1979)

Rien ne prédisposait Monnet à son destin. Fils d'un négociant de cognac, il aurait pu se contenter de vendre les alcools de la maison familiale. Mais très vite, il réalise l'extraordinaire atout que représente son expérience internationale. La société française est si provinciale, si décalée par rapport aux enjeux du monde !

Persuadé que la confiance aboutit à de meilleurs résultats que le cynisme, il passe sa vie à tenter de rapprocher les décideurs politiques, par-delà les frontières, pour les amener à aborder en commun leurs problèmes communs, dans l'intérêt commun. Dans les commissions franco-britanniques de ravitaillement des troupes de la Première Guerre mondiale, à la Société des nations ou dans les efforts alliés du début de la Seconde Guerre mondiale pour obtenir des moyens militaires aux États-Unis, il agit avec la même persévérance, déplorant l'étroitesse des approches nationales, prônant la coopération, la hauteur de vue. En juin 1940, il manque de peu de faire aboutir son projet de fusion politique de la France et de la Grande-Bretagne!

Français polyglotte, atypique, fonctionnaire britannique à Washington de 1941 à 1944, introduit dans le premier cercle autour du président Roosevelt, il joue un rôle décisif pour accroître l'effort de guerre américain. À Alger, il participe à la réorganisation de la France d'après-guerre. Le général de Gaulle, qui se méfie de ce celui qu'il appelle péjorativement «l'inspirateur», inquiet de le voir développer avec tant de talents des idées hétérodoxes relativisant le concept de nation, le nomme cependant à la tête du commissariat au plan.

Président de la Haute Autorité de la CECA, puis de son Comité d'action pour les États-Unis d'Europe, il contribue à créer, entre les dirigeants européens, la complicité, ingrédient invisible du succès communautaire.

Robert Schuman (1886-1963)

Né en 1886 au Luxembourg, dans une famille lorraine, Schuman grandit dans les deux cultures française et allemande. Après des études de droit en Allemagne, il exerce d'abord comme avocat à Metz. De cette période germanique, il gardera une connaissance de la langue et du pays qui lui sera précieuse après 1945. Élevé par une mère très pieuse, il pratique un catholicisme exigeant, tourné vers le service des humbles et le progrès social.

À la fin de la Première Guerre mondiale, il compte parmi les premiers députés alsaciens et lorrains qui regagnent l'Assemblée nationale. Pendant la guerre 1939-1945, il est d'abord fait prisonnier puis s'enfuit dans le sud de la France, en méditant sur les moyens d'éviter que la spirale infernale de la haine ne se déclenche de nouveau à l'avenir.

Ministre des Affaires étrangères de 1948 à 1952, il est l'homme providentiel pour œuvrer à la réconciliation franco-allemande à un moment où l'esprit revanchard semble pouvoir reprendre le dessus. Avec une détermination singulière, il s'empare des idées de Jean Monnet et persuade le chancelier Konrad Adenauer ainsi que le gouvernement français de la pertinence du rapprochement autour du charbon et de l'acier. Président du Parlement européen de 1958 à 1960, il exerce, jusqu'à sa mort au début des années 1960, une immense influence morale. Une demande de béatification a été déposée compte tenu de son œuvre et de sa foi.

Paul-Henri Spaak (1899-1972)

Paul-Henri Spaak, dont la carrière de ministre des Affaires étrangères commence en 1936, est de toutes les grandes aventures internationales d'après-guerre : il participe à la création de l'ONU, préside le Conseil de l'Europe, se bat pour la CECA, la Communauté européenne de défense, puis, surmontant son amertume envers Mendès France qui, selon lui, a fait capoter ce dernier projet, contribue de manière décisive à la rédaction du traité de Rome. Il est notamment le coordonnateur des travaux d'un comité ayant préparé le chemin vers le Marché commun, dit comité Spaak.

Secrétaire général de l'OTAN à la fin des années 1950, il redevient ministre et affronte de Gaulle lorsque ce dernier bloque l'entrée de la Grande-Bretagne dans la CEE et tente, par le plan Fouchet, de revenir à l'Europe des patries. Déjà après la guerre, il avait affronté les Soviétiques avec courage à la tribune des Nations unies. Doté d'un humour solide, il a beaucoup contribué à faire de l'Europe ce qu'elle est, une enceinte de coopération fructueuse entre « grands » et de « petits » États. Gourmand, bon vivant, on lui a reproché de souvent changer d'avis. Pourtant, toute son œuvre semble tendue vers un seul but, le redressement de l'Europe afin d'enrayer son déclin.

Altiero Spinelli (1907-1986)

Né à Rome en 1907, membre du Parti communiste, il est arrêté à l'âge de 20 ans en raison de ses prises de position antifascistes. Au total, il passe seize ans de sa vie enfermé, dont six dans un isolement total à Ponza. Les fascistes n'entament pas sa détermination. Lorsqu'il est détenu dans l'île de Ventotene, dans le golfe de Gaeta, il écrit avec Ernesto Rossi et quelques autres un Manifeste pour une Europe libre et unie (*Il manifesto*) prônant la création d'une Europe fédérale. La légende veut qu'il ait été écrit sur du papier à cigarettes…

Farouchement hostiles au nationalisme qu'ils considèrent comme la cause première des guerres, les auteurs proposent de mettre en place une Fédération européenne. En 1943, Spinelli fonde le Mouvement fédéraliste européen dont le manifeste constitue le socle théorique. Il est de tous les grands moments européens, comme le congrès de La Haye de 1947, la préparation de la Communauté européenne de défense (auprès d'Alcide de Gasperi).

En 1973, malgré les réticences qu'il avait maintes fois exprimées envers le « système », il devient membre de la Commission européenne, chargé de la politique industrielle et de la recherche. C'est un commissaire actif mais, en 1976, il préfère démissionner pour rejoindre le Parlement où il pense pouvoir être plus utile.

Après l'élection du Parlement européen au suffrage universel direct, en 1979, il se bat pour donner à cet organe une autorité à la hauteur de sa légitimité. C'est alors qu'il fonde le club Crocodile rassemblant, lors de dîners dans un restaurant de Strasbourg à cette enseigne, les députés partisans de sa démarche. Rédacteur du premier projet de traité à caractère constitutionnel, il n'en voit pas l'aboutissement. En effet, il meurt en 1986, deux ans après l'adoption de son projet, alors qu'il a été réélu député.

Robert Marjolin (1911-1986)

Cet acteur de la reconstruction d'après-guerre et de la construction européenne n'est pas très connu. Mais son parcours est assez étonnant pour être relaté. Né dans une famille très modeste, il commence à travailler sans avoir poursuivi bien loin sa scolarité. Il est autodidacte. Curieux de tout, assidu auprès de personnalités intellectuelles et de philosophes, il se spécialise peu à peu en économie.

Un séjour aux États-Unis pendant la crise des années 1930 lui ouvre des horizons nouveaux. Membre du cabinet de Léon Blum durant le Front populaire, il prend toutefois ses distances avec la gauche, en raison de désaccords en matière économique mais aussi des retards des autorités françaises à comprendre qu'une guerre s'annonce. Par la suite, il refusera toujours de placer l'URSS totalitaire sur le même plan que la démocratie américaine.

Après la guerre, il est impliqué dans la distribution du plan Marshall. Ccommissaire adjoint au plan avant d'intégrer l'équipe négociant le traité de Rome, il devient le premier commissaire français. Soucieux d'indépendance mais aussi d'efficacité, il maintient des liens étroits avec Paris ; il tente de dissuader Walter Hallstein d'affronter le général de Gaulle en 1965. Dans les années 1970, il est chargé d'un rapport sur la relance européenne dont les conclusions sont hélas aussi pessimistes que pertinentes.

Alcide de Gasperi (1881-1954)

Né Autrichien en 1881, à une époque où le Trentino appartient à l'Autriche, il fait ses études à Vienne avant de devenir député autrichien. Engagé dans la lutte pour le rattachement de sa province à l'Italie, ce n'est qu'en 1919 qu'il devient effectivement Italien, au moment où le Tyrol du Sud rejoint la péninsule.

Opposé aux fascistes dans les années 1920, il est emprisonné pendant plus de quatre ans. Après la Seconde Guerre mondiale, il devient président du Conseil. Il est très attaché au retour de l'Italie dans le camp occidental. Sa foi, sa proximité avec les thèses du catholicisme social, ses écrits (même ses lettres de prison) attestent d'une grande proximité intellectuelle et spirituelle avec Robert Schuman ou Konrad Adenauer.

Il adhère très tôt à l'idée du plan Schuman et devient même président de l'Assemblée parlementaire de la CECA. Mais il meurt avant même que la France ne se prononce sur la Communauté européenne de défense en 1954. Il appartient donc à la première génération des fondateurs et n'a pas connu le traité de Rome et les débuts de la CEE.

Konrad Adenauer (1876-1967)

En regardant de près les dates de naissance des fondateurs, on mesure combien les plus âgés d'entre eux avaient connu d'autres temps : né en 1876, Konrad Adenauer est ainsi enfant dans le Reich qui vient de se constituer… C'est toutefois un Rhénan qui, malgré des responsabilités nationales, fait l'essentiel de sa carrière et acquiert sa notoriété à Cologne.

Maire de cette ville de 1917 à 1933, il est démis de ses fonctions par les nazis qui n'osent toutefois pas s'en prendre à lui au point de le déporter. Il est assigné à résidence puis incarcéré à la fin de la guerre. Remis en selle par les Alliés, il devient le premier chancelier de la RFA en 1949 et conserve ce poste jusqu'en 1963. Artisan du retour de l'Allemagne dans le camp occidental, il définit l'équilibre qui caractérise encore aujourd'hui la politique des chrétiens démocrates : bonnes relations avec Paris et Washington, priorité donnée au multilatéral (CEE puis UE, OTAN).

En 1950, sondé par Monnet et Schuman sur l'idée du plan CECA, il donne son accord au motif que l'offre est d'ordre moral. Il cultive avec le général de Gaulle une relation respectueuse du patriotisme de l'autre, tendant à rapprocher les deux pays : présent aux côtés du général lors de la messe qui scelle la réconciliation à la cathédrale de Reims, il est signataire du traité de l'Élysée et sera un grand pourvoyeur de fonds communautaires.

Walter Hallstein (1901-1982)

Né en 1901, Walter Hallstein est d'abord professeur de droit. Après la guerre, où il a servi dans la Wehrmacht et été fait prisonnier par les Américains, il devient l'homme de confiance d'Adenauer et son secrétaire d'État aux Affaires étrangères. C'est à lui que le chancelier confie les délicates négociations de la CECA, de Messine. Premier président de la Commission, il donne à ce poste une grande envergure. En 1965, il se heurte toutefois au général de Gaulle sur la question des ressources propres de la CEE.

Fédéraliste, attaché au respect du droit, il insiste sur la dimension civilisationnelle du rapprochement européen. À ses yeux, l'économie apporte la prospérité et le bien-être, mais l'essentiel est ailleurs. C'est la défense d'une certaine conception de la société fondée sur la justice et la dignité humaine.

Johan Willem Beyen (1897-1976)

Inconnu ? Et pourtant, son rôle dans l'histoire de l'Europe est loin d'être négligeable. Ministre des Affaires étrangères néerlandais de 1952 à 1956, c'est largement à lui que nous devons le rebond après l'échec de la CED en 1954. En effet, dès 1952-1953, il prend position en faveur d'une fusion des intérêts des Six. L'union politique ne peut, à ses yeux, se dissocier d'une coopération économique. Ces idées nourrissent le fameux mémorandum Benelux qui, en 1955, au plus bas de la déprime qui a suivi le rejet de la Communauté de défense, relance le processus, alimente la conférence de Messine et aboutit, via le rapport Spaak, au traité de Rome fondant la CEE en 1957. Tout le talent du peuple néerlandais si commerçant, si actif, se retrouve dans cette approche concrète et efficace.

Parmi les fondateurs, n'oublions pas ceux qui ont eu peut-être un rôle moins visible, plus ingrat, mais ont su sortir l'Europe de l'ornière où l'avait plongée le rejet de la CED par le Parlement français.

Joseph Bech (1887-1975)

Joseph Bech est un fondateur venant d'un grand pays… le grand-duché du Luxembourg ! Peu connu en France, Joseph Bech, né en 1887, appartient au groupe des responsables du Benelux qui ont uni leurs forces, après l'échec de la CED pour organiser l'Europe par l'économie. Coauteur du mémorandum Benelux, président de la conférence de Messine, Joseph Bech a lui aussi été là au moment décisif, pour donner la petite impulsion qui a tout changé. Hommage à ses efforts. N'oublions pas que l'Europe avance quand tous y travaillent.

Chapitre 27

Dix clichés et autres âneries sur l'Europe

Dans ce chapitre :

▶ Des chiffres mis en perspective
▶ Des dispositions replacées dans leur contexte
▶ Le venin médiatique apaisé par la Commission

*N*ous allons maintenant voyager au royaume de déraison, qui pourrait bien être le vingt-huitième État membre… Les inepties qui circulent sur l'Union européenne et sa prétendue «folie réglementaire» sont si nombreuses que la Commission procède sur son site à quelques mises au point, notamment quand les affirmations deviennent franchement aberrantes. Certains des exemples qui suivent sont d'ailleurs inspirés de cette rubrique. Certes la législation communautaire n'est pas parfaite; elle va parfois trop loin, mais il devrait être possible d'en parler sereinement. Il est vraiment trop facile de se moquer de textes en déformant grossièrement leur raison d'être. Ce matraquage, anodin en apparence, finit par faire des ravages. Ce n'est sans doute pas un hasard si l'immense majorité des exemples relevés par la Commission viennent de la presse tabloïd britannique, prompte à dénigrer Bruxelles.

Et si vous allez jusqu'à la dixième ineptie, en bon Français, vous risquez de trouver soudain que finalement, la régulation par Bruxelles a aussi du bon… Parce que la main invisible, par les temps qui courent, ne nous est pas favorable. Honni soit qui mal y pense.

L'Europe coûte cher

De toutes les bêtises qui circulent sur l'Union européenne, celle-ci est l'une des plus choquantes. Le budget européen représente en effet environ 1 % de la richesse collective. Cinquante ans après le traité de Rome, tentons de dresser un bilan objectif du coût et des avantages. Autrement dit : les Européens en ont-ils eu pour leur argent ?

En contrepartie de ce petit 1 %, ils ont obtenu des décennies de paix, une expansion économique sans précédent, l'accroissement des échanges, une monnaie unique et le bénéfice de nombreuses politiques communes, notamment la politique agricole, la police de la concurrence (respectée par les plus grandes entreprises mondiales), une politique commerciale commune. Bien sûr, la PAC a ses défauts, le passage à l'euro a entraîné un renchérissement du coût de la vie en raison des arrondis pratiqués par de nombreux commerçants. Mais malgré tout, ne serions-nous pas un peu minables à mégoter notre soutien ?

Il faut ajouter à ces réalisations le fait que l'intégration européenne a aidé plusieurs États méridionaux, notamment l'Espagne, le Portugal et la Grèce, à sortir de la dictature, qu'elle a accompagné la transition des pays d'Europe centrale et orientale après la fin de la guerre froide, qu'elle a permis que soit peu à peu éliminé, dans cette partie de l'Europe, le risque de conflits entre minorités. La seule conclusion à en tirer de tout cela, c'est que l'Europe vaut le… coût.

L'administration européenne est tentaculaire

Les fonctionnaires travaillant pour la Commission sont environ 25 000. Si l'on ajoute les autres institutions, le total tourne autour de 47 000 personnes. Dans l'absolu, ce chiffre peut paraître élevé. Quelques comparaisons montrent toutefois qu'il est bien innocent. Ainsi, d'après le site de la mairie de Paris, « au 31 janvier 2002, la Ville de Paris compte un peu moins de 40 000 agents, 38 069 relevant de l'effectif municipal et 1 545 de l'effectif départemental ». Sur le site de la RATP, vous découvrirez que la Régie emploie 44 860 personnes.

L'Europe, on peut l'aimer ou pas, mais il serait bon de cesser de dire n'importe quoi sur son compte. Pour 500 millions d'habitants et des missions aussi importantes que celles que l'Union européenne assure, moins de 50 000 fonctionnaires, ce n'est vraiment pas grand-chose.

L'Europe n'aime pas les produits des terroirs

Souvent, l'action de «Bruxelles» est caricaturée comme s'opposant à la préservation des traditions gustatives : exemple récurrent et erroné, le fromage au lait cru français serait menacé ! En réalité, l'action de l'Union européenne, notamment à l'Organisation mondiale du commerce, tend à protéger les appellations d'origine. Ainsi, les États membres ont adopté en 2003 une liste de 41 produits régionaux européens dont ils veulent récupérer l'exclusivité : le fromage de Roquefort, le jambon de Parme, le vin de La Rioja ne sont pas des marques dont n'importe quel producteur américain ou asiatique peut revendiquer l'identité mais des indications géographiques précises, liées à un terroir.

Groupés, les États membres de l'Union ont plus de chance de faire prévaloir leurs vues à l'Organisation mondiale du commerce, qu'il s'agisse d'établir un registre multilatéral des indications géographiques, d'étendre la protection prévue pour les vins et les spiritueux à d'autres produits ou de récupérer certaines indications géographiques de l'UE, usurpées à l'échelle mondiale.

Garantir l'origine des produits est particulièrement important pour les Européens qui ont des traditions anciennes et des terroirs bien déterminés. Derrière le folklore, il y a un véritable enjeu économique. Les producteurs qui se sont orientés vers la qualité y gagnent. C'est tout bénéfice pour la compétitivité de notre secteur agroalimentaire. Et cette approche ne bénéficie pas seulement à l'Europe puisque le thé de Darjeeling (Inde) ou de Ceylan (Sri Lanka) comme l'huile d'Argan (Maroc) pourraient revendiquer la même protection.

Le nombre de règles européennes est trop élevé

La masse de ce qu'on appelle l'acquis communautaire est évaluée à 80 000 ou 90 000 pages au Journal officiel. L'ancien président fédéral allemand Herzog se plaint que l'immense majorité des textes applicables en Allemagne soient discutés à Bruxelles. L'Europe en fait trop ?

D'après la Commission, le nombre de textes européens applicables au 31 décembre 2004 était de 23 754, mais dans ce total, seulement 10 000 sont à proprement parler législatifs. Le reste est un ensemble hétéroclite de décisions administratives nécessaires, notamment en matière agricole ou de personnel. Bref, l'approche quantitative n'a pas grand sens. Si la Commission a raison de faire des efforts en vue d'une meilleure réglementation, il faut se garder de juger l'activité régulatrice de Bruxelles dans l'absolu.

Et l'«inflation» de textes concerne tous les États membres. Le Conseil d'État français ne cesse de le dénoncer : trop de textes, mal rédigés. En Italie, des chercheurs ont évalué la masse législative à 120 000 pages. Cet excès avait été dénoncé par le président de la République Ciampi. Voilà donc un mal du siècle et non un phénomène européen.

Enfin, à tout prendre, vous ne trouvez pas mieux l'excès de règles que l'usage de la force ? Nous voulions la paix par le droit. Nous l'avons. Ne faisons pas la fine bouche.

L'UE impose de donner des jouets aux cochons

D'après un journal britannique, tous les éleveurs du Royaume-Uni disposent de quatre-vingt-dix jours pour placer un jouet dans chaque porcherie, faute de quoi ils s'exposent à une peine d'emprisonnement pouvant aller jusqu'à trois mois. La nouvelle réglementation de Bruxelles vise à rendre les porcs heureux et à les empêcher de se mordiller les uns les autres. (*The Times*, 29 janvier 2003)

Cette caricature est d'autant plus curieuse que les associations britanniques sont souvent très actives en matière de bien-être des animaux d'élevage. Réponse de la Commission : «La directive en matière de bien-être des porcs, qui a été adoptée en 2001 et entre en vigueur en janvier 2003, prévoit que les porcs doivent avoir accès à des matières permettant le fouissement. Cette disposition s'appuie sur des avis scientifiques qui démontrent que l'ennui peut amener les porcs à s'automutiler ou à mutiler leurs congénères. La directive d'application stipule que les porcs doivent avoir un accès permanent à une quantité suffisante de matériaux permettant des activités de recherche et de manipulation suffisantes. Il peut s'agir notamment de paille, de foin, de bois, de sciure de bois, de compost de champignons, de tourbe ou d'un mélange de ces matériaux. Il n'est fait aucune mention de jouets.»

Encore un tour de cochon fait à l'Union européenne…

L'UE veut empêcher les Européens de faire du bruit

«Des bureaucrates européens farfelus veulent interdire la musique et les bavardages bruyants dans les pubs et les boîtes de nuit, en imposant une stricte interdiction du bruit.» (*The Sun*, 11 janvier 2002) Ou encore : «Les pubs diffusant les matchs de Coupe du monde de l'équipe d'Angleterre cet été pourraient être contraints de réduire le bruit en raison de nouvelles règles européennes complètement folles. Une directive européenne rabat-joie a fixé à 87 décibels le maximum autorisé. L'objectif est de protéger les travailleurs mais les patrons de pub craignent que cela ne gâche l'ambiance dans leurs bistrots. » (*Sunday People*, 20 janvier 2002) Et beaucoup d'autres «informations» de ce type ont circulé, accusant l'Europe de vouloir faire porter des boules Quies aux barmen, aux clients de boîtes de nuit ou aux footballeurs, ou encore de faire jouer les musiciens de musique classique moins fort…

À l'évidence, les journaux qui font courir de tels bruits ne font pas leur travail. La législation incriminée a pour but de réduire l'exposition des travailleurs aux nuisances sonores, la surdité étant la maladie professionnelle la plus courante dans l'Union européenne. Les textes ne visent pas les consommateurs ou les joueurs sur un stade, mais ceux qui travaillent dans des environnements bruyants, au détriment de leur santé. Triste manière de caricaturer un souci de santé public assez légitime.

Pour Bruxelles, une île n'est plus une île

L'affirmation parue dans la presse laisse entendre que «Bruxelles» voudrait modifier la définition classique d'un morceau de terre entouré d'eau, en vertu de quoi nombre d'îles européennes seraient légalement considérées comme faisant partie du continent. (*The Guardian*, 21 janvier 2003).

La Commission répond qu'une étude européenne a eu pour objectif d'examiner les désavantages dont souffrent les communautés insulaires. Dans l'impossibilité de prendre en considération chacune des milliers d'îles que compte l'UE, les chercheurs ont circonscrit le champ de leurs investigations. Naturellement, cette convention employée dans une étude ne prive pas une île de son caractère propre.

Certains commentateurs peu scrupuleux devraient être envoyés à Sainte-Hélène ou au Château d'If.

L'UE pédale dans la confiture

«Un agriculteur autrichien ayant vendu des pots de marmelade d'abricot confectionnée d'après la recette de sa grand-mère a été menacé de prison, car en vertu de règlements de l'UE, la marmelade ne peut contenir que des agrumes.» (*Daily Telegraph*, 21 octobre 2003) L'auteur de l'article semble ignorer la querelle sémantique qui, depuis des temps immémoriaux, oppose les frères ennemis germaniques…

Lors de l'entrée de l'Autriche dans l'UE en 1995, les autorités de Vienne ont pris soin de préciser qu'elles souhaitaient que les interprètes se familiarisent avec certains mots spécifiquement autrichiens. Au centre du litige était par exemple la nuance entre *Marillenmarmelade* et *Aprikosekonfitüre* car les Allemands appellent *Konfitüre* ce que les Autrichiens appellent *Marmelade* ; et ces derniers utilisent pour les fruits et légumes des termes différents de ceux qu'emploient les Prussiens. C'est ainsi qu'en Autriche vous ne mangerez jamais d'*Aprikose* mais des *Marillen*, jamais de *Kartoffel* mais des *Erdapfel*, ni de *Tomaten* mais des *Paradeisen*. C'est charmant. La législation communautaire réservant le terme de *Marmelade* aux préparations à base d'agrumes, vous comprendrez pourquoi, face à la menace d'un deuxième Anschluss, des fonctionnaires autrichiens zélés ont sévi en infligeant une amende au contrevenant !

Ajoutons tout de même en faveur des Autrichiens que de nombreux grands auteurs dits allemands sont en réalité des représentants de la culture de l'ancien Empire et utilisent la langue parlée, alors dans le Sud du monde germanique. Zweig n'est pas Thomas Mann et c'est bien ainsi. Défendre une langue, attirer l'attention sur les nuances peut paraître folklorique, mais c'est aussi travailler à défendre la diversité dans l'unité. L'enjeu est plus grand qu'il n'y paraît. Ce ne sont pas là querelles d'Allemands.

Les maçons vont aller se rhabiller

La traduction de l'article du *Sun* reproduit par la Commission est drôle tant il montre comment machisme et bêtise font souvent bon ménage : « Ils veulent empêcher nos maçons de se mettre torse nu au soleil. Ces stupides eurocrates veulent interdire à nos costauds de maçons britanniques d'enlever leur chemise lorsque le soleil brille. Ils disent qu'il faut les obliger à se couvrir pour se protéger du cancer de la peau. Cela signifie que les maçons bronzés pourraient être contraints par la loi à porter un tee-shirt lorsqu'ils évoluent sur leurs échafaudages. Ou bien, les chefs de chantier pourraient être obligés à fournir aux travailleurs de la crème écran total et des visières – voire installer des tentes solaires au-dessus de leur tête. D'autres travailleurs de plein air tels que les maîtres nageurs pourraient aussi être concernés. Mais un porte-parole de la Guilde des maçons et des entrepreneurs a rejeté l'idée en déclarant : "Les maçons sont généralement très musclés et ils adorent être torse nu. Vous ne les en dissuaderez pas." Le projet risque d'être adopté dans le courant de ce mois par l'Union européenne. » (*The Sun*, 5 avril 2005)

La vérité est, une fois de plus, toute simple. Selon la Commission, le but de la législation en cause est d'« obliger les employeurs à évaluer les risques pour la peau et les yeux encourus par les travailleurs qui sont toute la journée au soleil ». De nouvelles règles protègeront les travailleurs tels que les soudeurs qui pourraient être exposés à des rayons laser et infrarouges. Quand on voit la recrudescence des cancers de la peau, cette précaution de santé au travail n'est peut-être pas inutile, surtout si le réchauffement climatique se confirme.

Le complot pour une utilisation renforcée du français

«La Commission européenne va dépenser des millions d'euros pour empêcher l'anglais de devenir, *de facto*, la langue officielle de l'Union européenne et renforcer l'emploi du français, peut-on lire dans le bêtisier de la Commission.

Réponse de la Commission (*sic*) : «La Commission n'a imaginé aucune sorte de stratagème visant à renforcer l'utilisation de la langue française pour contrer l'influence croissante de l'anglais. L'Union européenne compte 11 langues officielles, et ce nombre passera à 20 en mai 2004. Pour sa part, la Commission emploie le français, l'anglais et l'allemand comme langues de travail quotidiennes. S'il est certainement avéré que l'emploi de l'anglais se renforce et que nombre des fonctionnaires issus des nouveaux États membres auront l'anglais comme première langue étrangère, il faut aussi rappeler que la Commission a toujours encouragé l'apprentissage des langues étrangères par son personnel. Les fonctionnaires européens sont amenés à travailler avec des citoyens, des entreprises, des organisations et groupes d'intérêt européens de toute sorte, dont on ne peut manifestement pas attendre qu'ils procèdent à tous leurs échanges quotidiens avec l'Union européenne dans une langue autre que leur langue propre. Le budget de la formation linguistique (qui s'élève à quelque 4,5 millions d'euros par an) couvre un très large éventail de langues, tant communautaires que non communautaires (dont le russe et le japonais) et couvre, bien évidemment, la formation linguistique des interprètes et des traducteurs. Ce n'est, en aucune façon, quelque chose de nouveau : la formation linguistique a lentement gagné en importance depuis la création de la Commission. Le montant total des frais linguistiques de toutes les institutions européennes représente moins de 1 % du budget de l'Union européenne. C'est un faible prix à payer pour garantir le respect du droit démocratique fondamental des citoyens européens d'avoir accès à toute la législation communautaire et de pouvoir traiter avec la fonction publique européenne dans leur langue maternelle.»

Chacun sait, en outre, que le français recule et que la diversité est en péril. Il vaudrait peut-être mieux que «Bruxelles» légifère au lieu de laisser faire. Avis aux euroseptiques français : il est des intrusions de Bruxelles plus justifiées que d'autres non ?

Annexes

Annexe A

L'élargissement de l'Europe

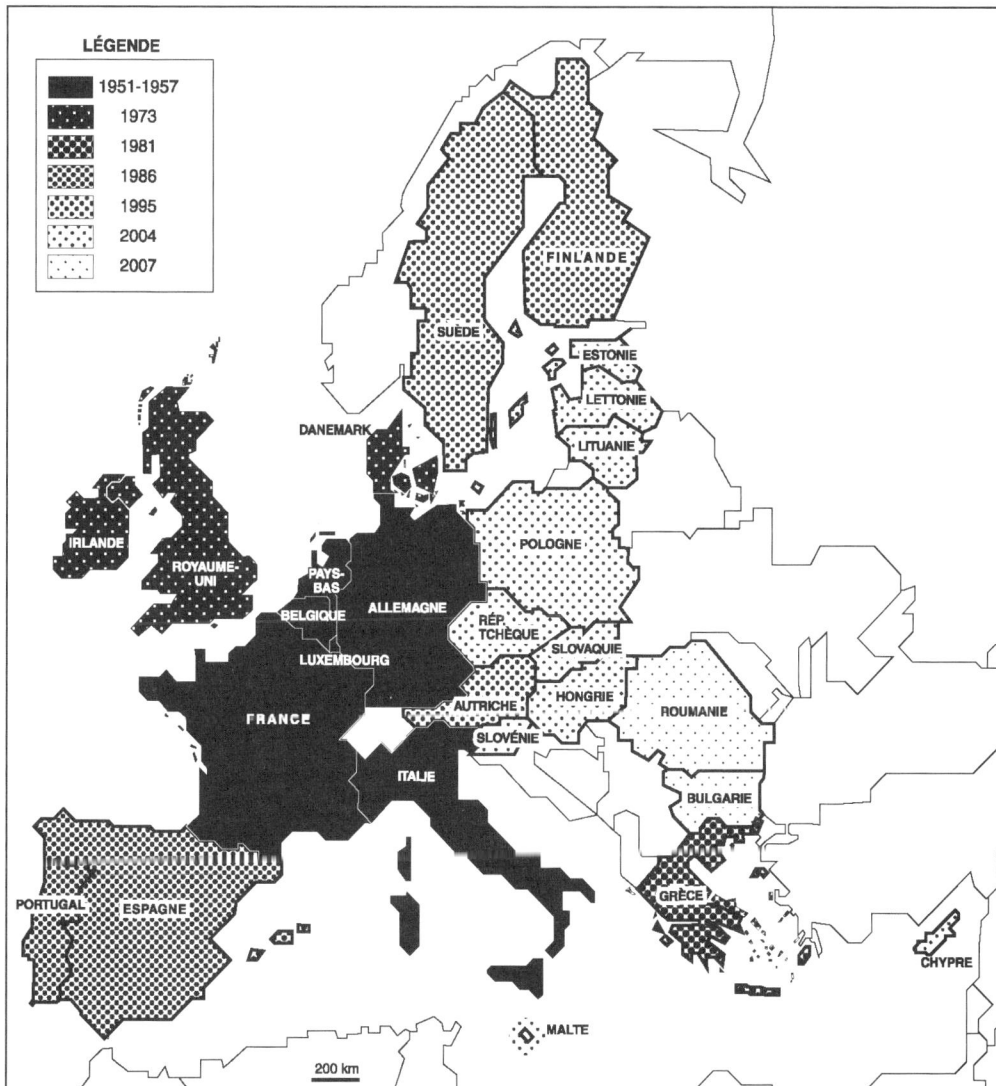

LÉGENDE

- 1951-1957
- 1973
- 1981
- 1986
- 1995
- 2004
- 2007

FINLANDE

SUÈDE

ESTONIE

LETTONIE

LITUANIE

DANEMARK

IRLANDE

ROYAUME-UNI

PAYS-BAS

BELGIQUE

ALLEMAGNE

POLOGNE

RÉP. TCHÈQUE

SLOVAQUIE

LUXEMBOURG

AUTRICHE

HONGRIE

ROUMANIE

FRANCE

SLOVÉNIE

ITALIE

BULGARIE

PORTUGAL

ESPAGNE

GRÈCE

CHYPRE

MALTE

200 km

© asbk - éditions First - janvier 2007

Annexe B

Glossaire

Approfondissement: action consistant, par des réformes appropriées des institutions, à renforcer les liens entre les peuples européens, à faciliter la poursuite de politiques communes et à maintenir l'objectif d'un projet européen ambitieux.

CECA: Communauté européenne du charbon et de l'acier, créée en 1950 à la suite de la déclaration Schuman. Six pays (Allemagne, Belgique, France, Italie, Luxembourg, Pays-Bas) mettaient en commun leur production de charbon et d'acier afin d'éviter la guerre ; des instances supranationales la supervisaient.

CEE: Communauté économique européenne, créée en 1957 par les mêmes Six États, signant le traité de Rome. Elle met progressivement en place un Marché commun fondé sur la libre circulation des marchandises, des personnes, des services et des capitaux.

Conférence intergouvernementale: conférence rassemblant des plénipotentiaires des États pour négocier un traité.

Conseil de l Europe: organisation internationale créé en 1949, dont le siège est à Strasbourg et qui rassemble aujourd'hui 46 États, dont la Russie et la Turquie. Son champ d'activités actuel est essentiellement la promotion de la démocratie, des droits de l'homme et de l'État de droit.

Convention européenne: instance créée par le Conseil européen de Laeken en 2001, majoritairement composée d'élus nationaux, qui a siégé à Bruxelles de février 2002 à juin 2003 pour rédiger un projet de traité constitutionnel.

Coopération: mode de relations entre États consistant à nouer des liens ponctuels, sans mise en commun de souveraineté ni création d'institutions supranationales.

Coopération politique: terme employé à partir des années 1970, dans la CEE, pour évoquer la concertation informelle des gouvernements des États membres en matière de politique étrangère.

Cour de justice des Communautés européennes: organe juridictionnel de l'Union européenne, ayant son siège à Luxembourg, dont les décisions s'imposent aux autorités nationales et aux autres organes communautaires.

Différenciation: constitution de groupes d'États avançant plus vite ensemble, dans un domaine (par exemple, l'euro est né d'une différenciation au sein de l'Union européenne, seuls treize États y participant). Synonyme: géométrie variable.

Élargissement: action consistant à admettre de nouveaux États membres dans l'Union européenne.

Espace de liberté, de sécurité et de justice: nouveau nom donné à la coopération en partie intergouvernementale, en partie communautaire dans les matières relevant de la compétence des ministres de l'Intérieur, de la Justice et des Affaires étrangères. (Voir aussi Justice et affaires intérieures.)

Fédération d'États nations: concept développé par Jacques Delors pour tenter de concilier l'ambition fédérale européenne et la préservation des spécificités nationales.

Fonds structurels: moyens financiers alloués par l'Union européenne pour compenser les retards entre régions.

Intégration: mode de relations entre États et peuples consistant à se doter d'institutions ayant des pouvoirs supranationaux, capables d'exercer en commun la souveraineté. Pour qu'elle soit effective, des institutions communes et le vote majoritaire sont essentiels.

Intergouvernemental: qui a trait aux discussions entre gouvernements auxquels revient le dernier mot, à l'unanimité.

Justice et affaires intérieures (JAI): domaine ayant constitué le «troisième pilier» dans le traité de Maastricht en 1992; expression désormais remplacée par celle d'espace de liberté, de sécurité et de justice.

Maastricht: ville des Pays-Bas où a été signé le traité du même nom (1992).

OECE, puis OCDE: Organisation européenne de développement économique, puis Organisme de coopération et de développement économique, organisme français créé pour distribuer l'aide américaine après la Seconde Guerre mondiale.

ONU: Organisation des Nations unies, organisation internationale créée en 1945, à vocation mondiale, censée préserver la paix.

OTAN: Organisation du traité de l'Atlantique Nord, alliance militaire transatlantique créée à l'époque de la guerre froide pour regrouper les Occidentaux et les lier par une clause d'assistance mutuelle.

PAC : politique agricole commune, créée par la CEE.

PESC : politique étrangère et de sécurité commune, créée à Maastricht. Elle n'a guère de commune que le nom.

PESD : politique européenne de sécurité et de défense.

Schengen : ville du Luxembourg ayant donné son nom à un traité relatif à la libre circulation des personnes.

SDN : Société des nations, organisation internationale, ancêtre des Nations unies, créée après la Première Guerre mondiale, impuissante à maintenir la paix.

SGAE : Secrétariat général des affaires européennes, service français rattaché au Premier ministre, chargé de la coordination interministérielle sur l'Europe.

Subsidiarité : principe selon lequel les décisions doivent être prises le plus près possible du citoten.

Traité CE : traité de Rome tel qu'amendé plusieurs fois.

Traité UE : traité de Maastricht (1992).

UEM : Union économique et monétaire, accord relatif à la monnaie unique.

Union politique : union qui dépasse le stade de la coopération et des relations économiques, ayant pour ambition de créer un ensemble européen organisé, capable d'exercer ses responsabilités mondiales et fondé sur la démocratie.

Annexe C
Pour aller plus loin

Cet ouvrage n'est pas académique. Aussi cette bibliographie ne prétend-elle en aucun cas à l'exhaustivité. Elle vise tout au plus à faire partager des coups de cœur. Elle peut aider le lecteur curieux à creuser un sujet en tirant sur un bout de fil qui dépasse de la pelote serrée des écrits sur l'Europe.

De même, la richesse de certains sites Web ou blogs nous a conduits à les mentionner mais, là encore, le choix est forcément arbitraire sur une Toile européenne fort riche.

Enfin, rappelons que le choix d'ouvrages et de sites francophones restreint considérablement le champ de vision européen. Que les nuls (qui ne le sont plus) et ont sûrement des compétences linguistiques insoupçonnées n'hésitent pas à aller voir les sites des autres États membres, voire des centres de recherche américain, indien et japonais. Ils auront de bonnes surprises. L'Europe, ce n'est pas la France.

Généralités

Ouvrages de référence

Jean-Paul Jacqué, *Droit institutionnel de l'Union européenne*, Dalloz, 2004

John Locke, *Traité du gouvernement civil*, Flammarion, 1992

Montesquieu, *De l'esprit des lois*, Gallimard, «Bibliothèque de la Pléiade», 2000

Bino Olivi, *L'Europe difficile*, Folio, 2001 (récit détaillé couvrant la période)

Jean-Louis Quermonne, *Le Système politique de l'Union européenne*, Montchrestien, 2005

Robert Toulemon, *La Construction européenne*, Hachette, «Le Livre de poche», 1999 (concis agréable à lire)

Charles Zorgbibe, *Histoire de l'Union européenne*, Albin Michel, 2005 (un bon panorama d'ensemble de la période contemporaine)

Guide des politiques communes de l'Union européenne, rédigée par le ministère des Affaires étrangères, La Documentation française, 2006 (il ne manque que la PESC… un joli acte manqué de nos diplomates ?)

L'Union européenne, les notices de la Documentation française, sous la direction de Louis Dubouis, Paris, 2004

Texte des traités de Rome, Maastricht, Amsterdam et Nice comparés, La Documentation française, 2002

Témoignages

Walter Hallstein, *L'Europe inachevée*, Robert Laffont, 1970

Robert Marjolin, *Le Travail d'une vie*, Robert Laffont, 1971

Jean Monnet, *Mémoires*, Fayard, 1976

Robert Schuman, *Pour l'Europe*, Nagel Éditions, 2000

Paul-Henri Spaak, *Combats inachevés*, Fayard, 1969

Paul-Henri Spaak, *La Pensée européenne et atlantique de Paul-Henri Spaak, 1942-1972*, J. Goemaere Éditeur

Première partie : Une si longue histoire

Chapitre 1 : L'Europe, un rêve ancien devenu réalité

Sebastian Haffner, *Histoire d'un Allemand*, Actes Sud, «Babel», 2002

Walter Hallstein, *L'Europe inachevée*, Robert Laffont, 1970

Victor Hugo, *Œuvres complètes*, Robert Laffont, «Bouquins», 1985 (notamment *Le Rhin*, Conclusion XVII, page 429 ; Politique, page 301)

John M. Keynes, *Les Conséquences économiques de la paix*, 1919, rééd. Gallimard, « Tel », 2002

Stefan Zweig, *Le Monde d'hier, Souvenirs d'un Européen*, Hachette, « Le Livre de poche », 1996

Sur le site luxembourgeois extrêmement complet et bien conçu European Navigator, www.ena.lu : textes intégraux du discours de George Marshall du 5 avril 1947 à Harvard ; du discours de Winston Churchill du 19 septembre 1946 à Zurich ; de la déclaration de Robert Schuman du 9 mai 1950

L'Europe vue par Henri IV et Sully, Monhélios, 2002 (sur Sully)

L'Union politique de l'Europe, jalons et textes, documents rassemblés par Pierre Gerbet, Françoise de La Serre et Gérard Nafylian, La Documentation française, 1998

Sur Coudenhove-Kalergi, voir le site de Paneuropa, www.paneuropa.org/ch

Chapitre 2: Une création en trois étapes (1950-1957)

Altiero Spinelli (et autres) *Il manifesto ventotene* (texte intégral sur le site multilingue consacré à Spinelli, www.altierospinelli.org/manifesto)

Sur Robert Schuman mais surtout, d'une manière plus générale, sur l'actualité européenne, voir le site très riche et vivant de la fondation Robert Schuman : www.robert-schuman.org

Chapitre 3: L'ère gaulliste: de la lune de miel aux affrontements (1958-1969)

Maurice Couve de Murville, *Une politique étrangère, 1958-1969*, Plon, 1971

Charles de Gaulle, *Le Fil de l'épée*, Berger-Levrault, 1932

Charles de Gaulle, *Mémoires d'Espoir*, Tome 1 : *Le Renouveau, 1958/1962*, Plon, 1970

Charles de Gaulle, entretien avec Michel Droit (14 décembre 1965), *in Discours et Messages*, Tome 4, page 26

Sur www.ena.lu : textes intégraux de la conférence de presse du général de Gaulle en date du 14 janvier 1963 ; du traité de l'Élysée du 22 janvier 1963 ; des différentes versions du plan Fouchet

Chapitre 4 : Sortir de l'ornière (1969-1983)

Valéry Giscard d'Estaing, *Le Pouvoir et la Vie*, Tome 3, Compagnie 12, 2006 (texte intégral de l'appel de Cochin de Jacques Chirac en annexe)

Hugo Young, *This Blessed Plot : Britain and Europe from Churchill to Blair*, Paperback, 1999

Sur www.ena.lu : textes intégraux du document des gouvernements allemand et italien présentant à leurs partenaires des Communautés un projet d'acte européen, dit plan Genscher Colombo du 6 novembre 1981 ; de la déclaration de Stuttgart de juin 1983 ; de l'arrêt dit Cassis de Dijon, Cour de justice des Communautés européennes (CJCE), 20 février 1979, Rewe-Zentral AG/ Bundesmonopolverwaltung für Branntwein, affaire 120/78" ; des déclarations de Pompidou à la sortie du sommet de La Haye le 2 décembre 1969

Chapitre 5 : Le rebond (1984-1989)

Sur www.ena.lu : témoignage de Paul M.G. Lévy, directeur de l'information et de la presse au Conseil de l'Europe sur la création du drapeau européen ; texte intégral du livre blanc «Croissance, compétitivité, emploi – Les défis et les pistes pour entrer dans le XXIe siècle», COM (93) 700 final. Bruxelles : Commission européenne, 05.12.1993

Chapitre 6 : L'Europe au pied du mur (1989-1997)

Jacques Delors, *Mémoires*, Plon, 2004

Bertrand Dufourcq, «2 + 4 ou la négociation atypique», *in Politique étrangère*, février 2000 (pour une vision française de l'unification allemande)

Helmut Kohl, *Ich wollte Deutschland's Einheit*, Ullstein Verlag, 1996

François Mitterrand, *De l'Allemagne, de la France*, Odile Jacob, 1996

Condoleezza Rice and Philip Zelikow, *Germany unified and Europe transformed : a study in… diplomacy of German unification*, Paper back, 1997

Chapitre 7 : La fièvre et la tortue (1997-2006)

Yves Clarisse et Jean Quatremer, *Les Maîtres de l'Europe*, Grasset, 2005

Alexander Hamilton, John Jay et James Madison, *Le Fédéraliste*, Éditions Economica

Pascal Lamy, *L'Europe en première ligne*, Le Seuil, 2002

Entretien de Pascal Lamy avec le magazine *L'Express*, 18 octobre 2004 (disponible sur le site www.lexpress.fr)

Marcel Pagnol, *Fanny*, Fasquelle, 1932 (rééd. Hachette, « Le Livre de poche »)

Sur www.ena.lu : texte intégral de la déclaration de Laeken

Deuxième partie : Les principes de l'Europe : une révolution douce

Chapitre 8 : Une nouvelle méthode de coopération internationale

Yves Clarisse et Jean Quatremer, *Les Maîtres de l'Europe*, Grasset, 2005

Sur le site de la Convention européenne : contribution de M. Barnier et M. Vitorino à la Convention sur la méthode communautaire, document CONV 231/02

Chapitre 9 : Le droit supplante la force

Walter Hallstein, *L'Europe inachevée*, Robert Laffont, 1970

Robert Kagan, « Power and weakness », *Policy Review*, n° 113, juin 2002

Charte des Droits fondamentaux, texte intégral, avec des explications, *in* « Constitution européenne, Comparaison avec les traités en vigueur », Sénat, service des affaires européennes, octobre 2004

Sur www.ena.lu : texte intégral de toutes les décisions de la Cour de justice, notamment les jurisprudences Van Gend en Loos, 5 février 1963, C 26/62 ; Costa contre ENEL du 15 juillet 1964, C 6/64 ; Simmenhtal du 9 mars 1978, C 106/77 ; Tania Kreil/République fédérale d'Allemagne, arrêt du 11 janvier 2000, C 285/98

Sur www.conseil-constitutionnel.fr : texte intégral de la Constitution française

Présentation du réseau SOLVIT sur www.ec.europa.eu/solvit/site/docs/

Chapitre 10 : Les compétences attribuées par les États

Texte intégral de toutes les encycliques du pape sur le site www.vatican.va

Valéry Giscard d'Estaing, « Rapport sur la subsidiarité », Parlement européen, Commission institutionnelle (PE 139 293)

Projet de traité d'Union européenne de Spinelli sur www.ena.lu

Texte intégral de la Loi fondamentale (Constitution) allemande sur le site du Bundestag www.bundestag.de

Troisième partie : Les institutions : meurtre dans un jardin anglais (et un château bordelais)

Chapitre 11 : Du côté des peuples, le Parlement européen

Nombreuses informations sur le site du Parlement www.europarl.europa.eu et les sites ou blogs de députés européens

Chapitre 12 : Le Conseil dans tous ses États

Le site conçu par le ministère délégué aux Affaires européennes www.touteleurope.fr abonde en informations sur les positions françaises mais aussi, comme son nom l'indique, sur l'Europe en général

La représentation permanente de la France à Bruxelles a également son site : www.rpfrance.org

Chapitre 13 : La Commission, une chauve-souris

Sur les chauves-souris : www.onf.fr/FORET/faune/chauves-souris/index.htm

Sur le monopole d'initiative de la Commission et son lien avec le vote majoritaire, voir la contribution de M. Barnier et A. Vitorino, CONV 230/02, sur le site de la Convention européenne

Chapitre 14 : L'Europe du traité constitutionnel

« Constitution européenne, Comparaison avec les traités en vigueur », Sénat, service des affaires européennes, octobre 2004 (le meilleur outil pour comparer les apports du traité au droit existant)

Alain Dauvergne *L'Europe en otage ?*, Éditions Saint-Simon, 2004

Olivier Duhamel, *Pour l'Europe*, Le Seuil, 2003

Alain Lamassoure, *Histoire secrète de la Convention européenne*, Albin Michel, 2004

Peter Norman, *The accidental constitution*, Eurocomment, 2003

Chapitre 15 : Pouvoirs et contre-pouvoirs

Yves Clarisse et Jean Quatremer *Les Maîtres de l'Europe*, Grasset, 2005

Stéphane Marchand, *L'Europe est mal partie*, Fayard, 2005

Mgr Noël Treanor, « Les Églises et l'UE, un dialogue en évolution », *in Unité des Chrétiens*, n° 133, janvier 2004

Site de la Confédération européenne des syndicats, www.etuc.org

Site du Comité économique et social, www.cor.europa.eu

Site du Comité des régions, www.eesc.europa.eu

Site de Slowfood, www.slowfood.com

Blog de Jean Quatremer, Bruxelles.blogs.liberation. fr (le meilleur site d'un journaliste, correspondant de presse à Bruxelles)

Site de Ouest France, www.ouest-france.fr (premier quotidien français, le plus européen des journaux d'Europe)

Quatrième partie : Les politiques : que fait l'Europe ?

Chapitre 16 : Marché et solidarité

Umberto Eco, *Kant et l'ornithorynque*, Hachette, « Le Livre de poche »

Victor Hugo, *Le Rhin* (chapitre XVII, *in Œuvres complètes*, Voyages, Robert Laffont, Bouquins 1987, page 429)

Jacques Le Goff, *L'Europe est-elle née au Moyen Âge ?*, Le Seuil, 2003

Chapitre 17 : Politiques communes et sectorielles

Denis Badré, *L'Attente d'Europe*, Albin Michel, 2004 (sur la PAC notamment, pour une vision iconoclaste)

Voir principalement le site de la Commission www.ec.europa.eu et ensuite les rubriques des différentes directions générales

Voir aussi le site du petit *think tank* agile Eur-IFRI, www.ifri.org (puis cliquer sur Eur-ifri)

Chapitre 18 : Une monnaie vraiment unique

Carlo Altomonte et Mario Nava, *Economics and Policies of an enlarged Europe*, Edward Elgar, 2005

Guy Verhofstadt, *Les États-Unis d'Europe*, Éditions Luc Pire, 2006

Chapitre 19 : L'action externe : 27 petits cochons dans le monde

Robert Cooper, *La Fracture des nations, ordre et chaos au XXIe siècle*, Denoël, 2004

Sylvie Kauffmann, « Nouvelles armes contre la pauvreté », *Le Monde*, 5 décembre 2006

Pascal Lamy, *L'Europe en première ligne*, Le Seuil, 2001

Pascal Lamy, *La Démocratie monde*, Le Seuil, «La République des idées», 2004

Éric Le Boucher, «La maison européenne», *in Le Monde*, 16 décembre 2006

Philippe Lemaître, «Danone entre business et bienfaisance», *Le Monde*, 15 février 2006

Une Europe sûre dans un monde meilleur, Stratégie européenne de sécurité, Institut d'études de sécurité de l'Union européenne, 2003 (www.iss-eu.org/solana/solanaf.pdf)

National Security Strategy (document disponible sur le site de la Maison-Blanche, www.whitehouse.gov/nsc/nss.pdf)

Sondage transatlantic trends du German Marshall Fund of the United States (www.transatlantictrends.org/doc/TTS2006)

Chapitre 20 : Le pont sur la rivière JAI

Robert Badinter, «Vers une justice européenne», conférence à l'université Humboldt de Berlin (Walter Hallstein Institut für Europäisches Verfassungsrecht) du 24 octobre 2005

Emmanuel Barbe et Hervé Boullanger, *Justice et affaires intérieures dans l'UE*, La Documentation française, Réflexe Europe, 2002

Cinquième partie : Les défis de demain, les raisons d'espérer

Chapitre 21 : L'Europe, de l'Atlantique à l'Irak ?

Sylvie Goulard, *Le Grand Turc et la République de Venise*, Fayard, 2004 et 2005 (avec un avant-propos de Robert Badinter)

Sylvie Goulard (sous la direction de – avec Carlo Altomonte, Pierre Defraigne, Lucas Delattre, Rudolf Scharping, Karl Theodor Freiherr zu Guttenberg), *Le Partenariat privilégié, alternative à l'adhésion ?*, Note de la Fondation Schuman n° 38, décembre 006

Jacques Le Goff, *L'Europe est-elle née au Moyen Âge?*, Le Seuil, 2003

Alexis de Tocqueville, *Considérations sur la révolution, Œuvres*, tome III, Gallimard, «Bibliothèque de la Pléiade», 2004

Communication de la Commission européenne, en date du 8 novembre 2006, COM (2006) 649, document stratégique sur l'élargissement et les défis principaux (2006-2007) comprenant un rapport spécifique sur la capacité d'absorption de l'Union européenne

Conclusions du Conseil européen des 14 et 15 décembre 2006 (16 879/06)

Chapitre 22 : L'Europe existe mais se cherche

Elie Barnavi, entretien avec le magazine *Le Point*, n° 1738, 2006

Jean-Noël Jeanneney, *Quand Google défie le monde, Plaidoyer pour un sursaut*, Éditions des Mille et une nuits, 1re éd. 2005, 2e éd. complétée septembre 2006 (aujourd'hui traduit aux Etats-Unis et au Brésil, ainsi qu'en chinois, en allemand, en arabe, en espagnol)

Jean Monnet, *Mémoires*, Fayard, 1976

Alexis de Tocqueville, *État social et politique de la France*, Gallimard, «Bibliothèque de la Pléiade», 2004, page 10

Chapitre 23 : L'Europe a besoin de moyens (financiers et institutionnels)

Denis Badré (rapporteur), Projet de loi de finances pour 2007, examen de l'article 32 relatif à l'évaluation du prélèvement opéré sur les recettes de l'État au titre de la participation de la France au budget des Communautés européennes, intervention en séance du 29 novembre 2006

Renaud Dehousse, Florence Deloche-Gaudez et Oliver Duhamel, *Élargissement : comment l'Europe s'adapte*, Presses de Sciences Po, 2006

Martin Hirsch, «Le oui subversif d'Emmaüs», *Libération*, 23 mai 2005

Mario Nava et Sylvie Goulard, «Un financement plus démocratique du budget européen, un défi pour la Convention européenne», *Revue française de finances publiques*, n° 80, décembre 2002, page 31 et s.

Guy Verhofstadt, *Les États-Unis d'Europe*, Éditions Luc Pire, 2006

Chapitre 24 : La géométrie qu'on dit variable

Jean Monnet, *Mémoires*, Fayard, 1976, page 364

François Lamoureux, Projet de Constitution : de la nécessité d'organiser l'arrière-garde, Notre Europe, 2004

Chapitre 25 : La France et l'Europe

Hergé, *Le Temple du Soleil*, Casterman

« Pourquoi la France refuse le capitalisme », *Le Nouvel Observateur*, n° 2171, 15 juin 2006

Alexis de Tocqueville, *L'Ancien Régime et la Révolution*, Gallimard, « Bibliothèque de la Pléiade », 2004

Index

F

G

Avec les Nuls,
apprenez à mieux
vivre au quotidien !

Disponibles dans la collection Pour les Nuls

Pour être informé en permanence sur notre catalogue et sur les dernières nouveautés publiées dans cette collection, consultez notre site internet www.efirst.com

Pour les Nuls **Business**

ISBN	Code Article	Titre	Auteur
2-87691-644-4	65 3210 5	CV pour les Nuls (Le)	J.-L. Kennedy, A. Dumesnil
2-87691-652-5	65 3261 8	Lettres d'accompagnement pour les Nuls (Les)	J.-L. Kennedy, A. Dumesnil
2-87691-651-7	65 3260 0	Entretiens de Recrutement pour les Nuls (Les)	J.-L. Kennedy, A. Dumesnil
2-87691-670-3	65 3280 8	Vente pour les Nuls (La)	T. Hopkins
2-87691-712-2	65 3439 0	Business Plans pour les Nuls	P. Tifany
2-87691-729-7	65 3486 1	Management pour les Nuls (Le)	B. Nelson
2-87691-770-X	65 3583 5	Le Marketing pour les Nuls	A. Hiam

Pour les Nuls **Pratique**

ISBN	Code Article	Titre	Auteur
2-87691-597-9	65 3059 6	Astrologie pour les Nuls (L')	R. Orion
2-87691-610-X	65 3104 0	Maigrir pour les Nuls	J. Kirby
2-87691-604-5	65 3066 1	Asthme et allergies pour les Nuls	W. E. Berger
2-87691-615-0	65 3116 4	Sexe pour les Nuls (Le)	Dr Ruth
2-87691-616-9	65 3117 2	Relancez votre couple pour les Nuls	Dr Ruth
2-87691-617-7	65 3118 0	Santé au féminin pour les Nuls (La)	Dr P. Maraldo
2-87691-618-5	65 3119 8	Se soigner par les plantes pour les Nuls	C. Hobbs
2-87691-640-1	65 3188 3	Français correct pour les Nuls (Le)	J.-J. Julaud
2-87691-634-7	65 3180 0	Astronomie pour les Nuls (L')	S. Maran
2-87691-637-1	65 3185 9	Vin pour les Nuls (Le)	Y.-P. Cassetari
2-87691-641-X	65 3189 1	Rêves pour les Nuls (Les)	P. Pierce
2-87691-661-4	65 3279 0	Gérez votre stress pour les Nuls	Dr A. Elking
2-87691-657-6	65 3267 5	Zen ! La méditation pour les Nuls	S. Bodian
2 07001-040-0	65 3226 1	Anglais correct pour les Nuls (L')	C. Raimond
2-87691-681-9	65 3348 3	Jardinage pour les Nuls (Le)	M. MacCaskey
2-87691-683-5	65 3364 0	Cuisine pour les Nuls (La)	B. Miller, A. Le Courtois
2-87691-687-8	65 3367 3	Feng Shui pour les Nuls (Le)	D. Kennedy
2-87691-702-5	65 3428 3	Bricolage pour les Nuls (Le)	G. Hamilton

Disponibles dans la collection Pour les Nuls

Pour être informé en permanence sur notre catalogue et sur les dernières nouveautés publiées dans cette collection, consultez notre site internet www.efirst.com

Pour les Nuls **Pratique**

ISBN	Code Article	Titre	Auteur
2-87691-705-X	65 3431 7	Tricot pour les Nuls (Le)	P. Allen
2-87691-769-6	65 3582 7	Sagesse et Spiritualité pour les Nuls	S. Janis
2-87691-748-3	65 3534 8	Cuisine Minceur pour les Nuls (La)	L. Fischer, C. Bach
2-87691-752-1	65 3527 2	Yoga pour les Nuls (Le)	G. Feuerstein
2-87691-767-X	65 3580 1	Méthode Pilates pour les Nuls (La)	H. Herman
2-87691-769-6	65 3582 7	Sagesse et Spiritualité pour les Nuls	S. Janis
2-87691-748-3	65 3534 8	Cuisine Minceur pour les Nuls (La)	L. Fischer, C. Bach
2-87691-752-1	65 3527 2	Yoga pour les Nuls (Le)	G. Feuerstein
2-87691-767-X	65 3580 1	Méthode Pilates pour les Nuls (La)	H. Herman
2-87691-768-8	65 3581 9	Chat pour les Nuls (Un)	G. Spadafori
2-87691-801-3	65 3682 5	Chien pour les Nuls (Un)	G. Spadafori
2-87691-824-2	65 3728 6	Echecs pour les Nuls (Les)	J. Eade
2-87691-823-4	65 3727 8	Guitare pour les Nuls (La)	M. Phillips, J. Chappell
2-87691-800-5	65 3681 7	Bible pour les Nuls (La)	E. Denimal
2-87691-868-4	65 3853 2	S'arrêter de fumer pour les Nuls	Dr Brizer, Pr Dautzenberg
2-87691-802-1	65 3684 1	Psychologie pour les Nuls (La)	Dr A. Cash
2-87691-869-2	65 3854 0	Diabète pour les Nuls (Le)	Dr A. Rubin, Dr M. André
2-87691-897-8	65 3870 6	Bien s'alimenter pour les Nuls	C. A. Rinzler, C. Bach
2-87691-893-5	65 3866 4	Guérir l'anxiété pour les Nuls	Dr Ch. Eliott, Dr M. André
2-87691-915-X	65 3876 3	Grossesse pour les Nuls (La)	Dr J.Stone
2-87691-943-5	65 3887 0	Vin pour les Nuls (Le)	Ed. Mcarthy, M. Ewing
2-87691-941-9	65 3885 4	Histoire de France pour les Nuls (L')	J.-J. Julaud
2-87691-984-2	65 0953 3	Généalogie pour les Nuls (La)	F. Christian
2-87691-983-4	65 0952 5	Guitare électrique pour les Nuls (La)	J. Chappell
2-87691-973-7	65 0943 4	Anglais pour les Nuls (L')	G. Brenner
2-87691-974-5	65 0944 2	Espagnol pour les Nuls (L')	S. Wald
2-75400-025-9	65 4151 0	Mythologie pour les Nuls (La)	Ch. et A. Blackwell
2-75400-037-2	65 4161 9	Léonard de Vinci pour les Nuls	J. Teisch, T. Barr
2-75400-062-3	65 4172 6	Bouddhisme pour les Nuls (Le)	J. Landaw, S. Bodian
2-75400-060-7	65 4170 0	Massages pour les Nuls (Les)	S. Capellini, M. Van Welden
2-75400-059-3	65 4169 2	Voile pour les Nuls (La)	J.-J. et Peter Isler

Disponibles dans la collection Pour les Nuls

Pour être informé en permanence sur notre catalogue et sur les dernières nouveautés publiées dans cette collection, consultez notre site internet www.efirst.com

Pour les Nuls **Pratique**

SBN	Code Article	Titre	Auteur
2-75400-061-5	65 4171 8	Littérature pour les Nuls (La)	J.-J. Julaud
2-75400-078-X	65 4188 2	Golf pour les Nuls (Le)	G. McCord
2-75400-092-5	65 4236 9	Immobilier pour les Nuls (L')	L. Baccara, C. Sabbah
2-75400-093-3	65 4237 7	Maths pour les Nuls (Les)	J.-L. Boursin
2-87691-110-7	65 4254 2	Histoire de France illustrée pour les Nuls (L')	J.-J. Julaud
2-75400-102-6	65 4246 8	Piano pour les Nuls (Le)	B. Neely, M. Rozenbaum
2-75400-118-2	65 4259 1	Claviers et Synthétiseurs pour les Nuls	C. Martin de Montaigu
2-75400-124-7	65 4265 8	Guitare pour les Nuls (La)	M. Philipps, J. Chappell
2-75400-123-9	65 4264 1	Poker pour les Nuls (Le)	R. D. Harroch, L. Krieger, F. Montmirel
2-75400-152-2	65 1119 0	Éduquer son chien pour les Nuls	J. et W. Volahrd
2-75400-137-9	65 4275 7	Tai Chi pour les Nuls (Le)	T. Iknoian
2-75400-168-9	651134 9	Paris pour les Nuls	D. Chadych, D. Leborgne
2-87691-998-2	65 0960 8	Philosophie pour les Nuls (La)	C. Godin
2-75400-151-4	65 1118 2	Musique classique pour les Nuls (La)	D. Pogue, C. Delamarche
2-75400-150-6	65 1117 4	Franc-maçonnerie pour les Nuls (La)	C. Hodapp, P. Benhamou
2-75400-182-4	65 1147 1	Catholicisme pour les Nuls (Le)	Révérend J. Trigilio
2-75400-184-0	65 1148 9	Napoléon pour les Nuls	J. David Markham et Bastien Miquel
2-75400-185-9	65 1149 7	Dessin pour les Nuls (Le)	Brenda Hoddinot
2-75400-193-X	65 1170 3	Couture pour les Nuls (La)	Janice Saunders Maresh
2-75400-212-X	65 1178 6	Chinois pour les Nuls (Le)	Wendy Abraham
2-75400-246-4	65 1239 6	Thérapies comportementales et cognitives pour les Nuls (les)	R. Willson, R. Branch
2-75400-229-4	65 1188 5	Histoire de l'art pour les Nuls (L')	J-J Breton, P.Cachau, D. Williatte
2-75400-230-8	65 1189 3	Climat et météo pour les Nuls	J.D.Cox
2-75400-245-6	65 1238 8	Géographie française pour les Nuls (La)	J.-J. Julaud
2-75400-256-1	65 1249 5	Égypte ancienne pour les Nuls (L')	F. Maruéjol
2-75400-287-5	65 1294 1	Chanson française pour les Nuls (L')	D. Dicale

Disponibles dans la collection Pour les Nuls

Pour être informé en permanence sur notre catalogue et sur les dernières nouveautés publiées dans cette collection, consultez notre site internet www.efirst.com

Pour les Nuls **Bac**

ISBN	Code Article	Titre	Auteur
2-75400-172-7	65 1138 0	Le Bac Philosophie 2006	C. Roche
2-75400-173-6	65 1139 8	Le Bac Français 2006	G. Guilleron
2-75400-171-9	65 1137 2	Le Bac Histoire 2006	H. Vessemont
2-75400-170-0	65 1136 4	Le Bac Géographie 2006	N. Arnaud

Pour les Nuls **Poche**

ISBN	Code Article	Titre	Auteur
2-87691-873-0	65 3862 3	Management pour les Nuls (Le)	Bob Nelson
2-87691-872-2	65 3861 5	Cuisine pour les Nuls (La)	B.Miller, A. Le Courtois
2-87691-871-4	65 3860 7	Feng Shui pour les Nuls (Le)	D. Kennedy
2-87691-870-6	65 3859 9	Maigrir pour les Nuls	J. Kirby
2-87691-923-0	65 3881 3	Anglais correct pour les Nuls (L')	C. Raimond
2-87691-924-9	65 3882 1	Français correct pour les Nuls (Le)	J.-J. Julaud
2-87691-950-8	65 3894 6	Vente pour les Nuls (La)	T. Hopkins
2-87691-949-4	65 3893 8	Bureau Feng Shui pour les Nuls (Un)	H. Ziegler, J. Lawler
2-87691-956-7	65 0940 0	Sexe pour les Nuls (Le)	Dr Ruth
2-75400-001-1	65 0963 2	CV pour les Nuls (Le)	J.-L. Kennedy, A. Dumesnil
2-75400-000-3	65 0962 4	Zen ! la méditation pour les Nuls	S. Bodian
2-87691-999-0	65 0961 6	Astrologie pour les Nuls (L')	R. Orion
2-75400-015-1	65 0975 6	Jardinage pour les Nuls (Le)	M. Mac Caskey
2-75400-014-3	65 0974 9	Jardin Feng Shui pour les Nuls (Le)	M. Ziegler et J. Lawler
2-75400-064-X	65 4174 2	Astronomie pour les Nuls (L')	S. Maran
2-75400-094-1	65 4238 5	Business Plans pour les Nuls	P. Tifany
2-75400-086-0	65 4230 2	Entretiens de recrutement pour les Nuls (Les)	J.-L. Kennedy, A. Dumesnil
2-75400-082-8	65 4189 0	Lettres d'accompagnement pour les Nuls (Les)	J.-L. Kennedy, A. Dumesnil
2-75400-165-4	65 1131 5	Su Doku tome 1 pour les Nuls	A. Heron, E. James

Disponibles dans la collection Pour les Nuls

Pour être informé en permanence sur notre catalogue et sur les dernières nouveautés publiées dans cette collection, consultez notre site internet www.efirst.com

Pour les Nuls **Poche**

ISBN	Code Article	Titre	Auteur
2-75400-167-0	65 1113 3	Su Doku tome 2 pour les Nuls	A. Heron, E. James
2-75400-213-8	65 1119 4	Su Doku tome 3 pour les Nuls	A. Heron, E. James
2-75400-180-8	65 1145 5	Histoire de France Tome 1 pour les Nuls (L')	J.-J. Julaud
2-75400-181-6	65 1146 3	Histoire de France Tome 2 pour les Nuls (L')	J.-J. Julaud
2-75400-223-5	65 1183 6	Méthode Pilates pour les Nuls (La)	E. Herman
2-75400-180-8	65 1145 5	Histoire de France des origines à 1789 pour les Nuls	J.-J Julaud
2-75400-181-6	65 1146 3	Histoire de France de 1789 à nos jours pour les Nuls	J.-J Julaud

Dynastes beetle

The great diving beetle lives in slow-moving or still water. It stores air in its abdomen and in bubbles under its wings. It holds on to plants to keep it from floating back to the surface. Female diving beetles pierce holes in underwater plant stems to lay their eggs.

Great diving beetle

The dynastes beetle (above) is one of the largest beetles in the world. Some of the largest males of this species are 19 cm long.

The huge Goliath beetle (below) of equatorial Africa is the most massive 'mega' beetle on Earth. It can be as large as a man's fist and weigh up to 100g.

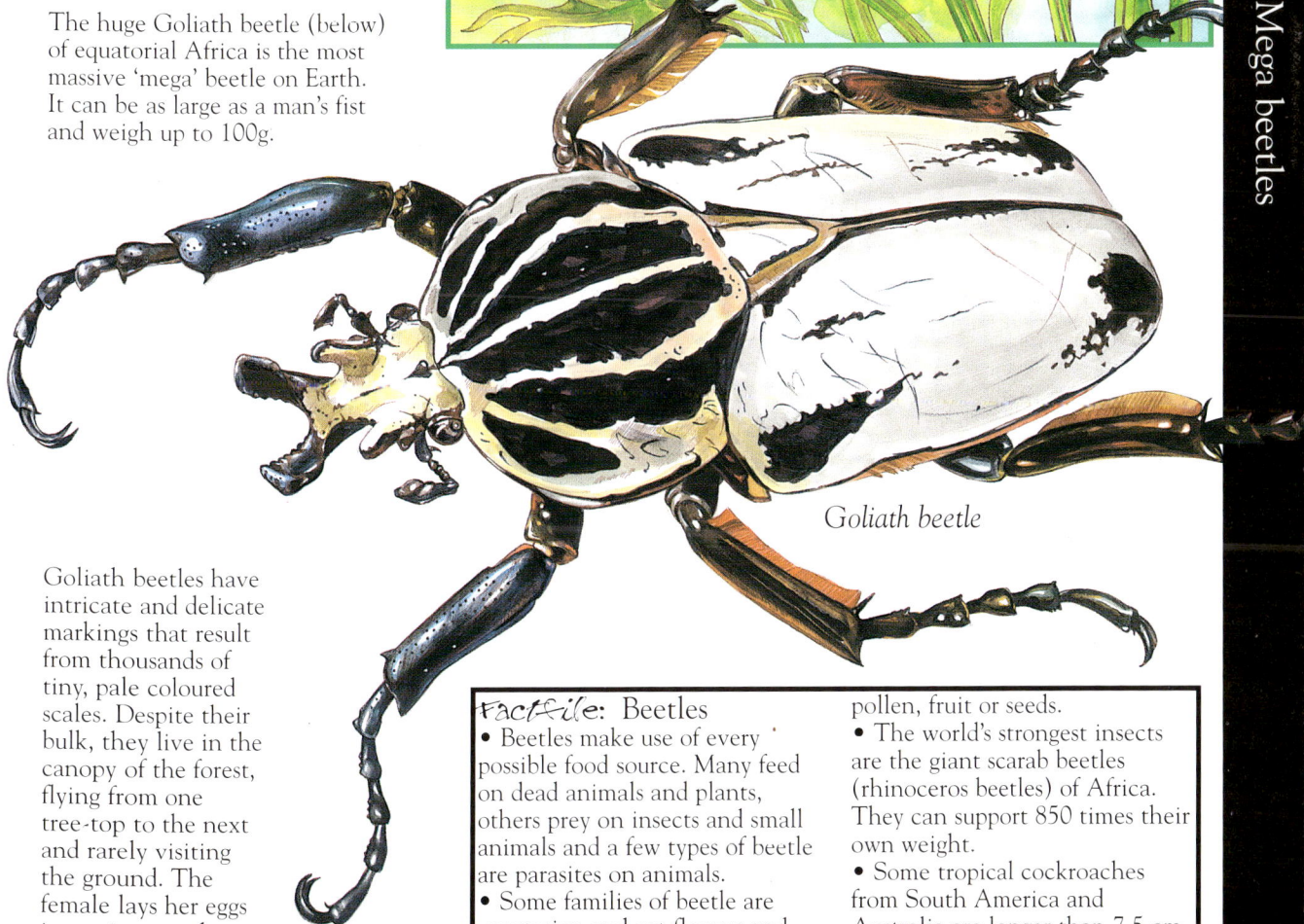

Goliath beetle

Goliath beetles have intricate and delicate markings that result from thousands of tiny, pale coloured scales. Despite their bulk, they live in the canopy of the forest, flying from one tree-top to the next and rarely visiting the ground. The female lays her eggs in rotting wood.

Factfile: Beetles
• Beetles make use of every possible food source. Many feed on dead animals and plants, others prey on insects and small animals and a few types of beetle are parasites on animals.
• Some families of beetle are vegetarian and eat flowers and pollen, fruit or seeds.
• The world's strongest insects are the giant scarab beetles (rhinoceros beetles) of Africa. They can support 850 times their own weight.
• Some tropical cockroaches from South America and Australia are longer than 7.5 cm.

11

Beautiful butterflies

Adult butterflies have antennae, compound eyes, three pairs of legs, a hard exoskeleton and a body that has three parts: the head, thorax and abdomen. What makes butterflies special is their fragile and stunning beauty. The butterfly's outer body is covered in tiny hairs and the wings are covered by scales. These reflect the light, making the wings glint and change colour. Butterflies are not born this way, they have four stages of life: egg, caterpillar or larva, pupa and adult. They have a life cycle that is described as complete metamorphosis because the caterpillar undergoes a startling change when it pupates. Although the pupa looks dead, there is a lot going on inside. The body of the caterpillar disappears completely and is then re-built from scratch. The result of this 're-building' process is a butterfly that breaks free from its cocoon.

Purple emperor (Apatura iris)

The butterfly troides hypolitus (below) is one of the birdwing butterflies, but it is not as large as the Queen Alexandra birdwing. It was first discovered in 1775.

Troides

Black-veined white

The black-veined white (above right) has striking black veins that give its wings a stained glass appearance. This butterfly was once common all over northern Europe but is now seen very rarely and is probably close to extinction.

What is the difference between a butterfly and a moth? Butterflies are most active during the day, they have clubbed antennae and are brightly coloured. Moths are nocturnal, their antennae are straight and they tend to be drab.

Factfile: Butterflies
- The body lengths of butterflies vary between 1 and 10 cm.
- Wingspan varies between 2 mm and 30 cm. The wingspan of a female Queen Alexandra birdwing can reach 30 cm.

There are over 600 species of swallowtail butterflies in the world. They are brightly coloured to put other insects off eating them, as well as to attract a mate.

Swallowtail

Morphos are large butterflies found in the forests of South America. Males have brightly coloured wings with a metallic sheen that is usually blue but can be red, brown or yellow.

Morpho

The Queen Alexandra birdwing is the largest butterfly in the world and takes about four months to complete its life cycle from egg to adult butterfly. The adult then lives for just three months. Birdwings live in the rainforests of Papua New Guinea but are now very rare.

Factfile: Butterflies
- Butterflies and moths can see ultraviolet light much more easily than humans and so can see patterns on the petals of flowers that we cannot.
- There are approximately 136,800 species of butterflies and moths in the world.

Male Queen Alexandra birdwings are yellow, green, and/or blue on a black background, while females are brown with lighter spots.

Queen Alexandra birdwing

13

Generating light and sound

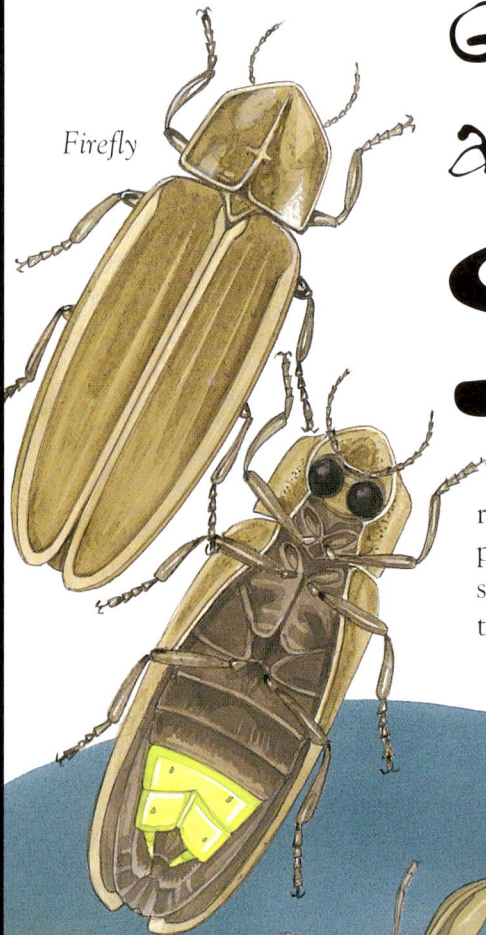

Firefly

Some insects really put on a show to attract mates. Glow-worms and fireflies are both beetles that generate their own light. They are nocturnal and communicate with each other using a light organ in the base of their abdomen. Each species of American firefly gives out a unique light signal that only females from the same species can recognise. Insects like crickets, grasshoppers and cicadas prefer to make a noise. Male cicadas spend a lot of time sitting in trees where they 'chirrup' using two plates called tymbals that are found on either side of their abdomen. Two powerful muscles are contracted to make the tymbals vibrate. The tymbals are surrounded by a large airspace inside the shell of the abdomen which acts as an amplifier, making the sound as loud as possible.

Fireflies give out two sorts of light. When resting, they make green flashes, but when flying around, they produce an orange light.

Two chemicals react in a glow-worm's abdomen to give out a bright light. Part of the abdomen is transparent and allows the light to shine through.

Glow-worm

Factfile: Glow-worms and fireflies
• Glow-worms and fireflies are common in tropical areas but are also found in warmer zones of Europe and North America.
• The railroad worm, a South American firefly, got its name because it flashes red and green like a railway signal.
• Female glow-worms have no wings. They climb to the top of blades of grass to signal to the flying males.

Crickets and grasshoppers use sound to attract mates. The males do the singing and each species has its own signature tune. Crickets (left) often find an empty can or bottle to sit in while chirping, because this amplifies their song. When a predator threatens them, they can 'throw' their voice and make a sound that seems to be coming from elsewhere.

Cricket

Crickets and grasshoppers need good 'ears' to cope with the different songs that fill the air at dusk. The hearing organs are inside the body, in the first abdominal segment. Two breathing holes in the sides of the thorax allow sound to reach them.

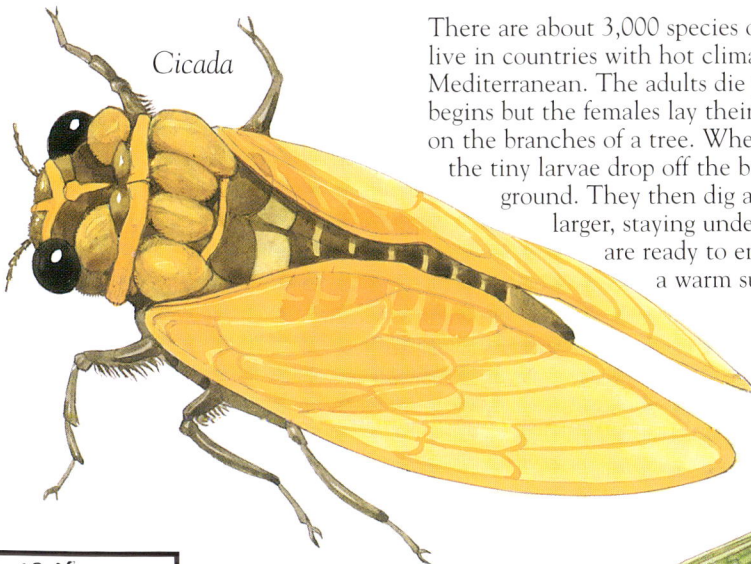

Cicada

There are about 3,000 species of cicada (left) that live in countries with hot climates and around the Mediterranean. The adults die just before winter begins but the females lay their eggs first, usually on the branches of a tree. When the eggs hatch, the tiny larvae drop off the branch and onto the ground. They then dig a hole and grow larger, staying underground until they are ready to emerge as adults on a warm summer day.

Factfile:
Cicadas
• The loudest insect in the world is the male cicada. He can be heard over 400 m away.
• One species of American cicada remains underground as a larva for 17 years before developing into an adult.

Grasshopper

As a centipede moves, its legs move in order down its body, so that a 'wave' of movement seems to travel from one end to the other. As it runs along the ground, it takes larger steps and, at top speed, only a few feet are in touch with the ground at any one time. Despite having so many legs, centipedes rarely trip up.

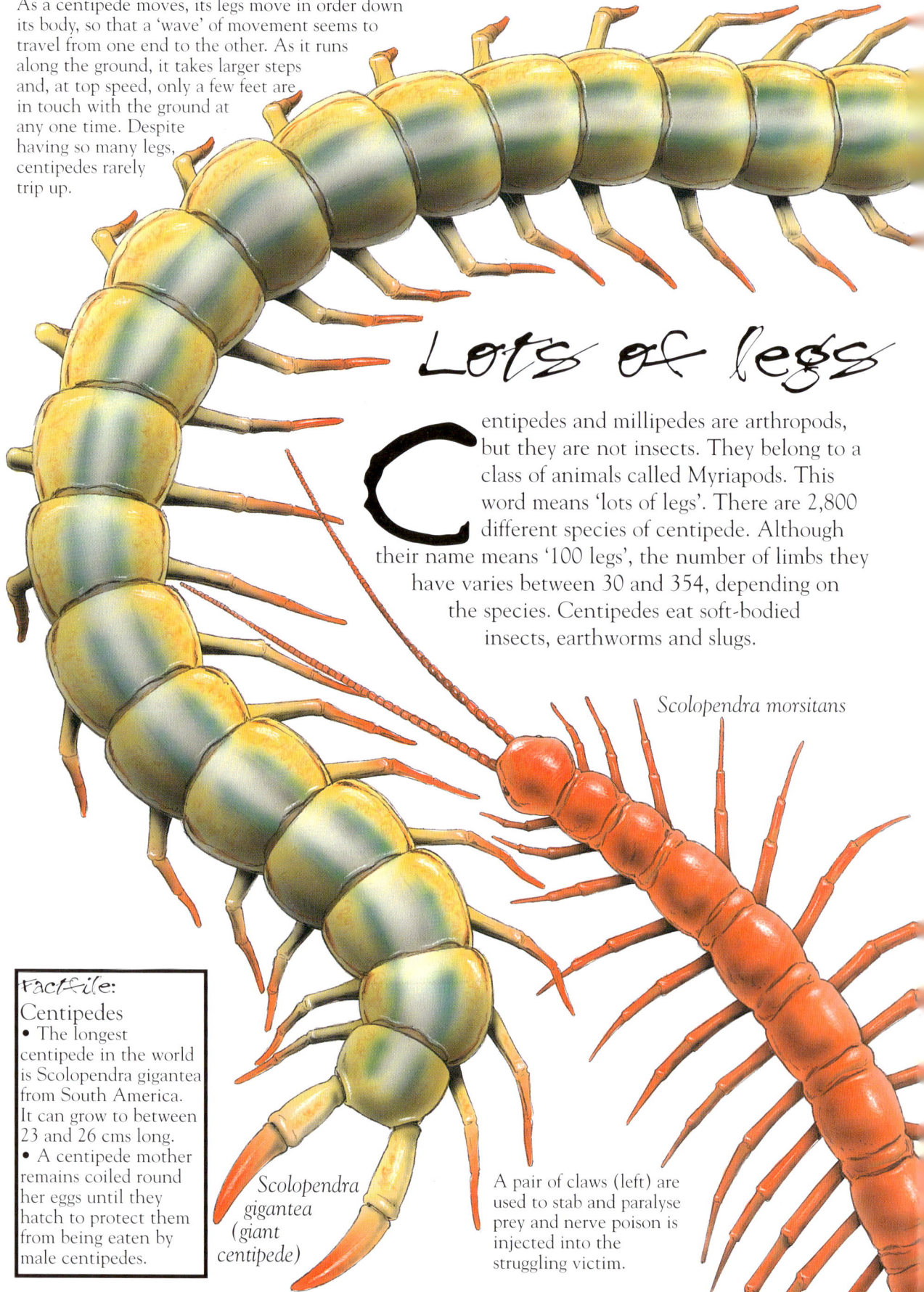

Lots of legs

Centipedes and millipedes are arthropods, but they are not insects. They belong to a class of animals called Myriapods. This word means 'lots of legs'. There are 2,800 different species of centipede. Although their name means '100 legs', the number of limbs they have varies between 30 and 354, depending on the species. Centipedes eat soft-bodied insects, earthworms and slugs.

Scolopendra morsitans

Factfile:
Centipedes
• The longest centipede in the world is Scolopendra gigantea from South America. It can grow to between 23 and 26 cms long.
• A centipede mother remains coiled round her eggs until they hatch to protect them from being eaten by male centipedes.

Scolopendra gigantea (giant centipede)

A pair of claws (left) are used to stab and paralyse prey and nerve poison is injected into the struggling victim.

The body of a millipede is covered with hard plates of cuticle that overlap, forming tough body armour. The plates are jointed and, when it needs to, the millipede can curl itself into a tight ball (right). Pill millipedes can roll up so well, that no soft tissue is left open to attack by a predator.

Millipede

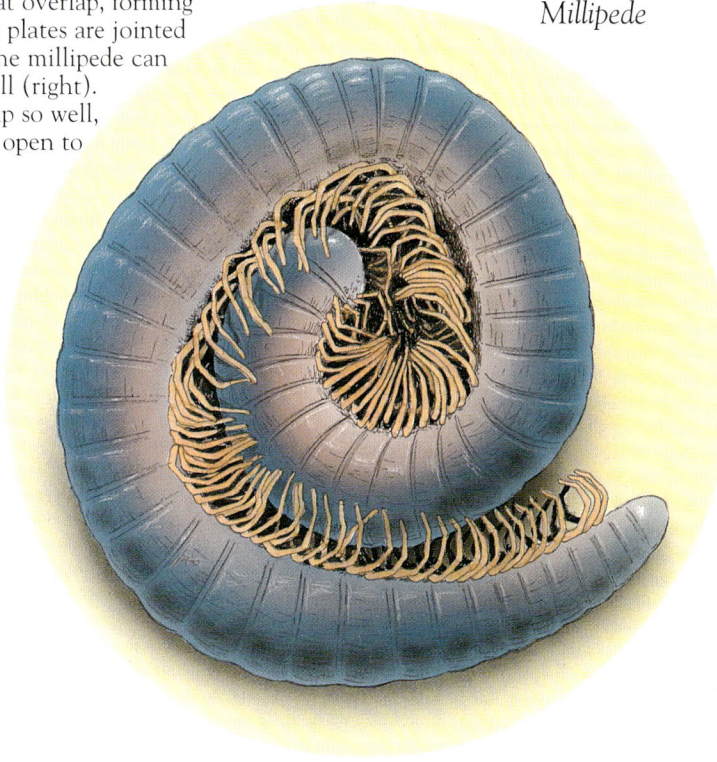

Factfile: Millipedes
• The largest millipede in the world is Graphidostreptus gigas of Africa, which reaches a length of 27 cm and has a body diameter of 2 cm.
• Millipedes usually eat decaying vegetation. Some eat the remains of dead animals and a few tropical species have special long, pointed tubes that they use to pierce fresh fruits and suck out the juice.
• Millipedes live for between 1 and 6 years.
• The millipede Illacme plenipes from California has the most legs of any arthropod – 750!

Millipedes are much gentler creatures than centipedes. They are slower moving and are herbivores – they never hunt. There are about 7,500 known species of millipede. None have as many as a thousand legs, as their name suggests. In fact, millipedes never have more than 750 limbs. Millipedes like hot climates and some species are very sensitive to changes in temperature and moisture. They like to live in damp places, such as soil rich in decomposing leaves.

Centipede

Millipede

Most of the segments in a millipede's body consist of two segments joined together. The number of segments depends on the species, but most have between 10 and 100 segments. Each segment has two pairs of legs, except the seventh segment which is modified for reproduction purposes.

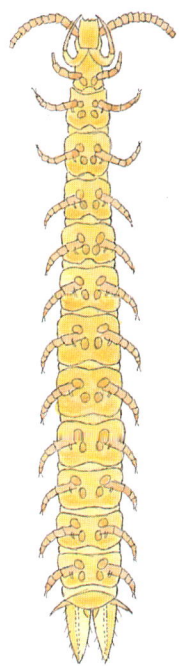

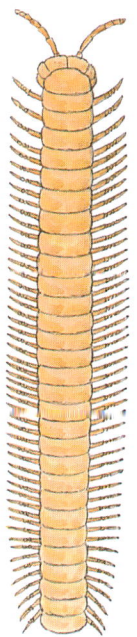

Centipedes have single body segments with one pair of legs per segment. Millipedes have double segments and two pairs of legs on each one. So, length for length, a millipede has more legs that a centipede.

Death-watch
beetle

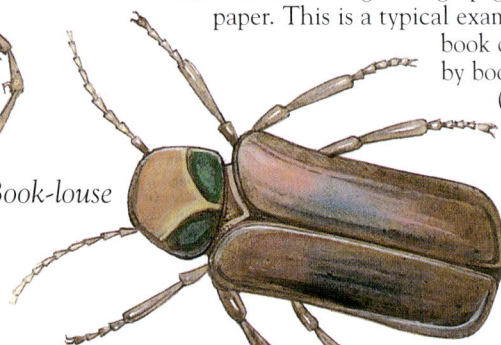

The most
common
wood boring
insects include the
common furniture
beetle, the death-watch
beetle, the wood-boring
weevils and the house
longhorn. Wood-boring beetle
larvae feed on wood and wood
products. The adults emerge from
larval feeding chambers through exit
holes. Adults of some species also bore
holes into plaster, plastic and soft metals.
Many species of wood-boring beetles feed
on living trees but do not attack cut wood
or wood products.

Flathead
borer
beetle

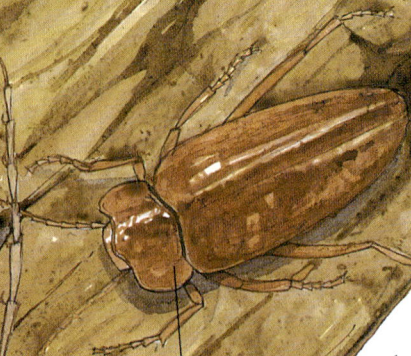

The book-louse lives in trees, shrubs or
under bark or stones. Book-lice are small,
soft-bodied insects with mouthparts that are
ideal for munching through pages of old
paper. This is a typical example of a
book damaged
by book-lice
(below).

Longhorn
beetle

Book-louse

Factfile:
Destructive
insects
• More trees are
lost to insects
each year than
are destroyed by
forest fires.
• The short-circuit
beetle can chew
through electrical
cables. This lets
water in and causes
short circuits.

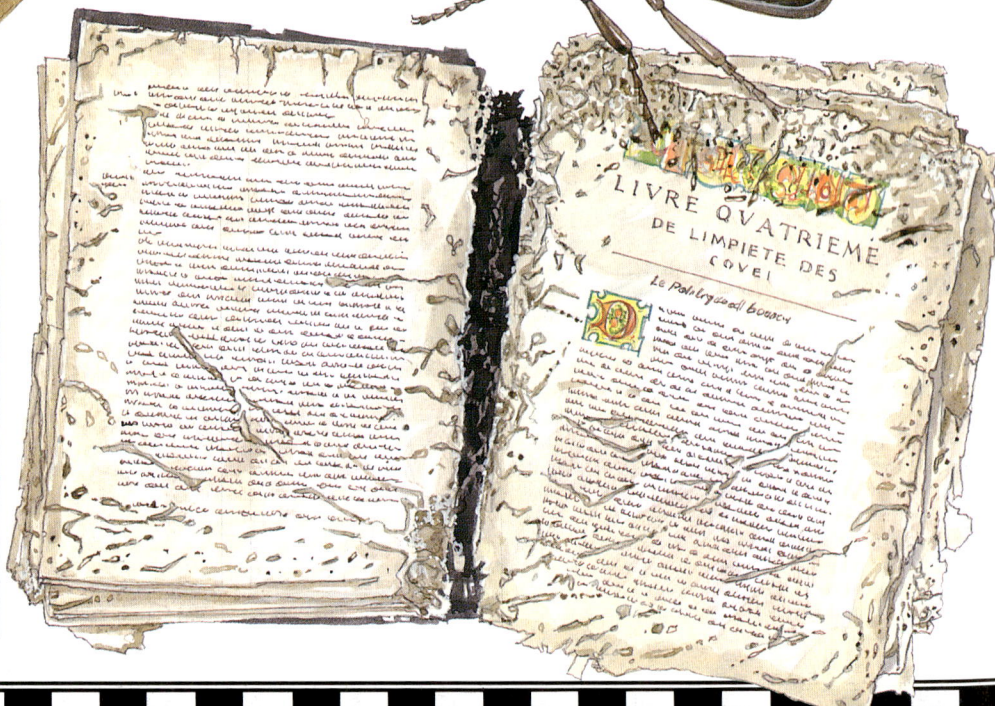

LIVRE QVATRIEME
DE LIMPIETE DES
COVEI

Adult Colorado potato beetles spend the winter in the soil or under leaf-litter in gardens and fields. They become active in May and lay eggs on the undersides of potato plant leaves. Once the larvae hatch, both they and the adults feed on the foliage of the plants and can cause extensive damage if the beetle population is high.

Colorado potato beetle

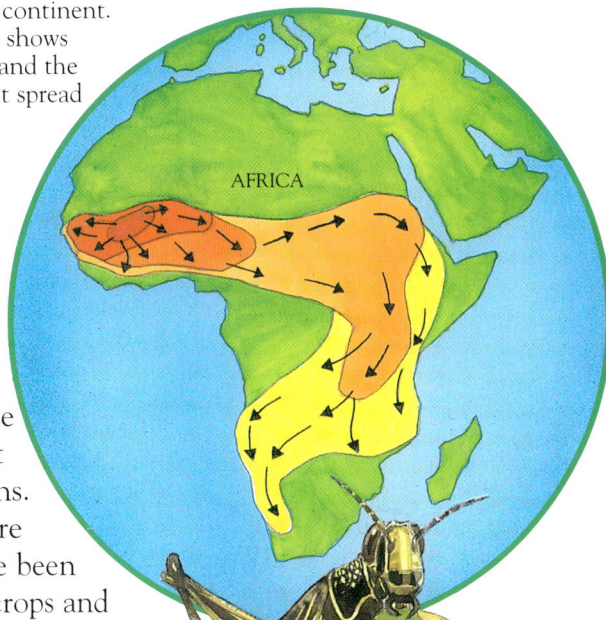

In the second half of the 20th century, one locust swarm travelled over most of the African continent. The dark red area (right) shows where the swarm started and the lighter colours plot how it spread over the next 12 years.

Destructive bugs

Many bugs are a nuisance, but some are particularly damaging. Desert locusts are a major pest to humans. Locusts in swarms measuring more than 1,000 km wide have been recorded this century. The damage they do to crops and natural vegetation is incredible. Every plant for miles is stripped bare as they eat all available food. In African countries, where food can be scarce because of drought and war, a plague of locusts can mean widespread starvation. Most of the time, locusts remain under control because many young die due to bad weather, lack of food or shelter and numerous insect-eaters.

AFRICA

Desert locusts

Female locusts lay about 200 eggs during their lifetime. Once the young (hoppers) hatch, they eat vast amounts of low-lying plants. Next, in their fledgling stage they can fly, but cannot yet breed. It is the fledgling locusts that swarm to find new sources of food and breeding grounds.

*Honeybee
hive*

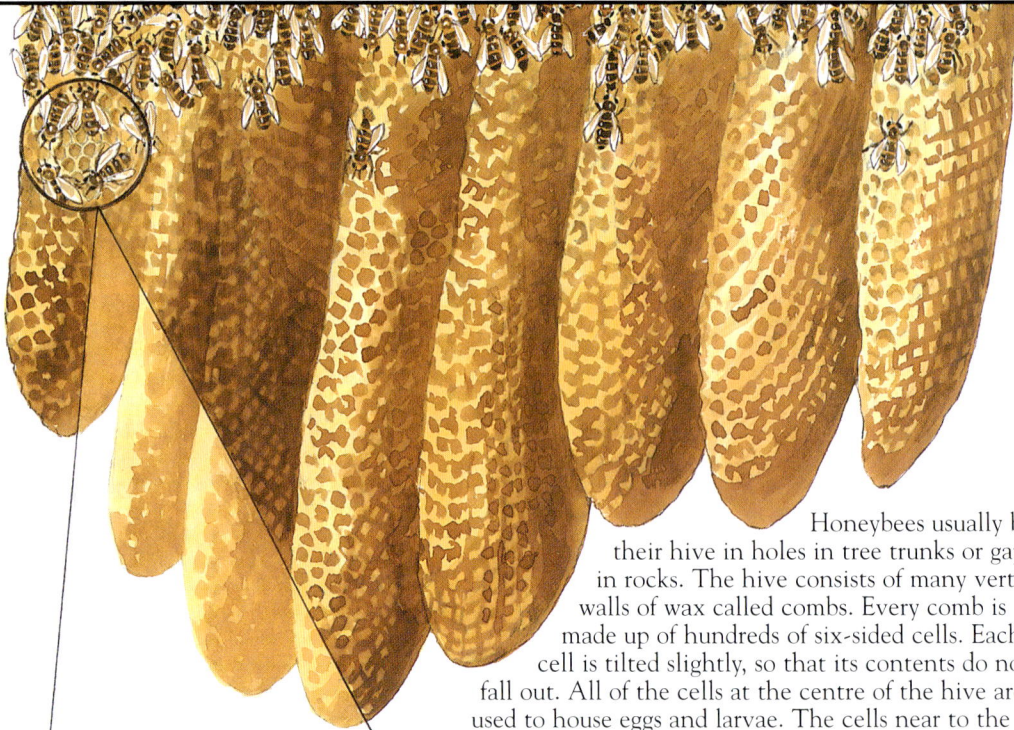

Honeybees usually build
their hive in holes in tree trunks or gaps
in rocks. The hive consists of many vertical
walls of wax called combs. Every comb is
made up of hundreds of six-sided cells. Each
cell is tilted slightly, so that its contents do not
fall out. All of the cells at the centre of the hive are
used to house eggs and larvae. The cells near to the
edges are used for storing honey. A ring of cells
between the two is used to store pollen.

A large hive has many
combs and these are
packed closely together.
The bees make sure that
no cell is unfilled.

Factfile: Termites
• The largest termite in the world
reaches 12 cm in length.
• Some African termites have been
known to live for up to 50 years.

*Honeybees
inside hive*

Factfile: Honeybees
• Honeybees air-condition their hive when it gets
hot. Some of the workers stand at the entrance to the
hive and fan their wings. When it gets really hot they
sprinkle droplets of watered-down honey at the
entrance to cool the air entering the hive even more.
• During its lifetime a worker honeybee collects
enough nectar to make about 60 grams of honey.

The common wasp (right) chews up small pieces of bark from a nearby tree and uses it as a paste to build the walls of its nest. First, they build the horizontal layers and then cover them with an outer shell, leaving a gap at the bottom to get in to lay eggs.

Wasp

Inside a wasp nest

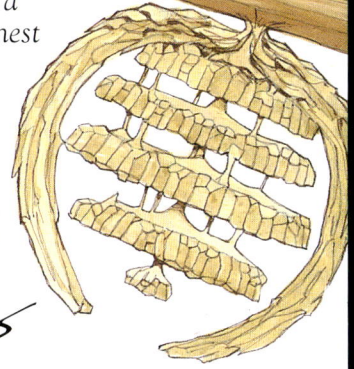

Bug engineers

Some bugs are extremely skilled engineers and builders. Termites, ants and bees live in large colonies and build huge structures to house them and their offspring. These insects are very sociable and they divide up the jobs between them. There is usually one queen, whose job it is to lay all the eggs to keep the colony going. Then there are workers and soldiers. Worker termites are not able to breed because they are sterile. They spend most of their lives underground, looking after the eggs, caring for the young larvae and building, repairing and cleaning the nest. Soldier termites devote themselves to protecting the nest. They are so devoted to this task that they have lost the ability to do anything else – including feeding themselves. They have to be given regurgitated food by the worker termites to stay alive.

Termite mound

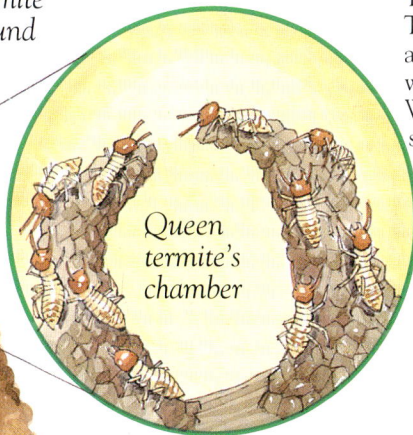

Queen termite's chamber

This is a weaver ant nest (below). They usually hang from a tree and are made of leaves stuck together with silk produced by the larvae. Workers operate in teams to squeeze the larvae to make their glands ooze the glue-like silk.

Termites start building their nest underground and then the mound above slowly increases in size. Some of the termite mounds found in Australia are an incredible size – over 13 m high and 30 m in circumference. Termite mounds are very complex inside. They have a central area of horizontal layers in the middle of which is a walled chamber where the queen termite lies, laying thousands of eggs every day.

Weaver ant nest

It's hard being a bug

Many bugs work hard just to survive but there are a few in particular that appear to put in extraordinary effort. Ants, like termites, build large nests that have extremely complicated architecture. The senior ants release chemicals that control worker ants. Under the influence of these chemicals, the workers slave away without rest for most of their lives. Silkmoths produce silk that we use to make clothes and other items and are the only domesticated insect. They have no choice but to work incredibly hard, controlled as they are by humans and dependent on them for survival. The mole cricket is another insect that works hard, but its survival does not depend on human intervention.

Factfile: Hard workers
• Female mole crickets lay between 200-300 eggs that take 20-30 days to hatch.
• Ant colonies can have as many as one million members.
• Leaf cutter ants do not eat the leaves they collect. They cover them with fungus and suck up the nutrients released as the fungus digests the tough plant material.

Leaf cutter ant

abdomen

Mole cricket

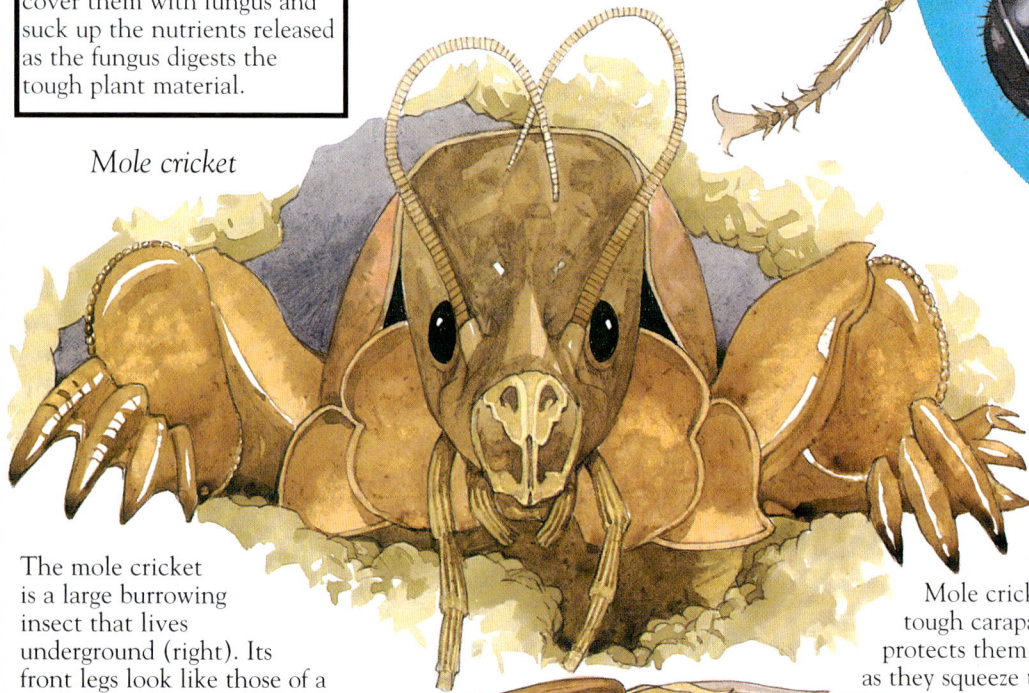

The mole cricket is a large burrowing insect that lives underground (right). Its front legs look like those of a mole. The powerful pad-like front feet have large spines that are used to shovel the earth to the sides during burrowing.

Mole crickets have a tough carapace (hood) that protects them from damage as they squeeze through tunnels.

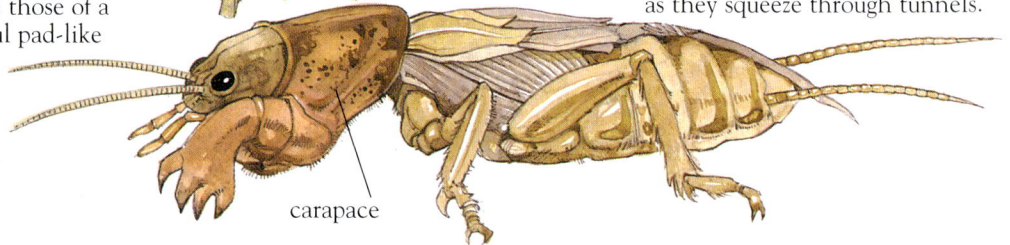

carapace

Leaf cutter ants

Leaf cutter ants get their name because the workers cut up leaves and march them back to the nest.

Leaf cutter ants are common in the tropical regions of America. They live in large and complex colonies and have a definite social order. The smallest worker ants have the lowest status. Next come the larger workers. Then there are the huge soldier ants with their powerful jaws. At the top of the society is the queen, who produces new ants for the colony.

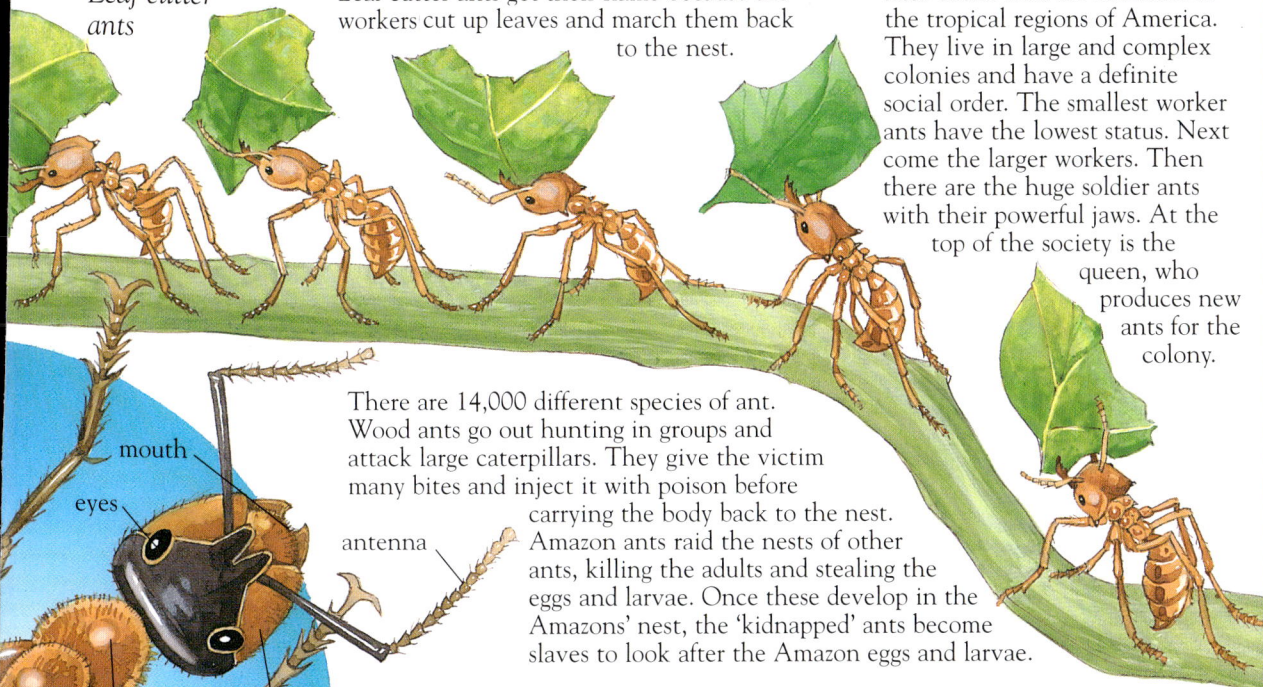

There are 14,000 different species of ant. Wood ants go out hunting in groups and attack large caterpillars. They give the victim many bites and inject it with poison before carrying the body back to the nest. Amazon ants raid the nests of other ants, killing the adults and stealing the eggs and larvae. Once these develop in the Amazons' nest, the 'kidnapped' ants become slaves to look after the Amazon eggs and larvae.

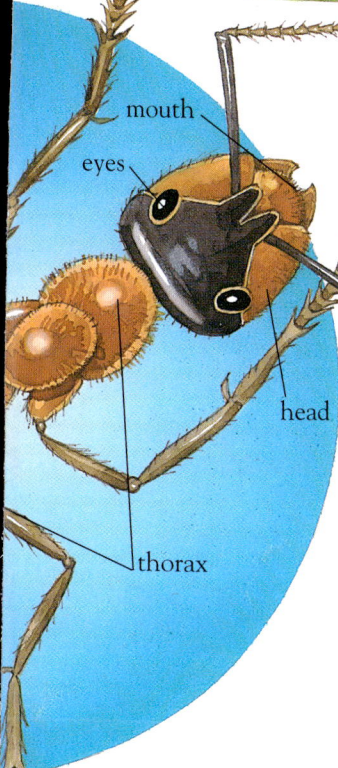

mouth

eyes

antenna

head

thorax

This is a silkworm from the family Bombycidae (below). Eggs laid by silkworm moths hatch after about 20 days.

Silkworm

Silkmoth

Newly hatched silkworms are helpless and are fed mulberry leaves by adult moths. They grow rapidly, reaching full size in about a month. When they stop feeding and start wagging their heads from side to side, it is a sign that they are ready to pupate.

A single cocoon produces between 800 and 1000 m of continuous silk thread. This seems like a lot but about 50,000 silkworms are killed to make one kilogram of raw silk.

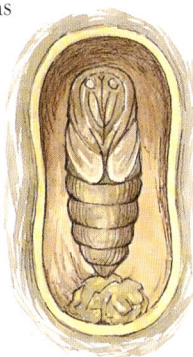

Silkworm cocoon

If left alone, the silkworm inside a cocoon becomes a silkmoth which emerges about three weeks later. The cocoon is spun from a continuous silk thread. Silk growers kill the pupa and remove the cocoon in one piece, ready to be made into silk cloth.

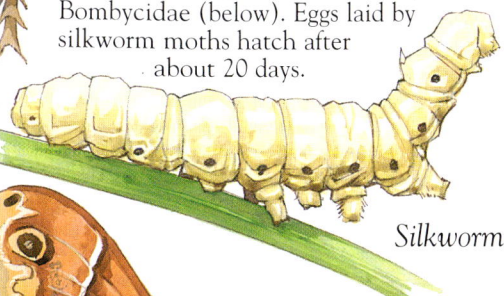

Factfile: Silkworms
• If a silkworm eats 5 kg of mulberry leaves, it can make enough silk to spin into a thread more than 160 km long.
• Silkmoths are one of the largest moths in the world: they have a wingspan of over 30 cm.

23

Magnificent mothers

Many bugs make good parents. Aphids (greenfly) breed as though they intend to take over the world! Their eggs survive the winter on tree bark. The female aphids hatch in early summer. These tiny insects are born pregnant and reproduce incredibly quickly to take advantage of plentiful summer food. When the food supply decreases in late summer the male aphids are born. These live just long enough to fertilise eggs and guarantee a vast population of aphids the following year.

The queens of termite, ant and bee colonies also produce huge numbers of offspring. The queen becomes an egg-laying machine after she has mated with her male. Her body expands and she becomes a swollen bag of eggs that supplies the whole colony with new workers and soldiers.

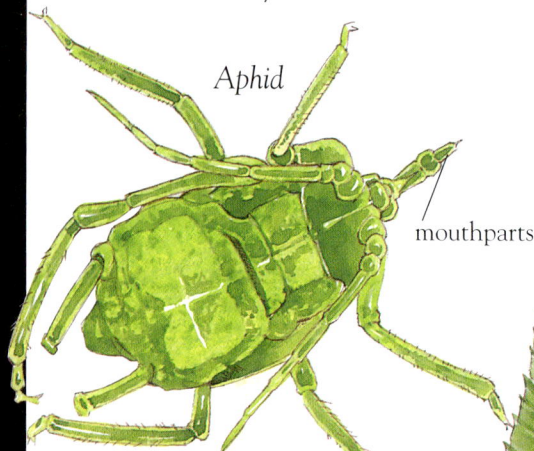

Aphid

mouthparts

Ladybird

Rosebud covered in aphids

Ladybirds are the aphids' main predator

Aphids land on plant stems, push through their needle-like mouth parts and drink the sugary liquid that the plant feeds its leaves and flowers on. Aphids ruin many crops by starving the plants this way, but they can be kept in check by their natural predator – the ladybird.

Factfile: Aphids
- There are 4,000 species of aphids. The most common are greenfly and blackfly.
- Female aphids produce young without mating during the early summer. This is called parthenogenesis (virgin birth).
- One aphid can have as many as 25 offspring every day – that's 1.5 million, million, million, million in its lifetime!

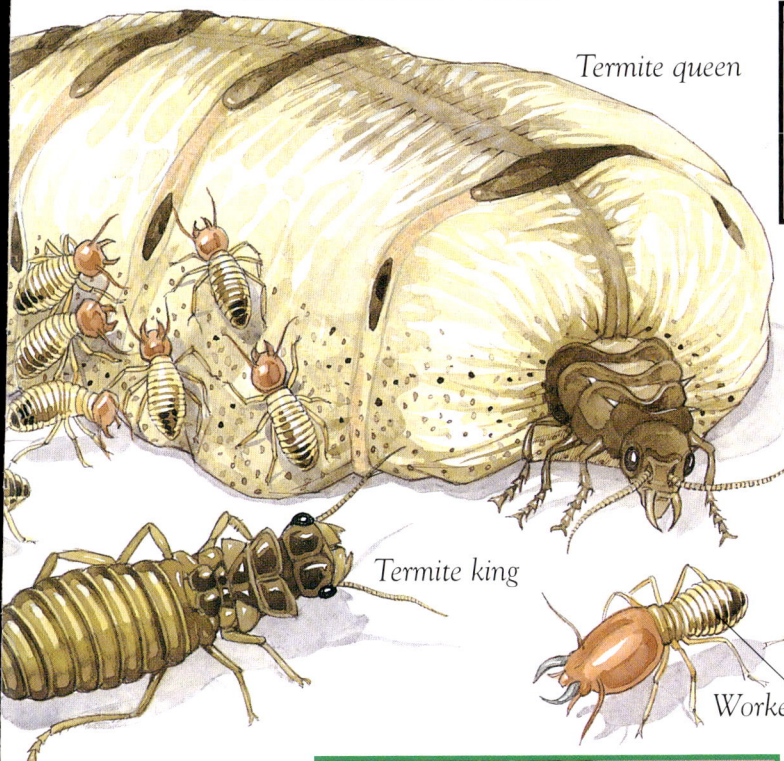

Termite queen

Factfile: Termites
• There are about 2,000 different species of termite.
• Termite queens can lay 86,400 eggs daily.
• A mature termite queen expands to a length of 14 cm. Her abdomen expands to 200-300 times its pre-pregnant size.

This is a termite queen (left). Her body is swollen by a mass of eggs developing inside her. As soon as she mates with the termite king, she becomes pregnant and her body expands. She becomes incapable of doing anything for herself and relies on hundreds of worker termites to clean her, to take away the eggs she lays and to feed her.

Termite king

Worker termites

Wolf spider mothers put their eggs in a sac of silk (below) and attach the sac behind their body. After the young hatch, the female carries them for a while on her abdomen. Often she will care for her youngsters until she dies.

The mating behaviour of spiders differs widely between species. Mating can be a dangerous business for the male. Quite often, the female eats him once mating is over. So, spiders that are surrounded by their babies are almost always female.

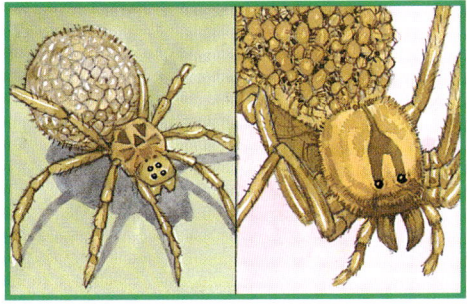

Once the eggs are fertilised, they mature in the female's body before she lays them. Spider mothers take great care of their offspring. They often carry the eggs or the young on their abdomen so that the weather or predators cannot harm them.

Wolf spider

Silk egg sac

Many spider mothers put their eggs in a sac of silk and guard them until they hatch. A few species of spider produce offspring who eat their mother shortly after emerging from their carefully protected nursery.

The eggs of Araneus diadematus are laid in a ball, in plant stems. When they are ready to hatch, a slight touch, caused by an animal or a breeze, causes the ball to explode, releasing the tiny spiders in all directions.

Magnificent mothers

25

Unwanted passengers

Dog flea

Some bugs are parasites and pests. They live on other animals, sucking their blood and using them for warmth and shelter. This is fine for the bug, but the host, the animal it makes its victim, is not so lucky. The bites of mosquitoes, fleas and ticks can be very painful and can get infected. Worst of all, the bites can pass on deadly diseases such as malaria. Bugs that bite us live with us, in our clothes, in our beds and in our hair. Getting rid of them can be very difficult and being clean is no guarantee that we will escape their attentions.

Factfile: Parasites and pests
- The largest flea in the world is Hystrichopsylla schefferi. It can be as big as 11 mm long and 8 mm wide.
- There are 3,150 species of lice that live on other creatures. They have been on Earth for 130 million years.
- The eggs of a human head-louse are known as 'nits'.
- Assassin bugs can bite people, and in South America their bites spread a deadly disease.

Dog and cat fleas do not live on people, but they can bite them, leaving an itchy spot. Only human lice can pass disease between people. The worst case happened in Russia between 1918 and 1922 when 3 million people died after catching a disease spread by lice.

Book-louse

Bedbug

Human head-louse

Human head-lice have no wings and cannot fly. They jump from head to head and cling to their hosts using well-developed claws on the ends of their legs. Head-lice bites cause intense itching.

Book-lice feed on the mould that grows in old, damp books and damage the paper in the process. The full name of the common book-louse is Liposcelis divinatorius.

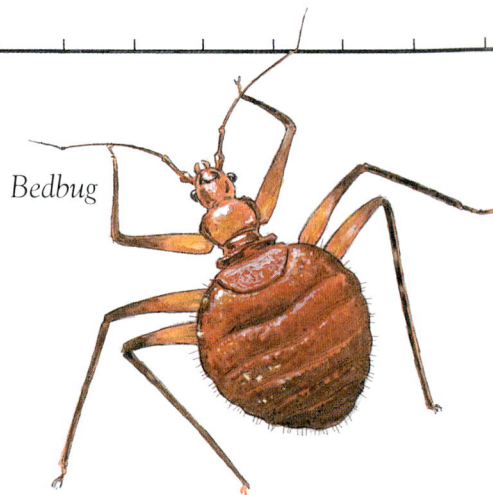

Bedbugs feed on human blood and live in mattresses and bedding. Normally about 6 mm long, they expand to 3 or 4 times their normal size because of the blood in their gut.

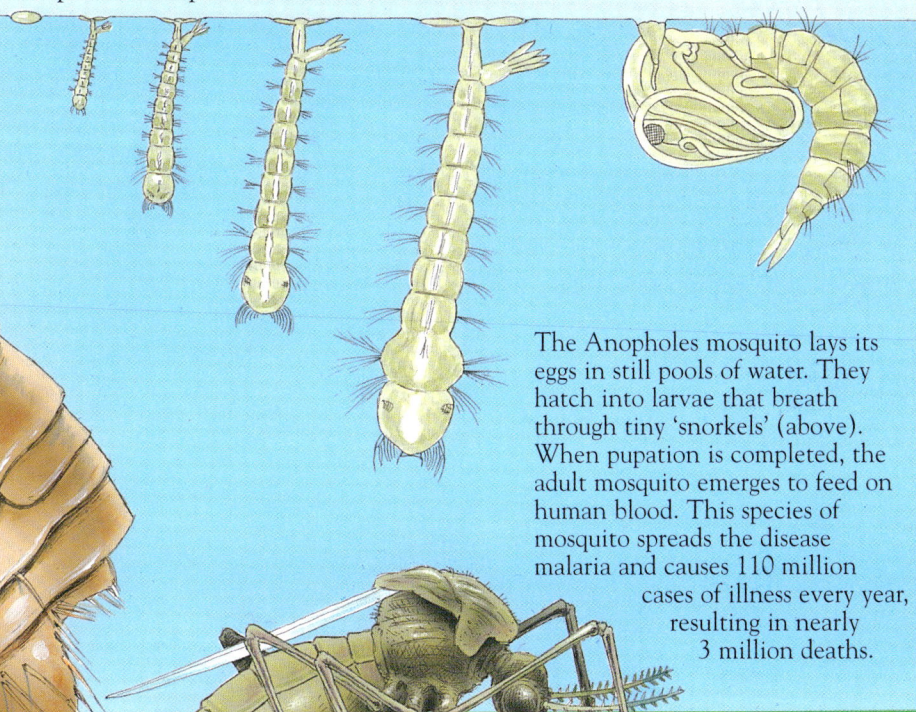

Anopholes mosquito larvae

The Anopholes mosquito lays its eggs in still pools of water. They hatch into larvae that breath through tiny 'snorkels' (above). When pupation is completed, the adult mosquito emerges to feed on human blood. This species of mosquito spreads the disease malaria and causes 110 million cases of illness every year, resulting in nearly 3 million deaths.

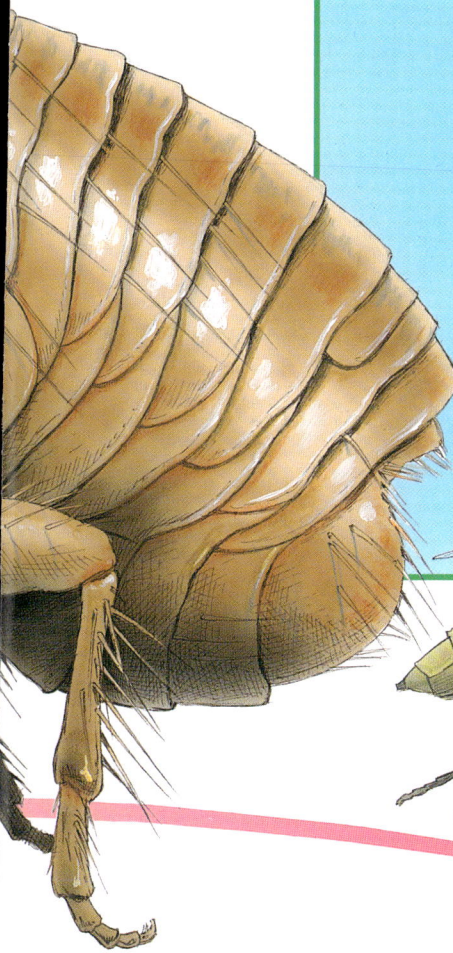

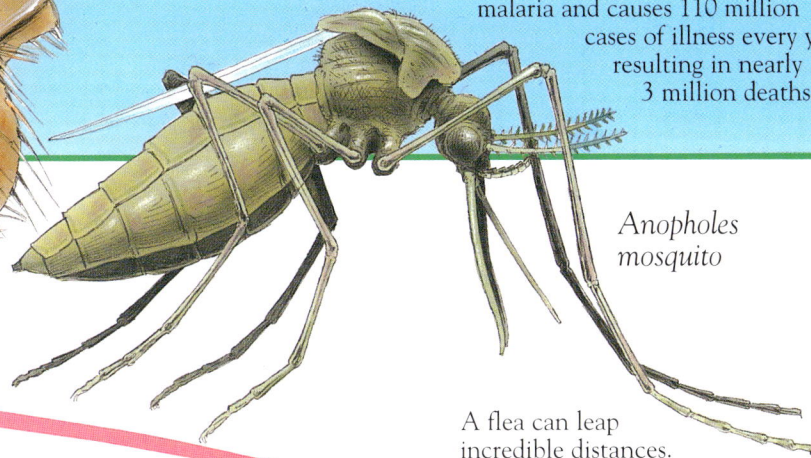

Anopholes mosquito

A flea can leap incredible distances. A dog flea can jump 30 cm. This is the same as a 1.80 m-tall man jumping 90 m in the long jump.

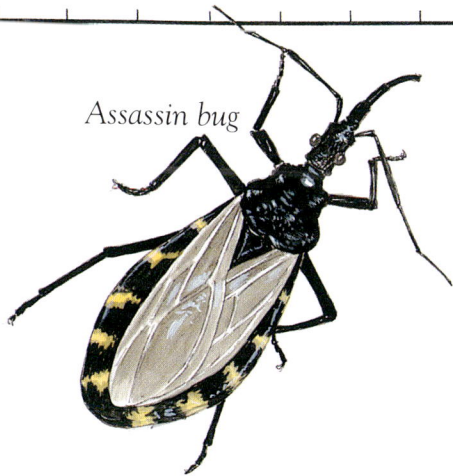

Assassin bug

Deertick

Human body-louse

The assassin bug is so called because it lies in wait in flowers and leaves to ambush beetles, millipedes and mosquitoes. Some assassin bugs give off pleasant smells to lure bees towards them.

The deertick's tiny head contains dagger-like mouthparts. The tick plunges its whole head through the skin of its victim and stays there for about a week. Its body swells as it sucks up the blood.

Human lice live in clothes and lay their eggs in the folds of material. They can survive for 10 days without their human host. The lice hatch and move onto the skin only to feed.

Invisible bugs

All bugs have predators – enemies that want to eat them. Different types of arthropods have developed various strategies to avoid being caught. Some live in colonies in elaborate nests, going out as little as possible. Others have strong defences – perhaps fierce mouthparts and venom. Still others contain bad-tasting chemicals or poison that make them impossible to eat. The bugs on these two pages have a more subtle approach – they blend into the background so that predators look straight past them. So effective are their disguises that you might have trouble spotting them yourself. Have a look – every bug mentioned is illustrated somewhere on the page.

Geomantis larvoides

The mantis Geomantis larvoides (above) has evolved to look like a piece of old wood. It is not as glamorous as many of the other mantises, but it is easily mistaken for a seed pod, or a dead twig or leaf and so escapes predators very well.

Praying mantis

The common European praying mantis lives among leafy branches and on blades of grass. Its stick-like green body helps it to camouflage itself from predators. It gets its name because its two front limbs are always slightly bent and it looks as though it is kneeling to pray.

Crestal mantis

This mantis mimics the appearance of broad green leaves. When prey is close enough, the mantis's attack is quick and deadly. The neck of the prey is chewed to paralyse it and then the mantis eats the rest of the body.

Lappet moth

Lappet moths look like autumn leaves. The larvae feed on poplar, aspen and willow trees and are common in Canada. They spend the winter as pupae and hatch into moths the following spring.

Stick insect

The giant stick insect, usually known as the walking-stick, eats the leaves of oaks and other hardwoods. It escapes predators by looking exactly like the twigs that it sits on. Adults are between 62-76 mm long and their body colour can be brown, green, grey or red.

Leaf insect

Some stick insects, rather than imitating twigs and sticks, have developed to look like the leaves in which they hide. The body and legs of a leaf insect look very realistic. The edges of its body even look as though an animal has chewed them.

Orchid mantis

The orchid mantis has one of the most fantastic disguises of all. Its body is elaborately folded and the swollen and strongly coloured limbs make it appear exactly like the exotic orchids that cover its local vegetation.

Invisible bugs

Bug Quiz

1. To which section of an insect are the legs attached?
a) The head.
b) The thorax.
c) The abdomen.

2. What percentage of all the animals in the world are beetles?
a) 25%
b) 50%
c) 5%

3. What is the wingspan of an adult female Queen Alexandra birdwing?
a) About 13 cm.
b) About 30 cm.
c) About 60 cm.

4. How long do American cicada larvae live underground?
a) 17 weeks.
b) 17 months.
c) 17 years.

5. What is the maximum number of legs a millipede can have?
a) 750
b) 1000
c) 100

6. What are the most destructive insects in the world?
a) Locusts
b) Furniture beetles
c) Book-lice

7. What do silkworms eat?
a) Gooseberry leaves.
b) Blackberry leaves.
c) Mulberry leaves.

8. What type of insect is born pregnant?
a) The termite queen.
b) The female aphid.
c) The queen bee.

9. How many eggs does a termite queen lay every day?
a) 46,800
b) 64,800
c) 86,400

10. What part of a plant do walking-stick insects look like?
a) A twig.
b) A leaf.
c) A flower.

Quiz answers are on page 32.

Glossary

abdomen The part of the body of an arthropod that usually contains the digestive system and reproduction organs.

arachnid A sub-group of the arthropods that includes spiders.

arthropod The class of animals that includes insects, spiders, centipedes and millipedes. Arthropods do not have a backbone and they have a tough exoskeleton. Their bodies are divided into sections. In insects there are three: the head, thorax and abdomen.

carnivore An animal that kills other animals for food.

cephalothorax In spiders, this word describes the head and thorax, which are fused together.

cocoon The silk casing in which a butterfly or moth pupates.

complete metamorphosis This means 'complete change' and describes a life cycle in which the larva pupates when it has grown big enough. The larva and the adult stages of the life cycle usually look completely different.

compound eye An eye made up of numerous units. Compound eyes usually have many lenses unlike a human eye which only contains one.

cuticle The outer layer of an arthropod exoskeleton that protects the body from drying out.

dorsal The back parts of an animal. The red and black markings on a ladybird, for example, can be seen on its dorsal surface.

exoskeleton The outer, hard armour that supports and protects the body of an arthropod.

incomplete metamorphosis This means 'incomplete change' and describes a life cycle in which an egg hatches into a nymph. It does not pupate.

invertebrate An animal that does not have a backbone. All insects, spiders, centipedes and millipedes are invertebrates.

larvae Larvae are young forms of the animal that do not look like the adult. Some arthropods hatch from eggs into larvae before becoming a pupa. A caterpillar, for example, is the larva of a butterfly.

nocturnal An animal that is more active in the night than in the day is said to be nocturnal. Most moths are nocturnal.

nymph Some arthropods hatch from eggs into nymphs. These are young forms of the animal that look exactly like small versions of the adult.

parthenogenesis A method of reproduction without fertilization.

phylum A name given to sub-divisions within the animal kingdom. Phylums help scientists identify animals more easily.

predator An animal that hunts another animal for food.

prey An animal that is hunted by another animal for food.

proboscis The part of an insect's mouthparts that resembles a tongue.

pupa During complete metamorphosis, the larva binds itself into a pupa, or cocoon. After pupating for a few days, the adult emerges.

scavenger An animal that feeds on the bodies of animals that are already dead. Scavengers do not hunt or kill animals themselves.

spiracle An opening on the outside of an insect's body for breathing through.

thorax The middle body section of an insect. The legs and wings are usually attached to the thorax.

venom Another word for poison.

ventral The underside of an animal's body is called its ventral surface.

Index

Quiz answers

10) a see page 29
9) c see page 25
8) b see page 24
7) c see page 23
6) a see page 19
5) a see page 17
4) c see page 15
3) b see page 13
2) a see page 10
1) b see page 7

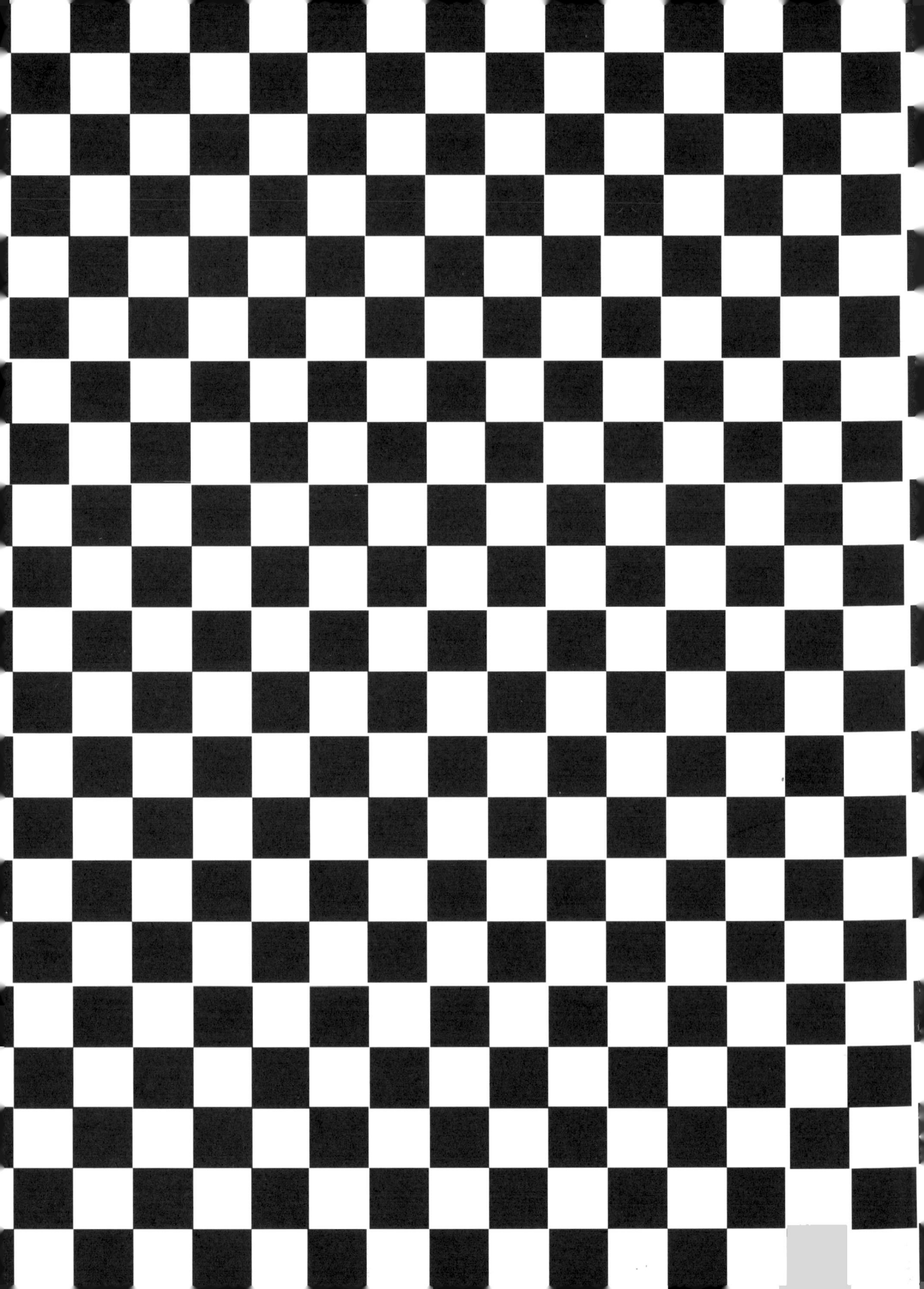